Marguerite Yourcenar, 1903–1987, wuchs in der Obhut ihres verwitweten Vaters Michel de Crayencourt auf, eines vielseitig gebildeten Mannes, der ihr Vorhaben unterstützt, Schriftstellerin zu werden. Ihr erster Roman ›Alexis oder der vergebliche Kampf‹, 1929 erschienen, wird von der Kritik wohlwollend aufgenommen. In den folgenden Jahren, in denen sie viel auf Reisen ist und die durch ihre Beziehung zu André Fraigneau, ihrem Lektor bei Grasset, geprägt sind, macht sie durch weitere Veröffentlichungen in der Pariser Literaturszene auf sich aufmerksam. 1937 findet ihre Begegnung mit der Amerikanerin Grace Frick statt, mit der sie bis zu deren Tod zusammenleben wird. Weltweite Anerkennung wird ihr 1950 durch ihr Buch über den römischen Kaiser Hadrian ›Ich zähmte die Wölfin‹ zuteil, und 1981 wird sie als erste Frau in die Academie Française aufgenommen.

Josyane Savigneau, geboren 1951 in Poitou/Frankreich, studierte Literaturwissenschaft, Kunstgeschichte und Journalistik. Seit 1982 arbeitet sie bei ›Le Monde‹, wo sie derzeit das Feuilleton leitet.

Josyane Savigneau

MARGUERITE YOURCENAR

Die Erfindung eines Lebens

Aus dem Französischen von
Rolf und Hedda Soellner

Fischer Taschenbuch Verlag

Limitierte Sonderausgabe
Veröffentlicht im Fischer Taschenbuch Verlag GmbH,
Frankfurt am Main, Januar 1997

Lizenzausgabe mit freundlicher Genehmigung des
Carl Hanser Verlags, München, Wien
Die Originalausgabe erschien unter dem Titel
›Marguerite Yourcenar – L'invention d'une vie‹

Umschlaggestaltung: Groothuis + Malsy, Bremen
Umschlagabbildung: Archives Editions Gallimard, Paris
Druck und Bindung: Clausen & Bosse, Leck
Printed in Germany
ISBN 3-596-13558-3

Gedruckt auf chlor- und säurefreiem Papier

Für Yannick Guillou

Für Deirdre Wilson

Einführung

> Es ist unglaublich, daß die Aussicht, einen Biographen zu haben, niemand zu dem Verzicht bewegt, ein Leben zu haben.
>
> *Cioran*

8. Februar 1986. Zum dritten Mal blieb Marguerite Yourcenar allein zurück. Jerry war am Morgen im Laënnec-Krankenhaus in Paris gestorben. Jerry, 36, ihr Reisegefährte während der vergangenen sechs Jahre, mit dessen Hilfe sie sozusagen ihre Jugend wiedergefunden hatte: Jerry, der eigentlich ihr die Hand hätte halten müssen auf der letzten Überfahrt. So, wie sie an einem Wintertag des Jahres 1929 die Hand ihres Vaters Michel gehalten hatte. Michel, der einzige Zeuge ihrer Kindheit, ihr einziges Band zu der kleinen Marguerite de Crayencour, die sie einst war, starb am 12. Januar 1929 in Lausanne. Sie war noch nicht sechsundzwanzig. Ein französischer Verlag hatte kurz vorher ihren ersten Roman angenommen, *Alexis oder der vergebliche Kampf,* der im November desselben Jahres erscheinen sollte. Eine gewisse Marg Yourcenar – sie nahm alsbald ihren Vornamen Marguerite wieder an – trat ins Leben. Allein. Michel de Crayencour zog sich diskret zurück, mit der Eleganz, die er ihr gegenüber stets gewahrt hatte, und mit ihm erlosch jener Name, der Marguerite mit einer anderen Geschichte verband, mit einer anderen Familie, in der, wie schon für ihn, den kultivierten und unvernünftigen Abenteurer, kein Platz war für eine »Yourcenar«, die freie und lerneifrige Nomadin, die sich einen eigenen Familiennamen geschaffen hatte – ein allerdings fast perfektes Anagramm von Crayencour. Michels Tod war ein Verschwinden, kein Verlassen. Im Gegenteil. Ein letztes Mal ermutigte er seine Tochter, sich von herkömmlichen Bindungen frei zu machen und ihre eigenen Entscheidungen zu treffen, und jahrelang übte sie sich so eifrig darin, daß Michel de Crayencour ihr erst wieder nach sehr langer Zeit nahekam, als sie ihn 1977 zur Hauptfigur eines ihrer Bücher machte.

Fünfzig Jahre nach Michels Tod, am 18. November 1979, genau ein halbes Jahrhundert nach der Veröffentlichung von *Alexis*, verließ Grace Frick sie nach zwanzig Jahren eines wahrhaft heroischen Kampfs gegen ein Krebsleiden. Grace, eine Geschichte, die in wenigen Worten erzählt ist: vierzig gemeinsam verlebte Jahre. Grace mit ihrem fanatischen Sinn für Organisation, ihren Eigenheiten, ihrem Jähzorn; Grace, die Amerikanerin, die die Freundin auf »ihrem« Territorium heimisch machte, sie ihre Nationalität annehmen ließ; Grace, die Pedantische, die Unduldsame, die Ungreifbare; Grace, mit der jener unersetzliche tägliche Blick auf ein Werk erlosch, das sie ermöglicht hatte. Dieser Tag im Spätherbst kippte vier Jahrzehnte gemeinsamen Lebens in die Vergangenheit. Und doch gab er Marguerite eine Art Freiheit zurück, die Freiheit, ihr unstetes Leben wieder aufzunehmen, den Kreis zu schließen, ehe auch sie aus dem Leben scheiden würde, wieder so zu leben wie »vorher«, reisen, allein (nur selten) oder in wechselnder Gesellschaft. Schließlich blieb nur noch ein einziger Reisegefährte: Grace hatte ihn noch für sie ausgewählt, den jungen Jerry Wilson, der im Oktober 1978 mit einem französischen Fernsehteam nach Petite Plaisance gekommen war. Da beide aus den Südstaaten stammten und die leidenschaftliche Liebe zur französischen Sprache teilten, hatten sie bald Freundschaft geschlossen. Die todkranke Grace, die, ohne es zugeben zu wollen, das Ende nahe wußte, hatte Marguerite geraten, Jerry als Privatsekretär zu engagieren.

Jerrys Tod 1986 mitten im nordamerikanischen Winter, dem endlosen eisigen Winter in Maine, war mehr als ein Verschwinden, mehr als ein Verlassen, er war Fahnenflucht. Mit dem Gedanken, daß sie Grace überleben würde, hatte Marguerite sich hinlänglich vertraut machen können. Um mit der absurden Idee, den um ein halbes Jahrhundert jüngeren Jerry zu überleben, fertigzuwerden, hatte sie nur wenige Monate Zeit gehabt. Seit jene Krankheit bei ihm festgestellt worden war, der er sich durch seine Lebensgewohnheiten bewußt ausgesetzt hatte. Und besonders, seit Aids in das Stadium getreten war, das unweigerlich zum baldigen Tod führen mußte. Marguerite hatte diese zwei Monate am Telefon verbracht. Und wie Grace in ihrer allerletzten Zeit haßte auch Jerry die Frau, die ihn überleben würde. Man könnte endlos über die Parallelen zwischen Grace und Jerry nachdenken.

1986: Marguerite stand im dreiundachtzigsten Lebensjahr. Das Altsein war – sie sollte es ein paar Wochen nach Jerrys Tod notieren, als ihre Kräfte wiederkehrten – zum ersten Mal keine abstrakte Idee mehr. »Leben ist sehr schwierig, und plötzlich fühle ich mich, wie ich mich niemals gefühlt hatte: *alt.*« Dennoch hatte sie gern über das Altsein gesprochen. Ihre Freunde wagten kaum, ihr gegenüber dieses Thema anzuschlagen, aber zuweilen faßten Journalisten das heiße Eisen an. So erklärte sie im Dezember 1984 *Le Monde* in Paris, mit jener Untertreibung, die bei ihr kein Ausweichen bedeutete, sondern das Bemühen um Genauigkeit: »Nach überstandener Krankheit fühle ich mich, ich will nicht sagen sehr alt, aber sehr nah am Rand der Dinge.«* Dann kam »das furchtbare Jahr 1985 mit seinen Todesschatten«, wie sie in einer Tagebuchaufzeichnung schrieb. Und im September die fünffache Bypassoperation in Boston. Aber auch nach dieser schweren Krankheit stellte sich kein Gefühl des Altseins ein, sie war nur unendlich schwach. Doch Jerry war noch am Leben. Er brauchte sie. Brauchte eine Wohnung in Paris, wo er sich behandeln lassen wollte. Es sollte ihm an nichts fehlen. Sie hätte den Gedanken, ihn im Stich zu lassen, nicht ertragen. Es war schlimm genug, so weit entfernt zu sein, zu wissen, daß sie in der letzten Stunde nicht an seiner Seite sein würde. Nach Jerrys Tod wurde der eigene Tod ihr zum ersten Mal gleichgültig. Sie sagte es, ohne Jerry zu erwähnen, auf dem Friedhof von Somesville zu der jungen Frau, die mit Bestürzung auf einer kleinen schwarzen Marmorplatte die Inschrift gelesen hatte: »Marguerite Yourcenar, 1903-19...« »Ich fürchte den Tod nicht. Von nun an bedeutet mir der Zeitpunkt wenig. Das war nicht immer so. Diese Inschrift, die Sie so bedrückt, beruhigt mich, tröstet mich. Alles ist geordnet. Ich bin ruhig. Es kann in zehn Minuten sein, in sechs Wochen, in ein paar Monaten oder ein paar Jahren. Ich versuche es weder zu beschleunigen noch herbeizuführen, aber ich bin bereit. Und ich habe die beiden ersten Ziffern eingravieren lassen, 19.., denn bis zum Jahr 2000 dürfte es nicht mehr reichen.«

Am 8. Februar 1986 konnte sie in ihrer Agenda nur notieren: »Jerry gestorben.« Und die Eintragung vom 15. Februar: »Jerry ist jetzt seit einer Woche tot.« Dennoch: In dieser von Trauer und Alter gebeugten Frau blieben Zähigkeit und Eigenwille lebendig, die Gewißheit, »Jemand« zu sein. Mit Jerry Wilsons Tod war nicht

* »*La Bienveillance singulière de Marguerite Yourcenar, un certain goût de la langue et de la liberté*«, Gespräch mit Josyane Savigneau in *Le Monde* des Livres, 7. 12. 1984.

auch Marguerite Yourcenar gestorben, so sehr sie auch vielleicht bei gewissen Leuten diesen Eindruck hatte erwecken wollen. Hinter der Pose einer alten Dame, die nur noch der Glaube an eine letzte leidenschaftliche Zuneigung aufrechthielt, lauerte Marguerite Yourcenar. Eine Kraft, die über alle Depressionen triumphiert hatte, ein Wille, der auf jedermann unerhört wirkte und ihr selbst nicht bewußt war, eine Ausdauer, die sie bislang durch alle Passionen und Verletzungen geleitet hatte und bis ans Ende des Weges geleiten würde, ihr zur Seite stand im Neuland dieses bisher nie Erfahrenen: der Bindungslosigkeit.

Vermutlich hätte sie es nie ausgesprochen, so sehr war der tote Jerry in ihren Augen zur reinen und mythischen Verkörperung der Jugend, zum letzten Wahrzeichen des Lebens geworden, aber sie hatte Gründe zum Weiterleben. Zumindest einen Grund: Schreiben. Es galt, die Arbeit an *Liebesläufe*, dem letzten Band ihrer Familien-Trilogie fortzuführen. *Le Tour de la Prison*, die Erzählung der letzten Reisen, war unterbrochen worden. Vielleicht, um nie vollendet zu werden? *Liebesläufe* hingegen würde sie schreiben. Der Band sollte mit dem Jahr 1937 enden, dem Jahr der Begegnung mit Grace. Danach ... Einige ihrer Freunde waren der Meinung, sie sollte die Geschichte bis in die Gegenwart weiterführen, nicht, um allen Biographen zuvorzukommen – kann man, und, ehrlich gesagt, will man das? –, sondern um »ihre« Version der Fakten zu geben. Ihr relativ verborgenes, wenn nicht geheimnisvolles Leben erregte die Phantasie. Wenn sie von den Jahren mit Grace spräche, so würde das zwar nicht die verschiedensten Interpretationen verhindern, aber doch wohl einem Abtriften ins Fabulieren und in die Fiktion vorbeugen können.

Zunächst galt auch für sie: Das Leben geht weiter. Sie mußte die für den 26. Februar in New York vorgesehene Verleihung der Würde eines Commandeur de la Légion d'Honneur und der Goldmedaille des National Arts Club über sich ergehen lassen. Die Fotos von dieser Veranstaltung zeigen eine gebrechliche blasse Frau, die behutsam wieder in der Welt Fuß faßt, abgemagert, von tiefer Müdigkeit und äußerster seelischer Qual gezeichnet. Doch von Bild zu Bild weicht das matte Lächeln einer zurückkehrenden Energie, einer gewissen Genugtuung darüber, gekommen zu sein, sich wieder einmal gefeiert und anerkannt zu sehen, ohne fremde Stütze die eigene Schwäche besiegt zu haben.

Für den 20. April ist eine Reise nach Europa geplant. Erste

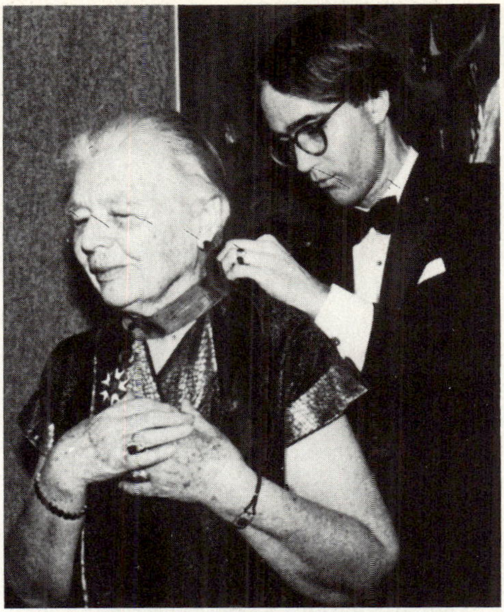

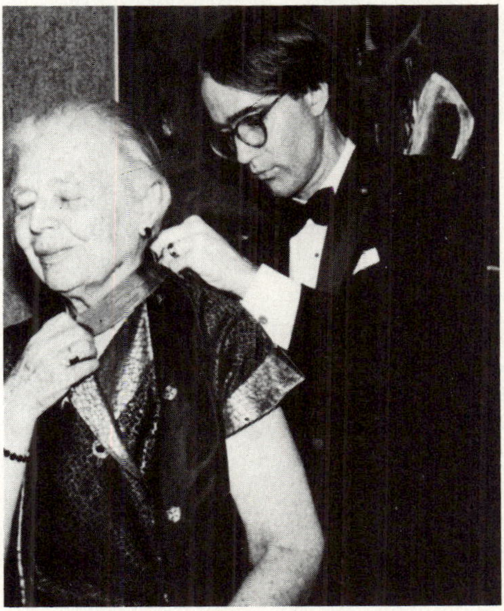

National Arts Club, 26. 2. 1986: Das müde Lächeln weicht einer gewissen Genugtuung darüber, sich wieder einmal gefeiert und anerkannt zu sehen, ohne fremde Stütze die eigene Schwäche besiegt zu haben.

Mit ihrem Übersetzer Walter Kaiser

Etappe Amsterdam, wie schon so oft. Warum diese Reise? Nur weil Reisen immer zu ihrem Leben gehört hatte? Oder um gegen das Alter anzukämpfen, das die Oberhand zu gewinnen drohte? Nicht unbedingt. Zuhausebleiben hätte mehr Energie erfordert. Sich an die Arbeit machen. Sich tragen lassen von der Freundschaft und der Tüchtigkeit der Sekretärin Jeannie und von DeeDee, die mehr war als eine Pflegerin. Darauf verzichten, französisch zu hören und zu sprechen, ausser bei den seltenen Besuchen von Freunden. Und, Tag für Tag, schreiben. Allein. *Liebesläufe* in einem Zug fortführen, vielleicht *Le Tour de la Prison* beenden. Das wäre über ihre Kräfte gegangen. Bleiben hätte bedeutet, mit letzten Reserven gegen das Alter anzukämpfen. Das traute sie sich nicht mehr zu. Ihre Art, sich als alten Menschen zu akzeptieren, bestand weder im Bleiben noch im Aufbruch zu neuen Ufern, sondern im Wiederholen. So würde sie noch einmal die Wege gehen wie mit

Grace, wie mit Jerry, sie würde Europa wiedersehen, England, dem sie seit ihrer Kindheit verbunden war, und sich dort aufhalten wie einst mit Monsieur de Crayencour, sie würde Marokko aufsuchen, ein paar Tage in Brügge verbringen, zusammen mit Zenon, mit Grace und Jerry durch die Straße gehen, wo sie einst jeden Tag die Hündin Valentine spazieren geführt hatte. Die Zeit der Entdekkungen war vorbei. Das war nichts mehr für sie. Obwohl . . . Wie wäre es mit Nepal, einem Land, das sie 1985 während eines Aufenthalts in Indien mit Jerry wegen dessen Erkrankung nicht wie geplant hatte besuchen können? Schließlich, wenn sie bis zum Ende leben wollte, so mußte sie auch bis zum Ende reisen. Also Aufbruch.

Und wenn der Tod sie unterwegs ereilen sollte? Sie, die so oft gedacht, gesagt, geschrieben hatte, man dürfe nicht unversehens sterben, sondern im Gegenteil nichts von dieser letzten Erfahrung versäumen, dieser letzten Überfahrt; sie, die sehenden Auges in den Tod eingehen, ihn sozusagen erleben wollte, empfand nun eher Gleichgültigkeit. Wie sie gesagt hatte: Sie war bereit. Was bedeuteten Zeitpunkt, Ort und Umstände? Nur nicht monatelang von irgendwem abhängig sein, der sie versorgen müßte. Der Tod würde auf Reisen vielleicht, wenn nicht sanfter, so doch sicherer sein: Nicht überall war eines jener Krankenhäuser in Reichweite, wo man den Menschen mit allen Mitteln zum Weiterleben zwingt. Aber trotzdem, sollte man blindlings hinübergehen, ohne es gewahr zu werden? Das war ihr nie in den Sinn gekommen, und sie wehrte sich gegen diesen Gedanken. Sie hatte das von ihr, der Ungläubigen, als religiös empfundene Ritual des Begleitens bei ihrem Vater und bei Grace vollzogen. Auf dieses Abschiedsritual, das schon bei Jerry weggefallen war, würde wohl auch sie selbst verzichten müssen. So wie ihr Leben in den Händen von Ammen und Kindermädchen begonnen hatte, würde es in den Händen von Ärzten und Pflegerinnen enden. Aufopfernde, sogar liebevolle Menschen, wenn man an DeeDee dachte. Wenn sie in Petite Plaisance stürbe, würde es ihr nicht an Betreuung, an Liebe, an perfekter Pflege fehlen.

Fehlen indes würden von nun an Menschen der gleichen Sprache und Kultur, die für den Lebensabend so wichtig sind; das Moment einer gemeinsamen Vergangenheit, auch wenn sie nur literarisch gewesen wäre, einer gemeinsamen Geschichte. Ob sie sich zur Abreise oder zum Bleiben entschlösse, an ihrem Sterbebett würde niemand »ihre« Sprache sprechen. Bestenfalls hätte jemand ihre Bücher in Übersetzungen gelesen, schlimmstenfalls überhaupt nicht. Sie würde also entbehren müssen, was sich jenseits aller Worte mit anderen teilen läßt, die Möglichkeit, durch einen einzigen Blick, einen Händedruck den »Stabwechsel« zu vollziehen, der in dem Augenblick, in dem sie »hinüberging«, ihr das wenn auch nur oberflächliche Bewußtsein gab, daß sie weiterleben würde. Jedenfalls mehr, als nur ein Gedenken. Die Gewißheit, daß jemand sie über den Tod hinaus am Leben erhalten würde, indem er sich dessen annähme, was ihr Leben gewesen war: Ihrer Worte, ihres Werks, das sie ein wenig maliziös als »diese paar Bücher, die ich zufällig schrieb«, bezeichnet hatte. Eben diese Frage – wer würde an ihrem Lager weilen, wenn alles zu Ende ging? – erlaubte kein weiteres Zögern. Sie mußte aufbrechen. Fortgehen, wieder werden, was sie immer gewesen war, eine Nomadin; ein Wanderleben wieder aufnehmen, das für die noch zu leistende literarische Arbeit scheinbar ein Hemmnis, in Wahrheit die einzige Chance war.

Das Reisen, dieser ständige Bruch mit allen Gewohnheiten, die Erschütterung aller Vorurteile, wie sie Kaiser Hadrian hatte sagen lassen, das unstete Leben, der Einschnitt, der Tod ... War sie nicht unter diesen Zeichen geboren, in jenem Haus in Brüssel, das längst abgebrochen ist, verschwunden wie alle Häuser, in denen sie gewohnt hatte, ausgenommen Petite Plaisance, die bescheidene »Bleibe«, die sie nun wieder einmal hinter sich abschließen würde?

Sie brach auf.

»Vorbei die Zeit, da man *Hamlet* genießen konnte, ohne sich viel um Shakespeare zu kümmern: die gröbliche Neugier auf die biographische Anekdote ist ein Zug unserer Epoche, ins Uferlose gesteigert durch die Methoden von Massenmedien, gemacht für Leute, die immer weniger zu lesen verstehen. Wir alle interessieren uns nicht nur für den Schriftsteller, der sich naturgemäß in seinen Büchern zum Ausdruck bringt, sondern auch für die zwangsläufig immer zersplitterte, widersprüchliche und wandelbare, bald sichtbare, bald verborgene Person, und schließlich und vielleicht vor allem für die *Persönlichkeit*, diesen Schatten oder Reflex, welchen die Person manchmal (wie es bei Mishima der Fall ist) als Schutzwall oder Herausforderung miterzeugt, während der wirkliche Mensch diesseits und jenseits davon gelebt hat und gestorben ist, in dem undurchdringlichen Geheimnis, das jedes Leben darstellt.« In dem Essay *Mishima oder die Vision der Leere* (1981) stellt Marguerite Yourcenar die Triftigkeit biographischer Forschung in Frage. Desgleichen protestierte sie häufig, in verschiedenen Interviews, gegen die moderne Sucht des »Personenkults« bei Literaten.

Was die Analyse und Einschätzung eines Œuvres angeht, kann man diesen Standpunkt nur teilen. Ob ein Werk Anspruch auf Fortbestand hat, hängt mehr davon ab, wie es gelesen wird, als von den Gründen, aus denen es geschrieben wurde. Marguerite Yourcenar selbst hat übrigens die Begriffe »Schriftsteller«, »Person« und »Persönlichkeit« auseinandergehalten. Es scheint daher angebracht, den Schriftsteller von der Person und der Persönlichkeit zu unterscheiden, den Abstand zu ermessen (einen Abstand, der sich wohl nicht zur Gänze dem lässigen und vergeßlichen Umgang mit Daten und Fakten verdankt), der Person und Persönlichkeit voneinander trennt, da die Persönlichkeit auch eine Art Fiktion darstellt, eine Art ersten Grads des Werks. Und ist es nicht gerade die »Persönlichkeit« Marguerite Yourcenars, »dieser Schatten oder Reflex, welchen die Person selbst miterzeugt«, wie sie sagt, die sie zu der Behauptung von der Nichtigkeit der Biographie veranlaßte, während sie sich gleichzeitig mit einer ans Zwanghafte grenzenden Akribie bemühte, die Zeugnisse der großen und kleinen Begebenheiten ihres Lebens zu registrieren, zu kommentieren, zu archivieren? Dennoch das Unternehmen einer Biographie als Nichtigkeit abzutun wirkt wie eine ironische Herausforderung an den Biographen, Informationen zu entschlüsseln, die bald überreichlich, bald lückenhaft und widersprüchlich sind.

In der sicheren Überzeugung, schon jetzt und erst recht in Zukunft »die Beute der Biographen« zu sein, wie sie im September 1977 ihrem Neffen Georges de Crayencour schrieb, wollte sie möglichst wenig Raum für Entdeckung und Auslegung lassen. »Ich weiß besser als irgendwer«, fuhr sie in demselben Brief fort, »daß Biographen, selbst wenn sie keine üble Absicht hegen, fast immer irren, denn sie haben über die Leute, von denen sie sprechen, nur oberflächliche Informationen.« Und sie begründete dieses Urteil mit dem Hinweis auf einige Stellen in *Lebensquellen*, dem zweiten Band ihrer Familien-Trilogie, besonders auf die Passage über die Desertion ihres Vaters: »Ein x-beliebiger Biographienschreiber könnte eines Tages diese Details entdecken, wenn er versucht, sich über meine Vorfahren zu informieren. Lieber stelle ich selber sie einfühlend dar.« Marguerite Yourcenar hatte also beschlossen, allen Eventualitäten vorzubeugen. Erstens, indem sie selbst das notwendige Material zum Verständnis einer Genealogie lieferte, deren Bedeutung und Attraktivität sie nicht unterschätzte. Und zweitens, indem sie davon eine Analyse bot, deren Gültigkeit unbestritten sein und die jede andere Lesart Lügen strafen würde.

Mit einer gespielten Fürsorge, deren ironischer Beigeschmack durchaus auf ihrer Linie lag, hat sie sich folglich stets bemüht gezeigt, ihren künftigen Biographen zu »helfen«. Sie hat Kopien aller ihrer Mitteilungen oder Briefe an mehr oder weniger nahestehende Empfänger aufbewahrt; hat sie archiviert, desgleichen fast alle bei ihr eingehende Post. Dieses Archiv ist zum großen Teil in den USA gesammelt und in der Houghton Library der Universität Harvard deponiert. Doch Marguerite Yourcenar hat angeordnet, einen Teil für den Zeitraum von fünfzig Jahren nach ihrem Tod unter Verschluß zu halten: die Zeit, um von Erinnerung zu Geschichte zu werden.*

Gegen diese Verfügung ist bereits verstoßen worden, denn in verschiedenen Kolloquien über Marguerite Yourcenar war von der mehr oder weniger vollständigen oder unrichtigen Liste dieser Dokumente die Rede. Daher erschien es mir weder unschicklich noch rechtswidrig, in der vorliegenden Arbeit zu erwähnen, was ich selbst darüber erfahren konnte. Hier also die Liste der unter Verschluß zu haltenden Papiere, in der von Marguerite Yourcenar bei ihrer Aufstellung verwendeten Form:

1938 Genf, Lausanne, Beaune, Paris, Capri, Sorrent, Siders, Lausanne, Paris: Briefe an Grace Frick.

1938 Brief an Alice Parker mit der Ankündigung einer Reise nach Österreich im Dezember 1938.

Etwa fünfzig Seiten eines intimen Tagebuchs für die Jahre 1935 bis 1945.

Einige Notizen, niedergeschrieben zwischen 1945 und 1954.

Eine kurze Notiz aus dem Jahr 1980.

* Das Verwahrungs-Protokoll sieht vor, daß »dieses Material der Houghton Library unter folgenden Bedingungen überlassen wird: a) diese Dokumente müssen während eines Zeitraums von fünfzig Jahren nach meinem Tod unter Verschluß gehalten werden. b) während dieses Zeitraums von fünfzig Jahren darf niemand Einsicht in diese Dokumente erhalten. Es darf keinerlei Kopie davon angefertigt und der Inhalt, ja selbst das Vorhandensein dieser Dokumente dürfen nicht publik gemacht werden.

Briefe an Grace Frick 1939: Athen, Kolchis, Siders, Lausanne, Paris, Bordeaux.

1940 Briefe an Grace Frick, von der Marguerite Yourcenar häufig getrennt war: New York, Hartford, Maine und einige weitere Orte in den USA.

1940 Eine kurze Karte an Lucy Kyriakos, die wegen des Todes der Adressatin nicht abgeschickt wurde. (Entgegen den Anweisungen kann dieses Dokument in Harvard eingesehen werden: Der in englisch geschriebene Text ist nichtssagend, endet jedoch mit dem Wort *Love*, das zwar im Englischen eine relativ banale Formel darstellt, in Marguerite Yourcenars Korrespondenz jedoch sehr ungewöhnlich ist und auf die enge Freundschaft hinweist, die sie vor dem Krieg mit der jungen Griechin unterhielt.)

1979–1980 Tagebücher in Form von Briefen an Madame Carayon (Korrektorin und Freundin von Marguerite Yourcenar).

Die persönlichen Papiere (Briefe, Notizhefte), die sich nach ihrem Tod im Haus finden würden, sollen fünfzig Jahre lang unter Verschluß bleiben; Manuskripte und in Vorbereitung befindliche literarische Arbeiten sollen von ihren literarischen Nachlaßverwaltern beim Verlag Gallimard betreut werden.

Wie läßt sich die Trennung zwischen dem, was zur sofortigen Freigabe bestimmt war und dem, was der Bewertung durch die Zukunft vorbehalten bleiben sollte, erklären? Um zu »verstecken« und vor allem »sich zu verstecken«? Wohl kaum: Was der Nachwelt wirklich verborgen bleiben sollte, ist schlicht und einfach beseitigt worden. So vernichtete Marguerite Yourcenar im Sommer 1987, dem letzten ihres Lebens, zahlreiche Dokumente. Sie nannte es »Ordnung schaffen«. Viele Papiere hat sie im Kamin verbrannt, wie ihre Sekretärin und die Pflegerin berichten. Wenn jemand dies beklagte, so erwiderte sie spöttisch: »Ich dachte, Sie wären erleichtert.« War ihr plötzlich der Ausspruch von René Char in den Sinn gekommen: »Ein Dichter soll Spuren hinterlassen, nicht Belege. Nur die Spuren erzeugen Träume.« Auf jeden Fall hätte sie ihm zugestimmt, denn indem sie von sich selbst nur Spuren preisgab, war sie zu jener entrückten, fremdartigen Erscheinung geworden, die Rätsel aufgab und dazu beitrug, ihren Büchern immer mehr Leser zu verschaffen. Oder frönte sie mit dieser Selektion, die sie ohne langes Überlegen, unter dem Druck des vorhergefühlten nahen Endes und gewiß mit einem Gefühl des Triumphs vornahm, nicht dem lebenslangen Bedürfnis, Verwirrung zu stiften, wie sie es immer getan hat, auch in ihrem Werk: Das sicherste Mittel, den Forschenden von wichtigen Fährten abzulenken, ist, unwichtige zu fabrizieren.

Da es sich zumindest bei einem Teil der Korrespondenz – dem Briefwechsel mit Grace Frick – um Liebesbriefe handelt, könnte man in diesem Zurückhalten von Dokumenten auch den noch näherliegenden Wunsch erblicken, daß niemand, der Marguerite Yourcenar gekannt hat oder ihr begegnet war, von diesen intimen Geständnissen Kenntnis erhalte oder sie gar publik mache, ähneln sie doch auch bei noch so bedeutenden Schriftstellern gefährlich den gängigen Herzensergüssen mit all ihrer Naivität, ihrem Süßholzraspeln, ihrer Schamlosigkeit und Lächerlichkeit. Die Antwort wird erst das Jahr 2037 geben. Aber die Auszüge aus dem Briefwechsel zwischen Natalie Barney und Liane de Pougy zur Zeit von deren Liaison genügen, (besonders in *Portrait einer Verführerin* von Jean Chalon, einem Buch, das Marguerite Yourcenar gut kannte), um das Unbehagen ermessen zu können, das nicht durch die Enthüllung einer intimen Beziehung ausgelöst wird, sondern durch die Preisgabe von deren privatester, geheimster Manifestation: des *billet doux*.

Angesichts all dessen, was Marguerite Yourcenar als »allgemein zugänglich« hinterließ, des Umfangs der von ihr selbst gewissenhaft geordneten, in einem oder zwei Durchschlägen, in Fotokopien und Abschriften – meist von der Hand Grace Fricks – vorhandenen Korrespondenz, glaubt man, daß es sich um ein komplettes Konvolut des Schriftwechsels handle und daß der Forschung hier nichts vorenthalten werde. Scheinbarer Beweis für die Vollständigkeit: Selbst stereotype und nichtssagende Erwiderungen von Glückwunschkarten wurden aufbewahrt. Erstaunlich bei einer Frau, die vom Nutzen einer Biographie wirklich nichts gehalten hätte?

Genauigkeit und Überfülle täuschen jedoch: Sobald man Briefpartner Marguerite Yourcenars kennenlernt und von diesen Einblick in die Originale der erschöpfend wirkenden Sammlung erhält, wird klar, daß Marguerite Yourcenar die Kopien ihrer Briefe sorgfältig überprüft und sortiert hat, ehe sie sie nach Harvard schickte. Genauso wie sie die Merkbücher mit Grace Fricks täglichen Eintragungen nochmals durchgelesen und manchmal mit

Notaten versehen hat. Dies zeigt, wie sehr sie darauf bedacht war, im voraus jeden Versuch einer Interpretation ihres Lebens zu kontrollieren, wie sie auch durch ihre zahllosen Notizen, Vorworte, Bibliographien, Kommentare oder sonstigen *carnets*, die sie ihren Werken beigab, Richtung und Rahmen der Kritik und Forschung bestimmen wollte.

Desgleichen finden sich häufig Unstimmigkeiten in der Chronologie. »Mein Zeitgefühl war nie sehr ausgeprägt«, schreibt sie in *Liebesläufe*. »Ja, ich führe ein Tagebuch, aber mit Unterbrechungen, manchmal fehlen zwanzig Jahre«, antwortete sie auf eine Umfrage von *Le Monde* vom 9. Juli 1982. »Ich tue es nur – ich glaube, das ist der häufigste Grund –, um im Strom der Zeit nicht völlig den Boden unter den Füßen zu verlieren. (...) Ich notiere all das, wenn überhaupt, in einer sehr elliptischen Form, sozusagen im Stenogramm. Diese Texte sind keineswegs zur Veröffentlichung geeignet; es würde ein völlig schiefes Bild entstehen, und ohne Kommentar hätten sie dem Leser so gut wie nichts zu sagen.«

Im Strom der Zeit nicht den Boden unter den Füßen zu verlieren war ihre ständige Sorge. War dies der Grund, warum Grace Frick am Ende mancher ihrer Jahreskalender noch einmal Marguerites Lebensdaten rekapituliert und zusammengefaßt hat, als könnte sie durch diese beinah zwanghafte Wiederholung der Erosion durch die Zeit entgegenwirken? Bleibt noch die Frage, was ohne die Hilfe dieser Agendas passiert wäre? Denn trotz aller Aufzeichnungen ist die »Chronologie«, die Marguerite Yourcenar für die Ausgabe in der *Bibliothèque de la Pléiade* – in die sie 1982 als einer der wenigen Autoren noch zu Lebzeiten aufgenommen wurde – erstellt hat, mehr als vage. Außerdem fällt auf, daß Marguerite Yourcenar diese Chronologie nicht unterzeichnet hat. Die Ausgabe trägt den Vermerk »Vorwort der Autorin und Chronologie«, und nicht »Vorwort und Chronologie der Autorin«. Manchmal sind drei verschiedene Datierungen für ein und dieselbe Sache vorhanden: Die der »Chronologie« für die Pléiade, die aus Grace Fricks täglich vorgenommenen Eintragungen, und womöglich findet sich noch eine im Vorwort zu einem Buch. Als Beispiel diene ein Schiffskoffer, der berühmt werden sollte (er enthielt einen Teil des späteren Romans *Mémoires d'Hadrien*). Laut Pléiade wurde dieser Koffer, den Marguerite Yourcenar vor dem Krieg in der Schweiz zurückgelassen hatte, ihr 1948 in die USA nachgeschickt. In verschiedenen Interviews gibt Marguerite Yourcenar als Datum des Eintreffens dieses

Koffers das Jahr 1947 an. Schließlich ist in Grace Fricks täglich geführter Agenda das – sicher richtige Datum – 24. Januar 1949 eingetragen.

Wieviel an diesem Durcheinander ist Absicht? Oft handelt es sich wohl wirklich um Gleichgültigkeit gegenüber genauen Daten. Vielleicht auch um ein Spiel Marguerite Yourcenars mit ihren Exegeten, vor allem mit ihren Biographen; sie amüsiert sich bei dem Gedanken »weil das Datum von mir stammt, wird es zum richtigen«. So pflegte sie auch auf den Hinweis, sie habe ein Zitat nicht richtig wiedergegeben, zu erwidern: »Egal, so ist es besser.« Zum Beispiel wandelte sie Cocteaus Ausspruch: »Die Zeit des Menschen ist gefaltete Ewigkeit« leicht ab zu »Die Zeit ist gefaltete Ewigkeit«. Und beinah widerwillig hat sie sich herbeigelassen, in *La Voix des choses* das Zitat wortgetreu zu bringen.

Wirklich interessiert hat sie an ihrem Leben nur, was einen Vorwand zu literarischer Umformung liefern konnte. Da ihr André Gides Œuvre durchaus vertraut war, muß sie über einen Satz in dessen Tagebuch, datiert mit dem 3. Januar 1892, viel nachgedacht haben: »Das Leben eines Menschen ist sein Bild ... Man kann also sagen, und ich sehe dies als die sozusagen kopfstehende Aufrichtigkeit (des Künstlers): Er soll nicht sein Leben so erzählen, wie er es gelebt hat, sondern es so leben, wie er es erzählen wird. Anders gesagt: Das Portrait, das sein Leben sein wird, soll sich mit dem idealen Bild decken, das er sich wünscht; und noch einfacher, er soll der sein, der er sein möchte.«

Ihre mütterliche und väterliche Ahnenreihe, die eigene Kindheit und Jugend zu rekonstruieren und zu interpretieren, war ihre Leidenschaft. »Autobiographie!« rief sie 1986, als sie vom Thema eines in Spanien geplanten Kolloquiums über ihr Werk erfuhr, »Aber man könnte doch sagen, keines meiner Werke ist autobiographisch [*Liebesläufe*, war noch nicht erschienen] oder alle sind es.« Sie kann eine erlebte Szene zu Fiktion umarbeiten – was viele Schriftsteller tun – und dann eine Episode aus ihrem eigenen Leben im Licht dieser Fiktion neu interpretieren, was weniger üblich ist.

Bei der vorliegenden Arbeit handelt es sich nicht um den Versuch einer Analyse oder Kommentierung des Œuvre, ein Projekt, das eine völlig andere Methode erfordert hätte, sondern einzig darum, einem Lebensweg nachzuspüren, der mit der dichterischen Schöpfung in einer unbestreitbar notwendigen, aber ebenso unbestreitbar notdürftigen Beziehung steht. Denn die Frau, für die jedes literarische Werk »eine Mischung aus Vision, Erinnerung und Handeln, aus Ansichten und Informationen, die man im Lauf des Lebens durch Gespräch oder Lektüre erwarb, und aus Schnipseln unserer eigenen Existenz« darstellt, wie sie im Nachwort zu *Un homme obscur* schreibt, hätte vermutlich dem zugestimmt, was Frederic Prokosch von seinem Buch *Die metaphysische Piazza* sagt: »In diesem Buch ist alles wahr. Alles hat es wirklich gegeben. Gesichter, Orte, Stimmen, alles war da. Aber das alles gewann erst wieder Leben, nachdem die Masken der Erinnerung über die verblaßten Gesichter gezogen und die Schatten der Zeit lang genug geworden waren, um den unscharfen Landschaften neue Konturen zu verleihen.«

Für Marguerite Yourcenar war die Grenze zwischen Realität und Fiktion mehr als fließend. Sie gibt gelassen zu, daß sie mehr Zeit mit Zenon verbringe als mit ihren Freunden und sich manchmal »an ihn wende«, um seine Ansicht, seinen Rat einzuholen. Und sie hat den Geburtstag, den sie Zenon zugeschrieben hatte, den 24. Februar, neben den ihrer Mutter, gleichfalls der 24. Februar, in ihren Kalender eingetragen. Sie wollte Zenon am gleichen Tag geboren sein lassen, wie ihre Mutter: Wiederum eine »Zeitverschiebung«, die durch die Familienurkunden widerlegt wird, die als Geburtsdatum von Fernande de Cartier de Marchienne den 23. Februar ausweisen.

Eine Biographie und besonders die von Marguerite Yourcenar kann nur der Versuch sein, »der Wahrheit einer Lüge« – wie Aragon in *Die Karwoche* formuliert – näherzukommen. Nicht daß hier mit »Lüge« eine ständige mit Absicht vorgenommene Verfälschung gemeint wäre, als vielmehr die Reihe von Verschiebungen, Gedächtnislücken und, rundheraus gesagt, Fiktionen, wie es, wenn nicht jedes Leben, so doch jeder Blick ist, der sich auf ein Leben richtet. »Alles entzieht sich uns, und alle und wir selbst«, schreibt Marguerite Yourcenar in den *Notizheften zu den Erinnerungen des Kaisers Hadrian*. »Vom Leben meines Vaters weiß ich weniger als vom Leben Hadrians. Mein eigenes Leben müßte ich, sollte ich es beschreiben, von außen her so mühsam zusammensetzen, als wäre es ein fremdes Leben; ich müßte mich an Briefe halten, an das Gedächtnis anderer Leute, um diese schwankenden Erinnerungen zu fixieren. Das sind immer nur verfallene Mauern, Schattenbahnen.« Was bedeutet, daß sich der Ausspruch Aragons auch umkehren läßt, daß die Biographie ohne böse Absicht zur Lüge einer Wahrheit werden kann, wenn die Auslegung sich nicht den Fakten unterordnet und den Fakten nicht über ihre fälschlich objektive Wiedergabe hinaus nachgespürt wird. Doch würde man dieses Risiko so gern auf sich nehmen, versuchen, diesen ungewöhnlichen Parcours nachzuzeichnen, dieses Lebensgefühl nachzuempfinden, wenn Marguerite Yourcenar nicht auf Pfade gelockt hätte, deren Spuren zwar nicht getilgt, aber doch verwischt wurden, und wenn es sich hier nicht um die Lebensreise einer Partisanin der Freiheitsliebe handeln würde?

Gewiß, die »Schatten der Zeit« fallen noch nicht lange genug über Marguerite Yourcenar, als daß sich daraus ein festes Muster mit allen Nuancen und Kontrasten abheben könnte. Einmal, weil ihr Tod noch nicht weit zurückliegt und daher nicht alle Dokumente, mit deren Hilfe sich die eine oder andere Hypothese beweisen oder entkräften ließe, herangezogen werden dürfen: Die vorliegende Arbeit will nur Fährten aufzeigen, deren Gültigkeit erst andere werden ermessen können. Zum zweiten, weil für die Verfasserin die Erinnerung an das Vertrauen, ja zuweilen die Vertraulichkeit noch so lebendig ist, daß eine Veröffentlichung mehr Indiskretion als Information bedeuten würde. Doch man kann zumindest versuchen, für alle, die Marguerite Yourcenar nie begegnet sind, die Gestalt einer Frau zu umreißen, die das Jahrhundert durchschritten hat, einsam, stolz, zuweilen unnahbar, oft wohlwollend, und eine Form der Gelassenheit zu erreichen wußte ohne jemals in Gleichgültigkeit zu verfallen, eine Frau, die bis ans Ende begierig war auf die kleinen Freuden des Alltags, die Erkenntnisse des Intellekts, die Wonnen der Liebe.

Erster Teil
Der Name unter dem Namen

Kapitel 1
Das Kind und die Dienerinnen

Am 7. Juni 1903 herrschte, wenn auch nicht helle Aufregung, so doch Geschäftigkeit und Ungeduld in dem kleinen Stadtpalais in Brüssel, das, wie Marguerite Yourcenar in *Gedenkbilder* schreibt, »vor ungefähr fünfzehn Jahren einem Neubau Platz machen mußte«. Madame de Crayencour, die ein paar Monate zuvor, am 23. Februar, einunddreißig Jahre alt geworden war, sollte ihr erstes Kind zur Welt bringen. Die junge Frau namens Fernande entstammte der belgischen Familie Cartier de Marchienne. Marguerite Yourcenar hat in dem Band *Gedenkbilder*, der als Epigraph den Zen-Text trägt: Was war dein Gesicht, ehe dein Vater und deine Mutter einander begegneten? den Lebensweg dieser Familie nachzuzeichnen versucht, deren Ursprünge sie in der »Chronologie« der Pléiade-Ausgabe ihrer Werke in wenigen Worten zusammenfaßt: »Fernande de Cartier de Marchienne gehörte einer alten, aus Lüttich stammenden Familie an, die sich im 17. Jahrhundert in Marchienne im Hennegau niederließ. Ihr ›Onkel‹, genauer gesagt der Cousin zweiten Grades beider Eltern, Lyriker und Romancier, genannt ›der Eremit von Acoz‹ war einer der bedeutendsten Essayisten Belgiens im 19. Jahrhundert.«[1] Marguerite Yourcenar konnte es sich nicht versagen, einen wenn auch noch so bescheidenen literarischen Vorläufer in der Familie geziemend ins Licht zu rükken.

Fernande hatte ihren Mann überredet, dieses Haus an der Avenue Louise Nr. 193 zu mieten, denn sie wollte ihr Kind lieber in ihrer Heimatstadt Brüssel zur Welt bringen als auf dem Mont-Noir, dem Familiensitz der Cleenewerck de Crayencour im Norden Frankreichs, nahe bei Saint-Jans-Cappel. Um die »Dynastie« der Crayencour geht es im zweiten Band von Marguerite Yourcenars Familien-Trilogie *Das Labyrinth der Welt*, aber wie die Marchienne werden auch die Crayencour am Anfang der »Chronologie« der Pléiade nur kurz vorgestellt: »M. de Crayencour entstammte einer alten Familie Nordfrankreichs. Die Wiege dieser Familie scheint in Caestre bei Cassel gestanden zu sein. Michel de Crayencours Vorfahren waren Jahrhunderte lang in Bailleul ansässig gewesen, dann hatten seine Eltern sich kurz vor seiner Geburt in Lille niedergelassen. Sein Vater, ein reicher Großgrundbesitzer, war lange Zeit Präfekturrat gewesen, dann Präsident des Präfekturrats des Département du Nord. Die Mutter, Noémi Dufresne, war die Tochter von Amable Dufresne, Gerichtspräsident von Lille, Sohn eines Notars aus Béthune.«

Im Haus an der Avenue Louise war alles für die Ankunft des Kindes hergerichtet. Die Dienstboten – Aldegonde, Barbara, Azélie – standen in Bereitschaft, um sogleich beim Einsetzen der Wehen nach dem Arzt zu schicken. Monsieur de Crayencour war nicht beunruhigt. Er, der in zwei Monaten fünfzig Jahre alt wurde, kannte bereits die häuslichen Gezeiten von Geburt und Tod. Man wird nie erfahren, ob er es als freudiges oder eher lästiges Ereignis empfand, zum zweiten Mal Vater zu werden. Jedenfalls hat er sich um Gelassenheit bemüht. Mit dem Sohn, den ihm seine erste Frau, Berthe, geschenkt hatte, verstand er sich schlecht. Er mißtraute diesem Siebzehnjährigen, der als ältester Sohn gemäß der Familientradition den Vornamen Michel trug, wie er selber. Er fand ihn verschlossen, insgeheim feindselig, und hatte ihn immer als Eindringling empfunden. Monsieur de Crayencour hatte ein Leben voller Extravaganzen und Abenteuern hinter sich, das sein Sohn wortlos aber offensichtlich mißbilligte. Er hatte in unbekümmerter Eleganz Europa durchschweift, von Spielkasinos zu galanten Soireen, und »solide« zu werden lag kaum auf seiner Linie. Dennoch hatte er dem Wunsch Fernandes entsprochen, die in der Mutterschaft die einzige Möglichkeit sah, wirklich Frau zu sein.

Es wäre kaum die Mühe wert, auf diese banale Familienszene, den typischen Anfang bürgerlicher Romane, näher einzugehen, begänne mit ihr nicht das Schicksal der künftigen Marguerite Yourcenar. Denn alles kam genau so, wie Fernande es in ihren düstersten Stunden befürchtet hatte. Marguerite Yourcenar hat es in *Gedenkbilder* präzise geschildert, die Geschichte ihrer Geburt, etliche siebzig Jahre später aus verschiedenen Quellen zusammengetragen. Denn während ihrer Kindheit wurde über dieses Ereignis nicht gesprochen, und Fernande, wenn überhaupt, nur als »Marguerites Mutter« erwähnt.

Nach einer qualvoll durchlittenen Nacht gebar Fernande am Montag, dem 8. Juni 1903 um acht Uhr morgens ein kleines Mädchen, das die Vornamen Marguerite, Antoinette, Jeanne, Marie, Ghislaine erhielt.

Marguerite als Baby

»Das schöne Zimmer glich dem Ort eines Verbrechens. Barbara war von den Befehlen, die man ihr gab, so in Anspruch genommen, daß sie nur einen kurzen, scheuen Blick auf das fahle Gesicht der Wöchnerin warf, auf ihre angezogenen Knie, ihre Füße, die aus dem Laken ragten und auf einer Bettrolle ruhten. Das bereits von der Mutter getrennte Kind wimmerte in einem Korb unter einer Decke. Ein heftiger Wortwechsel war soeben zwischen Monsieur und dem Arzt ausgebrochen, dessen Hände und Wangen zitterten. Monsieur nannte ihn einen Schlächter. Azélie verstand es, sich geschickt einzuschalten, um den schlecht unterdrückten Stimmausbrüchen der beiden Männer ein Ende zu setzen: Der Herr Doktor sei erschöpft und würde am besten nach Hause gehen und sich ausruhen; dies sei nicht die erste schwierige Entbindung, bei der sie, Azélie, helfe. Monsieur befahl Barbara grob, den Doktor hinauszugeleiten (...)

Zusammen mit Aldegonde, die man zu Hilfe gerufen hatte, brachten die Frauen einen Anschein von Ordnung in das Chaos. Die vom Blut und den Exkrementen der Entbindung besudelten Laken wurden zu einer Kugel gerollt und in die Waschküche getragen. Das schleimige und geheiligte Gekröse einer jeden Geburt, von dem der Erwachsene sich nur schwer vorstellen kann, daß es einmal zu ihm gehört hat, endete in der Glut des Küchenherdes. Man wusch das Neugeborene. Es war ein kräftiges Mädchen, dessen Schädel mit einem mausfellartigen schwarzen Flaum bedeckt war.«[2]

Nach einer kurzen Besserung verschlechterte sich Fernandes Zustand, und trotz der Bemühungen eines neuen Arztes starb sie am Abend des 18. Juni am Kindbettfieber, das mit einer Bauchfellentzündung einherging. Ihr Tod wurde vermutlich erst am folgenden Tag amtlich bestätigt, denn auf ihrem »Gedenkbild« ist als Todesdatum der 19. Juni angegeben.

Als Fernande bewußt wurde, daß sie nur noch wenige Tage zu leben haben würde, bat sie ihren Mann in Gegenwart von dessen Schwester Mademoiselle Jeanne – »der bresthaften Tante«, von der Marguerite häufig sprechen wird – und der deutschen Gouvernante, die immer als »la Fräulein« bezeichnet wird, der indes die Kleine ihren Vornamen verdankt (sie hieß Margareta): »Wenn die Kleine jemals den Wunsch äußert, ins Kloster zu gehen, dann sollte man sie nicht daran hindern.« »Monsieur de C. erwähnte diesen Ausspruch nie vor mir, und Jeanne verschwieg ihn aus Diskretion«,[3] kommentiert Marguerite Yourcenar, und sie setzt hinzu: »Nicht so *Fräulein*. So oft ich einen Tag bei der Frau verbrachte, die für mich Tante Jeanne war, verpaßte mir Mademoiselle *Fräulein* diese letzten Worte meiner Mutter, was mir die arme alte Deutsche, deren lärmende Schmeicheleien und Neckereien mich ohnehin verärgerten, vollends unerträglich machte. Seit meinem siebenten oder achten Lebensjahr schien mir, daß diese Mutter, von der ich fast nichts wußte und von der mir mein Vater nie ein Bild gezeigt hatte (Mademoiselle Jeanne besaß von ihr ein Foto, das neben vielen anderen auf dem Klavier stand, machte sich jedoch kaum die Mühe, mich darauf hinzuweisen), ungebührlich in mein Leben und in meine Freiheit eingriff, indem sie versuchte, mich allzu offensichtlich in eine bestimmte Richtung zu drängen. Sicher, das Kloster reizte mich wenig, doch ich wäre wohl ebenso widerspenstig gewesen,

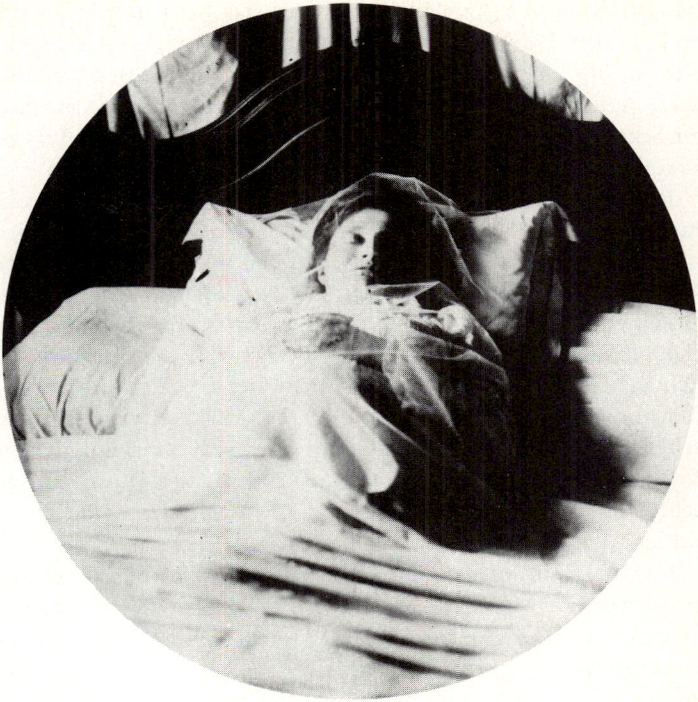

Fernande auf dem Totenbett

wenn sie meine zukünftige Heirat geplant oder das Institut, in dem ich erzogen werden sollte, bestimmt hätte. Was fiel eigentlich allen diesen Leuten ein? Ich wandte unmerklich den Kopf ab, wie ein Hund, dem man das Halsband anlegen will.«[4]

Die Fotos von Fernande auf dem Totenbett, die Marguerite erst als Erwachsene sah (sie hat immer versichert, daß sie vor ihrem fünfunddreißigsten Lebensjahr kein Portrait ihrer Mutter zu sehen bekommen habe), zeigen den Leib der Verstorbenen von der Infektion so aufgetrieben, als hätte sie das Kind noch gar nicht bekommen. Monsieur de Crayencour war zum zweiten Mal innerhalb von vier Jahren Witwer geworden. Und nach allem, was sich über den Tod seiner ersten Frau, Berthe, und deren Schwester Gabrielle vermuten läßt, die beide wahrscheinlich an den Folgen einer Abtreibung starben, zum zweiten Mal im Zusammenhang mit der Zeugung eines Kindes. »Ich habe an anderer Stelle gesagt, daß Berthes Tod Michel schmerzlich überraschte, ohne ihn zutiefst zu betrüben. Nach neuerlicher und eingehender Überprüfung der Fakten, die ich kenne, vermute ich, daß er zumindest erschüttert war. Auf alle Fälle scheint er mit der Absicht zum Mont-Noir zurückgekehrt zu sein, sich dort endgültig niederzulassen, was bei ihm dem Eingeständnis einer Niederlage gleichkommt.«[5]

Berthe war eine Frau gewesen, die die Gefahr liebte. Ihr Sohn hingegen glaubt, sie habe sich vielmehr ihrem Mann gefügt; indessen weckt allein der Stil seines Berichts den Verdacht, hier habe das Klischee über die Realität gesiegt: »Ich war damals vierzehn Jahre alt, alt genug, um die ganze Bitterkeit meines Unglücks auszukosten. Ich verlor eine sanfte und gute Mutter, die mich zärtlich liebte ...«, berichtet Michel-Fernand-Joseph. »Wie oft habe ich Tränen wie Perlen an den Wimpern ihrer großen schwarzen Augen schimmern sehen, wenn sie von mir Abschied nahm, um meinem Vater auf seinen ständigen Streifzügen zu folgen (...) Auf Wiedersehen, mein Kleiner, sagte sie zu mir, und unterdrückte ein Schluchzen.«[6]

Marguerite Yourcenar hingegen stellt uns Berthe als ebenso ausgefallen vor, wie den Ehemann. Die Tatsachen widerlegen sie nicht. Die abenteuerlustige Frau, die exzellente Reiterin war Monsieur de Crayencour durch ganz Europa gefolgt und hatte, als wieder einmal Ebbe in der Kasse war, nicht gezögert, sich zusammen mit ihm in einem Zirkus zu verdingen, damit die Reise fortgesetzt werden konnte. »In Wien sind die drei Reisenden [Michel, Berthe und Gabrielle] wieder in Geldnöten«, schreibt Marguerite Yourcenar. »Laut Michel hat diese Ebbe in der Kasse sie bewogen, die Fahrt nach dem Westen mit einem Zirkus zu machen, in dem sie als Kunstreiter auftreten und beim Versorgen der Pferde mit Hand anlegen. Ich vermute jedoch, daß bei diesem Entschluß eher die Anziehungskraft der Manege, der rotsamtenen Logen, der Rotfüchse, die zum Geschmetter des Orchesters die Schweife kreisen lassen, der Geruch von Schweiß und wilden Tieren den Ausschlag gaben. Renoir, Degas und Manet haben nicht anders empfunden als sie.«[7]

Ganz anders »die arme Fernande«, wie die Tochter sie zuweilen nennt; sanft, ein wenig furchtsam, auf ihren Frieden bedacht, auf ihre Ruhe. Sie liebte das Reisen mehr um des Traums als um des Abenteuers willen. »Diese Phantastereien zielen bei aller Verblasenheit doch auf das Wesentliche« fährt Marguerite Yourcenar fort:

»Das Bedürfnis, zu lieben, das Fernande mit Literatur umwölkt, und das Bedürfnis, zu genießen, das sie sich nicht eingesteht.«[8]

Marguerite Yourcenar hat sowohl in *Gedenkbilder* wie in *Lebensquellen* dargestellt, was den siebenundvierzigjährigen Michel de Crayencour bewogen haben mag, am 8. November 1900 die achtundzwanzigjährige Fernande zu heiraten, die so erfüllt war von »zärtlicher Besorgnis um einen Mann, der Prüfungen durchgemacht hat, von denen sie weiß«.[9] Was nicht bedeutet, daß sie etwas davon begriffen hätte. Und die drei gemeinsam verbrachten Lebensjahre werden so zusammengefaßt:

»Es liegt etwas Bewegendes in diesen Tröstungen und Versprechungen, die ein verletzlicher Mensch einem anderen macht, dessen Wunden schlecht verheilt sind. Die Versprechungen wurden gehalten, soweit es an Fernande lag. Die Zukunft (...) dauerte etwas über drei Jahre (...). Drei Jahre eines langsamen Walzers quer durch Europa, das diesmal das Europa der Museen, der königlichen Parks, der Wald- und Bergpfade war; drei Jahre, angefüllt mit Gesprächen und Lektüren, mit Liebe auch und mit einem Glück, in das sich zwar hie und da Mißverständnisse und Streit zwischen diesem schnell ungeduldigen Mann und dieser schnell verletzten Frau mischten. Doch Glück trotz allem: Michel ließ auf die Rückseite des Sterbebilds der jungen Frau schreiben, man solle nicht über das weinen, was nicht mehr ist, sondern sich über das freuen, was war. Er fügte dann hinzu, daß sie *immer bestrebt war, ihr Bestes zu tun*, ein etwas zweifelhaftes Lob. (...) Die Vergangenheit war, wenn schon nicht aufgehoben (...), so doch wenigstens vorübergehend zurückgedängt worden. Drei Jahre Beinaheglück an der Seite einer jungen, völlig anderen Frau, in einem anderen Licht und einer wie von Schumannscher Musik erfüllten Vertrautheit bedeuten nicht wenig für einen sechsundvierzigjährigen Mann [sic], der ein heftig bewegtes Leben hinter sich hat.«[10]

Dieses »Beinaheglück« hätte, obgleich es nicht gegenseitiger Leidenschaft entsprungen war oder gerade weil es nicht einer solchen Leidenschaft entsprungen war, Jahre andauern können, wenn der zarten Fernande nicht genau das bestimmt gewesen wäre, wovor sie sich am meisten gefürchtet hatte: der Tod im Kindbett.

Monsieur de Crayencour wußte selbst nicht, was ihn bestimmte – Kummer, Ratlosigkeit oder Müdigkeit –, als er Ende Juli mit der kleinen Marguerite und der Pflegerin Azélie zum Mont-Noir zurückkehrte. »... ein ganz in Schwarz gekleideter Herr, in dem die

Fernande de Cartier de Marchienne im Jahr 1899

Gepäckträger und der Schaffner unschwer Monsieur de C. erkennen, steigt in Lille aus einem Zug, um die Bimmelbahn nach Bailleul zu nehmen, wo ihn Madame Noémis Pferde und ihr Kutscher Achille erwarteten«, wird Marguerite Yourcenar schreiben. »Monsieur de C. hält Trier an der Leine, einen Dackel, den Fernande während der Verlobungsreise in Deutschland gekauft hat und der sozusagen ihre Reliquie ist. Dahinter kommen die Ziele von Triers liebevoller Fürsorge, zwei ebenfalls schwarz gekleidete Damen, die das Auge der Bahnhofsbediensteten alsbald als Gesinde identifiziert. Die eine ist Barbe oder Barbara, wie ich sie später nennen werde (...) Die andere ist die Krankenwärterin, Madame Azélie. Madame Azélie hält die Kleine im Arm, die auf einem weiß bezogenen Kopfkissen liegt; vorsichtshalber hat man den Säugling mit großen Satinschleifen angeschnürt.«[11]

Die Aussicht, zugleich seine Mutter Noémi ertragen und über dieses Kind wachen zu müssen, das ihm anvertraut ist, war nicht dazu angetan, Michel zu trösten. Und noch dazu in diesem »Schloß«, das er nie gemocht hat, trotz der reizvollen ländlichen Umgebung. »Das ›Schloß‹« wird Marguerite Yourcenar später berichten, »wo ich von 1903, dem Jahr meiner Geburt, bis 1912 die schöne Jahreszeit verbrachte, war ein aus Ziegel erbautes und reichlich mit Türmchen versehenes Herrenhaus im Stil Louis XIII., wie ihn die Romantik liebte. Auf der Fassade war das Datum 1824 eingemeißelt (...) Der ganze Bau war banal, doch der Blick von der Terrasse war sehr schön und schön auch waren die hügeligen Weiden und die Wälder.«[12] Georges de Crayencour berichtet, daß das Schloß auf dem Mont-Noir im Jahr 1815 von Charles-Augustin Cleenewerck erbaut worden sei. Auf Betreiben seiner Gattin habe er den Familiennamen durch das Patronym de Crayencour ergänzt, den Namen eines der Familie Cleenewerck gehörenden Pachtgutes. Die offizielle Eintragung erfolgte 1858 laut Beschluß des Gerichts von Hazelbrouck.[13]

In einem der ersten Briefe, die sie ihrem Stiefneffen Georges de Crayencour schrieb (Weihnachten 1966) schildert Marguerite Yourcenar diesen Mont-Noir, den sie erst viel später in *Liebesläufe*[14] wiedererstehen lassen wird. Die Legende verlieh dem Schloß eine unwahrscheinliche Flucht von Räumen:

»Mont-Noir hatte angeblich hundert Zimmer (wie das antike Theben hundert Tore hatte!). Ich habe inzwischen zuweilen zurückgedacht und konnte niemals mehr als ungefähr dreißig entdekken. Wenn man ein wenig mogelt und das Pförtnerhäuschen hinzuzählt, das noch heute steht, den Pferdestall, der später zur Garage wurde, und die Waschküche, wo ich jeden Samstag mein dickes weißes Schaf abseifte, dann kommt man auf höchstens vierzig Räume. Das ist die vergrößernde Wirkung der Legenden.

Es wäre auch viel zu erzählen über die Menschen, die unter diesem Dach gelebt haben«, fährt Marguerite in dem Brief an ihren

Neffen fort, »angefangen mit Ihrer schrecklichen Urgroßmutter – ›Madame Cleenewerck‹, wie Ihr Großvater sie zu nennen pflegte – bis zu den Dienstboten, dem Kutscher Achille, dem Gärtner Hector, der Köchin Julienne, der Dicken Madeleine und der Kleinen Madeleine und dem Butler und Kammerdiener Joseph, der die Weinreste aus den Flaschen trank und dazu die Gassenhauer sang, die gerade in Mode oder es zehn Jahre zuvor gewesen waren (›l' brave général Boulanger‹). Alle diese Leute und noch ein paar mehr hausten in den Kellerräumen, in der großen ganz schwarzen Küche, wo die Kupferpfannen glänzten, in der Milchkammer mit ihren Steinguttöpfen voll gesalzener Butter, und in der ›Gesindestube‹ mit ihrem großen runden Tisch, genau unter dem Speisesaal der Herrschaft und weit weniger trübselig.

Hier haben Sie zumindest einen Teil jener Umgebung, die ich mit den Augen eines kleinen Mädchens wahrgenommen habe, kurz vor der Zeit, als Ihre Mutter zum ersten Mal auf den Mont-Noir kam. Die meisten Leute sprechen über die Vergangenheit in einem scherzenden oder überheblichen Ton, als wollten sie sich dafür entschuldigen, solche ›rückständigen‹ Zeiten gekannt zu haben, oder sie trauern den guten alten Tagen nach. Beide Einstellungen sind falsch: Es gab Angenehmes und Unerfreuliches auf dem Mont-Noir, wie überall sonst. ... Der Rest bleibt dem Buch vorbehalten, das ich vielleicht eines Tages schreiben werde ...«[15]

Noémi (»Madame Cleenewerck«) liebte nur einen einzigen Menschen, der noch immer der »kleine Michel« hieß, obwohl er schon ein großer junger Mann war – Marguerites Halbbruder, den sie immer Michel-Joseph nennen wird.[16] »Die Hausherrin, geborene Noémi Dufresne aus einer großbürgerlichen Familie in Lille, außer sich über den Leichtsinn und die Verschwendungssucht ihres Sohnes (ihre Töchter waren beide auf tragische Weise ums Leben gekommen), berief alsbald einen Familienrat zusammen, wo sie, flankiert von ihren Notaren (...) den Vorsitz führt (...) um wenigstens das für ihren einzigen Enkel bestimmte Erbteil sicherzustellen. Diese Vorsichtsmaßnahmen schienen nichts genützt zu haben; Noémi starb am 16. April 1909. Welche Verfügungen hat sie treffen können? Sind sie eingehalten worden?«[17]

Georges de Crayencour, der Sohn des »kleinen Michel«, sagt heute, seine Stieftante Marguerite Yourcenar habe von Noémi ein Zerrbild entworfen, »ungerecht und übertrieben bösartig«. Marguerite Yourcenar geht tatsächlich mit Noémi nicht schonend um:

»Beugen wir uns nun über diesen Abgrund von Engherzigkeit: Noémi«, wird sie in *Lebensquellen* schreiben. »Ich lernte sie erst kennen, als sie in den Achtzigern war, vom Alter gebeugt und schwerfällig, und in den Korridoren von Mont-Noir umherwanderte, wie in einer Erzählung von Walter de La Mare die unvergeßliche Tante Seatons durch ihr leeres Haus geistert und in den Augen der Kinder zur Inkarnation des Todes, ja des Bösen wird. Aber Noémis prosaisches Wesen war nicht dazu angetan, Gruseln zu erregen (...) Diese alte Frau, die sich ihr Leben lang vor dem Tod gefürchtet hatte, starb einsam auf dem Mont-Noir an Herzversagen. ›Herz?‹ rief ein Gutsnachbar aus. ›Ich wußte gar nicht, daß sie eins hatte.‹«[18]

Marguerite Yourcenar hat instinktiv – und wohl auch wissentlich – die Abneigung ihres Vaters gegen diese Frau übernommen, die ihn, wie er sagte, nie geliebt hatte. Es kommt noch hinzu, daß sie selber spürte, wie lästig es Noémi war, sie zur Enkelin und diese Enkelin bei sich auf dem Mont-Noir zu haben. Marguerite Yourcenar schreibt in *Lebensquellen*: Noémi »weiß kaum, daß ihr Leben einmal enden wird; sie weiß, daß ihre Eltern sterben und daß sie die Erbin sein wird (...) Niemand hat ihr gesagt, daß die Dinge verdienen, um ihrer selbst willen geliebt zu werden, unabhängig von uns, ihren flüchtigen Besitzern (...). Sie ist tugendhaft in dem schäbigen und engen Sinn, den dieses Wort damals hat, wenn man es auf ein weibliches Wesen anwendet, als sei die Tugend der Frau auf eine einzige Körperöffnung beschränkt. Monsieur de C. wird keine Hörner tragen. Ist sie keusch? Nur die Bettlaken könnten uns diese Frage beantworten. Möglich, daß diese robuste Gattin von ungestümer Sinnlichkeit war, der Michel-Charles gerecht zu werden wußte; möglich (ich neige eher zu dieser Annahme, denn eine glückliche Frau ist nicht zänkisch), daß eine gewisse Temperamentlosigkeit, ein Mangel an Neugier oder Phantasie oder die Ratschläge, die Alexandrine-Josephine ihr sicherlich gab, sie nicht nur für die ›unerlaubten‹, sondern auch für die erlaubten Freuden unzugänglich machten.«[19] Wenn man diese Zeilen liest, wundert man sich nicht, daß Marguerite wenig von dieser Art »Tugend« hält und dieses Wort später nicht im konventionellen, sondern im römischen Sinn verwendete.

Michel, erbittert über das unvermeidliche, wenn auch nur provisorische Zusammenleben mit seiner Mutter, einen Säugling auf dem

Hals, den Noémi nicht einmal sehen will, sieht keine rechte Zukunft mehr vor sich. Er konnte damals nicht ahnen, daß er sich eines Tages für seine Tochter interessieren, daß sie ihm den Geschmack an Wissenschaft und Literatur zurückgeben sollte und daß hier, auf dem Mont-Noir der ungewöhnliche Lebensweg einer ungewöhnlichen Frau begann. Er hätte nicht zu träumen gewagt, daß Marguerite seiner eigenen Neigung folgen würde, zumindest, was das Nomadenleben betraf – »nur anderswo kann man sich wohlfühlen« – und die Freiheit des Alleinseins. Und dennoch tat sie es, auch wenn bei ihr noch eine Art eheliches Zusammenleben und ein Arbeitseifer hinzukamen, den er vielleicht für übertrieben gehalten hätte. Monsieur de Crayencour hatte aus der Zerstreuung eine Kunst gemacht. Seine Tochter wußte, wer ein literarisches Œuvre hinterlassen wollte – und dem galt sehr bald ihr einziges wahrhaftes Streben – muß Disziplin halten oder sich mindestens zu Disziplin anhalten lassen.

Über Marguerites Kindheit wissen wir kaum mehr, als was sie selbst berichtet, vor allem in *Liebesläufe*, dem letzten Band ihrer Familien-Trilogie. Erstens, weil sie so alt wurde – sie starb mit vierundachtzig Jahren –, daß es kaum noch Zeugen gibt; zweitens, weil sie allein mit ihrem Vater lebte und die beiden viel umgezogen, viel gereist sind und sie nie eine Schule besucht hat, sondern immer nur von Hauslehrern unterrichtet wurde. Es existiert also keines jener Zeugnishefte, die ein frühes Interesse für Literatur oder Geschichte bestätigen und so das beruhigende Gefühl gängiger Kausalitäten vermitteln, keine jener Mitschülerinnen, die für den Biographen so wertvoll sind, weil sie sich über kleinste, mit der Zeit zwar mehr oder weniger aufpolierte oder getrübte Details verbreiten, die immerhin ermöglichen, daß sich das Portrait eines Kindes von dessen erster sozialer Erfahrung an umreißen läßt. Marguerite Yourcenar selbst schreibt in *Liebesläufe*: »Lange habe ich geglaubt, wenig Kindheitserinnerungen zu haben, ich meine damit, Erinnerungen an die Zeit vor dem siebten Lebensjahr. Aber ich täuschte mich: Ich kann mir eher denken, daß ich ihnen bisher kaum Gelegenheit gegeben habe, wieder in mein Bewußtsein aufzusteigen.«[20]

Bei dem Versuch, diese erste und ferne Zeit zurückzuholen, erinnert Marguerite Yourcenar sich an die Blumenwiesen der Jahrhundertwende, nach denen wir uns heute sehnen. »Ein Büschel

La »Fräulein« etwa 1895

Klatschmohn und ein paar vereinzelte Kornblumen rühren uns heute«, gesteht sie gegen Ende ihres Lebens, »während sie damals wucherten, alles in ihre Farben tauchten wie auf dem Gemälde Monets, wo eine Frau in den Mohnblumen fast verschwindet.«

Sie erinnert sich auch an die Tiere, an die Ziege, deren Hörner Michel golden anstrich, an das Schaf und den Dackel Trier, den Hund, den Fernande gekauft und der mit dem jungen Paar alle Reisen ihres kurzen Ehelebens mitgemacht hatte und der nun auf dem Mont-Noir die Wiege des mutterlosen Kindes bewachte. Gegenstände und Spielsachen findet sie in ihrem Gedächtnis weniger leicht, ausgenommen eine billige Puppe, die sie, wie alle Kinder, dem teuren Spielzeug vorzog. »Einen ganzen Winter lang hat mich eine Zehn-Groschen-Puppe, ein Gelenk-Baby aus Zelluloid, die Mutterschaft gelehrt. Zufall oder Omen, ich taufte sie auf einen Namen – André –, den zwei Männer tragen sollten, die mir teuer waren, ohne daß meinen Gefühlen für sie etwas Mütterliches angehaftet hätte.«[21]

Da man jedoch nicht vergessen darf, daß Marguerite Yourcenar sich niemals wirklich für ihr eigenes Leben interessiert hat, es sei denn, um es abzuwandeln und einen literarischen Gegenstand daraus zu machen, müssen die in ihrer Familien-Trilogie enthaltenen »Informationen« mit größter Vorsicht aufgenommen werden. Außerdem bezeichnete Marguerite Yourcenar den Band *Liebesläufe* immer als »meinen Roman«. Eine Art Hinweis für alle, die es nicht schon wußten, daß sie nicht »Zeugnis ablegen« oder »Gelebtes« niederschreiben wollte. Die meisten Menschen, deren Portraits sie in *Liebesläufe* zeichnet, haben sie wohl in ihrer Kindheit bezaubert, interessiert, sogar fasziniert. Andererseits sagt sie, das Interesse der Kinder für die Erwachsenen sei quasi inexistent:

»Diese fast totale Gleichgültigkeit gegenüber bestimmten Tatsachen, dieser leidenschaftliche Eifer bei anderen Gelegenheiten wären weniger befremdend, wenn man dem Kind so etwas wie eine Erwachsenen-Persönlichkeit und ein bereits individualisiertes Bewußtsein zubilligen würde, die beide noch nicht durch Vorschriften gleichgerichtet und durch Moden verdummt worden sind. Ich bemühe mich hier fast verzweifelt, einzig die Erinnerungen heraufzubeschwören, die ganz und gar von mir stammen, und darüber hinaus jegliches süßlich-fade Bild von der Kindheit zu vermeiden, mit seinem Anstrich von bald falscher, wie Zahnschmerzen enervierender Rührung, und bald freundlicher Herablassung. Das Kind kommuniziert instinktiv nicht mit dem Erwachsenen, sehr schnell erscheint ihm das, was die ›Großen‹ sagen, falsch oder zumindest bedeutungslos.«[22]

Die Menschen, die Marguerite Yourcenars Kindheit begleiteten oder denen sie damals begegnet war, werden von ihr nur dann wirklich geliebt, wenn sie sich als Romanfiguren eigneten, auf halbem Weg zwischen Realität und Fiktion angesiedelt – sogar schon ehe sie ihnen einen Platz in ihrem literarischen Universum zuwies –, dann später als sie begonnen hat, sie zu beschreiben, sie zu schreiben. Sie hat das häufig betont, besonders in bezug auf ihren Vater, obwohl es auf ihn vermutlich am wenigsten zutrifft, hat sie doch mit ihm die prägendsten Jahre ihres Lebens verbracht. Dennoch sollte man die Bedeutung dieses Vaters nicht überschätzen, ihn nicht, wie es oft geschieht, als »den Mann ihres Lebens« bezeichnen. Für Freunde des psychoanalytischen Klischees muß es unbedingt einen Mann gegeben haben, der ihr den Blick auf alle anderen Männer »verstellt« hat, was der Grund sei, daß sie sich für das Leben mit einer Frau entschieden habe ...

Es ist klar, daß jahrelang die Figuren der Bücher, an denen sie schrieb, Hadrian oder Zenon, die Erinnerung an Monsieur de Crayencour überlagerten. Er nahm für sie erst wieder Gestalt an, als sie aus ihm einen Helden in *Lebensquellen* machte.

Man sollte sich klugerweise auch hüten, in Monsieur de Crayencour einen »neuen Vater« im modernen Sinn sehen zu wollen, der sich leidenschaftlich für das Neugeborene interessiert, sodann für die Fortschritte der Kleinen, auch wenn dieses Bild durch die Familienlegende bekräftigt wird, wie Georges de Crayencour berichtet: »Der Vater der kleinen Marguerite wähnte sie, Gott weiß warum, mit allen guten Anlagen versehen. Dieser intelligente und reiche Eklektiker wollte sich wohl über sein großes Leid oder das, was Außenstehende dafür halten mochten, hinwegtrösten, indem er sich dem intellektuellen Erwachen seines Töchterchens widmete, das für ihn zum Mittelpunkt der Welt geworden war. Eine seiner angeheirateten Nichten, meine Tante, eine blendende, gute und unabhängige Frau, sagte überdies, er sei grundgütig und von blinder Großzügigkeit gewesen. Vater und Tochter lebten wie in einer Art Leidenschaft ›Auge in Auge‹, bangten um jeden Augenblick des Zusammenseins und der Trennung. Sein Sohn aus erster Ehe war zu verschieden von ihm und, wie er meinte, auch von ihr.«[23]

Diese idyllische Vision wird von Marguerite Yourcenar selbst weitgehend demontiert: Sie ist gerade erst drei Jahre alt und Monsieur de Crayencour dreiundfünfzig, er hat nicht die Absicht, dieses Kindes wegen den von ihm gewählten Lebensstil aufzugeben. Da er die Kleine für »robust« hält – worauf Marguerite Yourcenar bei mehreren Gelegenheiten hinweist (sie, die später sagen wird, sie sei schon immer von zarter Gesundheit gewesen ...) – nimmt er sie mit nach Südfrankreich, wo er wegen des Klimas und der Kasinos die Winter zu verbringen liebt. Doch dort kümmert er sich ebenso wenig um Marguerite, wie auf dem Mont-Noir oder in dem schönen Haus der Familie an der Rue Marais Nr. 26 in Lille, wo das Kind und er die Winter der Jahre 1903 und 1904 verbringen, er überläßt sie den erfahrenen Wärterinnen. »Michel ändert dem Kind zuliebe nicht wirklich sein Leben. Doch wenn er auch keine großen Opfer bringt, so kommt er immerhin abends ein wenig früher nach Hause«, schreibt Marguerite Yourcenar in den Vorarbeiten zu dem künftigen Band *Liebesläufe.*[24]

Einer der wenigen noch lebenden Zeugen von Marguerites früher Kindheit, Baron Egon von Vietinghoff – dessen Familie in Marguerite Yourcenars Leben oder zumindest in ihrem geistigen Universum einen wichtigen Platz einnimmt –, ist Maler. Es ist daher nicht seine Gewohnheit, alles durch die Sprache wiederzugeben. So ist seine Erinnerung viel lückenhafter als die seiner ersten Spielgefährtin auf dem herrlichen Strand von Scheveningen in den Jahren 1905 und 1906. »Wir haben einen Sommer gemeinsam verbracht, vielleicht zwei, aber deutlich erinnere ich mich nur an einen«, sagt der Mann, den Marguerite später als »my first boy friend« oder als »Den Sohn des Alexis« bezeichnen wird – sein Vater war eines der Modelle für den Helden von Marguerite Yourcenars erstem Roman *Alexis oder der vergebliche Kampf.*

Egon und seine Familie spielen eine wichtige Rolle in Marguerite Yourcenars Œuvre, aber sie hat absichtlich Verwirrung gestiftet, nämlich nicht nur den Familiennamen geändert, was zumindest bei reinen Romanwerken unerläßlich ist, sondern auch dem Vater den Vornamen des Sohnes gegeben. Baron Egon von Vietinghoff ist der Sohn Konrads von Vietinghoff, eines Musikers, und dessen Gattin Jeanne, die, laut Marguerite, die große Liebe im Leben ihres Vaters war und die für sie der Traum einer Mutter werden sollte. In *Liebesläufe* erhält Konrad von Vietinghoff den Namen Egon von Reval (während sein Sohn Egon zu Clément wird), Jeanne, eine der wichtigsten Figuren des Romans, heißt dort von Reval, behält indes ihren richtigen Vornamen. Allerdings trat sie bereits in *Gedenkbilder* und *Lebensquellen* auf, wo sie den Namen Monique trägt. Ein einziges Mal erscheint sie unter ihrer richtigen Identität, und zwar in einem Text aus dem Jahr 1929 mit dem Titel »En mémoire de Diotime: Jeanne de Vietinghoff«, der in den Essayband *Le Temps, ce grand sculpteur* aufgenommen wird.[25]

Jeanne, Egons Mutter, und Fernande, Marguerites Mutter, hatten gemeinsam das Institut der Damen vom Heiligen Herzen Jesu in Brüssel besucht. Fernande war hingerissen gewesen von dieser jungen holländischen Baronesse, die von der Mutter in ein Brüsseler Internat geschickt worden war, damit dort ihr Französisch den letzten Schliff bekomme. Mit Jeannes Auftauchen verschlechterten sich Fernandes bis dahin glänzende schulische Leistungen rapide. Ihre Gouvernante, *Fräulein*, sah den Grund in einer gewissen »Verwirrung«, was im Klartext bedeutete, einer »Liebe«,[26] kommentiert Marguerite Yourcenar. Die Beziehung zwischen Jeanne und Fernande hat Marguerite Yourcenar im Zuge ihrer Familienforschungen sehr interessiert. »Ich weiß, daß man mir vorwerfen wird, ich hätte etwas verheimlicht, wenn ich nicht von der Sinnlichkeit spreche, die ihren Anteil an dieser Liebe gehabt haben mochte«, präzisiert sie in *Gedenkbilder*. »Doch die Frage ist an sich müßig: Alle unsere Leidenschaften sind sinnlich. Man kann sich allenfalls fragen, bis zu welchem Punkt diese Sinnlichkeit in die Tat umgesetzt wurde (...) Sexuelle Vertrautheit zwischen Angehörigen des gleichen Geschlechts ist zu sehr Teil des menschlichen Verhaltens, als daß selbst das exklusivste Töchterpensionat jener Zeit sie völlig hätte ausschließen können (...) Die Sinnlichkeit wird nicht nur als Sünde dargestellt, sie wird vage als schmutzig empfunden, jedenfalls als unvereinbar mit Wohlerzogenheit. Dennoch ist nicht auszuschließen, daß zwei leidenschaftliche Heranwachsende in wissentlicher oder unwissentlicher Mißachtung dieser so starren Ansichten über die weibliche Natur in einem Kuß, einer flüchtigen Liebkosung, kaum der völligen körperlichen Annäherung, die Wollust oder zumindest eine Ahnung davon kennenlernten. Es ist nicht unmöglich, aber es ist ungewiß (...)«[27]

In *Liebesläufe* kommt sie wieder darauf zurück: »Zahnlose ehemalige Gouvernanten haben lange Zeit gelispelt, eine Freundschaft besonderer Art habe diese Schülerinnen verbunden. Auf jeden Fall war es eine zärtliche und warme Intimität. Es ist eines der Wunder der Jugend, daß sie, ohne geflüsterte Vertraulichkeiten, ohne verbotene Lektüre, einzig aus einem tiefen körperlichen Wissen, das wir alle besitzen, solange man uns nicht gelehrt hat, es zu fürchten oder zu verleugnen, die Geheimnisse neu entdeckt, in deren Besitz die Erotik sich wähnt, obgleich sie meist nichts weiter als billige Imitationen bietet. Aber das Gemunkel der alten Fräuleins reicht als Beweis eines solchen Aufloderns der Sinne nicht aus: wir werden niemals wissen, ob Jeanne und Fernande es kannten oder auch nur gemeinsam erahnt haben.«[28]

Wenn überhaupt, so ist die Art der Mädchenfreundschaft zwischen Jeanne und Fernande nur von anekdotischem Interesse, und an Marguerite Yourcenars Betrachtungen über dieses Thema interessiert vor allem, was sie über eine natürliche, um Geschlecht und Normen unbekümmerte jugendliche Erotik sagt, und daß sie diese Betrachtungen im Zusammenhang mit zwei Frauen anstellt, die ihre »Mütter« waren, die eine ihre leibliche, die andere ihre erträumte Mutter.

Wie dem auch immer sei, Jeanne und Fernande hatten sich gegenseitigen Beistand versprochen und geschworen, falls eine von ihnen vorzeitig sterben sollte, so würde die andere über deren Kinder wachen. So schrieb Jeanne, als sie 1905 endlich von Fernandes Tod erfuhr, unverzüglich an Monsieur de Crayencour:

»Monsieur, ich schreibe diese Zeilen mit zitternder Hand.

Erst vor kurzem erfuhr ich vom Tode Fernandes, die eine meiner besten Freundinnen war. Vermutlich erinnern Sie sich kaum noch an mich: Ich war Brautjungfer bei Ihrer Trauung, und ich habe Sie nur an jenem Tag gesehen.

Ich habe wenige Monate danach in Dresden ebenfalls geheiratet. Mein Mann ist Balte und als solcher russischer Untertan. Wir hielten uns etwa zwei Jahre in Kurland auf, dem Wohnsitz seiner Familie, danach in Sankt Petersburg und anschließend in Deutschland. Die Traueranzeige, sollte sie an mich abgeschickt worden sein, hat mich nie erreicht. Erst bei meiner Rückkehr nach Holland erfuhr ich durch meine Mutter die näheren Umstände vom Tode Fernandes, auch daß sie Ihnen ein Töchterchen hinterließ. Als Fernande mir schrieb, daß sie in anderen Umständen sei, war ich es ebenfalls. Wir versprachen einander für den Fall, daß uns etwas zustoßen sollte, uns der Kinder anzunehmen. Es wäre unsinnig und anmaßend, wollte ich mich erbötig machen, der Kleinen die Mutter zu ersetzen, das fühle ich deutlicher denn je, nun, da ich selber zwei Söhne habe. Aber vielleicht kann ich Ihnen, wenn Sie erlauben, bei der für einen Witwer so schweren Aufgabe, ein Kind großzuziehen, ein wenig helfen.

Sie wissen vielleicht, daß meine Mutter in den Wäldern von Scheveningen[29] ein großes Haus hat, wo wir die schöne Jahreszeit verbringen. Ein Pavillon im Garten ist für Gäste bestimmt; er steht jetzt fast immer leer, da meine Mutter wenig Besuch hat. Es würde ihr und mir eine Freude sein, wenn Sie sich entschließen könnten, einen Teil des Sommers mit der Kleinen und deren Wärterin dort zu verbringen. Sie hätten Freunde um sich, und dem Kind würde die Seeluft guttun. Mein Mann schließt sich dieser Aufforderung an

Jeanne von Vietinghoff »... ich wäre wohl ganz anders als ich bin, wenn Jeanne mich nicht aus der Ferne geformt hätte.«

und erhofft gleichfalls Ihre Zusage; er ist durch seine Karriere als Musiker sehr in Anspruch genommen und bittet Sie im voraus um Verständnis für seine häufige Abwesenheit (...).«[30]

»So haben wir uns also kennengelernt, sie und ich, ein kleines Mädchen und ein kleiner Junge, am Strand von Scheveningen«, erinnert sich Egon von Vietinghoff.[31] »Ich habe noch ein paar Fotos. Hier bekommt sie von mir einen Handkuß. Ich erinnere mich, daß sie nicht schüchtern war, nicht ungesellig, und wenn ich einen Handkuß riskiert habe, so muß sie mir wohl Interesse und Sympathie entgegengebracht haben, wie es Kinder untereinander zu tun verstehen. Wir waren mehr Spielgefährten, für einen oder

Marguerite und Egon von Vietinghoff am Strand von Scheveningen, 1905. Der erste Handkuß.

zwei Sommer, als wirklich befreundet. Dennoch blieb seltsamerweise eine starke Bindung zwischen uns erhalten. Im Alter haben wir das festgestellt.

Ich begriff erst viel später, daß Marguerite sehr an meiner Mutter hing, obwohl sie einander wenig sahen. Damals erfuhr ich, daß sie meine Mutter an deren Lebensende wiedergesehen hat. Meine Mutter hat zu mir nicht viel über sie gesprochen, zu jener Zeit überhaupt nicht. Ich war in Frankreich und hatte meine eigenen Sorgen. Ich war damals mit einer Frau verheiratet, die meine Mutter nicht für mich ausgesucht hätte. Ihr wäre Marguerite gewiß lieber gewesen. Ich glaube nicht, daß meine Mutter gewußt hat, welchen Platz sie in Marguerites Leben einnahm. Sie war sehr bescheiden und prahlte nicht mit dem Einfluß, den sie gehabt haben mochte. Sie hat ein paar Bücher geschrieben, aber sie selbst war viel überragender als diese kleinen Werke. Sie besaß auch ungewöhnliche Seelenstärke. Sie starb an Leberkrebs, als wir, Marguerite und ich, knapp über zwanzig waren. Ich glaube, es war im Jahr 1925, aber ich weiß das alles nicht mehr so genau.

Seit Marguerite Yourcenars ersten Veröffentlichungen wußte ich, wer hinter dem Pseudonym steckte, denn meine Mutter hatte mir gesagt, Marguerite wolle Schriftstellerin werden, sie sei das kleine Mädchen gewesen, das ich gekannt hatte. Außerdem hieß mein Bruder Alexis, wie der Titel ihres ersten Romans, der vielleicht, aber ich kann es nicht mit Sicherheit sagen, ein Teil der

Geschichte meines Vaters ist. Mag sein, daß es, wie Marguerite glaubte, zwischen ihrem Vater – an den ich mich absolut nicht mehr erinnere – und meiner Mutter eine Liebesgeschichte gegeben hat. Aber ich besitze keinerlei Anhaltspunkte, die mir ein Urteil hierüber erlauben würden.

Ich habe die Karriere Marguerites, die zu Yourcenar geworden war, anhand ihrer Bücher verfolgt, aber ich habe mich nicht bei ihr gemeldet. Ich könnte selbst nicht sagen, warum. Erst als Siebzigjähriger habe ich ihr auf Drängen meines Sohnes geschrieben. Dabei entdeckte ich, daß ich mich ihr nahe fühlte. Ich schrieb ihr ziemlich persönliche Briefe, fast Liebesbriefe. Sie hingegen blieb in ihren Antworten immer unverbindlich. Für mich war sie ›Marguerite Soror‹. *Anna soror* . . . ist übrigens für mich eine ihrer schönsten Erzählungen. Sie berichtete nichts über ihr Leben. Sie hat nie zu mir über Grace Frick gesprochen, und ich wußte nicht, daß sie ihr Leben mit einer Frau teilte. Als wir uns 1983 wiedersahen, waren wir achtzig Jahre alt. Ich habe zu ihr gesagt, eigentlich hätten wir einander heiraten sollen. Sie hat darüber gelacht. Und im Grund hatte sie recht. Diese autoritäre Frau, die ich jetzt sah, das hätte nicht gut gehen können.«

Marguerite Yourcenar hat dieses Gespräch in *Liebesläufe* aufgenommen, und ihrem Freund und Übersetzer Walter Kaiser, der einmal die Hypothese aufstellte, sie könne Egons Schwester sein, antwortete sie: »Nein (. . .), die Daten sprechen dagegen«, und sie schloß: »So (. . .) bemühen wir uns heute, dem einen Sinn zu geben, was keinen hat, dieses sehr dünne und doch magische Band zwischen zwei Menschen zu erklären, die einander am Anfang ihres Lebens nur flüchtig begegnet sind.«[32]

Dieser »Anfang des Lebens« für sie und für den kleinen Egon sind nach Marguerite Yourcenar die Jahre, in denen die Liebe zwischen Jeanne und Monsieur de Crayencour lebendig ist. Egon hingegen versichert, er habe nichts dergleichen bemerkt und begnügt sich mit einem lakonischen »es mag wohl möglich sein«. Ob er vergessen wollte, was vielleicht seine Kindheit getrübt hat, diesen Mann, der sich allzu sehr für seine Mutter interessierte? Er glaubt es nicht, sagt nur »ich habe keinerlei Erinnerung mehr daran«. Marguerite Yourcenar, die mit Egon über diese Zeit gesprochen hatte, um Stoff für ihr Buch *Liebesläufe* zu sammeln, beklagte sich über »das schlechte Gedächtnis« ihres einstigen Spielgefährten und fragte sich, ob er ihr ganz einfach verschweigen wolle, was er dachte. Sie vergaß dabei nur, daß Egon nicht, wie sie, einen Teil seines Lebens damit verbracht hatte, diese Geschichte neu zu erfinden.

Um den Anfang ihres eigenen Lebens zu rekonstruieren, greift Marguerite Yourcenar gern zur Beschreibung von Fotografien. Sie tut das in allen drei »Familiengeschichten«, vor allem in *Liebesläufe*. Dennoch hat sie – bedauerlicherweise – eine sehr schöne Passage über Fotografien und Erinnerung aus den Entwürfen nicht in das endgültige Manuskript übernommen: »Hadrian und Zenon werden sichtbar mit Hilfe genau definierter Strukturen aus Knochen und Fleisch; aus ihren eigenen oder ihnen von mir zugeschriebenen Handlungen und Erinnerungen. Meine eigenen Strukturen kann ich nicht so genau nachvollziehen. Hier ist es noch zu früh, um von Erinnerungen zu sprechen. Die präzise Erinnerung an Dinge wird erst um das dreizehnte Lebensjahr aus dem großen Vergessen auftauchen. Aber ich besitze ein paar Fotos. Wir wollen sehen, was sie mir berichten.

Ich sehe ein kleines Menschlein, ein paar Monate alt, das sich auf einem Schaffell räkelt. Das Geschlecht läßt sich unter der abscheulichen Windel nicht feststellen. Ein gesundes Kind weißer Rasse, wie man so sagt.«

Sie beschreibt sodann ein Foto, wo sie auf einem Fauteuil sitzt, in einem Kleidchen mit Lochstickerei, sie datiert die Aufnahme um das Jahr 1906: »Die blauen Augen sind weit geöffnet, noch nicht, wie ein Dreiviertel Jahrhundert später, halb von den Lidern verdeckt, die schon zu lange durch Allergien und Stirnhöhlenkatarrhe angeschwollen sind und so dem gealterten Gesicht etwas vage Asiatisches verleihen.« Es folgt eine genaue Beschreibung des Fotos, auf dem man die rechte Hand des eigensinnigen, starrköpfigen Kindes sieht, die eine alte Puppe umklammert, eine Art Hanswurst in recht deplorablem Zustand. »Wenn man bedenkt, wem alles sie trotzen mußte, um ihn behalten zu dürfen (Eltern, Fotografen)«, kommentiert Marguerite Yourcenar, »so bewundere ich die Treue der ein wenig unwirschen Kleinen zu ihrem Kasperl.« »Im Verlauf des Festes, das mir zu Ehren im vergangenen Jahr auf dem Mont-Noir veranstaltet wurde« fügt sie hinzu (sie schreibt das im Jahr 1981, das Fest hatte Ende 1980 stattgefunden), »hatte jemand den reizenden Einfall, mir von einem etwa vierjährigen Mädchen einen Blumenstrauß überreichen zu lassen ... Wir wollen keine Kitschpostkarten fabrizieren.«

Marguerite um 1906 »... ich bewundere die Treue der ein wenig unwirschen Kleinen zu ihrem Kasperl.«

Es folgt in den Vorarbeiten zu *Liebesläufe* ein unvollendet gebliebener Satz: »da es [dieses kleine Stück Leben] unglücklicherweise geboren wurde – Fernandes Herzenswunsch kam die arme Frau teuer zu stehen.«[33] Wieder einmal stellt man fest, daß sich über Fernande nichts Konkretes sagen läßt.

Man hat Marguerite Yourcenar so häufig – und zur großen Empörung gewisser Leute – behaupten hören, ihre Mutter habe ihr niemals gefehlt, daß man von ihr kaum erwarten konnte, sie werde sich langatmig über ihre Empfindungen als mutterloses Kind auslassen. »Ich glaube, ich vermißte sie überhaupt nicht«, antwortete sie 1979 auf eine Frage von Bernard Pivot. »Denn es ist schließlich unmöglich, wenn man nicht einen extrem romantischen Charakter hat, einen Menschen zu lieben, ihm nachzutrauern, den man nie gesehen hat.«[34] Fernande fehlte ihr nicht, weil sie niemals dagewesen war und weil Monsieur de Crayencour keinerlei Sentimentalität über diese Abwesenheit genährt hatte. Das Leben ist zwar, wie sie im Alter gern sagte, »immer viel flüchtiger, viel fließender, als man es später, wenn man es aus der Erinnerung rekonstruiert, wahrhaben will«.[35] Bei der Rekonstruktion ihrer Kindheit hatte Marguerite Yourcenar ermessen können, bis zu welchem Punkt eine Mutter – von Fernandes Klasse und Generation – eine Fessel hätte sein können, eine weitere Hürde auf dem Weg in die Freiheit. Und sie war zu keinem Zugeständnis bereit, wenn es um das angebliche »Fehlen der Mutterfigur« ging.

Wenn Marguerite in ihrer frühen Kindheit jemanden liebte wie eine Mutter, so war es das Mädchen, das sie zu Bett brachte, sie wusch, sie die ersten Schritte ins Leben lehrte, ihre Wärterin Barbe, die bei Marguerites Geburt 1903 zwanzig Jahre alt war. Doch in *Liebesläufe* erfindet sie sich zum ersten Mal eine symbolische Mutter, Jeanne. Und man wundert sich weniger über diesen Mutter-Traum, als über die bei ihr ganz ungewöhnliche Offenherzigkeit. Nachdem sie alte Fotos angeschaut und sich mit Egon unterhalten hat, erinnert Marguerite Yourcenar sich, wie sie zugibt recht undeutlich, an einen Nachmittag am Strand von Scheveningen. Egon und sie, beide mit Rechen, Schaufel und Eimer ausgerüstet, spielen ein wenig abseits von den Erwachsenen.

». . . einmal stolpert die ungeschickte Kleine über ihren Spaten, fällt hin, schürft sich ein wenig das Knie auf und bleibt auf dem Strand sitzen ohne zu weinen oder zu schreien, ihre Aufmerksamkeit gilt bereits einem kleinen Taschenkrebs, der über den Sand schusselt (. . .). Jeanne (. . .) händigt Axel [Alexis, Egons jüngerer Bruder] wieder den beflissenen Kindermädchen aus, nimmt die beiden älteren an der Hand und geht langsam mit ihnen auf das Meer zu.

Es scheint der Kleinen, daß der lange Rock und die lange weiße

Schärpe im Wind flattern wie Flügel. Aber die rötlichen Fotografien sind verschwommen: Ich werde niemals wissen, ob dieser weiße Rock und diese hilfreiche Hand nicht meinem Kindermädchen gehörten. Vielleicht wünsche ich mir nur, dieser Spaziergang sei eine Art Entführung aus der bekannten kleinen häuslichen Welt gewesen, eine Art Adoption, und stelle mir deshalb lieber dieses schöne Gesicht vor, das sich mir zuneigt, diese Stimme, die sanfter ist als Barbes Stimme, den Druck dieser intelligenten und leichten Finger.«[36]

Die Empfindungen der kleinen Marguerite waren weitaus konfuser – Marguerite Yourcenar gibt es zu – als die spätere Darstellung, in der sie schreibt: »Ich war nicht die Tochter Maries, ich war auch nicht die Tochter Fernandes; sie war zu ferne, zu flüchtig, zu aufgelöst im Vergessen. Ich war eher die Tochter Jeannes«[37] und »ich wäre wohl ganz anders als ich bin, wenn Jeanne mich nicht aus der Ferne geformt hätte.«[38]

Doch seit diesen kurzen Ferien – als sie zum ersten Mal mit einer Frau zusammengekommen war, die weder ihre Kindermagd noch eine ihrer älteren Verwandten war – hatte sie begriffen, daß Jeannes Verhalten sehr verschieden war von dem der Kindermädchen, die dafür bezahlt wurden, daß sie sich mit ihr abgaben. »Jeanne gleicht ihre Schritte denen der Kinder an, bleibt stehen, damit sie dann und wann eine Muschel aufheben können.«[39] Selbst wenn diese Mädchen ihre Aufgabe freundlich, manchmal mit einer Art Zuneigung, ja Zärtlichkeit erfüllten, wie Barbe dies tat, so konnten sie doch nicht die Aufmerksamkeit, die Geduld, die Hingabe einer Frau aufbringen, die ein Kind zur Welt gebracht oder sich aus freien Stücken, aus Liebe um seine Entwicklung bemüht hat.

Dieses Ersetzen Fernandes durch Jeanne in Marguerite Yourcenars Vorstellungswelt wirft ein neues Licht auf ihr Interesse an der Mädchenfreundschaft der beiden Frauen. Vielleicht mußte Marguerite glauben, die beiden hätten einander wirklich geliebt, damit sie ihr eigenes Leben an einem Ausgangspunkt festmachen konnte. Daß, wie sie einräumt, vermutlich zwischen den beiden nichts gewesen war, bestätigt nur, daß die Realität ständig hinter dem zurückbleibt, was die Wahrheit sein sollte: Ein ganzes dem Schreiben gewidmetes Leben bot sich an, diese Kluft zu überbrücken.

Kapitel 2
Ich weiß nicht, ob ich diesen Herrn liebte

»Ich weiß nicht, ob ich diesen hochgewachsenen Herrn liebte, der zärtlich war ohne Hätschelei, der mir nie Ermahnungen und manchmal ein gutes Lächeln zuteil werden ließ«,[1] schreibt Marguerite Yourcenar in *Liebesläufe*. Auf den Fotos, die ihn zusammen mit seiner Tochter zeigen, sieht Michel aus wie ein Greis, sehr alt für einen Mann in den Fünfzigern. Keine Spur mehr von dem Mann, den sie in *Lebensquellen* anhand eines Fotos schildert, das auf der Rückseite die Aufschrift trägt »Michel im Alter von siebenunddreißig Jahren«. »Dieser sehr jung aussehende Mensch vermittelt nicht den Eindruck von Robustheit und Alertheit, wie er aus den Bildern spricht, die ihn als reifen Mann zeigen; er ist noch im Stadium der Schwäche, jener Schwäche, die bei so vielen jungen Menschen auf unfaßbare Weise der Kraft vorausgeht und sie vorbereitet. Es ist auch nicht das Portrait eines Nachtschwärmers, der eifrig die Stätten frequentiert, die gerade in Mode sind. Die Augen sind träumerisch; die langfingerige, mit einem Siegelring geschmückte Hand läßt eine Zigarette herabhängen und scheint ebenfalls zu träumen. Eine unerklärliche Melancholie und Unsicherheit gehen von diesem Gesicht und von diesem Körper aus. Es ist das Portrait eines Saint-Loup zu der Zeit, als er sich noch um Rachel ängstigte, oder das Bild von Monsieur d'Amercœur.«[2]

Aber für das kleine Mädchen war er »der Erwachsene, um den sich das Karussell meines Lebens drehte«;[3] »meine beiden Kindermädchen und die Nonnen, die mich auf Mont-Noir die Anfangsgründe des Lesens lehrten«, fährt sie fort, »hatten sich den Hinweis nicht verkniffen, daß der Tod meines Vaters für mich einige Veränderungen bringen würde: eine Klosterschule, schwarzes Wollkleid mit Schürze, viel Gebet und wenig Naschwerk; Hausverbot für den krummbeinigen Monsieur Trier, und wenn ich ungehorsam sei, Schläge auf die Finger mit dem Lineal. ›Und Ihr Halbbruder wird der Letzte sein, der einen Sou für Sie lockermacht.‹ Der Tod meines Vaters beunruhigte mich wenig, da ich kaum wußte, was das sei, der Tod, und da die meisten kleinen

Michel-René de Crayencour, Marguerites Vater

Kinder die Erwachsenen für unsterblich halten.«[4] So habe sie sich bemüht, erklärt Marguerite Yourcenar, abends nicht einzuschlafen, auf die Rückkehr des Vaters zu warten, und sie fügt sogleich hinzu: »Viel später, als Frau, haben manche meiner schlaflosen Nächte mich an diese Wachen erinnert.«[5] Das stimmt sicherlich. Aber es stimmt wohl auch, daß sie – ausgehend von der frischeren Erinnerung an ihre schlaflosen Nächte als Frau – dieses in den Tiefen des Gedächtnisses vergrabene Warten auf den ersten Mann, der in ihrem Leben gezählt hat und der, wie später andere, sein Nachtleben fern von ihr führte, wiedergefunden oder schlicht erfunden hat ... Auch hat sich die alte Dame auf ihrer Reise durch die Kindheit in den Meandern der Erinnerung zu Proust verirrt, den sie so fleißig gelesen hat; diese »wirbelnden und wirren Vorstellungen« des Kindes, das in der Nacht allein ist, wie er sie ausführlich in *Swanns Welt* beschreibt, wo dieses Warten der Mutter gilt: ›Dem

Augenblick, da ich sie heraufkommen hörte, dann, im Korridor mit der Doppeltür das leise Rascheln ihres Gartenkleids aus blauem Musseline, das mit geflochtenen Strohborten verziert war.«[6] Auch Proust verbindet dieses kindliche Warten mit dem verliebten Warten Swanns, für den »eine derartige Angst die Qual langer Jahre seines Lebens war«.

Da die gängigen Klischees in Monsieur de Crayencour den großen Mann in Marguerite Yourcenars Leben sehen wollen, sie selbst aber bei der Abfassung ihrer Familien-Trilogie alles tut, um die Figur des Vaters auf Distanz zu halten, ist es einigermaßen schwierig, sich ein klares Bild von dieser Vater-Tochter-Beziehung zu machen. Sie ist während Marguerites Kindheit ziemlich lose. »Er wird weder die Frauen aufgeben noch das Glücksspiel (was auch nicht von ihm verlangt wird) und den Rest seines Vermögens fürstlich verschleudern«,[7] schreibt Marguerite Yourcenar in den Vorarbeiten zu *Liebesläufe*. »Große Zuneigung ist wohl vorhanden« räumt sie ein, »wie man sie einem Welpen entgegenbringt, den man aufzieht. Oder einem mutterlosen Kätzchen. Aber Michel gehört nicht zu jenen Vätern, die ihre Kinder häufig in die Arme nehmen. Ich erinnere mich nicht an einen anderen Kuß (in 24 Jahren), als den üblichen freundschaftlichen Kuß auf beide Wangen des

Monsieur de Crayencourt zu Pferd auf dem Gut Mont-Noir, 1902

morgens, und den gleichen, ein wenig feierlicheren Kuß am Abend. In den französischen Familien jener Zeit war zärtlicher Umgang nicht üblich. Ich erinnere mich auch nicht, jemals auf seinen Knien gesessen zu haben (außer an dem Tag, als ich einen Sonnenbrand hatte und er mich in den Schlaf wiegte).«[8]

Sie kommt auf dieses Thema in *Liebesläufe* zurück, wo sie behauptet, wirkliche Zeichen von physischer Zuneigung seien ihr nur – abgesehen von Jeanne, »die nicht oft da war« – von ihrem Kindermädchen Barbe zuteil geworden. »Während meiner sehr frühen Kindheit legte sie mir gegenüber diese unbewußte sinnliche Leidenschaft an den Tag, die so viele Frauen für sehr junge Kinder empfinden. Ich erinnere mich noch, daß sie mich, als ich zwei oder drei Jahre alt war, aus meinem kleinen Gitterbett hob, um mich über und über mit Küssen zu bedecken, welche die mir selbst noch unbekannten Konturen meines Körpers nachzeichneten und mir sozusagen Form verliehen. Ich glaube an die angeborene Sexualität der Kindheit, doch diese reinen Tastempfindungen waren noch völlig unerotisch. Meine Sinne hatten weder Knospen noch Blüten getrieben. Später verebbten diese Aufwallungen, doch liebevolle Küsse waren nicht selten.«[9]

Daher datiert Marguerite Yourcenar ihren ersten großen Kummer auf den Tag von Barbes Verschwinden. »Mein erster großer Schmerz war nicht der Tod Fernandes, sondern der Weggang des Kindermädchens«,[10] schreibt sie in *Gedenkbilder*. Da Barbe in der Frische ihrer zwanzig Jahre nicht ohne Reiz gewesen sei, meint Marguerite Yourcenar, sei es vielleicht zwischen ihr und Monsieur de Crayencour »trotz Michels Verachtung für Liebschaften mit Dienstboten«[11] zu »einigen fleischlichen Kontakten« gekommen. »Auf alle Fälle war Barbe zu vernünftig, um von der Rolle einer Hausherrin zu träumen. Aber ihr Hang zu Männern und der Wunsch, ihr ohnehin schon reichliches Salär noch aufzubessern, regten sie zum Besuch von Stundenhotels an, in Monaco während des Winters, in Paris während der saisonbedingten Aufenthalte, und manchmal in Brüssel.«[12]

Während Barbe sich mit den »Herren« traf, ließ sie Marguerite in einem Kino unter der Aufsicht der Platzanweiserin warten. Als Barbe diese Lösung später als zu gefährlich erachtete, beschloß sie, aus einer Art wunderlichen Verantwortungsgefühls heraus, das Kind ganz einfach mit ins »Frauenhaus« zu nehmen.[13] Doch schon nach zwei oder drei solcher Besuche traf auf dem Mont-Noir ein anonymer Brief ein, der Barbe denunzierte. Monsieur de Crayencour beschloß, sie zu entlassen.

Im Jahr 1910 also verließ Barbara Aerst den Dienst bei den Crayencour. Aber man hatte dem Kind nichts von ihrer Abreise gesagt. Eines Morgens wurde es auf einen »Ausflug« mitgenommen, ohne Barbe, was es ein wenig erstaunte. Als man zurückkam, war Barbe verschwunden. Monsieur de Crayencour verschwieg die wahren Gründe, er sagte, Barbe habe zu ihrer Familie zurückkehren müssen. Und er gebot seiner Tochter, »nicht so laut zu weinen«.[14] Marguerite wußte augenblicklich, daß sie belogen worden war. Zu dem Kummer kam noch die Entrüstung. »An den folgenden Tagen schickte ich Barbe jeglicher Orthographie bare Postkarten«, schreibt sie in *Liebesläufe*, »mit der Bitte, wieder zurückzukommen. Sie antwortete nach langer Zeit mit einem liebevollen Brief, worin sie mir ihre Heirat mit einem Bauern aus Hasselt ankündigte. Ich hatte mich an ihre Abwesenheit gewöhnt, doch ein riesiges Gewicht lastete auf mir: Man hatte mich belogen. Von nun an traute ich niemandem mehr vollkommen, nicht einmal Michel.«[15] Barbe und Marguerite schrieben einander noch bis 1920: Marguerite war dann siebzehn Jahre alt und Barbe siebenunddreißig.

Seit ihrem siebenten Jahr war Marguerite ein sonderbares Persönchen. »Artig«, erinnert sie sich. Keine Zornausbrüche, keine Trotzphasen. Ihr Stiefneffe ist nicht ganz dieser Ansicht. »Wie sich angesichts der besitzergreifenden Fürsorge ihres nunmehr hoch in den Fünfzigern stehenden Vaters wohl ahnen läßt, besaß sie den Charakter aller zu ihrem Unglück in manchen Dingen verwöhnten Einzelkinder. Wenn sie wegen des Regens nicht im Garten herumtollen konnte, kam es vor, daß sie, die Stirn gegen die Scheibe gedrückt, an einem Fenster stand und unaufhörlich psalmodierte: ›Warum regnet's denn, ich will nicht, daß es regnet; warum regnet's denn, ich will nicht, daß es regnet ...‹ usw. Was mit größter Wahrscheinlichkeit unter anderem zur Folge hatte, ihren Vater zu rühren und ihrem Halbbruder auf die Nerven zu gehen, ganz zu schweigen von den Ausbrüchen ihrer Großmutter.«[16]

Fraglos hat sie bereits begriffen, daß man sich im Grunde nur auf sich selbst verlassen kann. Daß man lernen muß, in jeder Situation allein zurecht zu kommen, weil Menschen, nur um das Dekorum zu wahren, imstande sind, ohne ein Wort der Erklärung das Band zwischen einem Kind und einer jungen Frau, die ihm von Geburt an

Mont-Noir: Die neunjährige Marguerite mit ihrer Gouvernante Barbe

als Mutter diente, zu zerschneiden, denn »die Sitten sind wichtiger als die Gesetze, und die Konventionen wichtiger als die Sitten«.[17] Barbes Verschwinden, das ihr als ein unbegreiflicher Verrat erschienen sein muß und das Schweigen um sie her noch verdoppelte, ist ein Schlüsselerlebnis in Marguerites Kindheit. Auf diese Zeit gehen auch die ersten schriftlichen Spuren zurück. In einem Brief an die Tante Jeanne de Cartier de Marchienne (laut Marguerite Yourcenar 1909 oder 1910) heißt es: »Bailleul, den 8. Juli: ich warte voller Ungeduld auf schönes Wetter, damit ich nach Coq-sur-Mer kommen kann.« Und über den Tod des Hundes Trier kurz vor Barbes Abreise: »Liebe Tante, ich schreibe Dir, um Dir zu sagen, daß ich sehr traurig bin, weil mein lieber Trier gestorben ist.« »Dies ist summa summarum mein erstes literarisches Erzeugnis; ich hätte es ebensogut dabei belassen können«,[18] lautet Marguerite Yourcenars Kommentar.

Das Fehlen, nicht Fernandes, sondern einer Mutter, wie schmerzlich es auch zuweilen sein mochte – Beweise hierfür sind der Kummer des Kindes bei Barbes Verschwinden und der feste Wille der alten die *Liebesläufe* schreibenden Frau, Jeanne zu »adoptieren«, weniger sich von ihr adoptieren zu lassen – hat Marguerite immerhin vor den Albernheiten der Mädchenerziehung jener Zeit bewahrt. In ihrer Umgebung war man sehr schockiert gewesen, daß eine »künftige Familienmutter« weder sticken lernte noch das Puppenmütterchen spielte. Man findet, Marguerite habe »keine Kindheit gehabt«. Georges de Crayencour berichtet, soviel er

Marguerite als Dreizehnjährige. ». . . die Augen in dem Gesicht mit dem unreinen Teint sind entschlossen und furchtlos.«

wisse, habe sie keine Spielsachen besessen. »Eines Tages war sie zu Besuch bei ihren Angehörigen, und sie blieb stumm vor Erstaunen, als sie das Spielzimmer betrat. Hingegen konnte sie Gedichte aufsagen und wollte dauernd die anderen Kinder Diktate schreiben lassen und ihnen Verse beibringen, wozu sie nicht die geringste Lust hatten.« Es stimmt nicht, daß Marguerite keine Spielsachen hatte. Aber es stimmt, daß sie sich schon als kleines Kind nichts daraus machte, und sie erinnerte sich später nur an ihre Puppe André, ein Name, den ihre beiden großen Lieben tragen sollten, und an eine beleuchtete Lourdes-Grotte, weil sie das Ding so scheußlich fand.

Sie hat sehr früh das Gefühl gehabt, anders zu sein, »wichtig, sehr wichtig«, wird sie gestehen, dankenswerter Weise ohne jede falsche Bescheidenheit. Und wenn man ihre Fotos als Sieben- oder Achtjährige sieht, begreift man, daß es sich dabei nicht um die rückblikkende Aussage einer Erwachsenen handelt. Schon hier ist zu sehen, was jeder bei der ersten Begegnung mit Marguerite Yourcenar, egal in welchem Lebensalter sie stand, feststellen konnte: Rücken und Kopfhaltung sehr gerade, ein genießerischer Mund, der gekonnt sein Lächeln spielen läßt, die fast durchsichtig blauen Augen, die ironisch und maliziös blicken können, aber auch eisige Kälte ausstrahlen, einen gewissen Charme und einen gewissen Hochmut, natürliche Autorität. Schon in diesem Alter interessiert sich Marguerite leidenschaftlich für das Lesen, für seine Erlernung und dann für die Ausübung des Erlernten. Und Monsieur de Crayencour, ein gebildeter Mann, Doktor der Jurisprudenz, Träger der »Palmes académiques«* begreift sehr bald, daß er es hier mit einem besonderen Kind zu tun hat. Es ist sein großes Verdienst, daß er Marguerites Wünsche nicht mit dem Vorwand abgetan hat, sie sei nur ein Mädchen. Es ist dennoch überraschend, daß ein Mann seiner Generation sich so wenig um seinen Sohn gekümmert und als beinah Sechzigjähriger soviel Anteil an den Neigungen eines kleinen Mädchens genommen hat.

Wir wissen allerdings, daß der Sohn alles ablehnte, was der Vater repräsentierte, alles verabscheute, was jener liebte, jede Wahl, die der Vater traf, mißbilligte, angefangen bei dessen Lässigkeit in der Weitergabe des Familienvermögens. 1906 hatte der einundzwanzigjährige Michel-Joseph sogar die belgische Staatsangehörigkeit angenommen, was sein Vater unerträglich fand. »Daß der Sohn (...) ein neutrales Land gewählt und für die belgische Staatsangehörigkeit optiert hatte, empörte Michel«, erläutert Marguerite Yourcenar in *Liebesläufe*, »der jedoch jeden Hinweis auf seine beiden Desertionen, die ihn gezwungen hatten, sich für Berthes Entbindung jenseits der Grenze niederzulassen und so diese für ihn skandalöse Entscheidung erst möglich machte, deplaziert gefunden hätte.«[19] Marguerite Yourcenar hat die beiden Desertionen ihres Vaters in *Lebensquellen* mit einer wohlwollenden Unparteilichkeit geschildert, die ihren Halbbruder zweifellos entrüstet hätte. Michel de Crayencour – der im Januar 1873 in die französische Armee eingetreten war – desertierte zum ersten Mal im August 1874 wegen einer Spielschuld, die sein Vater nicht bezahlen wollte und die ihm eine Strafverfolgung eingetragen hätte. Er begab sich nach England, wo er sich in eine Frau namens Maud verliebte. Nach einigen Monaten kehrte er nach Frankreich und zu seinem Regiment zurück. »Er wurde degradiert, und diese Zeremonie des Abreißens der Epauletten, die er später leichthin mit einer Zahnextraktion verglich, war sicher schmerzhafter, als er glauben machen wollte.«[20]

* Orden für Verdienste um das Bildungswesen. A. d. Ü.

Aber »Michels Nächte spielten sich in London ab«.[21] Und, laut Marguerite Yourcenar, »legt der junge Unteroffizier«, vermutlich im März 1878, »zum zweiten Mal seine sorgfältig zusammengefaltete Uniform in eine Schublade, wirft einen letzten Blick auf seinen Küraß, der oben auf dem Schrank glänzt, legt Zivilkleidung an und verläßt diskret das Quartier. Er weiß sehr wohl, daß er so den Bruch nicht nur mit der Armee vollzieht, sondern auch mit seiner Familie und mit Frankreich, wohin er, wenn keine Amnestie erlassen wird, vor seinem fünfundvierzigsten Lebensjahr nicht mehr zurückkehren kann.«[22]

Ihrem Stiefneffen Georges de Crayencour, der ihr nach der Lektüre von *Lebensquellen* vorwarf, diese beiden Episoden so ausführlich dargelegt zu haben, erwiderte Marguerite Yourcenar, die genaue Darstellung der Fakten und Motive mache Michels Tun verständlich, ohne es zu beschönigen. »Sie sagen, daß Sie, ohne die Wahrheit zu entstellen, über gewisse Episoden aus ›Michels‹ Leben, die Ihnen skandalös erscheinen, schneller hinweggegangen wären. Aber das ist unmöglich. Alles hängt so eng mit allem zusammen, daß man alles sagen mußte und so ausführlich, daß der Leser die menschlichen Beweggründe hinter den Fakten begreift. Hätte ich nur in dürren Worten gesagt, Michel sei zweimal desertiert, so würde diese Enthüllung für Sie wie für mich äußerst peinlich sein. Wenn man hingegen die Umstände näher betrachtet, so versteht man ihn besser.«[23]

Sein Sohn, der »Kleine Michel«, war natürlich über ein solches Verhalten empört. Nach Aussage der jungen Marguerite hat nur das gemeinsame Interesse für das Automobil die beiden Männer einander für eine Weile nähergebracht. »Zunächst berauscht Michel sich an Benzin und Bewegung; der gute Reiter erweist sich als guter Fahrer (...). Diese neue Leidenschaft bringt sogar Vater und Sohn einander näher, denn Michel-Joseph ist vernarrt in Rennwagen. Der junge Mann, der wie wild drauflosfährt, respektiert im Vater, der zum Kameraden wurde, den zugleich geschickten und tollkühnen Fahrer (...). Über dem gemeinsamen Spielzeug vergißt Michel-Joseph vorübergehend, daß die Geburt einer so viel jüngeren Halbschwester aus zweiter Ehe ihn, wie die Schloßherrin, deren Liebling er ist, es höhnisch ausdrückt, ›finanziell halbiert‹ hat. Michel denkt nicht mehr ständig daran, wie abscheulich dieser mürrische und brutale Junge zu Fernande war und daß er nicht einmal ans Sterbebett der eigenen Mutter gekommen war. Dieser letztere Vorwurf ist ungerecht, wie ich an anderer Stelle gesagt habe. Berthes tragischer und mysteriöser Tod war eher dazu angetan, einen Fünfzehnjährigen zu verscheuchen als ihn zu ergreifen. Aber diese stürmische Liebe zu den Motorfahrzeugen wird vorübergehen, wie alles vorübergeht.«[24]

Georges de Crayencour hingegen meint, es habe nicht einmal diesen kurzen Waffenstillstand zwischen seinem Vater und seinem Großvater gegeben. »[Der junge Michel] begeisterte sich in seiner *jeunesse dorée* für einen Sport, der noch in den Kinderschuhen steckte: das Automobil, von dem sein Vater (der keineswegs ein Autonarr war!) ein besonders schönes Exemplar besaß. Dieser Wagen, den der Vater weniger schätzte und der die kleine Schwester ein wenig geängstigt haben dürfte, war das Ein und Alles des großen Bruders!«[25]

»Michel hatte frei gelebt, ohne sich irgendeine Theorie der Freiheit zurechtzulegen«, schreibt Marguerite Yourcenar, »sein Sohn hatte lautstark Partei ergriffen für die Ordnung, den Kinderreichtum, für ein scheinbar risseloses Sozialgefüge und für den Katholizismus, der sich bei der Elf-Uhr-Messe zur Schau stellt.«[26] Da dieser Sohn ein für allemal in einer anderen Welt lebte, mit einer anderen Moral, die für Monsieur de Crayencour jenes Übermaß an Konformismus und Spießertum darstellte, vor dem er ein Leben lang geflohen war, warum sollte da dieses kleine, nach Wissen und Begreifen strebende Mädchen nicht seine wahre Erbin sein, die Erbin seiner Ausbrüche und seiner Freiheit, seines unabhängigen Geistes, seiner Bildung, seines sorglosen Weltbürgertums und seines Non-Konformismus? Sie hatte das Glück gehabt, der mütterlichen Liebe zu entgehen, die danach trachtet, die Töchter zu Tradition und Passivität anzuhalten. Würde sie deshalb weniger Frau sein? Diese Frage kümmerte Monsieur de Crayencour wenig. Er hätte nicht sagen können, wie eine Frau sein sollte. Fernande oder Berthe, ein braves Mädchen oder eine Rebellin mit unvorhersehbaren Launen? Antigone, Phaedra, Margarete von Navarra oder Prinzessin von Kleve? Monsieur de Crayencour, ein Mann voller Vorurteile gegen die Frauen, die er liebte oder wenigstens verführte – sie schuldeten ihm Unterwerfung und hatten seine Freiheit zu respektieren –, dachte nicht in diesen Kategorien, wenn er über die Zukunft seiner Tochter nachsann. »In den Augen dieses Mannes, der immer sagte, daß nichts Menschliches uns fremd sein dürfe, waren bei der Schaffung literarischer Werke das Alter und Geschlecht des Autors nur Nebensächlichkeiten. Probleme, die später meine Kritiker verwirren sollten, stellten sich ihm gar nicht«,[27] schreibt Marguerite Yourcenar in *Gedenkbilder*. Wenn sie es wünschte, würde er ihr helfen, ein freier Mensch zu werden. Sie würde seine Fortsetzung sein. Sie würde ihm folgen, ihn weiterführen und vollenden, was er nicht hatte zu Ende führen können. Sie würde sich nicht damit begnügen, mit dem »Stamm« zu brechen, wie er es getan hatte, indem er alle Pflichten eines Sohns aus gutem Hause vernachlässigte – sie würde sich auch nicht darum kümmern, das Erbe zu hegen und zu mehren und den Namen fortzupflanzen. Sie würde Jemand sein, will heißen, jemand Anderer, radikal anders. Wie sie Bernard Pivot anvertraute, war das: »Als Kind wünschte ich mir Ruhm«, das sie Alexis in ihrem ersten Roman in den Mund legt, wirklich eine der Realitäten ihrer eigenen Kindheit.[28]

Ihre ersten Gedichte, bemüht schwülstig und vom herkömmlichen Lyrismus geprägt, werden später von jenem sehr früh entwikkelten Wunsch nach einsamer Größe zeugen:

Ruhm! Heil Dir, den ich liebe und erwarte
Du führst der Weltenstimmen Chor.
Laß zu der schönen Verse Wohllaut meinen Geist ertönen![29]

oder:

O Winde! Tragt empor mich zu den steilsten Firsten,
Den höchsten Gipfeln künftigen Triumphs!
Trag mich, Orkan, entführt mich, Stürme!
Schon lichtet sich das dunkle Firmament:
Ins Land des Stolzes, in das Land der Siege
O Winde! tragt mich hin![30]

Diese ersehnten »Stürme« wehen gewiß nicht mit formaler Modernität, aber die Zielsetzung entbehrt für ein sehr junges Mädchen am Beginn dieses Jahrhunderts nicht einer subversiven Größe.

Das Gefühl ihrer Wichtigkeit und ihrer Einmaligkeit, das in diesen Versen zum Ausdruck kommt, tritt bereits übermächtig in den Jahren 1909-1911 hervor und kann wohl kaum verdächtigt werden, ein Produkt späterer Neuschaffung oder gar der Dichtung zu sein. Hingegen ist das, was den Bruch zwischen Monsieur de

Crayencour und Jeanne vorbereitet, sowie dieser Bruch selbst – den Marguerite Yourcenar in das Frühjahr 1909 verlegt und der in *Liebesläufe* ein ganzes Kapitel einnimmt –,[31] wie man sehen wird, so deutlich von Marguerite Yourcenars eigenem Leben in ihren letzten Jahren (während sie an *Liebesläufe* schreibt) inspiriert, daß man hier kaum an eine Erinnerung glauben kann. Zum einen war Marguerite zur Zeit dieses Bruchs – so er jemals stattgefunden hatte – erst sechs Jahre alt. Zum anderen war ihr Vater, wie sie wiederholt betonte, nicht der Mann, der ihr solche vertraulichen Mitteilungen gemacht hätte. Egon von Vietinghoff schließlich konnte ihr bei der Rekonstruktion der Beziehung zwischen seiner Mutter Jeanne und Monsieur de Crayencour keine Hilfe bieten. Dennoch, das alles hindert Marguerite Yourcenar nicht, als sie diese Episode erzählt, mit Präzision – und im übrigen mit mehr Luzidität als Zärtlichkeit – die Haltung ihres Vaters zu beschreiben, eines Mannes, der auch der geliebten Frau gegenüber zutiefst geprägt ist von den Vorurteilen seines Geschlechts und seiner Generation. Das alte Spiel Marguerite Yourcenars mit Dichtung und Wahrheit.

Fest steht, daß Marguerite nach dem Jahr 1909 Jeanne nicht mehr sieht, sodaß diese von nun an zur mythischen Figur werden kann, zum Vorbild, zu derjenigen, »die Michel, trotz all seiner Erbitterung, mir unentwegt als ein vollkommenes Bild der Frau hinstellte«,[32] wird Marguerite Yourcenar in *Liebesläufe* schreiben. Aus der Ferne kann Jeanne in ihrem Leben wahrhafte Bedeutung annehmen. Marguerite wird sie erst etwa fünfzehn Jahre später wiedersehen, kurz vor Jeannes Tod. Nach 1929 schrieb Marguerite Yourcenar ein »Tombeau« zum Andenken an Jeanne von Vietinghoff, das in *La Revue mondiale* veröffentlicht wurde.[33] Darin zeichnet sie die Gestalt dieser Frau nach, die »das Genie des Herzens« besaß. »Ich habe versäumt, zu sagen, wie schön sie war«, schreibt Marguerite Yourcenar gegen Ende dieses Textes. »Sie starb fast noch jung, noch vor den Heimsuchungen des Alters, das sie nicht fürchtete. Weit mehr als ihr Werk erscheint ihr Leben mir vollkommen. (...) Hätte Jeanne von Vietinghoff nichts geschrieben, so wäre ihre Persönlichkeit deshalb nicht weniger groß, nur hätten viele von uns es nie erfahren. Die Welt ist so beschaffen, daß die seltensten Tugenden eines Menschen stets das Geheimnis einiger weniger bleiben müssen (...). Das irdische Leben, das sie so sehr geliebt hat, war für sie nur die sichtbare Seite des ewigen Lebens. Gewiß nahm sie den Tod hin wie eine Nacht, die tiefer ist als die anderen

Nächte und auf die ein um so klarerer Morgen folgen muß. Man möchte glauben, daß sie sich nicht getäuscht hat. Man möchte glauben, daß die Auflösung im Grabe einer so ungewöhnlichen Entwicklung kein Ende setzt; man möchte glauben, daß für solche Seelen der Tod nur eine weitere Stufe bedeutet.«[34]

Im übrigen bleiben diese Jahre in eine Art Nebel gehüllt. In der »Chronologie« der Pléiade nehmen sie nur ein paar Zeilen ein. Wir wissen, daß Marguerite im Jahr 1910 auf dem Mont-Noir die Erste Kommunion empfing, ein Ereignis, das sie in *Liebesläufe* ziemlich rasch und nicht ohne eine gewisse Lässigkeit abhandelt. »Mir fehlten noch ein paar Wochen bis zu meinem siebenten Lebensjahr. Es war die Zeit der frühen Erstkommunionen. Die Schwestern der Klosterschule von Saint-Jans-Cappel hatten mir eine knappe Unterweisung zuteil werden lassen, die durch den kurzen Religionsunterricht des Pfarrers nicht wesentlich erweitert wurde. Man legte mir vor allem nahe, am Morgen des großen Tages nicht die Zähne zu putzen und unter allen Umständen nüchtern zu bleiben. Ich fand aber auf meinem Nachttisch einen Apfelschnitz, den ich gedankenlos knabberte. Als ich dies eines Tages ungeschickterweise dem Pfarrer erzählte, regte er sich fürchterlich darüber auf. An jenem Morgen kommunizierte nur ich allein. Ein verblaßtes Foto zeigt mich in einem weißen Kleid und einem weißen Schleier, von dem Barbe gern als Brautschleier sprach, worüber ich zuerst lachte und dann weinte, weil ich glaubte, man mache sich über mich lustig.«[35]

Noch lakonischer äußert sie sich über die Heirat ihres Halbbruders mit Solange de Borchgrave im selben Jahr; nur nebenher erwähnt sie: »Die belgische Heirat, die sich als normale Folge [von Michel-Josephs belgischer Staatsangehörigkeit] ergeben hatte, entsprach wohl nicht ganz den hochgesteckten Erwartungen Michel-Josephs. (...) Michel erfuhr jedoch nie, daß diese Heirat von einem mondänen Abbé eingefädelt worden war, einem Vertrauten Madame de Marcignys, die es satt hatte, diesen vierundzwanzigjährigen jungen Mann in ihrem Pariser Salon herumhängen zu sehen.«[36]

Schon 1909 hatte allerdings ein anderes Ereignis stattgefunden – der Tod Noémis, Michels Mutter –, dessen Bedeutung Marguerite Yourcenar ein wenig unterschätzt zu haben scheint. Denn dieser Tod hat die ausschließliche Zweisamkeit der Kleinen und ihres Vaters begünstigt, diese zugleich starke und distanzierte Bindung, die ihre Persönlichkeit wirklich prägen sollte. Noémis Tod beendete ein Kapitel der Familiengeschichte und sollte den Verkauf von

Mont-Noir ermöglichen, der Marguerites Vater bis auf den heutigen Tag einhellig verübelt wird.

Zur Zeit von Noémis Tod hatte Marguerite gerade Paris entdeckt, wo ihr Vater und sie sich zwischen 1909 und 1911 mehrmals kurz aufhielten. Der Anfang eines anderen Lebens ist in Sicht. Die frühe Kindheit mit ihrer relativen Passivität ist vorbei. 1911 ist Marguerite acht Jahre alt. Sie kann tadellos lesen und korrekt schreiben, was die Briefe an ihre Tante Jeanne beweisen, die sie im Jahr 1911 häufig in Brüssel besuchte. Doch was sie ihre »Studien« nennt, beginnt erst wirklich mit dem Umzug nach Paris, allerdings auch dort ohne Schulbesuch. ». . . ich wußte, daß ich nie den Fuß in irgendeine Schule gesetzt hatte und auch in Zukunft nicht setzen würde«,[37] schreibt sie in *Liebesläufe* – also ohne der Strenge einer kollektiven Disziplin ausgesetzt zu sein, ohne die Autorität einer »Schulmeisterin« zu spüren, ohne die Erfahrung des erzwungenen Zusammenlebens mit Gleichaltrigen zu machen, ohne die Konfrontation, die das Selbstbewußtsein stählt oder schwächt.

Kapitel 3
Frühe Lehrjahre

Abgesehen von den Spritztouren nach Paris blieb die Existenz der kleinen Marguerite von den Traditionen ihres Milieus und ihrer Zeit bestimmt. Erst nach dem Verkauf von Mont-Noir 1912 änderte sich ihr Leben und das von Monsieur de Crayencour, entfernte es sich immer weiter von der Familie und den Konventionen. Sie nahmen Wohnung in Paris, zuerst im 17. Arrondissement, Rue Anatole-de-la-Forge, dann in der Avenue d'Antin Nr. 15, der heutigen Avenue Franklin-D.-Roosevelt. »Der Wohntrakt, der auf einen mit Buchsbaum bepflanzten Hof hinausging, existiert heute nicht mehr«, vermeldet Marguerite Yourcenar in der »Chronologie« der Pléiade, ein weiterer Hinweis auf die Tatsache, daß keines der Häuser, in denen sie gewohnt hat, noch erhalten ist. Die neunjährige Marguerite hat ein neues Kindermädchen, Camille, die sie bis ins Erwachsenenalter begleiten wird. Eine Hauslehrerin unterweist sie in den Grundkenntnissen, die den kleinen Mädchen in der Schule beigebracht werden. Aber weit mehr lernt sie, wie sie später sagen wird, durch den Besuch der Pariser Museen – manchmal in Begleitung des Vaters –, von Nachmittagsaufführungen der Klassiker und vor allem durch Lektüre. Anders als die Mädchen ihrer Generation und Gesellschaftsklasse muß sie sich nicht auf die Werke »ad usum puellarum« beschränken. Monsieur de Crayencour, der selbst ein eifriger Leser ist, gibt ihr die Bücher, die auch er liest und immer wieder liest, Tolstoi zum Beispiel anstatt die Comtesse de Ségur.

Im selben Jahr 1912 erwirbt Monsieur de Crayencour eine Villa in Westende an der belgischen Küste. Sie wird in den Jahren 1912, 1913 und 1914 seine Sommerresidenz sein. Sein Sohn, der dort ebenfalls ein paar Sommermonate verbrachte, erinnerte sich an dieses sehr schöne Haus: »Bau und Einrichtung waren außerordentlich luxuriös und soigniert (. . .) Ein großer Teil des Mobiliars, oft der Form der Räume angepaßt, war aus Amarantholz, einer Art Mahagoni mit violetten Reflexen. Die Liebe zum Detail war derart auf die Spitze getrieben, daß die Sonnenblume, die eine Art dekoratives ›Leitmotiv‹ bildete, überall an Mauerwerk und Mobiliar auftauchte;

sogar im Muster der an sämtlichen Fenstern angebrachten Klöppelgardinen und den handbemalten Tapeten aus façonniertem Samt.«[1]

In Westende führt Monsieur de Crayencour ein luxuriöses und unbeschwertes Leben, von dem Marguerite nicht immer ausgeschlossen ist, wie ein Foto von ihr im kindlichen Ballkleid zeigt. Man darf sie sich nicht als Blaustrumpf vorstellen, was ihren Vater erbittert hätte, der schon der Zehnjährigen eine seiner Maximen einhämmert: »Die Dinge gut kennen, heißt, sich von ihnen freimachen.« Allerdings ist dies einer der wenigen Aussprüche Monsieur de Crayencours, gegen den Marguerite sturmläuft. Und wie zufällig stammt er von Fernande. »Sie machte sich einen Satz zur Devise, den sie in irgendeinem Buch aufgeschnappt hat: *›Die Dinge gut kennen, heißt, sich von ihnen freimachen‹*«, schreibt Marguerite Yourcenar in *Gedenkbilder*. »Später servierte sie diesen Wahlspruch Monsieur de C., der ihn sich zu eigen machte. Ich habe mich oft dagegen aufgelehnt. Die Dinge gut kennen, das heißt im Gegenteil fast immer, (...) das flache, konventionelle und summarische Bild korrigieren, das wir uns von allem machen, was wir nicht näher untersucht haben. In seinem tiefsten Sinn jedoch rührt dieser Satz an gewisse Grundwahrheiten. Aber um sich diese Wahrheiten wirklich anzueignen, muß man vorher vielleicht an Leib und Seele gesättigt sein. Fernande war nicht gesättigt.«[2]

1914, während die Crayencour den Sommer in ihrem Haus in Westende verbringen, bricht der Erste Weltkrieg aus. »Die Villa in Westende wird durch ein Bombardement zerstört werden«, teilt Marguerite uns viel später mit. Wieder ist ein Haus verschwunden... Marguerite erinnert sich, zum ersten Mal einen ganzen Tag hindurch die Sturmglocken der kleinen flandrischen Dörfer gehört zu haben. Monsieur de Crayencour entscheidet sich für die sofortige Flucht. Da die Straße nach Lille und Paris blockiert ist, schifft man sich nach England ein, »wahrscheinlich zwischen dem 12. und 15. August«, wird Grace Frick später in einer ihrer zahllosen Chronologien von Marguerite Yourcenars Leben präzisieren. »Es wurde beschlossen, unter Mitnahme von nur einigen Koffern zu Fuß nach Ostende zu gehen, denn die biedere kleine Staßenbahn fuhr nicht mehr. Wir brachen mitten in der Nacht auf, um beim ersten Schein des Morgengrauens am Hafen zu sein. (...) In meinem Alter verwechselte ich das Gesicht des Krieges mit dem des Abenteuers. Diese wilde Flucht sehe ich in meiner Erinnerung immer noch als nächtlichen Spaziergang.«[3]

Bei der Ankunft in Dover weiß Marguerite noch nicht, daß der Aufenthalt vierzehn Monate dauern würde – der längste, den sie jemals in England verbringen sollte –, daß sie den Fuß in ein Land setzte, das ihr immer eine Heimat sein würde, »eines dieser Länder, in denen man instinktiv mit sich selbst in Einklang ist«[4]. Und ihr Vater wird sich dort wohl an Maud erinnern, um deretwillen er zweimal desertiert war. Marguerite wird in England, wie sie sagt, ein Jahr verbringen, das »halb der Kindheit, halb der Jugend zugehört«, in einem Haus mit Gärtchen in Putney bei London, etwa in der Mitte zwischen Wimbledon Common und Richmond Park. Ein »fast idyllisches Jahr«, trotz der Anwesenheit ihres Halbbruders, dessen Verhältnis zum Vater so gespannt wurde, daß die beiden Männer zuweilen nahe daran waren, handgemein zu werden.

Marguerite fand auch viel Vergnügen an den langen Ponyritten und an der Entdeckung Londons, seiner Museen und seiner Denkmäler. Zum ersten Mal sieht sie eine Statue Hadrians. Und in *Liebesläufe* verlegt sie ihre ersten sexuellen – nicht amourösen – Entdeckungen in diese Londoner Zeit. Zuerst mit einer Frau, der jungen Yolande, die mit den Crayencour nach England gekommen war, da sie nicht mehr zu ihrer Familie hatte gelangen können. Yolande und Marguerite müssen in der ersten Zeit im Hotel Charing Cross ein Bett teilen.

»Eigentlich habe ich keine Lust, hier eine kleine, angeblich obszöne Begebenheit zu erwähnen, aber die folgende Episode erhärtet vorausgreifend meine heutige Meinung über ein so umstrittenes Thema wie das Erwachen der Sinne, unserer künftigen Tyrannen. Als ich in jener Nacht mit Yolande in dem schmalen Bett lag, dem einzigen, das zur Verfügung stand, ließ ein Instinkt, eine Vorausahnung der wechselnden Sehnsüchte, die ich später, im Lauf meines Lebens empfinden und befriedigen sollte, mich spontan die Haltung und die Bewegungen der Liebe zwischen zwei Frauen finden. Proust hat von den Intermittenzen des Herzens gesprochen. Wer wird von den Intermittenzen der Sinne sprechen, und vor allem von denen der Begierden, die von den Unbedarften als widernatürlich empfunden werden, das heißt meist, als künstlich erworbenes Laster oder aber im Gegenteil als dauerndes und unseliges Verhängnis, das im Fleisch bestimmter Menschen angelegt ist? Meine Begierden sollten erst Jahre später wirklich erwachen und dann, ebenfalls jahrelang abwechselnd wieder verschwinden, und zwar jeweils so radikal, daß ich sie vergaß. Diese ein wenig harte Yolande wies mich freundlich zurecht:

Man hat mir gesagt, so etwas tut man nicht.

Tatsächlich? sagte ich. Ich rückte gefügig ab, streckte mich aus und schlief auf der Bettkante ein.«[5]

Zweite »Entdeckung« mit einem Mann – den sie in *Liebesläufe* als »Cousin X.« bezeichnet und der sich einige Berührungen erlaubt, deren Sinn sie nicht begreift. Sie regte sich damals so wenig darüber auf, wie Jahre später:

»Ich spürte dunkel, daß irgend etwas an ihm vorgegangen war. Aber ich hatte mich weder beunruhigt gefühlt, noch gekränkt und schon gar nicht mißbraucht oder verletzt. Ich führe diese Episode, die ich leicht hätte verschweigen können, eigentlich nur an, um gegen die Hysterie zu protestieren, die heutzutage der geringste körperliche Kontakt zwischen einem Erwachsenen und einem noch nicht oder kaum geschlechtsreifen Kind auslöst. Gewalt, Sadismus (auch wenn er keinen unmittelbaren Bezug zur Sexualität hat), fleischliche Begierde sind abscheulich, wenn sie sich gegen ein wehrloses Wesen richten; oft kann dadurch ein Leben in eine falsche Bahn gelenkt oder in seiner Entwicklung gehemmt werden, ganz abgesehen von der Zerstörung der Existenz des Erwachsenen, der häufig zu Unrecht beschuldigt wird. Ein behutsames Heranführen an gewisse Aspekte des Sinnenspiels muß dagegen nicht immer unheilvoll sein; manchmal bedeutet es einen Zeitgewinn. Ich schlief ein, fröhlich, weil man mich schön gefunden hatte, bewegt, weil diese winzigen Schwellungen auf meiner Brust sich bereits Busen nannten; zufrieden auch, weil ich nun ein wenig mehr darüber wußte, was ein Mann ist.«[6]

Und Marguerite Yourcenar fügt hinzu und liefert, wie so oft in diesem letzten Buch, das sie schrieb, in einem einzigen Satz einen der Schlüssel zu ihrem Liebesleben: »Wenn meine tauben Sinne nicht oder kaum reagiert hatten, so vielleicht deshalb, weil die Wollust, von der ich mir nur eine äußerst vage Vorstellung machte, für mich bereits unauflösbar mit der Idee der Schönheit verbunden war: Sie gehörte untrennbar zu den glatten Torsi der griechischen Statuen, der goldenen Haut des Leonardischen Bacchus, dem jungen russischen, auf einer Schärpe hingestreckten Tänzer. Hier fehlte es weit: Cousin X. war nicht schön.«[7]

Von diesem britannischen Aufenthalt zu berichten sollte Marguerite nicht müde werden, von Erinnerungen an Ausflüge und vom Vorgeschmack der körperlichen Freuden. Es wäre töricht gewesen, den Aufenthalt in England nicht zur Erlernung der englischen Sprache zu nutzen. Sie macht sich also daran, mit Hilfe ihres Vaters, der sie auch in die Anfangsgründe des Lateinischen einführt. Von wem ging die Initiative zu all diesem Lernen aus? Im Gegensatz zu denen, die, wie auch ihr Stiefneffe, den Willen des Vaters am Werk sehen, versicherte Marguerite Yourcenar stets, es sei ihr eigener Wille gewesen. Unermüdlich und unerbittlich tadelt und korrigiert sie jeden, der das Gegenteil behauptet. Wir besitzen heute verschiedene Beweise dieser seltsamen Hartnäckigkeit, mit der sie augenscheinliche Nebensächlichkeiten berichtigen will, zum Beispiel ein Schreiben an den *Club français du livre*,[8] der als Anhang zu einer Ausgabe von *Alexis* »ein anonymes biographisches Nachwort« veröffentlicht hatte: »Wenn ich bedenke, daß dieser Biograph, der zu meinen Lebzeiten über mich schreibt und von mir so leicht exakte Angaben hätte bekommen können, sich so häufig irrt«, schreibt Marguerite Yourcenar, »so stelle ich mir die melancholische Frage, was von Hadrians Chronisten zu halten ist, die von ihm mindestens ein halbes Jahrhundert trennte ... Ein Glück, daß unser Tun und Treiben die Weltgeschichte kaum interessieren wird.« Und sie fügt hinzu: »Es stimmt nicht, daß Michel seine Tochter zum Studium der klassischen Literaturen gedrängt hat. Sein großes Verdienst war, daß er sie zu nichts drängte. Im Gegenteil, die Leidenschaft der Zwölfjährigen für die alten Sprachen erweckte bei diesem nunmehr sechzigjährigen Mann die Vorlieben und Interessen von einst zu neuem Leben; er machte sich wieder ans Lateinische und Griechische, weil Marguerite diese Sprachen erlernte.«

Warum dieser verbissene Kampf um die Wiederherstellung einer biographischen »Wahrheit«, von der man im übrigen weiß, wie unbedenklich Marguerite Yourcenar mit ihr umgeht? Geht es um ihr »Image«? Oder will sie gewissermaßen signalisieren, daß bei diesem seltsamen Vater-Tochter-Gespann sie die Zügel führte, und daß Michel sich ihrer so jungen Autorität unterwarf?

Was das Erlernen des Englischen betrifft, das Michel geläufig sprach, so verrät Marguerite Yourcenar in ihren Vorarbeiten zu *Liebesläufe*, daß der Anfang ihr nicht leicht fiel. Als erstes las sie zusammen mit ihrem Vater die Werke Marc Aurels in einer englischen Übersetzung, wodurch sie zugleich Marc Aurel kennenlernen und sich im Englischen üben sollte. »Aber diese Lektüre verbessert weder die Aussprache noch den Wortschatz der Schülerin, und schließlich wirft Michel ihr dieses Handbuch der Weisheit und Gelassenheit an den Kopf.« Dreiundsiebzig Jahre später, 1987, in ihrem letzten Lebensjahr, wird Marguerite Yourcenars Wortschatz umfassend sein, aber ihre Aussprache wäre trotz des langen Aufenthalts in den Vereinigten Staaten für Monsieur de Crayencour noch immer unerträglich gewesen. Marguerite Yourcenar, amerikanische Staatsbürgerin, hatte es längst aufgegeben, auch nur die kleinste Anstrengung zur Verbesserung ihrer Aussprache zu unternehmen.

Trotz dieser manchmal »gewagten« pädagogischen Bemühungen und des erstaunlichen Interesses, das er seiner Tochter entgegenbringt, beginnt dieses »englische Jahr« Monsieur de Crayencour, »der so wenig Vater im verdummenden und tyrannischen Sinn des Wortes«[9] ist, allmählich lästig zu werden. Wie viele hatte er geglaubt, der Krieg werde nur ein paar Monate dauern, nun graut ihm vor einem weiteren Jahr in diesem »Familienexil«. Er langweilt sich unsäglich, ohne – oder fast ohne – Frau. »Zum ersten Mal seit seinen zwei Witwerschaften ist Michel ohne Frau, aber das Liebes-Spiel interessiert ihn wohl weniger als früher. Und doch taucht an gewissen Tagen eine Dame auf.«[10] Es ist Christine Hovelt, die Michels dritte und letzte Gattin sein wird.

Am 11. September 1915 erhält Michel die Genehmigung, sich mit seiner zwölfjährigen Tochter in sein Pariser Domizil zu begeben. »Marguerites Vater ließ seine von ihm kaum mehr als solche bezeichnete Familie (und eine ordentliche Apanage für seinen Sohn) in London zurück und verdrückte sich mit seiner Tochter in Richtung Paris«, schreibt sein Enkel Georges de Crayencour. »Damit war der quasi endgültige Bruch zwischen Michel-René [dem Vater] und Michel-Joseph [dem Sohn] vollzogen.«[11] Den Geleitbrief, der Vater und Tochter die Rückkehr nach Frankreich gestattete, hat Marguerite Yourcenar bis an ihr Lebensende aufbewahrt. Zwei kaum vergilbte Fotos sind darangeheftet. Auf dem einen sieht man »Michel, mit Stehkragen, kurz rasiertem Haar und einem schweren Seeräuberschnurrbart, den seine wohlwollenden Augen Lügen strafen«. Auf dem anderen Marguerite, die es in *Liebesläufe* so beschreibt: »Was mich betrifft, so bin ich in ein zu klein gewordenes Kleid vom letzten Sommer gezwängt. Mein Haar, das ungepflegt wirkt, wird wie immer an der Schläfe von

Michel de Crayencourt um 1909

einer losen Schleife zusammengehalten; die Augen in dem Gesicht mit dem unreinen Teint sind entschlossen und furchtlos.« Und sie fährt fort: »Ich hatte soeben unversehens das Pubertätsalter erreicht. Die Bonnen gaben mir einen Vorrat an dicken, sorgfältig aufeinandergenähten Stoffstreifen, mit der Bemerkung, daß dies jeden Monat allen Frauen passiere. Mehr wurde mir an Aufklärung nicht zuteil.«[12] Marguerite Yourcenar wird uns nie weitere Reflexionen über diesen Augenblick zuteil werden lassen, in dem man üblicherweise den Mädchen sagt, von nun an seien sie Frauen, denn jetzt könnten sie Kinder kriegen. Gleichgültigkeit dem Körper gegenüber oder Prüderie? Das darf bezweifelt werden. Wohl eher das Gefühl eines weiblichen Mißgeschicks, das ihr zuwider gewesen sein dürfte, wie alles, worauf sie keinen Einfluß hatte und das kein weiteres Nachdenken wert war.

Vom Herbst 1915 an nimmt Monsieur de Crayencour in Paris das verschwenderische Leben, das er so sehr schätzt, wieder auf, aber die Geldsorgen werden immer drückender. Er befaßt sich also weniger mit Marguerite, die in der Wohnung an der Avenue d'Antin, wo, wie sie sich erinnert, im Winter schlecht geheizt wurde, mit Hilfe eines Privatlehrers griechisch zu lernen beginnt, auch italienisch, ohne Hilfe. Für sie fängt nun, zwischen ihrem zwölften und dreizehnten Jahr, »das wahre Abenteuer des Geistes« an. Wie viele Halbwüchsige schreibt sie Gedichte.[13] Vor allem aber liest sie begierig, und immer häufiger die Bücher ihres Vaters. Was »die Familie« schockiert, besonders Monsieur de Crayencours »Schwägerin«, die manchmal in die Avenue d'Antin kommt. (Sie ist eigentlich die zweite Frau Paul de Sacys, der in erster Ehe mit Michel de Crayencours jüngerer Schwester verheiratet war. Marie war durch den unglücklichen Schuß eines Jagdgehilfen ums Leben gekommen.) Sie sieht auf Marguerites Arbeitstisch Huysmans, D'Annunzio, Tolstoi, »die zweisprachige Ausgabe eines Platonschen Dialogs, einen Vergil«. »Man weiß ja, daß das Lateinische jedem Anstand spottet, und das Griechische gewiß auch.«[14] Was Michel angeht, so fand die Dame: »Er liest zu viele ausländische Bücher:«[15] Shakespeare, Goethe. Ein wahrer Graus für die Familie aber ist es, daß Michel *Au-dessus de la mêlée* von Romain Rolland, sein Lieblingsbuch, der Tochter zu lesen gibt. »Dieser Schweizer, der sich anmaßt, über Frankreich zu urteilen!« wettert die Schwäge-

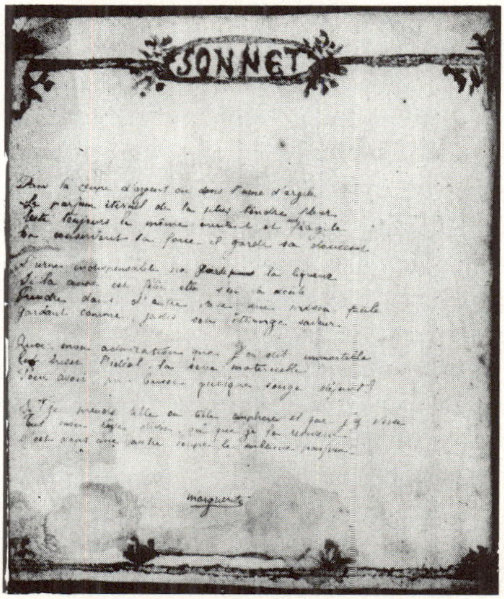

Manuskript des Sonnetts, das Marguerite ihrer Gouvernante Camille Debocq 1915 zu Weihnachten schenkte.

rin. »Damals wurde Romain Rolland häufig für einen Schweizer gehalten, weil es für anständige Menschen unvorstellbar war, daß ein Franzose ehrvergessen genug sein könnte, um die Schuld am Krieg gleicherweise auf Deutschland und Frankreich zu verteilen. Dieses Buch, das Michel mir zu lesen gegeben hat und das meine erste Erfahrung im Denken gegen den Strom gewesen ist, war für ihn zum Anker in dem Meer von Lügen geworden, in das die großen Nationen von korrupten Journalisten oder solchen, die selber der von ihnen angeheizten Massenhysterie verfallen waren, gestürzt wurden. Für Michel sprach es zu Frankreichs Gunsten, daß wenigstens ein Franzose, mutig und geächtet, den Versuch unternahm, diesem Chaos von Täuschungen entgegenzutreten.«[16]

Das alles gründet in der Logik dessen, was Marguerite Yourcenar in *Lebensquellen* Michels »politisches Erwachen« nennt: »im Mai 1871, mit der Verfolgung der Kommune.«[17] »Diese Schilderung, die Michel sein Leben lang verfolgen wird, hat zwar aus ihm keinen Mann der Linken gemacht; sie hat aber verhindert, daß er ein Mann der Rechten wurde.«[18] Marguerite wird im Lauf ihres Lebens zu wiederholten Malen auf den Nachhall dieser Lektüre zurückkommen, besonders in Briefen an Jean Guéhenno und an Gabriel Germain: »Was Sie mir über Romain Rolland sagen«, schreibt sie an Guéhenno, »rückt mir diesen Schriftsteller noch näher, der trotz gewisser Mängel (wer hätte keine?) so groß ist und um den sich eine Verschwörung des Schweigens gelegt hat. Er hat für meine Entwicklung eine wichtige Rolle gespielt: als Zwölfjährige las mein Vater mir des Abends aus *Jean-Christophe* vor; als ich vierzehn war, im düsteren Paris von 1917, gab er mir *Au-dessus de la mêlée* zu lesen, eines der Dinge, für die ich ihm besonders dankbar bin.«[19] Und an Gabriel Germain schreibt sie: ». . . was Romain Rolland betrifft, so bin ich meinem Vater unendlich dankbar dafür, daß er mir *Au-dessus de la mêlée* zu lesen gab, ein erfrischender Luftzug in der Atmosphäre eines erstickenden Chauvinismus während des Großen Kriegs, von der er sich hatte anstecken lassen. Ein wenig später waren einige seiner biographischen Bücher, die mir heute übertrieben hagiographisch und ein wenig zimperlich erscheinen, und sogar einige Passagen aus *Jean-Christophe*, mir Quellen der Kraft und des Mutes. Man muß über die Volksredner-Rhetorik, die uns heute unerträglich ist, hinweglesen.«[20]

Diese »erste Erfahrung im Denken gegen den Strom« wird Marguerite dauerhaft beeinflussen. Ebenso wie die erste Manifestation ihrer geistigen Freiheit. Monsieur de Crayencour fragt sie, ob sie gern die Heilige Firmung empfangen möchte. Sie erwidert, daß sie es nicht wünsche, und er beschließt, sie nicht dazu zu zwingen. Die Kindheit der dreizehnjährigen Marguerite de Crayencour ist definitiv zu Ende und beinah auch schon ihre Jugend.

Während Marguerite in Paris, fast immer allein, ihre Bildung vervollständigt, liest, mit Camille spazierengeht, spielt Monsieur de Crayencour unablässig. Und verliert meistens, wie es scheint, denn seine Finanzlage wird immer bedrohlicher. Zwei allzu kalte Winter und ständige Geldsorgen, das geht dem alternden Monsieur de Crayencour zu weit. Im November 1917, als schließlich doch ein Ende dieses Kriegs abzusehen ist, verläßt er die Hauptstadt und übersiedelt nach Südfrankreich. Mit Ausnahme einiger Reisen und seiner letzten Lebensmonate wird er ständig dort bleiben.

Von Anfang an verbringt er die meiste Zeit beim Glücksspiel, in der Hoffnung, sein Vermögen zurückzugewinnen. Inzwischen bleibt Marguerite weitgehend »sich selbst überlassen«,[21] wie sie in der »Chronologie« der Pléiade schreibt. Sie nimmt wiederum Unterricht – der Lehrstoff entspricht dem des Gymnasiums, das sie nie besucht hat – mit gelegentlich »wechselnden Hauslehrern«. Hätte nur ihr Vater sie zum Lernen angehalten, so wäre es ihr jetzt ein leichtes gewesen, damit aufzuhören. Aber nichts dergleichen. Im Gegenteil.

Marguerite Yourcenar hat sich nie über die Gespräche mit dem Vater während dieser Jahre, in denen man mit ihr wie mit einer Erwachsenen reden konnte, verbreitet. Für Monsieur de Crayencour ist dies eine Periode großer pekuniärer Bedrängnis, er ist jetzt wirklich ruiniert. Folglich ist er ganz von seinen Sorgen in Anspruch genommen, für Marguerite bleibt wenig Zeit. Dennoch entwickelt sich gerade in dieser Zeit der scheinbaren Entfremdung jenes unvergleichliche Bündnis, das Vater und Tochter bis zu Michels Tod verknüpfen soll. Und vielleicht gerade, weil Monsieur de Crayencour die Tochter nun als völlig selbständig empfindet, weil sie ihm nicht mit stummen Vorwürfen aufwartet, was ihn, der so wenig zu Schuldgefühlen fähig war, unweigerlich auf Distanz zu dem jungen Mädchen gebracht hätte. Marguerite stellt keine Fragen, zeigt keine Unruhe, erwartet ihn nicht voll Angst, wenn er abends vor ihrer Schlafenszeit noch nicht zuhause ist.

Zwischen ihnen herrscht keine Vertraulichkeit, sondern wahre

Nähe. Sie machen lange Märsche durch das provenzalische Hinterland, das Michel so sehr liebt. Sie wohnen in Menton, Saint-Roman und Monte-Carlo, wo die Villa Loretta am Boulevard d'Italie zwischen 1920 und 1928 ihr Hauptwohnsitz sein wird. Wir wissen nicht, worüber sie bei ihren Spaziergängen gesprochen haben. Die Geldsorgen dürften indes kaum erwähnt worden sein. Marguerite erlaubte sich gewiß keine Fragen. »Er [Michel] wird neben ihr allein sein mit seinen Gedanken, wie sie neben ihm mit ihren Gedanken allein sein wird«,[22] notiert sie in den Vorarbeiten zu *Liebesläufe*. Monsieur de Crayencour dürfte sich indessen nach dem Fortgang von Marguerites Studien erkundigt haben. 1918 nimmt sie vor allem Unterricht in Griechisch und Mathematik, wozu sie nach ihrer Aussage die Lektüre Platons angeregt hat.

Aber sie ist der Ansicht, daß »die wahre geistige Nahrung aus der Lektüre kommt«. Sie liest begierig, während Michel, wenn er wieder einmal auf dem Trockenen sitzt, russisch lernt. Sie lesen einander gern vor: Vergil auf Lateinisch, Homer auf Griechisch; Ibsen, Nietzsche und Selma Lagerlöf, die Marguerite ihr Leben lang für »eine geniale Schriftstellerin« hält.[23]

»Er las mir manchmal aus Büchern vor, Passagen aus Chateaubriand ...« wird sie Matthieu Galey erzählen. »Er hat mir Maeterlinck vorgelesen, unter anderem *Der Schatz der Armen*, und davon ist mir eine Vorliebe für den Mystizismus geblieben, die in der Folge immer stärker wurde (...).[24] Die historischen Romane Mereschkowskijs (...) oder Tolstoi. Ich habe auch Shakespeare gelesen (...) Racine, La Bruyère und andere[25] (...). Mit Balzac konnte er nicht viel anfangen. Ich möchte sogar sagen, obwohl es ziemlich arrogant klingt, daß er erst auf meine Anregung hin einen Teil der französischen Literatur des 19. Jahrhunderts gelesen hat. Zum Beispiel habe ich vorgeschlagen: ›Lesen wir doch *Die Kartause von Parma*.‹

Wir lasen einander häufig vor. Abwechselnd. Ich las, und wenn ich müde war, löste er mich ab. Er las sehr gut vor, viel besser als ich: Mit viel mehr Ausdruck. (...) Wir lasen auch französische Autoren, zum Beispiel Saint-Simon. Mein Vater liebte vor allem die Schriftsteller des 17. Jahrhunderts. Ich habe fast den ganzen Saint-Simon mit ihm gelesen. Ich hatte das Gefühl, unzählige Leute kennenzulernen.«[26]

Ohne daß man recht wüßte, warum – vielleicht bedarf sie mehr als ihr bewußt ist einer »Bestätigung« –, legt Marguerite Yourcenar

Im Süden Frankreichs um 1919

in Nizza am 9. Juli 1919 als Gastprüfling den ersten Teil des Abiturs in Latein und Griechisch ab. Das Diplom, das die Höhere Schule von Aix-Marseille ihr mit Datum vom 29. Mai 1920 und der Benotung »ausreichend« ausstellte, ist erhalten. Sie hat nie gesagt, ob sie sich auch dem zweiten Teil der Prüfung gestellt hat, und es ist kein Diplom oder dergleichen gefunden worden – die Benotung »ausreichend« hat sie wohl kaum ermutigt, und es ist denkbar, daß ihr Stolz sich nicht ein zweites Mal einem »Affront« aussetzen wollte. Es ist daher erstaunlich, daß sie in der »Chronologie« der Pléiade im Abschnitt 1922–1926 angibt »da der Plan einer *Licence* bald aufgegeben wurde, waren diese Jahre wiederum und vor allem der Entdeckung Italiens gewidmet«. Wie hätte sie sich ohne ein vollständiges Abitur an der Universität immatrikulieren können?

Wer Marguerite Yourcenars Lebensweg kennt, ist allerdings versucht, sich zu fragen, warum sie, die so vieles verheimlichte, in ihrer Chronologie dieses knapp bestandene Abitur und die Unmöglichkeit, eine *Licence* zu erwerben, enthüllt. Wollte sie eine plötzliche und rasch vorübergehende Versuchung, der Norm zu entsprechen, markieren oder, zumindest was das Abitur angeht, sich an dieser Norm messen? War es der Wunsch nach Sozialisierung, die ihr nicht durch Schulbesuch zuteil geworden war? Wenn solche Motive für diese unerwartete Meldung zum Examen zur damaligen Zeit zur Not noch vorstellbar sind, so ist doch kaum einzusehen, warum sie so viele Jahre später diese ausgefallene Idee festhält. Es sei denn, sie hätte ganz einfach vergessen – oder nie gewußt –, daß sie mit diesem unvollständigen Abitur niemals ein Universitätsexamen hätte machen können. Oder daß es sich hier um eine jener »Pseudo-Erinnerungen« handelt, an die man schließlich selber glaubt trotz ihrer Unwahrscheinlichkeit. Die Hypothese eines Zwangs von seiten der Familie hat wenig für sich: Marguerite hatte bereits gelernt, das selbständige und autarke Leben zu führen, das ihre Stärke werden sollte und ihr noch im hohen Alter erlaubt, dem Druck, den Ansprüchen der Umgebung auf ihre Person Widerstand zu leisten. Zudem wird sie behaupten, für Pädagogik nie das geringste Interesse gehabt zu haben. Dennoch ist in ihrem späteren Leben, vor allem in ihrer Korrespondenz mit jungen ratsuchenden Autoren, Marguerite Yourcenars ständige pädagogische Bemühung unübersehbar, so sehr, daß man sich zuweilen gestehen muß, diese Frau, die nie den Fuß in eine Schule gesetzt hat, ähnle beinah der Karikatur einer Schullehrerin der Dritten Republik.

Als Beispiel kann das Vier-Punkte-Programm dienen, das sie einer Sechsundzwanzigjährigen, die um ein paar Ratschläge gebeten hat, zugehen ließ und dessen Didaktik ans Komische grenzt:

»1. Arbeiten. Die Kunst des Schreibens ist erlernbar: Es geht darum, daß man so entschieden wie möglich sagt, was man denkt und fühlt. Üben Sie: bemühen Sie sich, exakt und vollständig ein Gemälde in einem Museum zu beschreiben, eine Straßenszene, eine Unterhaltung, bei der Sie zugegen waren, wiederzugeben, Ihre Ideen über einen Gegenstand, der Ihnen am Herzen liegt, zu ordnen und aufzuschreiben. Niemals mehr als ein paar Seiten auf einmal; immer wieder neu- und umschreiben, bis genau dasteht, was Sie sagen wollen und alles Gekünstelte und Unnütze eliminiert ist.

2. Denken lernen; sich weiterbilden. Man hat niemals genug gelesen, genug gesehen, genug nachgedacht. Stellen Sie ein Lese-Programm auf, umfangreich und ungezielt (will heißen nicht zur unmittelbaren schriftstellerischen Verwendung bestimmt). Ein Buch soll zum nächsten führen und das andere bewerten. Schließen Sie kein Gebiet aus, bis Sie genau wissen, in welches Sie sich im Moment besonders vertiefen wollen.

3. Sehen und Hören lernen, vom banalsten Küchengerät bis zu den Sternen, vom Hundegebell bis zur Stimme des Windes
4. Wenig an sich selbst denken und niemals an den Erfolg, den Ruhm, diese Lappalien. Fragen Sie sich, warum Sie schreiben wollen.
(Und numerieren Sie die Seiten Ihrer Briefe, schreiben Sie Ihre Adresse auf den Briefkopf. Umschläge gehen verloren. Auch das gehört zum Metier.)«[27]

Im Grunde ist dieser kurze Abstecher ins »Universitätswesen« – die Matura wird damals von der Universität erteilt – vielleicht nur der Versuch, eine ernste Entscheidung aufzuschieben. Oder vielmehr der Versuch, darzutun, daß sie die große Entscheidung des Jahres 1919, des sechzehnten ihres Lebens, nicht auf die leichte Schulter genommen hat. Was immer die Familie darüber sagt und denkt, Marguerite de Crayencour wird die Schmach des Ruins, den ihr Vater verschuldet hat, noch mehren, indem sie sich der leicht anrüchigen Gesellschaft der Gaukler und Bohemiens sämtlicher Couleur, wie Großmutter Noémi wohl gesagt hätte, anschließt: Sie wird Schriftstellerin werden. Schon hat sie das Jahr 1919, mehr als mit der Vorbereitung auf das Abitur, mit dem Schreiben zahlreicher Gedichte verbracht und ein Versdrama verfaßt, *Icare*, woraus später *Le Jardin des Chimères* wurde, ein Text »voll von poetischen Klischees, unvermeidlich bei einem Kind, das zu viel gelesen hat«, wie Marguerite Yourcenars Kommentar lauten wird. »Ehrgeizig«, wird sie in ihren Gesprächen mit Matthieu Galey sagen. In der Machart stark von Victor Hugo beeinflußt, fast bis zum Plagiat und als Motto zwei schöne Verse, die das Beste an diesem kleinen Bändchen sind, zwei Verse von Desportes:

Le ciel fut son désir, la mer sa sépulture
Est-il plus beau dessin ou plus riche tombeau? *

»Keine schlechte Wahl für ein sechzehnjähriges Mädchen. Im übrigen war nicht viel daran: es ging um die Träume des Ikarus. Nur eine Szene ist ganz gut, ganz anrührend – mein erstes Greisenportrait –, das Gespräch des alten Daedalus mit dem Tod.«[28]

* Der Himmel war sein Ziel, das Meer zog ihn hinab.
Gibt es ein edler Streben, ein würdigeres Grab?

»Was *Le Jardin des Chimères* angeht«, gesteht sie einer ihrer Briefpartnerinnen, »so ist das Werk naiv, aber doch weiter entwickelt [als der folgende Band *Les Dieux ne sont pas morts*], ich sehe mit Erstaunen, bis zu welchem Punkt die Themen, die mich später beschäftigen sollten und mich noch heute beschäftigen, schon darin deutlich werden. Man entwickelt sich, hofft es jedenfalls, aber der Wesenskern ändert sich nicht.«[29] »Dieses unbeholfene kleine Gedicht hat für mich noch heute die Bedeutung einer ersten Etappe, da bereits eine Anzahl großer Themen anklingt, die ich später wieder aufnehmen sollte«,[30] schreibt sie in einem weiteren Brief.

Michel widersetzt sich den Wünschen seiner Tochter nicht, zumal auch er davon geträumt hat, eine schriftliche Spur zu hinterlassen. »Zu Jeannes Zeit« hat er *Das Labyrinth der Welt* des mährischen Schriftstellers Comenius nach der englischen Ausgabe übersetzt. »Er schlägt sich mit diesem Comenius herum, den er manchmal aufregend und manchmal abgeschmackt findet«,[31] schreibt sie in *Liebesläufe*. »Michel, der ein paar Gedichte geschrieben und sie mit einer Ausnahme vor der Fertigstellung in den Papierkorb geworfen hat, der nach Fernandes Tod sogar einen kraß realistischen Roman in Angriff genommen und bis zum Ende des ersten Kapitels durchgehalten hat, den er mir später gab, damit ich ihn zu einer Novelle umschriebe, unter der Bedingung, daß ich als Autor zeichnen würde, Michel zwingt sich schließlich, eine literarische Aufgabe zu Ende zu führen. Zum erstenmal begreift er, daß der Umgang mit Wörtern, ihre Auswahl, die Erforschung ihres Sinns, einen Liebesakt darstellt, vor allem, wenn das, was man schreibt, von jemandem inspiriert oder jemandem zugedacht wurde.«[32]

Michel bringt das Manuskript zum *Mercure de France*, doch »Vallette wendet ein, daß ohne das *comité de lecture* nichts entschieden werde. Im übrigen würde dieser Comenius, den in Frankreich mit Ausnahme einiger Spezialisten kein Mensch kenne, mit Sicherheit ein Verlustgeschäft sein.«[33] Das Opus erscheint schließlich in Lille, auf Kosten des Autors, und Michel schickt die Hälfte der fünfhundert gedruckten Exemplare an Jeanne. »Als Siebzigjähriger erhielt er [Michel] vom Kulturministerium der Tschechoslowakei, die inzwischen ein Staat geworden war, ein sehr schönes Dankschreiben für seine französische Übersetzung dieses Meisterwerks eines tschechischen Patrioten. Er freute sich so sehr, wie man sich freuen würde, ein scheinbar verdorrtes Bäumchen erneut grünen zu sehen.«[34] Es scheint sogar, daß Marguerite eine Zeitlang geplant hatte, diese Übersetzung neu zu bearbeiten, denn auf der Seite mit dem Hinweis »vom selben Autor« heißt es in dem Bändchen *Les Dieux ne sont pas morts* »In Vorbereitung: *Das Labyrinth der Welt* von Amos Comenius (1623), Übersetzung«. Das Projekt wurde nicht verwirklicht, aber Marguerite Yourcenar wird ihrer Familien-Trilogie diesen Titel geben, wie es scheint mehr dem Vater als Comenius zu Ehren. Wiederum ist es amüsant – oder vielleicht von tiefgehender Bedeutung –, daß sie diesen Titel, diese Referenz gewählt hat, um die Geschichte jener Menschen aufzurollen, die sie, zuweilen unbewußt, »geformt« haben: Comenius war nicht nur ein »tschechischer Patriot«, sondern vor allem der große Reformator der Pädagogik im 17. Jahrhundert ...

Michel, der sah, daß seine Tochter fest entschlossen war, durchzuführen, was für ihn nur ein verschwommener Traum gewesen war, ermutigte sie, spornte sie an, half ihr mit allen ihm zur Verfügung stehenden Mitteln. »Er war für die junge Schriftstellerin ein wunderbarer Ratgeber, erhaben über alle Tagesmoden, durchdrungen von den besten Traditionen der Sprache und der französischen Literatur«, wird Marguerite sagen. Ein Ratgeber, gewiß, aber kein despotischer und gebieterischer Mentor: Wie gesagt, Monsieur de Crayencour und seine Tochter lebten nicht in gegenseitiger Ergebenheit. Michel hat sich sein »Eigenleben« bewahrt, und das Eintreffen Christine Brown-Hovelts im Jahr 1920 liefert dafür den Beweis. Sie ist die Frau, der Michel 1915 in London begegnet war. Er dürfte sie inzwischen gelegentlich wiedergesehen haben. Aber 1920 läßt sie sich in Monte-Carlo nieder, was Barbe, das ehemalige Kindermädchen, auf die Idee bringt, Monsieur de Crayencour habe sie geheiratet. Daher schreibt Barbe in ihrem letzten Brief an Marguerite am 1. Mai 1920: »Ich bin sehr glücklich, daß meine kleine Marguerite vor ihrer Abreise in die Schweiz an mich denkt. Ich hoffe auch, daß es für Deinen Vater und seine neue Gattin eine schöne Reise wird. Ich finde es sehr mutig, daß er eine dritte Frau genommen hat. Zumindest wird er sehen, ob es einen Unterschied gibt zwischen französischen, belgischen oder englischen Frauen. (...)«[35]

Monsieur de Crayencour wird Christine Brown-Hovelt erst am 25. Oktober 1926 in Monte-Carlo heiraten. Sie war dreiundfünfzig und er dreiundsiebzig Jahre alt. Marguerite wird behaupten, sie habe ihn dazu ermutigt. »Ich selbst (ich war zweiundzwanzig) habe Michel im Oktober 1926 geraten, sie zu heiraten (zwei Jahre und drei Monate vor seinem Tod), als er plötzlich auf diesen Gedanken gekommen war, um ›ihr eine Freude zu machen‹«[36] schreibt sie später an ihren Stiefneffen.

Es ist indessen seltsam, daß Christine Brown-Hovelt, verehelichte Christine de Crayencour, nirgendwo in der »Chronologie« der Pléiade erscheint. Der Bericht über die Zwanziger Jahre enthält keinen Hinweis auf ein Leben zu dritt und wahrt so die Vorstellung vom innigen und geheimen Tête-à-tête zwischen dem Vater und der jetzt erwachsenen Tochter. Christine Brown-Hovelt hatte ein gewisses Talent als Miniaturistin, und Marguerite hat die Miniaturen, die Christine nach ihren Kinderfotos gemalt hat, stets aufbewahrt. Aber Christines Intelligenz reichte bei weitem nicht aus, um ihr das Interesse ihrer Stieftochter zu sichern, die eine solche Bezeichnung übrigens stets ablehnte ... In den Dreißiger Jahren behielt Marguerite immerhin ein eigenes Zimmer in der Lausanner Wohnung ihrer Stiefmutter, und während des Zweiten Weltkriegs wird Marguerite trotz ihrer eigenen prekären Lage die mittellose Christine bis zu deren Tod in Pau im Jahr 1950 nach besten Kräften finanziell unterstützen.

Dennoch, und obwohl ihr 1932 bei Grasset erschienener *Pindar* die Widmung trägt »*To my dearest Christine de Crayencour, in memory of happy days in Italy and in Provence*«, wird Marguerite Yourcenar versichern, ihre Beziehung zu Christine sei ausschließlich von höflicher Neutralität bestimmt gewesen, wie eine fast erwachsene Tochter sie der Frau ihres Vaters schulde, und der *Pindar* sei für sie nur »eine schlichte Höflichkeit« gewesen. Nur in *Lebensquellen* läßt sie ihre Erbitterung durchblicken, als sie berichtet, wie Christine, die »sentimentale und konventionelle Engländerin«,[37] an Michels Sterbebett gegen dessen Willen darauf bestanden hatte, daß sein Sohn Michel-Joseph benachrichtigt werde.

Ganz allgemein hat Marguerite Yourcenar sich nie über ihre Gefühle gegenüber den Eroberungen ihres Vaters geäußert. Einzige Ausnahme ist die Frau, die sie »gewählt« hat, Jeanne. Darf man daraus auf eine wirkliche Gleichgültigkeit schließen? Vielleicht. Zumindest zwang sie sich zur Gleichgültigkeit, weigerte sich, an einem sentimentalen Spiel teilzunehmen, das ihr entwürdigend erschienen wäre. Außerdem war Monsieur de Crayencour kein Mann, dem man mit Eifersuchtsszenen und Besitzansprüchen kommen konnte. Man hat gesehen, wie er und seine Tochter sich immer vor geschwätziger Intimität hüteten, die sie vermutlich beide als unschicklich verurteilt hätten. Vertraulichkeiten waren daher nie oder fast nie in Frage gekommen. Zeigt sich der Schatten eines Bedauerns in einem Satz der Vorarbeiten zu *Liebesläufe*: »Sie wird Zuhörerin sein (niemals Vertraute, aber was soll's)?« Keinerlei Bestätigung, vielmehr eine Feststellung, vergleichbar jener, die Marguerite Yourcenar in ihrem Gespräch mit Bernard Pivot 1979 äußert. Sie sagt, sie habe den Kaiser Hadrian »über den uns viele Dokumente vorliegen« besser gekannt als ihren eigenen Vater, und protestiert gegen »die Illusion der Leute, die immer glauben, die Familie sei etwas, dem man übertrieben nahe sei«: »Machen wir uns nichts vor. Ein Vater ist ein Mann, der eine Tochter bekommen hat, in meinem Fall als er fünfundvierzig war [er war fünfzig]. Nehmen wir an, ich begann ihn zu beobachten, als ich selber sieben war (...). Seine ganze Jugend lag hinter ihm. Ich mußte sie mir nach seinen Erzählungen zusammenreimen, die glücklicherweise recht ausführlich waren. (...) allein die Tatsache, daß man die Tochter ist, verfälscht den Blick auf einen Menschen: das ist ›mein‹ Vater. Und man bedenkt zu wenig, daß dieser Vater ein Mann ist, der sein eigenes Leben hat, seine eigenen Abenteuer, seine eigenen Sorgen. Er kann ein sehr guter Vater sein, aber das allein macht nicht seine ganze Persönlichkeit aus. Es gibt darüber hinaus vieles, was man leicht vergißt.«[38]

Gewiß, Monsieur de Crayencour brachte diesem im Jahr 1920 siebzehnjährigen Mädchen eine Aufmerksamkeit und ein Interesse entgegen, wovon er nichts ahnte, als er 1903 mit einem Neugeborenen traurig nach Mont-Noir zurückkehrte. Marguerite ihrerseits bewunderte diesen »Mann, der ständig aus Konventionen ausbrach«. Eine Bewunderung, die alsbald gegenseitig werden sollte. Mit der Niederschrift von *Icare*, im Jahre 1919, hatte Marguerites literarische Aktivität eine so ernsthafte Form angenommen, daß Monsieur de Crayencour ihre Arbeiten nicht mehr als jugendlichen Zeitvertreib abtun konnte. Im Anschluß an *Icare* arbeitet sie sofort an einem zweiten Lyrikband, *Les Dieux ne sont pas morts*. Mehrere dieser Gedichte sind schon vor *Le Jardin des Chimères* entstanden, und sie wird den Band 1920, mit achtzehn Jahren, fertigschreiben. Im nachhinein wird sie ihn als »recht schwach« bezeichnen, »weil er wirklich ein schulmädchenhafter Abklatsch« war, wie sie Matthieu Galey erklärt. »Man findet darin so ziemlich alle Poeten des ausgehenden 19. Jahrhunderts. Gewiß, man muß sein Metier erlernen, aber ein angehender Musiker übt seine Tonleitern im stillen Kämmerlein und geht nur seiner Familie auf die Nerven, während junge Schriftsteller manchmal allzu schnell veröffentlichen ... Ich glaube, es wäre besser gewesen, wenn ich diese ersten Produkte in den Papierkorb geworfen hätte.«[39]

Doch in diesen Stilübungen voller Emphase und Lyrismen, getränkt mit Bezügen auf die klassische Antike und offenbar dem Vorbild der schlechtesten Verse Vignys folgend, zeigt sich bereits, wie fest Marguerite überzeugt war, Schriftstellerin zu werden, und ihr Streben nach Ungewöhnlichkeit und Ruhm:

Sei ernst. Verachte Sklavenketten,
Dem Bösen und der Häßlichkeit bleib fern,
Meißle dein Ideal mit strenger Hand.
Arbeite unbeirrt vom Lärm des Markts,
Und wahre in der Zeit, die jeder Ehrfurcht bar,
Die heitre Liebe zu der Schönheit.[40]

oder:

Dem Träumer gleich – dein Stolz beneidet ihn –,
Zwing dem Geschick des Lebens Krone ab.
Die Welt ist groß genug für deine größten Wünsche.
Empor! Die Blicke zum Olymp erhoben.
Wo noch der Stirnreif der Antike strahlt;
Dem Sieger nun wird er zum Pfand.[41]

Die Arbeit ist, wie man sieht, von mehr biographischem als literarischem Interesse, was Marguerite glücklicherweise selber gewußt hat: »Wenn ich diese beiden Arbeiten [*Le Jardin des Chimères* und *Les Dieux ne sont pas morts*] nicht in die Liste meiner Bücher aufnehme, so deshalb, weil ich in ihnen die ersten Versuche eines Kindes sehe, die vielleicht später einen Kritiker interessieren könnten, der unbedingt mein komplettes Œuvre bewerten möchte, indessen sind beide, vor allem *Les Dieux ne sont pas morts*, für die Allgemeinheit völlig belanglos.«[42] »Was die Juvenilia angeht«, schreibt sie in einem Brief, »so sind *Le Jardin des Chimères*, mit sechzehn Jahren geschrieben und mit achtzehn auf eigene Kosten veröffentlicht, und *Les Dieux ne sont pas morts*, zum Teil schon mit vierzehn Jahren geschrieben und mit neunzehn, ebenfalls auf eigene Kosten veröffentlicht, nicht des Lesens wert (...). Ausgenommen

Das einzige Foto, auf dem Marguerite eine Brille trägt. Sie sagte gern: »Ich war schon immer kurzsichtig, aber ich mag keine Brillen tragen.«

zwei oder drei Gedichte, die mir von kindlichem Reiz zu sein scheinen, wie Rondos eines sehr jungen Musikers, (›Limpide source‹ ... ›Été‹ ...) ist alles gewunden, umschweifig und schwülstig. Als Heranwachsender bemüht man sich, etwas anderes und mehr zu sein, als man ist. Ein notwendiger Ehrgeiz, der aber immer mit Ungeschicklichkeit und Anmaßung gepaart ist. Das einzig Merkwürdige ist, daß ich diese Gedichte, deren Armseligkeit mir inzwischen klar geworden war und die ich 1925 einstampfen ließ, mir ab 1930 und manchmal auch noch später, immer wieder vornahm und unermüdlich bearbeitete oder Varianten anfertigte, so, wie man sich zwingt, ein Musikstück so lange zu spielen, bis man es einigermaßen beherrscht.«[43]

Wenn man auch Marguerite Yourcenar wegen solcher jugendlicher Reimschmiedereien nicht tadeln kann, zumal sie diese Erzeugnisse später selber als wertlos erkennen wird, so bleibt es doch erstaunlich, daß dieses junge literaturbegeisterte Mädchen ihre Vorbilder geflissentlich im steifleinensten neunzehnten Jahrhundert sucht, während sie die gerade zu ihrer Zeit stattfindende poetische Revolution anscheinend verkannt hat: *Alcools* von Guillaume Apollinaire ist 1913 erschienen, der Surrealismus kündigt sich an. Vielleicht ist dieser Zeitverzug die Folge eines gewissen Provinzialismus oder, mehr noch, eines Lebens, so fernab von jeder Gesellschaft, daß nur die »klassischen« Muster, die Michels Entwicklung bestimmt hatten, bis zu ihr vorgedrungen waren.

Wie dem auch sei, im Jahr 1920 ist Marguerite noch weit von jener Selbstkritik entfernt, die ihr nahelegen wird, diese Erstlingswerke einstampfen zu lassen: Sie träumt davon, ihr literarisches Gestammel gedruckt zu sehen. Ihr Vater möchte ihr gern diese Freude machen und wird bei verschiedenen Verlagen vorfühlen. Monsieur de Crayencour und Marguerite, die sich einen Schriftstellernamen zulegen will, spielen einen ganzen Abend lang mit den Buchstaben ihres Familiennamens herum. Sie basteln ein fast perfektes Anagramm von Crayencour – es fehlt nur ein C –: Yourcenar, »Das Y am Anfang gefiel uns«, wird Marguerite sagen. Wohl auch das Geheimnisvolle dieses Namens, der klingt wie ein Paßwort. Marguerite wird ihn, zugleich mit der amerikanischen Staatsbürgerschaft, als ihren legalen Namen annehmen. Ihr Vorname wird für etwa zehn Jahre, »Marg« lauten: Marguerite dürfte damals diese unbestimmbare Form bevorzugt haben.

Was den Verlag angeht, so dürfte ihre Wahl auf Perrin gefallen sein. (Vielleicht haben sie auch an andere Verlage geschrieben, bisher hat sich dafür jedoch kein Anhaltspunkt gefunden.) Es fanden sich jedoch im Archiv von Plon, heute zur selben Verlagsgruppe gehörig wie Perrin, mehrere Briefe. Einer, in energischer Erwachsenen-Schrift verfaßt, spricht von einem Lyrikband von »etwa 200 Seiten« und erkundigt sich nach dem Preis und dem Erscheinungstermin.[44] Der Brief ist unterschrieben »M. de

Crayencour«. Natürlich ist die Antwort an »Monsieur« gerichtet, und mit Recht: ein Schriftenvergleich beweist, daß Monsieur de Crayencour der Verfasser war. Als Monsieur de Crayencour Ende September noch keine Nachricht wegen des Manuskripts erhalten hat, wird ein weiteres Schreiben, diesmal in Maschinenschrift, aber von ihm eigenhändig unterzeichnet, an den Verleger abgeschickt:

»Monsieur,

am 5. August ds. habe ich mir in Beantwortung Ihres Schreibens vom 2. August erlaubt, Ihnen (per Einschreiben) ein Manuskript *Le Jardin de Chimères* (unter dem Pseudonym Marg Yourcenar) zugehen zu lassen. Diese Arbeit sollte Ihrem Lektorat zur Prüfung im Hinblick auf eine Drucklegung, wie bereits besprochen, vorgelegt werden.

Seither, das heißt, seit nahezu zwei Monaten, habe ich keinen Bescheid über diese Zusendung erhalten.

Da ich noch eine gewisse Anzahl einzelner Gedichte in meinem Besitz habe, möchte ich vorschlagen, zunächst nur *La Légende Dramatique d'Icare* zu veröffentlichen, die bereits in dem Ihnen zugegangenen Manuskript enthalten ist, und die übrigen Gedichte derselben Sendung für eine Edition vorzusehen, die ich gern in einigen Monaten unter Hinzufügung der neuen Gedichte erscheinen lassen möchte, so daß, zusammen mit den bereits vorliegenden ein Band von etwa 300 Seiten entstehen würde. Ich würde dieses Verfahren der sofortigen Herausgabe eines Werkes vorziehen, dem man den Vorwurf mangelnder Einheitlichkeit machen könnte.

La Légende Dramatique d'Icare würde dessen ungeachtet unter dem Titel *Jardin des Chimères* erscheinen und ein Bändchen von etwa 80 Seiten ergeben.

Ich wäre Ihnen dankbar, wenn Sie mich von der Entscheidung Ihres Lektorats in Kenntnis setzten, und verbleibe mit vorzüglicher Hochachtung ...«[45]

Und am 4. Oktober, nachdem vom Verlag ein günstiger Bescheid ergangen war, antwortet Michel mit einem handgeschriebenen Brief, unterzeichnet »Marguerite de Crayencour«!

»Soeben erhielt ich Ihr Schreiben vom 2. Oktober und bin sehr erfreut über die schmeichelhafte Billigung, die mein Manuskript bei Ihnen gefunden hat.

Ich danke Ihnen für Ihre Bereitschaft, die *Légende d'Icare* zu publizieren und bin wie Sie der Meinung, daß man einen sehr

Recevez avec mes remerciements réité
l'expression de mes sentiments tr
distingués.

Marguerite de Crayencour

P.S. J'ai pris comme pseudonyme
Marg. Yourcenar, qui est, comme
vous le voyez, l'anagramme d
mon vrai nom. —

Villa Loretta
Boulevard d'Ital
Monte-Carlo

— Je crois qu'il est d'usage de
payer la moitié du prix
d'avance. Pour faire un chiffre
rond, je vous envoie un chèque
de Sept mille francs à valoir. —

Plon

großen Druck wählen sollte, um den Eindruck einer Broschüre zu vermeiden.

Ich wäre Ihnen außerordentlich dankbar, wenn Sie mir die Arbeit baldmöglichst zugehen ließen. Selbstredend akzeptiere ich Ihre Konditionen, was die Kosten betrifft, und überlasse Ihnen die Wahl des Papiers und der Typographie.

Würden Sie die Güte haben, mir die auf die *Légende d'Icare* folgenden Gedichte zurückzuschicken. Da deren Anzahl noch weitere hinzugefügt werden sollen, möchte ich sie in einem Band mit dem Titel *L'Épée et le Miroir* erscheinen lassen.

Ich arbeite zur Zeit an einem Gedicht *Irène aux Cygnes blancs*. Ich werde mir erlauben, Ihnen beide Manuskripte nach Fertigstellung zugehen zu lassen, und ich hoffe, daß sie sich der gleichen wohlwollenden Aufnahme erfreuen werden, wie mein erster Band.

Mit nochmaligem Dank und besten Empfehlungen

Marguerite de Crayencour

P.S.: Ich habe als Pseudonym Marg Yourcenar gewählt, was, wie Sie sehen, ein Anagramm meines wirklichen Namens ist.

Villa Loretta
Boulevard d'Italie
Monte-Carlo

Soviel ich weiß ist es üblich, die Hälfte der Kosten im voraus zu bezahlen. Ich schicke Ihnen daher die runde Summe von zweitausend Francs als Anzahlung.«[46]

So weit also haben Vater und Tochter das Spiel getrieben. Bis zum Vertauschen der Unterschriften. Man kann sich gut vorstellen, welchen besonderen Spaß es Michel de Crayencour gemacht hat, mit diesem ausgefallenen weiblichen Namen »Marguerite Yourcenar« zu unterschreiben, womit er eine Berühmtheit vorwegnahm, von der er nicht zu träumen gewagt hätte. Doch Monsieur de Crayencour hatte diesen verwirrenden Rollentausch – denn um einen solchen dürfte es in dieser Sache gegangen sein – nicht nur zu seinem Vergnügen vorgenommen, sondern sehr wohl auch die praktische Seite bedacht. Seine schöne Handschrift wirkte seriöser, gesetzter, mit einem Wort, erwachsener. Marguerite hatte damals zwar eine sehr hübsche, aber noch recht kindliche Schrift, die

4. Oktober 1920. Brief an den Verlag Perrin: So weit also haben Vater und Tochter das Spiel getrieben. Bis zum Vertauschen der Unterschriften.

allerdings bald sehr persönliche Züge annehmen sollte, nichts mehr von den Haar- und Schattenstrichen, die man sie gewiß gelehrt hat, auch wenn sie nie eine Schulbank drückte, und denen sie sich, wie so vielem, einfach nicht fügen wollte.

Schließlich wird also der Text angenommen, und 1921 erscheint bei Perrin auf Kosten des Autors, also auf Kosten Michel de Crayencours, unter dem Titel *Le Jardin des Chimères* das erste Werk der Marguerite Yourcenar, die mit ihren achtzehn Jahren zur Schriftstellerin unbestimmbaren Geschlechts geworden ist, zu einer – oder einem – gewissen Marg Yourcenar. Genau sechzig Jahre später, im Jahr 1981, wird eine achtundsiebzigjährige Frau, Marguerite Yourcenar, als erste »Person ihres Geschlechts« in die Académie française, den Kreis der »Unsterblichen«, aufgenommen.

Kapitel 4
Ich, Marguerite Yourcenar

Das zweite Buch der jungen Mademoiselle de Crayencour, die Schriftstellerin erst in ihren Plänen und Wünschen ist, wird ebenfalls auf Michel de Crayencours Kosten publiziert. Trotz des geringen Echos auf *Le Jardin des Chimères* war Marguerite Yourcenar zur Verfolgung ihrer literarischen Pläne durch die Worte eines Mannes ermutigt worden, den sie sehr verehrte: Rabindranath Tagore, Symbolfigur eines Orients, der sie schon damals faszinierte. »Es war im Jahr 1921«, wird sie lang danach einer Journalistin schreiben. »Ich war achtzehn, ich hatte soeben – oder vielmehr, ein allzu enthusiastischer Vater hatte es getan – auf eigene Rechnung ein schmales Bändchen veröffentlicht, *Le Jardin des Chimères,* und Exemplare davon verschickt, unter anderem auch an Rabindranath Tagore. Von den anderen Empfängern hat, soviel ich mich erinnere, keiner geantwortet. Tagore antwortete umgehend und lud mich für ein Semester nach Schantiniketan ein. Heute weiß ich, daß eine solche Einladung häufig an junge Europäer erging, die sich an ihn gewandt hatten. Es war, wie Sie sich denken können, eine ungeheure Verlockung, aber ich besaß nicht die Mittel für eine so weite Reise. Ich frage mich, wie anders mein Leben und mein Denken sich entwickelt hätten, wenn ich diese Reise gemacht hätte. Ich habe die beiden Briefe, die Tagore mir in seiner Güte schrieb, lange aufbewahrt; sie sind, wie so vieles, im Chaos der Jahre 1939–1945 untergegangen.«[1]

Les Dieux ne sont pas morts erschien 1922 bei Sansot. Der Band ist, wie später *Pindar,* der Frau gewidmet, die ihr Vater vier Jahre später in dritter Ehe heiraten wird: *Meiner teuren Freundin Christine Hovelt.* Geschrieben wohl in jugendlichem Überschwang, den man später oft bedauert, wenn einem klar geworden ist, daß der Adressat nicht so ist, wie man ihn sich erträumte.

Marguerite de Crayencour, die in der »Chronologie« der Pléiade ab 1921 dazu übergeht, sich im Vorgriff auf die Zukunft ausschließlich Marguerite Yourcenar zu nennen, erwähnt unter dem Datum 1922 und der zwei oder drei folgenden Jahre eine Arbeit, die nie das Licht der Welt erblickte, die jedoch als Grundstoff fast ihres gesamten Œuvre betrachtet werden kann. Es handelt sich um das Projekt eines sehr langen Romans, *Remous,* der die miteinander verflochtenen Geschichten mehrerer Familien durch vier Jahrhunderte erzählt.

Sie sagt, sie habe in ungeordneter Folge »ein wenig aufs Geratewohl« in vier Jahren fünfhundert Seiten niedergeschrieben und dann das Ganze, mit Ausnahme dreier Fragmente, weggeworfen. Während des ersten Teils ihres Schriftstellerlebens – vor dem Zweiten Weltkrieg – wird Marguerite Yourcenar viele Entwürfe vernichten. Über dieses radikale Vorgehen, das wohl auf den ehrgeizigen Maßstab ihrer zwanzig Jahre zurückgeht und nach und nach aufgegeben wird – im Alter vielleicht allzu oft – äußert sie sich im Zusammenhang mit der Entwicklung der Figur eines ihrer Vorfahren, des Schriftstellers Octave Pirmez in *Gedenkbilder:* »Ich habe mich geringschätzig über sein leidenschaftliches Bemühen geäußert, von sich nur das zu zeigen, was er für das Beste hielt: Mit zwanzig Jahren hätte ich ihn verstanden. Damals ging mein Ehrgeiz dahin, entweder die anonyme oder doch die höchstens dem Namen und zwei vielleicht widersprüchlichen Daten nach bekannte Autorin von fünf oder sechs Sonetten zu sein, die in jeder Generation ein halbes Dutzend Leser bewundern würden. Diese Einstellung habe ich schon bald aufgegeben. (...) Dennoch hat, verglichen mit dem krankhaften Exhibitionismus unserer Zeit, Octaves ebenfalls krankhafte Zurückhaltung für mich einen gewissen Charme.«[2]

Die vor der Vernichtung bewahrten und bearbeiteten Texte von *Remous* bilden später (1934) die Novellensammlung *La Mort conduit l'Attelage*: »wenige Jahre später, nachdem ich sozusagen die Schriftstellerlaufbahn ergriffen hatte, kam mir der Gedanke, mir wenigstens einige Teile des früheren aufgegebenen Werks wieder vorzunehmen. So erschien 1935 [sic] die Erzählung, die jetzt den Titel *Anna, soror* trägt, in einem Band mit drei Novellen: *La Mort conduit l'Attelage.* Um eine zumindest äußerliche Einheit herzustellen, nannte ich sie *D'après Dürer, D'après Greco* und *D'après Rembrandt ...*«[3]

Aber es bleibt nicht bei diesem kleinen Buch. In der ersten Novelle, *D'après Dürer,* steckt der Keim zu *Die schwarze Flamme;* die zweite, *D'après Greco,* wird, kaum verändert, 1981 unter dem Titel *Anna, soror* erscheinen ...; aus der dritten, *D'après Rembrandt,* werden zwei Erzählungen, *Un homme obscur* und *Une belle matinée,* beide zwischen 1979 und 1981 ganz neu geschrieben.[4] *Remous,* die geplante Wiederherstellung einer Familiengeschichte nach genealogischen Dokumenten, die Marguerite 1921 zum erstenmal gelesen hat, findet mehr als nur ein Echo in *Gedenkbilder* und *Lebensquellen,* den beiden ersten Bänden der Familiengeschichte mit dem Obertitel *Das Labyrinth der Welt,* die um die Geschichte mehrerer Familien Nordfrankreichs und Belgiens im 19. Jahrhundert gebaut ist und manchmal bis zu viel weiter entfernten Vorfahren zurückgeht.[5]

Marguerite Yourcenar ist überzeugt, daß ihr literarisches Schicksal von dem bestimmt wurde, was sie ihr Leben lang die »Projekte meines zwanzigsten Jahres« nannte. Tatsächlich formen diese Pläne sich, wenn auch noch vage, als »überschwengliche Träume«,[6] zwischen ihrem neunzehnten und vierundzwanzigsten Jahr. Möchte sie, a posteriori, Einheit und Ursprung in einer Art Urknall sehen, von dem alles ausgehen sollte? Kaum. Sie wird im Alter sogar ziemlich gereizt reagieren, wenn man ihr die Tendenz unterstellt, ihre früheren Bücher immer wieder erneut zu bearbeiten, und versichern, sie habe »viel weniger umgeschrieben, als behauptet wird«. So erwiderte sie Jacques Chancel, der in seiner Sendung »Radioscopie« im Juni 1979 darauf hinwies, wie sehr sie es liebte, »umzuschreiben und alles nochmals neu zu beginnen«: »Je nachdem; man muß sich vor Verallgemeinerungen hüten. An manchen Büchern, zum Beispiel an *Der Fangschuß* und *Alexis,* wurde nie etwas geändert, bis auf ein paar grammatikalische Details, die ich nicht besonders glücklich fand. Andere Bücher wurden überarbeitet, weil ich sie in viel zu jungen Jahren begonnen hatte. Vielleicht bin ich ein Sonderfall. Als Zwanzigjährige hatte ich vier oder fünf meiner Bücher geplant und angefangen, viel Papier zu bekritzeln. Damit hatte ich mir natürlich eine Last aufgebürdet, die ich nicht tragen konnte.«[7]

Dennoch stellt man fest, daß bereits in *Les Dieux ne sont pas morts* die Galaxis von Marguerite Yourcenars Werken, wenn auch erst in Form von Nebelsternen, vorhanden ist. In unermüdlicher Umschreibe-Arbeit sondiert sie diese Galaxis bis zur Besessenheit, vertieft und erweitert, entwickelt, korrigiert und konzentriert. Zumindest was einen großen Teil ihres Œuvres angeht, hat Marguerite Yourcenar die »Torheiten« ihrer visionären Jugend weiter entwickelt. Sie hat »aus sich selbst« geschöpft, gewissermaßen autark geschaffen, ihr Leben lang vergessen, um wiederzufinden, wiederaufzunehmen, neu zu überdenken, umzumodeln.

Sie erwähnte häufig – in ihrer Korrespondenz, ihren Vor- oder Nachworten oder in Interviews – dieses besondere Bedürfnis, ihre Figuren nicht aufzugeben, ihnen eine Zukunft zu erfinden, ein »erfüllteres« Schicksal. »Dieser Wahn, alte Bücher neu zu schreiben, erscheint mir immer mehr als eine große Weisheit«, bemerkt sie in ihren *Notizheften zu »Die schwarze Flamme«*. »Jeder Schriftsteller trägt nur eine bestimmte Anzahl von Personen in sich. Anstatt diese unter der Maske neuer Figuren wieder auftreten zu lassen, die in Wahrheit nur die alten mit neuen Namen sind, habe ich es vorgezogen, diese Gestalten, mit denen zu leben ich bereits gewöhnt war, zu vertiefen, zu entwickeln, zu nähren, sie in dem Maße besser kennenzulernen, wie ich das Leben besser kennenlernte, eine Welt, die bereits die meine war, vollkommener zu machen. ›Ich habe nie verstanden, wie man eines geliebten Wesens überdrüssig werden kann‹, lasse ich Hadrian sagen, der über seine Lieben spricht. Ich selbst habe niemals geglaubt, daß ich einer der Figuren, die ich geschaffen hatte, überdrüssig werden könnte. Ich habe nie aufgehört, ihnen beim Leben zuzusehen. Sie werden mir Überraschungen bereiten bis ans Ende meiner Tage.«[8]

Man zögert natürlich, die banale Metapher von den »literarischen Kindern« aufzutischen, wenn man die Geschöpfe eines Autors meint. Aber hier ist kaum zu übersehen, daß als stummer Pate eine besondere Art von Bildungsroman fungiert, dessen Protagonisten die Erzählerin und ihre Figuren zugleich sind.

Diese seltsame Roman-Familie, die man sich nicht als Ersatz-Familie denken darf, umspannt seit ihrer Gründung einen so weiten Zeitraum, daß von einem Ungefähr aus Eile, von Stückwerk unter Zeitdruck keine Rede sein kann. Aus der Abfolge vieler Generationen entsteht ein Geschlecht: Marguerite bezeichnete gern die Reifungszeit der Menschen als ihre »Geologie«, ihre »Ablagerung«. Die Langsamkeit, das Altern – worunter nicht Stagnation sondern Entwicklung zu verstehen ist – waren bei ihr ständige Objekte des Nachdenkens und der Beobachtung. Den Kometen zog sie die Fixsterne vor – in der Politik und mehr noch in der Literatur. »Hadrian ist kein Meteor«, sagt sie einmal über den Helden des Buches, das sie berühmt gemacht hat. »Das gehört zu den Dingen, die mir an ihm gefallen; er ist vor allem luzide, mit einem offenen Blick für Welten, die nicht die seinen sind.«[9]

Literarische Frühreife und Bildungshunger machen aus der jungen Marguerite keine Stubenhockerin. Man weiß, wie sehr sie am unstillbaren Nomadenleben ihres Vaters teilnahm, dessen ständige Rede lautete: »Geht uns nichts an, wir sind nicht von hier, morgen geht's weiter.« 1914 haben ihr sowohl ihre Jugend wie die äußeren Umstände – sie waren, was sie bei der Abreise noch nicht gewußt hatte, nach London ins Exil gegangen – nicht erlaubt, Großbritannien besser kennenzulernen. Aber ab 1922, dem Datum ihres ersten Aufenthalts in Venedig mit dem Vater, wird sie das ganze Jahrzehnt hindurch mit Leidenschaft Italien erforschen, entweder allein, in Begleitung ihres Vaters oder anderer noch unbestimmter Reisegefährten.

Selbstverständlich wird sie von diesen Reisen nur berichten, was in ihr Werk eingegangen ist. Zum Beispiel die Aufenthalte in Mailand und Verona, noch im Jahr 1922, wo sie den Marsch auf Rom erlebt hat (erster Anstoß zu ihrem Roman *Eine Münze in neun Händen*).

»Es ist immer ein denkwürdiger Augenblick, wenn ein jugendlicher und bisher politisch uninteressierter Geist plötzlich entdeckt, daß Ungerechtigkeit und falsch orientiertes Interesse ihm auf Schritt und Tritt in den von Polizisten und Militär beherrschten Straßen einer Stadt begegnen oder in Gestalt braver Bürger, die, ohne Partei zu ergreifen, im Café um den Tisch sitzen. 1922 war für mich ein solches Datum, und die Orte der Offenbarung waren Venedig und Verona. (...) Das liberale Feuer, das in Italien dem Risorgimento voranging, gehört zu den schönsten Erscheinungen des Jahrhunderts. (...) Aber nicht so leicht akzeptiert man, daß danach die Bürgerkönige des Hauses Savoyen kamen (...), nicht so leicht auch, daß nach den Wirren, die zu Reformen hätten führen sollen, der Aufstieg des größenwahnsinnigen Faschismus begann, Hitler in Neapel zwischen zwei Reihen von Adlern aus Kunststein auftreten konnte (ich habe sein Geplärr noch im Ohr), und das Ganze endete mit den rattenzerfressenen Leichen in den Sandgruben der Via Ardeatina, dem in seinem Sessel füsilierten Ciano und der Erschießung Mussolinis und seiner Geliebten, deren Leichen man in einer Garage an den Füßen aufhängte.«[10]

Sie wird häufig auf ihren ersten Aufenthalt in Rom im Jahre 1924 zurückkommen – den einzigen in Begleitung ihres Vaters – und auf die Entdeckung der Villa Adriana, »einer schönen Anlage, heute entweiht durch aufdringliche Restaurierung oder anonyme Gartenstatuen, die irgendwo gefunden und auf gut Glück unter zusammengeflickten Säulenhallen plaziert wurden, ganz zu schweigen von dem Getränkestand und einem Parkplatz unmittelbar neben der großartigen Mauer, die Piranesi gezeichnet hat. Schade um die alte Villa des Grafen Fede, wie ich sie in meiner Jugend noch gekannt habe, die lange, von einer Prätorianergarde aus Zypressen gesäumte Allee, die Schritt für Schritt in das stille Reich der Schatten führte und im April erfüllt war von den Rufen des Kuckucks, im August vom Zirpen der Zikaden, wo ich jedoch bei meinem letzten Besuch vor allem Transistorradios hörte.«[11]

Schon bei diesem ersten Spaziergang an einem der Orte Kaiser Hadrians beschließt sie, jenes Buch zu schreiben, das siebenundzwanzig Jahre später ihr erster großer Publikumserfolg werden sollte: *Ich zähmte die Wölfin. Die Erinnerungen des Kaisers Hadrian.*

Über Florenz sagt sie weiter nichts, als daß sie 1923 zusammen mit ihrem Vater dort gewesen sei. Hingegen hat sie Grace Frick, die in einer ihrer Chronologien zu Marguerite Yourcenars Leben[12] darüber berichtet, ausführlich ihre Ankunft in Neapel im Frühjahr 1925 geschildert und ihren ersten Gang zum Castello Sant' Elmo, wohin sie die Handlung von *Anna, soror ...* verlegen wird. Ihr Vater kommt später nach und sieht Neapel zum ersten Mal. Von nun an wird Marguerite die Reiseführerin sein. Monsieur de Crayencour ist fast zweiundsiebzig, er ist müde, erschöpft und schlichtweg total ruiniert.

Sie zeigt ihm die seltsame Pietà in der Kirche Santa Anna dei Lombardi, von der sie ihr Leben lang als von einem heftigen und dauernden Eindruck sprechen wird und die sie in *Anna, soror ...* beschreibt, in der Szene, die am Gründonnerstag spielt, eine der starken Szenen dieser inzestuösen Liebe zwischen den beiden Protagonisten, Anna und deren Bruder Miguel, die, wie Marguerite Yourcenar schreibt, »gegen die Erregung ankämpften, wie das lange Fasten sie hinterläßt«.[13]

In dem 1981 für die Ausgabe ihres Romanwerks in der Pléiade verfaßten Nachwort sagt Marguerite, sie habe *Anna, soror ...* im wesentlichen »in ein paar Wochen« in jenem Frühjahr 1925 und »unmittelbar nach der Rückkehr von Neapel« niedergeschrieben.

»Dies erklärt vielleicht auch, warum das Abenteuer des Geschwisterpaars sich in der Karwoche vollzieht und vollendet. Viel mehr als die Antikensammlungen des Museums oder die Fresken der

Villa dei Misteri in Pompeji, die ich doch mein Leben lang lieben sollte, faszinierte mich an Neapel die wimmelnde und lebendige Armut der Arbeiterviertel, die strenge Schönheit oder der verblichene Glanz der Kirchen, von denen einige seitdem durch die Fliegerangriffe von 1944 schwer beschädigt oder völlig zerstört wurden, wie jenes San Giovanni del Mare, wo Anna sich Miguels Sarg öffnen läßt. Ich hatte die Festung Sant'Elmo besucht, die Wohnstätte meiner Figuren, und die benachbarte Kartause, in der Don Alvaro sein Leben beendete. Ich hatte kleine trostlose Dörfer der Basilicata durchquert, und in einem von ihnen den halb herrschaftlichen, halb bäuerlichen Wohnsitz angesiedelt, wohin Valentina und ihre Kinder zur Zeit der Weinlese gehen, und die Ruine, die Miguel in einer Art Traum wahrnimmt, ist wahrscheinlich Paestum. Nie wurde eine erfundene Romanhandlung unmittelbarer von den wirklichen Schauplätzen inspiriert.«[14]

Im Herbst, nach der Abreise ihres Vaters, bleibt Marguerite noch in Neapel und »verkauft Trauben auf der Straße«, wie Grace Frick berichtet, dann kehrt sie nach Rom zurück, wo sie drei Monate bleibt, bis Weihnachten. Sie ist zweiundzwanzigeinhalb Jahre alt, und als sie in *Anna, soror* ... die sterbende Donna Valentina beschreibt, schildert sie die Frau, die nie zu werden sie schon jetzt beschlossen hat. »Valentinas Leben war ein langes Gleiten in das Schweigen.«[15] Und zugleich steckt sie bereits vermittels der Literatur das Feld ihres Strebens und Wägens ab. »Während dieser Wochen, in denen ich die gewohnte Existenz mit ihren alltäglichen Verrichtungen und Beziehungen weiterführte, habe ich fortwährend in diesen beiden Körpern und Seelen gewohnt, bin zwischen Anna und Miguel hin- und hergeglitten (...) . Ich war zweiundzwanzig, gerade in dem Alter, in dem Anna ihr glühendes Abenteuer erlebt, doch ich versetzte mich auch ohne die mindeste Hemmung in eine verbrauchte und gealterte Anna oder in den verlöschenden Don Alvaro. Meine sinnliche Erfahrung war damals ziemlich begrenzt; die Erfahrung der Leidenschaft stand mir noch bevor, doch die Liebe Annas und Miguels flammte trotzdem in mir.«[16]

Marguerite beschließt, den Bereich ihrer Lektüre zu erweitern – der bereits beträchtlich war, aber sehr auf die Romanliteratur einerseits und die gräko-lateinische Antike andererseits konzentriert – und sich auch der Zeitgeschichte zuzuwenden, den Theoretikern des

Sozialismus und der Anarchie, dann den deutschen und englischen Philosophen und Dichtern des 19. Jahrhunderts, und schließlich dem Orient. Sie liest zum ersten Mal Übersetzungen indischer und fernöstlicher Texte.

Außerdem setzt sie ihre Studien der Mathematik fort, die ihr eine durchaus heilsame Disziplin zu sein scheint, ja, unerläßlich für die intellektuelle Bildung, die sie für sich gewählt hat.

Zu Weihnachten kehrt sie also nach Frankreich zurück, nach Monte-Carlo, wo ihr Vater sich mit Christine Hovelt niedergelassen hat. Man mag sich wundern, damals eine so junge Frau, wenn auch nicht unbedingt allein so doch ohne »Anstandsdame« reisen zu sehen. Noch schwankt die Welt trotz des unwiderruflichen Bruchs durch den Ersten Weltkrieg, zwischen den Verhaltensregeln des 19. und des 20. Jahrhunderts. Marguerite Yourcenar hat den Unterschied in *Gedenkbilder* perfekt zum Ausdruck gebracht: »Wo man geht und steht, herrscht die Lüge. Die Gestalt, in der sie im 20. Jahrhundert auftritt, ist vor allem die des brutalen, unverhüllten und schreienden Betrugs; im 19. Jahrhundert trat sie leiser auf, in Gestalt der Heuchelei.«[17]

In diesen Jahren, da das 19. Jahrhundert immer fernerrückte, ohne daß bereits deutlich geworden wäre, was das 20. mit seiner oft tollköpfigen Suche nach »Befreiungen« bringen würde, hat Marguerite beschlossen, auf ihrer Unabhängigkeit zu bestehen. Was sie auch in Zukunft tun wird. Ohne viel Aufhebens. Ohne große Worte. Aber ohne jemals von ihrem eigenen Weg abzuweichen. Wobei sie stets versuchte, die Grenzen ihres Spiel- und Freiraums genau abzuschätzen.

Der »Chronologie« der *Pléiade* ist zu entnehmen, daß Monsieur de Crayencour 1926 in die Schweiz gezogen ist, um sich in ärztliche Behandlung zu begeben. Er ist dreiundsiebzig und weiß, daß er Krebs hat. Marguerite Yourcenar gibt an, sie habe ihren Vater begleitet und so lange er lebte, die Schweiz kaum verlassen. Das stimmt nicht: 1926 ist Monsieur de Crayencour noch in Südfrankreich, vielleicht reist er von Zeit zu Zeit kurz in die Schweiz zur Behandlung. Am 25. Oktober 1926 heiratet er Christine Hovelt in Monte-Carlo, und in die Schweiz übersiedelt er erst gegen Ende des Frühjahrs 1927, um der Sommerhitze des Südens zu entgehen. Anfang 1927 macht er mit Marguerite weite Ausflüge. »Zwischen zwei Roulette- und Baccarat-Anfällen« durchstreifen sie gemeinsam die Dörfer im Hinterland. Sie kommen bis nach Menton, manchmal sogar bis zur italienischen Riviera. An manchen Tagen unternehmen sie lange Fußmärsche, zehn Kilometer, manchmal sogar fünfzehn oder siebzehn. Wenn sie zu müde sind, um zu Fuß wieder zurückzugehen, nehmen sie ein Taxi oder eine Kutsche und weisen den Chauffeur oder den Kutscher an, so langsam wie möglich zu fahren, damit sie die Landschaft genießen können.

Daneben hält Marguerite sich über die neuesten Veröffentlichungen auf dem laufenden – wie sie es ihr ganzes Leben lang tat und in einer Art sonderbarer Koketterie stets leugnete –, und der große Erfolg der populärwissenschaftlichen Biographien, wie sie vor allem bei Grasset erscheinen, reizt sie. Sie beschließt, eine Pindar-Biographie zu schreiben, denn, wie sie 1938 in der Widmung für Grace Frick schrieb, sie »glaubte, Griechisch zu können«. Sie macht sich unverzüglich ans Werk, und Ende 1926 oder zu Beginn des folgenden Jahres fährt sie nach Paris, um Grasset ihr Manuskript vorzulegen: Das Buch wird tatsächlich bei diesem Verlag erscheinen, allerdings erst 1932.

Dennoch darf man den Beginn von Marguerite Yourcenars literarischer Karriere auf das Jahr 1926 datieren. Nachdem in *L'Humanité* durch Vermittlung von Henri Barbusse ein Artikel von, wie sie sagt, »noch jugendlicher Radikalität« mit dem Titel *L'Homme couvert de dieux* erschienen war (von der Redaktion der Zeitung irrtümlich nur »L'Homme« betitelt), veröffentlicht sie bis Kriegsbeginn regelmäßig abwechselnd Bücher und Beiträge in Zeitschriften. Der oben genannte Artikel ist in seinem schwerfällig allegorischen Stil nicht weiter von Interesse, doch von nun an übt sie ihr Metier als Schriftstellerin kontinuierlich aus. Da sie sich stets geweigert hat, das Gesellschaftsspiel der französischen Literaten mitzuspielen, in der Pariser Literaturszene aufzutreten (jedenfalls nach dem Krieg), beim Wettrennen um die Preise mitzumachen, hat man sie manchmal für eine liebenswerte Dilettantin gehalten, die das Schreiben wohl kaum als Beruf betrachtete. Weit gefehlt: Ihr zähes Ringen mit den Verlegern wird das Gegenteil beweisen. Und am 19. Juni 1927, während ihres Aufenthalts in der Schweiz, im Hotel Bellevue et Belvédère in Glion-sur-Montreux, schreibt sie an ihr ehemaliges Kindermädchen Camille: »Ich habe meine Schreibmaschine mitgebracht und ich ›tippe‹ den ganzen Tag meine Artikel, wenn ich keinen Ausflug mache.«[18]

Aus den Jahren 1927 und 1928 stammt eine Erzählung, *Die enthauptete Göttin*, erschienen in der *Revue Européenne*, die erste

Frucht ihrer fernöstlichen Lektüre,[19] und vor allem der sehr polemische Artikel *Diagnostic de l'Europe*[20] (der 1929 in der *Revue de Genève* erscheint). Dieser Text, der in keine ihrer Essay-Sammlungen aufgenommen wurde, auch nicht in den posthumen Sammelband *En pèlerin et en étranger,* ist faszinierend. Eine Art *Niederlage des Denkens*[21] avant la lettre, kompromißlos, wie es für eine junge Frau von vierundzwanzig Jahren natürlich ist, und wohl stark von Valéry und dem berühmten Anfang von *Variété I* beeinflußt: »Wir, die Zivilisationen, wir wissen jetzt, daß wir sterblich sind ...« Marguerite Yourcenar bekennt sich zu diesem Einfluß: »Valéry ist vielleicht der Erste, von dem ich als Zwanzigjährige gelernt habe, daß es eine Methode gibt. Und er ist auch der letzte Dichter gewesen, der uns die fast heilige Schönheit der Form spüren ließ«,[22] und auch Edmond Jaloux, der einflußreiche Kritiker der *Nouvelles Littéraires* weist in seinem Aufsatz über *Alexis* sehr zu Recht auf diesen Einfluß hin: »Ich kannte Madame Marguerite Yourcenar nur als Verfasserin eines schönen geschichtsphilosophischen Essays, der unter dem Titel *Diagnostic de l'Europe* in der interessanten Zeitschrift *Revue de Genève* erschien. Ein ziemlich pessimistischer Essay, von Valéry'schem Pessimismus geprägt. Aber Madame Marguerite Yourcenar weist nicht nur auf den bedenklichen Zustand Europas hin, sie zeigt uns auch den Charme dieses Zustands; es heißt, die Japaner äßen beinah noch lebende Fische, um zu sehen, wie deren Agonie vor ihren Augen in den schönsten Farben erglänzt. Für Madame Yourcenar entwickelt auch Europa eine Art Phosphoreszenz, die sie reizvoll findet und die bereits der Glanz der Auflösung ist. Dieser Essay hatte mich frappiert. Seitdem ich *Alexis oder der vergebliche Kampf* gelesen habe, bin ich von seiner Wahrheit weniger überzeugt. Ich habe den Eindruck, daß Madame Marguerite Yourcenar persönlichen Gefallen an den Ideen von Endzeit und Verfall findet, und daß sie das Greisenalter unserer Welt mit denselben Augen betrachtet, mit denen sie die Jugend ihres Helden beobachtete.«[23]

Viele Jahre später, gegen Ende ihres Lebens, wird Marguerite Yourcenar selber in ein paar handgeschriebenen Sätzen auf der ersten Seite der Zeitschrift von diesem Text aus ihrer Jugend abrücken. »Die Vorhersagen waren falsch, denn ich stellte mir vor, auf das Chaos werde eine Ära der Disziplin folgen. Im Gegenteil: das Chaos wurde noch totaler.«[24] In Wahrheit ist die Beschreibung, die sie nun von diesem Chaos gibt, zwar exakt, aber relativ konventionell, die Analyse weniger scharf als im ursprünglichen Text, in dem der »pessimisme valéryen« mit einer Art ästhetischen Genusses und einem subtilen Geschmack an der Provokation einhergeht, die verhindern, daß man in diesem Pessimismus ein simples Trübsalblasen erblickt. Anders und brutaler ausgedrückt: sie war jung.

Während des Sommers 1928 scheint Monsieur de Crayencours Gesundheitszustand sich gebessert zu haben, sofern es stimmt, was Marguerite ihrem ehemaligen Kindermädchen Camille schreibt: »Meinem Vater geht es viel besser.« Auf derselben Postkarte ist auch die Rede vom Aufenthalt ihres Halbbruders Michel und dessen Frau Solange, den Marguerite später abstreitet oder vergessen hat.[25] Außer einer Reise nach Österreich – Grace Frick vermerkt »vermutlich erster Besuch in Innsbruck« (einer der Orte, an denen Zenon sich aufhielt) – fällt in diese Zeit auch die Abfassung des ersten Werks, das sie für so gelungen hält, daß sie in der späteren Neuauflage nur wenige Korrekturen anbringen wird: *Alexis ou le Traité du vain combat.* Der Untertitel klingt wie ein Echo auf Gides *Traité du vain désir.* Sie beginnt diese Arbeit am 31. August 1927 und beendet sie am 17. September 1928.

Marguerite Yourcenar macht für dieses Buch den Einfluß von Rilke und Schnitzler geltend, weniger den von Gide, und Roger Martin du Gard erwähnt sie überhaupt nicht.[26] Sie bringt also das Kunststück fertig, sich bewußt auf die beiden erstgenannten Autoren zu berufen und einen Text zu erstellen, in dem die Spuren der beiden letzteren weitaus deutlicher zu lesen sind. *Alexis oder der vergebliche Kampf* ist, laut Marguerite Yourcenar, »die Geschichte eines jungen Musikers aus einer verarmten Adelsfamilie, der gegen sogenannte widernatürliche und schuldhafte Neigungen ankämpft und schließlich seine junge Frau, die er trotz allem liebt, und den neugeborenen Sohn verläßt, um eine Freiheit wiederzugewinnen, ohne die er nicht leben kann«.[27] Diese kurze Erzählung ist ein langer Brief, worin Alexis seiner Frau Monika erklärt, warum er sie verlassen hat – er ziehe die Freuden vor, die ihm die Männer schenken – und den »Unterschied zwischen äußerlichem Wohlverhalten und innerer Moral«[28] aufzeigt. Marguerite Yourcenar wird sehr viel später, in den Gesprächen mit Matthieu Galey, erklären, warum ihr so viel daran lag, in *Alexis* ganz deutlich zwischen der Lust und der Liebe zu unterscheiden:

»Ich glaube, diese Unterscheidung war vor allem bei mir eine heftige Reaktion auf das französische Klischee von der Liebe, das ich als falsch empfand und noch immer empfinde. Die Franzosen haben die Liebe gewissermaßen stilisiert, einen bestimmten Stil, eine bestimmte Form der Liebe geschaffen; und dann haben sie daran geglaubt, sie mußten sie auf eine bestimmte Weise leben, während sie die Liebe ganz anders gelebt hätten, ohne all diese Literatur auf dem Buckel. Ich glaube, nur in Frankreich konnte La Rochefoucauld sagen, ›viele Leute hätten nicht geliebt, wenn sie nie von der Liebe gehört oder gelesen hätten‹. Ich glaube, hier [in den USA] wäre das unverständlich, vielleicht auch in vielen anderen Gegenden der Welt.«[29]

Ihre unheilbare Neigung zur Selbstkommentierung zwingt sie später, in einem Vorwort den Stil zu rechtfertigen, den sie für dieses Thema und diesen Text gewählt hat, »diese karge, fast abstrakte Sprache, zugleich behutsam und präzise«, die man der Zaghaftigkeit oder einer Art literarischer Berührungsangst bezichtigen könnte:

»Dem Schriftsteller, der das erotische Problem des *Alexis* ehrlich erörtern und demgemäß die sogenannte anständige, in Wirklichkeit aber halb verlegene, halb schlüpfrige Art, in der man über diese Dinge zu reden pflegt, vermeiden möchte, stehen bestenfalls die folgenden mehr oder minder unzulänglichen, wenn nicht gar unzulässigen Möglichkeiten zur Verfügung:

Das jeweils zeitgemäße wissenschaftliche Vokabular, das unvermeidlich mit den dazugehörigen Theorien veraltet (...) ist ausschließlich für die Werke des Spezialisten geschaffen. Die obszöne Sprache, die zu allen Zeiten ihre Anhänger hat, entspricht sozusagen einer Taktik des Schocks, die sich allenfalls verteidigen läßt, wenn man ein prüdes oder blasiertes Publikum zwingen will, den Dingen, die es lieber übersehen möchte, ins Gesicht zu sehen (...). Aber dieses brutale Verfahren bleibt äußerlich, indem der Leser – *l'hypocrite lecteur** – das unpassende Wort um seines pittoresken und sozusagen exotischen Reizes willen mit gutem Gewissen genießt (...)

* Charles Baudelaire, Vorwort zu *Les Fleurs du mal:* – Hypocrite lecteur, – mon semblable, – mon frère! T. S. Eliot hat diese Zeile in sein »Jahrhundertgedicht« *The Waste Land* aufgenommen: You! Hypocrite lecteur! – etc., am Ende von THE BURIAL OF THE DEAD. (A. d. Ü.)

Mein *Alexis* verfolgt ein anderes Ziel. Er versucht, jener nüchtern-klaren, fast abstrakten, graden und kompromißlosen Sprache sich zu bemächtigen, der sich die Prediger und Moralisten, aber auch einige große Romanschreiber des achtzehnten Jahrhunderts bei der Behandlung erotischer Probleme bedienten. Diese ein wenig verstaubte und bewußt zurückhaltende Sprache schien sich mir besser als jede andere zu eignen, um dem Zögern, der Unsicherheit und den Skrupeln meines Helden Ausdruck zu geben.«[30]

»Ein für die damalige Zeit aus der Feder einer jungen Frau anstößiges Sujet«, kommentiert Marguerite Yourcenar. Sie bediente sich für die Gestaltung von *Alexis* sowohl einer unlängst gemachten persönlichen Erfahrung[31] wie auch der Erinnerung an das, was sie sich als die amourösen Vorlieben Konrads, Jeannes Ehemanns, vorgestellt hatte. Wie man weiß, verwendet Marguerite Yourcenar den Vornamen Monique, den sie Alexis' Frau gegeben hat, in *Gedenkbilder* und *Lebensquellen* auch für Jeanne von Vietinghoff. Deren wirklicher Vorname Jeanne taucht erst in *Liebesläufe* auf. Egon von Vietinghoff, der Sohn Jeannes und Konrads, liefert keinen weiteren Kommentar zu den Neigungen seines Vaters – der wie Alexis Musiker war – als sein übliches »schon möglich«. Aber er weist darauf hin, daß sein Bruder Alexis geheißen habe (in *Liebesläufe* zu Axel geworden). Marguerite Yourcenar selber bezieht sich in ihrem Vorwort von 1963, was die Wahl des Vornamens betrifft, auf die zweite Ekloge Vergils, was natürlich keinen Widerspruch darstellt.

Was war diese »unlängst gemachte persönliche Erfahrung«, die auch in *Liebesläufe* anklingt? Dort berichtet sie von einer Auseinandersetzung zwischen ihrem Vater und dem Mann, den sie Egon nennt, in deren Verlauf Monsieur de Crayencour seinem Gegenüber nicht dessen Homosexualität vorwirft, sondern die Tatsache, daß er darin ein außergewöhnliches Abenteuer sieht. Sie fügt hinzu, sie »habe von den damaligen Gesprächen der beiden Männer nur sehr vage Vorstellungen«, könne sich jedoch dafür verbürgen, daß die Ausführungen über die Belanglosigkeit von homo- oder heterosexueller Orientierung aus Michels Mund stammten: »Zwanzig Jahre später hielt er mir einen ganz ähnlichen Vortrag, auf einer Bank in Antibes, wo wir saßen und aufs Meer hinausblickten (...) Auf dem Strand von Scheveningen um 1905 muß dieser junge Mann von etwa dreißig Jahren ihm ungefähr ebenso weltunerfahren erschienen sein wie ein Mädchen von zwanzig in der Verwirrung der Gefühle, ausgelöst von der Begegnung mit einem jungen Unbekannten, der ihr anders zu sein schien als alle anderen (...) Er warnte mich nur vor einer Neigung, das Leben zu dramatisieren. (...) Das Gespräch von Antibes wurde nicht wieder aufgenommen. Damals, wie auch vor zwanzig Jahren, hatte Michel versucht, einen Geist oder ein aufgewühltes Gemüt zu beruhigen, indem er darauf hinwies, daß nichts wirklich abnorm oder inakzeptabel sei. Hier gab er nicht etwa seine persönliche Einstellung preis (Michel gab nie etwas preis); es handelte sich um eine Zeugenaussage.«[32]

Diese Anekdote läßt zwei Interpretationen zu. Entweder Marguerite Yourcenar verschweigt, was vielleicht damals über ihre eigene homosexuelle Neigung (ein Wort, das sie niemals gebrauchte, »zu medizinisch« sagte sie) gesprochen wurde, und es hätte durchaus in Michel de Crayencours Charakter gelegen, seiner Tochter klarzumachen, daß ihr nichts Außergewöhnliches widerfahre. Oder Marguerite Yourcenar sagt die Wahrheit, wenn sie von einem »Freund« spricht, und sie hatte sich wirklich in einen Mann verliebt, der Männer liebte, was ihr im Lauf ihres Lebens mehrmals passierte. Es ist indessen nicht sicher, daß Marguerite Yourcenar dem Vater jemals von ihrer Vorliebe für Frauen gesprochen hätte. Von Vertraulichkeiten war, wie sie oft betonte, zwischen ihnen keine Rede. Und da sie in *Liebesläufe* deutlich sagt, wie sie zum ersten Mal den Hang zu Frauen empfand, folglich kaum Grund hat, zu vertuschen, worum es sich bei diesem Gespräch wirklich drehte, kann man sich an die Hypothese von einem Freund halten. Um so mehr, als die Idee, ein schmerzliches Erlebnis zu bewältigen, indem sie es zur Fiktion verarbeitete, durchaus in Marguerite Yourcenars Art lag. Sie wird es wieder tun.

Während Marguerite an ihrem Roman *Alexis* schreibt, liest sie Michel, »der ein guter Zuhörer war (...) und sich ohne weiteres in diese von ihm doch so verschiedene Figur hineindenken konnte«,[33] ab und zu einige Seiten daraus vor. Bei der Beschreibung von Alexis' Hochzeit fällt ihm sogar ein Romanentwurf ein, den er Jahre zuvor begonnen hatte und nun für Marguerite aus der Schublade holt:

»Es war das erste Kapitel eines Romans, den er 1904 begonnen und dann nicht weitergeführt hatte. Neben einer Übersetzung und einigen Gedichten war dies sein einziges literarisches Werk. (...) Der glaubwürdige Ton dieser literarisch anspruchslosen Erzählung hatte es mir angetan (...). Er schlug mir vor, ich solle doch diese

Erzählung unter meinem Namen erscheinen lassen. Dieses eigentlich recht merkwürdige Angebot war bezeichnend für die ungezwungene Vertrautheit, die zwischen uns herrschte. Ich lehnte ab, weil ich ja schließlich nicht der Autor dieser Seiten war. Er bestand darauf.

Das Spiel reizte mich. Daß ich die geheimsten Regungen Alexis' nachvollzog, fand Michel so wenig verwunderlich, wie er es als anstößig empfand, seine Geschichte (...) meiner Feder zuzuschreiben. In den Augen dieses Mannes, der immer sagte, daß nichts Menschliches uns fremd sein dürfe, waren bei der Schaffung literarischer Werke Alter und Geschlecht des Autors nur Nebensächlichkeiten. Probleme, die später meine Kritiker verwirren sollten, stellten sich ihm gar nicht. (...) Ich schickte die umgemodelte Erzählung an eine Zeitschrift, die sie nach Verstreichen der üblichen Frist ablehnte, dann an eine andere, die sie annahm, doch damals war mein Vater schon tot. Das Werkchen erschien ein Jahr später und wurde mit einem bescheidenden Literaturpreis[34] ausgezeichnet, was Michel amüsiert und zugleich gefreut hätte.«[35]

Wirklich ein seltsames Paar, diese beiden. Der Vater schreibt einem Verleger unter dem Namen der Tochter, die Tochter zeichnet für einen Text, den der Vater geschrieben hat ...

Als Marguerite *Alexis* beendet, ist ihr Vater sehr krank. Er weiß, daß er bald sterben wird, daß der Krebs sich im ganzen Körper ausgebreitet hat.

Er wird gerade noch Zeit haben, diesen ersten Roman zu lesen, ehe er am 12. Januar 1929 in Lausanne stirbt. »Mein Vater hatte das Manuskript gelesen«, sagt Marguerite zu Matthieu Galey. »Er hat nicht mit mir darüber gesprochen, aber ich fand in dem letzten Buch, das er aufgeschlagen hat, dem Briefwechsel zwischen Alain Fournier und Jacques Rivière, ein Stück Papier. Nur einen kleinen Zettel, auf den er geschrieben hatte: ›Ich habe nie etwas so glasklares gelesen wie *Alexis*.‹ Sie können sich denken, wie glücklich ich war! In diesem letzten Satz lag alle Freundschaft, alles Verstehen, das zwischen meinem Vater und mir geherrscht hat.«[36] In *Liebesläufe* greift Marguerite diese Episode wieder auf, wobei sie in der für sie typischen Art eine leicht abgewandelte Version dieses Lobes gibt: »Diesen *Alexis* las Michel auf dem Sterbebett und notierte an den Rand der kleinen Erzählung, es gebe ›nichts Reineres‹, ein Kommentar, der mich noch heute bewegt, der aber auch zeigt, daß das

Wort ›rein‹ für Michel eine völlig andere Bedeutung hatte, als für die meisten Väter.«[37] Rein oder glasklar? Lob für Fabel oder Form?

Wie bereits in *Lebensquellen* berichtet Marguerite auch Matthieu Galey über die letzten Lebensmonate Michels: »Ich habe ihn gepflegt, mehr schlecht als recht«, sagt sie, »schließlich hat man mit vierundzwanzig seine eigenen Sorgen, seine eigenen Probleme; man weiß noch nicht Bescheid mit Krankheit und Tod. (...) Mit vierundzwanzig[38] vertraut man zu sehr auf das Leben. Wie dem auch sei, ich war bei ihm: Ich habe ihn sterben sehen. Dieser Augenblick lehrte mich, daß ein sehr schönes, erfülltes Dasein war, was von außen betrachtet als ein verrücktes und verfehltes Leben gewirkt hatte.

Ich habe das sofort gespürt. Ich war alt genug, um das beurteilen zu können. Und auch er hat es gespürt; er hatte das Gefühl, daß sein Leben inhaltsreich gewesen ist.«[39]

In einem Heft mit Vorarbeiten zu *Liebesläufe* hat Marguerite Strich um Strich ein Portrait Michels gezeichnet, wie er sich in all ihren gemeinsamen Jahren darstellte. Unter anderem berichtet sie folgende Anekdote: »Eines schönen Tages, als er mich lesen sah, bemerkte er: ›Wenn du sterben würdest, würde ich deine Bücher nehmen, deine Kleider, alles, was dir gehört, und das Ganze in einem kleinen Boot mitten im Meer versenken.‹ Ich war damals achtzehn. Das gewalttätige Bild dieses Wikinger-Opfers brachte meine Phantasie in Aufruhr. Er aber dachte bereits an etwas anderes.«[40]

Michel de Crayencour hat gewiß den ersten Anstoß zu Marguerite Yourcenars literarischer Karriere gegeben. Dennoch sollte man seinen Einfluß nicht, wie es häufig geschieht, überschätzen. Er war intelligent genug, dieses erstaunliche Kind nur zu begleiten, ohne seine Entwicklung lenken zu wollen. Am Ende seines Lebens hat er wohl insgeheim bewundert, was sie zu werden versprach. Und Michel de Crayencours Tod kurz vor Erscheinen des ersten wirklichen Buchs seiner Tochter, selbst wenn es sich nur um einen sogenannten Zufall handeln sollte, ist wie ein Signal. Er verschwindet genau in dem Augenblick, als sie Schriftstellerin, das heißt, sie selber wird.

Marguerite wird den sterbenden Michel bei der Erinnerung an Jeanne weinen sehen, so, wie sie »über Jeannes graue Wangen Tränen rollen sah, als sie den Namen jenes Mannes aussprach, der vor so langer Zeit aus ihrem Leben verschwunden war und die

Beziehung nie wieder hat aufnehmen wollen«. Sie ist daher überzeugt, daß beide einander liebten, denn, so fügt sie hinzu: »Die Erinnerung schmerzt zwei Menschen nicht so lange Zeit, wenn zwischen ihnen keine fleischliche Bindung bestand.«[41]

In diese Zeit verlegt Marguerite Yourcenar auch den endgültigen Bruch mit ihrem Halbbruder, vor allem, weil er nicht zum Begräbnis seines Vaters gekommen war.

»Im Januar 1929 schrieb ich ihm von Lausanne aus, um ihn an das Sterbebett seines Vaters zu rufen. Michel hatte mich zwar gebeten, nichts dergleichen zu tun (...). Michel-Joseph antwortete, er sei gerade dabei, sich in einem Vorort von Brüssel ein Haus zu bauen und verfüge daher nicht über das nötige Fahrgeld; zudem herrsche strenger Winter, und seine Frau habe an einem Morgen, an dem ein Schneesturm tobte, bei dem Gedanken an eine Reise in die Schweiz einen Nervenzusammenbruch erlitten. In Wahrheit befürchtete dieser Verteidiger der guten alten Familientraditionen, seinen Anteil an den Kosten für eine langwierige Krankheit und die Beerdigung eines Mannes bezahlen zu müssen, der in Armut starb und durch den er sich geschädigt fühlte.«[42]

Dennoch vertraute sie diesem ungeliebten Bruder die Verwaltung ihres mütterlichen Erbes an. Es wurde zum Teil in ein Immobiliengeschäft gesteckt und sollte durch die große Wirtschaftskrise jenes Jahres verloren gehen, was das Zerwürfnis zwischen den Geschwistern noch verschärfte, wie sie in *Lebensquellen* berichtet:

»Der Wind der amerikanischen Krise ließ bereits die europäischen Kartenhäuser erbeben. Die Immobilienbank brach zusammen (...). Ich tat, was ich zwei Jahre früher hätte tun sollen: Ich rief einen alten französischen Juristen zu Hilfe, der Michel bereits zu anderen Zeiten aus schwierigen Lagen geholfen hatte; zusammen mit einem seiner belgischen Kollegen trieb er ungefähr die Hälfte des Darlehens wieder bei, das den bankrotten Hotelbesitzern gewährt worden war. Ich tüftelte mir aus, daß diese Summe mir bei vorsichtiger Verwendung zehn bis zwölf Jahre einer luxuriösen Freiheit verschaffen könnte. Danach würde man weitersehen (...) Noch heute bin ich glücklich darüber, daß ich damals diesen Entschluß faßte, dank dessen ich mit einer schmalen Sicherheitsmarge bis September 1939 durchkam. Hätte ich von den Einkünften aus dem in Belgien angelegten und von meinem Halbbruder verwalteten Kapital leben müssen, wäre ich mehr oder weniger einer Familie verbunden geblieben, mit der ich nichts gemein hatte, sowie diesem Land meiner Geburt und meiner Mutter, das mir, zumindest in seiner gegenwärtigen Form, völlig fremd war. Diese Dreiviertelpleite gab mich wieder mir selbst zurück.«[43]

Georges de Crayencour hingegen meint, Marguerite Yourcenars Darstellung sei, wie immer, wenn sie von ihrem Halbbruder spreche, ungerecht und einseitig. Natürlich kann Georges, da es sich um seinen Vater handelt, nicht völlig objektiv sein, aber so viel scheint sicher, daß eine tiefsitzende Feindseligkeit dahinter stecken muß, wenn Marguerite Yourcenar dem Halbbruder die Folgen eines Erdbebens anlastet, das 1929 selbst die erfahrensten Finanzleute ruiniert hat. Im übrigen mildert Marguerite Yourcenar selbst in jenem Abschnitt von *Lebensquellen,* worin sie ohne übertriebene Nuancierung mit ihrem Halbbruder abrechnet, ihre Aussage. Sie erinnert sich an ein Gespräch bei ihrer, wie sie sagt, letzten Begegnung mit ihm in Brüssel 1929,[44] als Michel-Joseph sie zur Gare du Midi begleitete:

»Er beneidete mich um meine Freiheit, von der er sich eine übertriebene Vorstellung machte; das Leben schafft ständig neue Bande, die an Stelle derer treten, von denen man sich befreit glaubte; was man auch tut und wohin man auch geht, es entstehen mit unserem Zutun immer wieder Mauern rings um uns, die zuerst als Schutzwall dienen und dann zum Gefängnis werden. Auch mir waren diese Dinge damals nicht klar. Diesem Mann, der in allem das Gegenteil seines Vaters hatte sein wollen, wurde bewußt, daß er mit einem Schlag seinen Vorrat an Wahlmöglichkeiten erschöpft hatte. ›Was willst du? Man hat sich seinen Kreis geschaffen; man kann diese Leute nicht alle umbringen.‹ Wir kamen überein, daß eine derartige Methode, Tabula rasa zu machen, nur Sultan Murad zugestanden hätte. Zum ersten Mal spürte ich bei diesem Mann einen Freiheitsdrang, der dem meinen nicht unähnlich war, so, wie sich seine Vorliebe für Genealogie mit meinem Interesse für Geschichte die Waage hielt. Die Ähnlichkeit zwischen uns beschränkte sich nicht auf die Form der Brauen und die Farben der Augen.«[45]

Kurz vor Monsieur de Crayencours Tod hatte Marguerite das Manuskript von *Alexis* unter dem Namen Marg Yourcenar an den Verlag Gallimard geschickt, der es ablehnte.[46] Es läßt sich nicht mehr feststellen, welche Gründe zu dieser Ablehnung geführt haben. Vielleicht entsprach der Umfang des Werks – eher eine Novelle als eine Erzählung, und noch weniger ein Roman – nicht der augenblicklichen »Verlagspolitik«. Marguerite bietet also das Manuskript dem kleinen Verlag Le Sans-Pareil an, der ihr sympathisch war, weil er die Surrealisten veröffentlicht hatte und von dem dreiunddreißigjährigen René Hilsum geleitet wurde. Wie so oft widersprechen sich die Erinnerungen Marguerite Yourcenars und die der Zeugen. Sie hat immer behauptet, den Text erst nach dem Tod ihres Vaters an Le Sans-Pareil geschickt zu haben. René Hilsum hingegen, der nicht an Gedächtnisschwäche zu leiden schien und gern erzählte, daß er Marguerite Yourcenar »entdeckt« habe (er starb am 14. April 1990 im fünfundneunzigsten Lebensjahr), versichert, auf seine Einladung zur Besprechung des Manuskripts habe sie mit Verspätung geantwortet, weil sie, wie sie schrieb, am Sterbebett ihres Vaters weile.

»Daß die Daten um ein paar Wochen voneinander abweichen, ändert an der Sache im Grunde nichts«, bemerkt René Hilsum.[47] »Es liegt wohl an diesem seltsamen Namen, Marg Yourcenar, den sie sich zugelegt hatte, daß ich mich noch immer so deutlich an die Geschichte mit *Alexis* erinnere. Und was später aus Marguerite Yourcenar geworden ist, hat mich veranlaßt, diese Geschichte ein paarmal zu erzählen. Das Manuskript war mit der Post gekommen und von meinem Mitarbeiter Louis Martin-Chauffier lektoriert worden. Sein Kommentar lautete: ›Ein bemerkenswerter Text, sehr interessant, ein bißchen von Gide beeinflußt.‹ Dann haben wir über dieses ›Marg Yourcenar‹ gerätselt. Bestimmt ein Pseudonym. Aber wer verbarg sich dahinter? Ein Mann oder eine Frau? Wir tippten eher auf einen Mann, denn man löst sich schwer von Klischees wie ›Frauendichtung‹ oder ›Frauen-Schreibweise‹, und keines von beiden traf auf *Alexis* zu. Ich frage mich, wie ich es anstellte, in meinem Brief weder ›Monsieur‹ noch ›Madame‹ zu schreiben. Leider haben weder sie noch ich diese ersten Briefe aufbewahrt. Als ich ihr schrieb, ich sei an ihrer Novelle – denn im Grunde ist es eine Novelle – interessiert, war sie in Lausanne. In ihrer Antwort teilte sie mir mit, sie sei eine Frau, mit Vornamen Marguerite, und Yourcenar ein Anagramm ihres Familiennamens, und sie wünsche nicht, unter ihrem wirklichen Namen, Crayencour, zu veröffentlichen. Bei unserer ersten Begegnung bemerkte ich, dieses Pseudonym sei ein wenig mysteriös. Sie erwiderte, eben dies sei ihr nicht unlieb.«

Sie hatte recht, dieses Patronymikon, dessen exotischer Klang an ferne und unbekannte Länder denken läßt, das wie ein Symbol für

Fremdartiges steht, ist Teil der Faszination, die Marguerite Yourcenar ausüben wird, eine Faszination, die über ihr Werk hinausgeht und zuweilen an Fetischismus grenzt. Marguerite de Crayencour, eine gute französische Autorin, hätte nie ein Star werden können, geschweige denn ein Mythos. Marguerite Yourcenar schon.

René Hilsum erinnerte sich noch nach sechzig Jahren »sehr genau, wie sie zum ersten Mal die Räume des Verlags Le Sans-Pareil, damals in der Avenue Kléber, betrat. »Äußerlich eine erstaunliche Erscheinung. In meinen Augen mehr interessant als schön. Dennoch ungemein attraktiv. Als erstes fiel ihre Intelligenz auf, die noch ehe sie das erste Wort gesprochen hatte aus ihren Augen leuchtete. Ich fand sie schon damals beeindruckend. Sie war sechsundzwanzig, und ich vierunddreißig.«

Die erste und bescheidene Summe, die ihre schriftstellerische Arbeit einbringt, einhundertfünfzig Francs, möchte Marguerite Yourcenar »verschwenden«. Sie kauft sich eine blaue Lalique-Vase, die sie ihr ganzes Leben behalten wird, die sämtliche Umzüge, überstürzten Abreisen, Unachtsamkeiten überstehen wird. Ein symbolisches Zeugnis für ihre Anerkennung als Schriftstellerin. »Was ich geschrieben hatte, war ein bißchen Geld wert und wurde als Arbeit angesehen, nicht als Zeitvertreib«, wird sie erklären.

Als Jacques Chancel sie fragt, ob sie sich bewußt sei, welchen Platz sie als Schriftstellerin einnehme, antwortet sie, das habe sie nur ein einziges Mal in ihrem Leben empfunden, beim Erscheinen von *Alexis,* »eigentlich mein erstes Buch; das erste Buch, das ich zu Ende geschrieben, das einen Einband und eine gewisse Anzahl Seiten hatte, und von dem ich mir ein Belegexemplar bei meinem Verleger, dem vortrefflichen René Hilsum abholte. Es war im November, an einem schönen kalten Tag in Paris (...), ich ging die Champs-Elysées hinunter. Ich kam zur Place Vendôme – warum ich dorthin ging, weiß ich nicht mehr – und ich sagte zu mir: ›Es ist soweit! Es gibt mindestens ein paar hundert, vielleicht ein paar tausend französische Schriftsteller, die mehr oder weniger bekannt sind. Endlich ist es soweit, ich fühle mich als einer von ihnen, irgendwo in der Menge.‹ Ja, an jenem Tag habe ich gefühlt, daß ich Schriftstellerin bin. Ich glaube, es war der einzige Tag in meinem Leben, an dem ich von diesem Gedanken erfüllt war.«[48]

Alexis erschien Ende November und hatte das Glück, von Edmond Jaloux rezensiert zu werden, mit dem Marguerite Yourcenar in der Folge freundschaftlich verbunden blieb.

»Ihr Roman hat mich überrascht, überrascht wie eine Offenbarung« schrieb er damals. »Die Offenbarung eines großen neuen Talents. Nicht daß er perfekt wäre. Dazu fehlt noch vieles. Das Buch ist kaum mehr als ein Vorwort – das lange Vorwort zu einem Buch, das noch nicht geschrieben ist, aber dieses Vorwort ist großartig. Und dennoch enttäuschend. Der Roman endet, wenn die Handlung beginnt. Er bereitet bis ins kleinste auf ein Handlungsgefüge vor, das er zu erklären vorgibt und nicht erklärt. Man müßte auf den physischen Aspekt des Sujets eingehen, und das mißfällt Madame Yourcenar. Sie zieht den abstrakten Stil vor, den echt französischen Stil bester Tradition. (...) So hat Madame Yourcenars *Alexis* Ähnlichkeit mit Thomas de Quincey und Chateaubriand, mit Pierre Loti und Barrès, und er trägt (...) Züge von André Gides Michel (...). Besonders schön an *Alexis ou le Traité du vain combat* (der Untertitel erinnert meiner Meinung nach zu sehr an Gide) ist das Timbre des Stils, fast möchte ich sagen, der Stimme; eine ernste, tiefe, verschattete Stimme; eine Stimme, zart und streng zugleich, die bis in die Tiefen des Bewußtseins dringt, Saiten in uns anrührt, die nur große Schriftsteller so stark zum Schwingen bringen; die sich vom Getöse der zeitgenössischen Literatur abhebt mit der Sicherheit eines sehr reinen und trotz seiner Klangfülle wie von fernher kommenden Tons. (...) Durch seine Abkunft, seine Anlagen, seinen Charakter erinnert Alexis von Gera oft an Malte Laurids Brigge: Überhaupt muß Rainer Maria Rilke großen Einfluß auf Marguerite Yourcenar ausüben; manche ihrer Reflexionen sind eindeutig ihm nachempfunden (...). Das Buch endet in voller Übereinstimmung mit dem Inhalt; nur den praktischen Details von Alexis' und Monikas Verbindung und Trennung fehlt es an Deutlichkeit. Indes vermute ich, daß die Autorin es so gewollt hat.

Manche Seiten von *Alexis* erinnern an Benjamin Constant, sowohl durch die eisige Musik des Stils wie durch die Tiefenschärfe der Seelenmalerei. Jeder dritte Satz wäre wert, zitiert und im Gedächtnis bewahrt zu werden; das zeigt den Reichtum dieses kleinen Buches, dessen psychologische Dynamik es manchmal den großen Werken der kanonisierten Literatur gleichstellt.«[49]

»Dieses Buch, wiewohl vom Einfluß Gides in Inspiration, Schreibweise und Form durchdrungen, ist deshalb nicht weniger bemerkenswert«, urteilt Paul Morand im *Courrier Littéraire* über *Alexis.* »Es sollte seinen Platz im Bücherschrank zwischen Helvetius und dem Autor von *Uns nährt die Erde* bekommen.«[50] »Das Erstaunlichste daran«, fügt er hinzu, »ist, daß es aus der Feder einer Frau stammt, der es gelang, sich mit ihrem Gegenstand so völlig zu identifizieren, daß *Alexis* wirklich die Beichte eines seinen Neigungen erlegenen Mannes ist und daß in keiner Zeile dieser luziden, diskreten und darob um so pathetischeren Beichte auch nur ein einziger falscher Ton anklingt.« Eine Bemerkung, die Marguerite ihr ganzes Leben lang zu hören bekommt, sowohl von Männern wie von Frauen, und auf die sie, nicht ohne eine gewisse Gereiztheit, immer wieder die gleiche Antwort gibt. So spricht sie zum Beispiel im Nachwort zu *Anna, soror* ... von »jener Gleichgültigkeit gegenüber dem Geschlecht, die, wie ich glaube, alle Schöpfer im Angesicht ihrer Geschöpfe empfinden«, und präzisiert in einer Anmerkung: »Man könnte hier zitieren, was Flaubert während der Niederschrift von *Madame Bovary* in einem Brief Louise Colet anvertraute: ›Heute zum Beispiel war ich sowohl Mann wie Frau, Geliebter und Geliebte zugleich, ritt an einem schönen Herbstnachmittag unter dem gelben Laub durch den Wald, und ich war die Pferde, das Laub, der Wind, die Worte, die sie zueinander sagten, und die rote Sonne, die ihnen die liebesschweren Lider schloß.‹«[51]

Alexis erfuhr eine Beachtung durch die Kritik, die für eine sechsundzwanzigjährige Autorin nichts Geringes bedeutet, errang jedoch beim Publikum nicht einmal das, was man einen »Achtungserfolg« nennt. »Dieses Buch hatte überhaupt keinen Erfolg«, sagt René Hilsum. »Ein Erstling, von einer Unbekannten mit diesem unmöglichen, unwahrscheinlichen Namen ... kein Wunder. Und wenn *Alexis* auch nicht schlecht war, so sah ich darin nicht den Keim zu einem Œuvre. Dafür fand ich keinerlei Anzeichen.«

Neben literarischen Einflüssen findet man vor allem saftige Ausfälle gegen das Unverständnis des Publikums (ein Thema, das Marguerite Yourcenar immer beschäftigen wird, das sie indessen in Zukunft eher im Gespräch als in ihren Büchern aufgreift): »Ihr lest keine Zeitungen, aber gemeinsame Bekannte haben euch wohl berichtet, daß ich das hatte, was man Erfolg nennt; das läuft darauf hinaus, daß viele Leute mich rühmen, ohne mein Spiel gehört zu haben, und einige, ohne mich zu verstehen.«[52]

»Dennoch bin ich glücklich, daß ich diesen Text veröffentlichte«, meint René Hilsum, »und nicht nur im Licht dessen, was

Marguerite Yourcenar geworden ist. Und außerdem markiert *Alexis* das letzte erfolgreiche Jahr von Le Sans-Pareil. Ich bin überzeugt, hätte ich meinen Verlag behalten, so wären Marguerite Yourcenars Werke auch weiterhin bei mir erschienen. Sie hat mich nie vergessen, und wir blieben immer in einer zwar nicht engen, so doch besonderen Verbindung.«

Marg Yourcenar war stolz auf dieses erste richtige Buch, da sie nun zu Recht den *nom de plume* trug, den sie zusammen mit ihrem Vater ausgeheckt hatte und der sie von allen anderen Familienbanden befreite. Als Marguerite Yourcenar das Buch bei der Abfassung des Vorworts 1963 wiederlas, war sie darauf gefaßt, es schrecklich überholt zu finden und wunderte sich, daß es »eine Art Aktualität bewahrt« habe:

»Abgesehen von ein paar stilistischen Verbesserungen habe ich das Buch unverändert gelassen, und zwar aus zwei einander scheinbar ausschließenden Gründen: Der eine ist der sehr persönliche Charakter einer Beichte, die aufs engste mit einer Gesellschaft, einer Epoche und einem Land verbunden ist, das inzwischen von der Karte verschwunden ist. Ich hätte an der altmodischen, halb mitteleuropäischen und halb französischen Atmosphäre nichts ändern können, ohne den Gesamtton des Büchleins zu verfälschen. Der zweite Grund hingegen trägt der Tatsache Rechnung, daß diese Erzählung nach nunmehr fast dreißig Jahren nichts von ihrer damaligen Aktualität und, für einige Leser, auch nichts von ihrer Nützlichkeit verloren hat.«[53]

Zehn Jahre nach Erscheinen von *Alexis* hat der katholische Essayist Gonzague Truc in einem Vortrag über das noch bescheidene Œuvre Marguerite Yourcenars in Brüssel die Figur des Alexis mit Worten geschildert, die gelinde gesagt doppeldeutig sind und hinter der Maske der Bewunderung einen fanatischen Moralprediger verraten:

»Madame Yourcenar veröffentlichte vor einigen Jahren bei Le Sans-Pareil, einem jener kühnen und kurzlebigen Verlage ein Bändchen, dessen Sujet ihm weite Verbreitung hätte sichern können, wäre dieses Sujet nicht mit ebensoviel Loyalität wie hohem Anspruch abgehandelt. Der Titel lautete *Alexis oder der vergebliche Kampf*, und es handelte von einem unheilbar Homosexuellen. Natürlich denkt man an die Werke von Monsieur André Gide, aber man irrt. Denn Madame Yourcenar bezieht, sowohl in ihren

Mitteln wie in ihrer Absicht, eine völlig andere, wenn man will sogar überlegene Position: Hätte Monsieur André Gide ihr Sujet abzuhandeln für richtig befunden, so wäre die Frage der Heilbarkeit gar nicht aufgetaucht.

Hier wurde der skandalöse Stoff mit einer unglaublichen Delikatesse bearbeitet, und wenn dieses verhaltene und delikate Vokabular bei einem solchen Thema seltsam erscheint, so ist es doch das einzig angebrachte. Das Drama, ein wirkliches Drama, wurde durch zarte, aber ergreifende und zutiefst lebenswahre Aperçus nuanciert; das Wesentliche daran erschien ebenso deutlich und vielleicht bewegender als in Prousts unvergeßlichen Analysen: eine Art verhängnisvoller Monstruosität, eine natürliche Perversion der Gefühle und der Organe, eine Schuld oder ein Scheitern, die inakzeptabel sind und doch akzeptiert werden müssen, der Schmerz und, am Ende, die kalte und harte Gelassenheit einer schrecklichen Entscheidung.«[54]

Man könnte auf die »Analyse« des unvergeßlichen Gonzague Truc klaglos verzichten, hätte nicht vierzig Jahre nach dieser, wie es schien, ein für allemal als lächerlich abgetanen Rede, 1977 eine junge Frau ein Manuskript an Marguerite Yourcenar geschickt, eine Art »zeitgenössischer« Antwort auf Alexis' Brief, worin eine reiche Monika – leidenschaftliche Fahrerin eines »Maserati«, den man »auf zweihundertvierzig Stundenkilometer hochjagen« kann – sich noch immer bemüht, Alexis zu »heilen« und ihn zu einer »Therapie für Homosexuelle« zu überreden. Marguerite zeigte sich zunächst empört über diesen Versuch eines literarischen »Menschenraubs« und schreibt zurück: »Eine Figur, die in allen Stücken von einem anderen Autor entlehnt ist, wird unter den Händen des Romanciers, der sie sich aneignete, niemals lebendig, niemals entwicklungsfähig werden; sie wird immer ›aufgesetzt‹ wirken, so sehr, daß die Ungehörigkeit, sie mißbraucht zu haben, sich prompt durch ein literarisches Debakel rächt.« Mehr noch aber mißbilligte sie, wie schlecht ihr Roman gelesen worden war und wie mit Alexis verfahren wird. »Die wahre Monika von Gera besäße weder diese (äußerst peinliche) Sentimentalität, noch hätte sie in Alexis' Karriere als Musiker den ›Erfolg‹ mit einem völlig anderen Ziel verwechselt, wie ein junger Mann, der allen ›Ruhm‹ verachtet, es sich erträumt; vor allem würde ihr das plumpe Besitzdenken fremd sein, das aus dem Versuch spricht, Alexis zu ›heilen‹, anstatt ihn hochsinnig so anzunehmen, wie er ist; desgleichen dieses naive

Vertrauen in die Psychoanalyse (bedenken Sie, daß Freud im Wien seiner Zeit praktizierte). Unter Ihren Händen würde Monika, wenn ich so sagen darf, zur typischen Romanfigur für Frauenzeitschriften werden. Jedenfalls handelt es sich bei *Alexis* weniger um eine kleine Anekdote über die (fast) fehlende sexuelle Übereinstimmung zwischen Eheleuten, als vielmehr um die Entwicklung eines gewissenhaften und schüchternen Geistes, der sich langsam freimacht von gewissen Ängsten und gewissen Vorurteilen einer Moral, die er für konventionell erachtet. Allein der Titel, den Sie Ihrem Roman geben ›Ein Knabe namens Eros‹ ist so reißerisch, daß er genügen würde, mich vom Kauf des Buches abzuhalten. Armer Alexis, so zurückhaltend, im Grunde so streng, so wenig verführerisch, wahrscheinlich nicht einmal schön . . .«[55]

Eine aufmerksame Lektüre des Vorworts zu *Alexis,* das man, da es in die Edition der Pléiade aufgenommen wurde, als endgültig betrachten darf, räumt ein für allemal auf mit diesen Interpretationen, die entweder dümmlich, phantastisch oder, wie wir gesehen haben, beides sind. Es schließt mit den Worten: »Gewisse Themen liegen zu gewissen Zeiten in der Luft; sie sind auch im Grundmuster eines Lebens angelegt.« Wenn Marguerite Yourcenar von der Homosexualität der Männer so fasziniert war, daß sie daraus ein in fast allen ihren Büchern präsentes Thema machte, so gewiß nicht, weil sie darin eine Abwegigkeit und noch weniger eine Krankheit erblickte. Sie tat es auch nicht etwa, wie man ihr oft zu Unrecht vorwarf, um über ihre eigene Liebe zu Frauen hinwegzutäuschen und trotzdem darüber reden zu können. Auch nicht, weil sie geträumt hätte, ein Mann zu sein – was die Männer niemals glauben werden, aber was soll's. Vielmehr hat die männliche Homosexualität »im Grundmuster« ihres eigenen Lebens eine große Rolle gespielt, besonders in den Jahren, die auf die Veröffentlichung von *Alexis* und den Tod ihres Vaters folgten, in ihren Jahren als nomadisierende Eroberin, in denen sie, mehr als in jeder anderen Periode ihres Daseins, wieder zur wahren Tochter ihres Vaters werden sollte, des fahrenden Ritters Michel de Crayencour.

Zweiter Teil
Das unstete Leben

Kapitel I
Wanderschaften des Herzens und des Geistes

Nach der Veröffentlichung des *Alexis* ist Marguerite nach Lausanne zurückgekehrt, um zu schreiben. Sie hat ein Zimmer in der Wohnung ihrer Stiefmutter, das sie jedoch bald aufgibt. Ihre Lausanner Aufenthalte zwischen zwei Reisen verbringt sie lieber im Hotel Meurice. Sie arbeitet an einem Roman, *La Nouvelle Eurydice*, an einigen Artikeln und an einem kurzen Theaterstück, *Le Dialogue dans le Marécage*.

Wie immer auch ihre Auseinandersetzungen mit dem Halbbruder zu bewerten sind, über Marguerite Yourcenars finanzielle Lage zu Beginn dieses Jahrzehnts kann eines mit Sicherheit gesagt werden: Sie ist ziemlich prekär. Sie gehört nicht zu den Erbinnen, die sich ohne materielle Sorgen der Schriftstellerei als einer frei gewählten Beschäftigung widmen können. Nachdem sie, wie sie sagt, »von einem alten französischen Juristen vor dem absoluten Bankrott« gerettet worden war, entschloß sie sich, das wenige übrig gebliebene Geld um den Erlös aus dem Verkauf fast aller ihr noch verbliebenen Wertgegenstände aufzustocken. Wie wir gesehen haben, hat sie sich ausgerechnet, daß sie bei sorgsamer Einteilung ihrer Ausgaben zehn bis zwölf Jahre von diesem kleinen Kapital leben könnte: Die Bewahrung dieser Zeit der Freiheit scheint ihr wichtiger als das sofortige Streben nach einer Zukunftssicherung, die unweigerlich weitere Zwänge mit sich gebracht hätte.

Es ist nicht bekannt, wie Marguerite die Trauer um ihren Vater erlebt hat. Sie hat immer so gehandelt und gesprochen, als ob in diesem Jahr 1929 die Veröffentlichung ihres ersten Romans den Schwerpunkt ihrer Interessen verschoben und die Abwesenheit des Mannes, der sechsundzwanzig Jahre lang ihr dauernder und fast einziger Gesprächspartner gewesen war, kompensiert hätte. Es war eben nicht ihre Art, vor Selbstmitleid zu vergehen. Sehr viel später wird sie dann nur von der »Rückkehr« des Vaters in ihr Alltagsleben sprechen, fast fünfzig Jahre nach seinem Tod, als sie sich daranmacht, die Geschichte ihrer Familie zu erzählen. Alles, was man von ihr weiß, zeigt, daß sie, ausgenommen eine kurze und für ihr Verhalten atypische Zeitspanne ganz am Ende ihres Lebens, keinerlei Neigung zu andauernder Schmerzpflege hatte. Und schon gar nicht zur Schmerzverherrlichung. Um so weniger, als sie die Verneinung des Todes, wie sie dem zwanzigsten Jahrhundert eignet, nicht teilte. Der Tod Monsieur de Crayencours war nach einem Leben, gezeichnet von Vergnügungen und Freiheit, eingetreten. Marguerite hatte sicher Kummer darüber empfunden. Er hatte sie nicht in Verzweiflung gestürzt. Mit einer Deutlichkeit, die nur im Hinblick auf Pseudokonventionen brutal erscheint, im Grunde jedoch, durch die Vermeidung unnützer Rhetorik, wohl eine ihrer extrem verfeinerten Formen der Höflichkeit war, sagt sie zu Matthieu Galey: »Nachdem ich ihn als Toten beweint habe (ich war fünfundzwanzig) muß ich gestehen, daß ich ihn an die dreißig Jahre fast vergessen habe. Was ihn übrigens weder erstaunt noch schockiert hätte, denn ein junger Mensch muß vergessen und muß leben. Erst sehr viel später in meinem Leben hat mein Vater wieder einen ziemlich dauerhaften Platz in meinen Gedanken eingenommen.«[1]

Wenn ihre Arbeit sie nicht in Anspruch nimmt, dann wird sie, in diesem Jahr 1930, von einem Gefühl der Langeweile beherrscht. Sie hat keine Lust, sich mit ihrer Stiefmutter zu unterhalten. Sie vermißt das Gespräch mit ihrem Vater, das selbstverständliche Einvernehmen, die geistige Verbundenheit, die Gemeinsamkeit ihrer Lektüren. Und Marguerite ist nicht gern einsam, im Gegensatz zu der Legende, die sich später, als sie berühmt wird, um sie bildet. Sobald sie nicht mehr an ihrem Arbeitstisch sitzt, will sie sich unterhalten, spazierengehen, Tee oder ein Glas in Gesellschaft trinken. Sie mag gerne zuhören, reden, bezaubern.

Es scheint also eines jener endlosen, arbeitsreichen und ziemlich eintönigen Jahre zu werden, denen nur die Aussicht auf einige Reisen ein paar Farbtupfer aufsetzt. Beim Pariser Verlag Grasset öffnet jedoch ein junger Mann eines Tages »einen Schrank, in dem Manuskripte schlummerten, auf deren Veröffentlichung man verzichtet hatte«, und entdeckt den *Pindar* Marguerite Yourcenars. Dieser Mann heißt André Fraigneau, und er wird eine Schlüsselrolle in der Karriere, aber auch im Privatleben Marguerite Yourcenars spielen. Nach einem Studium in Montpellier ist André Fraigneau, der Schriftsteller werden will – und es auch wird – im Sommer 1929 als Volontär zu Grasset gegangen. »Ich war zweiundzwanzig«, erinnert er sich. »Es war Sommer. Bernard Grasset war im Urlaub. Nach seiner Rückkehr hat er gefragt, wer denn der ›Neue‹ sei, der klare und so kurze Gutachten machte. Zehn Zeilen etwa. Man hat

André Fraigneau

es ihm gesagt, und er hat mich eingestellt. Als ich 1930 das *Pindar*-Manuskript im ›Abfall‹-Schrank fand, war mir der Name Yourcenar nicht unbekannt. Ich hatte den *Alexis* gelesen. In diesem biographischen Essay fand ich bereits die Merkmale, die alle späteren von mir betreuten Bücher Marguerite Yourcenars auszeichneten: Talent und Niveau. Ich war überzeugt, daß man den *Pindar* veröffentlichen solle. Und ich habe überzeugt.«[2]

Aber niemand wußte mehr, wo sich Marguerite Yourcenar aufhielt. Die Adresse in Südfrankreich, die auf dem Manuskript stand, war seit langem überholt. Der Verlag Le Sans-Pareil, der vielleicht hätte weiterhelfen können, bestand nicht mehr. René Hilsum verschaffte jedoch André Fraigneau eine Adresse in Lausanne. Marguerite Yourcenar antwortet und kommt zu ihm nach Paris. »Ich kann nicht mehr sagen, um welche Zeit des Jahres das gewesen war«, gestand André Fraigneau, »im Sommer oder möglicherweise im Herbst.« Und da Marguerite Yourcenar seinen

Namen aus der Chronologie ihres Lebens getilgt hat – aus Gründen, die aus den dreißiger Jahren erhellen – ist es kaum mehr möglich, den genauen Zeitpunkt dieser ersten Begegnung festzustellen. Marguerite Yourcenar bringt *La Nouvelle Eurydice,* ihren zweiten Roman mit, den André Fraigneau vor dem *Pindar* herausbringen will. Er wird während dieses ganzen Jahrzehnts ihr Lektor bleiben und sich beharrlich für sie einsetzen gegenüber Bernard Grasset, der sich manchmal wegen der Verkaufsziffern, die kaum über achthundert Exemplare hinausgingen, Sorgen machte. »Diesen *Pindar*«, sagte André Fraigneau, »hatte sie fast vergessen. Für sie war er so etwas wie eine Jugendsünde. Dabei gehörte sie zu den Schriftstellern, die schon in ihren ersten Arbeiten ihre volle Reife erreichen.«

La Nouvelle Eurydice erscheint also 1931 bei Grasset. Marguerite Yourcenar beurteilte später diesen Text sehr kritisch: »Er war mit rein literarischen Ausführungen überladen und hatte weder die Festigkeit noch den einheitlichen Ton des *Alexis.*«[3]

»Nach *Alexis*«, erzählt sie Matthieu Galey, »haben sich in meinem Leben so gravierende Ereignisse abgespielt, daß ich mich nicht sofort wieder ans Schreiben machen konnte. Dann habe ich den Fehler begangen, mich nach rückwärts statt nach vorwärts zu wenden, das heißt, ich habe mir gesagt, daß es nun an der Zeit sei, die Schriftstellerlaufbahn einzuschlagen (die Jugend ist konventionell!) und einen schlechten Roman verfaßt. Dieser Roman (...) hat seine Anhänger, zu denen ich jedoch nicht gehöre. Ich wollte einen Roman ›machen‹. Das ging natürlich völlig schief, weil ich damals überzeugt war, daß man, um ein echter Romancier zu werden, ein Sujet aus der Wirklichkeit nehmen und es romangemäß aufbereiten müsse. Ich hatte mir eine ganz bestimmte Vorstellung von dem, was ein Roman sein mußte, zurechtgelegt: Man brauchte diese oder jene Episode, man brauchte eine Liebesverwicklung, man brauchte Landschaften, man brauchte dieses, man brauchte jenes. Sie können sich das heillose Wirrwarr vorstellen, in das ich dabei geraten bin! (...) Es war ein extrem literarisches Buch und ich verstehe dieses Adjektiv als einen Tadel.«[4]

Ein so »tadelnswerter« Text, daß sie seine Wiederveröffentlichung verbot. »Dabei war es ihre begnadete Zeit«, kommentierte André Fraigneau, der die Vorkriegsarbeiten bei weitem den Nachkriegswerken vorzog, die Marguerite Yourcenar berühmt gemacht haben.

La Nouvelle Eurydice ist eine dieser Dreiecksgeschichten, für die Marguerite Yourcenar eine Vorliebe hat: Ein Mann, Stanislas, der Erzähler, und ein mit ihm befreundetes Paar, Thérèse und Emmanuel. Stanislas verliebt sich in Thérèse. Thérèse liebt weiterhin Emmanuel, obwohl dieser Männer bevorzugt ... Es stimmt, daß dieser Text nicht die Festigkeit des *Alexis* hat und daß dieser zweite Roman weniger gelungen ist als der erste. Marguerite Yourcenar hatte in ihm wohl klarer zum Ausdruck bringen wollen, was sie vom Trio Michel de Crayencour, Jeanne von Vietinghoff und Konrad von Vietinghoff erahnte, aber ihr Streben nach »Romanhaftigkeit« hatte auch zu einer gewissen Verwässerung des Themas geführt. Sie hatte weder die literarische Kollage, noch den Bombast, noch die krassen Vereinfachungen vermeiden können: »Bis zuletzt waren Emmanuel und seine Frau verbunden gewesen, nicht nur durch die Zärtlichkeit und durch tausend Gewohnheiten, in denen zwei Leben sich vermischen, wobei der Rest im Grunde nur flüchtige Penetrationen waren.«[5]

Man kann den Text zwar mit Vergnügen als Dokument zur Kenntnis nehmen, doch gleichzeitig auch sehr wohl verstehen, warum Marguerite Yourcenar nicht will, daß er in den Pléiade-Band ihres Romanwerks Eingang findet. Eine gewisse, zur Zeit modische Vorliebe für »Kleinmeister« und nostalgische Texte, mag manche zu dem Urteil führen, *La Nouvelle Eurydice* habe, wie André Fraigneau immer behauptete, Grazie. Fragt sich nur, ob Grazie für jedermann eine literarische Tugend ist.

In der *Revue de France,* in der eine der ersten Besprechungen des Romans erscheint, lobt Pierre Audiat – in einem der damaligen Zeit verhafteten Stil und mit nachgeplapperten Kommentaren (unglaublich, der Autor ist eine Frau!) – das Buch über den grünen Klee:

»Ein Roman, geschwellt mit Geheimnis, so wie der unsichtbare Wind das schmale Segel schwellt. Man wird das ganz besondere Glücksgefühl verstehen, mit dem wir hier das erste große Werk Madame Marguerite Yourcenars begrüßen. (...) Ehrlich gestanden, wenn nicht zusammen mit dem Buch *La Nouvelle Eurydice* auch ein Bild des Autors erschienen wäre, man würde nicht glauben, daß dieser Autor eine Frau ist. Unmöglich in dem Text eine dieser oft reizenden Schwächen zu entdecken (...), an denen man eine weibliche Feder erkennt. Die Hand bleibt hart, streichelt das Papier nicht; sie steckt in einem Panzerhandschuh, der sie dazu zwingt, mit zwei ausgestreckten Fingern zu schreiben, wobei der kleine Finger kaum die Schreibunterlage berührt (...) Das Resultat ist nicht Unbewegtheit, sondern eine Hellsicht, die mit dem psychologischen Dunkel der Erzählung kontrastiert und eines der Attribute dessen ist, was man immer noch das ›Klassische‹ nennt. Ohne bis zu dem in derartigen Fällen unweigerlich zitierten *Adolphe* zurückzugehen, muß man den Einfluß André Gides erwähnen, der hier sichtbar und fast greifbar ist (...) Brillante, in wunderbare Wortfassungen gefügte Gedanken, kurze und eindringliche Darstellungen einer immer mit Liebe und Tod verbundenen Natur; und ein schmerzlicher Widerhall der menschlichen Ängste.«[6]

Andere Besprechungen sind viel weniger enthusiastisch: »Darf ich es zu meiner Schande gestehen? Ich frage mich, was diese Geschichte mit dem Orpheus-Mythos zu tun hat«, schreibt Louis de Mondadon in der Zeitschrift *Études*. »Dies ist übrigens nicht der einzige dunkle Punkt. Der Leser dürfte sich wohl kaum zurechtfinden in dem Labyrinth von Gefühlskomplikationen, in das ihn durch tausend verschlungene Windungen eine übertrieben spitzfindige Analyse zieht.«[7]

Edmond Jaloux fragt nach den Gründen für die negativen Beurteilungen des Werks:

»Die Kritik hat, ich weiß nicht recht warum, an der *Nouvelle Eurydice* kein gutes Haar gelassen. Ist diese zugleich abstrakte und empfindsame Form einigen meiner Kritikerkollegen altmodisch vorgekommen? Madame Yourcenar ist, und darin erinnert sie manchmal an Jacques Chardonne, mehr Moralistin als Romanciere, und ihr Kommentar zur Situation ihrer Helden ist fast immer bewundernswert. Und kraft dieser Kommentare fügt sie ihre Protagonisten überzeugend in das Leben und in die Handlung ein (...)

Ich habe auf diese Fähigkeit Madame Marguerite Yourcenars bereits in meiner Besprechung ihres Romans *Alexis oder der vergebliche Kampf* hingewiesen, eine Fähigkeit, die ich ausgereifter und vertiefter in der *Nouvelle Eurydice* wiederfand (...). Die Kritik, die ich formulieren könnte, würde ich generell gegen alle Werke dieser Art vorbringen, nämlich daß gerade die Qualität des Kommentars, die Gedankentiefe der Autorin, die Intensität der abstrakten Analyse die Figuren in den Hintergrund drängen und ihnen mehr den Anstrich von psychologischen Versuchsobjekten geben als von Menschen aus Fleisch und Blut. Doch dies ist ein Mangel, den die Art des Werkes unweigerlich mit sich bringt. Zu betonen ist, daß

Madame Marguerite Yourcenar unvergängliche Texte gelingen, in einer Tradition, die zugleich eine der schwierigsten und der reinsten ist.«[8]

Pindar, geschrieben mit dreiundzwanzig Jahren, fast zur Gänze 1931 als Vorabdruck in der Zeitschrift *Le Manuscrit Autographe*[9] erschienen und 1932 bei Grasset[10] veröffentlicht, erfährt dasselbe Schicksal wie *Eurydice:* Marguerite Yourcenar verbietet seine Aufnahme in die Gesammelten Werke. Sie wirft ihm einen zu lehrhaften Einschlag vor und eine selbstsichere und arrogante Entschiedenheit, die charakteristisch sei für »das, was man zu kennen glaubt, während man doch kaum einen Schimmer davon hat«, gesteht sie.

Pindar ist das einzige Werk Marguerite Yourcenars, das Edmond Jaloux nicht in seiner Rubrik »L'Esprit des livres« in den *Nouvelles Littéraires* bespricht. Bei seiner Besprechung von *Feuer* sagt er jedoch, daß es ein ausgezeichnetes Werk sei. Wie André Fraigneau, dessen Talent Edmond Jaloux ebenfalls erkannt hat, erklärt, »förderten Jaloux' Kritiken nicht den Verkaufserfolg, wie man heute, da man sich um nichts anderes mehr kümmert, sagen würde, aber sie begründeten einen Ruf. Damals gab es nur zwei oder drei Kritiker, die zählten, und Edmond Jaloux war der erste unter ihnen.«

Trotz aller Vorbehalte und dem negativen Urteil der Autorin bleibt dieser *Pindar,* zumindest für den Kritiker und den Exegeten, in vieler Hinsicht interessanter als *La Nouvelle Eurydice.* In ihm findet man mehr Spuren dessen, was einmal das Universum Marguerite Yourcenars sein wird, ihr Denken, ja sogar ihren Stil. Er bietet als Lesefrüchte einige Aphorismen, denen Marguerite Yourcenar ihr Leben lang treu bleibt: »Er kam in das Alter, in dem der Egoismus ebenso eine Tugend ist wie eine Not«,[11] oder, »Jedes Menschenleben verzeichnet eine Niederlage, die der Ruhm, wenn er denn kommen sollte, nur um so größer erscheinen läßt.«[12] *Pindar* enthält auch diesen harmlosen Satz: »Die griechische Rasse, der manche eine ewig heitere Gelassenheit zuschreiben, war zu intelligent, als daß sie nicht auch die Traurigkeit gekannt hätte.«[13] Hier kommt es nicht auf die Griechen an, sondern auf die Verwendung des Wortes »Rasse«, denn später wird man Marguerite Yourcenar des Antisemitismus beschuldigen, weil sie von der jüdischen »Rasse« spricht. Wenn auch die Diskussion über Marguerite Yourcenars Antisemitismus durchaus angebracht bleibt, so kann man doch dafür keinesfalls als Argument ihre Verwendung des Wortes »Rasse« ins Feld führen: Einem gängigen Zug der Zeit folgend, wird sie dieses Wort ihr ganzes Leben lang, sowohl in ihren Büchern – und *Pindar,* ihr erstes, bezeugt dies bereits – wie auch in ihrer Privatkorrespondenz, für »Volk« verwenden. Und wenn vom Greisenalter Pindars und von seinen späten Liebesleidenschaften die Rede ist, dann findet die junge Frau, die Marguerite Yourcenar bei der Niederschrift dieses Buches war, Formulierungen, die eine erstaunliche Vorahnung verraten: Sie zeichnet, via Pindar, eine Art Selbstbildnis der alten Frau, die sie sein wird: »Pindar läßt in allen seinen Lebensabschnitten eine starke Sinnlichkeit erahnen. Das ist eine positive Eigenschaft (. . .). Diese einfache Sinnlichkeit wurde in der Kunst gebändigt (. . .). Wie üblich wurde diese ein wenig hochmütige Zurückhaltung mit zunehmendem Alter schwächer: Der nachlassende Wille hielt den Trieb nicht mehr im Zaum. Die geheimen Neigungen und Obsessionen treten spät im ungestalten Stil der letzten Seiten zu Tage. Die Sehnsucht: dieses Gedächtnis des Verlangens (. . .). Der Leser soll nicht glauben, er müsse nun zur Unzeit das herauskehren, was ihm an Prinzipien bleibt. Die Vorliebe für junge Schönheit ist bei alternden Menschen häufig anzutreffen.«[14] Die Frau, die Alexis den Satz »Als Kind wünschte ich mir Ruhm« in den Mund legt – und sehr viel später gestehen wird, daß sie eigentlich von sich selbst spricht – beendet ihren Essay über Pindar mit dem Satz: »Die einzige Lehre, die uns dieses von dem unsrigen so weit entfernte Leben erteilen kann, liegt in der Erkenntnis, daß der Ruhm im Grunde nur eine zeitlich begrenzte Konzession ist.«[15]

Marguerite Yourcenar würde diese »zeitlich begrenzte Konzession«, auf die sie noch keinen Anspruch erheben kann, wohl nicht verachten. Und wer könnte sie tadeln? Sie übt also ernst- und gewissenhaft ihren Schriftstellerberuf aus. 1932 veröffentlicht die Zeitschrift *La Revue de France* das Theaterstück *Le Dialogue dans le Marécage,*[16] von dem Marguerite sagen wird, sie habe es spätestens 1931, vielleicht sogar schon 1929 geschrieben. »Das folgende kleine Stück«, sagt sie im Vorwort zur Neuauflage dieses Textes im Jahr 1971, »geht auf einen Vorfall aus dem italienischen Mittelalter zurück, die Geschichte einer Patrizierin aus Siena, Pia Tolomei, die ein eifersüchtiger Ehemann in ein ungesundes Schloß der Maremma verbannte und dort sterben ließ. Diese pathetische und natürlich frei erfundene Geschichte kennen wir aus den Kommentaren zu vier ziemlich kryptischen Versen, die ihr Dante im 5. Gesang seines Purgatorio gewidmet hat.«[17] Marguerite sagt, daß sie »unbewußt« angeregt von ihrer Entdeckung des Nô-Spiels Ende der zwanziger Jahre, beim Wiederlesen dieses Stückes »ein wenig von der überall spürbaren Sinnlichkeit D'Annunzios, und vor allem von der ergreifenden und wie gestammelten Emotion Maeterlincks,[18] Lieblingsdichter ihrer Jungmädchenjahre, wiedergefunden« habe.* Doch sie betont, daß *Le Dialogue dans le Marécage* »vor allem das Bildnis eines greisen oder zumindest eines gealterten Mannes ist, so wie ich in *Sixtine,*[19] einem anderen kurzen, in der gleichen Tonart während dieser Jahre geschriebenen Werk versucht habe, den greisen Michelangelo auf einigen Seiten heraufzubeschwören«.[20]

Im selben Jahr beginnt sie in Italien mit der Abfassung von *Eine Münze in neun Händen,* überarbeitet einzelne Episoden aus einem langen Roman, *Remous,* der nie veröffentlicht werden sollte. Das literarische Pensum, das sie sich mit einer Disziplin auferlegt, die später noch zunehmen sollte, kann sie in jenen Jahren nicht vom Nomadismus abhalten, der eine der Konstanten ihres Lebens bleiben wird, damals aber seinen absoluten Höhepunkt erreicht, da sie nicht einmal eine feste Adresse besitzt, und es kann sie auch nicht an dem hindern, was sie ohne jeden pejorativen Unterton, »eine gewisse Ausschweifung« genannt haben würde: Alkohol (ein wenig), Männer (ohne Zweifel, ein wenig), Frauen (ohne jeden Zweifel, viel). Wenn sie in Paris war, besuchte sie die Tearooms, in denen vornehmlich Frauen verkehrten. Vor allem *Le Thé Colombin* in der Rue de Mont-Thabor, ganz in der Nähe ihres Hotels, und *Le Wagram* in der Rue de Rivoli N° 208. Über diese »Ausschweifung« hat sie immer den Mantel äußerster Diskretion gebreitet und erst ganz am Ende ihres Lebens gesteht sie, welche Faszination das Nachtleben, die Prostituiertenviertel, das Laster auf sie ausübten, eine Faszination, die in ihrem Werk keinen Widerhall fand. Nur

* Dieses im Februar 1988, nach dem Tod der Autorin, jedoch mit ihrem 1987 gegebenen Einverständnis, auf die Bühne gebrachte Stück, zeigt, wie wenig Marguerite Yourcenar sich um dramaturgische Notwendigkeiten gekümmert hat. J.-L. Wolff, der den *Dialogue dans le Marécage* im Theater Renaud-Barrault inszeniert hat, weist bei einem Gespräch auf die inszenatorischen Probleme hin: »Der Text ist von seltener Dichte, und ich glaube, man sollte ihn ein wenig auflockern. Sonst erdrückt das lyrische Element ihn zu sehr.«[21]

Zeugen und Fotos sagen aus, wie sehr sie die Liebe und das Erobern liebte.

Dagegen hat sie sich immer zu ihrem Nomadismus bekannt. Sie hat auf zahlreiche Italien- und Österreichreisen angespielt. Sie hat sich oft in Wien aufgehalten, das sie besonders liebte, und ist zwischen Wien und Belgrad die Donau stromauf und stromab gefahren. In Wien hat sie auch den österreichischen Philosophen Rudolf Kassner[22] kennengelernt. Sie achtete und bewunderte diesen vielgereisten Gelehrten und begeisterten Kenner des Theaters und der Mythologie. Und sie war glücklich, als sie ihm etwa zwanzig Jahre später in der Schweiz wiederbegegnete, in Siders, wo der Schriftsteller seit 1946 lebte. Auf diese Zeit gehen auch ihre ersten Begegnungen mit dem Essayisten und Literaturkritiker Charles Du Bos[23] zurück, einem Freund André Gides und Jacques Rivières. Der Autor der *Approximations*, der 1927 zum Katholizismus konvertiert war, wird während seiner zwei letzten Lebensjahre, 1938 und 1939, mit Marguerite Yourcenar eine sehr interessante Korrespondenz führen, hauptsächlich über spirituelle Fragen.

Es sind auch die Jahre der Entdeckung Griechenlands. André Fraigneau hatte, wie er sich erinnert, bei der Lektüre des *Pindar* den Eindruck, die Autorin müsse Griechenland gut kennen. Was nicht zutraf. Er selbst hatte soeben dieses Land entdeckt. »Gaston Baissette[24] hatte gerade bei Grasset seinen aufsehenerregenden *Hippokrates* herausgebracht, und derselbe Verleger druckte Marguerite Yourcenars *Pindar*. Keiner der beiden jungen französischen Schriftsteller kannte das Griechenland, von dem sie mit einem Vorwissen sprachen, das ich höchst erstaunlich fand, ich, der soeben verzaubert aus Athen zurückgekommen war und dieser Verzauberung Ausdruck verliehen hatte (*Les Voyageurs transfigurés*. NRF). Ich lud beide zu einer Griechenlandreise ein, so wie mich Mario Meunier und der Maler Salvat eingeladen hatten (...). Man kann sagen, daß wir monatelang nur mehr für und durch Griechenland lebten, so intensiv, daß wir das Gefühl für die Gegenwart verloren und dieses Reich zwischen Fabel und Alltag bewohnten, wie es in der unsterblichen Novelle ›Gradiva‹ beschrieben wird.«[25] Alle drei widmen sich literarischen Spielen, wobei immer ein Mythos als Stoff dient. So mußte jeder einen Text über ein gestelltes Thema ausarbeiten, wie zum Beispiel den Mythos vom Labyrinth. Marguerite Yourcenars Text, *Ariadne und der Abenteurer*, sollte der Ausgangspunkt für das Stück sein, das sie Mitte der vierziger Jahre schreiben wird: *Jedem sein Minotaurus.*

André Fraigneau empfahl Marguerite einen seiner griechischen Freunde, Andreas Embirikos,[26] Schriftsteller und Psychoanalytiker. In der ersten Hälfte der dreißiger Jahre treten also die beiden André auf, von denen Marguerite Yourcenar, ohne jemals die Familiennamen zu zitieren, immer behaupten wird, sie seien zwei Männer gewesen, die in ihrer Existenz eine Rolle gespielt hatten. Von 1932 an bis 1939 ist Marguerite Yourcenars Leben, nach ihrem eigenen Eingeständnis, »auf Griechenland ausgerichtet«, sowohl im privaten Bereich wie auch in ihren literarischen Aktivitäten, denn sie arbeitet mit Konstantinos Dimaras, einem griechischen Intellektuellen ihres Alters, über den griechischen Dichter Konstantinos Kavafis. »Damals«, sagt sie, »blieb ich jedes Jahr einige Monate in Griechenland. Den Rest der Zeit, Winter und Frühling, verbrachte ich gewöhnlich – von Reisen unterbrochen, versteht sich – in Paris, im Hotel Wagram.« Es sind die Jahre, in denen »der Begriff des Mythos eine wirklich grundlegende Rolle gespielt hat«;[27] ein Begriff, der drei während dieser Zeit geschriebene Werke prägte: *Feuer, Orientalische Erzählungen* und *Les Songes et les Sorts.* In jenen Jahren, 1935 und 1936, veröffentlichte sie einige Essays in *Le Voyage en Grèce,*[28] einer Zeitschrift, an der Reverdy, Mauriac, Caillois und Roger Vitrac mitarbeiteten.

Marguerite schreibt einer ihrer Briefpartnerinnen, daß Griechenland ihr »diese vier Grundwahrheiten« enthüllt habe: »Daß dieses Land das große (vielleicht das einzige große) Ereignis in der Geschichte der Menschheit war. Daß dieses Wunder das Produkt einer bestimmten Erde und eines bestimmten Himmels war; daß die Leidenschaft, die sinnliche Glut, die wärmste Vitalität in all ihren Formen dieses Wunder erklären und speisen und daß die Ausgeglichenheit und die griechische Weisheit, von denen so viel die Rede ist, weder die kümmerliche Ausgeglichenheit noch die armselige Weisheit der Professoren sind; schließlich, und dies ist, wenigstens zum Teil, das Resultat der letztgenannten Feststellung, daß die griechische Kunst, Geschichte und Literatur oft schlecht gelehrt werden.«[29] Was jedoch ihre Werke anbelangt, die nach dieser »Griechenlandzeit« geschrieben wurden, so zeigt sich Marguerite Yourcenar manchmal ungehalten über Kritiker, die ein wenig zu schnell und zu systematisch mit dem »Hellenismus« zur Hand sind: »Sie haben ganz recht mit Ihrer Bemerkung, daß mein Werk im

Kern nicht hellenisch ist«, schreibt sie an einen jungen Studenten, »oder nur in dem Maß, wie alle geistigen Tendenzen, bei genauerer Betrachtung, sich im Griechentum finden können. Eine gewisse ›klassische‹ Auffassung von meinen Büchern ist sehr weit verbreitet und sehr naiv. Ich bin sehr schnell von meinem Köhlerglauben an Griechenland geheilt worden.«[30]

Im Jahr 1934 sind die beiden Bücher, die bei Grasset erscheinen, jedoch von Italien geprägt. Zwei Texte, die, wenn dies überhaupt noch nötig ist, beweisen, daß Marguerite Yourcenars Entschluß, sich voll und ganz der Schriftstellerei zu widmen, radikal und endgültig ist. Sie veröffentlicht zuerst *Eine Münze in neun Händen,* wovon sie 1959 eine völlige Neufassung machen wird. *Eine Münze in neun Händen* »ist der halb realistische, halb symbolische Bericht über ein antifaschistisches Attentat im Rom des Jahres XI (1933) der Diktatur. (...) Um die drei oder vier Helden der Haupthandlung gruppieren sich einige tragikomische Figuren, die in einem engeren oder entfernteren und manchmal auch in gar keinem Zusammenhang mit dem Drama stehen, jedoch fast alle mehr oder minder bewußt von den Konflikten und Parolen der Zeit berührt werden.«[31] Eine Münze geht von Hand zu Hand und verbindet so die Figuren und Episoden: »Ein Zehn-Lire-Stück (...) Symbol für den Kontakt zwischen Menschen, die, jeder auf seine Art, ihren eigenen Leidenschaften und ihrer inneren Einsamkeit verhaftet sind.«[32]

Für Marguerite Yourcenar geht die Genesis dieses Romans auf ihre römischen Aufenthalte in den zwanziger Jahren zurück. Auch auf ihren Umgang mit italienischen Intellektuellen. »Marcella«, sagt sie zu Matthieu Galey über die Heldin der *Münze,* »gleicht in etwa einer Italienerin, die ich damals gekannt hatte (...). Einige Figuren gehörten diesen antifaschistischen Kreisen an und ließen mich an der damaligen Erregung und Emotion teilhaben.«[33] »Ich machte mir ein ziemlich klares Bild von Italien, wußte aber nicht recht, durch welche kleinen Ereignisse ich es ausdrücken sollte. Das hat mich wohl veranlaßt, das Buch Jahre später mit denselben kürzer oder weiter gefaßten Details neu zu schreiben. Der Faschismus erschien mir grotesk; ich hatte den Marsch auf Rom gesehen: Herren ›aus guter Familie‹, die unter ihren Schwarzhemden schwitzten, und Leute, auf die eingeschlagen wurde, weil sie dagegen waren. Das schien mir nicht schön. Zudem fiel ich nicht auf eine angebliche Einmütigkeit herein. Ein ganzes Land marschiert nie im Gleichschritt hinter einem Regime her; das stimmt nie. Die Leute aus den Dörfern, die Arbeiter waren nicht für die Sache gewonnen; sie schwiegen nur.«[34]

André Fraigneau zeigte sich über diese »Umschrift« empört: »Die erste *Münze* war absolut nicht antimussolinisch, im Gegensatz zu der Fassung, die wir heute lesen können«, behauptet er. »Marguerite Yourcenar machte sich damals darüber überhaupt keine Gedanken. Sie fand sich sehr gut mit dem Leben im faschistischen Italien ab. Erst nach dem Zweiten Weltkrieg wollte sie diesem Roman einen politischen Anstrich geben. Ich finde es unzulässig, einen Roman umzuschreiben, um seine Tendenz zu ändern. Man würde dann besser ein anderes Buch machen. Das ist ein Verfahren, das ich schlecht verstehe und ablehne.« André Fraigneau schießt vielleicht mit seiner Anklage der Sinnverbiegung über das Ziel hinaus, aus Gründen, die mit der Natur seiner »Sympathien« während des Krieges zusammenhängen, aber die Feststellung, die neue Fassung der *Münze* betone die politischen Aspekte der Handlung stärker als die erste, ist nicht falsch. Marguerite Yourcenar hat das übrigens selbst zugegeben:

»Von allen Themen des Buches wurde jedoch vielleicht das politische Thema in der neuen Fassung am meisten verstärkt und ausgearbeitet«, sagt sie im Vorwort zur Ausgabe von 1959. »Die Auswirkungen des politischen Dramas auf die Nebenfiguren sind stärker akzentuiert. (...) Es wird wohl niemanden verwundern, daß der Begriff des *mal politique* in der vorliegenden Version eine größere Rolle spielt als in der Urfassung, noch, daß die Version von 1959 an Bitterkeit und Ironie die von 1934 übertrifft. Doch wenn ich die neuen Partien des Buches wiederlese, als handele es sich um das Werk eines anderen, dann fällt mir vor allem auf, daß der jetzige Inhalt zugleich aggressiver und nicht ganz so düster ist, daß manche Urteile über das menschliche Geschick weniger schneidend und doch zugleich schärfer formuliert sind. (...) Das Gefühl, daß das menschliche Abenteuer womöglich noch tragischer ist, als wir schon fünfundzwanzig Jahre früher vermuteten, aber auch komplexer, reicher, manchmal einfacher und vor allem ungewöhnlicher, als ich es bereits ein Vierteljahrhundert zuvor darzustellen versuchte, war wohl mein stärkster Grund für eine Neubearbeitung dieses Buches.«[35]

In diesem Werk sah Edmond Jaloux eher eine romanhafte Montage von Gedanken als das Bemühen um eine vollendete Fiktion:

»Die Handlung [ein Attentat, das in Rom auf einen Staatschef verübt wird] spielt im Roman von Mademoiselle Marguerite Yourcenar keine Rolle. Nur die Ideen zählen, zumindest die Ideen, von denen die Menschen bewegt werden, das heißt die unvergänglichen Leidenschaften. (...) Je weiter wir in der Lektüre des Werkes fortschreiten, desto mehr haben wir das Gefühl, Schatten zu stören. Die Figuren Mademoiselle Marguerite Yourcenars sind echt, aus Fleisch und Blut, aber sie bewegen sich in einer Welt, die so sehr durch die Einbildungen ihres eigenen Geistes in Verwirrung gebracht wird, daß sie einander meist wie Gespenster vorkommen, und zwar immer dann, wenn sie Opfer ihres fordernden, kranken oder verwundeten Körpers sind. (...)

Dies alles fügt sich zu einem ungewöhnlichen Buch, das Aufmerksamkeit erfordert, reich ist an moralischen Folgerungen und uns in eine besondere, zugleich tragisch wahre und geistig stilisierte Welt versetzt, zu einem Buch, modern in seiner Form und unberührt vom Schnickschnack des Zeitgeists in seiner Konzeption.«[36]

In der Zeitschrift *Etudes* zeigt Louis de Mondadon sich noch unerbittlicher als bei seiner Besprechung der *Nouvelle Eurydice:* »Die vielleicht symbolischen Figuren, die Madame Yourcenar ersonnen hat, versuchen sich mit Ach und Krach aus den Realitäten zu befreien, in die irgend ein absurder und grausamer Demiurg sie verfrachtet hat. Sie, meine lieben Leser, würden, denke ich, genauso handeln, wenn Ihr Leben ebenso platt, grau, prosaisch, ohne jegliches Ideal wäre, wie das der Romanfiguren. Denn Madame Yourcenar erzählt uns armselige und trübsinnige Geschichten. Sie hat geglaubt, den Roman mit Schlüpfrigkeiten oder Blasphemien würzen zu müssen; dies hat den Text nicht ansprechender gemacht, sondern nur seine Mittelmäßigkeit um so stärker zutage treten lassen.«[37]

1934 erscheint auch *La Mort conduit l'Attelage*,[38] eine Sammlung von drei Erzählungen aus *Remous,* diesem riesigen, unausführbaren und nicht ausgeführten Roman, in Angriff genommen im Jahr 1921 und dann aufgegeben. Marguerite hat dieses Buch dem Andenken ihres Vaters gewidmet. Die beiden oben zitierten Kritiker sind ihrer Art, Marguerite Yourcenar zu lesen, treu geblieben. In der Zeitschrift *Etudes* – erzkatholischer Ausrichtung, wie man nicht vergessen darf – läßt Louis de Mondadon seiner abgrundtiefen Verachtung freien Lauf und tadelt uneingeschränkt: »Die drei Novellen, in denen

Madame Yourcenar, wenn ich mich nicht täusche, nach Dürer. Greco und Rembrandt verschiedene Aspekte der gottlosen und unkeuschen Renaissance symbolisieren wollte, enthalten so viele Rätsel, daß es zur Erklärung dieser Texte eines langen Kommentars bedürfte. Unter dem Titel zeigt der Buchumschlag den Kupferstich einer Frau, die auf einem Skelett reitet. Ihre Attribute kann man kaum unterscheiden, man muß sie erraten. Auch ihre Züge sind undeutlich. Der Text entspricht diesem fast unentzifferbaren Bild: Wovon ist eigentlich die Rede? Den Neugierigen bleibt es unbenommen, diese Frage zu klären: ich möchte sie nur darauf aufmerksam machen, daß sie nicht sehr weit kommen werden. Und selbst wenn man begreifen sollte, dann zwingen einen die abstoßenden Laster der einen oder anderen Figur zu einer Verdammung des Werks.«[39] Die »abstoßenden Laster« waren selbstverständlich die Homosexualität (*D'après Dürer*) und der Inzest (*Anna, soror . . .*).

»Madame Yourcenar fühlt sich in bestimmten Epochen des Mittelalters und in der Frührenaissance völlig zu Hause«, schreibt andererseits Edmond Jaloux. »Aber sie wendet sich nicht der Vergangenheit zu, um historische Rekonstruktion zu betreiben. Sie hat weder die Seele einer Archäologin, noch die einer Archivarin oder Kostümschneiderin. Und wohl auch nicht gerade die einer Psychologin. Ihr Ziel ist es, Bilder des menschlichen Lebens zu malen und uns zu zeigen, daß diese Bilder immer die gleichen sind, trotz äußerlicher Unterschiede in Kleidung und Sitte und trotz der Vielfalt der Formen, die Fanatismus, Dummheit und Grausamkeit annehmen (. . .).

Mein einziger Vorwurf wäre, daß Madame Yourcenar es manchmal an erzählerischer Klarheit fehlen läßt. (. . .) *La Mort conduit l'Attelage* ist aber trotz dieses Vorbehalts ein Werk von hohem Wert, das unser Interesse für eine so eigenständige Autorin noch erhöht. Bei ihr ist man wenigstens sicher, keine der Moden oder Mätzchen zu finden, die bei so vielen Schriftstellern gang und gäbe sind.«[40]

Im August jenen Jahres reist eine junge Amerikanerin mit ihrem Onkel George La Rue zum erstenmal nach Frankreich. Beide fahren Ende August von Paris nach England. Während George La Rue in die Vereinigten Staaten zurückkehrt, geht die junge Frau nach Deutschland. Ende September macht sie sich über Paris auf den Rückweg in die Staaten. Diese junge Amerikanerin von einunddreißig Jahren heißt Grace Frick. Ihr Weg sollte den Marguerite Yourcenars erst drei Jahre später kreuzen. Das Leben der beiden Frauen wird dadurch eine tiefgreifende Änderung erfahren.

1934 verkehrt Marguerite Yourcenar viel mit Frauen. Es gefällt ihr, sie zu erobern. Sie versucht auch Männer zu erobern, wie sich manche von denen erinnern, die im Laufe jenes Jahrzehnts mit ihr zusammenkamen. Mit weniger Erfolg, was nicht sehr erstaunlich ist bei dem männlichen Aussehen, das sie sich zugelegt hatte. Und doch ist sie in einen Mann verliebt. Verliebt wie nie zuvor, und wie sie es wohl nie wieder sein wird, glaubt sie. Er ist blond und sehr schön, ganz nach ihrem Geschmack, intelligent und, was immer er auch später sagen mochte – wo er zu behaupten versuchte, sie habe sich »etwas vorgemacht« –, er ist der Mann ihres Lebens. Er ist ihr Lektor, der Mann, der ihre Texte durchsieht – »ohne irgend etwas zu ändern, es war tadellos« –, der sie ermutigt, verteidigt, berät: André Fraigneau.

Kapitel 2
Die unmögliche Leidenschaft

1935 veröffentlicht Marguerite Yourcenar lediglich sporadische Artikel in Zeitschriften. Dabei muß auf eine Besonderheit aufmerksam gemacht werden: Im Dezember erscheint in der Zeitschrift *La Phalange,* die Jean Royère redigiert, ein Gedicht, »Le Poème du Joug«, das später in den Band *Les Charités d'Alcippe* aufgenommen werden sollte (wo es mit 1936 datiert ist!). In manchen Chronologien oder Arbeiten über Marguerite Yourcenar wird diese Veröffentlichung in das Jahr 1939 verlegt, was angesichts der von *La Phalange* seit 1938 eingeschlagenen Richtung diese Mitarbeit natürlich in ein völlig anderes Licht rücken würde. Die Nummer, zu der Marguerite Yourcenar ihr Gedicht beigesteuert hat, trägt das Datum 15. Dezember 1935 und die Aufschrift: *La Phalange,* 9. Jahrgang. »Neue Reihe.« Aufmacher ist der Nachdruck eines Artikels von Valéry Larbaud, der bereits 1926 in dieser Zeitschrift erschienen war. Es folgen eine »Huldigung an Italien«, mit Texten namentlich von Claude Farrère und Émile Male, und, unter der Rubrik »La Phalange nouvelle«, Gedichte, darunter das von Marguerite Yourcenar. Ab 15. 1. 1938 legt sich die Zeitschrift den Untertitel »Frankreich-Italien-Spanien« zu, und man findet im Inhaltsverzeichnis regelmäßig Texte von Franco und Mussolini. Die letzte Nummer trägt das Datum »15. November 1938/Januar 1939«. Sie ist völlig dem Dichter Francis Jammes gewidmet. Marguerite Yourcenar ist darin nicht vertreten.

Wenn das Jahr 1935 fast ein Vakuum in der literarischen Laufbahn Marguerite Yourcenars darstellt, so nimmt es andererseits in ihrem Liebesleben, oder genauer gesagt in ihrer Leidenschaftsneurose, einen herausragenden Platz ein. Ein Jahr, geteilt zwischen dem Bild André Fraigneaus und einer Walzbruderschaft – über deren genaue Natur nichts bekannt ist – mit Andreas Embirikos. Marguerite Yourcenar macht mit Embirikos im Sommer eine lange Kreuzfahrt, die sie unter anderem im Juli nach Istanbul führt. Auf dieser Reise beginnt sie mit der Niederschrift von *Feuer,* das die Spur ihrer unmöglichen Leidenschaft für André Fraigneau trägt, und mit den *Orientalischen Erzählungen,* die erst 1938 bei Gallimard erscheinen und Andreas Embirikos gewidmet sind.

Andreas Embirikos, geboren 1901 und gestorben 1975, Abkömmling einer reichen Reederfamilie, hat Generationen junger griechischer Intellektueller fasziniert. Das Zeugnis Dimitris T. Analis, eines griechischen, in Paris lebenden und französisch schreibenden Dichters, macht klar, welche Anziehung »dieser Ausnahmemensch, gleichzeitig surrealistischer Dichter, Kommunist und Psychoanalytiker, wahrscheinlich einer der ersten griechischen Psychoanalytiker«[1] ausübte. Er stammte aus einer sehr feinsinnigen und auch sehr konservativen Familie, die zu der kosmopolitischen und kultivierten europäischen »Gentry« gehörte, in der auch Marguerite Yourcenars Vater verkehrte. »Andreas Embirikos war von großer Schönheit«, erinnert sich Dimitri T. Analis. »Als ich ihn lange nach dem Zweiten Weltkrieg kennenlernte, trug er einen Bart, wie auf den meisten Fotos, die wir von ihm noch haben. Aber ich erinnere mich an ein Vorkriegsbild, ohne Bart. So muß ihn Marguerite Yourcenar gekannt haben. Das slawische Aussehen, das er von seiner russischen Großmutter hatte, trat auf seinem bartlosen Gesicht stärker hervor, so wie auch seine wunderbaren hellen, mandelförmigen Augen besser zur Geltung kamen. Er besaß einen fremdartigen, gewissermaßen dämonischen Charme. Er stand den Surrealisten nahe und hat in der Zwischenkriegszeit zwei Bände surrealistischer Poesie veröffentlicht. Eine Weile hat er die Psychoanalyse ausgeübt; ich habe sogar eine Frau gekannt, die seine Patientin gewesen war. Aber die Art, wie er die sexuelle Freiheit, die Freiheit der Sitten und des Geistes predigte, erregte damals Anstoß, ebenso wie seine linksradikale politische Einstellung. Er verdankte es nur der Macht seiner Familie, daß man ihn unbehelligt ließ. Nach dem Krieg hat er vor allem in avantgardistischen Zeitschriften publiziert. Aber ein Teil seines Werkes ist bis jetzt, Ende der achtziger Jahre, noch nicht im Druck erschienen. Er war ein Mann, der mehrere Generationen Intellektueller und schöpferischer Geister geprägt hat, nicht nur durch seine Schriften, sondern auch durch die Unterstützung, die er ihnen allen angedeihen ließ, durch seine Fähigkeit, zuzuhören, zu beraten, zu helfen. Er war eine Art graue Eminenz der griechischen Literatur. Gewöhnlich war er in Cafés anzutreffen. Er sprach druckreif. Bei ihm gab es kaum einen Unterschied zwischen der gesprochenen und der geschriebenen Sprache.«

André (Andreas) Embirikos

Die Art der Beziehung zwischen Marguerite Yourcenar und Andreas Embirikos bleibt ziemlich unklar. Sie hat, außer der Kreuzfahrt vom Sommer 1935, noch viele Schiffsreisen mit ihm unternommen, allein oder in Gesellschaft gemeinsamer Freunde, auf der Suche nach so gut wie menschenleeren Inseln, nach unberührten Stränden. Beide haben sich ihr Leben lang über ihre Bindung ausgeschwiegen. »Wenn man«, sagt Dimitri T. Analis, »Embirikos Fragen über Marguerite Yourcenar stellte, zog Embirikos sich augenblicklich in sein Schneckenhaus zurück. Er zeigte in allen Lebenslagen die Haltung eines vollkommenen Gentleman. Nie hätte er sich zu einer Äußerung über den Grad ihrer Vertrautheit hinreißen lassen.« Selbst wenn die »Haltung eines vollkommenen

Gentleman«, die Embirikos zugeschrieben wird, durchblicken läßt, daß er eine Frau hätte kompromittieren können, dies aber aus Takt nicht getan hat, so bedeutet das nicht viel: Sich zu keiner Äußerung verleiten lassen, kann ganz einfach besagen, daß es nichts zu äußern gibt. Was Marguerite Yourcenar anbelangt, so hat sie zwar Embirikos, im Gegensatz zu Fraigneau, nicht aus ihrem Leben gestrichen, aber auch sie macht, ihrer Gewohnheit gemäß, keinerlei Anspielung auf eine eventuelle intime Beziehung. Jerry Wilson berichtet in seinem intimen Tagebuch, sie habe ihm nur von »langen Landspaziergängen mit einem Freund, dem sie die *Orientalischen Erzählungen* gewidmet hat« erzählt. »Sie gingen manchmal mehrere Kilometer, vier oder fünf, ohne einer lebenden Seele zu begegnen, außer vielleicht einer Bäuerin, die in ein Ziegenfell gekleidet war.« Bei Embirikos' Tod begnügt Marguerite Yourcenar sich in einem Brief an einen Freund mit der Bemerkung, Embirikos habe jeden Briefwechsel mit ihr seit 1939 eingestellt.

In seiner Bewunderung für Embirikos macht Dimitri Analis diesen Mann mit etwas zu großem Nachdruck zum Pygmalion der geistigen und sinnlichen »Reifung« Marguerite Yourcenars. »Vor der Begegnung mit Embirikos ist ihr Stil schön, berührt jedoch das Leben nicht. Vor Embirikos fühlt Marguerite Yourcenar weder die Erde noch den Himmel. Erst nach der Begegnung mit ihm kommt ihre Sinnlichkeit in allem, was sie schreibt, voll zum Ausdruck. Er hat ihr ermöglicht, die Materialität mit der Spiritualität des Lebens zu verbinden. Er hat ihr in Griechenland die Beständigkeit der Dinge gezeigt. Er hat ihr den Weg zu dem gewiesen, was sie aus sich selbst machen wollte. In den *Erinnerungen des Kaisers Hadrian* hat dieses Griechenland seine Spuren hinterlassen. In Griechenland ist Marguerite Yourcenar gereift, und diese Wandlung hat Embirikos zustande gebracht. Ich glaube, daß ihre Verbindung intim und physisch gewesen ist, doch das war nicht das Wichtigste. Embirikos war in seinen Ideen sehr frei, besaß aber ein ziemlich monogames Temperament und hatte in meinen Augen nichts von einem ›Schürzenjäger‹. Ich glaube, daß er auf der Suche nach einer Ausnahmefrau war, nach einer Muse, und daß Marguerite Yourcenar eine Weile für ihn diese Rolle spielen konnte.«

Auch André Fraigneau hebt die Anerkennung hervor, die Andreas Embirikos den Geistesgaben Marguerite Yourcenars gezollt hat: »Ich glaube, daß er vor allem ihre Bildung geschätzt hat, ihr schriftstellerisches Talent, und daß er voll Staunen über ihre Intelligenz war. Im Grunde ist er viel öfter und länger mit ihr zusammengewesen als ich, denn ich habe sie nur getroffen, wenn sie für einige Wochen als ›Transitreisende‹ in Paris war. Vielleicht hat er versucht, mit ihr eine Liebesverbindung einzugehen und vielleicht hat er dabei Erfolg gehabt. Sollte er es versucht haben, dann sicher mit Erfolg, wenn ich die Verhaltensweisen und die Vielfalt der Neigungen Marguerites in jenen Jahren bedenke.« André Fraigneau, über den Andreas Embirikos mit Marguerite Yourcenar in Verbindung gekommen war, empfand ebenfalls große Bewunderung für diesen Mann, dem er eines seiner Bücher, *Les voyageurs transfigurés,*[2] gewidmet hat. In einem anderen Roman, *L'Amour vagabond,* hat er Embirikos als leicht erkennbares Modell für die Figur des Andreas Mavrodacos benutzt, des attraktiven Sohns eines reichen Reeders, des Mannes, dessen Stimme »mit ihrem tiefen Klang und ihren rollenden Rs«,[3] eine seltsam beruhigende Wirkung hatte. Was André Fraigneau, wenn man ihn fragte, ob Embirikos wirklich Kommunist gewesen sei, nicht daran hinderte, mit gewohnter Bissigkeit zu antworten: »Selbstverständlich, wie alle Milliardäre!«

Jeannette Hadzinicoli, die Marguerite Yourcenar ins Griechische übersetzt und veröffentlicht hat, denkt ebenfalls, daß Embirikos und Marguerite »etwas mehr als eine verliebte Freundschaft«[4] verbunden hat. Sie sieht jedoch in ihm einen Mann, der zwar einen ungeheueren Charme besaß, aber »viel leichtfertiger« war, als Dimitri Analis dies wahrhaben wollte. Ihrer Meinung nach ist Embirikos der Mann, auf den Marguerite Yourcenar in den *Lebensquellen* anspielt, als sie die Geschichte eines Rings schildert:

»Für sich hatte Michel-Charles ein antikes Intaglio reinsten Stils reserviert und zu einem Ring fassen lassen. (...) Er hinterließ den Ring seinem Sohn, der ihn mir zu meinem fünfzehnten Geburtstag schenkte. Ich trug ihn siebzehn Jahre lang (...). Um 1935 schenkte ich den Ring in einer jener Anwandlungen, die man niemals bereuen darf, einem Mann, den ich liebte oder zu lieben glaubte. Ich mache mir heute Vorwürfe, weil ich diesen schönen Gegenstand in private Hände gab, die ihn wohl erneut weiterreichten, anstatt ihm die Geborgenheit einer öffentlichen oder privaten Sammlung zu verschaffen, die er allerdings vielleicht inzwischen doch erreicht hat. Soll ich es wirklich sagen? Vielleicht hätte ich mich nie von diesem Meisterwerk getrennt, wenn ich nicht wenige Tage zuvor einen winzigen Sprung am äußersten Rand des Onyx entdeckt hätte, der bei irgendeinem Stoß entstanden war. Der Stein schien mir nun weniger kostbar, unmerklich beschädigt, vergänglich geworden: Damals war das für mich ein Grund gewesen, daß ich ein bißchen weniger an ihm hing. Heute würde es eher ein Grund sein, ein bißchen mehr an ihm zu hängen.«[5]

Man darf diesen Sprung und das Bedauern, sich von einem plötzlich als »unmerklich beschädigt, vergänglich« wahrgenommenen Gegenstand – und Menschen – zu trennen, sicher sehr metaphorisch auffassen.

Nur Konstantinos Dimaras, der ebenfalls Embirikos »sehr geliebt« hat, glaubt »ganz und gar nicht an diese Liebesgeschichte zwischen Marguerite und Andreas«. »Aber ich bin ein schlechter Zeuge«, meint er. »Da ich jedoch ihre Neigung für Frauen kannte, wäre mir eine intime Beziehung zwischen Embirikos und ihr um so mehr aufgefallen. Ich hatte das Gefühl, daß für sie das Kapitel ›Männer‹ abgeschlossen war. Ich habe immer gedacht, daß sie einen sehr heftigen Schock erlitten, eine unmögliche Geschichte, etwas zwischen Liebe und Sexualität erlebt hat, was ihr die Liebe mit Männern verleidet hat.« Konstantinos Dimaras kommt damit sicher der Wahrheit nahe: Die ganze Sexualität und dann die fast vollständige sexuelle Enthaltsamkeit Marguerite Yourcenars während einer langen Periode, wurden vielleicht nicht so sehr durch ihre Leidenschaft für André Fraigneau bestimmt, als vielmehr durch das, was sie sich über diese Leidenschaft erzählt und dann in *Feuer* niedergeschrieben hat.

Denn wenn der Grad ihrer Intimität mit Andreas Embirikos undurchschaubar bleibt, so sind dagegen ihre Beziehungen zu André Fraigneau sehr klar. Schmerzlich klar. Marguerite Yourcenar liebt diesen Mann, der vier Jahre jünger ist als sie. Er aber liebt Männer. Und wenn er sich einmal dem anderen Geschlecht zuneigen würde, dann sicherlich nicht einer Frau mit dem Gehaben eines Mannes. »Rein physisch fand ich sie eher häßlich«, sagte er später. »Ich verstehe, daß sie auf Frauen wirkte, die Frauen lieben, aber das dürften wohl die einzigen gewesen sein, die sie schön fanden. Marguerite liebte ganz offensichtlich die Liebe. Sie liebte die Bars, den Alkohol, die langen Gespräche. Dauernd versuchte sie zu erobern. Sie hat es mit einigen meiner Freunde versucht. Immer, und das war geradezu eine Marotte von ihr, dachte sie, daß eine mit einem schlief, der weiter nichts als ein Freund war. Das alles interessierte sie höchlichst. Ich war ein Sonderfall, selbst wenn man mit dem nötigen Abstand heute sagen kann, daß ich einfach nur ein ›Objekt‹ für eine Leidenschaft gewesen bin, auf die sie Lust hatte. Es hätte ein anderer als ich sein können. Sie schickte mir Gedichte, wollte mich während ihrer Pariser Aufenthalte, die glücklicherweise nicht sehr häufig waren, oft sehen. Sie fühlte sich in Städten nicht wohl, sie war eine Eigenbrötlerin. Natürlich unterhielt ich mich gern mit ihr. Sie war wirklich intelligent und begabt. Aber sie ist nie in mein Privatleben getreten, und von einer Liebesbeziehung konnte keine Rede sein. Sie kannte meine Freunde nicht. Cocteau, der mir sehr nahe stand, hat sie nicht durch meine Vermittlung kennengelernt. Das geschah später. Sie hat nie an unseren abendlichen Treffen teilgenommen. Sie ist nie mit uns ins *Le Bœuf sur le toit* gegangen. Ich hab sie am Nachmittag in einem dieser Tearooms getroffen, in die sie der Frauen wegen ging. Das Viertel, in dem ihr Hotel lag, wimmelte von solchen Tearooms. Damals sagte ich mir, daß sie das Hotel wohl deswegen gewählt hatte. Sie war genau der Typ Frau, der Frauen liebt. Trotzdem habe ich sehr schnell begriffen, daß sie davon träumte, die Geliebte von Männern zu sein, die Männer lieben. Und sie war zäh, wie in allem. Ich weiß, daß *Feuer* das Fazit ihres Mißerfolgs mit mir ist. Sie wollte mir das Buch sogar widmen. Das ging nicht, da ich ihr Lektor war, also hat sie es Hermes gewidmet, damit er mir die Botschaft überbringe.«

Wollte Marguerite Yourcenar mehrmals in ihrem Leben die »Geliebte von Männern sein, die Männer lieben«? Das ist mehr als wahrscheinlich. Muß man daraus schließen, daß sie selbst gern ein Mann gewesen wäre? Das darf bezweifelt werden. Nach Ansicht vieler Männer – und übrigens auch Frauen – träumt jede Frau, die Frauen liebt, davon, ein Mann zu sein. Ein Klischee, das eigentlich überholt sein sollte, sich aber als zählebig erweist. Manche Lesbierinnen verabscheuen die Homosexuellen, andere schätzen dagegen ihre Gesellschaft. Das Ungewöhnliche bei Marguerite Yourcenar ist das Streben nach physischen Beziehungen mit Männern, die sich in sexueller Hinsicht nichts aus Frauen machen. Es ist nicht so sehr der Wunsch, sich durch Übertragung eine Phantasie-Männlichkeit anzueignen, als vielmehr der Traum von einer absoluten Frau, die als solche anerkannt und trotzdem als Individuum geliebt wird, als ein Mensch außerhalb aller obligaten Ritualisierungen und Konventionen. Von einem Homosexuellen geliebt werden, heißt superlativisch »gewählt« werden: ein Verhalten, das sehr gut einem

Hang zur Megalomanie entspricht, der bei Marguerite Yourcenar offensichtlich ist. Im übrigen bilden die widersprüchlichen Aussagen über Marguerite Yourcenars Liebes- und Sexualleben in den dreißiger Jahren ein so wirres Geflecht, daß wir nichts Sicheres über ihre physischen Beziehungen zu Männern wissen, ob diese nun homosexuell waren oder nicht. Dagegen hat sie in ihren Gesprächen mit Matthieu Galey versucht, über ihren angeblichen Wunsch, ein Mann zu sein, Klarheit zu schaffen. Aber die Zeit war noch nicht gekommen – und ist auch zehn Jahre später noch nicht gekommen –, da eine wirklich freie Frau behaupten darf, daß sie nie das geringste Verlangen verspürt habe, dem anderen Geschlecht anzugehören. »Haben Sie nie darunter gelitten, eine Frau zu sein?« fragte Matthieu Galey sie anscheinend todernst.

– »Nicht im geringsten, und ich habe so wenig gewünscht ein Mann zu sein, wie ich als Mann gewünscht hätte, eine Frau zu sein. Was hätte ich im übrigen dabei gewonnen, außer dem Privileg, an einigen Kriegen etwas näher beteiligt zu werden? Sicher, die Zukunft scheint nun auch den Frauen diese Aufstiegsmöglichkeit zu gewähren.«

– »Haben Sie in den Mittelmeerländern, in denen Sie lange Zeit gelebt haben, nie den Eindruck gehabt, ein ›Gegenstand des Anstoßes‹ zu sein?«

– »Nie, außer vielleicht an einem Tag, an dem ich ohne Badeanzug zu Füßen der Ruinen von Selinunt geschwommen bin und einige vorbeikommende *contadini* sich wohl gewundert haben dürften. Aber in den Mittelmeerländern war ich, wie Sie wissen, eine Fremde, und bei Ausländern duldete man, was man bei Einheimischen nicht hinnahm.«[6]

– »In Ihren Büchern haben Sie sich jedoch bei der Beschreibung Ihrer Weltsicht immer hinter Männern versteckt«, beharrt Galey.

– »Versteckt? Das Wort finde ich anstößig. In *Feuer*, in dem fast dauernd eine Frau spricht, jedenfalls nicht.«[7]

Feuer erscheint – nach einer Teilveröffentlichung in der *Revue de France* 1935 – bei Grasset 1936. Es handelt sich um neun »lyrische Prosatexte«, die zwar auf griechische Mythen zurückgehen – »Phaidra oder die Verzweiflung«, »Achilleus oder die Lüge«, »Sappho oder der Selbstmord«, etc. – jedoch durch Gedankensplitter verbunden werden, von denen Marguerite selbst sagt, sie würden einen »gewissen Liebesbegriff« nachzeichnen. Eingeführt wurden sie durch ein kurzes, in den späteren Auflagen nicht wieder aufgenommenes Vorwort, in dem sie ausdrücklich als Umsetzung einer persönlichen Erfahrung bezeichnet werden:

»Der Leser wird hier weder eine Gedicht- noch eine Legendensammlung vorfinden. Die Autorin hat Gedanken, die für sie Theoreme der Leidenschaft waren, vermischt mit Geschichten, die diese Lehrsätze veranschaulichen, erklären, beweisen und oft maskieren. Vielleicht verhält es sich mit diesem Buch wie mit manchen Gebäuden, die eine Geheimpforte haben und von denen der Fremde nur eine unüberwindliche Mauer sieht. Hinter dieser Mauer findet der beunruhigendste aller Maskenbälle statt: der Ball, auf dem sich jeder als SICH SELBST verkleidet. Wenn der Leser dazu ausersehen ist, zu begreifen und die Ordnung zu lieben, die dieser menschlichen Architektur zugrunde liegt, dann werden sich diese Kolonnaden für ihn von selbst öffnen wie Blumen. Sollte er den Schlüssel einer gleichartigen Erfahrung nicht besitzen, dann kann ihm höchstens versprochen werden, daß er von dem Fest oder dem innerlichen Massaker durch die Mauerrisse einen Fackelschimmer wahrnehmen wird, einige Schreie, grundloses Gelächter, einige Fetzen einer vielleicht diskordanten Musik und das Getöse gebrochener Herzen.«[8]

In der zweiten Auflage, erschienen bei Plon 1957, schlägt diese »Vorrede« einen deutlich anderen Ton an, leugnet aber nicht, was die Umsetzung dem »Alibi« verdankt:

»Dieser Bericht über eine innerliche Krise verwendet manchmal zu verschiedenen Zwecken Schreibtechniken, welche, im Jahr 1936, auch die anderer Dichter bei der Umformung von Mythen und Legenden waren; die bewußte Umsetzung und das anachronistische Detail sollen hier nicht die Vergangenheit aktualisieren, sondern jeglichen Zeitbegriff aufheben (...). Worauf es überall in Mythos und Legende ankommt, ist deren Fähigkeit, uns als Prüfstein zu dienen, als Alibi sozusagen, oder vielmehr als Vehikel, mit dem wir eine persönliche Erfahrung bis zu ihrer äußersten Grenze und wenn möglich darüber hinaus führen können.«[9]

Das dritte Vorwort, das Marguerite Yourcenar für eine Neuauflage im Jahr 1967 verfaßt, geht schließlich zur persönlichen Erfahrung noch mehr auf Distanz, und dies – anscheinend – zugunsten einer kritischen Betrachtung über Form und Inhalt. Sie spricht vom Einfluß Paul Valérys auf diese Texte, von ihrer Reaktion auf das »parisianisierte und geistreiche Griechenland« von Jean Giraudoux und von dem, was sie gewissen Schreibtechniken Jean Cocteaus sowie den Arbeiten einiger Surrealisten verdankt, und sie schließt: »Heute scheinen mir manche Stellen von *Feuer* in dem Ungestüm und der Ungeniertheit, die von solchen gleichsam öffentlichen Bekenntnissen nicht zu trennen sind, Wahrheiten zu enthalten, welche man zwar früh erahnt, mit deren Wiederfindung und Überprüfung auf Richtigkeit man jedoch dann für die Dauer seines Lebens beschäftigt ist. Dieser Maskenball war eine der Etappen auf dem Weg zum Selbstverständnis.«[10]

In keinem ihrer Bücher ist Marguerite Yourcenar so weit im direkten Bekenntnis gegangen. In der Neurose wahrscheinlich auch nicht. Dafür kann man beim Durchblättern von *Feuer* leicht Beispiele finden, deren Emphase, um nicht zu sagen Schwülstigkeit, aufschlußreich ist:

»Du könntest mit einem Schlag ins Nichts stürzen, wohin die Toten gehen: Ich würde mich trösten, wenn du mir deine Hände ließest. Deine Hände allein würden weiterexistieren, von dir losgelöst, unerklärlich wie die Hände der Marmorgötter, die zu dem Staub und Kalk ihres eigenen Grabes zerfallen sind. Sie würden deine Taten überdauern, die elenden Körper, die sie gestreichelt haben. Sie wären keine Vermittler mehr zwischen den Dingen und dir: Sie würden selbst zu Dingen werden. In wiedergewonnener Unschuld, denn du wärst nicht mehr da, um sie zu deinen Mittätern zu machen, traurig wie herrenlose Hunde, verstört wie Erzengel, denen kein Gott mehr Befehle erteilt, würden deine nutzlosen Hände auf den Knien der Finsternis ruhen. Deine geöffneten Hände, die keine Freude mehr spenden oder empfangen können, ließen mich fallen, wie eine zerbrochene Puppe. Ich küsse das Gelenk dieser gleichgültigen Hände, die dein Wille nicht mehr von den meinen zurückzieht: Ich streiche über die blaue Ader, die Blutsäule, die einst unaufhörlich wie der Strahl einer Fontäne aus dem Grund deines Herzens sprang. Mit kleinen, zufriedenen Schluchzern lege ich wie ein Kind den Kopf zwischen diese Handteller voller Sterne, Kreuze, Abgründe dessen, was mein Schicksal war.«[11]

Oder auch: »Es gibt keine unfruchtbare Liebe. Auch wenn man sich noch so vorsieht. Wenn ich von dir gehe, habe ich tief in mir meinen Schmerz wie eine Art schreckliches Kind.«[12] »Nicht zu dienen ist das einzig Schreckliche. Mache aus mir was du willst, selbst einen Schild, selbst gut leitendes Metall.«[13]

Feuer beginnt mit dem Satz: »Ich hoffe, dieses Buch wird nie gelesen werden.« Kurz darauf folgt eine der berühmt gebliebenen Passagen: »Einsamkeit ... Ich glaube nicht, wie sie glauben, ich lebe nicht, wie sie leben, ich liebe nicht, wie sie lieben ... Ich werde sterben, wie sie sterben.« Dann: »Alkohol ernüchtert. Nach einigen Schlucken Cognac denke ich nicht mehr an dich.«[14] (Der Cognac ist immer Marguerite Yourcenars Lieblingsalkohol gewesen. In den dreißiger Jahren trug sie, wie André Fraigneau bezeugt, regelmäßig ein Fläschchen Cognac bei sich, wie auch in den letzten Jahren ihres Lebens.)

Selbst in seinem privatesten Teil beschränkt *Feuer* sich nicht auf den Diskurs über die Liebe im allgemeinen und über den Mann, von dem man jetzt weiß, das es André Fraigneau war. Marguerite Yourcenar bringt bereits einige ihrer Entscheidungen zum Ausdruck, vor allem den Entschluß, keine Kinder zu haben: »Ein Kind ist eine Geisel. Das Leben hat uns.«[15]

Unter diesen Gedankensplittern findet sich auch einer, den sie in ihrem letzten Lebensjahrzehnt, als sich die Massenmedien ihrer bemächtigten, oft kommentieren mußte: »Ein Herz ist vielleicht etwas Schmutziges. Eine Sache für Anatomiesäle und Fleischerauslagen. Dein Körper ist mir lieber.«[16] In der Sendung »Apostrophes«, die Bernard Pivot 1979 ihr allein gewidmet hat, geht sie auf diesen Satz ein. Sie hat des öfteren gesagt, wie sehr sie die in ihren Augen »sehr französische, literarische und romantische« Auffassung von der Liebe ablehne. Es ist ein Thema, auf das sie gerne immer wieder zurückkommt, sowohl in ihren Interviews mit Journalisten wie auch in ihren Texten, ihrer Korrespondenz oder in ihren Privatgesprächen. »Wir haben alle geglaubt, daß durch unser Reden über den Sexus, über den Körper, die Dinge sich bessern würden, wir mehr Freiheit erringen könnten. Heute sehen wir, daß nichts dergleichen dabei herausgekommen ist. Schließlich gibt es über den Körper nichts zu sagen, außer, daß er existiert.« Man hat geflissentlich nur den ersten Teil des Satzes gehört »über den Körper gibt es nichts zu sagen«, um sich in der Überzeugung zu bestärken, daß Marguerite Yourcenar, diese vage, sehr wenig Fleisch gewordene Reinkarnation eines fernen römischen Kaisers, es für dringend notwendig erachtete, den Körper zu ignorieren, sich nicht um ihn zu kümmern. Vielleicht wäre man besser beraten gewesen, auf das »außer, daß er existiert« zu achten: Der Körper stellt Ansprüche, auf die man eingehen muß. Aber die Annahme, daß allein schon das Reden über den Körper zu mehr Freiheit führen könne, ist eine Mystifikation. Das war die sehr klare Meinung Marguerite Yourcenars am Ende ihres Lebens. Das war auch ungefähr um die gleiche Zeit – aber wußte sie das? – die Ansicht Michel Foucaults ...

Es ist nicht sicher, ob Marguerite Yourcenar im Jahr 1936, als *Feuer* herauskam, von der Nutzlosigkeit des Redens über den Körper überzeugt war. Zu dieser Zeit galt für sie wohl mehr ihre Feststellung: »Wir haben alle geglaubt, daß durch unser Reden über den Körper ...«

Das Buch findet zwar eine unterschiedliche Aufnahme, signalisiert aber, daß sie dabei ist, eine Schriftstellerin zu werden, die man im Auge behält:

»Marguerite Yourcenars Buch hat Stärken und Schwächen«, schreibt Emilie Noulet in der NRF; »doch was darin schön ist, funkelt in hartem und wildem Glanz. Es ist nicht vollkommen, aber immer überströmend. Es zeugt von einem etwas bemühten Reichtum, aber auch von einem unbestreitbaren schriftstellerischen Temperament.«[17] Edmond Jaloux lobt seinerseits die Virtuosität der Mythosumformung und schließt: »Die Reinheit des Stils und der Bilder fügt diese Gedanken in ein Wortgewebe, in dem das Abstrakte in einem merkwürdigen Kampf mit dem Konkreten liegt. Doch diese Fülle von Metaphern, von poetischen Visionen, von treffenden Analogien scheint nur den Zweck zu haben, das schreckliche Zentralthema des Werkes, die Verzweiflung, erträglich zu machen.«[18]

Von Marguerite Yourcenars, nach Aussagen ihrer damaligen Freunde, ziemlich bewegtem Leben im Jahr 1936 haben wir nur ein sehr vages Bild. Einige schriftliche Spuren, einige Fotos. Vom 14. März bis zum 25. April läßt sie sich ihre Post nach Paris, Hotel Wagram schicken, und vom 1. Mai an bezeichnet sie als ihre »feste Adresse« das Meurice in Lausanne. Sie unternimmt in jenem Frühjahr eine Reise nach England, von der man nichts weiß. Eine weitere nach Venedig, von der ein Foto bleibt, auf dem sie in Gesellschaft einer noch nicht identifizierten Frau zu sehen ist. Schließlich gibt sie bekannt, daß sie im August und im September im Petit Palais in Athen zu erreichen sei und nicht vor November wieder nach Paris, ins Wagram, zurückkommen wird.

Vom Sommer des Jahres 1936 an datiert Konstantinos Dimaras

die gemeinsame Arbeit mit Marguerite Yourcenar an der Übersetzung der Gedichte von Kavafis.[19]

»Ich kann mich um ein Jahr irren, das ist so lange her«, gibt er zu, »aber es war nicht 1939, wie sie in der ›Chronologie‹ der Pléiade behauptet. Ich habe Marguerite Yourcenar in Griechenland nach 1937 nicht wiedergesehen. Ich dachte sogar, sie sei nie wieder hierher zurückgekommen.« (In Wahrheit ist sie zurückgekommen, auch 1939, unter anderem an Ostern, aus privaten und gefühlsbedingten Gründen.) »Im März 1939 ist Gide nach Athen gekommen. Ich weiß noch sehr gut, daß Marguerite nicht hier war. Sonst hätten wir sie zusammen eingeladen. Gide hielt sehr viel von ihr. Er äußerte sich sehr kategorisch über ihr großes Talent.

Ich bewunderte Marguerite. Ich arbeitete sehr gerne mit ihr zusammen. Sie kam jeden Tag zu mir. Helena, meine Frau, und ich verstanden uns ausgezeichnet mit ihr. Aber wir gehörten nicht zum Kreis ihrer Vertrauten. Sie lebte in einer anderen Gruppe, einer Gruppe von Intellektuellen und Künstlern. Wir führten ein bürgerlicheres, geregelteres Leben. Marguerite und ich haben uns an einem Abend des Jahres 1935, über Andreas Embirikos glaube ich, kennengelernt. Ich weiß nicht mehr, was mich veranlaßt hat, ihr von Konstantinos Kavafis zu sprechen. In den Jahren 30–35 habe ich viel über ihn gearbeitet. Wie die ganze Athenische Jugend habe ich ihn kennengelernt, als er von Alexandria nach Athen gekommen war. Er litt an einem Kehlkopfkrebs. Nach Athen war er gekommen, um sich operieren zu lassen. Helena und ich sind oft mit ihm zusammen gewesen. Er ist dann wieder nach Alexandria zurückgegangen und dort 1933 gestorben. Ich habe sehr aktiv an der ersten Ausgabe seiner gesammelten Gedichte mitgewirkt. Kavafis ließ seine Gedichte immer auf lose Blätter drucken, die er dann an seine Freunde verteilte. Erst sehr spät hat er Sammelbände gemacht. Nach seinem Tod wurde eine Menge Unveröffentlichtes publiziert, sowie Jugendgedichte. Kavafis war für mich sehr wichtig, und so war es nur natürlich, daß ich in einer Unterhaltung mit einer Intellektuellen die Rede auf ihn brachte. Marguerite war begeistert gewesen von dem, was ich ihr über diesen Mann erzählte und wollte auf der Stelle seine Lyrik kennenlernen. Ich arbeitete in einer Buchhandlung, zu der ich den Schlüssel besaß. Wir gingen mitten in der Nacht hin. Ich habe einen Band Kavafis aus dem Regal genommen und ihr die Gedichte übersetzt, denn sie konnte Neugriechisch nicht lesen. Ich weiß nicht mehr, wie wir auf die Idee gekommen sind, zusammen das ganze Werk Kavafis' zu übersetzen, den Band, zu dessen Veröffentlichung ich beigetragen hatte.

Wir haben also damit einen ganzen Sommer verbracht, von dem ich immer noch glaube, daß es der von 1936 war. Unsere Zusammenarbeit war nicht immer problemlos. Marguerite Yourcenar war, wie alle Welt heute wohl weiß, ziemlich autoritär. Und halsstarrig. Ich meinerseits hatte eine sehr genaue Vorstellung von dem, was eine Übersetzung sein sollte. Eine Vorstellung, die sie nicht teilte. Ich war für äußerste Präzision und gegen die ›belles infidèles‹. Marguerite kam es nur auf das an, was sie als gutes Französisch betrachtete. Später, als sie *La Couronne et la Lyre* veröffentlichte, hat sie bewiesen, daß sie nicht ›übersetzte‹. In diesem Buch findet man französische Gedichte, die Nachdichtungen, aber keineswegs Übersetzungen griechischer Lyrik sind. Bei Kavafis ist das nicht der Fall. Das ist wirklich eine Übersetzung. Aber unsere Differenzen drehten sich immer um diese Frage. Ich machte ihr eine wortwörtliche Übersetzung, und sie ›arrangierte‹. Manchmal kam es zu einem heftigen Wortwechsel, und jeder verteidigte lautstark seine Meinung. Dann griff meine Frau ein. Sie kam in den Salon, in dem wir uns zur Arbeit installiert hatten. Die Lautstärke ließ nach. Marguerite war auf Stil bedacht. Dagegen hatte ich natürlich nichts. Aber die Übersetzung mußte genau sein. Die Kavafis-Übersetzung, die wir beide zusammen gemacht haben, ist nicht zu weit von diesen Prinzipien entfernt, bis auf einige Stellen, auf denen sie eisern beharrte und wo ich nachgab. Es gibt andere französische Kavafis-Übersetzungen, die wortgetreuer sind, aber bei weitem nicht dieselbe literarische Qualität besitzen. Trotzdem, Marguerite Yourcenars Übersetzung gibt nicht wirklich das besondere Klima der Kavafis'schen Poesie wieder. In meinen Augen ist sie eher das Werk einer großen französischen Stilistin als das Werk eines griechischen Dichters.«

Marguerite Yourcenar hat immer wieder gesagt, daß für sie Schreiben und Übersetzen eins seien. »Es war trotz allem sehr aufregend, mit ihr zu arbeiten. Ich bin sehr froh, daß ich diese Erfahrung machen durfte«, betont Konstantinos Dimaras. »Marguerite war eine Persönlichkeit. Wir waren ungefähr gleich alt, denn sie ist 1903 geboren und ich 1904. Aber sie hatte schon einige Werke veröffentlicht. Sie war ›arrivierter‹ als ich. Ich achtete sie, nicht nur deswegen, sondern weil sie von sich aus Achtung einflößte. Sie war physisch sehr eroberungslustig. Sie wollte nicht nur Frauen erobern. Sie wollte ganz einfach erobern. Für sich einnehmen. Sie sprach ein wunderbares Französisch, aber damals war sie nicht die Einzige. Alle Intellektuellen sprachen ein gepflegtes Französisch.«

In einem Artikel, den Marguerite Yourcenar während des Krieges im Mai 1944 in der Zeitschrift *Fontaine* (Algier) veröffentlicht, bemerkt sie, daß die französische Übersetzung der Gedichte von Kavafis in Athen im Juli 1939 beendet werden sei, das heißt zu der Zeit, als sie einen Teil des Textes zu Papier bringt, aus dem *Konstantinos Kavafis, eine kritische Einführung* werden sollte.

»Wir verbrachten unsere Abende mit endlosen Abwägungen, die kaum vom Geräusch des Radios im Nebenzimmer gestört wurden. Ich erinnere mich an die einfachen und köstlichen Mahle, an die mein Mitarbeiter, der in Griechenland geblieben ist, vielleicht auch manchmal während der quälenden Hungertage zurückdenkt; ich sehe noch die Sträuße wilder Anemonen, die ich jeden Abend in den von einer Petroleumlampe erleuchteten Läden kaufte; den Kasernenhof an der Ecke der Straße, deren Bäume die nächtliche Dunkelheit noch verstärkten, mit ihren Soldaten, die zum hohen Ton einer traurigen Flöte den kretischen Schwertertanz tanzten, große weiße Gestalten, die bereits Gespenstern glichen ...«[20]

Wenn Konstantinos Dimaras sich auch nicht genau erinnern kann, so darf man wohl annehmen, daß er zu Recht die gemeinsame Arbeit an Kavafis in das Jahr 1936 verlegt. Denn 1937 reist Marguerite Yourcenar mit Grace Frick, die sie soeben kennengelernt hat, nach Griechenland und Italien und verbringt nur relativ wenig Zeit in Athen. Im Sommer 1938 ist sie zuerst im Juli in Paris und dann im August in Sorrent, wo sie den *Fangschuß*, zuende schreibt. Wenn sie um diese Zeit in Griechenland Urlaub macht – wobei Datum und Ort wieder einmal umstritten sind –, dann nicht in Athen und nicht lange genug, um eine umfangreiche Arbeit zu bewältigen. 1939 fährt sie mehrmals auf einen Sprung nach Griechenland. Die einzige Spur eines langen Aufenthalts in Athen führt in den Sommer 1936 zurück, wo sie für August und September das Petit Palais als Adresse angibt.

Auf den gleichen Wirrwarr stößt man bei der zeitlichen Festlegung der Beziehung Marguerite Yourcenars zu Lucy Kyriakos, eine der Frauen, mit der Marguerite eine ziemlich lange Liebesverbindung unterhielt, bis zu ihrer Abreise nach New York im Oktober 1939. Lucy Kyriakos war, wie Fotos bezeugen, eine sehr schöne junge Frau. Sie war mit einem Cousin Dimaras' verheiratet und

In Griechenland. Von links nach rechts: Nelly Liambey, Marguerite, die Schwester von Lucy Kyriakos und Lucy Kyriakos

Mutter eines kleinen Jungen. Ganz zu Beginn des Krieges kam sie bei dem Luftangriff auf Jannina ums Leben. »Lucy war reizend«, erinnert sich Helena Dimaras. »Aber weder sie noch ihr Mann waren Intellektuelle. Lucy gehörte zu den Frauen, bei denen man nicht einmal auf den Gedanken kommt, sie könnten eine Geschichte mit einer anderen Frau haben.« Aber damals war Marguerite sehr wohl imstande, Frauen zu erobern, die, wie Swann mit ebenso wenig Scharfblick von Odette de Crécy sagte, »am wenigsten einer leidenschaftlichen Zuneigung zu einer anderen Frau fähig waren« ... Die Erinnerung an Lucy blieb bei Marguerite Yourcenar so lebendig, daß sie in manchen Jahren, noch lange nach dem Krieg, in ihrem Kalender den Tag der heiligen Luzia unterstrich. Aber ist sie mit Lucy im Sommer 1936 zusammengekommen? Kannte sie Lucy überhaupt schon? Es ist ziemlich schwierig festzustellen, wann sie sich zum ersten Mal begegnet sind. Auf Fotos hat Marguerite Yourcenar geschrieben: »1934: Nelly Liambey, Lucy, MY, Athanase auf Euböa.« Doch auf anderen Fotos, die in einem von Marguerite Yourcenars Alben, genannt »Autobiographie III«, enthalten sind und die aus derselben Serie zu stammen scheinen, hat sie notiert: »Euböa, 1938, bei Monsieur Athanasius Chrystomanos mit Lucy, einer Schwester und einer Cousine Lucys.« Die einzige Überlebende unter den fotografierten Personen ist Nelly Liambey, und auch sie kann diesen Urlaubsaufenthalt nicht mehr genau datieren. »Ich neige zu 1934«, sagt sie. Sie bestätigt, daß diese Fotos wirklich auf Euböa bei Athanasius Chrystomanos aufgenommen wurden, aber sie erinnert sich auch an ein anderes Zusammensein mit Marguerite Yourcenar. »Ich weiß nicht mehr, ob es 1936, 1937 oder sogar 1938 war, als Marguerite und ich ein paar Tage bei einer gemeinsamen Freundin verbrachten. Das war auf Korfu. Unsere Freundin Lucy Kyriakos hatte auf dieser Insel für den Sommer ein Landgut gemietet. Ein zauberhafter Ort, ein riesiger verwilderter Park, ein verkommenes Haus, in dem es angeblich spukte, weit weg von der Stadt Korfu. Dieses Landgut gehört heute dem Club Méditerranée. Marguerite Yourcenar wollte dort, glaube ich, einige Tage verbringen. Sie ist am Ende meines Aufenthalts gekommen, oder ich bin am Ende des ihren aufgetaucht. Aber ich glaube, daß wir auf dieser Insel nicht mehr als zwei oder drei Tage zusammen verbracht haben.«[21]

Sollte es sich um einen Aufenthalt von nur einigen Tagen handeln, dann kann er sowohl in das Jahr 1934 fallen, wie in jedes der von Nelly Liambey erwähnten Jahre, in denen Marguerite Yourcenar regelmäßig eine mehr oder weniger lange Griechenlandreise machte. Vielleicht öfter als sie zugeben will. Die Unsicherheit in bezug auf die Daten geht nicht nur auf das lückenhafte Gedächtnis der Zeugen zurück. Marguerite Yourcenar hat hinsichtlich dieser Epoche ihres Lebens und ihrer zahlreichen Reisen sorgfältig die Ungenauigkeit walten lassen. In ihrer rekonstruierten, in der Pléiade veröffentlichten und daher offiziellen Chronologie kann man lesen, daß sie zu der oder jener Zeit des Jahres 1937 oder 1938 in Griechenland oder in Frankreich gewesen war. Aber in der Korrespondenz aus diesen Jahren entdeckt man einen Brief aus Belgien, in dem sie behauptet, zwischen 1935 – dem Jahr, in dem sie den Immobilienbesitz aus der Hinterlassenschaft ihrer Mutter verkaufte – und den 50er Jahren nicht mehr nach Griechenland zurückgekehrt zu sein ... Sollte nicht bekannt werden, was sie in jenen Jahren aus ihrem Leben machte? Oder wollte sie selbst sich nicht an diese Zeit erinnern, weil sie zu sehr von ihrer unglücklichen Leidenschaft für André Fraigneau gezeichnet war? Am Ende ihres Lebens liefert sie den Beweis dafür, daß sie nie diesen Mann noch ihre Liebe zu ihm vergessen hat, so wenig wie sie eine Niederlage eingestehen wollte, die sie um jeden Preis – und der Preis war schrecklich und schmerzlich – tilgen mußte.

Kapitel 3
Grace und der »Coup de grâce«

Obwohl Marguerite Yourcenar nicht in Frankreich »installiert« war, gehört sie doch von nun an zum Pariser Literaturbetrieb. Oder sie befindet sich zumindest an seiner Peripherie, zugleich nah und auf Distanz, eine »ironische« Stellung, die sie immer wieder beziehen wird. Sie veröffentlicht in diesem Jahr zwar kein Buch, dafür um so mehr Texte in Zeitschriften. 1937 erscheinen vor allem Novellen, die in dem Band *Orientalische Erzählungen* ihren Platz finden sollten: »Unsere Liebe Frau mit den Schwalben« in der *Revue Hebdomadaire* im Januar; »Die Milch des Todes« in den *Nouvelles Littéraires* im März; »Der Mann, der die Nereiden geliebt hat« in der *Revue de France* im Mai; »Die letzte Liebe des Prinzen Genji«[1] in der *Revue de Paris* im August. Im Februar gibt sie der Zeitschrift *La Revue de Paris* »Mozart à Salzburg«, einen ziemlich glanzlosen Text, den sie, aufgrund einer fragwürdigen Entscheidung, zur Aufnahme in den nach ihrem Tod erschienenen Essay-Band *En pèlerin et en étranger*[2] bestimmt. Es handelt sich durchgängig um eine ziemlich niederschmetternde Reihung von Platitüden und Gemeinplätzen, die jedoch bezeichnend sind für Marguerite Yourcenars Unfähigkeit, von der Musik zu sprechen, ohne in einen gezierten Impressionismus und konventionelle Aussprüche über »den Mann und das Werk« zu verfallen:

»Der Mann, der sie [die Jupiter-Symphonie] komponiert hat, war von Krankheit zerrüttet, von Armut bedrängt; er hatte seine Rivalen und seine Verleumder. Und genau darin liegt das Geheimnis seiner Kunst: Diese Musik des Glücks, die ausbalanciert ist wie ein Seiltanz über dem Abgrund, den jedes Leben darstellt, bedeutet keine Flucht aus der Wirklichkeit; sie bedeutet auch keinen schönen Traum; sie schlägt in uns auch nicht, wie die Musik Schuberts, die zartesten und verborgensten Saiten an; sie wiegt uns nicht wie die Musik Chopins, um uns zu trösten; sie ist keine Lebenshilfe, wie Beethovens Musik, die uns wieder aufrichtet. Sie ist ganz einfach Musik: perfekte Anordnung eines Klanguniversums.«

Rhetorische Ornamentik, Salonreden, die Madame de Cambremer beim Anhören der Sonate Vinteuils im Stadtpalais der Guermantes geführt haben könnte ...

Außer mit André Fraigneau und Edmond Jaloux war sie damals mit Emmanuel Boudot-Lamotte befreundet, einem Mitglied des Lektorats der NRF, dessen Schwester Madeleine die Sekretärin Gaston Gallimards war. 1936 hat Marguerite Paul Morand kennengelernt, der ihr angeboten hat, die *Orientalischen Erzählungen* bei der NRF herauszubringen, in der Reihe »La Renaissance de la nouvelle«, die er seit Juni 1933 betreut. Dies beweist ein Schreiben, das Morand am 7. 12. 1936 an Boudot-Lamotte gerichtet hat und in dem er präzisiert: »Ich habe nächsten Donnerstag bei mir eine Verabredung mit Madame Marguerite Yourcenar. Würden Sie freundlicherweise kommen und den Vertrag mitbringen.«[3] Das schien Boudot-Lamotte nicht getan zu haben, denn Marguerite Yourcenar schreibt am 25. 1. 1937 an Paul Morand: »Ich habe den von Gallimard unterzeichneten Vertrag erhalten, aber bevor ich ihn zurücksende, möchte ich mit Ihnen darüber sprechen.«[4] Und an Boudot-Lamotte am 13. Februar: »Ich fahre am Freitag für einige Tage nach England und möchte Ihnen vor meiner Abreise das Manuskript der *Kali* ... (es handelt sich um ›Die *enthauptete Göttin*‹, eine der *Orientalischen Erzählungen*) und die Vertragsexemplare zukommen lassen.«[5]

Diesmal kennt man den Grund oder zumindest einen der Gründe für Marguerite Yourcenars Reise nach London: Wegen ihrer prekären finanziellen Lage – sie kann nur mit der zu Beginn des Jahrzehnts aus der »Katastrophe geretteten« kleinen Summe rechnen, denn der äußerst schleppende Verkauf ihrer Bücher bringt kaum etwas ein – hat sie sich bereit erklärt, für den Verlag Stock den Roman *The Waves* von Virginia Woolf zu übersetzen und sie hat sich entschlossen, die Autorin zu besuchen, um ihr einige Fragen zu stellen. Was nichts daran ändert, daß die Übersetzung von »Sinnwidrigkeiten« geradezu strotzt. Seit der Arbeit mit Konstantinos Dimaras über Kavafis kennt man die subtile Ungezwungenheit, mit der Marguerite Yourcenar das Übersetzen praktiziert. Ohne große Bedenken: »Ich glaube nicht, daß die Woolf-Übersetzung mich vor besondere Probleme gestellt hat; man brauchte sich nur mit dem Strom treiben lassen, ohne immer genau zu wissen, wohin dieser Strom führte; Virginia Woolf schien diesen Eindruck des Vagen selbst gewollt zu haben. Ich besuchte sie damals, um ihr, als gewissenhafte Übersetzerin, einige Fragen zu stellen nach der Art und Weise, wie sie bestimmte Sätze, die eine Anspielung auf Themen oder Bilder der englischen Lyrik enthielten, übersetzt haben wollte: buchstäblich oder durch analoge, dem französischen Leser vertraute Themen, welche dieselben Assoziationen auslösten. Aber zu diesem Problem hatte sie, wie ganz allgemein zum Problem der Übersetzung, keine Meinung.«[6]

Marguerite Yourcenar erwähnt diese Arbeit und diesen Besuch in zwei Texten, der eine von 1937, ursprünglich veröffentlicht in *Les Nouvelles Littéraires* und jetzt wieder aufgegriffen im Vorwort zu *Wellen,* der andere von 1972, erschienen in der Zeitschrift *Adam International.*[7] Im ersten Text zeichnet sie ein knappes und scharf gestochenes Portrait der englischen Romanciere: »Vor einigen Tagen betrachtete ich im Halbdunkel des vom Kaminfeuer erleuchteten Salons, in dem Mrs Woolf mich empfing, dieses bleiche, kaum gealterte, aber von der Denkanstrengung und der Müdigkeit zart gezeichnete Gesicht einer jungen Parze, und ich sagte mir, daß der Vorwurf des Intellektualismus oft die feinfühligsten, lebensvollsten Naturen trifft, die durch ihre Zerbrechlichkeit oder ihr Übermaß an Stärke dauernd zur geistigen Disziplin gezwungen sind.«[8] Im zweiten Text huldigt sie der Schriftstellerin: »Ich habe *The Waves,* den vorletzten Roman von Virginia Woolf ins Französische übersetzt, und ich bedauere es nicht, denn zehn Monate Arbeit haben mir als Belohnung einen Besuch in Bloomsbury und zwei kurze Stunden bei einer zugleich schillernden und schüchternen Frau eingebracht, die mich in einem von der Abenddämmerung erfüllten Zimmer empfing. Man täuscht sich immer, wenn es sich um zeitgenössische Schriftsteller handelt: man schätzt sie zu hoch oder zu niedrig ein. Ich glaube jedoch nicht zu irren, wenn ich Virginia Woolf zu den vier oder fünf großen Virtuosen der englischen Sprache zähle und zu den wenigen Schriftstellern unserer Zeit, deren Werk ein Jahrzehnt überdauern dürfte. Ich hoffe sogar, daß es trotz mancher gegenteiliger Anzeichen noch um das Jahr 2500 einige Geister geben wird, die genügend gewitzt sind, um die Subtilitäten dieser Kunst zu genießen.«[9]

Hochgejubelt oder herabgesetzt werden – eine ahnungsvolle Diagnose, die nicht nur für Virginia Woolf, sondern auch für Marguerite Yourcenar selbst gilt: Zwischen den »Fetischisten« ihres Werks, die einer maßlosen Bewunderung frönen, und den Lesern, die sie als manierierte, wenn nicht sogar schwülstige

Schriftstellerin abqualifizieren, hat sie noch nicht den ihr gebührenden Platz gefunden. Und wie wird es »im Jahr 2500« um dieses Werk stehen?

In ihrem *Tagebuch* macht Virginia Woolf einen kurzen aber hellsichtigen Vermerk über die »Übersetzerin«: Dienstag, den 23. Februar: »Ich nehme an, dieses unwahrscheinliche Gekritzel bedeutet: ›Übersetzerin kommt‹. Madame oder Mademoiselle Youniac(?). Nein, der Name stimmt nicht. Und ich habe so viel über Julian zu schreiben (...), daß mir weder die Zeit noch der Platz bleiben, um über die Übersetzerin mehr zu sagen, als daß ihr schwarzes Kleid mit sehr hübschen Goldblättern besetzt war, und daß sie ganz sicher eine Frau mit Vergangenheit ist: der Liebe zugeneigt, intellektuell; daß sie die Hälfte des Jahres in Athen lebt, mit Jaloux bekannt ist, etc. Rote Lippen; gibt sich viel Mühe; eine arbeitsame Französin, Freundin der Margeries. Positive Einstellung; Intellektuelle; wir sind *The Waves* durchgegangen: ›Was bedeutet: *See, here he comes‹?, etc.*«[10]

Nach ihrer Rückkehr aus London macht Marguerite Yourcenar im Hotel Wagram eine Bekanntschaft, von der sie nicht ahnt, daß sie entscheidend für ihr Leben sein wird. Sie lernt Grace Frick kennen, eine Akademikerin ihres Alters. Grace ist am 12. 1. 1903 in Toledo, Ohio, geboren, Marguerite Yourcenar bekanntlich am 8. Juni desselben Jahres. Was ihr erlaubt, Grace mit pikanter Koketterie als »ältere Freundin« zu bezeichnen.

Es gibt zwei ein wenig verschiedene Versionen dieser Begegnung: Die Schilderung, die Marguerite Yourcenar selbst in ihren letzten Lebensjahren geliefert und die Jerry Wilson in einem seiner intimen Tagebücher festgehalten hat. Und die Aussage, die Grace Frick gegenüber ihrer Kommilitonin Florence Codman gemacht hat, deren Zeugnis besonders wertvoll ist: Diese Frau – Verlegerin, Intellektuelle, Frankophilin, Freundin von Jane Bowles – ist einer der wenigen noch lebenden Menschen, die Grace während deren Universitätszeit gekannt haben und dann mit Marguerite und Grace bis zu Graces Tod in Verbindung blieben.

Grace war in jenem Jahr seit Januar in Frankreich. Sie regelte den Nachlaß einer ihrer Cousinen, die zum Mißfallen der Familie in ein französisches Kloster eingetreten und dort gestorben war. An diesem Februarabend saß sie allein an einem Tisch in der Bar des

Wagram. Am Nebentisch unterhielt sich Marguerite Yourcenar mit Emmanuel Boudot-Lamotte. Laut Marguerite sprachen sie über Reisen im allgemeinen und über ihre jeweiligen Reisepläne im besonderen. Grace Frick habe sich dann eingemischt und Marguerite Yourcenar gefragt, ob sie nicht gerne eine Reise in die Vereinigten Staaten machen würde. »Am nächsten Morgen«, berichtet Jerry Wilson in seinem Tagebuch, »brachte ein Page Marguerite Yourcenar eine Botschaft der ›jungen Amerikanerin‹. Grace schrieb, man könne von ihrem Fenster aus sehr hübsche Vögel auf dem Hoteldach sehen und lud Marguerite ein, doch zu ihr heraufzukommen und sich das Schauspiel anzusehen. Marguerite kam hinauf, und sie wurden Freundinnen«, schließt Jerry Wilson lakonisch ...

Grace ihrerseits erzählte Florence Codman die Barszene etwas anders: »Grace hat mich sofort nach ihrer Rückkehr in die Staaten angerufen, um mir ihre Begegnung mit Marguerite Yourcenar zu schildern«,[11] erinnert sie sich. »Grace saß in der Tat allein in der Bar, und Marguerite Yourcenar unterhielt sich mit einem Mann. Sie sprachen von Literatur und insbesondere von Coleridge. ›Sie sagten so falsche, ja blödsinnige Dinge, daß ich mich eingemischt habe mit der Bemerkung, ›sie täuschten sich von A bis Z‹, berichtete mir Grace.«

Nach allem, was man von Grace und von ihrer brüsken Art, sich ungebeten einzumischen, weiß, dürfte wohl die zweite Version die plausiblere sein, und dies um so mehr, als die erste fast karikaturhaft stereotyp erscheint. Oder aber, was auch nicht unwahrscheinlich ist, die beiden Versionen ergänzen sich: Graces Eingreifen in das literarische Gespräch, die Reden über das Reisen, ein »Warum nicht die Vereinigten Staaten« und die spätere Einladung zur Betrachtung der Vogelflüge über den Pariser Dächern ...

»Sie war sofort von Marguerite hingerissen, es war ein veritabler Coup de foudre«, sagt Florence Codman. »Ich frage mich, ob Grace vor Marguerite Yourcenar andere Frauen in ihrem Leben gehabt hat. Oder sogar andere Liebesgeschichten. Wir hatten nie darüber gesprochen.« So weit, so gut. Wenn man jedoch Marguerite Yourcenars Aufmachung und Gebaren von damals kennt, dann mußte man schon von einer abgrundtiefen Unschuld sein, um eine derartige Einladung ohne jegliche Hintergedanken auszusprechen ...

Davon abgesehen weiß man kaum etwas über Graces Privatleben bis zu diesem Zeitpunkt. Diese junge Frau aus einer begüterten

Südstaatenfamilie, war schon früh Vollwaise und, wie auch ihr Bruder Gage, von einem Onkel erzogen worden. Sie studierte am Wellesley, einem schicken College der Ostküste. Dort lernte sie Florence Codman kennen. 1925 machte sie ihren *Bachelor of Arts* und 1927 ihren *Master* in englischer Literatur. »Ich habe Grace am Wellesley-College Anfang der zwanziger Jahre kennengelernt«, erzählt Florence Codman. »Sie kam aus Kansas City. Erst sehr viel später habe ich erfahren, daß sie ihre Eltern verloren hatte, als sie noch ganz jung war. Wir sprachen nie über unsere Familien. So wenig wie über Geld. Es verstand sich von selbst, daß unsere Familien begütert waren, sonst hätten wir nicht an diesem College studieren, noch Europareisen machen können. Grace war eine äußerst brillante Studentin. Sie wollte im Lehrfach Karriere machen. Ich denke, sie hätte eine großartige Hochschullehrerin werden können. Sie war groß und schlank. Nicht unattraktiv. Manchmal legte sie jedoch eine gewisse Arroganz an den Tag. Grace und ich waren nicht eigentlich eng befreundet. Im College wohnten wir nicht im selben Gebäude. Wir besuchten zusammen Vorlesungen und sie kehrte damals schon die Schulmeisterin heraus. Ihr ganzes Leben lang sollte dies einer ihrer vorherrschenden Züge bleiben. Ich war der einzige Mensch, den sie in New York kannte. Richtige Freundinnen sind wir erst geworden, als sie sich mit Marguerite liierte. Als ich Marguerite kennenlernte, habe ich sofort begriffen, daß man sich Hals über Kopf in sie verlieben könnte. Ich war sofort von ihrer Intelligenz beeindruckt. Sie sprach ein perfektes Englisch, das man aber aufgrund ihres Akzents kaum verstand. Ich sprach französisch mit ihr. Das war ein wahres Vergnügen, so wie es die reine Wonne war, sie französisch sprechen zu hören. Sofort ist mir ihre Art zu gehen und sich zu geben aufgefallen – sehr gerade, auf natürliche Weise stolz. Ich sagte mir, ›wenn sie im Nachthemd aus dem Bett steigt, dann bewegt sie sich sicher genau so‹. Wie eine Königin. Als müßten sich die Türen vor ihr öffnen. Mit dieser Kopfhaltung, um die sie wohl alle Welt beneidete. Es war schwer, ihrem Charme und ihrer Autorität zu widerstehen. Ansonsten war sie sehr halsstarrig und hatte äußerst feste Meinungen. Vor allem über die Literatur; ich zog mir jedoch nicht ihre Mißbilligung zu, denn wir sprachen hauptsächlich über französische Literatur – ich glaube nicht, daß die amerikanische Literatur sie wirklich interessiert hat – und wir waren uns im allgemeinen einig. Grace war nach Marguerite verrückt, wahrscheinlich bis ans Ende ihrer Tage. Für

Marguerite hat sich die Beziehung im Laufe der Jahre zu einer guten Ehe entwickelt, glaube ich. Zu einer Ehe auf alle Fälle.«

Vor ihrer Begegnung mit Marguerite war Grace nicht unbedingt die Unschuld vom Lande, als die ihre Freunde sie gerne hinstellen. Diese Behauptung muß aber auch nicht absolut falsch sein, denn Grace hat sich nie über ihre Gefühle ausgesprochen, weder vor noch nach ihrer Begegnung mit Marguerite. Inmitten der unermüdlichen chronologischen Aufzeichnungen über Marguerite findet sich nur selten ein rascher Rückblick auf einige Jahre ihrer eigenen Existenz. Im September 1927, nachdem sie ihren *Master of Arts* gemacht hatte, nimmt sie eine Stelle am Stephen College in Columbia, Missouri, an, wo sie bis Juni 1930 bleibt. 1928 macht sie ihre erste Europareise »um Phyllis Bartlett in Oxford zu treffen und um dann weiter, mit Phyllis, nach Paris zu fahren«. Über die Natur der Beziehungen zwischen Phyllis und Grace ist nichts bekannt. Von Juni 1930 bis September 1931 ist Grace in Kansas City bei ihren Verwandten. Anschließend wohnt sie in New Haven und hört Vorlesungen an der Yale-Universität bis 1933. »1934«, schreibt sie in das Heft, in dem sie diese Daten festhält, »Paris über Italien und die Schweiz. August in Frankreich mit Onkel George La Rue. Ich wohne im Hotel Wagram. Im September fahre ich nach München, vor meiner Rückreise nach New York, wo ich mit Ruth Hall zusammenwohne.« Ruth bleibt mit Marguerite und Grace befreundet. Sie war vielleicht nur eine Freundin, mit der Grace eine Wohnung teilte. Im Juni 1936 nimmt Grace Frick einen Lehrauftrag in London an. Von London aus fährt sie nach Paris. Dort begegnet sie Marguerite Yourcenar.

Grace muß für den ganzen Monat März wieder nach London zurück. Marguerite kümmert sich weiter um ihre beruflichen Angelegenheiten. Sie erhält am 8. März ein, wie Gallimard sagt, »für Ihre Akten bestimmtes« Exemplar des Vertrages über die *Orientalischen Erzählungen*. Sie will mit Grace zusammen eine Griechenlandreise machen und wartet also auf deren Rückkehr. Grace kommt im April, und nachdem sie in Biarritz eine gewiße Betty Lou Curtis besucht hat, macht sie sich für die Griechenlandreise bereit. Grace legt sich nun eine an Manie grenzende Gewohnheit zu: Sie notiert die Reise-Etappen in der dritten Person: »Grace und Marguerite nach Sizilien über Genua. Italien, Rom, Florenz, Venedig, damaltinische Küste, Korfu, Athen, Delphi, Sunion. Zurück nach Neapel. Grace fährt nach einer Stippvisite in Capri nach New York zurück. Grace ist Ende August wieder in New Haven und bleibt dort bis Herbst 1939.«

Man weiß nicht genau, was Marguerite damals für Grace empfindet. Nur eine kurze, später gemachte Bemerkung besagt: »Es war zuerst eine Leidenschaft.« Marguerite hat sicherlich keine Lust mehr auf eine Leidenschaft von der Art, wie sie sie für André Fraigneau empfunden hat – eine Leidenschaft, die noch nicht der Vergangenheit angehört, wie aus einem Brief vom 24. August 1937 hervorgeht, den sie aus dem Lausanner Hotel Meurice nach Graces Abreise abgesandt hat: »Ich habe schon lange nichts mehr von André gehört und mein Gesundheitszustand hat mir heuer nicht erlaubt, längere Zeit in Athen zu bleiben.« Fest steht, daß sie für Grace die große Nummer einer Liebesreise inszeniert: von Venedig über Korfu und Delphi nach Capri. Von diesen beiden ersten gemeinsam verbrachten Monaten bleibt kein Zeugnis, außer einem Foto, auf dem Grace im Profil an einem nicht identifizierbaren Ort zu sehen ist und eine weitere, wahrscheinlich von Grace gemachte Aufnahme, mit Marguerite auf dem Domplatz von Florenz. Banale nichtssagende Bilder. Die Fotos, auf denen Grace zu sehen ist, lassen nur eine Feststellung zu: Daß sie nicht sehr schön ist. Nun hat aber Marguerite immer wieder bis an ihr Lebensende betont, daß es ihr bei der Liebesempfindung und bei der Sinnenlust im höchsten Maße auf Schönheit ankam. Grace bildete da offenbar eine Ausnahme. Eine sehr lange Ausnahme. Über die tieferen Gründe dafür gibt vielleicht der Briefwechsel der beiden Frauen Aufschluß, der jedoch bis zum Jahre 2037 unter Verschluß bleibt. Wie dem auch sei, Marguerite Yourcenar, das kann man heute behaupten, war zu intelligent, um sich ausschließlich an vorgefaßte Meinungen zu halten und sie hat immer, wie sie sagte, »alles offen gelassen«. Und schließlich hatte sie in dieser schwarzen Periode, in der sie an ihrer unerwiderten Liebe zu André Fraigneau stärker und dauerhafter litt, als sie es sich eingestehen wollte, das immense Bedürfnis, ihrerseits unmäßig geliebt zu werden. Sie hatte sehr schnell begriffen, daß Grace ihr dieses Unmaß bot.

Sie entschließt sich also, Graces Einladung, den Winter in den Vereinigten Staaten zu verbringen, anzunehmen. Sie schifft sich im September 1937 ein, als ihre Übersetzung von *The Waves* bei Stock

Marguerite um 1936

herauskommt. An Bord des Schiffes, »im Schlingern der ersten Stunden der Atlantiküberfahrt«,[12] schreibt sie den »Roten Kostis« nieder, den letzten Text für die *Orientalischen Erzählungen*, der dann in der zweiten Auflage den Titel *Die Witwe Aphrodisia* trägt. Sie verbringt den Winter in New Haven – Grace ist immer noch an der

Grace etwa um die selbe Zeit

Yale-Universität, wo sie promovieren will. Sie reist ein wenig herum: In Virginia (Charlottesville), in South Carolina, in Georgia, und fährt sogar für einen kurzen Aufenthalt nach Kanada in die Provinz Quebec.

Von jenem Winter – sie kehrt Ende April 1938 nach Europa

zurück –, der wohl den Höhepunkt ihrer Beziehung mit Grace markiert, wird Marguerite Yourcenar niemals sprechen. Sie hatte übrigens zu irgendeinem Zeitpunkt einmal den festen Entschluß gefaßt, nie das Geringste über ihre Intimsphäre verlauten zu lassen, einen Vorsatz, an dem sie unbeirrt festhielt bis in die letzten Jahre ihres Lebens, in denen sie mehr geschwächt war, als sie dachte und als selbst ihren Freunden bewußt war. Die Spuren, die von diesem Amerikaaufenthalt bleiben, zeigen eine Marguerite Yourcenar, die sehr viel mehr Europa zugewendet war als von dem Wunsch beseelt, einen neuen Kontinent zu entdecken und dort ihren Platz zu finden. Sie kümmert sich vor allem um die Fertigstellung der *Orientalischen Erzählungen,* deren korrigiertes Manuskript sie am 20. November an Emmanuel Boudot-Lamotte schickt. In einem Begleitwort fügt sie hinzu: »Ihre liebevolle Betreuung meines Buchs läßt mich glauben, daß ich nicht völlig von Paris abwesend bin.«[13] Sollte Paris ihr plötzlich fehlen? Sollte sie, fern von ihren feudalen griechischen Freunden und von ihren eleganten und intellektuellen französischen Begleitern das Provinzleben entdecken, die diffuse Langeweile einer amerikanischen Kleinstadt mit ihrer klosterartigen Universität? Höchstwahrscheinlich. Aber wie hätte sie dies viele Jahre später zugeben können, nachdem sie ihr ganzes Leben damit verbracht hatte, jedermann, und zuvörderst sich selber einzureden, daß sie »den Zufall hatte walten lassen« und daß es ihr gelungen war, diesen Zufall in wahre Freiheit zu verwandeln? Der »Zufall« sieht in jenem Winter ganz nach Flucht aus: In einem Brief an Emmanuel Boudot-Lamotte entschlüpft dieser jungen vierunddreißigjährigen Frau unwillkürlich der Satz: »Sagen Sie André [Fraigneau, natürlich], daß ich an ihn denke.«[14]

Auch ihre Korrespondenz mit Charles Du Bos, die im November 1937 einsetzt, führt sie wieder nach Europa und zu dessen Intellektuellen zurück. Sie setzt sich mit ihm in Verbindung – was, wenn dies überhaupt noch nötig ist, beweist, daß es ihr mehr um den Kontakt mit Europäern als mit Amerikanern geht –, indem sie ihm einen Willkommengruß nach New York schickt und ihr Bedauern darüber ausdrückt, daß sie an den Vorträgen, die der katholische Essayist dort halten will, nicht teilnehmen kann: »Auch ich wollte Sie auf diese etwas ungeschickte Weise willkommen heißen und wieder einmal meine Bewunderung (und meine Dankbarkeit) für einen Schriftsteller ausdrücken, dessen Ansichten mich hinsichtlich der im übrigen sehr langsamen und Ihrem Dafürhalten nach wohl immer noch sehr abseitigen Bahn beruhigen, die meine eigenen Ansichten unmerklich einschlagen.«[15]

»Niemand kann besser als ich die ›Bahnen‹ und selbst die ›abseitigen‹ Wege nicht nur verstehen sondern auch dankbar für sie sein«, antwortet ihr Charles Du Bos. »Wenn ich Ihnen sagen würde, daß eine mehr als dreißigjährige Meditation über die Natur des Genies – des Genies im allgemeinen und des Genies von Keats, Giorgione und Bach im besonderen – mich darauf vorbereitet hat, endlich die Wahrheit zu empfangen (DIE Wahrheit, die Menschen-Wahrheit und nicht die simple Prinzipien-Wahrheit, die Wahrheit DESSEN, der gesagt hat: ›Ich bin der Weg, die Wahrheit und das Leben‹), dann dürften Sie zu Recht überrascht sein, und doch ist nichts buchstäblich zutreffender. Jeder von uns hat *seinen Weg,* und der abseitigste bringt uns manchmal dem Zentrum am nähesten. In einem ersten Brief geziemt es sich nicht, mehr darüber zu sagen, und wir alle ziehen sicher den einfachen und vertrauensvollen mündlichen Gedankenaustausch vor. Sollten Sie jedoch nicht kommen können [nach South Bend, Indiana, wo Du Bos an der Universität unterrichtet] und das Gespräch brieflich weiterführen wollen, so zögern Sie nicht.«[16]

Marguerite zögert nicht; sie schickt ihm Ende Dezember einen sehr langen Brief, in dem sie den gegenwärtigen Stand ihrer Reflexionen über das religiöse Gefühl und insbesondere über den Katholizismus präzisiert:

»Mir ist bewußt, daß zu dem verständnisvollen Interesse, das Sie großzügigerweise immer für mich bekundet haben, nun auch noch, als unendliche Erweiterung dieses Interesses, die bewegende Sorge eines Katholiken für jede menschliche Seele hinzukommt, und ich zögere hier, weil ich befürchte, auf diesen dringenden, auf diesen freundschaftlichen Appell nur mit den Vorbehalten zu antworten, die Sie nicht mehr zulassen und vielleicht auch nur schwer abschätzen können (...) Vielleicht bedurfte es der Lektüre Ihres letzten Buches, damit ich mir darüber klar wurde, daß ich mich bei aller Nähe zu Ihrem Gedankengut auf einer anderen Ebene bewege, und daß dieser Unterschied, der in Ihren Augen sicher gravierender ist als in den meinen, sich mit einem einzigen Wort ausdrücken läßt: Glaube. Das Problem der Glaubensangst existiert für mich im strengen Sinne des Wortes nicht. Das Pathetische und das Beunruhigende (von dem niemand von uns glücklicher- oder unglücklicherweise verschont bleibt) liegen in meinem Leben anderswo.

Aber der Katholizismus stellt in meinen Augen zusammen mit dem Hellenismus, dessen geistige Ergänzung und geistiges Korrektiv er bildet, einen der seltenen Werte dar, die unsere Zeit noch nicht völlig erschüttern konnte. Angesichts der gegenwärtigen (und fortdauernden) Unordnung der Welt sehe ich in der katholischen Tradition einen der wertvollsten Teile unseres komplexen Erbes, einen Teil, der unendlich weit über den strikten Bereich des Glaubens hinausreicht, und das Verschwinden oder die Zersplitterung dieser Tradition zugunsten eines grobschlächtigen Idealismus der Stärke, der Rasse oder der Menge erscheint mir eine der schlimmsten Gefahren der Zukunft. Wenn ich das Christentum auch nicht als göttlich ansehe (oder göttlich nur in dem Sinn, in dem dieses Adjektiv auf das Parthenon angewendet wird oder auf das Meer an einem schönen Sommertag), so sehe ich in ihm, mit ständig wachsender Achtung, zumindest die bewundernswerte Summe einer zweitausendjährigen Erfahrung und einen der schönsten Träume der Menschheit. (...)

Möglicherweise komme ich eines Tages wieder zu einer strengeren Auslegung des Dogmas zurück, oder ich komme vielmehr zum ersten Mal dazu (denn der Katholizismus meiner Kinderjahre ist nie über die Phase kindlich-indolenter Hinnahme hinausgelangt). Möglicherweise, aber diese Entwicklung scheint mir zu der Stunde, da ich Ihnen dies schreibe, höchst unwahrscheinlich, und ich bin wohl zu weit vom Dogma entfernt, um einer eventuellen Sinneswandlung in diesem Punkt großen Wert beizumessen. Wer den Wunsch hat zu glauben, muß zu allererst an den vitalen Wert des Glaubens glauben. Aber sollte ich in den Wirren unserer Zeit Partei ergreifen müssen, was ich bisher immer vermieden habe und auch weiterhin zu vermeiden hoffe (denn Partei ergreifen zwingt leider fast immer dazu, einer Partei beizutreten), so würde ich meinen, daß die große katholische Tradition ein Teil des Brückenbogens ist, den es zu retten gilt (...).«[17]

Marguerite Yourcenar war damals, wie sie oft wiederholt hat, »am allerweitesten vom christlichen Denken und von religiösen Fragen im allgemeinen entfernt«, und sie ist Charles Du Bos immer dankbar dafür gewesen, daß er sie nicht zu bekehren suchte. 1964 bittet die *Société des amis de Charles Du Bos* sie um die Erlaubnis, einige ihrer Briefe veröffentlichen zu dürfen, was sie veranlaßt, diese Briefe wieder zu lesen. Sie staunt über eine religiöse Verwirrung, an die sie keinerlei Erinnerung bewahrt hat und präzisiert:

»Der Mensch, der ich in den Jahren vor 1939 war, scheint mir jetzt sehr weit von mir entfernt zu sein; (...) vor allem frappiert mich, daß das religiöse Problem – wenn ich einer Art Bestandsaufnahme trauen darf, die in einem meiner Briefe enthalten ist – mich bereits sehr viel mehr beschäftigte, als man dies nach der Lektüre meiner Bücher aus der damaligen Zeit vermuten könnte, und sogar mehr noch, als mir selbst bewußt geblieben ist (vor allem bei diesen Fragen hat man das oft illusorische Gefühl, dauernd eine ewig neue Entdeckung zu machen).«[18]

Marguerite Yourcenar ist sich zu diesem Zeitpunkt ihrer Existenz völlig unsicher über ihr Gefühlsleben, was sie jedoch nie zugeben wird. Der einzige wirkliche Vorteil, den ihr der Winteraufenthalt 37/38 in den Vereinigten Staaten bietet, ist, wie sie an Charles Du Bos von Kanada aus, kurz vor ihre Abreise, schreibt, »die Gelassenheit des amerikanischen Refugiums. Merkwürdigerweise und ganz im Gegensatz zum Ruf der Vereinigten Staaten, haben wir hier die Gelegenheit zur inneren Sammlung, zur Distanzierung, zum Frieden gesucht und gefunden«.[19] »Distanzierung«? Das ist noch ein frommer Wunsch. Während Marguerite Yourcenar in den letzten Apriltagen des Jahres 1938 nach Europa unterwegs ist, weiß sie nicht, wie es um ihre Neigung zu André Fraigneau steht. Die »Affaire« wird nur zum Teil durch die Abfassung von *Der Fangschuß* gelöst, einer symbolischen, als Katharsis gedachten Abrechnung mit André. Über ihre Neigung zu Grace Frick kann man kaum etwas sagen, ohne sich der Gefahr einer Überinterpretation auszusetzen. Aber Marguerite Yourcenar steht sicherlich »unter dem Bann« einer doppelten *amour fou:* der Liebe, die sie seit vier Jahren bereits für André Fraigneau empfindet und von der sie sich endlich lösen will, und der Liebe, die Grace Frick für sie empfindet und in die sie noch nicht völlig eingewilligt hat.

Sofort nach ihrer Ankunft in Europa im Mai 1938 fährt Marguerite Yourcenar weiter nach Capri, wo sie vor ihrer Abfahrt in die Staaten eine kleine Villa, la Casarella gemietet hat. Sie ist nicht mehr, wie vor ihrer Begegnung mit Grace und vor allem wie vor der Veröffentlichung von *Feuer,* schmerzerfüllt, fast verzweifelt. Sie bleibt jedoch verwirrt, unsicher. Um sich über sich selbst klar zu werden, gibt es für sie wie immer nur ein Mittel: schreiben. Sie verfaßt also in knapp einem Monat die erste Version eines Kurzromans – an die hundert Seiten –, den sie im August desselben Jahres in Sorrent beendet: *Der Fangschuß*. Selbst oder vielleicht gerade ihre erbittertsten Kritiker »retten« diesen kurzen, schnörkel- und gnadenlosen Text aus einem Werk, das sie im Ganzen für »gestelzt« und »geschraubt« halten.

Sehen wir einmal von der literarischen Analyse ab und auch von den jeweiligen Meriten von *Der Fangschuß* und der Nachkriegswerke, die der Autorin ihren Weltruhm einbrachten, so fällt uns in diesem Roman das rein biographische Element auf, das ebenso fesselnd ist wie in *Feuer,* dieser von Marguerite Yourcenar ausdrücklich als »Ausfluß einer leidenschaftlichen Erschütterung« bezeichneten Novellensammlung.

Vor dem Hintergrund der baltischen Kriegswirren und des antibolschewistischen Kampfs setzt Marguerite Yourcenar drei Personen in Szene: Erich von Lhomond, »schön trotz seiner vierzig Jahre und gleichsam in einer harten Jugendlichkeit versteinert«, der »seinen französischen Vorfahren, seiner baltischen Mutter, seinem preußischen Vater, das schmale Profil, die blaßblauen Augen, die hohe Gestalt und die Arroganz seines sparsamen Lächelns verdankt«;[20] Konrad von Reval, der für Erich mehr ist als ein Freund, »ein Fixpunkt in dieser ziellosen Existenz«[21] und Sophie, Konrads Schwester, »schön, die Mode der kurzen Haare stand ihr gut«.[22] Erich liebt die Frauen nicht; er liebt nur Konrad, sofern er überhaupt jemand liebt. »Fern von Konrad hatte ich wie ein Reisender gelebt«, sagt er: »Er war der ideale Kriegsgefährte, so wie er der ideale Kindheitsgefährte gewesen war. Freundschaft ist vor allem Gewißheit, was sie von der Liebe unterscheidet. Sie ist auch Achtung und rückhaltloses Akzeptieren eines anderen Menschen.«[23] Sophie faßt eine unmögliche und tödliche Leidenschaft für Erich, der sich fragt, »warum sich Frauen gerade in die Männer verlieben, die nicht für sie bestimmt sind, sodaß diesen nur die Wahl bleibt, wider das eigene Wesen zu handeln oder sie zu hassen«?[24]

»Ich mußte mich daher in Sophie täuschen«, fügt er hinzu, »und dies umso mehr, als ihre zärtlich rauhe Stimme, ihre kurz geschorenen Haare, ihre Bauernkittel, ihre derben, immer schlammverkrusteten Schuhe sie in meinen Augen zum Bruder ihres Bruders machten. Ich erlag dieser Täuschung, dann erkannte ich meinen Irrtum (...). Einstweilen empfand ich für Sophie ein unkompliziertes Gefühl der Kameradschaft, wie man es für junge Männer empfindet, die man nicht liebt (...). Von einem bestimmten Augenblick an übernahm sie die Führung des Spiels; und sie spielte umso konzentrierter, als ihr Einsatz das eigene Leben war. Zudem war meine Aufmerksamkeit zwangsläufig geteilt; die ihre war total. Für mich gab es Konrad und den Krieg und einige seither aufgegebene Ambitionen. Für sie gab es bald nur noch mich allein, als habe sich die ganze Menschheit rings um uns in Tragödienrequisiten verwandelt (...). Ich mußte dabei notgedrungen verlieren, wenn auch nicht im Sinne der Erfüllung ihrer Wünsche, und mein ganzes Beharrungsvermögen genügte kaum, um dem Gewicht eines Menschen zu widerstehen, der sich völlig seiner Neigung überließ.«[25]

Sophie und Erich verfolgen einander und fliehen voreinander, verlieren sich dann in den Wirren der politischen Konflikte aus den Augen. Als sie sich wiederfinden, steht Sophie auf der »anderen Seite«. Sie wird gefangen genommen und zum Tod verurteilt. Sie verlangt, daß Erich sie exekutiere, ihr den »Coup de grâce«, den Gnadenschuß gebe: »Ich habe mit abgewandtem Kopf geschossen (...). Zunächst dachte ich, sie habe geglaubt, mir mit dieser Bitte einen letzten Liebesbeweis, den entschiedensten von allen zu liefern. Später habe ich begriffen, daß sie sich nur rächen und mir Gewissensbisse hinterlassen wollte. Sie hatte richtig gerechnet: manchmal habe ich welche. Mit solchen Frauen endet man immer in einer Falle.«[26] Das sind die letzten Worte der Erzählung.

Marguerite Yourcenar hat behauptet und in der »Chronologie« der Pléiade festgehalten, daß dieser Roman auf einer wahren Begebenheit beruhe, die man ihr erzählt habe. Alix de Weck, die Tochter eines Schweizer Freundes Marguerites, Jacques de Saussure (Sohn des Linguisten Ferdinand de Saussure) bestätigt, daß ihr Vater Marguerite mit Informationen über die baltischen Kriege von 1918–19 geholfen habe, als sie sich an die Abfassung des *Fangschuß* machte.[27] Im *Fangschuß,* präzisiert die »Chronologie« der Pléiade, »erzählte Erich von Lhomond ein Abenteuer, bei dem es um Liebe, militärische Kameradschaft und gewaltsamen Tod in einem verwüsteten Land ging. Die Autorin nahm, mit einer neuen Schärfe den bewußt beherrschten Ton und den fast abstrakten Stil des *Alexis* wieder auf.«

Sei's drum. Immerhin betont Marguerite Yourcenar, daß ihr Ton eine »neue Schärfe« angenommen habe in diesem Text, der wohl der zutiefst gewalttätige und der autobiographischste ihres ganzen Werks ist. Denn schließlich und endlich ... Eine Frau, die schrankenlos in einen Mann verliebt ist, der nur Männer liebt ...

Wer würde nicht Marguerite Yourcenar und André Fraigneau erkennen? Und wenn dieser auch nur dreißig ist und nicht vierzig wie der Erich des Romans, so hat er doch dessen »hochmütige Schönheit«, »das schmale Profil« und die »Arroganz seines sparsamen Lächelns«.

Auf einer dieser Pariser Abendgesellschaften, auf denen man nie genügend vor Leuten auf der Hut ist, die ein intimes Tagebuch führen, hat André Fraigneau sich zu einer Anspielung auf diese »alte Geschichte« hinreißen lassen. Matthieu Galey berichtet sie getreulich im zweiten Band seines posthum erschienenen *Journal:* »Fraigneau, der Marguerite Yourcenar vor dem Krieg bei Grasset sehr gefördert hat, behauptet, er und Boudot-Lamotte hätten als Modell für die beiden männlichen Figuren des *Fangschuß* gedient, wobei Marguerite Yourcenar natürlich die junge – in ihn – verliebte Frau gewesen sei. Sie habe sich dann – so Fraigneau – mit Damen getröstet, weil sie kein Mann habe sein können, der die Männer liebt, oder die Maitresse von Männern, die Männer lieben. Na ja. Anscheinend verkehrte sie jedoch trotz allem im Tearoom Le Thé Colombin, wo sich gewisse Personen trafen.«[28]

»Natürlich waren wir, Boudot-Lamotte und ich, die Helden des *Fangschuß*«, bestätigte André Fraigneau. »Aber daran ist nichts außergewöhnliches. In unserem Milieu war dies damals gang und gäbe. Man sagte: ›Hör mal, du wirst in meinem nächsten Buch auftauchen.‹ Man darf hier nichts hineingeheimnissen.« Glaubt er das wirklich, ausgerechnet er, der seine Ähnlichkeiten mit Erich von Lhomond so teuer bezahlt hat, seine Verherrlichung der männlichen Tugenden und des neuen Menschen, kurz gesagt der Männer, die Frankreich zu Beginn der vierziger Jahre besetzt haben? Zweifel sind angemeldet, doch es ist zwecklos, zu insistieren. André Fraigneau ist ein unbeugsamer Mann. Und eben dies wird Marguerite Yourcenar ihm nie verzeihen.

In Wahrheit kann *Der Fangschuß* ganz wie eine methodische Abrechnung gelesen werden. Wie eine persönliche Botschaft. Eine Botschaft, die Marguerite Yourcenar ebenso an sich selbst wie an André Fraigneau richtet. Eine Aufforderung, »Schluß zu machen«. Alles ist im *Fangschuß* zwei- oder dreideutig. Das fängt schon beim Titel an. Während Marguerite Yourcenar an diesem Buch schreibt, veröffentlicht André Fraigneau eine Novellensammlung mit dem Titel *La Grâce humaine*[29] »In Anlehnung an mein Buch hat sie das ihre *Le Coup de grâce* genannt«, bemerkt er später. Der »Fangstoß«

ist natürlich der Stoß, den sie ihrer verheerenden Geschichte mit André versetzt. Sie hat soeben Grace Frick kennengelernt, wodurch sie wahrscheinlich den echten, innerlichen Bruch mit André Fraigneau vollziehen und sich an die Abfassung dieses Romans machen konnte. Die Widmung bezeugt dies: »Für meine liebste Grace. Die Widmung eines jeden Exemplars dieses Buches müßte eigentlich ihren Namen tragen. Auf alle Fälle ist ihr Vorname im Titel enthalten.« »Ich erstaune sie (die Intellektuellen) immer mit der Behauptung, ich hätte das Glück gekannt, das wahre, das wirkliche Glück, die unwandelbare Goldmünze ... Eine derartige Sachlage heilt einen von der deutschen Philosophie. Sie vereinfacht das Leben und auch sein Gegenteil.«[30]

Man könnte in diesem Roman viele Spuren ausmachen, welche die Geschichte der Beziehungen zwischen Marguerite Yourcenar und André Fraigneau hinterlassen hat, wie zum Beispiel: »Das Komische daran war, daß ausgerechnet meine Kälte und meine Verweigerung mir ihre Liebe einbrachten: Sie hätte mich mit Abscheu zurückgestoßen, wenn sie bei unseren ersten Begegnungen in meinen Augen jenen Glanz bemerkt hätte, nach dem sie sich jetzt zu Tode sehnte.«[31]

Marguerite Yourcenar legt sogar Nachdruck auf die Gewalttätigkeit, die André Fraigneau ihr wenigstens hätte zuteil werden lassen müssen. Wenn er sie schon nicht liebte, so hätte er sie doch vielleicht hassen, ja sogar schlagen können, um ihr damit etwas anderes als nur freundschaftliche Gleichgültigkeit zu bezeugen. Erich von Lhomond bringt Sophie diese paradoxe Huldigung dar, schenkt ihr diese Anerkennung, diese schmerzliche Existenz: »Sollte dies der Ausdruck der Liebe sein, dann sind die Frauen verrückt, wenn sie uns nicht fliehen, und mein Mißtrauen gegen sie ist nicht unbegründet. Mit ihren nackten Schultern, die aus dem blauen Kleid ragten, mit ihren kurzen, von der Brennschere leicht versengten Haaren, die sie immerfort zurückwarf, hielt Sophie diesem ungehobelten Klotz die einladendsten und verlogensten Lippen Lippen hin, die je eine Filmschauspielerin unter dauerndem Schielen auf die Kamera dargeboten hatte. Das war zuviel. Ich packte sie am Arm und ohrfeigte sie. Der Stoß oder die Überraschung waren so groß, daß sie zurückwich, sich um sich selbst drehte, mit dem Fuß an einen Stuhl schlug und fiel. Die Lächerlichkeit dieser Szene wurde noch durch ein Nasenbluten erhöht.«[32]

Sophie ist so sehr Marguerite, daß die Autorin die Stimme ihrer

Heldin beschreibt, als wäre sie ihre eigene, diese eigentümliche Modulation, die all ihren Gesprächspartnern auffällt, diese merkwürdige Melodie, »zugleich rauh und sanft (...) wie die tiefen Töne eines Cello«.[33]

Konrad dagegen verdeutlicht die Abneigung, die Marguerite Yourcenar gegen eine gewisse Schwäche, vor allem gegen die männliche »Zerbrechlichkeit« empfindet: »Menschen wie Konrad sind zerbrechlich (...). Wenn sie sich der schönen Gesellschaft, den Frauen, den Affairen, den billigen Erfolgen hingaben, dann mußte ich bei ihrem schleichenden Verfall immer an das abstoßende Verwelken der Schwertlilien denken, deren klebrige Agonie im Gegensatz steht zum heroischen Vertrocknen der Rosen:«[34] Selbst wenn man sich einer übertrieben psychoanalytischen Auslegung dieser Stelle enthält, kann der erstaunliche Vergleich, mit dem der Satz endet, nur zu denken geben ...

Konrad gibt auch Anlaß zu einer Anspielung auf die Gestalt des *Polnischen Reiters* von Rembrandt, ein Gemälde, das Marguerite Yourcenar soeben zum ersten Mal in der Sammlung Frick (nicht verwandt mit Graces Familie) in New York gesehen hatte. Das Bild dieses Reiters sollte sie ihr ganzes Leben lang begleiten und merkwürdigerweise in ihren letzten Jahren wieder verstärkt in ihre Erinnerung treten, wenn sie den kranken Jerry Wilson mit der Figur dieses Gemäldes vergleicht, die sie im *Fangschuß* beschrieben hatte: »Er wirkte auf mich wie ein Gespenst, das eine laufende Nummer trug und in einem Katalog verzeichnet war. Dieser junge Mann auf einem fahlen Pferd, dieses zugleich sensible und wilde Gesicht, diese trostlose Landschaft, in der das verstörte Tier das Unglück zu wittern scheint und den Tod und den Wahn ...«[35]

Durch eine merkwürdige »Koinzidenz« erwähnt auch der Held des Romans *Les Etonnements de Guillaume Francœur* von André Fraigneau dieses Bild, das dem Autor aufgefallen war bei seinem Besuch des »Talmi-Trianon, in dem die Sammlung Frick untergebracht ist. Seine Fenster mit den kleinen Scheiben gehen auf die Magnolienbäume des Central Parks hinaus. Ein Milliardär hat darin einige Meisterwerk von außergewöhnlicher Qualität zusammengetragen, darunter den *Polnischen Reiter* von Rembrandt, der auf seinem schlafwandlerischen Pferd und unter seiner Pelzmütze wie Greta Garbo aussieht«.[36]

An die fünfundzwanzig Jahre nach der Veröffentlichung von *Der Fangschuß* kommt Marguerite Yourcenar in einem Brief an einen Studenten wieder auf die Eigentümlichkeit ihrer Figuren zurück:

»Bei Erich kann man sicherlich von Einsamkeit sprechen, aber von einer ganz besonderen Einsamkeit, die zum großen Teil auf historische Zufälle zurückzuführen ist, das heißt auf den Zusammenbruch einer Kaste und einer Welt. Erich bleibt fast zänkisch einer Disziplin treu, die in einem gewandelten menschlichen Milieu wertlos geworden ist, und darin liegt seine Tragik, sehr viel mehr als in seinen Beziehungen zu Sophie oder zu Konrad. Einsam, aber auf ewig mit den Menschen verbunden, die er sich als die Seinen ausgewählt hat, mit Konrad und in einem gewissen Sinn selbst mit Sophie. Was an ihm hart und fast versteinert ist, entspringt seinen ungestillten Sehnsüchten (...). In diesem schmalen Buch ist Sophie ungefähr genau so wichtig wie Erich: Sophie ist zugleich Erichs Paredros und sein Gegenteil, ebenso großzügig bereit, sich allem hinzugeben (und nicht nur in sexueller Hinsicht), wie Erich instinktiv bereit ist, sich zu verweigern. Sophie ist kein Mensch, dem sich das Problem der Einsamkeit stellt.«[37]

Was denkt Marguerite Yourcenar eigentlich wirklich von Erich, »diesem jungen Preußen, der die Frauen verabscheut, die Juden anklagt, den Krieg, den Tod und die männlichen Tugenden verherrlicht«, fragte sich Jean-Denis Bredin in seiner Antrittsrede zur Aufnahme in die Académie française, am 17. Mai 1990, im Hinblick auf diesen »grimmigen Roman«, der die andere Seite von Marguerite Yourcenar beleuchtet: den Anteil der Gewalttätigkeit. »Dieser Gnadenschuß ist ein merkwürdiger Blick auf das, was kommt«, schloß er. In der Tat. Je nachdem, was man von der Autorin von *Der Fangschuß* hält, tadelt man ihre Zweideutigkeit oder lobt ihre Klarsicht. Die unvermeidliche biographische Lektüre dieser Erzählung beweist, daß man Marguerite Yourcenar falsch beurteilt, wenn man sie für nachsichtig gegenüber allen den Erich von Lhomonds der vierziger Jahre hält. Und noch falscher, wenn man glaubt, sie habe durch eine sehr viel spätere Kommentierung von *Der Fangschuß* versucht, sich als eine Widerstandskämpferin avant la lettre hinzustellen, als eine der wenigen, die vor allen anderen »die Dämonen« bemerkt hätte. Denn wenn sie auch unablässig ihr Leben ummodelt, dann tut sie dies weniger um sich ein Standbild zu errichten – wie alle diejenigen glauben, die den literarischen Schöpfungsprozeß verkennen –, als um sich einen Roman zu konstruieren.

Verärgert durch die Kommentare über dieses Buch und durch den Vorwurf der Nachsicht gegenüber der Ideologie und der Moral »dieses jungen Preußen«, liefert Marguerite Yourcenar, die ja wußte, wie wenig dieser von persönlicher Gewalttätigkeit und Haß-Liebe bestimmte Text der politischen Reflexion verdankte, in der Schlußbemerkung des 1962 verfaßten Vorworts wieder einmal eine Erklärung:

»Nachdem ich zu meinem Bedauern gezwungen war, das zu betonen, was eigentlich selbstverständlich sein sollte, muß ich nun zum Schluß erwähnen, daß *Der Fangschuß* keineswegs darauf abzielt, irgendeine Gruppe oder Klasse, irgendein Land oder eine Partei zu verherrlichen oder herabzusetzen. Schon allein die Tatsache, daß ich Erich von Lhomond vorsätzlich einen französischen Nachnamen und französische Vorfahren gegeben habe, vielleicht um ihm diese scharfe Klarsicht verleihen zu können, die nicht gerade ein deutsches Charakteristikum ist, widersetzt sich jeder Deutung, die aus dieser Figur ein Idealbild oder, im Gegenteil, ein Zerrbild eines bestimmten deutschen Adels- oder Offizierstyps machen möchte. *Der Fangschuß* wurde nicht aus einer politischen Sicht geschrieben, sondern wegen seines Wertes (wenn er denn einen hat) als menschliches Dokument, und unter diesem Gesichtspunkt sollte das Buch auch beurteilt werden.«[38]

Nachdem Marguerite Yourcenar den ganzen Mai 1938 damit verbracht hat, eine sehr schmerzliche persönliche Angelegenheit auf die radikalste Art, die sie kannte – durch das Schreiben eines Buchs – abzuschließen, ist sie erschöpft. Sie kann jedoch weder in Italien bleiben noch nach Griechenland fahren. Sie muß nach Paris, wo sie, nach einem Brief an Charles Du Bos zu urteilen, viel zu tun hat:

»Lieber Freund, ich komme morgen für einige Tage nach Paris. Könnten wir uns an einem Tag der nächsten Woche, wenn möglich in Paris, sehen? Ich könnte eventuell auch nach Saint-Cloud hinauskommen, aber meine Zeit ist sehr beschränkt. Mit herzlichen Grüßen.«[39]

Im Juli ist sie immer noch in Paris, denn sie schreibt an Du Bos vom Hotel Wagram aus: »Mein Pariser Aufenthalt war diesmal reich an glücklichen *Zufällen,* und unser Treffen stellt für mich einen der glücklichsten dar.«[40] Man möchte natürlich gern Näheres über diese in dem Brief unterstrichenen Zufälle wissen, aber mangels jeglicher Informationen, Zeugnisse und Dokumente, wäre es vermessen, Hypothesen aufzustellen. Endlich einmal friedliche Treffen mit André Fraigneau? Man könnte sie schwerlich als Zufälle bezeichnen. Neue weibliche Eroberungen? Wenn ja, dann waren es flüchtige Angelegenheiten, die auf das, wie Marguerite Yourcenar es nannte, »Konto Glücksfälle« gingen. Außerdem ist nicht recht einzusehen, warum sie, und sei es auch nur elliptisch, darauf in einem Brief an Charles Du Bos anspielen sollte. Nichts von alledem ist sehr überzeugend. Wie überhaupt in diesem Sommer 1938 das Bild Marguerite Yourcenars verschwommen und unverständlich bleibt. Im August fährt sie wieder zu ihrem Haus auf Capri, wo sie ihren Roman zuende schreiben will. Sie wird krank und setzt nach Sorrent über, wo sie im Hotel Sorena absteigt. Dort beendet sie *Der Fangschuß*.

Fährt sie dann Ende August oder Anfang September nach Griechenland, und sollten damals die Fotos mit der Aufschrift »Griechenland 1938, bei M. Athanasius Christomanos« aufgenommen worden sein? Auch hier läßt sich nichts mit Bestimmtheit behaupten. Sie vermeldet nur, daß sie sich Ende September in Siders, im Wallis befindet, wo sie »die angsterfüllten ›Tage von München‹ verbringt«. Aus diesem äußerst lapidaren Kommentar kann man kaum schließen, wie Marguerite Yourcenar auf das in der Nacht vom 29. auf den 30. September unterzeichnete Abkommen von München reagiert hat. Wahrscheinlich hat sie wie die meisten Franzosen das empfunden, was sie selbst später als eine ›feige Erleichterung« bezeichnete, als den Wunsch, wider die offensichtliche Realität zu glauben, daß der Krieg nicht stattfinden würde. Sofort nach »München« fährt sie nach Paris, wo sie bis Dezember bleibt: Sie kümmert sich hauptsächlich um ihre literarische Zukunft, insbesondere um die Aushandlung der Vertragsbedingungen für *Der Fangschuß* mit der NRF.

Während all dieser Monate der Trennung haben Marguerite Yourcenar und Grace Frick sich häufig geschrieben. Graces Briefe sind verloren gegangen, wahrscheinlich in einem der Schiffskoffer vergessen worden, die Marguerite gewöhnlich in diesem oder jenem Hotel zurückließ, in dem sie jedes Jahr einige Wochen verbrachte, in der Schweiz, in Österreich oder anderswo. Marguerites Briefe, die Grace andächtig verwahrte, befinden sich unter Verschluß in Havard. Marguerite, die, nachdem sie berühmt geworden war, Grace »die Freundin, mit der ich mein Haus teile« nannte, wollte keine deutlichen Spuren ihres Privatlebens hinterlassen. Zumindest, solange sie nicht zu einer »historischen Persönlichkeit« geworden war, das heißt fünfzig Jahre nach ihrem Tod. Doch man braucht nur die – nicht unter Verschluß gehaltenen – Agendas von Grace Frick zu lesen, um die unglaubliche Liebe zu begreifen, die Grace für Marguerite empfand. Zudem hat man ein winziges Zeugnis über das Entstehen dieser Leidenschaft gefunden. Da man nie vorsichtig genug ist, oder immer darauf brennt, das zu sagen, was man angeblich verbergen will, hat Marguerite Yourcenar in einem der in Petite Plaisance verwahrten und heute dem interessierten Publikum während der zwei Sommermonate zugänglichen Fotoalben, einen kleinen, ungeschickten und rührenden Brief »vergessen«, den Grace Frick 1938 (das genaue Datum ist nicht vermerkt) nach Marguerite Yourcenars Rückkehr nach Europa geschrieben hatte.

516 Orange St New Haven

So I love you, believe it or not.

Ich habe mit Alice [wahrscheinlich Alice Parker] gestern abend in einem großen Gewitter diniert. Sie hat ihr Exemplar der *Songes* erhalten, und ich liebe Dich, weil Du sie nicht vergessen hast. Warum bist Du so nett?

Gestern habe ich bis zu spät in die Nacht hinein gearbeitet und ich habe mich schlafen gelegt, nicht mit dem Gedanken, daß ich sehr müde war, sondern daß ich es hätte sein müssen, weil ich mich gefragt habe, warum ich eine Anstrengung zu machen schien, um Dich zu rufen. Du bist den ganzen Abend nicht dagewesen. Aber heute morgen, in dem Augenblick, wo ich gewacht bin, bist Du mühelos da, und ich bin bereit für Dich.

Und Du kannst das gefälligst sofort ohne Umständlichkeit zerreißen.
Vielgeliebte.
Grace.

Les Songes, auf die Grace in ihrem Brief anspielt, ist dieses kuriose Buch, *Les Songes et les Sorts,* das Grasset soeben 1938 herausgebracht hat und das Marguerite Yourcenar am Ende ihres Lebens mit einigen Zusätzen neu veröffentlichen wollte. Sie beschreibt darin zweiundzwanzig ziemlich kurze Träume, denen sie ein Vorwort vorausschickt, in dem sie erklärt, was sie für diesen Band aus ihrer intensiven Traumtätigkeit ausgewählt hat: »Es gibt den Bereich der

Träume aus der Erinnerung, den die Gestalt meines toten Vaters beherrscht«, sagt sie. »Den Zyklus des Ehrgeizes und des Hochmuts, den ich nur in den Nächten meines zwanzigsten Lebensjahres durchlaufen habe, den Zyklus des Schreckens (...), in den ich nicht mehr so oft wie früher eindringe, denn mit der Zeit geht das Grauen von uns wie die Hoffnung, und wir altern wohl beruhigt wie die Armen, die nicht befürchten müssen, daß man ihnen ihr Unglück stiehlt.«[41] »Ich schließe sorgfältig die psychologischen Träume aus, die allzu ersichtlich von Magendrücken oder Herzbeschwerden verursacht wurden«,[42] fügt sie hinzu. »Ich übergehe auch die rein sexuellen Träume, deren Intensität oft überraschend ist, die aber kaum mehr sind als die simple Feststellung des Verlangens durch einen schlafenden Mann oder eine schlafende Frau.«[43] »Worauf es mir hier ankommt, ist der Stempel eines individuellen Schicksals, aufgeprägt auf das Metall des Traums, die unnachahmliche Legierung, die aus den psychologischen oder sinnlichen Elementen entsteht, wenn ein Träumer sie nach den Gesetzen einer ihm eigenen Chemie miteinander verbindet, sie mit den Bedeutungen eines einmaligen Geschicks auflädt. Es gibt die Träume und es gibt die Geschicke: Mich interessiert vor allem der Augenblick, in dem die Geschicke sich durch Träume ausdrücken.«[44]

»*Les Songes et les Sorts* sind nicht einfach ein Motiv der Reflexion, der Philosophie und der Erkenntnis«, schreibt Edmond Jaloux. »Sie bieten sich vor allem wie eine bemerkenswerte Blütenlese von Prosagedichten dar. Man denkt bei ihrer Lektüre manchmal an Baudelaire, manchmal an Rilke.«[45]

In seiner Besprechung geht Edmond Jaloux auch auf die *Orientalischen Erzählungen* ein – eine bei der NRF im selben Jahr veröffentlichte Novellensammlung, in der sich Marguerites Entdeckung des Orients widerspiegelt, der sie ihr ganzes Leben lang fasziniert hat. »Diese Form der Erzählung«, sagt er unter anderem, »zielt nicht darauf ab, uns durch komische, realistische oder kunstvoll geschilderte Ereignisse zu amüsieren, sondern will vor uns lange Ausblikke in die Vergangenheit, in die Legende der Zukunft und in die tätige Philosophie eröffnen; uns zu einer Meditation über das menschliche Geschick bewegen; verstreute Analogien bündeln, um daraus eine Lehre zu ziehen (...). Ihre Methode ist die Verklärung, ihr Ziel, die Poesie.«[46]

»Der Stil«, schreibt François Nourissier bei einer Neuauflage des Buches, »stellt eine wunderbare Kontinuität zwischen den neun

Erzählungen her, ob es sich nun um das mittelalterliche China oder um Japan handelt, um neu gefaßte Legenden vom Balkan oder aus Griechenland (...). Man denkt bei der Lektüre der *Orientalischen Erzählungen* oft an Maler: an Rembrandt, an Vermeer, an Dürer, die in Farben dichten (...).«[47]

Graces Liebe hindert Marguerite nicht daran, weiterhin ihren amourösen Neigungen in Europa zu frönen. So kommt Lucy Ende Dezember nach Kitzbühl zur gemeinsamen Neujahrsfeier. Mehrere Fotos, auf denen Marguerite und Lucy auf Spaziergängen im Schnee zu sehen sind, bezeugen dies, und man kann sich unmöglich über die Art der Beziehung zwischen den beiden Frauen täuschen. Sie bilden sichtlich ein Paar, bei dem, ebenso sichtlich, Marguerite die dominierende Figur ist. Es ist nicht bekannt, wie lange Lucy geblieben ist, aber Marguerite hat ihren österreichischen Aufenthalt bis März verlängert. Dies bezeugt ein Schreiben an Emmanuel Boudot-Lamotte, worin es um die Veröffentlichung des *Fangschuß* geht, über den sie am 10. Dezember mit Gallimard einen Vertrag geschlossen hatte:

»Sollten die Korrekturfahnen des *Fangschuß* vor dem 1. Februar fertig sein, möchte ich Sie um ihre Zusendung bitten.« Und sie gibt zwei Adressen an: bis zum 18. Januar c/o Baronin Gutsmansthal in Kitzbühl; anschließend, bis zum 30. Januar, eine Wiener Pension. »Möglicherweise mache ich einen kurzen Abstecher nach Polen«, fügt sie hinzu, »und ich hätte das Buch gerne hier an Ort und Stelle durchgesehen.«[48]

Über diese polnische Eskapade ist nichts bekannt, aber Marguerite Yourcenar taucht, fast heimlich, Ende März wieder in Athen auf. Sie sagt, sie habe diese Reise unmittelbar nach Fertigstellung der Übersetzung von Henry James' *What Maisie knew* (das Buch wird erst 1947 bei Robert Laffont herauskommen) unternommen. Grace behauptet ihrerseits, diese Übersetzung sei 1937–1938 gemacht worden. Marguerite Yourcenar gibt auch vor, damals zusammen mit Konstantinos Dimaras an Kavafis gearbeitet zu haben, was jedoch, wie wir bereits gesehen haben, wahrscheinlich nicht stimmt. Dagegen beweisen die Aufnahmen, die irgendwer Ostern 1939 von Lucy gemacht hat, den äußerst privaten Charakter dieses Aufenthalts. Diese Bilder, die Marguerite ihr ganzes Leben lang aufbewahrt hat, zeigen, wie schön Lucy war. Lucy war für Mar-

Marguerite und Lucy in Österreich Anfang 1939

guerite eine Verkörperung der Schönheit, wie sie in ihren Augen nur Griechenland hervorbringen konnte. »Ich war niemals, nicht einmal in meinen Träumen, eine wegen ihrer Schönheit und Eleganz vergötterte Frau, wie dies meine Freundin L. K. gewesen ist«,[49] sagt sie zu Matthieu Galey. Eine etwas wehleidige Schönheit vielleicht. Eine verheiratete Frau, für die die Begegnung mit Marguerite Yourcenar wohl nur ein »exotisches« Abenteuer war, von der Art, wie sie Frauen seit jeher vor den Augen der Männer miteinander haben. Marguerite übte auf Lucy eine fast unwiderstehliche Anziehung aus mit ihrer Mischung aus männlicher Allüre, ausgeprägter Sinnlichkeit und Genußsucht sowie intellektuellem Machtwillen.

Angeblich ist Marguerite Yourcenar bis August in Griechenland geblieben, was nicht zutrifft, da sie im Juni von Paris aus an Ballard, den Direktor der Zeitschrift *Les Cahiers du Sud* schreibt wegen eines Textes über Ariadne, den sie zu dem Theaterstück *Jedem sein Minotaurus* umarbeiten wird. »Ich sende Ihnen die erbetene ›Ariadne‹. Ich hatte sie Ihnen nicht ohne gewisse Bedenken versprochen, da ich nicht wußte, ob der Text mir gut genug für Ihre Zeitschrift erscheinen würde. Ich glaube, daß ich gegebenenfalls geschwindelt und behauptet hätte, das Manuskript verlegt zu haben ... Ist es demnach nur das unverbesserliche Selbstgefühl der Dichter, das mir diese Lüge erspart? Mir scheint, dieses kleine Opernlibretto macht sich nicht allzu schlecht. Urteilen Sie selbst.«[50]

Wir haben gesehen, daß *Jedem sein Minotaurus* aus einem literarischen Spiel entstanden ist, das Marguerite Yourcenar, André Fraigneau und Gaston Baissette freundschaftlich unter sich austrugen, als sie noch alle drei voller Begeisterung waren über ihre kürzlichen Griechenlandreisen, über ihre einschlägigen Schriften und Lektüren. Ausgelöst wurde dieses Spiel durch eine hitzige Diskussion über das Labyrinth, über das jeder, ohne daß sie sich vorher über die jeweiligen Versionen abgesprochen hatten, einen Text schreiben mußte. Das Ganze erschien mit einem Vorwort von André Fraigneau in der Sondernummer der *Cahiers du Sud* vom August 1939.[51]

Des weiteren schreibt sie, wiederum an Jean Ballard, in einem Brief vom 18. Juni: »Ich komme soeben von einer kleinen Belgienreise zurück«, was ihre immer wieder vorgebrachte Behauptung, in jenen Jahren niemals in Belgien gewesen zu sein, widerlegt. »Ich hoffe, André Fraigneau ist mit Ihnen über seinen ›Minotaurus‹ einig geworden«, fügt sie hinzu. »Ich treffe ihn in den nächsten Tagen und würde nötigenfalls meine ganze Beredsamkeit aufbieten, um ihn zu überzeugen. Da ich aber seine Vorliebe für *Les Cahiers du Sud* kenne, dürfte dies wohl nicht nötig sein.«[52] Dieses Detail bestätigt die Ambivalenz des Verhaltens Marguerite Yourcenars gegenüber André Fraigneau: In ihren seltenen vertraulichen Mitteilungen über ihn betont sie ihre freiwillige und entschlossene »Distanz« nach der Niederschrift von *Feuer* und mehr noch nach der Abfassung von *Der Fangschuß*; aber sie kann in Paris nicht Station machen, ohne zu versuchen, ihn zu treffen.

Im Mai war *Der Fangschuß* gerade bei der NRF erschienen.

»*Der Fangschuß* ist keine ›diabolische‹ Erzählung«, schreibt Edmond Jaloux, »er vermittelt das Grauen des Erlebten, das immer entsetzlicher ist als der Horror des Erfundenen. Aber dieses einfache und sozusagen natürliche Grauen kommt an Intensität fast allem gleich, was ich auf diesem Gebiet kenne. Man wird manchmal an *El Verdugo* erinnert. *Der Fangschuß* ist jedoch besser geschrieben und besser durchdacht. Um es rundheraus zu sagen, ich halte ihn für einen der besten Kurzromane der letzten Jahre und ich wäre sehr überrascht, wenn man dies nicht eines Tages bemerken würde (...). Ich habe gesagt, *Der Fangschuß* müsse eine wahre Geschichte sein: Ich weiß es nicht, vermute es jedoch. Es gibt eine Art Entsetzen, das den Taten der Menschen entspringt und nicht ihrer Phantasie; und dieses Entsetzen ist das schrecklichste von allen. (...)

In dieser Drei-Personen-Tragödie sind nur zwei völlig sichtbar: Die dritte ist wie abwesend. Man wird einwenden, daß diese dritte eben auf den Zustand des Statisten beschränkt bleiben sollte. Ich glaube es nicht und bedauere ihr Schattendasein; dies ist in meinen Augen der einzige Mangel des Buches. Konrad spielt eine zu wichtige Rolle, um sich derart im Hintergrund zu halten (...).

Madame Marguerite Yourcenar ist der einzige Autor, der aus den verworrenen Elementen der Gegenwartsgeschichte den Stoff für eine wahre Tragödie herausgearbeitet hat, wie Racine in *Bajazet*.«[53]

In einem viel später geschriebenen Artikel hebt Henri Hell ebenfalls den Racine'schen Impetus des Romans hervor: »Diese zugleich brennende und eisige Erzählung besitzt die Grausamkeit, die Prägnanz und die Formstrenge einer Racine'schen Tragödie. (...) Bewundernswert ist die Leichtigkeit, mit der Marguerite Yourcenar als Vollblutromanciere sich in die Psyche ihrer Figuren versetzt. (...) Eine sozusagen persönliche Misogynie (die sich durch ihr ganzes Werk zieht und eine Untersuchung wert wäre) ermöglicht ihr eine tiefgehende Übereinstimmung mit einem Mann wie Erich von Lhomond. Wenn sie auch ein stolzes und rauhes Bild von Sophie zeichnet, so spürt man doch, daß ihre Sympathie Erich gilt ...«[54]

»Misogynie?«, fragt Marguerite Yourcenar umgehend. »Sagen wir, daß mich bei den meisten Frauen eine gewisse Mischung aus Engherzigkeit, Oberflächlichkeit und plumper Materialität stört. Ich habe aber auch versucht Frauen zu beschreiben (...), die wie Marcella [in *Eine Münze in neun Händen*] oder Sophie von edler, politischer oder amouröser Leidenschaft bewegt werden. (...) Das Wort Misanthropie würde mir richtiger erscheinen, mit all dem, was es an Entmutigung ausdrückt gegenüber den Menschen gleich welchen Geschlechts, die eigene Person nicht ausgenommen. (...) Doch trotz aller Ausnahmen, die die Regel bestätigen, würde es mir schwierig scheinen, in einem Romanwerk eine Frau darzustellen, der es zuvörderst darauf ankäme, sich selbst und die Welt um sich herum klarsichtig zu beurteilen. Sophie wäre nicht fähig gewesen, ihre Geschichte zu erzählen, was Erich einen unbestreitbaren Vorteil verschafft, zumindest in der Literatur.«[55]

Fährt sie im Juli wieder nach Griechenland? Schwer zu sagen. Wenn ja, so verbringt sie dort höchstens einen Monat, denn sie ist am 11. August im Hotel Meurice, Lausanne, von wo aus sie an Jean Ballard wiederum wegen des *Ariadne*-Manuskripts schreibt. Der Text erscheint in der August-September-Nummer der *Cahiers du Sud*. Ende August ist sie in Siders, einem ihrer Lieblingsorte, wo sie jedes Jahr und fast immer zur gleichen Zeit eine, wie sie sagt »Gewohnheitsstation« einlegt. Leider weiß man nicht, wen sie dort besucht. Sie hat sich vorgenommen, Europa im Laufe des September zu verlassen, denn Grace hat sie gebeten, den Winter wiederum mit ihr in den Staaten zu verbringen. Doch während sie sich anschickt, nach Paris zu fahren, um sich dann auf dem holländischen Passagierschiff *Nieuw Amsterdam* nach New York einzuschiffen, wird am 3. September der Krieg zwischen Frankreich und Deutschland erklärt. Den ganzen Tag läutet in den Schweizer und den französischen Dörfern die Sturmglocke. Sie hört sie auf ihrem Weg nach Paris. »Diesmal läuteten die Glocken von sieben oder acht Dörfern oder Städten zugleich, wobei die große Glocke der Kathedrale von Lausanne alle anderen übertönte. Allein wie ich war, frei wie ich war, an keinen Ort im besondern gebunden, außer an den meiner Wahl, an keinen Menschen, außer an den meiner Wahl, hatte ich eine ganze Weile den Eindruck, daß mein eigenes Leben sich auflöste, nur noch ein Scheideweg war, in den diese Klangwellen strömten; dieses Sturmgeläute war bereits kein Signal mehr für eine Gefahr sondern das Totengeläut für alle diejenigen, die in diesem Abenteuer sterben würden, wie vielleicht ich selbst.«[56] Diese Bemerkungen stehen in einem unveröffentlichten und leider unvollendeten Text, den sie in Petite Plaisance wohl zu späterer Ausarbeitung und Korrektur verwahrte – er weist bereits handschriftliche Änderungen auf – und dem sie den Titel »Kommentare über mich selbst« gegeben hatte.

In Paris erfährt sie, daß die *Nieuw Amsterdam* nicht auslaufen wird. Sie weiß nicht recht, was sie tun soll, außer sich von Paris zu entfernen. Nachdem sie eine Rückkehr nach Griechenland erwogen hat, bittet sie Gaston Gallimard, ihr bei der Beschaffung einer Ausreiseerlaubnis nach Amerika behilflich zu sein. Er tut dies sehr gern, schreibt einen Brief, in dem er bestätigt, daß Marguerite Yourcenar für den Verlag NRF in Amerika Arbeiten durchzuführen habe und nach einem halben oder höchstenfalls nach einem ganzen Jahr wieder nach Frankreich zurückkommen würde.[57] Jetzt mußte nur noch ein Schiff gefunden werden. Ohne recht zu wissen, was passieren wird oder was sie selbst überhaupt wirklich will, fährt Marguerite Yourcenar nach Bordeaux, von wo, wie man ihr versichert hat, einige Schiffe nach Amerika auslaufen werden. Wegfahren? Bleiben? Wieder einmal muß sie ganz allein die Entscheidung treffen.

Dritter Teil
Das rückeroberte Gedächtnis

Kapitel 1
Die schwarzen Jahre

Sie hatte kein Geld mehr: Das kleine, 1929 aus der finanziellen Katastrophe gerettete Kapital, hatte zwar den ihm zugedachten Zweck erfüllt – »zehn bis zwölf Jahre luxuriöser Freiheit«,[1] wobei hier der Luxus natürlich einzig in der Freiheit bestand – war aber nun erschöpft. Und der Entschluß, zu Grace nach Amerika zu fahren, erhielt in diesen Kriegszeiten, in denen die Möglichkeit einer baldigen Rückkehr nach Frankreich fraglich erschien, zusätzliches Gewicht.

In Bordeaux war noch Zeit, den Entschluß rückgängig zu machen und in Europa zu bleiben. Aber zu welchem Zweck, und um wohin zu gehen? Nach Paris, wo der Mann, den sie vergeblich liebte und den sie, wenn sie ihn schon nicht vergessen konnte, fliehen wollte, Ideen verteidigen würde, die sie bereits vorausahnte? Nach Griechenland, um sich mit Lucy in eine »Untergrundliebe« einzulassen, die ihr nicht zusagte? In diesem Europa, das mobil machte, war es wohl im Oktober 1939 zu spät, um eine Reise nach Griechenland zu erwägen, nachdem sie sich bereits vergeblich bemüht hatte, in kultureller Mission dorthin geschickt zu werden. Und überhaupt: Wenn sie nach Bordeaux gekommen war, so weil sie ihre Entscheidung eben bereits getroffen hatte.

Sie stand unter dem Schock dieses neuen Konflikts. Mit sechsunddreißig hatte sie zum zweiten Mal in ihrem Leben einen Kriegsausbruch erlebt: Sie hatte ihn kaum kommen sehen, so sehr war sie mit ihren Liebesgeschichten und den Versuchen, sich durch Arbeit von ihnen abzulenken, beschäftigt gewesen. Die Vorzeichen waren wohl bemerkt worden, aber wie viele andere Menschen hatte sie sich sehr schnell davon abgewendet, in dem naiven Bestreben, um jeden Preis an den Frieden zu glauben, über den sich nun viele Leute ihrer Generation – und sie selbst – würden Fragen stellen müssen. Wie 1914 galt es aufzubrechen. Damals war sie mit ihrem Vater über den Ärmelkanal nach England gefahren. Diesmal würde es über den Ozean nach Amerika gehen. Allein.

War es eine Flucht? Sicherlich. Aber nicht nur, und nicht einmal zu allererst vor der Perspektive der Gefahr, des Todes, der Schlachtfelder, einer Perspektive, die sie sich übrigens nur in den

Dimensionen des »anderen Krieges« vorstellen konnte. »Denn«, so notiert sie in den *Kommentaren über mich selbst*,[2] »in welch schwarzen Farben mir meine Phantasie auch den Schrecken ausmalte, ich ging nicht soweit, die Millionen Toten der Konzentrationslager, der Massengräber der Ukraine und Stalingrads zu erfinden, die Hunderttausende Verbrannter von Dresden und Hiroshima, die Opfer der Luftangriffe auf England, (...) die erhängten Widerstandskämpfer von Norwegen bis Jugoslawien.« Wie Edmond Jaloux, dessen Bemerkungen sie anführt, stellte sie sich wohl einen Stellungskrieg vor wie 1914–18, mit Armeen, die auf Jahre in ihren Maginot-Linien oder Westwällen festliegen würden, und mit einem inexistenten Zivilleben: »Man bildet seine Meinung fast immer im Rückblick auf die Gefahr von gestern, statt im Vorausblick auf die Gefahr von morgen ...« Vor allem erwartete sie von diesem Krieg, daß er zwischen sie und André Fraigneau eine räumlich große und zeitlich lange andauernde Trennung legen und sie, wenn möglich, von dieser Leidenschaft befreien würde, von der sie bereits durch die Niederschrift von *Der Fangschuß* versucht hatte, loszukommen.

Die Amerikareise stand ja ohnehin auf dem Programm. Warum also bereits gefaßte Pläne ändern? Schon in ihrer Kindheit wollte Marguerite Yourcenar es nicht hinnehmen, daß die Realität ihren Wünschen zuwiderlief. Doch der Krieg hatte nun alles umgekrempelt, und sie war nicht mehr das elfjährige Kind, das an der Hand des Vaters nach England wie zu einem Abenteuer aufbrach. Sie brach auf, das war unvermeidlich, doch wann würde sie zurückkommen? Was würde aus Europa werden? Was würde sie an der Seite dieser Frau »mit den Zügen einer jungen Sibylle«[3] erwarten, die für sie nicht nur eine erschreckende Leidenschaft, sondern darüber hinaus eine verzehrende Liebe zu empfinden schien?

Sie kommt also in New York auf der »SS. Manhattan« an, die sie, wie sie selbst sagt, im November, und laut Grace Frick, im Oktober in Bordeaux bestiegen hat. Es ist schwierig, Ordnung in das Durcheinander der überstürzten Reisen des Jahres 1939 zu bringen und im einzelnen Marguerite Yourcenars wiederholte Bemühungen um eine Schiffspassage nachzuvollziehen. Befragt man jedoch die einschlägigen Archive von Bordeaux, so stellt man

Oktober 1939 in Bordeaux, kurz vor der Abreise in die USA

fest, daß zwischen Anfang September und Ende November nur zwei Schiffe vom Kai Carnot in Richtung Vereinigte Staaten abgelegt haben: Die *Saint-John,* ein Frachter mit Passagierbeförderung, am 14. Oktober, und die *California,* die gewöhnlich nur zur Warenbeförderung diente, am 15. Oktober. Dieses Schiff hat, wie in den Seeregistern der damaligen Zeit in rot vermerkt ist, ausnahmsweise auch Passagiere mit nach New York genommen.

An Bord schreibt sie an Jean Ballard einen nicht datierten Brief, den sie in New York aufgibt und in dem sie einen langen Abschied von Europa zu nehmen scheint: »Nach einem Aufenthalt im düsteren und schönen Kriegs-Paris, wo ich dank Ihnen die Freude hatte, *Ariadne* wiederzulesen, nähern wir uns nach einer Atlantiküberquerung nun anscheinend dem Hafen. Nochmals vielen Dank und alle meine guten Wünsche für die *Cahiers* in diesen schwierigen Zeiten.«[4]

Sie zieht in Graces Wohnung, 448 Riverside Drive. Grace unterrichtete damals am Barnard College, und sie wohnen in einem der zahlreichen Gebäude, die der Columbia-Universität gehören, im Nord-West-Viertel Manhattans, das an Harlem grenzt. Sie bleiben dort das ganze Universitätsjahr über. Von den Häusern des Riverside Drive hat man einen Blick auf den Hudson River, einen der Meerarme, die sich um Manhattan schlingen. Inmitten der Stadt, die wie keine andere vom Menschen beherrscht wird, der dort die Natur und den Platzmangel besiegt hat, kann man an manchen Morgen bei geöffnetem Fenster die See riechen. Marguerite war sicher empfänglich für diese Seltsamkeit, eines der vielen Paradoxe, die das unerklärliche Geheimnis und den Zauber dieser Stadt ausmachen. Das Wiedersehen mit New York bereitet ihr ein gewisses Vergnügen. Und doch war es keine Stadt für sie: Die auftrumpfende Architektur, der Gigantismus vertrugen sich nicht mit ihrer Auffassung von Urbanität. Im übrigen verursachten ihr Städte, nach der ersten Euphorie der Entdeckung, eine Art Unbehagen, das im Laufe der Jahre immer größer wurde. Ihr Hang zu Verrücktheit und Übermaß war mediterran. Nicht daß New York eine nordische Stadt gewesen wäre, aber es fehlte ihr die Nonchalance, die Marguerite Yourcenar so sehr in Athen genossen hatte. Und die Mischung aus Puritanismus und Größenwahn dieses kulturlosen Volkes hatte im Grunde nichts Anziehendes für sie.

1940 ist das Jahr der »Gelegenheitsjobs«, wie man heute sagen würde. Einige kaufmännische Übersetzungen, einige kleinere journalistische Arbeiten und eine Vortragsreise. Im Januar veröffentlicht sie in der Zeitschrift *Mesures* die ersten, in Zusammenarbeit mit Konstantinos Dimaras angefertigten Übersetzungen der Gedichte des Griechen Kavafis; genau genommen einige Texte, eingeleitet von einem kritischen Essay, dessen Kern sie später in das Vorwort zur endgültigen Ausgabe aufnimmt. Das sollte so ziemlich die einzige Publikation bis 1944 bleiben. »Ihre literarische Arbeit beschränkt sich über elf Jahre auf einige Zeitschriftenbeiträge«, bestätigt die »Chronologie« der Pléiade.

Marguerite begreift allmählich, daß sie lange in die Vereinigten Staaten »eingeschlossen« sein wird, und sie hat Mühe, sich damit abzufinden. Um so mehr als Grace sie, gelinde gesagt, wirklich nicht ermuntert, sich mit den europäischen Intellektuellen in Verbindung zu setzen, die in New York Zuflucht gesucht haben. Alles, was das Weiterleben Europas im Exil oder den Gedanken an eine Rückkehr fördern könnte, scheint dieser jungen Frau äußerst gefährlich, die endlich dabei ist zu erhalten, was sie sich am glühendsten wünscht: ihre Freundin für sich allein zu haben. Und doch erfährt Marguerite Yourcenar in Gesellschaft des aus Polen stammenden Ethnologen Bronislaw Malinowski, in dessen New Yorker Wohnung, den Fall von Paris. Sie bricht in Tränen aus. Beide sind traurig, denn das Europa, das sie gekannt und geliebt haben, scheint endgültig dahin zu sein. Sie haben nicht unrecht. Niemals wieder wird die Ungezwungenheit der dreißiger Jahre zurückkehren – selbst wenn einige, und zuvörderst Cocteau, mit aller Macht das Gegenteil suggerieren wollen – noch Marguerites mediterrane Glückserfahrung, gelegentlich unterbrochen vom Eintauchen in das Pariser Literaturleben. Marguerite Yourcenar ist genau siebenunddreißig; ihre Jugend ist entschwunden und mit ihr eine gewisse Vorstellung von Sorglosigkeit und Vergnügen. Der Einzug der deutschen Panzer in Paris mit all seinen Folgen, das verächtliche Verhalten eines großen Teils der Franzosen, namentlich der Intellektuellen, die Offenbarung des tief gehenden Pétainismus der französischen Mentalität, die zur Schau getragene oder heimliche Kollaboration, dies alles beendet für sie auf immer die Zeit der glücklichen und leichtlebigen Intellektuellen. Dazu kam, daß ihr bei den Schriftstellern und Intellektuellen, die sie vor dem Krieg geliebt hatte, bereits damals gewisse ideologische Schwankungen aufgefallen waren. So hatte sie über Edmond Jaloux schon 1939 notiert: »Wie immer tendierten seine Sympathien, die Sympathien eines Mannes, der aus Weisheit und Veranlagung die Massen verabscheut, nach rechts; einmal hatte er ohne die mindeste Ironie zu mir gesagt: ›eine Zeitschrift, die Texte von Hitler veröffentlicht hat und an der mitzuarbeiten ich die Ehre habe ...‹, und mich frappierte damals, daß dieser Mann, der nicht ins Ausland reiste und Hitler-Deutschland nicht kannte, in Hitler fälschlicherweise einen Mann der Ordnung sah und nicht das monströse und grobschlächtige Genie des Abenteurertums.« Sie fügt dann zwar hinzu, daß Jaloux im September 1939 »von seiner naiven und unseligen Bewunderung abzurücken schien«, bemerkt aber, daß er mit seinem Ausspruch ›Hitler hat uns amüsiert, weil er im Grund eine Art Wallenstein ist‹, »diese unheilbare Oberflächlichkeit zeigte, die so viele Franzosen in politischen Dingen auszeichnet.« Bei manchen ihrer Freunde muß sie sich noch gegen viel dramatischere Verirrungen wappnen. Der Gedanke, daß André Fraigneau über ihre Tränen ironische Bemerkungen machen würde, er, der sicherlich den Anbruch der neuen Zeit begrüßt, wäre ihr nur schwer erträglich. Um weniger unter ihrem Heimweh nach Europa zu leiden, versucht sie sich einzureden, daß in Frankreich alles für sie verletzend sein würde. André Fraigneau wird ihr nie verzeihen, was er ohne Zweifel als Seelenblähungen ansieht. Fünfzig Jahre später behauptete er immer noch steif und fest, sie habe »durch ihren Umgang mit allen diesen Linken drüben in Amerika« zum Teil ihr schriftstellerisches Talent verloren.

Sie muß trotz allem versuchen, auf irgendeine Weise ihren Lebensunterhalt zu verdienen, um nicht völlig von Grace abzuhängen. Alice Parker, eine Freundin, verhilft ihr im September zu einer Vortragsreise über französische Literatur. Sie beginnt in Chicago, fährt dann nach Kentucky, Missouri, Ohio und South Carolina. In Charleston schreibt sie, in englisch, eine kurze Karte an Lucy: »Liebste Lucy, erinnern Sie sich an Saint George (grüßen Sie alle), vor nur einem Jahr? Ich bin für einige Tage in dieser reizenden Kleinstadt inmitten der Magnoliengärten. Ihren Brief habe ich erhalten und werde in Kürze darauf antworten. Ich habe soviel Arbeit, daß ich bis jetzt nicht dazugekommen bin. Wann werden wir uns wiedersehen? Die Zeiten sind sehr traurig, aber das Leben bietet doch noch manche angenehmen Augenblicke. Love from Marguerite.«[5] Eine etwas nachlässige Karte, die der jungen verliebten Frau fast den Laufpaß gibt. Doch bevor Marguerite die Karte aufgeben kann, erfährt sie von Lucys Tod. Konstantinos Dimaras behauptet, Lucy sei Ostern 1940 bei einem Luftangriff auf Janina ums Leben gekommen. Auf der Karte an Lucy – die unter Verschluß hätte kommen sollen, jedoch an der Harvard-Universität frei eingesehen werden kann – hat Marguerite Yourcenar handschriftlich vermerkt »Nicht abgesandt. Starb beim Luftangriff auf Lernina in der Karwoche 1941«. In der »Chronologie« der Pléiade behauptet Marguerite Yourcenar schließlich, Lucy sei 1942 getötet worden . . . in Janina.

Nach Beendigung ihrer Vortragsreise fährt Marguerite Yourcenar nach Hartford, Connecticut, zu Grace Frick. Grace ist im September in diese nicht sehr interessante Stadt gezogen, die an die hundert Kilometer nördlich von New York liegt. Sie war zur *dean,* das heißt zur Studienleiterin am Hartford Junior College ernannt worden. Sie hat ein kleines Haus in West. Hartford, 549 Prospect Avenue gemietet. Marguerite Yourcenar und sie bleiben dort bis April 1951, bevor sie sich endgültig in Maine niederlassen. In diesem Haus verbringen sie ihre ersten »Ehejahre«, die Jahre der Leidenschaft aber auch der schwierigen Anpassung Marguerites an ihr neues Leben und an dieses neue Land, das nie wirklich das ihre sein wird.

Von diesen Jahren hat Marguerite Yourcenar kaum gesprochen. Wenn sie es dennoch tat, dann hätte man meinen können, das ganze habe nur ein paar Monate gedauert. Dabei hat sie fast zehn Jahre ihres Lebens in Hartford verbracht. Sie wird eine dauerhafte Verbindung mit ihrer damaligen Schneiderin, Erika Vollger, unterhalten und sich mit Wärme an ihre Umgebung erinnern, wie ein Brief vom 1. August 1959[6] an Emma Trebbe, ihre Nachbarin, anläßlich des Todes von Emma Evans, einer anderen Nachbarin beweist: »Mir scheint, daß ich in Hartford während der oft so düsteren Kriegsjahre das Beste kennengelernt habe, was Amerika zu bieten hat, nämlich die Freundlichkeit, das gegenseitige Vertrauen und die Hilfsbereitschaft zwischen Nachbarn. Und unter diesen Nachbarn kamen die beiden Frauen an allererster Stelle.« Vergessen wollte Marguerite Yourcenar in der Folge vor allem die Niedergeschlagenheit, unter der sie am Ende dieses Jahres 1940 leidet. Die Briefe aus Europa werden immer seltener und sind wenig tröstlich, wenn man von dem Schreiben absieht, das ihr Konstantinos Dimaras am 25. November aus Athen sendet:

»Nur ein paar Worte, um Ihnen die Grüße Griechenlands zu

überbringen, das Sie liebt und das Sie lieben. Wir führen einen herrlichen Krieg, von unendlich symbolischem Reichtum. Und dieses intelligente, reiche und arbeitsame Volk, das Sie kennen, ist sich der Aufgabe, die Menschheit von der drohenden Barbarei zu befreien, voll bewußt.

Sie haben Freunde dort drüben; sprechen Sie ihnen von uns; sagen Sie ihnen, daß wir hier alle stolz und glücklich sind, diesen Krieg zu führen. Aber sagen Sie ihnen auch, wie groß unser Bedürfnis ist, sie an unserer Seite zu spüren, wie wertvoll uns ihre moralische und materielle Unterstützung wäre. Versuchen Sie, ihren guten Willen zu mobilisieren, Sie könnten ihnen durch Ihre Kenntnis der Dinge und Menschen unseres Landes sehr nützlich sein.

Ich habe kürzlich Nachricht von André Gide bekommen, der Ihren Essay über Kavafis sehr bewundert hat. Ich bin darüber stolz für Sie.

Schreiben Sie mir bitte, damit ich weiß, daß Sie meinen Brief bekommen haben; geben Sie mir Ihre Adresse und sagen Sie mir, was Sie für uns getan haben.«[7]

Wenn Marguerite Yourcenar in ihrer »Chronologie« der Pléiade für das Jahr 1940 einen »kurzen, in einer offiziellen Publikation des Französischen Konsulats in New York abgedruckten Artikel« erwähnt, der *»The Wave of the future«,* ein kleines, damals in den Vereinigten Staaten viel gelesenes Nazipropagandawerk von Anne Lindbergh angreift, so fragt man sich, ob dies nicht aus nachträglichem Ärger über ihre damalige Niedergeschlagenheit und der daraus resultierenden Inaktivität, ja sogar Gleichgültigkeit gegenüber den Ereignissen geschehen ist. Der Artikel existiert wirklich und ist in den Essayband *En pèlerin et en étranger*[8] aufgenommen worden. Aber in den »Notizheften 1942–1948«, die 1955 in der Zeitschrift *La Table Ronde* veröffentlicht worden sind, hat Marguerite Yourcenar selbst ihn auf das Jahr 1944 datiert, und man hat bis jetzt keine Spur von seiner Publikation gefunden, was den Verlag ein wenig vorschnell dazu veranlaßt hat, den Text in dem posthum erschienenen Essayband als Erstveröffentlichung zu vermelden. Ein übrigens ziemlich mittelmäßiger Text.

1941 und 1942 sind sicherlich die schwärzesten Jahre. Marguerite hat noch kein echtes literarisches Projekt. Sie kämpft ganz einfach um das tagtägliche Überleben. Nach dem glanzvollen Ruin Michels, ihres Vaters, entdeckt sie den chronischen Geldmangel, die

Kleinleutearmut, die Dollarfuchserei. Christine de Crayencour, die Witwe ihres Vaters, lebt jetzt völlig mittellos in Frankreich. Marguerite fühlt sich verpflichtet, ihr Geld zu schicken. Doch woher nehmen?

Spuren der Verzweiflung, in die sie immer mehr versinkt, finden sich in ihrem Briefwechsel mit Jacques Kayaloff. Jacques Kayaloff, den Marguerite Yourcenar bei ihrem ersten amerikanischen Aufenthalt 1937 kennengelernt hatte, hatte eine führende Stellung bei Louis Dreyfus. Er war ein gebildeter Geschäftsmann, ein Kunst- und vor allem Literaturliebhaber, der viel mit Schriftstellern verkehrte. Am Ende des Krieges bittet Marguerite Yourcenar ihn, sich nach dem Schiffskoffer umzusehen, den sie im Lausanner Hotel Meurice zurückgelassen hatte. Er findet den Koffer, expediert ihn in die Vereinigten Staaten und veranlaßt so die Wiederaufnahme der *Mémoires d'Hadrien.* In New York verkehrte Jacques Kayaloff mit André Breton, Niko Calas, etc., mit den meisten europäischen Intellektuellen, die vor dem Krieg geflohen waren. Jacques Kayaloff wollte übrigens Marguerite Yourcenar mit André Breton bekannt machen, wie er ihr am 22. Juli 1941 schreibt: »Ich habe vor kurzem André Breton getroffen, der mir sein letztes Gedicht, *Fata morgana,* vorgelesen und mir von seinem letzten Buch, *Der schwarze Humor,*[9] berichtet hat, das in Frankreich hätte veröffentlicht werden sollen, wozu es jedoch aufgrund der Umstände nicht gekommen ist. Ich habe ihm von Ihnen gesprochen und möchte gern, daß Sie beide sich bei Ihrem nächsten Besuch begegnen.«[10]

Nichts beweist jedoch, daß es zu dieser Begegnung kam. Man darf eher das Gegenteil vermuten. In der »Chronologie« der Pléiade werden die Namen zahlreicher emigrierter Schriftsteller angeführt, aber in der Korrespondenz Marguerite Yourcenars findet sich kein Hinweis auf eine Begegnung. Von Jules Romains, der damals ebenfalls in New York lebte, wird Marguerite Yourcenar später nur sagen, er habe sie während des Kriegs ermutigt, die Arbeit am *Hadrian* wieder aufzunehmen.[11] Wir wissen heute, daß das nicht zutrifft. »Als ich die *Mémoires d'Hadrien* erhielt, kannte ich keines Ihrer Werke. Ich hatte sogar kaum etwas von Ihnen gehört«,[12] schreibt er ihr am 25. Dezember 1951. Marguerite Yourcenar, die der Zwang zu äußerster Sparsamkeit in Hartford festhielt, kam nur selten nach New York und verbrachte dort zu wenig Zeit, um sich in das Milieu der europäischen Emigranten integrieren zu können.

Marguerite Yourcenar hat aus ihrer an der Harvard-Universität verwahrten Korrespondenz mit Jacques Kayaloff sorgfältig alles ausgemerzt, was das Bild einer an Depression grenzenden Verwirrung vermitteln könnte. Sie wollte vor der Geschichte nicht als bemitleidenswert erscheinen, das heißt, nicht das zeigen, was sie für Schwächen hielt. Oder vielleicht widerstrebte es ihr, diese kleinlichen Schwierigkeiten des Alltags herausgestellt zu sehen, während sich auf der anderen Seite des Atlantik das Grauen ausbreitete. Sie wollte nicht, daß die Nachwelt Bruchstücke des »zwangsläufig zersplitterten Menschen«, den sie zu Beginn ihres Essays über Mishima erwähnt, zu Gesicht bekäme. Dabei fügen diese Augenblicke des Wankens ihrem Werk nichts hinzu, noch nehmen sie ihm etwas weg, sie erlauben nur besser zu verstehen, aus welchen Siegen über sich selbst und über die Versuchung einer Kapitulation ihre Hauptwerke hervorgegangen sind. Wie Vita Sackville-West in ihrer Einleitung zum Tagebuch der Lady Anne Clifford schreibt: »Wir müßten alle zutiefst betrübt sein bei dem Gedanken, daß die Nachwelt uns nach dem Wirrwarr unserer durch Zufall erhalten gebliebenen und aus dem Zusammenhang unseres Lebens gerissenen Briefe beurteilt, die vielleicht in einem Anfall der Entmutigung und der Gereiztheit geschrieben wurden, und vor allem losgelöst von der Unzahl kleiner Fäden, die dem Grundmuster unserer Existenz Farbe und Form verleihen, und die in ihrer Vielfalt und ihrer Banalität nur für uns allein wahrnehmbar sind, und sich selbst unseren Nächsten entziehen, den Menschen, mit denen wir unser Alltagsleben teilen. Nur innerhalb dieser Grenzen lassen sich Schlüsse ziehen, tauchen manche Tatsachen auf.«

Wenn Marguerite Yourcenar manche der Briefe aus der Korrespondenz mit Jacques Kayaloff aussonderte, so hat ihr Briefpartner glücklicherweise die ihren alle verwahrt, und seine Frau Anya hat dafür gesorgt, daß sie in ihrem ursprünglichen Zustand erhalten blieben. Marguerite Yourcenars Briefe sind, bei all ihrer Würde, Hilferufe. Sie hat kein Bankkonto. Sie fühlt sich in allem hilflos. »Ich verstehe nichts von Geschäften«, schreibt sie ihm eines Tages, als sie nicht weiß, wie sie die *war loans* eintauschen soll. Sie »zwingt sich zu arbeiten«, ist aber »aufs äußerste entmutigt.«[13] Sie plante, am 15. September nach New York zu fahren, um in der französischen Buchhandlung des Rockefeller Center ein Buch vorzustellen. Man weiß nicht, ob sie ihr Vorhaben ausgeführt hat. Wenn ja, so ist nichts dabei herausgekommen. Heute kann man sich Marguerite Yourcenar nur schwer als jemand vorstellen, der sich unterkriegen läßt. Und doch sieht sie im Jahr 1941 kaum mehr etwas, an das sie sich klammern könnte: »Die Nachrichten, die aus Europa durchsickern, sind so schlecht (Zerstörung, Elend, tote Freunde), daß ich es fast nicht wage, die Briefe zu lesen, die ich bekomme.« Tagelang läßt sie die Briefe aus Europa ungeöffnet, desgleichen die Briefe, die eine amerikanische Marke tragen, denn alles scheint ihr Verkünder schlechter Nachrichten. Nur Jacques Kayaloffs Briefe bilden eine Ausnahme. Ihm allein antwortet sie, ohne ihre Schwierigkeiten zu verheimlichen, all die Mittel und Wege, zu denen sie Zuflucht nehmen muß, um nicht von allen ihren Freunden völlig abgeschnitten zu sein. »Die Geschäfte gehen schlecht«, vertraut sie ihm am 7. Dezember 1941 an, »denn Nachhilfestunden in Französisch und Kunstgeschichte haben emigrierten französischen Schriftstellern nie zu großem Reichtum verholfen. Dies ist auch der einzige aber ausreichende Grund dafür, daß ich so lange nicht nach New York gekommen bin. Einer meiner Nachbarn, Hutmacher seines Zeichens, fährt von Zeit zu Zeit nach New York, um Filz einzukaufen, und ich hoffe, daß Sie mich demnächst in seinem Lieferwagen werden ankommen sehen. (...) Hätte ich nur jeden Abend eine Stunde für mich, ich würde mich in einen neuen Roman stürzen und versuchen, so bald wie möglich die Erinnerungen an eine Zeit zu fixieren, die so nahe und doch schon so unerreichbar fern von uns ist.«[14] Das Bild einer Marguerite Yourcenar, die im Lieferwagen eines Hutmachers bis nach New York durchgeschüttelt wird und inmitten der Filze nach Hartford zurückkommt, könnte erheitern, wäre dieser Brief nicht der Hinweis auf ein Leben, in dem die Alltagssorgen so vorherrschend sind, daß sie jede Aussicht auf schöpferische Arbeit ausschließen.

Da sie jedoch nicht zu den Menschen gehört, die lange in geistiger Untätigkeit verharren können, gibt sie von Ende Oktober 1941 bis 1943 ehrenamtlich Kurse in Französisch und Kunstgeschichte am Hartford Junior College, an dem Grace Studienleiterin ist, und unterrichtet dann am Connecticut College. Diese Tätigkeit zwingt sie zwar, das Haus zu verlassen, kann aber kein lange anhaltendes Heilmittel gegen ihre Niedergeschlagenheit sein. Sie versucht also wieder zu schreiben. Im Januar 1942 verfaßt sie einige Gedichte, darunter *Drapeau grec* und, im Gedenken an Lucy, *Epitaphe, temps de guerre,* Gedichte, die später in die Sammlung *Les Charités d'Alcippe* aufgenommen werden. »Ich habe soeben vier kleine Stücke beendet (Titel: *Die geheimnisvolle Allegorie*)«, schreibt

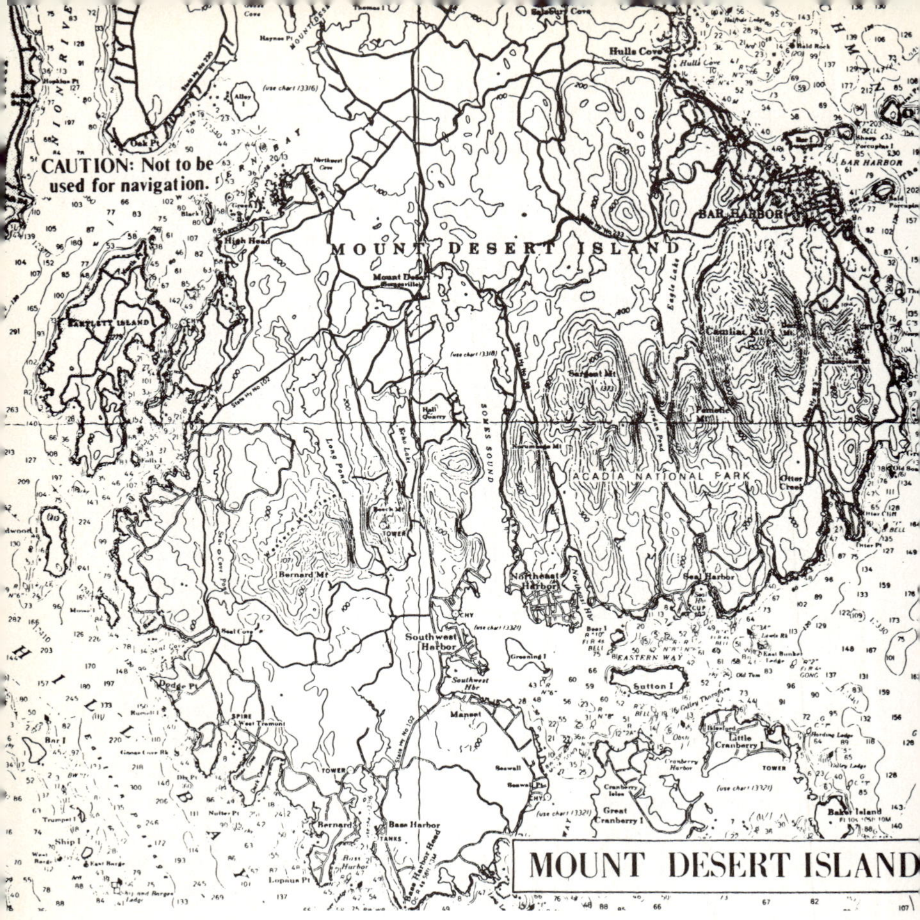

Karte von Mount Desert Island (Ile des Monts-Déserts)

sie am 20. Januar 1942 an Jacques Kayaloff. »Das Leben geht in ziemlichem Stumpfsinn weiter. Ich habe keinerlei Nachricht aus Frankreich, keinerlei Nachricht aus Griechenland, und meine Niedergeschlagenheit erreicht die Breite und Tiefe des Atlantischen Ozeans.«[15]

Der beste Augenblick des Jahres 1942 ist, wie die Zukunft zeigen wird, die Entdeckung der Ile des Monts-Déserts,[16] einer Insel vor der Nord-Ost-Küste der USA, die zum Staat Maine gehört. Grace und Marguerite verbringen ihren ersten gemeinsamen Sommer auf dieser noch weitgehend unberührten Insel. Zunächst in Seal Har-

Somesville: Das erste Haus auf der Insel

bor, mit den Minear, einem befreundeten Paar protestantischer Theologen. Dann ziehen sie gegen Urlaubsende nach Somesville, in das kleine Haus neben dem Friedhof, in dem heute ihre Asche begraben liegt. Ein sehr bescheidenes, ziemlich unbequemes und spärlich möbliertes Holzhaus, in dem, wie Marguerite Yourcenar sagte, die Koffer als Schränke dienen mußten. Von diesem ersten Sommer an legt Grace sich eine Gewohnheit zu, die sie bis zu ihrem Tod beibehalten wird: Kinderfeste organisieren. Das Resultat der Festivitäten ist für Marguerite nicht sehr erfreulich. Zum einen machen ihr Kinderscharen als Hausgäste keinen besonderen Spaß, zum anderen hängen die Kinder ihr Läuse an, so daß sie sich den Schädel kahl scheren lassen muß.

Sie beschließt, sich nun wieder ernsthaft ans Schreiben zu machen und verfaßt *Le Mystère d'Alceste,* einen Einakter frei nach Euripides. In einem langen Vorwort, das den Titel »Die Prüfung der Alkestis« trägt, präzisiert sie, daß in diesem Stück »die traditionellen Themen der Aufopferung und des Heroismus ohne wenn und aber behandelt werden. Mein Ziel war, eine antike Legende pietätvoll zu erneuern und sie, wenn möglich, unmittelbar zugänglich zu machen.«[17] Doch trotz dieses fast glücklichen sommerlichen Zwischenspiels geht es ihr schlecht. Ihre Freunde sorgen sich um sie: »Schreiben Sie mir einen langen Brief, voll von Ihnen«,[18] bittet wiederholt einer ihrer damaligen Briefpartner.

Im September 1942 tut Marguerite Yourcenar bei Schulanfang einen ersten Schritt, um das Problem ihrer finanziellen Abhängigkeit von Grace zu lösen: Sie unterzeichnet einen Vertrag für eine Halbtagsbeschäftigung an dem sehr fortschrittlichen und sehr auf pädagogische Neuerungen bedachten Sarah Lawrence College, das etwa hundert Kilometer nördlich von New York liegt. Sie unterrichtet dort hauptsächlich französisch bis Juni 1950 und läßt sich dann einen unbezahlten Urlaub geben, um die Niederschrift des *Hadrian* zu beenden. Im Universitätsjahr 1952–1953 tritt sie ihren Dienst wieder an, um ihren Vertrag zu erfüllen.

Trotz der Schwierigkeiten, vor allem der langen Bahnfahrten – Bronxville, wo sich das Sarah Lawrence College befindet, liegt an die hundertfünfzig Kilometer von Hartford entfernt –, stellt diese Lehrtätigkeit eine Art Verankerung, den Beginn einer Eingliederung in dieses Land dar. Sie atmet ein wenig freier, fühlt sich jedoch, nachdem die Staaten für sie 1938 so etwas wie ein Zufluchtsort gewesen waren, trotzdem beklemmt: Sie ist von nun an dort eingeschlossen, denn das stumme und verwüstete Europa ist ihr verwehrt.

Doch nicht alles ist schwarz in dieser Existenz, nicht so schwarz jedenfalls, wie es das Fehlen jeglicher Äußerung über ihr Privat- oder Liebesleben vermuten lassen könnte. Es ist das Jahrzehnt der mit Grace Frick geteilten Liebe. Die Beweise dafür sind unter Verschluß: fünfzig Seiten des intimen Tagebuchs, das Marguerite zwischen 1935 und 1945 führte, sowie die Briefe, die sie 1940, wenn ihre jeweiligen Tätigkeiten sie trennten, an Grace aus New York, Hartford oder Maine schrieb. Doch es bleiben genügend viele Fotos und Spuren, aus denen hervorgeht, daß die Zeit der Leidenschaft länger als zwei Jahre dauerte, im Gegensatz zu dem, was Marguerite Yourcenar am Ende ihres Lebens zuweilen andeutete. Die 1943 im Hartforder Haus aufgenommenen Fotos sind Liebesfotos, kindliche Bekundungen des Glücks, denen man in den Zeiten der Leidenschaft nicht widerstehen kann – Marguerite fotografiert Grace am Fenster ihres gemeinsamen Schlafzimmers (das von der Hand Marguerite Yourcenars englisch geschriebene Wort *their* steht deutlich auf dem Rücken des Bildes), Grace fotografiert Marguerite. Sie lachen. Sie wirken glücklich, zärtlich und sanft.

Marguerite liebt bekanntlich die Körperspiele. Ihre höchste Lust ist die Verführung, die Eroberung, aber es fällt schwer zu glauben, daß sie sich lange für jemanden interessieren könnte, bei dem sie ein Gefühl der Verehrung erweckt. Und doch – die Umstände helfen vielleicht ein wenig nach – »akzeptiert« und erwidert sie – zeitweilig – die leidenschaftliche Liebe, die sie in Grace erweckt hat. Die Tatkraft, die Grace Frick bis ans Ende ihrer Tage entfaltet, ist für

Grace und Marguerite am Fenster ihrer Schlafzimmer in Hartford

Marguerite Yourcenar ein Energieersatz in einem Augenblick ihres Lebens, in dem sie nahe daran ist, aufzugeben.

Wenn Marguerite Yourcenar, von der man weiß, wie sehr sie alles kontrollieren wollte, diese kommentierten Fotos bei ihrem Tod anscheinend achtlos zurückließ, dann wohl weil sie, was immer sie auch darüber gesagt hat, der Lust am Widerspruch in Dingen der Liebe nicht entging: dem Wunsch, daß niemand erfahre, was man gewesen ist, wen man geliebt hat, und dem Verlangen, daß niemand darüber im unklaren bleibe ... Als stelle zu große Geheimhaltung selbst in ihren Augen die Realität der Liebe in Frage. Das bezeugen auch ein paar Zeilen, die sie zwischen zwei Seiten eines Fotoalbums »vergessen« hat. Sie stehen, von Grace in unsicherem Französisch gekritzelt, auf einer von Marguerite aufgestellten Einkaufsliste: »Du, Du schläfst; ich gehe weg; wenn ich nicht davon zurückkomme, bevor Sie fortgehen (für Verabredung

11 Uhr 30), sehe ich Sie vielleicht eines Tages wieder. Ich stücke früh um 7 Uhr 30 im Garten, dann Postamt und (kurz) Bibliothek.«

Marguerite Yourcenar hat Europa, wenn schon nicht nach einer gescheiterten, so doch zumindest nach einer verweigerten Liebe verlassen, ein Gedanke, den sie kaum erträgt. In den Vereinigten Staaten, wo das Leben für sie so schwierig ist, wie es niemals zuvor seit ihrer Geburt war, erfährt sie den Zuspruch einer Liebe, die sie erstaunt. Grace ist bereit, alles zu tun, um ihr das Leben zu erleichtern, ihr zu helfen, sie zu stützen und, wenn möglich, sie glücklich zu machen. Sie hat keine Mühe gescheut, um ihr Arbeit zu verschaffen. Und ihr verdankt sie die Entdeckung der Ile des Monts-Déserts, die schließlich ihr Refugium werden sollte.

1943 verbringen sie zum ersten Mal den ganzen Sommer in Somesville. Die Landschaft scheint aus einem Märchen zu stammen: ein Bach und viele Enten, kleine Holzbrücken und, ein wenig weiter, ein Gartenfriedhof, dessen Stille kaum von denen gestört wird, die »ihre« Toten besuchen.

Graces Liebe zu Marguerite äußert sich in nie endender Fürsorge. Damals weiß Marguerite nicht, daß dies ein »ganzes Leben« dauern wird, zumindest Graces ganzes Leben. Denn Grace weiß bereits, daß sie nur für Marguerite leben will, und daß sie alles tun wird, um sie bei sich zu behalten. Und wenn es auch noch die Zeit ist, zu der Marguerite über das Geschenk, das ihr dargebracht wird, entzückt ist, wenn sie es – noch – nicht für eine Schuldigkeit hält, so hat Grace doch, Leidenschaft hin oder her, bereits ein gewisses Verdienst. Sein Leben mit irgendjemandem zu teilen bedeutet nicht unbedingt eine Abfolge von gleichmäßig idyllischen Augenblikken. Es mit Marguerite Yourcenar zu teilen, machte die Sache sicher nicht leichter. Aber mit einer deprimierten Marguerite Yourcenar zu leben . . . Marguerite Yourcenar gehört zu den Menschen, die überall allein und problemlos leben können, so lange sie eine geistige Arbeit vor sich haben. An ihrem Arbeitstisch hatte sie nie das Gefühl der Verlassenheit. Doch zu Beginn der vierziger Jahre, zwischen Hartford und Sarah Lawrence, hat sie den Eindruck, daß ihre geistige Aktivität an der Leine liegt, sich im Kreise dreht. Vor allem spürt sie zum ersten Mal in ihrem Leben, daß ihre literarische Ambition, der Glaube an ihre schriftstellerische Berufung schwindet. Die Frau, die seit ihrem zwanzigsten Lebensjahr unausgegorene Geschichten in ihrem Kopf verwahrte, die Geschichte Zenons, die Geschichte des Kaisers Hadrian – skizziert in den dreißiger Jahren, doch dann wieder beiseite gelegt, weil sie nicht den richtigen Ton aufwiesen, in Gedanken immer weiter verfolgt in der Gewißheit, daß sich mit dem Schicksal Zenons und Hadrians auch ihr eigenes erfüllt; die Frau, die im Grunde nur einen wirklichen Wunsch und ein wirkliches Ziel hat: der Gemeinschaft der Menschen zu nützen durch das Auslegen einiger schriftlicher Spuren, die sie zu einem besseren Verständnis ihrer Freiheit führen; die Frau, die die dreißiger Jahre mit einem Selbstverständnis durchschritten hatte, um das sie viele beneideten – diese Frau war plötzlich in das furchtbarste aller Räderwerke geraten, das Räderwerk, das von akzeptierten Annehmlichkeiten über willige Selbstaufgabe zur Banalität führt.

Auf diesem riesigen Kontinent, auf dieser Erde wahrer Freiheit kommt sie sich hoffnungslos eingesperrt vor. Abgeschnitten von ihrer Sprache und ihren Schriftstellerfreunden zweifelt sie wie nie zuvor an ihrer Zukunft. Sie läßt die Entwicklung eines Prozesses zu, von dem sie vage ahnt, daß er tödlich sein könnte. Der Gedanke, in diesem Land nichts zuwege bringen zu können, ruft in ihr eine Art Widerwillen gegen jede groß angelegte Arbeit hervor. Sie hat das Gefühl, eine brach liegende Schriftstellerin zu sein, und an Tagen des absoluten Pessimismus fragt sie sich sogar, was denn eine Schriftstellerin ohne Verleger und Leser eigentlich sei: wohl eine Phantomschriftstellerin. Doch Marguerite Yourcenar ist sich bewußt, daß im Zweiten Weltkrieg Millionen Menschen physisch gelitten und ihren Einsatz mit ihrem Leben bezahlt haben. Wenn sie auf ihre Schwierigkeiten in dieser Zeit anspielt, geht sie, in ihrem exquisiten Sinn für Euphemismen, nie über ein lächelndes »keine sehr angenehmen Jahre« hinaus. In Wahrheit lebte sie damals in der Furcht vor dem, was für sie das Schrecklichste bedeutete: ihre schriftstellerische Laufbahn aufgeben zu müssen. Seit Ende 1942, das heißt seitdem ihre materielle Lage durch die Lehrtätigkeit am Sarah Lawrence College weniger besorgniserregend, wenn auch nicht gerade glänzend ist, stellt sie sich immer drängendere Fragen über ihre Zukunft. Wird sie nicht »eingekeilt« sein in ein Berufsleben, dem sie immer unter Aufwendung all ihrer Energie zu entgehen gesucht hatte, aus Furcht, nicht mehr genügend Zeit und Willen zum Schreiben zu haben? Wird sie, die mit der französischen Sprache und der europäischen Kultur einen Kult treibt, nicht von einer anderen Sprache und von einer anderen Kultur vereinnahmt werden? Dieser Gefahr nicht zu widerstehen, würde, so glaubt sie, den sicheren literarischen Tod bedeuten. Trotz ihrer Niedergeschlagenheit beschließt sie, dagegen anzukämpfen und geht ihrem sprachlichen Gewissen gegenüber die Verpflichtung ein, sich nie vom Englischen infizieren zu lassen.*

Wenn man, sehr viel später, die besondere Qualität ihrer Sprache auf den Umstand zurückführt, daß sie sich als rein geschriebene, den Verformungen durch den täglichen Gebrauch entzogene Sprache erhalten konnte, dann widersprach sie und betonte, »man habe zu Hause französisch gesprochen, außer wenn Leute aus dem Dorf zu irgendeiner Arbeit gekommen waren«.[19] Ihre Krankenschwester und ihre Sekretärin behaupten dagegen, daß Grace und Marguerite, zumindest am Ende ihres Lebens zu zweit, englisch miteinander gesprochen hätten. Doch diese Aussagen von nur englisch sprechenden Leuten sind nicht überzeugend, denn in ihrer nie versagenden Höflichkeit hätte es sich Marguerite Yourcenar einfach nicht erlaubt, mit Grace Frick oder anderen Freunden französisch vor irgendjemandem zu sprechen, der diese Sprache nicht verstand. Dagegen versichern alle diejenigen ihrer Freunde, die englisch und französisch gleich gut beherrschten, Marguerite Yourcenar habe in ihrer Gegenwart nie das Englische benützt, das sie im übrigen mit einem »überraschenden« Akzent sprach, wie es Mr. Harold Taylor, Rektor des Sarah Lawrence College, als Marguerite Yourcenar dort unterrichtete, mit seinem angelsächsischen Sinn für *understatement* ausdrückte. »Ich glaube sogar, daß die meisten meiner Kollegen, wenn sie mit ihr sprachen, mehr vorgaben zu verstehen, was sie sagte, als daß sie es wirklich verstanden«, fügt er hinzu. Dieser in der Tat »überraschende« Akzent bleibt ihr Geheimnis. Warum gab sie sich bei der Aussprache des Englischen nicht die geringste Mühe, dessen Satzmelodie zu erfassen oder zumindest die für eine rein akustische Verständlichkeit unerläßliche Wortbetonung nachzuvollziehen? Wollte sie damit einen letzten Schutzwall um sich

* Wenn die Sprache Marguerite Yourcenars in der Konversation und im Briefwechsel auch den unvermeidlichen Einfluß des Englischen aufweist (*abortion* statt *avortement; excitement* statt *excitation; stage* statt *stade; components* statt *composants*) so hat sie sich in ihren Büchern davor zu bewahren gewußt. (Was nicht zutrifft, denn *components,* um nur ein Beispiel unter anderen zu zitieren, taucht in *L'Œuvre au noir,* Pléiade, S. 694 auf. A. d. Ü.) »In *Souvenirs pieux*«, (Gedenkbilder), hatte Etiemble zu ihr gesagt, »habe ich nur einen Anglizismus entdeckt, exemplifier! Was für eine Selbstdisziplin!«

errichten? Oder lag es einfach an ihrer Unfähigkeit, fremde Laute zu formen, eine Unfähigkeit, die bereits ihren Vater erbost hatte, als sie zwölf Jahre alt war. Wahrscheinlich eine verworrene Mischung aus beidem, die schließlich zur Gewohnheit wurde. Ein und derselbe Privattonfall für alle Sprachen. Auch in ihre Muttersprache mischte sich ein Rest von nordfranzösischem Akzent, eine seltsame Modulation, die an den Klang eines Cello erinnerte.

Sie muß sich also abschirmen, wenn sie nicht jede Hoffnung verlieren will, weiterhin schreiben zu können, sie muß sich aber auch anpassen, um zunächst einmal weiterleben zu können. Diese Anpassung vollzieht sich jedoch nicht ohne Schaden, was immer sie behauptet hat und vor allem, was immer man später hätte annehmen sollen, wenn sie bewußt den Eindruck erweckte, allerorts und unter allen Bedingungen eine unabänderliche Identität aufrecht erhalten zu können, in dem hohen Bewußtsein, Marguerite Yourcenar zu sein. Es geht ihr nicht sehr gut, sie nimmt so unmäßig zu, daß sie diät leben muß. *»Marguerite did reduce on doctor's order«*, schreibt Grace Frick auf die Rückseite eines Fotos, »Marguerite sieht schlanker aus als in Wirklichkeit, und ich scheine nicht ganz so mager wie ich bin«. Die Zeichen der Depression häufen sich. Als Grace Frick im April 1943 zur Beerdigung ihres Onkels George La Rue nach Kansas City fahren muß, will sie Marguerite nicht allein zurücklassen und bittet ihre gemeinsame Freundin Erika Vollger, die Schneiderin, während ihrer Abwesenheit zu Marguerite ins Haus zu ziehen.

Es fällt schwer, sich mit vierzig an den Rhythmus einer unselbständigen Arbeit zu gewöhnen, vorgeschriebene Zeiten einzuhalten. Marguerite Yourcenar kommt ihren Pflichten mit absoluter Pünktlichkeit und Genauigkeit nach, doch was für die anderen nur Routine ist – etwa für Grace Frick –, ist für sie eine mühsame Neuheit.

Zum Glück kommt mit dem Juni das Ende des Universitätsjahres. Sofort nach Ferienbeginn fahren Marguerite Yourcenar und Grace Frick zur Ile des Monts-Déserts, wo sie, wie bereits gesagt, zum ersten Mal den ganzen Sommer über bleiben. Die Unberührtheit der Natur, die Stille, aber auch das Gefühl der Ruhe, das die Insel ausstrahlt und das man noch heute trotz des zunehmenden Fremdenverkehrs empfindet, geben Marguerite Yourcenar ein wenig von ihrer Energie zurück. Sie fängt wieder zu schreiben an. Grace hält in der Agenda des betreffenden Jahres gewissenhaft die

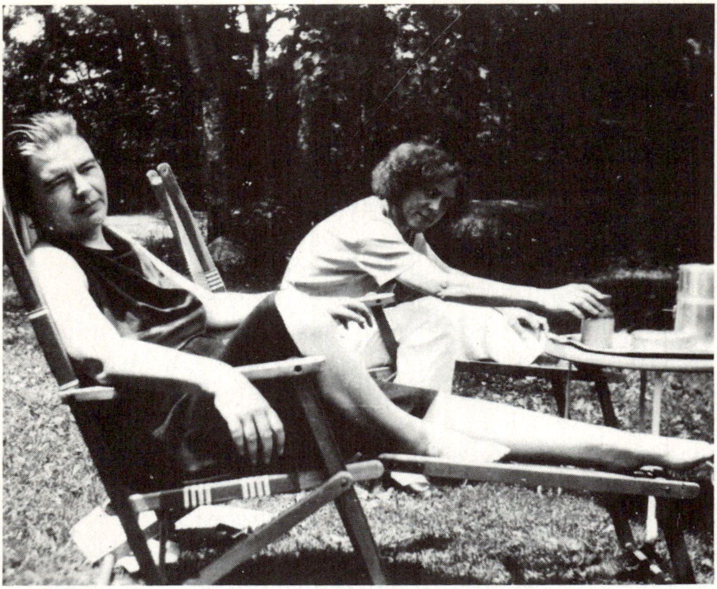

Ein Sommer auf der Insel

verschiedenen Phasen der Arbeit fest, mit einem Jubel, der sich in der Größe der Wörter und in der Art ihrer Unterstreichung äußert. »Marguerite schreibt *Elektra*«, ein weiteres Theaterstück.[20]

Seit ihrer Ankunft in den Staaten schreibt Marguerite Yourcenar nur kleine Essays, Lyrik und Theaterstücke. Diese Texte, die sie als Beiwerke zu ihrem eigentlichen Werk betrachtet, können sie nicht darüber hinwegtrösten, daß sie kein groß angelegtes literarisches Projekt hat. Marguerite Yourcenars Hang zum Stückeschreiben ist um so erstaunlicher, als sie selbst zugibt, kaum dramaturgisches Geschick oder Sinn für Bühnenwirksamkeit zu besitzen. Ihr Interesse am Dialog reicht dagegen sehr weit zurück: Ihr erster Text, *Le Jardin des Chimères,* ist ein Gedicht in Dialogform, und die erste, in den dreißiger Jahren niedergeschriebene Version des *Hadrian* ist ebenfalls in Dialogen abgefaßt. Die Faszination, die mythologische Stoffe auf sie ausüben, muß nicht mehr aufgezeigt werden. Sie lag übrigens damals in der Luft. 1942 wird *Eurydike* von Jean Anouilh im Théâtre de l'Atelier gegeben. Und Monelle Valentin, die Eurydike verkörperte, sollte zwei Jahre später und wiederum im Théâtre de l'Atelier einen wahren Triumph in der Rolle der *Antigone* feiern (fünfhundert Vorstellungen). 1943 inszeniert Charles Dullin Jean-Paul Sartres mythologisches Drama, *Die Fliegen*. Hofft Marguerite Yourcenar, in Frankreich rasch aufgeführt zu werden? Wohl kaum, denn jede Verbindung mit Frankreich ist unterbrochen. Sie möchte eher zunächst in den Vereinigten Staaten, in einer Übersetzung von Grace gespielt werden. Der Gedanke, ihr Stück einer Laienspielschar anzuvertrauen, mißfällt ihr nicht. Im Gegenteil. *Electre ou la Chute des Masques* kommt denn auch bereits 1944 auf Monts-Déserts zur Aufführung, während das Stück in Paris erst 1954 im Théâtre des Mathurins gegeben wird.

In dieser Zeit der Entmutigung und des Zweifels, die sie durchlebt, ist der Dialog für sie wohl ein Ausweg. Diese Ausdrucksform erspart es ihr, an ein Ich zu appellieren, dessen sie nicht mehr sicher ist, und entspricht am besten der Ungewißheit ihres Selbstverständnisses, der Unentschlossenheit ihrer Sprache, der Gefahr der literarischen Aphasie, von der sie sich bedroht fühlt. Was sie im Alter über das zweite, im Sommer 1943 geschriebene Stück, *Die kleine Seejungfrau,* sagt, bestätigt diese Hypothese.

Die kleine Seejungfrau, die sie in ihrem Vorwort von 1970 auf das Jahr 1942 datiert, ist ein Auftragsstück. Ihr Freund Everett Austin, Direktor des Hartforder Museums – heute würde man Kulturzentrum sagen – hatte sie gebeten, ein kurzes Divertimento zu schreiben, das Grace Frick übersetzen sollte und das er selbst für seine Laienspielgruppe inszenieren würde. Das Schauspiel, in das sich das kurze Stück Marguerite Yourcenars einfügte, war den vier Elementen gewidmet. »Mir fiel das Wasser zu«, schreibt Marguerite Yourcenar in ihrem Vorwort, »und ich faßte sofort den Plan, die wunderbare Geschichte des dänischen Märchenerzählers zu einem kleinen lyrischen Drama umzuarbeiten«. Aber die bezaubernde Melancholie des Märchens nimmt unter ihrer Feder dramatischere Töne an. Die kleine, in einen Prinzen verliebte Seejungfrau möchte in der Welt der Menschen leben. Die Meerhexe erhört sie, aber sie wird nur ein Mädchen sein, dem die Stimme fehlt. Stumm, also wehrlos muß sie an der Seite des Prinzen – der, in Marguerite Yourcenars Fassung eine reiche und häßliche Prinzessin heiratet – dem Schauspiel der Feigheit, der faulen Kompromisse und der niederen Politik beiwohnen. Sehr viel später wird Marguerite zu Jerry Wilson, ihrem Reisegefährten sagen (Wilson notiert es in sein Tagebuch), wie nahe sie sich zu Beginn der vierziger Jahre, fern von Europa und in ein Land verschlagen, dessen Werte sie nicht verstand und dessen Sprache sie nur mangelhaft beherrschte, dieser kleinen Seejungfrau gefühlt habe, die der Sprache beraubt und durch die Wirkung einer unvollkommenen Magie in eine Welt geworfen war, an der sie zu ersticken drohte. »Als ich sie [*Die kleine Seejungfrau*] wieder las, bemerkte ich, daß ich in dieses Stück sehr viel mehr hineingelegt hatte, als mir bei der Niederschrift bewußt gewesen war«, schreibt sie auch im Vorwort von 1970. »Unsere geringsten Werke sind wie Gegenstände, auf denen wir, ob wir es wollen oder nicht, einen unsichtbaren Seelenabdruck hinterlassen. Mir wird mit einigem Verzug klar, was mir damals in meinem Unterbewußtsein dieses Wesen hat bedeuten können, das plötzlich in eine andere Welt versetzt wird und sich dort ohne Identität und ohne Sprache wiederfindet. Zudem und vor allem aber geht diese ozeanische Träumerei auf eine Zeit zurück, in der das wahre, schauerliche Antlitz der Geschichte sich Millionen Menschen enthüllte, von denen ein großer Teil an dieser Enthüllung gestorben ist; selbst aus der Entfernung hatte ich gesehen, was ich gesehen hatte. Von diesem Zeitpunkt an und unter der Einwirkung einer immer noch andauernden Askese, traten an die Stelle der Landschaften, welche die einst so intensiv geliebte Spur der menschlichen Vergangenheit trugen, die immer seltener werdenden Orte, die vom schrecklichen menschlichen Abenteuer noch weitgehend verschont geblieben sind (...). Dieser Übergang von der Archäologie zur Geologie, von der Meditation über den Menschen zur Meditation über die Erde, war für mich, und ist es zuweilen auch heute noch, ein schmerzlicher Prozeß, obwohl er schließlich zu einigen unschätzbaren Gewinnen führte.«

Marguerite Yourcenars radikaler Pessimismus hinsichtlich der Zukunft des Menschen, der nichts mit Lebensüberdruß zu tun hat, geht auf diesen Bruch zurück. Desgleichen die Reflexion, die sie dazu führen wird, sich für den Umweltschutz einzusetzen, was dem süßlichen und simplen Bild widerspricht, das die Regenbogenpresse von ihr zeichnet, sobald sie eine öffentliche Persönlichkeit wird, und das bis heute überlebt hat – das Bild einer Frau, deren Hauptbeschäftigung darin besteht, seltene Blumen in ihrem Garten zu akklimatisieren oder im Winter die Vöglein zu füttern ...

Die Gründe für diese Verlorenheit und alles, was dazu angetan ist, ihr darüber hinwegzuhelfen, sind in den Notizheften der vierziger Jahre, die später in *La Table Ronde*[21] veröffentlicht wurden, nüchtern geschildert: »1943. Es ist noch zu früh zum Sprechen, zum

Schreiben, vielleicht sogar zum Denken, und für eine Weile wird unsere Sprache dem Stammeln eines Schwerverletzten gleichen, dem man die Sprechfähigkeit wiederanlernt. Nützen wir dieses Schweigen wie ein mystisches Exerzitium (...). Was ist dir in Augenblicken der Ratlosigkeit oder des Schreckens eine Lebenshilfe? Die Notwendigkeit, Brot zu verdienen oder zu kneten, der Schlaf, die Liebe, das Gefühl sauberer Wäsche auf der Haut, ein altes wiedergelesenes Buch, das Lächeln der Negerin oder des polnischen Schneiders von gegenüber, der Duft reifer Heidelbeeren und die Erinnerung an das Parthenon. Was in den Stunden der Freude gut war, bleibt köstlich in den Stunden der Not. Wer sich in der Sterbestunde bekehrt, gesteht damit, daß er schlecht gelebt hat.«

Die verschiedenen literarischen Arbeiten, die Marguerite Yourcenar in der zweiten Hälfte des Jahres 1943 ausführt, verraten so etwas wie den Wiederbeginn eines Lebens. Sie macht sich an die Übersetzung von Negro Spirituals und griechischen Gedichten, die sie besonders liebt. Um die gleiche Zeit kommt in der Zeitschrift *Fontaine* ein Fragment ihrer Übersetzung des Romans *The seven who fled* von Frederic Prokosch heraus. Der Rest der Übersetzung geht verloren, wie Frederic Prokosch in seinen Erinnerungen *Die metaphysische Piazza* erklärt. »Ich hatte ihr [Colette] geschrieben, daß ich sie besuchen würde und ihr vorher *Sieben auf der Flucht* geschickt, das Gallimard in einer schönen Neuübersetzung herausgebracht hatte. Vor Jahren hatte Marguerite Yourcenar *The seven who fled* schon einmal übersetzt, aber diese Übersetzung war beim Einmarsch der Deutschen in Paris verloren gegangen.«[22] In einem Brief vom 26. August 1939, abgeschickt in Siders, hatte Marguerite Yourcenar die von Gallimard vorgeschlagenen Vertragsbedingungen angenommen: »Tausend Dank für Ihren Brief vom 18.08., in dem Sie mir Ihre Abmachung mit Frederic Prokosch mitteilten«, schrieb sie an Gaston Gallimard. »Ich bestätige hiermit die Annahme des von Ihnen mit Schreiben vom 11. Juli vorgeschlagenen Vertrags. Ich habe das erste Buch der *Sept Fugitifs* bereits fertig und hoffe, Ihnen das komplette Manuskript, wie abgemacht, bis November zukommen zu lassen.«[23]

Frederic Prokosch war Marguerite Yourcenar schon einmal begegnet, aber man weiß nicht wann und wo. Vielleicht in New York, 820, Fifth Avenue, in Josephine Cranes Wohnung, die in jenen Kriegsjahren »ein Refugium für Dichter und ein Mekka für Künstler« war. »Man sprach dort von Properz und Pico della

Mirandola«, und Hannah Arendt hielt dort einen Vortrag über das 19. Jahrhundert.[24]

Sie haben keinen Umgang miteinander gepflogen und sich auch im Alter nicht wiedergesehen – zumindest ist nichts darüber bekannt. Aber Prokosch hatte Marguerite Yourcenar nicht vergessen und sie nicht als eine deprimierte Frau in Erinnerung behalten – man konnte sich bei Marguerite Yourcenar darauf verlassen, daß sie in der Öffentlichkeit den Kopf hoch trug. In *Die metaphysische Piazza* schreibt er: »Die drei intelligentesten Frauen, die ich in meinem Leben kennengelernt habe, waren Gertrude Stein, Hannah Arendt und Marguerite Yourcenar; bei allen dreien war das Erstaunliche ihr Hang zur Ambivalenz, gepaart mit einer überraschenden Klarsicht. Alle drei verbanden die Gabe, an gewöhnlichen Dingen das Außergewöhnliche zu sehen, mit einem Urglauben an die geheimen Kräfte der Weissagung.«[25] Die Bemerkung ist so zutreffend, daß man sich wundert, warum Prokosch »die Suche nach einer leidenschaftslosen und unpersönlichen Wahrheit, eng verbunden mit der Unmöglichkeit, die Wahrheit zu erfassen« eher der männlichen Intelligenz, insbesondere der Intelligenz Thomas Manns (einer der drei intelligentesten Männer, denen er begegnet ist) zutraut. Diese Beschreibung der Intelligenz paßt besser auf Marguerite Yourcenar als die Angaben, die Prokosch dann bei dem Versuch einer Klassifizierung der verschiedenen Intelligenzarten macht: »Es gab die Hexenweisheit der Baronin Blixen sowie das sibyllinische Gemurmel von Gertrude Stein und Marguerite Yourcenar.« Kein Zeuge spricht von einem eventuellen »sibyllinischen Gemurmel« Marguerite Yourcenars, aber die Bemerkung ist amüsant wegen des Vergleichs mit Gertrude Stein. Von der Geistesschärfe abgesehen, sieht man nicht recht, was diese beiden Frauen verbinden mochte, die, wären sie einander begegnet, sich wahrscheinlich wenig Angenehmes zu sagen gehabt hätten. Man sieht dagegen nur zu gut, was in der Erinnerung eines alten Mannes diese beiden Frauen an Gemeinsamkeiten besaßen: dieselbe Vorliebe für Frauen, eine gewisse Massigkeit der Erscheinung und die Tatsache, daß beide einen guten Teil ihres Lebens mit einer sehr schlanken Frau verbracht hatten. Immerhin kann man, hinter der Anekdote, in diesem mehr intuitiven als deduktiven Vergleich ein Zeichen für den außergewöhnlichen Scharfblick Prokoschs sehen. Denn wenn Marguerite Yourcenar etwas zutiefst mit Gertrude Stein gemeinsam hatte, dann war es der offensichtliche Hang – den Hemingway bei Gertrude Stein beobachtet hat –, in Liebesbeziehungen die beherrschende Rolle zu spielen und sich manchmal im Alltagsleben ganz und gar beherrschen zu lassen.

Von der Macht – fast möchte man sagen, von der Alleinherrschaft –, die Grace Frick über den Gang der alltäglichen Dinge ausübte, weiß man ab 1944 genau Bescheid dank der Agendas, die Grace methodisch bis zu ihrem Tod führte, wenn auch in ihren letzten Lebensjahren, aufgrund zunehmender Schwäche, die Detailfreudigkeit einer gewissen Hast Platz machte. Es fehlt nur das Notizbuch des Jahres 1976, das verlorengegangen ist. Diese Agendas, die Marguerite Yourcenar immer »die Agendas von Grace Frick« nannte, wurden in Wirklichkeit von beiden gemeinsam benutzt. Zumindest machte Marguerite Yourcenar sich darin Notizen, wenn Grace einmal abwesend war. Ob Marguerite Yourcenar eigene Agendas besaß, ist zweifelhaft. Unter den versiegelten Dokumenten befinden sich nur einige der Agendas, die sie nach Graces Tod gewissermaßen weitergeführt hat.

Anfang 1944 macht Marguerite die Eintragungen. Sie notiert weiter nichts als einige Verabredungen und vermerkt nur, daß Grace am 17. Januar Kansas City verläßt. Grace hatte, wie sooft, die Weihnachtsfeiertage bei ihren Brüdern verbracht. Marguerite begleitete sie niemals zu diesen Familientreffen. Es ist bekannt, daß sie keinen übermäßig entwickelten Familiensinn hatte. Und zudem war sie nicht besonders willkommen, denn Graces Verwandtschaft floß nicht gerade über vor Sympathie für das Paar, das Grace mit einer mittellosen Französin bildete, die kaum für ihren Lebensunterhalt sorgen konnte und jedenfalls nicht in der Lage war, allein zurechtzukommen. In Kansas City machten ruinierte flämische Adelsfamilien keinen Eindruck. Die literarische Aura einer unbekannten Schriftstellerin, von der noch dazu seit Jahren kein Buch mehr erschienen war, hätte wahrscheinlich nur sarkastische Bemerkungen hervorgerufen. Vielleicht aber auch nicht, denn Grace verstand sich sehr wohl darauf, Leute zum Schweigen zu bringen.

Im Gegensatz zu Marguerite Yourcenar ist Grace Frick, wenn sie die Agenda führt, von einer geradezu manischen Genauigkeit. Sie notiert nicht nur die Verabredungen und die fälligen Besorgungen, sondern kommentiert auch die Tagesverläufe, beschreibt manchmal die Mahlzeiten, macht Abrechnungen, stellt Listen und Verzeichnisse auf – wie das Verzeichnis des gesamten Tafelsilbers, das sie im Haus von Somesville zurückgelassen haben. Am 27. Februar

1944 notiert sie: »eine Hochzeit in New York«; und am 6. März: »MY krank, wahrscheinlich wegen der Austern, aber trotzdem hübscher Tag und Mittagessen vor dem Springbrunnen des Plaza [das berühmte Hotel Ecke Fifth Avenue und Central Park] und dann Einkaufsbummel bei Bonwitt Teller.« Nach Graces Tod hat Marguerite Yourcenar alle Agendas durchgelesen und manchmal Berichtigungen oder Kommentare angebracht. Am 10. November schreibt sie neben »MY lernt stricken« ein energisches »nein«, und wenn Grace bemerkt »Marguerite hat ein extravagantes Bett für ihr Schlafzimmer in Bronxville gekauft« fügt sie hinzu »ich habe es immer noch« ... So banal diese kuriosen kleinen, über die letzte Trennung hinaus geführten Zwiegespräche sind, sie geben eine Idee von der Art, wie diese täglichen Gespräche verlaufen sind, zärtlich oder bissig.

Winter und Frühling 1944 sind so glanzlos wie diese Notizen. Es wird nur klar, daß die finanzielle Lage wenn schon nicht rosig, so doch einigermaßen stabil ist, denn Marguerite Yourcenar und Grace Frick fahren ziemlich oft nach New York. Sie sind dort sehr aktiv, gehen ins Museum, ins Theater, in die Oper und besuchen Freunde und Bekannte: Karl Loewith, die Schiffrins.

Marguerite Yourcenar, die ein wenig aus ihrer Niedergeschlagenheit aufgetaucht war, schien sich zu einer gewissen Teilnahme am Gesellschaftsleben zu zwingen, in der Hoffnung, wieder einen Verleger zu finden. Schon werden ihre »Mythologies« sukzessive in *Les Lettres françaises,* einer Zeitschrift, die Roger Caillois* herausgibt, veröffentlicht. In ihrer Antrittsrede bei der Aufnahme in die Académie française, wo sie den Stuhl Roger Caillois' einnehmen sollte, geht Marguerite Yourcenar auf diese Episode ihres Lebens ein: »Im Jahr 1943, als wir beide im freiwilligen Exil lebten, er unter dem Kreuz des Südens, ich auf einer Insel, die häufig vom Nordlicht erhellt wurde, nahm er freundlicherweise einen langen Essay von mir in *Les Lettres françaises* auf, die er mit Unterstützung jener

* Der erste Text dieser »Mythologies« erscheint in der Januar-Nummer 1944 und wird, mit einigen Varianten, in die Essay-Sammlung *En pèlerin et en étranger* aufgenommen.[26] Im Oktober 1944 erscheint der Text von »Mythologies II«, der Alkestis gewidmet ist und zum Teil in das Vorwort zu dem Stück *Le Mystère d'Alceste* eingehen wird, das Gallimard 1971 veröffentlicht.[27] »Mythologies III« schließlich enthält die Texte *Ariane* und *Electre,* die im Januar 1945 von *Les Lettres françaises* publiziert und in die Vorworte von *Qui n'a pas son Minotuare?,* beziehungsweise *Electre* aufgenommen werden.[28]

wunderbaren Mäzenatin der Literatur, Victoria Ocampo, in Buenos Aires leitete. Damals, als die Stimme Frankreichs nur selten bis zu uns drang, brachten diese dünnen Hefte uns den tröstlichen Beweis, daß die französische Kultur noch lebendig war, und daß sie aus einer fernen Ecke der Erde den Weg zu uns fand, bewies ihre Weltgeltung. Was zählten da diese wenigen, eher formlosen Seiten, die mir später als Arbeitsunterlage für einige Stellen in anderen Büchern dienten. Offengestanden war ich, als ich sie in alten Nummern von *Les Lettres françaises* wieder las, erstaunt, daß ein mit so unerbittlicher Schärfe begabter Geist sie angenommen hatte. Vermutlich hatte er in meinem ein wenig flüchtigen Essay über den Einfluß der griechischen Tragödie auf die modernen Literaturen ein wenig von jenem Respekt erahnt, den er selber für alles empfand, was mit der Überlieferung der Mythen zusammenhängt, mit ihren Wandlungen in den Händen vieler Generationen und mit den großen Wahrheiten über die menschliche Natur, die von den Dichtern in diese Form gekleidet wurden. Wie dem auch sei, in einer Zeit, als wir des Überlebens der Kultur kaum sicher sein konnten (können wir es heute?), übrigens auch nicht unserer eigenen Zukunft, war eine solche Aufnahme für eine junge, in den Vereinigten Staaten noch keineswegs heimisch gewordene Schriftstellerin eine unverdiente Gunst und eine große Hilfe.«[29]

Während des Sommers in Somesville reift allmählich der Gedanke, auf der Ile des Monts-Déserts ein Haus zu kaufen und sich dort niederzulassen. In der Agenda werden Graces Notizen immer unregelmäßiger. Regelmäßig vermerkt sind dagegen die zahlreichen Termine beim Arzt, die sich wie ein Leitmotiv durch die vierzig Jahre ihres gemeinsamen Lebens ziehen, aus guten Gründen – Graces Krankheit von 1958 an – oder aus schlechten – Marguerites Hypochondrie. Damals war Marguerite Yourcenar verhältnismäßig jung – einundvierzig Jahre –, sodaß man über ihre Lust, sich ewig krank zu fühlen, noch lächeln konnte. Grace bemerkt, sie, Marguerite, habe eines Tages vom Sarah Lawrence College aus angerufen, »to tell world she had a cold«, um der ganzen Welt zu verkünden, sie habe einen Schnupfen ...

In der Agenda von 1944 ist im August auch die Befreiung von Paris vermerkt. Kommentarlos. Dabei wurde durch dieses Ereignis eine Frage akut, auf die Marguerite Yourcenar würde antworten müssen: nach Europa zurückkehren oder nicht. Ihre Reise in die Vereinigten Staaten im Jahr 1939 war nur ein Zufall ihres Lebens gewesen, der durch den Unfall der Geschichte eine unfreiwillige Verlängerung erfahren hatte: eine geplante Reise, die mit dem Kriegsbeginn zusammenfiel und dadurch in einen Langzeitaufenthalt verwandelt wurde. Das war in nichts ein Lebensentwurf. Die bewußte Wahl zwischen Amerika und Europa, zwischen bleiben und abreisen, würde dagegen über ihre Zukunft in der zweiten Hälfte ihrer Existenz entscheiden. Sie wußte es. Grace ebenfalls. Von ihren Auseinandersetzungen über diese Entscheidung weiß man nicht das Geringste. Grace, die sich gewöhnlich lustvoll über alle Themen verbreitet, läßt in ihren Notizen kaum etwas verlauten. Nur einige Anspielungen auf »Marguerite in tears and desolate«. Aufgrund stürmischer Auseinandersetzungen? Ratlosigkeit im Hinblick auf die zu treffende Entscheidung? Im März 1945 sind die Emigranten, zumindest die Franzosen, wenn sie nicht schon ihre Koffer packen, bereits in Gedanken wieder zuhause auf dem alten Kontinent. Berichte über das jubelnde Paris, über das »gepeinigte, aber befreite Paris« des General de Gaulle sind bis zu ihnen gelangt. Sie wollen an dieser Rückkehr zum Frieden teilnehmen, sie wollen ihre Arbeit wiederfinden, ihre Familie, ihre Freunde. Die meisten von ihnen werden erwartet. Nicht so Marguerite. Familie will sie keine mehr haben. Beruf hat sie keinen, und von dem in Europa verbliebenen Geld ist kaum mehr etwas vorhanden. Die Freunde, zumindest die Freunde, an die man sich erinnern will, sind tot oder spurlos in alle Winde verstreut. Aber in Europa hat sie ihre Verleger, ihre Sprache, ihre Kultur, alles, was für sie bis dato unabdingbar gewesen war. Es gibt keine andere Lösung. Sie muß abreisen. Und sie bleibt.

Wie ist es zu dieser Entscheidung gekommen? »Ich habe nichts entschieden, ich habe es geschehen lassen«,[30] sagt sie 1979 zu Jacques Chancel. Europa, das ist die Aussicht auf eine Rückkehr ohne Gepäck, auf eine planlose Suche nach einem Wohnort. Bleiben heißt, sich für etwas aussprechen, nicht für Amerika, sondern für Grace, für eine gewisse Alltagsruhe, aber auch für die Hinnahme einer unablässigen Kontrolle. Marguerite hatte sicher lange gezögert, denn ihre Verwurzelung in der europäischen Kultur war zu tief gewesen. Grace dürfte wohl ihre ganze Energie daran gesetzt haben, um Marguerites Rückkehr nach Europa zu verhindern. Die Atmosphäre war sicher mehr als einmal äußerst gespannt. Für diese Auseinandersetzungen gibt es zwar keine Zeugen, aber Marguerite Yourcenar hat gegen Ende ihres Lebens Dinge gesagt, die ihre

Freunde überraschten, die aber nach allem, was man heute über ihre ersten Jahre in Amerika und über die besitzergreifende Heftigkeit von Graces Liebe weiß, verständlich werden. »Grace Frick mochte meine Bücher nicht«, erklärte sie eines Tages, anscheinend in einer Bekundung ihres ausgeprägten Sinns für das Paradoxe. Grace Frick sollte Bücher nicht mögen, die sie gelesen, wiedergelesen, manchmal abgeschrieben, oft übersetzt, immer im Manuskript und auf Fahnen korrigiert hatte? Die Behauptung war fast anstößig, aber die Erklärung, die Marguerite Yourcenar angesichts des erstaunten und mißbilligenden Schweigens ihrer Freunde lieferte, klingt plausibel: »Meine Bücher gehören Europa. Grace aber hat immer gedacht, daß Europa mich ihr wieder wegnehmen könnte.«

Hat Marguerite eines Tages gesagt »ich bleibe«? Hat sie einfach den Sommer 1945 vorbeigehen lassen, die Abreise der »anderen«, und ist dem gefolgt, was sie »den Lauf der Dinge« genannt hätte? Niemand weiß es. Wenn ihre zutiefst pessimistische Sicht der Zukunft – die sie dazu trieb, bei Grace zu bleiben und sich dem Tumult der Welt zu entziehen – noch der Nahrung bedurft hätte, der Abwurf der Atombombe auf Hiroshima im August 1945 hätte sie geliefert. Nicht die »wissenschaftliche Revolution«,[31] die mit diesem neuen Massaker einhergeht, bedrückt Marguerite Yourcenar. Sie schreibt in ihr Tagebuch: »1945. Die Atombombe bringt uns nichts Neues, denn nichts ist weniger neu als der Tod. Es ist grauenhaft, daß kaum beherrschte kosmische Kräfte unverzüglich zum Morden verwendet werden, aber der erste Mensch, der auf den Gedanken kam, einen Stein ins Rollen zu bringen, um damit seinen Feind zu zerquetschen, hat sich zum Töten der Schwerkraft bedient.«[32] Was sie zur Verzweiflung bringt, ist die – in ihrer Wirkung ins Vielfache gesteigerte – Wiederholung eines uralten Reflexes – den Feind massakrieren um den Krieg zu beenden. Wie sie 1939 auf der Rückfahrt aus dem Wallis die Sturmglocken der Schweizer Dörfer gehört hatte, die auf das Sturmgeläut der Dörfer Savoyens antworteten, so hört sie auf der Ile des Monts-Déserts die Sirenen der Fischkutter, die das Ende des Pazifikkrieges verkünden. Mit diesem Zeichen eines Jubels, der eng mit dem Grauen verbunden ist, geht etwas dunkel zu Ende, etwas so Entscheidendes, daß sie es in der Chronologie ihres Lebens, die sie für die Pléiade erstellt hat, für das Jahr 1945 bei diesem einzigen Eintrag beläßt.

Von nun an macht sie die Vereinigten Staaten nicht zu ihrem Refugium, nicht zu ihrer Heimat, sondern zu so etwas wie ihrem

Stützpunkt, und Grace Frick zu ihrer Lebensgefährtin. Sie legt großen Wert darauf, nicht für einen »Flüchtling« gehalten zu werden. Einem ihrer polnischen Briefpartner schreibt sie am 29. Juni 1954: »Ich war auch im eigentlichen Sinne des Wortes kein Flüchtling in den Vereinigten Staaten, denn ich bin aus freien Stücken in dieses Land gegangen, wegen einer Freundschaft und aufgrund literarischer Projekte (Vorträge, Reisen), und wenn mich dann die politischen Ereignisse, Krankheit und andere persönliche Gründe dort länger festhielten, als ich angenommen hatte, so war ich in keinem Fall *gezwungen* gewesen, in Amerika zu bleiben, weil etwa mein eigenes Land mir verschlossen gewesen wäre. Ich will damit nur sagen, daß unsere Situationen nicht vergleichbar sind. Trotzdem weiß ich, was es bedeutet, in einem fremden Land zu leben, wo man uns immer mit einem gewissen Mißtrauen oder einer gewissen Unsicherheit begegnen wird und wo wir manchmal kaum für uns sorgen können.«[33]

Bleiben will jedoch nicht besagen, daß sie sich einem beschaulichen amerikanischen Leben hingibt noch der allgegenwärtigen Fürsorge Graces überläßt, wie Grace sich das wohl vorgestellt hatte. Es bedeutet vielmehr, daß sie in einem gewissen Grad den Glauben an ihre schriftstellerische Zukunft wiedergefunden hat und sich nun alle Mittel zur Durchsetzung ihrer Ambitionen, aber auch zur Erreichung eines komfortableren Lebens, verschaffen will. Das befreite Europa verspürt, trotz der schauerlichen Entdekkung der Konzentrationslager mit ihren Leichenbergen und wandelnden Skeletten, einen ungeheueren Lebenshunger. Marguerite Yourcenar teilt dieses Gefühl auf der anderen Seite des Atlantik, und eben diese Anteilnahme erlaubt es ihr, zu bleiben. Briefe kommen, Freunde melden sich wieder, und in ihren Antworten zeigt Marguerite Yourcenar, daß sie ihre Festigkeit wiedergefunden hat, ihren Geschmack an den Tagen und an den Wörtern. In einem langen Brief an Jean Ballard geht sie auf »ihre« Nachkriegszeit ein:[34]

»Während dieser zehn Jahre habe ich sehr oft an Sie und die *Cahiers du Sud* gedacht, besonders immer dann, wenn die Zeitungen einen Fliegerangriff auf Marseille meldeten und über die Belagerung der Stadt berichteten ... Ich denke mit Sehnsucht an die Wohnung, von der aus man einen so schönen Blick auf die Altstadt hatte ... Aber das Fortleben der *Cahiers* beweist, daß bestimmte Grundwerte sich inmitten so vieler Zusammenbrüche halten. Während der Jahre, die ich fern in der Arche Amerika verbrachte, war das Schrecklichste dieses Gefühl, auf einer verschwundenen, überfluteten Welt zu schwimmen, ohne jemals wieder ein Festland zu erreichen. Dieses Gefühl täuschte uns: Jeder Brief, den ich in den letzten Monaten aus Frankreich, Griechenland, Italien erhalten habe, ist für mich ein wahres Wunder, die Botschaft aus einer zumindest für den Augenblick vor den Wassern geretteten Welt. (...)

Ich wollte diesen Brief bereits schließen, da sehe ich, daß der Ihre eine Frage über den mediterranen Geist enthält, ein Thema, das genug Stoff für einen langen Essay abgeben würde. Was soll ich dazu sagen? ... Ich schreibe Ihnen dies von der Mount Desert Insel aus, im Nord-Osten der Vereinigten Staaten, auf der ich seit sechs Jahren einen großen Teil meines Lebens verbringe. Es ist eine Art Korsika oder Dalmatien, gelegen in einem fast polaren Klima: für die Griechen war es das hyperboreische Land, für die Menschen des Mittelalters die Gegend des Nebels und des Packeises, die von den Schiffen Saint-Brandans erforscht worden war. Nun, ich sehe darin keinerlei Bruch, keinen *wesentlichen* Unterschied zu dem, was ich am meisten in Griechenland oder anderswo geliebt habe. Die Wälder, die für die Indianer belebt waren von einem heiligen Mysterium und einem heiligen Schauder, wie sie in ähnlicher Form auch Dodona in Epirus kannte; die harte Arbeit des Seemanns auf dem ›unfruchtbaren Meer‹; die alten Leute, die vor den Häusern sitzen und von alten Zeiten sprechen; die kleinen protestantischen Dorftempel, aus Holz gebaut, wie übrigens auch die ältesten griechischen Tempel, und mit einem rein dorischen Frontispiz verziert, Frucht der architektonischen Traditionen, die das England des 18. Jahrhunderts seinen ehemaligen Kolonien hinterlassen hatte; alles, selbst diese Bibliothek, diese Dorfschule, dieses Wort ›Demokratie‹ auf einer Mauer, banale Dinge, die jedermann gehören, die uns aber beweisen, daß alles Unerläßliche überliefert wurde (...)

Ich bemerke auch, daß ich einige Fragen nicht beantwortet habe, die Sie so freundschaftlich nach meiner Person stellen. Ich hoffe, Europa bald wiederzusehen, jedoch aus vielerlei Gründen – finanziellen Gründen (ich lebe hier von meinem Gehalt als Lehrerin an einem College in der Nähe von New York), aber auch aus gesundheitlichen und gefühlsmäßigen Gründen – zweifle ich, daß diese Reise und das erwünschte Wiedersehen mit Freunden vor zwei oder drei Jahren stattfinden können. Wir werden uns eben von Zeit zu Zeit schreiben.«

Die Dinge sind klar. Marguerite Yourcenar ist dreiundvierzig, und ihre Zukunft wird fernab vom literarischen Milieu verlaufen, das sie in den dreißiger Jahren in seine Mitte aufgenommen hatte, und diese Zukunft wird sie, zumindest was die literarische Arbeit betrifft, ganz und gar selbst gestalten.

Kapitel 2
Die Versuchung der Banalität

In den Vereinigten Staaten bleiben, das hieß an Grace festhalten – oder von Grace festgehalten werden – aber auch, sich noch für eine Weile in den Alltagstrott[1] fügen. Jeden Montag mußte Marguerite Yourcenar um vier Uhr früh aufstehen und mit der Bahn (sie hat nie Autofahren gelernt und konnte sich damals sowieso keinen Wagen leisten) von Hartford, wo sie mit Grace wohnte, an die hundertfünfzig Kilometer nach Bronxville zum Sarah Lawrence College fahren. Sie lehrte dort Französisch und Italienisch, von Montag morgen bis Mittwoch abend, und fuhr am Donnerstag wieder zurück, da sie nur einen Halbtagsposten hatte. Sie war 1942 von Mister Warren Constance eingestellt worden, dem Präsidenten dieses College, an dem ungefähr dreihundertfünfzig Mädchen studierten und das als sehr liberal und als Vorreiter avantgardistischer Lehrmethoden galt.

1945 wurde dieses ohnehin wenig konformistische College von einem sehr jungen und in pädagogischen Dingen sehr experimentierfreudigen Präsidenten übernommen, Harold Taylor, der sich gut an Marguerite Yourcenar erinnert. Er hat in seinem Gedächtnis das Bild einer sehr gewissenhaften Lehrerin bewahrt, die sich aber im Gegensatz zu ihm kaum für Lehrmethoden interessierte. »Sie hatte äußerst seltsame Allüren, aber sie war nur eine bizarre Persönlichkeit unter vielen anderen auf diesem atypischen Campus, wo alle möglichen Leute aufeinandergetroffen und aufeinandergefolgt sind. Mary McCarthy hat zum Beispiel ein Jahr am Sarah Lawrence College unterrichtet.«[2] Marguerite Yourcenar behauptet, daß sie sich an diesem College immer als »eine Art Sonderfall«[3] gefühlt habe. Laut Harold Taylor war »Marguerite Yourcenar sehr höflich, aber unnachgiebig in ihren Entscheidungen. Sie wollte sich nach dem Unterricht vor allem ihrer persönlichen Arbeit und der Lektüre widmen. Sie verkehrte nicht mit ihren Kollegen und hielt sich vom Universitätsleben fern. Niemand kannte sie wirklich. Aber man war ihr nicht böse, denn am College herrschte ein Geist der Toleranz und der gegenseitigen Achtung. Ihre äußere Erscheinung war schon respekteinflößend: kerzengerade, in weite Röcke und in

Schals gehüllt. Für mich war sie eine sehr typisch französische Frau mittleren Alters. Von ihrem Leben wußte ich nicht das Geringste. Ich hatte keine Ahnung, warum sie in Hartford wohnte. Ich vermutete, aus Sparsamkeit, denn New York war bereits damals eine sehr teure Stadt. Ich habe immer gedacht, sie würde allein wohnen und immer nur sofort, ohne sich länger als nötig am College aufzuhalten, nach Hause fahren, weil sie arbeiten wollte.«

Sie unterrichtete Anfängerinnen, die jedoch bereits ein Jahr Praxis hatten. Sie lehrte Französisch auf der Grundlage von Theatertexten und Lyrik, was von einer gelinde gesagt gewagten Pädagogik zeugte und ziemlich merkwürdige Folgen auf die Erlernung der Syntax und der Grammatik gehabt haben dürfte. Für fortgeschrittenere Studentinnen hielt sie auch Vorlesungen über die französische Zivilisation im Spiegel der Literatur und der Künste sowie zweistufige Italienischkurse ebenfalls auf der Grundlage von Theater und Lyrik. Einige ihrer Vorlesungsreihen befaßten sich auch mit dem historischen Roman, mit dem Epischen und Satirischen im französischen Roman und mit der surrealistischen Periode.

»Der Gedanke«, fährt Harold Taylor fort, »daß dieser große Geist dazu verwendet wurde, Anfängern Französisch beizubringen, berührt einen seltsam. Sie hat ihre Arbeit immer äußerst gewissenhaft verrichtet, sich aber strikt geweigert, mit uns über unsere pädagogischen Bestrebungen zu sprechen und uns in dieser Richtung zu folgen. Ihr Geist war anderswo. Auf dem Campus war sie sozusagen unsichtbar zugegen. Sie benutzte ausgiebig die Bibliothek. Abends aß sie allein in ihrem Zimmer und arbeitete dabei. Niemand wäre es eingefallen, sie zu stören. Vor allem nicht, seitdem sie sich wieder an die Niederschrift des Buches gemacht hatte, aus dem die *Mémoires d'Hadrien* werden sollten. Alle hatten begriffen, wieviel ihr diese Arbeit bedeutete und worum es für sie dabei ging: ganz einfach um ihr Leben. Einmal wollte sie eine Vorlesung über die Rolle des Detektivs in der französischen Literatur halten. Das kam uns allen als merkwürdiges Anzeichen einer unvermuteten Extravaganz vor.«

Ihr einstiger Rektor berichtet nur von einer einzigen unangenehmen Erinnerung an sie: Marguerite Yourcenar hat an *Commentary* – eine vom American Jewish Committee herausgegebenen Zeitschrift – geschrieben um zu vermelden, daß man am Sarah Lawrence College eine feste, nicht zu übersteigende Quote für jüdische Schülerinnen festgelegt habe. »Für uns, die wir seit je an vorderster

Front gegen Quotenregelungen jeder Art gekämpft hatten«, sagt Harold Taylor, »war das schon etwas hart zu verdauen gewesen«. *Commentary* war eine Monatsschrift, die Ralph E. Samuel leitete. Von 1945 bis 1953 hatte diese Publikation der Meinung zahlreicher amerikanischer und europäischer Intellektueller, wie Martin Buber, Jean-Paul Sartre, Hannah Arendt, Mary McCarthy, Marc Chagall, etc., Gehör verschafft ... Harold Taylor war sicher um so mehr über Marguerite Yourcenars Anklage schockiert, als er diese Zeitschrift sehr hoch einschätzte: Unter den Leserbriefen vom Januar 1948 findet sich ein Schreiben, in dem der Rektor des Sarah Lawrence College erklärt: »*Commentary* ist eine der besten Publikationen auf dem Gebiet des Geisteslebens, die mir seit langem untergekommen ist.« In den Inhaltsverzeichnissen der Zeitschrift findet sich keine Spur von Marguerite Yourcenars Artikel, was, ohne einen formellen Beweis darzustellen, vermuten läßt, daß es sich höchstens um einen Leserbrief gehandelt haben kann. Da alle Zeugnisse die »Anti-Quotenregelung-Haltung« des Sarah Lawrence College bestätigen, begreift man nur schwer, was Marguerite Yourcenar zu diesem Schritt bewegt haben könnte, es sei denn der Überdruß an ihrem Leben und an ihrem provisorischen Beruf, der sie manchmal so sehr überkam, daß sie ungerecht wurde.

»Ansonsten«, bestätigt Harold Taylor, »war sie immer untadelig gewesen. Sie kam nie in den Verdacht, eine Konservative zu sein. Wäre sie nicht liberal gewesen, sie hätte sich an unserem College nicht halten können. Ich kann mich jedoch nicht erinnern, sie zur Zeit des MacCarthyismus jemals in den Generalversammlungen des Lehrkörpers gesehen zu haben. Und schon gar nicht, daß sie dort das Wort ergriffen hätte. Da ich sie aber kannte, habe ich nie daran gezweifelt, daß sie den MacCarthyismus ablehnte und verdammte. Jeder Exzeß, alles, worin sich geistiges Mittelmaß, Intoleranz, Ausschlußtendenzen, Engstirnigkeit äußerten, war ihr fremd und empörte sie. Nur, als wir Generalversammlung auf Generalversammlung gegen den MacCarthyismus hielten, da befand sich Marguerite Yourcenar mitten im zweiten Jahrhundert, und es war ihr einfach nicht möglich, sich zu uns zu gesellen. Und merkwürdigerweise schienen wir alle diese Unmöglichkeit zu begreifen.

Die Beziehungen zwischen Marguerite Yourcenar und mir waren gut, wenn auch distanziert. Ich glaube aber, daß sie mir näher stand als den anderen. Wahrscheinlich, weil sie Sinn für Hierarchie hatte. Sie sprach lieber mit dem Rektor als mit den kleinen Würstchen.«

Hier unterliegt Harold Taylor einer Fehleinschätzung, vielleicht aus Bescheidenheit, weil er nicht behaupten will, von Marguerite Yourcenar ausgezeichnet worden zu sein, vielleicht aber auch, weil er sie nicht genug kannte. Man würde die sehr hohe Meinung, die Marguerite Yourcenar von sich selbst hatte, unterschätzen, nähme man an, sie hätte irgendeinem Sinn für Hierarchie gehorchen können. Sie hat sich ihre Gesprächspartner nie aufzwingen lassen. Sie hat sich immer das letzte Wort vorbehalten, in der Wahl ihrer Verleger, ihrer Gärtner, oder des Präsidenten der französischen Republik, mit dem sie dinieren wollte: Valéry Giscard d'Estaing erhielt einen Korb, die Einladung François Mitterrands wurde angenommen.

Sie nahm auch ein gewisses Interesse an Harold Taylors Arbeiten und übersetzte sogar das Kapitel, das er für den Sammelband *Die Gegenwartsphilosophie in Frankreich und in den Vereinigten Staaten* geschrieben hatte, ins Französische. Dieses zweibändige Werk, das von Marvin Faber, Professor in Buffalo, herausgegeben wurde, ist 1950 in Frankreich beim Verlag Presses universitaires de France erschienen. Das Kapitel 17 des ersten, der amerikanischen Philosophie gewidmeten Bandes, das die Philosophie der Erziehung zum Thema hatte, stammte von Harold Taylor. Der Name der Übersetzerin wird nirgends erwähnt: Marguerite Yourcenar dürfte dieses Versehen, das sie wohl als »mißlich« bezeichnet haben würde, nicht sehr geschätzt haben.

Dieses Zeugnis Harold Taylors, das von Marguerite Yourcenar im Grunde ein ziemlich neutrales Bild vermittelt, wenn es auch darauf hinweist, daß man in ihren Kursen, die von jeweils zehn bis fünfzehn Studentinnen besucht wurden, »von ihrer Persönlichkeit äußerst beeindruckt war«, dieses Zeugnis wird ergänzt durch die Erinnerungen von Marguerite Yourcenars ehemaligen Schülerinnen. »Wer sie auch nur ein einziges Mal auf dem Campus gesehen hatte, behielt sie für immer im Gedächtnis, so unvergeßlich war sie«, sagt eine von ihnen, Charlotte Pomerantz-Marzani, die heute in New York lebt.[4] Für alle diese kaum erwachsenen Mädchen war Marguerite eine seltsame und exotische Erscheinung. Sie kleidete sich exzentrisch aber sehr attraktiv, »immer in Capes drapiert, in Schals, immer in ihre Kleider gehüllt ... Von ihrer Haut und von ihrem Körper war nur sehr wenig zu sehen. ,Sie wirkte wie ein Mönch. Sie liebte die Brauntöne, die Violettöne, das Schwarz, sie hatte einen ausgeprägten Sinn für die Harmonie der Farben. Sie besaß etwas Mysteriöses, das sie aufregend machte. Und dann waren da alle diese Gerüchte, die besagten, daß sie mit einer Frau zusammenlebte. Das erhöhte noch das Romantische ihrer Persönlichkeit.«

»Als Lehrerin war sie nicht sehr orthodox. Zum einen hielt sie Vorlesungen, was nicht mehr Usus war. Zum anderen sprach sie im Unterricht kein Wort englisch – und sehr wenig außerhalb des Unterrichts. Ich war immer der Meinung gewesen, an einem amerikanischen College müsse man korrekt englisch sprechen, aber bei jemand, der eine derartige Ausstrahlung besaß, konnte man schon eine Ausnahme machen.« »Marguerite Yourcenar stellte sehr hohe Ansprüche, und diesen Ansprüchen mußte man sich anpassen, und zwar schnell, denn mit ihrer Geduld war es nicht weit her«, erinnern sich ihre Studentinnen. Sie interessierte sich zwar hauptsächlich für brillante Menschen, »nicht nur für Leute, die sie faszinierten, sondern Menschen, die passioniert und zudem noch begabt waren. Sie verhielt sich jedoch nie engherzig oder unnötig verletzend gegenüber irgendjemand.«

»Am meisten beeindruckte die Studentinnen die unnachahmliche Art, mit der Marguerite Yourcenar sie als Erwachsene behandelte, als ›verantwortliche Wesen‹. Entsprechend war Marguerite Yourcenars Haltung den Mädchen gegenüber im Unterricht: ›Ihr seid hierher gekommen um zu lernen, ich werde mich also nicht euerem geistigen Niveau anpassen.‹ Sie verrichtete ihre Arbeit mit absolutem Pflichtbewußtsein, auch wenn sie in ihr nicht unbedingt ihren Lebenszweck sah. Damals hatte sie Probleme mit dem Schreiben, sie war unzufrieden mit ihrer literarischen Arbeit, die nicht auf der Höhe ihrer Ambitionen war, und ich glaube, das letzte, wonach ihr der Sinn stand, war junge reiche Mädchen unterrichten. Ich habe ein sehr lückenhaftes Gedächtnis, aber ich weiß, daß manche meiner Mitschülerinnen ihre Kurse als glanzvoll in Erinnerung haben«, meint Charlotte Pomerantz.

Und tatsächlich haben einige ihrer Schülerinnen der Jahre 1942–1950 an Marguerite Yourcenar geschrieben, als sie 1980 in die Académie française aufgenommen worden war. Eine von ihnen, Olga Harrington, die ihre Kurse 1946 besuchte, spricht von der »lebendigen und intakten Erinnerung«, die sie an Marguerite Yourcenars Ausführungen über die *Princesse de Clèves* bis heute bewahrt hat.[5] Für Charlotte Pomerantz »sah man vom ersten Tag an, daß Marguerite Yourcenar keine Lehrkraft war wie die anderen. Sie unterrichtete nicht wie eine klassische Professorin, sondern wie jemand, dem die Literatur über alles geht. Sie scherte sich keinen Deut um Grammatik und praktische Übungen. Sie ist die einzige, deren Kurse ich zwei Jahre hintereinander besucht habe, 1948 und 1949. Das war wohl der Grund, warum ich ihr Jahre später geschrieben und einen Briefwechsel mit ihr angefangen habe. Sie tat so, als ob sie sich an mich erinnerte, aus Sympathie, aber ich weiß, daß das nicht zutraf. Wie hätte es auch sein können? Ihr Kurs war der erste des Tages und für eine Langschläferin wie mich eine wahre Qual. Ich war nie ganz wach und daher immer stumm wie ein Fisch und wohl auch ein wenig schlapp, denn in einer ihrer Beurteilungen über mich beklagte sie meine ›desolate Art, sich während des Unterrichts zu halten‹.«

Charlotte Pomerantz konnte über die Meinung, die Marguerite Yourcenar von ihrer geistigen Aufgewecktheit hatte, kaum im unklaren sein. In einer Beurteilung vom Dezember 1948, die sie als Teilnehmerin am Kurs über französische Landeskunde betrifft, heißt es: »Sie scheint in jeder Hinsicht völlig apathisch. Körperlich verrät ihre Art, sich im Unterricht zu halten, entweder eine extreme allgemeine Erschöpfung oder ein dauerndes Schlafbedürfnis. Dieses physische Sichgehenlassen geht einher mit einem absoluten Mangel an geistiger Festigkeit. Sie macht den Eindruck eines Menschen, der von nichts durch eigenes Denken berührt wird. Durch ihre Weigerung, irgendein Thema wirklich zu analysieren oder zu untersuchen, scheint sie sich selbst Grenzen aufzuerlegen, damit sie nur ja nicht eine neue Idee in ihrem ganzen Umfang zu berücksichtigen hat und so Gefahr läuft, zu tief nachdenken zu müssen.« Die Form dieser Beurteilung, von der mir Charlotte Pomerantz lächelnd berichtete, ist weniger wichtig als das, was sie über den intensiven Blick enthüllt, mit dem Marguerite Yourcenar ihre Schülerinnen betrachtete.

»Ich habe mir Vorstellungen von ihr gemacht«, erinnert sich Charlotte, »auf die ich heute nicht mehr kommen würde, weil der Feminismus damit aufgeräumt hat und ich inzwischen über die Lage der Frauen nachgedacht habe. Ich sah in ihr eine männliche Autorität. Nicht wegen eines männlichen Habitus, den sie damals nicht hatte, als vielmehr aufgrund ihrer herrischen Intelligenz, dieser natürlichen Art der Überlegenheit, dieser Distanziertheit. Frauen haben mich nie angezogen, aber ich muß gestehen, daß sie auf mich einen Charme ausübte wie ein Mann. Ich konnte sie mir nicht bei so banalen Hantierungen vorstellen wie der Bedienung eines Toasters oder eines Haartrockners. ... Wenn ich in ihren Kursen saß, dachte ich immer, sie müsse in ihrem Alltagsleben mittelalterliche Utensilien benützen. Über ihr Privatleben ließ sie natürlich nichts verlauten. Es war uns allen jedoch klar, daß ihr Sinn nicht danach stehen konnte, eine Familie zu gründen, Kinder zu haben. Jemand, der sich so sehr mit dem Tod beschäftigt, wird doch wohl keine Nachkommen haben wollen, nicht wahr? Daß man ihr nachsagte, sie lebe mit einer Frau zusammen, dürfte sie gewußt haben. Im Grunde war es ihr gleichgültig, ob die Leute sie für eine Lesbierin hielten oder nicht. Sie machte nie irgendeine Andeutung. Sie wollte nicht abgestempelt werden. Sie hatte eine tiefe Abneigung gegen alles, was ihr ein Etikett aufkleben, sie einordnen könnte. Von Grace Frick habe ich weiter nichts gewußt, als daß sie eine gute Reiterin war. Heute weiß ich, daß Marguerite Yourcenar Angst vor Krankheiten hatte, daß sie hypochondrisch war. Darüber bin ich entzückt, denn das macht sie mir menschlicher. Ich habe sie in meiner Erinnerung bewahrt als ein Wesen, das aus Fels gehauen war; selbst ihr Gesicht habe ich wie einen Stein empfunden. Sie gehörte zu den Menschen, die außerhalb der Zeit existieren, bei denen man überzeugt ist, daß sie niemals sterben werden.«

Für Marguerite Yourcenar ist Sarah Lawrence ein Zwang. Aber sie beugt sich ihm. »Ich habe in dem amerikanischen Universitätsmilieu zu keiner Zeit und in keiner Weise Wurzel gefaßt«, gesteht sie Jean Lambert in einem Brief vom 14. Mai 1956,[6] »die wenigen Freunde, die ich in diesen Kreisen habe, verdanke ich Grace Frick oder *Hadrian*. Die Erfahrung war jedoch interessant. Ich bin dem Sarah Lawrence College dafür dankbar, daß es mir die finanziellen Mittel für meinen Aufenthalt in den Vereinigten Staaten verschafft hat, würde aber niemand diese Art Leben empfehlen, der nicht eine ausgesprochene Freude an der Lehrtätigkeit hat und eine extreme Neugier auf das amerikanische Leben und das Ungewohnte, das es mit sich bringt.«

Im Grunde ist es nicht so sehr die Lehrtätigkeit, die ihr mißfällt: demonstrieren, präzisieren, korrigieren, überarbeiten ist für sie keine Fron. Sofern sie auf einem empfangenen Brief nicht oben notiert hat: »Nicht beantworten; mittelmäßiger Essay (oder mittelmäßige Gedichte)«, geizt sie gegenüber den Leuten, die ihr Manuskripte oder Universitätsarbeiten zur Beurteilung zugeschickt haben, nicht mit Ratschlägen, Korrekturen und, manchmal sehr kategorisch formulierten Bemerkungen.[7] Was im Widerspruch steht zu ihrer ganzen Lebensauffassung und zu ihrer eigenen Pädagogik, ist ein Unterricht, den man global einer Gruppe aufzwingt, auf die Gefahr hin, dabei auf Gleichgültigkeit zu stoßen, auf diese Apathie, über die sie sich, wie man gesehen hat, wie über eine persönliche Aggression erbost.

Über die Jahre am Sarah Lawrence College sprach Marguerite Yourcenar wie über ein Zwischenspiel, eine sehr kurze Periode. Immer ihr merkwürdiges Zeitgefühl. Schließlich hat sie dort acht Jahre ihres Lebens hindurch drei Tage jeder Woche verbracht, mit ermüdenden Hin- und Rückfahrten. Nach einer Unterbrechung im Jahr 1950, während der sie *Die Erinnerungen des Kaisers Hadrian* beendet und nach Europa fährt, nimmt sie ihre Kurse wieder auf, um gewissenhaft ihren Vertrag zu erfüllen, der sie noch zur Abhaltung des Wintersemesters 1952/53 verpflichtet.

Die Zeit in Amerika mußte ihr sehr lang erscheinen, vor allem bis Anfang 1949, als sie sich wieder an eine gründliche literarische Arbeit macht. Auf diesem Campus hat sie ihre Fähigkeit zu einem autarken Leben erprobt. In ihrer Freizeit las sie fast pausenlos. Grace Fricks Manie, Listen zu erstellen, scheint sich leider nicht auf die Titel aller Bücher erstreckt zu haben, die durch Marguerite Yourcenars Hände gingen. Im allgemeinen datiert Marguerite Yourcenar nur selten ihre Lektüren. Die einzigen ein wenig genaueren Angaben finden sich in ihren Vorwörtern oder Kommentaren zu ihren Büchern. In den *Notizheften zu den Erinnerungen des Kaisers Hadrian* erwähnt sie zwei Vorstudien zum Portrait des Kaisers: »In jener Nacht schlug ich zwei von den mit dem Schiffskoffer zurückgekommenen Bücher auf, Reste einer verstreuten Bibliothek. Es waren Dio Cassius in dem schönen Druck von Henri Estienne und ein Band einer gewöhnlichen Ausgabe der *Historia Augusta,* die beiden Hauptquellen zu Hadrians Leben, die ich zu der Zeit gekauft hatte, als ich plante, dieses Buch zu schreiben.«[8] Manchmal erwähnt sie in ihrer Agenda die Bücher, die sie wiedergelesen hat. So den *Erwählten* von Thomas Mann, den sie als ein Meisterwerk betrachtet. Es gibt sogar Bücher, die sie jedes Jahr von neuem liest, wie *Far from the Madding Crowd* von Thomas Hardy. Wenn es auch keine detaillierte Aufstellung gibt, so findet man doch vielfältige Spuren ihrer ausgedehnten Lektüren in der Korrespondenz. Man ist versucht zu sagen, sie habe »alles gelesen«, auf allen Gebieten. Sie selbst weist natürlich im Gegenteil auf ihre Lücken hin, erklärt gegen Ende ihres Lebens, daß ihr zu wenig Zeit bleibe, zeitgenössische Autoren zu lesen, vor allem die französischen. Daß dies nicht stimmt, dafür gibt es genug Beweise: Wenn sie auch nicht alles las, so sah sie sich doch alles an, was man ihr schickte, die Bücher, die sie von ihrem Verleger erhielt oder von Autoren, die sie bewunderten. Sie las sehr schnell und sehr intensiv, wie jemand, der sich gegen die Passivität und die Trägheit des Bildes wehrt, und für den das einzige wirkliche Kommunikationsmittel das geschriebene Wort ist. Wenn sie entschieden hatte, daß ein Buch es wert sei gelesen zu werden, dann machte sie sich nach der ersten Lektüre sofort an die zweite. Diesem Grundsatz ist sie nie untreu geworden.

Dieser »weiße Fleck«, der Sarah Lawrence in Marguerite Yourcenars Gedächtnis blieb, erschließt sich und ermißt sich, nicht aus der Zahl der in diesem College verbrachten Jahre, sondern aus dem, was jene Jahre im Leben Marguerite Yourcenars gewesen waren: Von 1943 bis zum Kriegsende ging es ihr im allgemeinen so schlecht, daß sie Sarah Lawrence nicht schlimmer empfand als alles andere. Sie sah im College ein Mittel, um finanziell zu überleben, weiter nichts. Nach Kriegsende wurde Sarah Lawrence eine Art Anhängsel zu ihrem Leben, eine Notwendigkeit, mit der sie sich abfand, aber allmählich nahm Marguerite Yourcenar wieder ihre Identität einer europäischen Schriftstellerin an. Trotz der Entfernung ergriffen ihr Kontinent und ihre Sprache nach und nach wieder Besitz von ihr, und das Wort »Zukunft« bekam von neuem einen Sinn.

Bereits im September 1946 schrieb sie an ihren Verleger Grasset, um sich darüber zu beklagen, daß sie seit 1939 keinerlei Abrechnungen mehr über sechs ihrer in seinem Verlag erschienenen Werke erhalten hatte. Ein unzweifelhaftes Zeichen für ihre wiedergefundene Vitalität. Marguerite Yourcenar fängt wieder an, sich zäh gegen ihre Verleger zu verteidigen, will wieder alles kontrollieren, eingehend nachprüfen, ob man sie nicht bestiehlt (weniger des Geldes wegen als aus Prinzip), mit einem Wort, sie ist in ihren Augen von neuem eine Schriftstellerin, also sie selbst. Einige Wochen später wiederholt sie ihre Anfrage, wobei sie diesmal feststellt, sie habe seit 1938 keine Abrechnung erhalten, und bemerkt, ihre Werke seien in ganz Frankreich, einschließlich Paris, unauffindbar geworden. Sie erwähnt in diesem Schreiben auch ihr Werk *Dramatis personae,* das die Theaterstücke enthält, die sie während des Krieges geschrieben hat. Sie hat es zwar 1946 an Camus geschickt, doch »Grasset kann darauf ebenso Anspruch erheben wie Gallimard«, da beide Verleger noch die Option auf ein Werk gut hätten. Im November hat sie Albert Camus den letzten Teil des Manuskripts zugeschickt.[9]

»Ich sende Ihnen anliegend das Vorwort zu dem Band *Dramatis personae;* die drei Stücke, aus denen dieses Buch besteht, dürften inzwischen in Ihren Händen sein. Entschuldigen Sie bitte, daß ich das Manuskript in zwei Sendungen und in derartiger Unordnung geschickt habe, aber das Vorwort hat sich zu einem langen Essay ausgewachsen, und die letzten Änderungen haben mehr Zeit in Anspruch genommen, als ich zunächst angenommen hatte.« Nach einigen Monaten kommt die Antwort Gaston Gallimards; sie ist abschlägig:

»Vielen Dank für Ihre Sammlung von Theaterstücken mit dem Titel *Dramatis personae,* die Monsieur Albert Camus uns zukommen ließ.

Zu unserem lebhaften Bedauern sehen wir wegen der Schwierigkeiten, mit denen wir gegenwärtig in Frankreich zu kämpfen haben, keine Möglichkeit, dieses Werk verlegerisch zu betreuen; wir halten deshalb das Manuskript zu Ihrer Verfügung für den Fall, daß Sie es wieder zurückhaben wollen.«[10]

Sie wird Gaston Gallimard diese Ablehnung nachtragen und sie von neuem in dem Streit um die *Mémoires d'Hadrien* aufs Tapet bringen.

Sowie sie die angemahnten Abrechnungen erhält, schreibt sie umgehend an Grasset, zu Händen von Jean Blanzat, um dagegen Einspruch zu erheben. Sie lebt ganz unbestreitbar wieder auf ...

Seit Marguerite Yourcenar sich offensichtlich entschlossen hat, in Amerika zu bleiben, geht mit Grace alles gut. Im Herbst 1946 fahren sie, gemäß der amerikanischen Tradition, zur Apfelernte in den endlosen Obstgärten der Ostküste, die an manchen Tagen der Öffentlichkeit zugänglich sind, so daß man sich für wenig Geld mit Obst versorgen kann. Anfang 1947 ist Grace in Kalifornien, dann in Vancouver und schließlich in Chicago, von wo aus sie wieder zurückfährt. Marguerite notiert, meist in englisch, einige Verabredungen oder Hinweise auf kleine, nicht zu vergessende Arbeiten, in die Agenda. Am 14. Februar, dem Tag von Graces Rückkehr, der auch der Valentinstag ist, zeichnet sie eine riesige Sonne, die fast die ganze Seite bedeckt. Wer könnte jetzt noch ihrer so oft vorgebrachten Behauptung glauben, daß damals schon die Zeit, wenn nicht der toten Liebe, so doch der lustlosen Gewohnheit gekommen war?

Sie nimmt also ihre Arbeit wieder auf und versucht, ihre literarische Existenz in Europa unter Beweis zu stellen: 1947 veröffentlichen *Les Cahiers du Sud,* die immer noch der von ihr hochgeschätzte Jean Ballard herausgibt, ein Fragment der *Alkestis.* Ihre Äußerungen über die Vereinigten Staaten werden nun weniger distanziert, verständnisvoller, als habe sie etwas nicht mehr rückgängig zu Machendes akzeptiert. Am 14. Februar schreibt sie an Jean Ballard:[11] »Ihre Beschreibung des Marseille von heute interessiert und berührt mich. Von dem, was Sie mir über die Vereinigten Staaten sagen, die sich in der französischen Phantasie in ein Eldorado, in eine Insel der Seligen verwandeln, bin ich nicht überrascht; die Zeitschriften und Zeitungen, die ich aus Frankreich erhalte, weisen alle in diese Richtung. Was antworten? ›Die Steine sind überall hart‹, und, wie mir das kleine Mädchen, dem ich dieses Sprichwort zitierte, sagte, ist der Sand am Meeresufer überall lau und weich und die Morgenluft köstlich. Während der letzten Katastrophe war dieses Land gegen bestimmte Dinge gefeit; wir haben nie gefroren oder gehungert; das sind große Wohltaten. Andererseits fehlen hier gewisse mediterrane Annehmlichkeiten, die uns so vertraut waren, daß wir sie kaum bemerkten; die Muße, das Umherschlendern, das Gespräch unter Freunden existieren hier nicht, oder man kann sich das alles nur verschaffen (und ich verschaffe es mir), wenn man gegen den Strom des sogenannten American way of life schwimmt. Und doch liebe ich nun dieses Land sehr, oder zumindest manche Orte und manche Menschen.«

Acht Tage bevor sie diesen Brief schrieb, das heißt am 6. Februar 1947, hatte Marguerite Yourcenar einen Schritt unternommen, durch den sie sich so gut wie endgültig in den Vereinigten Staaten niederließ. Von diesen Tagen, über die sie nie etwas hat verlauten lassen, von denen man aber annehmen darf, daß sie von Angst über die Entscheidung erfüllt waren, findet man eine sehr diffuse Spur in einigen Reflexionen der *Lebensquellen,*[12] wenn sich Marguerite Yourcenar an Françoise Leroux erinnert, an diejenige ihrer Vorfahrinnen, der, weil sie ihr ähnlich sieht, ihre Vorliebe und ihre Zärtlichkeit gilt, und deren von den Zeitumständen aufgezwungene Lebensweise so seltsam die Lebensweise vorausnimmt, die sie für sich selbst wählen wird: »Der Wunsch, das Leben einfach zu machen, und zufällige äußere Umstände bringen sie mir näher als meine Ahninnen im Rüschenkleid. Umgeben von den Annehmlichkeiten, ja dem Luxus eines anderen Zeitalters, vollführe ich noch immer dieselben Handgriffe, die sie vor mir tat. Ich knete das Brot; ich fege die Schwelle; nach einer Sturmnacht sammle ich das dürre Holz auf (...). Im Winter haben wir beide die gleichen angeschwollenen Hände. Und ich weiß wohl, daß das, was für sie Zwang war, bei mir auf freier Wahl beruhte, wenigstens bis zu jenem Augenblick, wo jede Wahl unwiderruflich wird (...). Was sie gedacht hat in Freude und Leid, in körperlichem Ungemach, angesichts des Alters, des nahenden Todes, über die Menschen, die sie liebte und die dahingegangen sind, hat nicht mehr und nicht weniger Gewicht als das, was ich selber gedacht und gefühlt habe. Ihr Leben ist sicherlich härter gewesen als das meine; dennoch könnte ich mir vorstellen, daß es auf eines hinausläuft. Sie ist wie wir alle gefangen im Unentwirrbaren und Unentrinnbaren.«

»Das Leben einfach machen« und eine »unwiderrufliche Wahl« treffen, das hieß einer Vorladung Folge leisten, die sie am 6. Februar 1947 erhalten hatte: »Sie können Ihren endgültigen Antrag auf Naturalisierung ausfüllen.« Was Marguerite Yourcenar stehenden Fußes tat, wobei sie sogar vergaß, einen Umweg über das französische Konsulat zu machen, um ihre ursprüngliche Staatsbürgerschaft zu bewahren. Ende 1947 erwirbt sie endgültig die amerikanische Staatsbürgerschaft und legt ebenso endgültig die französische ab. Sie maß dem heute an der Harvard Universität verwahrten Dokument sehr wenig Symbolwert zu, der Urkunde über die Verleihung der amerikanischen Staatsbürgerschaft, N° 6773753, die folgende Angaben enthält: »US district of Hartford, Connecticut; Marguerite Yourcenar, 5 feet, 4 inches; 12-12-1947.« Marguerite Yourcenar hat durch diese Amtshandlung ihr Pseudonym legalisieren lassen; sie hat die Vereinigten Staaten zu ihrer Basis gemacht; sie hat – was sie vielleicht gegen jeden Augenschein abgeleugnet hätte – Grace Frick ein Liebespfand, wenn nicht sogar ein »Ehe-Versprechen« gegeben. Einige Bemerkungen in einem Brief, den sie 1974 an ihre Freundin und Fahnenkorrektorin, Madame Jeanne Carayon, geschrieben hat, geben die Situation ziemlich gut wieder: »Die Vereinigten Staaten? Ich hatte bis zu meinem vierunddreißigsten Lebensjahr nicht eine Sekunde an dieses

Land gedacht. Griechenland war der Mittelpunkt meiner Existenz geworden, und würde es, so glaubte ich, immer bleiben. Die außergewöhnlichen Verquickungen von Zufall und Bestimmung haben anders entschieden.«[13]

Die Frage der Staatsangehörigkeit hat Marguerite Yourcenar keine übermäßigen Gewissensqualen verursacht. Der Begriff des Vaterlandes war ihr ziemlich fremd, und die Zugehörigkeit zu einer Menschengruppe war für sie nicht an den Paß gebunden, den man beim Passieren des Zolls vorzeigt; Heimat war für sie einzig und allein die Sprache, die man gewählt hat, nicht zum mündlichen oder schriftlichen Ausdruck der tagtäglichen Bedürfnisse, sondern zum Hervorbringen von Literatur. Um ihre verlorene französische Nationalität hat sie sich keine Gedanken gemacht. Erst die Mitglieder der Académie française mußten sie zweiunddreißig Jahre später daran erinnern, daß sie diese Staatsangehörigkeit aufgegeben hatte – denn nur Franzosen sind wählbar, die Akademie darf keine Ausländer aufnehmen.

Kaum jemand, der sich entschlossen hat, für immer in einem Land zu leben, aus dem er nicht stammt, dürfte jedoch so stark wie Marguerite Yourcenar das Bedürfnis empfunden haben, sich vor dem Zugriff der Kultur und der Lebensweise dieses Landes zu schützen. Bis zu ihrem Tod, das heißt vierundvierzig Jahre hindurch, war sie unerschütterlich entschlossen, ihre eigene Sprache unversehrt zu bewahren, eine Sprache, die sie nicht anwenden durfte, sobald sie einen Fuß außer Haus setzte und die für sie wie eine zweite Insel war neben dieser ersten, die sie als Wohnsitz gewählt hatte, die Ile des Monts-Déserts. Marguerite Yourcenar, die Nomadin und Kosmopolitin, die sich nicht um die Farbe ihrer Ausweispapiere schert, ist Urfranzösin durch ihre Sprache. Der Patriotismus hat keinen Platz in ihrem Wortschatz, er tritt nur dann zutage, wenn es für sie um die Verteidigung ihres Spracherbes geht. Und das Gefühl, im Exil zu leben, wird sie erst, eben aufgrund der Sprache, ganz am Ende ihres Lebens entdecken (oder wiederentdecken?). In ihrem Haus Petite Plaisance ist sie nach Jerry Wilsons Tod zum ersten Mal von Leuten umgeben, die ausschließlich englisch sprechen, und sie beklagt sich bei ihren französisch sprechenden Freunden darüber, daß sie ganze Tage verbringen muß, ohne auch nur einen französischen Satz auszusprechen.

Den Frühjahrs- und den Sommerurlaub 1947 verbringt sie auf der Ile des Monts-Déserts. Im Sommer ist sie etwas übellaunig, vielleicht wegen der Hitze. Dabei ist Jacques Kayaloff im Frühjahr mit guten Nachrichten aus Europa zurückgekommen. Er hat den Koffer, den Marguerite in Lausanne, im Hotel Meurice zurückgelassen hatte, nach Amerika expediert, und er hat zwei ihrer Bücher mitgebracht und ihr sofort zugeschickt. Zudem veröffentlicht die Zeitschrift *Le Milieu du siècle* den vollständigen Text von *Electre ou la Chute des masques;* bei Robert Laffont kommt ihre vor dem Krieg angefertigte Übersetzung von Henry James' *What Maisie knew* heraus. Und schließlich, schreibt Grace Frick in ihre Agenda, verfaßt Marguerite Yourcenar nach einem Entwurf aus den dreißiger Jahren ihr Stück *Jedem sein Minotaurus.* Hier erreicht der Widerspruch mit Marguerite Yourcenars offiziellen Angaben seinen Höhepunkt.[14]

1948 ist ein ziemlich glanzloses Jahr ohne besondere Vorkommnisse, wenn man von den Zeichen absieht, die beweisen, daß das Paar Marguerite-Grace allmählich Gestalt annimmt. Bei den Notizen, die sie in ihrem Terminkalender macht, zeigt Grace nicht mehr dieses unmerkliche Zögern, die Zurückhaltung, die Zurücknahme, die der Unsicherheit entspringen. Von der Zeit der Leidenschaft und eines Zusammenlebens, das sich immer noch als provisorisch herausstellen konnte, geht man über zu einer veritablen aufs Definitive angelegten Gemeinschaft. Marguerite ist Amerikanerin. Sie, die Autoritäre, die Unabhängige, hat sich einem bestimmten Ort verschrieben. Sie kann zwar die »Oberherrschaft« wieder ergreifen, was sie auch tun wird. Aber die Grenzen sind abgesteckt. Der Heimathafen ist amerikanisch. Ohne diesen Sieg hätte Grace nie Ruhe gehabt. Sie hätte in der dauernden Angst gelebt, Marguerite könne wieder fortgehen. Der Winter ist sehr kalt und hat für beide Schnupfen und Unpäßlichkeiten im Gefolge, die Grace alle minuziös registriert. Im April verbringen sie ein paar Tage in Virginia. Im Juni machen sie eine Reise nach Neuschottland, bevor sie für den Sommer wieder nach der Ile des Monts-Déserts zurückkehren. Im August und September besichtigen sie Häuser auf der Insel, mit dem festen Vorsatz, eines zu kaufen, wobei die Initiative natürlich Grace zukommt, da nur sie im Augenblick etwas Geld in dieses Projekt investieren kann.

1948 ist auch das Jahr, in dem Grace statt Marguerite den Namen *Grete* in den Agendas verwendet. *Grete* taucht 1948 ziemlich häufig auf, etwas seltener im darauffolgenden Jahr und verschwindet völlig ab 1950. Marguerite Yourcenar wird dann beständig mit ihren Initialen M. Y. bezeichnet. Man kann über diesen Wechsel in der Benennung nur spekulieren. Er dürfte wohl nicht auf eine tiefgehende Änderung in den Beziehungen zwischen den beiden Frauen zurückzuführen sein, sondern vielmehr auf einen Statuswandel der Agendas, die nun bewußter im Hinblick auf eine Nachwelt geschrieben werden, an der keine von beiden zweifelt.

Am 30. Oktober 1948 vermerkt Grace: »Evening Grete***«: Diese Sterne oder andere Zeichen wie runde, eckige oder spitze Klammern, zwischen denen nichts steht, sind die einzigen wirklichen Herzensergießungen in diesen Agendas. Sie stehen für Augenblicke des Glücks, der Liebesfreude oder des sinnlichen Vergnügens (man darf Marguerite Yourcenar nicht den Affront antun, im Zusammenhang mit ihr das Wort »sexuell« zu verwenden, das ihr so sehr mißfiel, weil es in ihren Augen einen Beigeschmack von Technik, also von Langeweile hatte). Diese Zeichen wird Marguerite Yourcenar bis an ihr Lebensende verwenden, wenn sie, nach Graces Tod, allein diese Agendas weiterführt, diese »Tagebücher«, die, ohne wirklich intim zu sein, beredte Auskunft über den letzten Teil ihres Lebens geben, wenn sie auch immer elliptisch und, von seltenen Ausnahmen abgesehen, im Telegrammstil abgefaßt sind. Richtiggehende Reisetagebücher und einzelne, auf lose Blätter gemachte Notizen liefern dazu übrigens oft nützliche Ergänzungen.

Der 2. November 1948 ist ein großer Tag für Grace. Ihre Gefährtin ist nun wie sie selbst Amerikanerin und nimmt an der Präsidentenwahl teil. »Grete wählt zum ersten Mal«, schreibt Grace, »bevor sie zum Sarah Lawrence College fährt, und sie wählt nicht wie Grace.« Natürlich sagt sie nicht, für wen sie beide gestimmt haben. Die Kandidaten waren Harry Truman für die Demokraten, Sieger mit 49,6% der abgegebenen Stimmen, Thomas Dewey, der Republikaner, der 45,1% erhielt und mehrere Kandidaten von »progressiven« Splitterparteien, die zusammen 2,4% der Stimmen auf sich vereinten. »Ich stamme aus einer traditionell republikanischen Familie, aber ich neige immer mehr den Demokraten zu«, schreibt Grace an ihre Freundin Natalie Barney, die den Beinamen »die Amazone« trug und unter den Amerikanerinnen von Paris zu den überzeugtesten »rive gauche«-Vertreterinnen gehörte. Aber dieser Brief wurde erst im März 1954 geschrieben ... Es ist daher sehr wohl möglich, daß Grace 1948 für die Republikaner gestimmt hat. Dagegen ist es höchst unwahrscheinlich, daß Marguerite Yourcenar ihre Stimme den Konservativen gegeben hat, diesen Herolden der »moralischen Ordnung«. Ihr Macht- und ihr Staatsverständnis dürften sie eher veranlaßt haben, »nützlich«, das heißt in diesem Fall Truman zu wählen. Aber sie war von der Politik so tief enttäuscht, hatte eine so pessimistische Vorstellung vom gegenwärtigen Zustand der Demokratie, daß sie möglicherweise aus Idealismus und Desillusion für einen der Außenseiter gestimmt hat.

Marguerite Yourcenar beendet das Jahr 1948 allein, da Grace schon Ende November nach Kalifornien gefahren war, unter Hinterlassung einer beeindruckenden Liste von praktischen Ratschlägen, niedergelegt in der Agenda. Sie schreiben einander oft, fast täglich – Grace kommt erst Mitte Januar wieder nach Hartford zurück –, aber diese ganze Korrespondenz ist unter Verschluß. Marguerite Yourcenar macht ein paar unbedeutende Notizen – Verabredungen, Besorgungen – auf englisch. Nur für den 29-30-31 Dezember vermerkt sie in französisch »entzückende Tage«. Es ist nicht ersichtlich, ob sie vom Wetter spricht, von ihrer guten Laune oder von jemand »entzückendem«, der diese Tage erhellt hat ... Man kann sich nur schwer eine Marguerite Yourcenar vorstellen, die gewillt gewesen wäre, ein Jahresende völlig allein zu verbringen.

Als um Mitternacht der 31. Dezember 1948 dem 1. Januar 1949 weicht, tritt Marguerite Yourcenar, ohne es bereits zu wissen, in ein entscheidendes Jahr, das Jahr der Erfüllung ihrer literarischen Ambitionen: Ein fast zehnjähriger Leerlauf geht zu Ende, und sie macht sich wieder auf den seit ihrer Kindheit geplanten und gewollten Weg zur vollen Selbstverwirklichung.

Kapitel 3
Der wiedergefundene Hadrian

Wieder ist es eine dieser gern von Marguerite Yourcenar zitierten »außerordentlichen Verquickungen des Zufalls«, die 1949 zu einem der »Wendejahre« in ihrem Leben machen. Als sie im Alter die Agendas wieder durchsah, hat sie, wohl um einmal mehr ihre Biographen zu dem hinzuführen, was sie für wesentlich hielt, auf den Umschlag des Merkbuchs von 1949 in englisch geschrieben: »Anmerkungen zur Abfassung der *Mémoires d'Hadrien,* die im Februar 1949 begann«.

Marguerite Yourcenar ist in ihrem sechsundvierzigsten Lebensjahr. Am 12. Januar, dem Geburtstag von Grace, die ebenfalls sechsundvierzig ist, erinnert sie sich daran, daß ihr Vater, Michel, vor genau zwanzig Jahren, am 12. Januar 1929 gestorben ist. Was kann sie von der Bilanz dieser zwanzig Jahre denken? Von dem, was sie zuwege gebracht hat, und von allem, was sie nicht zuwege gebracht hat? Was würde Michel von seiner Tochter sagen, von dieser Frau, die in den Alltag verstrickt ist und dauernd das so oft diskutierte und in der Jugend erträumte literarische Werk auf später verschiebt?

Am 21. Januar sieht sie sich Hamlet an, mit Laurence Olivier in der Titelrolle, und bewahrt daran, wie so viele andere, eine nachhaltige Erinnerung. Aber im Grunde nichts, was der Rede wert wäre: ein Leben, zusammengesetzt aus den alltäglichen kleinen Glücks- und Unglücksfällen und aus einigen großen ästhetischen Emotionen, die sich dem Talent anderer verdankten. Drei Tage später, am 24. Januar tritt DAS Ereignis ein: die Ankunft des verloren gegangenen und von Jacques Kayaloff wieder aufgefundenen Koffers. Diese Ankunft wird in der Agenda in großen mehrfach unterstrichenen Lettern von Marguerite Yourcenar selbst notiert, da Grace, wie so oft am Jahresbeginn, bei ihren Verwandten ist und sich mit Marguerite erst wieder am 12. Februar in Santa Fe, Neu Mexiko treffen wird. Man fragt sich, warum die »Chronologie« der Pléiade vermeldet, der Koffer sei »im November oder Dezember 48« angekommen, wo doch alles von Tag zu Tag in der Agenda von 1949 festgehalten ist. Es ist schwer zu begreifen, wie

Marguerite Yourcenar sich hat täuschen können, aber es ist noch schwerer zu begreifen, warum sie wissentlich hätte lügen sollen. Alle ihre Äußerungen deuten darauf hin, daß die Entdeckung der alten Fragmente einer der Hadrian-Versionen wie ein Auslöser gewirkt hat, und daß sie sich sofort wieder an die Arbeit machte. Da der Beginn der Neufassung des *Hadrian* auf den Februar 1949 zurückgeht, trifft Marguerite Yourcenars Hinweis auf die sofortige Auslöserwirkung nur dann zu, wenn der Koffer wirklich erst Ende Januar 1949 angekommen ist. Wäre er im November oder Dezember 1948 angekommen, dann hätte der famose »Auslöser« noch ein bißchen gestottert, bevor er zündete ...

Der Koffer enthielt, wie Marguerite Yourcenar oft erklärt hat, eine Menge Familienpapiere und alte, vor ihr und von ihr angehäufte Briefe, die ihr nicht mehr viel sagten. Sie hat also viele Dokumente verbrannt. Es war ihr eine Lust, Dinge »in Rauch aufgehen zu lassen«, wie sie in *Les Yeux ouverts* erzählt hat: »(...) Es war ein richtiger Schiffskoffer, und vielleicht waren es sogar zwei oder drei, mit einem Haufen Plunder; natürlich war alles von einigem Wert verschwunden, auf die eine oder andere Art in den Taschen von ich weiß nicht wem gelandet, und nur das, wofür niemand eine Verwendung hatte, die alten Fetzen, waren noch da. Es war mir ein Vergnügen, alles in die Abfalltonne zu werfen, oder alles einige Tage lang zu verbrennen. Ich muß sagen, daß Grace nicht da war. Wäre sie da gewesen, dann hätte sie vielleicht manches retten wollen, während ich Freudenfeuer liebe.«[1] Trotzdem warf sie einen Blick auf die Papiere, bevor sie sie den Flammen übergab: »Ich setzte mich an den Kamin, um mit diesem fürchterlichen Nachlaßinventar fertig zu werden«, schreibt sie in den *Notizheften zu den Erinnerungen des Kaisers Hadrian.*[2] Ich verbrachte so mehrere Abende. Ich nahm Briefbündel auseinander; ich überflog, bevor ich sie vernichtete, diese Anhäufung von Korrespondenz mit Leuten, die ich vergessen hatte und die mich vergessen hatten, und von denen die einen noch lebten und die anderen schon gestorben waren. Etliche dieser Blätter stammten aus der Generation vor mir; selbst die Namen sagten mir nichts. Mechanisch warf ich diesen Austausch toter Gedanken mit diversen verstorbenen Maries, François' und Pauls ins Feuer. Ich entfaltete vier oder fünf maschinengeschriebene vergilbte Blätter. »Mon cher Marc ...« Marc ... um welchen Freund, um welchen Liebhaber, um welchen Verwandten handelte es sich? Ich konnte mich an diesen Namen nicht erinnern.

Bei der Niederschrift des »Hadrian«

Es dauerte eine Weile, ehe ich mich entsann, daß Marc für Marc Aurel stand und daß ich ein Fragment des verlorengegangenen Hadrian-Manuskripts vor mir hatte. Von diesem Augenblick an ging es nur noch darum, dieses Buch neu zu schreiben, koste es, was es wolle.«

Schon 1925, mit einundzwanzig Jahren, hatte Marguerite Yourcenar angefangen, über Hadrian zu arbeiten: »Dieser große römische Kaiser des 2. Jahrhunderts«, schreibt sie später an ihren Freund, den

Schriftsteller Joseph Breitbach,[3] »war ein großer Individualist, und eben darum, ein großer Jurist und ein großer Reformator. Ein großer Erotiker und auch (ich sage nicht: aber auch) ein Bürger, ein von seinen Erinnerungen besessener Liebhaber, auf verschiedene Art mit verschiedenen Menschen verbunden, aber zugleich und bis zuletzt einer der disziplіniertesten Geister, die es je gab.«

Um 1927 hatte sie in einem Band der Flaubert'schen Korrespondenz einen Satz wiedergefunden, den sie von nun an auf immer im Gedächtnis bewahren sollte: »Da es die Götter nicht mehr und Christus noch nicht gab, existierte zwischen Cicero und Marc Aurel ein einzigartiger Augenblick, in dem allein der Mensch da war.« »Einen großen Teil meines Lebens«, kommentierte sie, »habe ich auf die Definition und dann auf die Beschreibung dieses Menschen verwandt, der allein und doch mit allem verbunden war.«[4] Zwischen 1924 und 1927 hatte sie einige vollständige oder teilweise Versionen dessen angefertigt, was einmal die *Mémoires d'Hadrien* werden sollten, darunter eine Fassung in Dialogform. Sie hatte sogar 1926 eine dieser Versionen unter dem Titel *Antinoos* dem Verlag Fasquelle mit folgendem Schreiben angeboten:

Villa Loretta
Boulevard d'Italie
Monte-Carlo

Monsieur,

Bossuet sagt uns in seinem »Discours sur l'Histoire Universelle«, »Hadrian entehrte seine Herrschaft durch seine Amouren ...«

Dieses kaiserliche Abenteuer, das wie ein Roman von Petronius beginnt und mit der Vergöttlichung endet, ist das Thema des Romans *Antinoos,* dessen Manuskript ich Ihnen zusende. Ich habe versucht, Interesse an dieser völlig realistischen Entwicklung zu erwecken; die Annahme durch Ihren Verlag wäre der beste Beweis für das Gelingen meines Vorhabens.

Mit vorzüglicher Hochachtung

Marg Yourcenar
28. Juni 1926[5]

Anscheinend hat Fasquelle das Angebot abgelehnt. Marguerite Yourcenar selbst war mit dem Ergebnis ihrer Arbeit nicht sehr zufrieden: Sie hat alles vernichtet und das Projekt erst 1934 wieder aufgenommen. Nach ernsthaften Forschungen macht sie von neuem mehrere Anläufe. Sie bringt jedoch nichts zu Ende, vielleicht, weil sie sich nicht von dem Gedanken freimachen kann, das Werk müsse sich aus einer Reihe von Dialogen zusammensetzen. Und auch, weil sie nach ihrem eigenen Dafürhalten »zu jung« war. »Es gibt Bücher, an die man sich erst wagen darf, wenn man die Vierzig überschritten hat. Vorher kann es einem leicht passieren, daß man die großen natürlichen Grenzen übersieht, die von Person zu Person, von Jahrhundert zu Jahrhundert, die unendliche Vielfalt der Menschen trennen, oder, daß man im Gegenteil eine zu große Bedeutung den kleinen Verwaltungseinheiten zumißt, den Zollämtern und den Schilderhäusern der bewaffneten Posten. Ich habe diese Jahre gebraucht, um die Entfernung zwischen dem Kaiser und mir richtig einschätzen zu lernen.«[6] »Dieses Buch hat eine lange Geschichte«, schreibt sie 1951 an Joseph Breitbach. »Ich habe es vor zwanzig Jahren angefangen, in einem Lebensalter, in dem man gern hemmungslos und selbstgefällig ist (...). Ich habe es dann 1936 nochmals begonnen, in seiner gegenwärtigen Form, die Erinnerungen eines Mannes, der sein Leben angesichts des nahenden Todes prüfend an sich vorbeiziehen läßt. Aber ich habe nur fünfzehn Seiten geschrieben. Ich war damals für dieses zu umfassende Projekt noch nicht reif genug.«[7]

In der Endfassung bleibt von dem Text, den sie im endlich wiedergefundenen Schiffskoffer entdeckt hat, nur ein einziger Satz unverändert: »Ich gewahre allmählich die Konturen meines Todes.« »Wie ein Maler, der vor einer Horizontlinie seine Staffelei unablässig bald nach rechts, bald nach links verrückt, hatte ich endlich den Blickwinkel für das Buch gefunden«,[8] kommentiert Marguerite Yourcenar. Zu diesem Satz kommen, wenn auch weitgehend umgearbeitet, der Besuch beim Arzt und die Stelle über den Verzicht auf Leibesübungen, Passagen, die Marguerite Yourcenar 1937 während ihres ersten Amerika-Aufenthalts geschrieben hatte, nach eingehenden Recherchen über Hadrian in der Bibliothek der Yale Universität.

Die Ankunft des Koffers führt zwar zu der Entdeckung, die Marguerite Yourcenars Leben in einem Maße verändern wird, wie sie es sich nicht vorstellen kann, wirft aber zunächst ein unmittelbareres Problem auf, das zeigt, daß ihre finanzielle Lage immer noch prekär ist. Der Koffer enthält nämlich Reste des Familiensilbers (Marguerite Yourcenar vermerkt in der Agenda ihre Freude darüber, daß sie nun wieder mit dem Familienbesteck essen kann), und aus diesen Resten schloß der Zoll, daß der Kofferinhalt fast ausschließlich aus Silberzeug bestehe und daher ziemlich hoch zu verzollen sei, genau gesagt mit 25 Dollar. Um Jacques Kayaloff, der alles erledigt hatte, diese Summe zurück zu erstatten, mußte Marguerite der Sarah Lawrence-Bibliothek eine kleine Anthologie altperuanischer Literatur verkaufen. Ein schönes Buch, schrieb sie Jacques Kayaloff, aber ziemlich nutzlos, da sie es nicht lesen könne. Man bot ihr 18 Dollar, die sie, zusammen mit einem Scheck über 7 Dollar an Kayaloff schickte. Einige Wochen darauf hat sie noch weitere Dinge verkauft, für 26,50 Dollar. Sie verschenkte auch einiges (immer noch vor Graces Rückkehr), als bringe diese Erinnerung an Europa, nach dem Bruch durch den Krieg und ihrem Entschluß, in Amerika zu bleiben, nur Verdruß und eitle Nostalgie mit sich. Davon ausgenommen war nur das Familiensilber, dieses Zeichen einer tiefen Zugehörigkeit zu einem Geschlecht.

Am 10. Februar 1949 nimmt sie also *Hadrian* ungefähr dort wieder auf, wo sie ihn 1937 abgebrochen hatte. Es sind Universitätsferien, und sie fährt mit der Bahn über Chicago nach Santa Fe zu Grace. Während der langen Fahrt (zwei Tage) schreibt sie fast pausenlos, wie unter einem Zwang. »Ich nahm die leeren Blätter mit, auf denen ich dieses Buch neu beginnen wollte: ein Schwimmer, der sich ins Wasser stürzt, ohne zu wissen, ob er das andere Ufer erreichen wird. Von New York bis Chicago arbeitete ich, in meinem Schlafwagen eingeschlossen wie in einem Hypogäum, bis spät in die Nacht. Dann den ganzen nächsten Tag in einem Bahnhofsrestaurant von Chicago, wo ich auf einen Zug wartete, der in einem Schneesturm stecken geblieben war. Darauf von neuem im Aussichtswagen des Santa-Fe-Expreß, rechts und links die schwarzen Kuppen des Coloradogebirges und über mir das ewige Muster der Gestirne. In einem Zug, wörtlich und bildlich gesprochen, wurden so die Passagen über die Nahrung, die Liebe, den Schlaf und die Kenntnis des Menschen geschrieben. Ich kann mich kaum an einen glühenderen Tag noch an hellsichtigere Nächte erinnern.«[9]

Am 12. Februar ist Marguerite Yourcenar pünktlich zur Verabredung mit Grace im Hotel de Vargas, in Santa Fe. Ein sehr schönes Hotel, das im Laufe der Zeit verkommen wird, vor einigen Jahren aber noch die Erinnerung an seine vergangene Größe und einen ganz besonderen Zauber bewahrte, der von seiner patinierten Täfelung und seinen verblichenen Stofftapeten, vor allem aber von seinem Besitzer herrührte, einem alten, nachdenklichen und illusionslosen Intellektuellen, dem seine Gäste nur dann eines Blickes würdig schienen, wenn sie in der Lage waren, sich mit ihm ein wenig über Literatur, und vornehmlich über französische Literatur zu unterhalten. Die Vorstellung, daß die *Erinnerungen des Kaisers Hadrian,* so wie wir sie heute lesen, zu einem kleinen Teil in diesem Hotel geschrieben worden sind, entbehrt nicht einer gewissen Pikanterie. Trotz der Reise, auf die sie nicht hatte verzichten wollen, trotz ihrer Fahrt nach Taos (wo D. H. Lawrence gewohnt hatte) in der Nähe von Santa Fe, zu dem alten Pueblo mit seinen Indianern, hört Marguerite nicht auf zu schreiben, »zumindest ein wenig jeden Tag«. Zum ersten Mal seit 1939 scheint sie völlig glücklich. Grace notiert diese Wiedergeburt von Tag zu Tag. Auch Marguerite schreibt in die Agenda. Sie hat jetzt wieder, nach langer Zeit, das Gefühl, sich voll konzentrieren und eine langwierige Arbeit unternehmen zu können, die erste »vielleicht seit *Electre*«. Allein schon das »vielleicht« weist darauf hin, daß sie sich von nun an wieder ein Projekt ganz anderen Kalibers zutraut.

Auf der Rückfahrt, am 20., 21. und 22. Februar schreibt sie ohne Unterlaß weiter: Sie ist mitten in der Beschreibung der ersten Schritte Hadrians in der Politik, als sie in New York ankommt. Sie muß nun wieder den Unterricht am College aufnehmen. Aber die Bahnfahrten und alles, was sie sonst an Zeit erübrigen kann, sind *Hadrian* gewidmet. An den Wochenenden sieht sie ihr Manuskript durch und tippt es in die Maschine. Trotz allem nimmt Marguerite sich die Zeit, um zusammen mit Grace eine Aufführung der *Irren von Chaillot* von Giraudoux zu besuchen. Beide finden wenig Gefallen an diesem Schauspiel, das ihnen »kümmerlich, dünn und kläglich sentimental« erscheint, wie Grace kommentiert.

Eine junge amerikanische Universitätslehrerin, Olga Peters, schreibt an Marguerite Yourcenar und bittet sie, jeden der bereits erschienenen Titel zu kommentieren und sie über ihre weiteren Vorhaben zu informieren, da sie eine Arbeit über ihr Werk schreiben wolle. Trotz ihrer intensiven Beanspruchung antwortet Marguerite ausführlich; sie werden übrigens einige Jahre lang einen herzlichen Briefwechsel unterhalten, denn Marguerite empfindet für Olga Peters, deren griechische Herkunft viele Erinnerungen in ihr wachruft, sofort große Sympathie. Sie spricht zuerst von ihren bis dato nur in Bruchstücken veröffentlichten Arbeiten über die *negro spirituals* und die Lyrik von Konstantinos Kavafis und vermerkt dann, daß ein großangelegtes Unternehmen sie zur Zeit daran hindere, diese Arbeiten weiter zu führen: »Ich will mich wieder an diese beiden Arbeiten machen, sobald ich ein sehr langes Buch (lang zumindest für mich, denn bis jetzt habe ich ja nur ziemlich kurze Erzählungen geschrieben) beendet habe, ein Buch, das auf einen vor zwanzig Jahren gefaßten Plan zurückgeht und das ich nun wieder mit intensiver Leidenschaft in Angriff genommen habe, seit Beginn letzten Jahres, als die Notizen und ein Entwurf des ersten Kapitels, die während des Krieges verloren gegangen waren, endlich in Paris *(sic)* wieder aufgefunden worden sind. Ich tue im Augenblick nichts anderes (abgesehen natürlich von meiner Lehrtätigkeit). (...) Ich spreche davon, weil dieses zu drei Viertel fertige Buch eine Bestätigung dessen darstellt, was man wohl mein ›bisheriges Werk‹ nennen muß, und zugleich eine selbst für mich unerwartete Weiterentwicklung und Wandlung.«[10]

Das wahre Leben ist von nun an Hadrian. Trotzdem hält Marguerite Yourcenar, während sie »mitten im 2. Jahrhundert« lebt, am Sarah Lawrence College einen Kurs über Prousts *Eine Liebe von Swann,* gefolgt von einem allgemeineren Vortrag über das Werk des Dichters. Außerdem hält sie am 21. April einen Vortrag über Flaubert am Barnard College in New York. In der Agenda desselben Jahres hat Marguerite sehr viel später hinzugefügt, daß sie die Universitätsferien vom 27. März bis zum 2. April zu einer Reise nach Nashville (Tennessee) und dessen Umgebung benutzt hat. Als wollte sie damit betonen, was sie immer behauptet hat, nämlich daß sie keine »Heimarbeiterin« sei und jedes ihrer Bücher, selbst wenn es mit »einem Bein in der Gelehrsamkeit und mit dem anderen in der Magie« stand, so vollständig in sich trage, daß sie – zumindest in der ersten Zeit – überall, wo sie gehe und stehe, daran arbeiten könne. »Ich glaube, die meisten Leute machen sich eine falsche Vorstellung von der Gelehrsamkeit«,[11] sagte sie zu Matthieu Galey. »Vor allem die Franzosen meinen, man müsse von morgens bis abends in Bücher versunken sein wie die Bücherwürmer der Romane von Anatole France (...). So ist es aber nicht. Wenn man das Leben in, wie soll ich sagen, allen seinen Formen liebt, in den Formen der Vergangenheit ebenso wie in den Formen der Gegenwart – ganz einfach weil, wie, ich weiß nicht mehr welcher griechische Dichter sagt, die Vergangenheit überwiegt, da sie länger und ausgedehnter ist als die Gegenwart, vor allem die enge Gegenwart eines jeden von uns – ist es nur normal, daß man viel liest. Ich habe zum Beispiel jahrelang griechische Literatur gelesen (...). Ich habe so schließlich den Bildungsgang Hadrians rekonstruiert (...). Ich habe mir nicht gesagt: ›Du mußt über Hadrian schreiben und dich über das informieren, was er dachte.‹ Ich glaube, mit dieser Methode kommt man nicht weit. Ich glaube, man muß sich mit einem Thema so lange vollsaugen, bis es aus einem hervorsprießt, wie eine sorgfältig gegossene Pflanze.«

Grace ihrerseits liest die einzelnen Episoden, sobald sie geschrieben sind, und führt darüber minuziös Buch. Diese Praktik werden sie ihr ganzes gemeinsames Leben lang beibehalten, mit Ausnahme der Zeit kurz vor Graces Tod. Eine Praktik, über die man sich wundern mag: Wie konnte Marguerite Yourcenar, die sich ihrer literarischen Meisterschaft so souverän bewußt war, einen »ersten Entwurf« jemandem vorlegen, dessen Kenntnis des Französischen notwendigerweise der ihren unterlegen war? Wie soll man sich eine derartig enge Verwobenheit in einem literarischen Schöpfungsakt vorstellen? Gewöhnlich entledigt man sich der Frage, indem man auf eine bei allen Paaren sehr weit verbreitete Gewohnheit verweist. In dem vorliegenden Fall greift die Erklärung ein wenig kurz. Zwei Hypothesen bieten sich an: Daß Grace jede neu geschriebene Passage regelmäßig zu lesen bekam, muß noch lange nicht besagen, daß sie dies berechtigte, irgend etwas anderes zu äußern, als bewundernde Zustimmung; Marguerite hätte dann mit ihrer Handlungsweise sich nur die tröstende Gewißheit verschaffen wollen, daß ihr Text existierte, da er sich, gelesen, als ein Objekt der Verehrung und der Andacht einem Gedächtnis eingeprägt hatte, und Grace wäre dann nur der reine Spiegel einer literarischen Schöpfung gewesen, einzig dazu bestimmt, deren Beständigkeit und Größe zu bestätigen. Aber ebenso plausibel wäre die Vermutung, daß Marguerite Yourcenar die geistigen Fähigkeiten Graces sehr viel höher einschätzte, als sie dies später durchscheinen ließ, oder daß Graces Autorität über Marguerite viel stärker war als allgemein angenommen. Daß jedoch dieses Verhalten Marguerite Yourcenar dazu geführt hat, auf alles »Private« zu verzichten, dafür gibt es zahlreiche Beispiele. Alles, bis hin zur Korrespondenz, wurde Grace zur Kontrolle, wenn nicht gar zur Genehmigung vorgelegt.

Wer hat das durchgesetzt? Wer sich damit einverstanden erklärt? Schwer zu sagen. Nach Aussage aller Zeugen war die dominierende Figur bei diesem Paar, das oft als *a good marriage* hingestellt wurde, Marguerite Yourcenar: Warum aber dann diese Zustimmung zu dem, was trotz allem eine Abhängigkeit war? Wenn vierzig Jahre des Zusammenlebens auch ein Gradmesser für die Stärke der Beziehung zwischen den beiden Frauen sind und einige Schlüssel zu ihrem Verhalten liefern, so wird man doch, vor Einsicht in ihren Briefwechsel, das Geheimnis dieser absoluten Intimität nicht erhellen können, so sehr verhindern ihre jeweiligen »Bildstörungen« (Grace tritt nie in Erscheinung, und Marguerite minimisiert bis zu ihrem Tod den Platz, den Grace in ihrem Leben eingenommen hat) eine klare Sicht auf ihre Existenzen mit diesem zweideutigen Kräfteverhältnis. Das Band, das die beiden vereinte, dürfte weit weniger eindeutig gewesen sein – Herrschaft der einen und Fügsamkeit der anderen – als die meisten ihrer Freunde und Bekannten glauben machen wollen. Angesichts des Unbehagens oder des Unverständnisses, das gemeinhin ein homosexuelles Paar auslöst, ist die Versuchung groß, auf das traditionellste Modell zurückzugreifen: auf der einen Seite »der Mann«, Herr und Meister – Marguerite, natürlich –, auf der anderen »die Frau«, unterwürfige Dienerin – Grace, selbstverständlich. Das Schema ist ungemein abgegriffen, muß aber immer noch herhalten, als ginge es darum, die »Anomalie« der Situation durch ein Mehr an Konvention auszugleichen. Genau das hatte man von einem anderen berühmten Paar, Gertrude Stein und Alice Toklas, gesagt, trotz des Zeugnisses von Ernest Hemingway, der in *Paris – ein Fest fürs Leben* darlegt, wie viel subtiler und komplexer die gegenseitigen Machtverhältnisse zwischen diesen beiden Frauen waren. In den *Notizheften zu den Erinnerungen des Kaisers Hadrian* ermahnt Marguerite übrigens den hastigen Exegeten ebenso wie den naiven Biographen: »Sich unentwegt sagen, daß alles, was ich hier erzähle, verfälscht wird durch das, was ich nicht erzähle; diese Notizen umkreisen nur eine Lücke. Hier ist nicht die Rede von dem, was ich in jenen schwierigen Jahren tat, noch von den Gedanken, den Arbeiten, den Ängsten, den Freuden, noch von der gewaltigen Auswirkung der äußeren Ereignisse, noch von der unablässigen Selbstbewährung am Prüfstein der Fakten. Und ich übergehe auch die Erfahrungen mit der Krankheit und andere, geheimere in ihrem Gefolge, und die immerwährende Gegenwart der Liebe oder der Suche nach Liebe.«[12]

Während der ersten Monate der Konzeption (am 10. Juni vermerkt sie, daß sie das Buch vor vier Monaten angefangen hat und zieht einen Kreis von Kreuzen um das Datum) schreibt sie, wie man gesehen hat, überall, selbst im Zug, das Papier auf den Knien, also ohne irgendein Dokument zu befragen, als verfaßte sie einen Roman einzig aus der Phantasie oder eine autobiographische Erzählung, kurz, eine Geschichte, für die sie keine äußerlichen Hilfsmittel braucht. Sie hat oft erklärt, wieviel Gefallen sie daran gefunden habe »dieses Portrait eines fast weisen Mannes zu erschaffen und wieder zu erschaffen«.[13] »Manchmal, bevor ich mich an die Arbeit machte, schrieb ich ein oder zwei Stunden lang griechisch, um mich Hadrian zu nähern«, sagte sie – wofür wiedergefundene Blätter zeugen, die mit einer hastigen und teilweise unleserlichen griechischen Schrift bedeckt sind. In den *Notizheften* gibt sie noch einige Hinweise über ihre Methode: »Ich übergehe so schnell wie möglich drei Jahre Forschungen, die nur Fachleute, sowie eine Methode des Delirierens, die nur Narren interessieren würde. Wenn dieses letztere Wort auch zu sehr auf die Narrenfreiheit verweist: Sprechen wir lieber von einer konstanten und möglichst klarsichtigen Teilnahme an dem, was war.«[14] Und, kurz vorher: »Nützlichkeit all dessen, was man ohne Berechnung nur für sich selbst tut. Während dieser Jahre in der Fremde hatte ich die Lektüre der antiken Autoren fortgesetzt: Die grün oder rot gebundenen Bände der *Loeb-Heinemann*-Ausgaben waren mir eine Heimat geworden. Die beste Art, die Gedankenwelt eines Menschen nachzuschaffen: seine Bibliothek rekonstruieren. Jahrelang hatte ich so im voraus und unabsichtlich daran gearbeitet, die Regale von Tibur wiederaufzufüllen. Ich brauchte mir nur noch die angeschwollenen Hände eines Kranken auf den entrollten Manuskripten vorzustellen.«[15] Oder: »Dieses Buch ist die Verdichtung eines riesigen Werkes, das ich für mich allein erarbeitete. Ich hatte mir die Gewohnheit zugelegt, Nacht für Nacht fast automatisch das Ergebnis dieser langen, willentlich hervorgerufenen Visionen niederzuschreiben, durch die ich mich ins Innerste einer anderen Zeit versetzte. Die mindesten Wörter, die mindesten Gesten, die unmerklichsten Nuancen wurden notiert; Szenen, die in der Endfassung des Buches zwei Zeilen einnehmen, spielten sich in unendlicher Länge, wie in Zeitlupe, ab. Aneinandergereiht hätten diese Art Protokolle einen Band von mehreren tausend Seiten ergeben. Aber ich verbrannte jeden Morgen diese Arbeit der Nacht. Ich schrieb so eine sehr große Anzahl äußerst abstruser Meditationen und einige ziemlich obszöne Schilderungen.«[16] Die *Notizhefte*, die sie während des Krieges geführt hat, weisen Spuren dieser Praktiken auf: »Für die Aufzeichnung der Lust eine Notenschrift oder eine Zahlensprache finden. Oder aber die vollständigste Obszönität, die primitivsten Einsilbler, vorausgesetzt man wendet sich an ein Gehör, das genügend rein, genügend frei von eitlen Ängsten ist ... Oder daß das Unsagbare gelassen eben als unsagbar hingenommen wird.«[17]

Am 22. Juni, dem Tag vor der Abreise nach der Ile des Monts-Déserts, ist Marguerite bei der ersten Begegnung Hadrians mit Venus angelangt. Von hier an kann man Schritt für Schritt, Kapitel um Kapitel, einschließlich Kürzungen, Überarbeitungen und Abschriften (Fotokopierer wurden damals nur von Firmen verwendet, und der Privatmann mußte seine Arbeit abschreiben) die Abfassung des Buches verfolgen, zwischen Alltagsbeschäftigungen wie dem Pflücken der ersten eßbaren Blaubeeren in der Woche des 3. Juli, den Gesprächen über das Leben oder die Dürftigkeit der gehörten Predigten (Grace geht am Sonntag ziemlich regelmäßig zur Kirche) oder die Anspielung auf eine Spritztour zum nahen und sehr schönen Sutton Island, am 19. Juli.

Die Erstellung der Liste all der winzigen Etappen, in denen sich die Abfassung des *Hadrian* vollzogen hat, wäre ein langwieriges Unterfangen. Grace nimmt sich jeden Abend das Geschriebene zur, wie sie sagt, »Durchsicht« vor. Vom 25. bis 31. August lesen sie zusammen den Teil durch, der die Überschrift *Tellus Stabilita* trägt. Den ganzen Tag des 27. August verbringt Marguerite, laut Grace, damit, »nicht sehr umfangreiche aber wichtige Korrekturen, Einfügungen und Streichungen vorzunehmen«. Während Marguerite am nächsten Tag diese Arbeit zuende führt und Grace »gemächlich das Wohnzimmer fegt«, erhebt sich eine Diskussion »über den wirklichen Grund für die mangelnde Klarheit einer Reihe von Sätzen«, die Grace »wie fast immer bei dunklen Erklärungen, der Unsicherheit bezüglich der Fakten, auf denen diese Erklärungen beruhen« zuschreibt. Grace dürfte diese Diskussion so ausführlich notiert haben, weil sie nicht ungern darauf verweist, wie wichtig für die Verständlichkeit des Textes die Dokumentalistenarbeit ist, die sie leistet.

Während Marguerite am 20. September wieder ihre Tätigkeit am Sarah Lawrence College aufnimmt und von neuem in der Bahn und zwischen ihren Vorlesungen schreibt, widmet sich Grace völlig dem Buch, und man ermißt in diesem Herbst, wie sehr sie die unerläßlich treibende Kraft war, mehr wahrscheinlich, als bei den Büchern, die folgen sollten. Als sie am 4. Oktober in die Yale-Bibliothek gehen, verbringt Grace dort den ganzen Tag (Marguerite nur den Vormittag, da sie zur Stanford Universität muß). Sie umsorgt Marguerite unablässig, bringt ihr das Abendessen ans Bett, nachdem sie sie gezwungen hat, sich hinzulegen, mit dem Hinweis, daß sie, Marguerite, müder sei, als sie glaube. Als Marguerite vom 11. Oktober an alles zu Papier Gebrachte mit entscheidenden Änderungen abzuschreiben beginnt, fertigt Grace eine weitere Abschrift des Textes an und hinterlegt sie bei der Bank. Die Initiative zu dieser Hinterlegung im Schließfach geht wahrscheinlich von ihr aus, denn es ist ja bekannt, daß Marguerite, bevor sie Grace kennenlernte, leicht Texte und Gegenstände verloren gehen ließ, wie die *Hadrian*-Fragmente in dem in Lausanne zurückgelassenen Koffer bezeugen.

Graces Energie läßt nie nach und sie erlegt Marguerite ihren Arbeitsrhythmus auf. Am 27. November zum Beispiel zwingt sie Marguerite, »den ganzen Tag und fast die ganze Nacht« ihren Text abzutippen.

Diese Festigkeit und Ausdauer würdigt Marguerite Yourcenar in den *Notizheften zu den Erinnerungen des Kaisers Hadrian:* »Dieses Buch ist niemandem gewidmet. Es hätte G. F. zugeeignet werden sollen und wäre es auch geworden, läge nicht etwas Anstößiges darin, gerade einem Werk, aus dem ich meine Person völlig heraushalten wollte, eine persönliche Widmung voranzustellen. Auch die längste Widmung ist immer noch eine zu mangelhafte und banale Form, um eine so ungewöhnliche Freundschaft zu ehren. Wenn ich versuche, dieses Gute, das mir seit Jahren geschenkt wird, zu definieren, sage ich mir, daß ein derartiges Glück, so selten es auch sein mag, nicht einmalig sein kann; daß in dem Abenteuer eines zuende gebrachten Buchs oder in einem glücklichen Schriftstellerleben zuweilen jemand da sein muß, der keinen ungenauen oder schwachen Satz durchgehen läßt, den wir aus Müdigkeit beibehalten wollten; jemand, der mit uns wenn nötig zwanzig Mal eine fragwürdige Seite durchliest; jemand, der uns aus den Regalen der Bibliotheken die dicken Bände holt, in denen wir vielleicht einen nützlichen Hinweis finden, und der hartnäckig darauf besteht, daß wir nochmals anfangen, in ihnen zu suchen, nachdem wir sie schon erschöpft aus der Hand legen wollten; jemand, der uns stützt, uns zustimmt, manchmal uns bekämpft; jemand, der mit uns, in dem gleichen Maße, die Freuden der Kunst und des Lebens teilt, ihre nie langweiligen und nie leichten Arbeiten; jemand, der weder unser Schatten noch unser Abbild und nicht einmal unsere Ergänzung ist, sondern er selbst; jemand, der uns gottvoll frei läßt und uns dennoch zwingt, völlig das zu sein, was wir sind. *Hospes Comesque.*«[18]

Dieser Text ist im Werk Marguerite Yourcenars der einzige ausdrückliche Hinweis auf ihre Verbindung mit Grace, und er befindet sich in einem Anhang. Aber trotz des Lobes, das er darstellt, und der Dankbarkeit, die aus ihm spricht, verweist er Grace unwiderruflich in den Hintergrund. Grace existiert weniger durch das, was sie beiträgt, als durch das, was sie möglich macht. Diese Bemerkungen Marguerites stellen nur Graces Ergebenheit fest und zeigen, daß sie, Marguerite, diese Zuwendung nicht verkennt. Man kann daraus keine Schlüsse über den Zeitpunkt ziehen, zu dem, wie Marguerite Yourcenar später sagen wird, »die Leidenschaft in Gewohnheit« umschlug, denn es war nicht Marguerites Art, Bekenntnisse zu machen. Trotzdem spürt man, wie sehr damals das vordringlichste aller Gefühle, das Selbstwertgefühl, wieder von ihr Besitz ergreift.

1950, das Jahr, in dem Grace und Marguerite 47 Jahre alt werden, markiert die Rückkehr Marguerite Yourcenars, wenn nicht zur französischen Literatur, die sie nie wirklich verlassen hat, so doch zumindest zum Status einer französischen Schriftstellerin. Hat Grace nun Angst, Europa könne ihr im Umweg über *Hadrian* Marguerite wieder wegnehmen, und schlägt sie ihr deshalb vor, sie solle sich vom Präsidenten des Sarah Lawrence College für einige Monate beurlauben lassen? Marguerite würde dann finanziell wieder völlig von ihr abhängen. Am 25. Januar, einige Tage bevor sie die Episode vom Tod des Antinous schreibt (am Samstag, dem 28.) hat Marguerite Yourcenar eine Unterredung mit Harold Taylor. Der Präsident gibt ihrem Gesuch statt. Sie verläßt Sarah Lawrence am 25. Mai, nach einer letzten Vorlesung über Proust, eines ihrer Lieblingsthemen während dieser Jahre der Lehrtätigkeit. In einem Brief an Olga Peters geht sie auf diese Arbeit ein, schließt aber, im Hinblick auf die geistigen Einflüsse im Werk eines Autors, mit einer allgemeineren Betrachtung, die wohl ihre eigene Theorie vom diffusen Charakter der kulturellen Durchdringung illustriert:

»Ich habe soeben eine Vorlesung über das Werk Prousts gehalten, über das ich mich übrigens ziemlich oft auslassen muß; ich wandte mich an Studenten, die mit Proust wenig vertraut waren, und bemühte mich deshalb, ihn so gut wie möglich einzuordnen; um meinen jungen Zuhörern zu helfen, war ich sogar bereit, wo es ging, zu vereinfachen. Und doch mußte ich unter den Einflüssen, die dieses Werk untermauern und speisen, die antiken Literaturen zitieren, welche Proust direkt, das heißt über zeitgenössische Übersetzungen, oder indirekt, über die französische Literatur aufgenommen hatte; und auch alle fremdsprachigen Literaturen, vor allem die englische und russische; Bergson, natürlich, aber auch Platon und ganz allgemein alle Arbeiten der Philosophen, Wissenschaftler und Psychologen, die Proust vorangegangen waren, selbst wenn er nicht direkt von ihren Werken Kenntnis genommen hat; die ganze Malerei, die italienische und holländische ebenso wie die der Impressionisten, die ganze Musik, kurz, das ganze Kulturgut, das einem Mann, der um die Jahrhundertwende in Frankreich lebte, zugänglich war. Ich weiß sehr wohl, daß man unter diesen Einflüssen welche zitieren könnte, die stärker und sichtbarer waren als andere (...). Trotzdem ist er aber, wie wir alle, der Universalerbe einer äußerst komplexen Kultur. Ich gehe sogar noch weiter. Wenn man bei einem Schriftsteller einen beherrschenden Einfluß herausarbeiten oder verfolgen kann, vor allem den Einfluß einer modischen Philosophie oder Psychologie, dann scheint mir das sofort den Wert dieses Autors zu mindern und ihn zum Epigonen, Propagandisten und Vulgarisator abzustempeln. Sartre wäre größer ohne den so überaus augenfälligen Einfluß Heideggers in seinem Werk, und die modernen, zu sehr von Freud beeinflußten Schriftsteller werden unweigerlich veralten, so wie im Werk Balzacs die direkt entweder von Swedenborg oder von Lavater inspirierten Teile veraltet sind, und zwar in einem Maße, daß sie nur noch als historische Dokumente über die zu Beginn des 19. Jahrhunderts im Schwang gewesenen philosophischen oder wissenschaftlichen Spekulationen von Wert sind.«[19]

Sie notiert ihre Beurlaubung vom College an diesem 25. Mai 1950 mit riesigen Buchstaben, die sich über die ganze Seite ziehen –

was sie jedoch nicht daran hindert, dieses Ereignis in der Chronologie der Pléiade auf 1949 zu datieren.

Während ihrer letzten Monate am Sarah Lawrence College nimmt sich Marguerite trotz allem die Zeit, sich zwei Verdi-Opern anzusehen, eine ist *Simone Boccanegra*. Grace erwähnt nicht den Titel der anderen Oper und drückt, wie Marguerite, ihr »Erstaunen über die derzeitige Abwertung Verdis« aus. Dies war die einzige kleine »Zwischenaktmusik« in der langen und fast ununterbrochenen Suite von Bibliotheksbesuchen.

Am 22. April erhält Marguerite ein Telegramm, das sie über den besorgniserregenden Gesundheitszustand ihrer Stiefmutter Christine de Crayencour informiert, die am 24. April in Pau stirbt. Keinerlei Kommentar. Marguerite hatte während des Krieges der völlig mittellosen Christine zwar Geld geschickt, hatte aber diese für ihren Geschmack zu konventionelle und zu wenig intelligente Frau nie besonders geliebt. »Ich empfand keine Zuneigung für Christine Hovelt«, schreibt sie 1980 an Georges de Crayencour; »ihre Spießigkeit, ihre Ignoranz und ein gewisser englischer Snobismus störten mich. Aber sie war für den gealterten und kranken ›Michel‹ eine sehr nützliche Gefährtin. Als Michel plötzlich auf die Idee kam, sie zu heiraten, ›um ihr Freude zu machen‹, da habe ich ihn darin bestärkt (ich war damals zweiundzwanzig). Die Hochzeit fand im Oktober 1926 statt, zwei Jahre und drei Monate vor seinem Tod.«[20]

Zwei Tage nach Marguerites siebenundvierzigstem Geburtstag, der auf der Ile des Monts-Déserts in Northeast Harbor gefeiert wurde, kommt am 10. Juni 1950 ein erster Brief von Georges Poupet, einer der »grauen Eminenzen« des Verlagswesens und damals Lektor bei Plon. Er drückt sich sehr lobend über die ersten einhundertvierundzwanzig Seiten des Manuskripts aus, das Marguerite Yourcenar ein paar Wochen vorher an diesen Verlag geschickt hatte, und erklärt, daß Plon eine Option auf einen Vertrag nehmen wolle. Marguerite antwortet umgehend am 13. Juni:

»Es freut mich, daß dieses Buch, an dem ich seit Jahren arbeite, ein derartiges Echo bei Ihnen gefunden hat. Ich sende Ihnen in etwa zehn Tagen den zweiten Teil des Werks, *Tellus Stabilita* und *Saeculum Aureum*, im ganzen einhundertfünfundsiebzig Seiten. In *Tellus Stabilita* wird die Erzählung ungefähr vierzig Seiten lang unterbrochen, um einer Art Essay Platz zu machen, einem politischen und künstlerischen Testament, das den Schwerpunkt des Buches bildet; *Saeculum aureum* enthält dagegen das tragische Element. Bevor wir von Vertrag sprechen, warten wir ab, ob Ihr Interesse und das des Hauses Plon nach dieser Lektüre weiter bestehen.

Ich bin mit einem Vorabdruck der ersten 34 Seiten in der *Table Ronde* einverstanden, vorausgesetzt, daß keinerlei Kürzungen vorgenommen werden.«

Unmittelbar nach diesem Briefwechsel fühlt Marguerite Yourcenar – deren Leben seit der Wiederaufnahme des *Hadrian,* zumindest in Graces Berichterstattung, nicht mehr von Schnupfen, Übelkeiten und anderen Wehwehchen geplagt war – sich krank. Am 7. Juli geht sie in Bar Harbor für eine Woche ins Krankenhaus. Die Untersuchungen, über die Grace nichts Näheres sagt, »zeigen, daß eine Operation nicht notwendig ist. Ungeheuere Erleichterung«.

Im Laufe des Sommers, nachdem das *Hadrian*-Manuskript fast fertig ist, genehmigen Marguerite und Grace sich ein paar Zerstreuungen: Besuch des Jahrmarkts auf der Insel, eine Macbethaufführung und lange Spaziergänge, die, für Grace vor allem, zu einer methodischen Suche nach einem Haus ausarten. Bei der Durchsicht von Graces Notizen stößt man manchmal auf lustige Dinge. So erfährt man, daß am 28. Oktober »Marguerite sich eine Dauerwelle und Grace sich eine Wasserwelle machen läßt« ... Man weiß nicht, ob man bedauern soll, daß keinerlei fotografisches Dokument von diesem zweifelhaften »Experiment« existiert.

Währenddessen wird in Paris, bei Plon, das *Hadrian*-Manuskript mit größter Aufmerksamkeit geprüft, wie die Gutachten André Fraigneaus (vom 28. November 1950) und Georges Poupets (nicht datiert, aber ungefähr zu der gleichen Zeit abgefaßt, da ihm das Manuskript von Marguerite Yourcenar in mehreren Partien, zwischen Mai und Ende September zugesandt worden war) belegen. Diese Gutachten sind in Form von Antworten auf einem vorgefertigten Fragebogen erstellt, in denen vor allem Angaben gemacht werden sollen über den Aufbau, den literarischen Wert, das Interesse des Werks, seinen kommerziellen Wert, die Möglichkeit, »es in alle Hände zu legen«, die Bücher, mit denen es verglichen werden kann, und zum Schluß eine Antwort auf die schicksalhafte Frage gefordert wird: »Verdient dieses Manuskript es, veröffentlicht zu werden?«

Poupets Gutachten ist völlig positiv und lautet: »Ausgezeichneter Aufbau, von bemerkenswerter Stilsicherheit und Klarheit. Großer literarischer Wert. Kann nicht in alle Hände gelegt werden. Schriftsteller oder Bücher, mit denen Autor oder Werk verglichen werden können: die besten; nichts von *Quo Vadis* oder *Fabiola.* Verdient es, veröffentlicht zu werden. Kommerzieller Wert: Das Thema eignet sich nicht für das große Publikum, aber die Qualität ist so hoch, daß man einen wirklichen literarischen Erfolg erwarten darf.«

André Fraigneaus Bemerkungen sind reservierter aber auch interessanter, wenn man weiß, daß er Marguerite Yourcenars Lektor bei Grasset war und daß ihre Beziehungen wenn auch nicht privater, so doch sehr persönlicher Natur waren. Fraigneau weist zuerst auf den »offensichtlichen Einfluß Walter Paters« (*Marius, der Epikuräer*) hin. Aber, fährt er fort, er fühle sich »zu befangen, um über dieses Buch zu sprechen«, denn er habe »sie [Marguerite Yourcenar] seit ihrem ersten Buch bei Grasset betreut« und präzisiert: »Wir waren befreundet bis zu ihrer Abreise nach Amerika.« Er fügt hinzu: »Schließlich, und das ist gravierender, gleicht das Genre, das sie für ihr neues Manuskript gewählt hat, aufs Haar dem meiner letzten Werke, *Le Roi fou et le Solitaire* sowie *Julien l'Apostat.*«

Später erklärt André Fraigneau, daß er natürlich nicht sagen wollte, Marguerite Yourcenar habe ihn plagiiert, da er sehr wohl wisse, daß sie seine beiden Bücher nicht gelesen haben konnte. Er sehe darin nur ein Zeichen dafür, daß trotz der räumlichen Entfernung und der mehr als zehnjährigen Funkstille zwischen ihnen, ihre Interessenschwerpunkte einander sehr nahe geblieben seien. Der Hinweis im Gutachten auf seine eigenen Werke sollte nur sein Unbehagen gegenüber einem Text verständlich machen, den er zwangsläufig mit seinen eigenen verglichen habe. »Marguerite Yourcenars Qualitäten sind bekannt«, fügt er in diesem Gutachten hinzu: »Ein perfekter Stil, geschmeidig und wendig, im Dienst einer immensen Bildung und einer illusionslosen und dekorativen Philosophie. Auch ihre Mängel sind bekannt: Das Fehlen eines dramatischen Gefälles, einer vorwärtsdrängenden Handlung, das Fehlen von Effekten. (...) Ihr Leben des Hadrian leidet unter dem Einfluß Renans (...), unter der zu willkürlichen Distanzierung der Autorin. Je weiter man in der Lektüre dieser gewissenhaften und überraschungslosen Biographie des Kaisers der Monumente und des Hellenismus voranschreitet, desto klarer wird einem, daß der

Höhepunkt des Unterfangens die Begegnung mit Antinous sein würde, da Madame Yourcenar, trotz ihres Geschlechts, mit zu den Autoren gehört, die sich am meisten für die Homosexualität interessieren (...). Trotz alledem kann ich als Lektor guten Gewissens sagen, daß Marguerite Yourcenars Buch und vor allem ihre schriftstellerische Entwicklung keinen Verlag von Qualität gleichgültig lassen dürften.« Zum Schluß notiert André Fraigneau: »Schriftsteller und Bücher, mit denen Autorin und Werk verglichen werden können: Walter Pater, Ernest Renan. Aufbau: Harmonisch. Stil: Vollkommen. Literarischer Wert: Unbestreitbar. Interesse des Werks: Mittelmäßig. Leserschicht: Gebildete Elite. Kann nicht in alle Hände gelegt werden. Kommerzieller Wert: Gering. Verdient das Manuskript es, veröffentlicht zu werden?: ja; überarbeitet.«[21]

Der Hinweis auf den umfangreichen philosophischen Roman Walter Paters – dessen verfeinerte Sprachmelodie einstimmige Anerkennung gefunden hatte – wird von mehreren Kritikern aufgegriffen. Walter Pater hatte, bevor er den Roman zur Veröffentlichung freigab, über sechs Jahre an diesem imaginären Portrait eines römischen Patriziers gearbeitet, der zur Antoninenzeit unter der Herrschaft des Marc Aurel lebte. Das Bild, das dieser imaginäre Zeuge von den verschiedenen geistigen, politischen und religiösen Strömungen dieser Epoche zeichnete, diente dem Autor als Vorwand »zur Erfüllung einer Art Pflicht«;[22] der Pflicht – dies war zumindest Paters stereotype Antwort auf die Frage, welche Absicht ihn bei der Abfassung des *Marius* geleitet habe –, die »Notwendigkeit der Religion zu zeigen«. Charles Du Bos, für den dieses Werk »von Anfang bis Ende vor allem eine Kammermusik des Innenlebens«[23] war, hat *Marius* 1923 ein langes und sehr lobendes Kapitel in seinen *Approximations* gewidmet. Viele Jahre später gestand Marguerite Yourcenar jedoch ihrem gemeinsamen Freund Jean Mouton, daß sie mit Charles Du Bos nie über dieses Thema habe sprechen wollen, da sie sich zu weit von Walter Pater entfernt fühle und nichts mit ihm gemein habe.

Man wird André Fraigneau sicher nicht vorwerfen, er habe den – völlig unvorhersehbaren – Verkaufserfolg des Buches nicht prognostiziert. Dagegen verwundert es, daß er die *Erinnerungen des Kaisers Hadrian* für eine Biographie hielt. Und noch mehr, daß er sie als »gewissenhaft« bezeichnet. Heute weiß man, daß die Rekonstruktion der Persönlichkeit des Kaisers, dieser Akt der Sym-Pathie über die Jahrhunderte hinweg, Marguerite Yourcenar mehr bedeutete als alles andere, selbst wenn sie dabei historische »Verzerrungen« riskierte.

Jetzt, da man alle Kommentare besitzt, die Marguerite Yourcenar im Lauf der Jahre über *Hadrian* machte, mag eine Kritik an André Fraigneaus Beurteilung zu einfach erscheinen. Trotzdem konnte man, selbst bei einer ersten Lektüre, diesen zwangsläufig etwas selbstrechtfertigenden Monolog schwerlich mit einer Biographie vergleichen, die eine »Ermittlung zur Belastung und Entlastung durchführen muß«. »Ich habe schnell begriffen«, sagt Marguerite Yourcenar später, »daß er (Hadrian) nur die großen Linien seines Lebens heraufbeschwören konnte.«[24] Um aus der Antinous-Episode den »Höhepunkt des Unterfangens« zu machen, mußte man das Buch mit dem Blick eines Menschen lesen, der Marguerite Yourcenar aus den dreißiger Jahren kannte. »Hätte ich den *Hadrian* damals geschrieben«, präzisiert Marguerite Yourcenar mehrmals, »ich hätte vor allem den Künstler gesehen, den großen Kunstkenner, den großen Mäzen und wohl auch den Liebhaber; nicht gesehen hätte ich den Staatsmann.«[25]

Matthieu Galey stimmte Fraigneaus Lesart zu. Seiner Ansicht nach wäre Hadrian ohne Antinous »ein Kaiser wie die anderen ...«. »Sicher nicht«, wird er beschieden. »Ein großer Beamter, ein großer Fürst; aber möglicherweise hat der posthume und in unseren Tagen so verschrieene Antinous-Kult wirklich in wunderbarer Weise sein religiöses und affektives Ideal symbolisiert. Ich glaube, daß es zur Ausformung eines Geschicks fast immer einer Anwandlung von Wahn bedarf.«[26] Marguerite Yourcenar konnte damals nicht wissen, wie nahe sie am Ende ihres Lebens dem kommen würde, was sie sich über die Beziehung zwischen Hadrian und Antinous ausgedacht oder von ihr erahnt hatte.

Kurz, es war bereits klar, daß Marguerite Yourcenar zu Hadrian nicht die Distanz des Biographen eingenommen hatte. In Briefen, die sie zur Zeit der Abfassung des *Hadrian* geschrieben hatte, oder in Unterhaltungen mit damaligen Freunden, dann in den *Notizheften zu den Erinnerungen des Kaisers Hadrian* hat sie oft an diese »drei Jahre andauernder Arbeit«, von denen sie auch zu Matthieu Galey spricht,[27] erinnert. Jahre »zugebracht mit nichts anderem, ein Leben in so enger Symbiose mit der Figur, daß ich manchmal begriff, daß er log und ich ihn lügen ließ. Er legte sich die Dinge, bewußt oder unbewußt, auf seine Weise zurecht. Ich glaube, daß er hinsichtlich seiner Wahl, der Art, wie er an die Macht kam, nicht schlecht gelogen hat; er mußte ein wenig mehr wissen, als er darüber gesagt hat. Er hat eine weise Ungewißheit walten lassen.« Liest man heute diese Bemerkungen, dann darf man getrost behaupten, daß Marguerite Yourcenar in puncto »weiser Ungewißheit« wohl wußte, wovon sie sprach.

Kapitel 4
Petite Plaisance

Seit Jahren schon trugen Marguerite und Grace sich mit dem Plan, ein Haus auf der Ile des Monts-Déserts zu kaufen. Im Spätsommer 1950 wurde Grace von einer gewissen Unrast ergriffen und machte sich fieberhaft an die Verwirklichung dieses Vorhabens – vielleicht weil der *Hadrian* fast vollendet war und die unvermeidliche Rückkehr nach Europa sich abzeichnete, wenn das Buch dort veröffentlicht würde. Die alten Inselbewohner erinnern sich an eine Grace, die zu Pferd oder per Fahrrad die Gegend abklapperte und sich hier und dort nach Objekten erkundigte, die zum Verkauf standen. Ein Haus zu finden, das sowohl ihren Wünschen als auch ihren finanziellen Möglichkeiten entsprach, war nicht einfach. Sie konnten sich natürlich nicht eine dieser prunkvollen und riesigen Villen leisten, die den begüterten Familien, den Textilfabrikanten Milliken oder Mary Rockefeller, als Sommerresidenzen dienten und gegenüber dem Cottage lagen, für das sie sich schließlich entschieden. Sie wären auch nicht nach ihrem Geschmack gewesen. Da sie kein Auto besaßen und auch nicht die Absicht hatten, sich in näherer Zukunft eines anzuschaffen – sie sollten übrigens nie eines haben, da es, wie Marguerite sagte, besser sei, »ein Auto zu mieten, als noch einen Gegenstand mehr zu besitzen« –, wollten sie nicht zu weit von einem Dorf entfernt sein. Zumindest das Postamt sollte in nächster Nähe liegen. Nachdem sie angenehm gelegene Häuser besichtigt hatten – hoch über dem Meer zum Beispiel –, fiel ihre Wahl auf einen banaler gelegenen Besitz, auf Brooks Cottage, Sea Shore Road in Northeast Harbor, einem der Dörfer, das sie besonders mochten.

Das Cottage, dessen Kauf am 29. September 1950 getätigt wurde, liegt an der Uferstraße, aber der – private – Zugang zum Meer ist den Villen gegenüber vorbehalten. Dieser kleine Besitz, der ursprünglich ein um 1866 erbauter Bauernhof gewesen war und zu dem ein großer verwilderter Garten gehörte – ein Hektar nicht umzäunter Grund, umstanden von Bäumen –, sagte Marguerite Yourcenar und Grace Frick zu, weil er bis dato von einem Hotel als Dependance benutzt worden war. Das ganze Haus bestand ausschließlich aus Schlafzimmern, und sie konnten so den verfügbaren Raum nach Belieben gestalten. Sie nannten das Cottage Petite Plaisance, aus Vergnügen an einem französischen Namen und im Gedenken an Samuel Champlain, der 1604 diese große Felseninsel mit der sehr zerklüfteten und von Tannen, Eichen und Ahorn bestandenen Küste entdeckt hatte. Die Insel war ursprünglich von Indianern bevölkert gewesen. Heute besteht sie aus sieben Dörfern mit je etwa zweitausend Einwohnern, in der Hauptsache Fischer und Handwerker, die überwiegend vom Fremdenverkehr leben. Champlain hatte in Wirklichkeit nie einen Fuß auf die Insel gesetzt. Nachdem er von Neuschottland abgesegelt war, wo ihn die Reparatur eines Lecks im Kiel seines Schiffes festgehalten hatte, entdeckte er diese niedrige Berglinie: »Die Kuppen derselben«, berichtet er, »sind kahl, weil sie nur aus Felsen bestehen. Ich habe sie Ile des Monts-Déserts genannt.«

»Dann, zur Zeit Ludwigs XIV. sind einige französische Kolonisten gekommen, als der Marquis de Cadillac Gouverneur der Gegend war«,[1] erzählt Marguerite Yourcenar. »Mitte des 19. Jahrhunderts war hier eine bäuerliche, fast ausschließlich aus Schottland stammende Bevölkerung, die so ziemlich alle gewerblichen Erzeugnisse per Schiff aus Boston bezog. Diese Leute lebten hier friedlich vom Ertrag ihrer kleinen steinigen Äcker und der Wassermühlen. Und dann haben um 1880 einige bekannte Maler die Insel entdeckt und sie in Mode gebracht. Eine sehr große Anzahl eleganter Amerikaner aus Philadelphia und aus Boston haben sich riesige Baracken bauen lassen – es war eine sehr schlechte Zeit für Architektur – und sie kamen hier an mit fünfundzwanzig Schiffskoffern und einem Dutzend Domestiken und mit Pferden. Ein glanzvoller Aufzug! (...) Diese Zeit leitet bereits die ›Belle Epoque‹ ein, in der rauschende Feste im Freien veranstaltet wurden, zu denen man in Kremsern fuhr, die Damen in Rüschenkleidern, vermute ich, und die Herren in Frack und Zylinder. Man hatte schöne Spitzentischtücher aus Italien und Tafelsilber aus England. Weißbehandschuhte Butler servierten bei diesen eleganten Picknicks, ein wenig wie auf den Bildern des 18. Jahrhunderts, an Seeufern oder auf Bergesgipfeln. Es war die Welt der jungen Edith Wharton und des jungen Henry James. Leider ist das nur noch eine Erinnerung ...«

»Die Insel, in Wirklichkeit eine Halbinsel«, sagte Marguerite Yourcenar 1955, »ist zwölf Bahnstunden von New York entfernt, wenn man zur kanadischen Grenze hinauffährt.«[2] Man erreicht sie

Petite Plaisance im Winter, vom Garten aus gesehen

über eine Brücke. Die Flugreise dauert von New York aus drei Stunden, aber zu Graces Lebzeiten nahm Marguerite niemals das Flugzeug, ein Verkehrsmittel, das sie »nicht besonders mochte«. »Das Klima ist so wie in Norwegen«, führt sie in einem Gespräch aus. »Der Winter ist sehr kalt. Die Temperatur fällt bis dreißig, manchmal bis vierzig Grad unter Null. Der Garten liegt ›in gestreckter Länge‹, wie man hier sagt, unter Schneehaufen. Ende April wird der halb gefrorene Boden schlammig, morastig. Weil sie nie aus dem Haus kommen, kriegen die Leute das sogenannte ›Strohhüttenfieber‹. (...) Sehr schön ist der Altweibersommer, der bis Mitte November dauert. Die roten Ahornbäume, die fast violetten Eichen, die zartgelben Birken.«[3]

Heute wundern sich manche Besucher über dieses bescheidene, weiß gestrichene Holzhaus, das einige Meter von der Straße entfernt liegt. Sie können kaum glauben, daß die Marguerite Yourcenar, die sie aus dem französischen Fernsehen als eine etwas hoheitsvolle Schloßherrin in Erinnerung haben, ein Vorortshäuschen bewohnt haben sollte, das noch dazu auf der falschen Seite der Straße steht, von der aus man keinen »Meeresblick« hat. Bei der sehr französischen Manie, die Leute – vornehmlich die Schriftsteller – immer so zeigen zu wollen, wie man glaubt, daß das Publikum sie sich vorstellt, ist natürlich Petite Plaisance oft so gefilmt worden, als läge es am Ende einer langen Allee, »tief in einem Park, oder was weiß ich, um meinen Ruf als Einzelgängerin zu begründen«, sagte Marguerite Yourcenar spöttisch. Sie selbst hat Petite Plaisance nachdrücklich immer als bescheiden bezeichnet, »ein kleines, sehr einfaches Haus, mit einem großen Garten und vielen Büchern«.[4]

Wenn man Petite Plaisance nur als das sieht, was es ist, kann man unschwer seine Fehler und Mängel aufzählen: ein verwinkeltes Haus, mit sehr kleinen Zimmern. Ein uninteressantes Mobiliar: einige englische Kommoden, ein banales Eßzimmer mit einem sehr schönen Geschirrschrank, Bücherregale in allen Zimmern, wobei die Bücher nach Jahrhunderten von West nach Ost geordnet sind (die Romane des zwanzigsten Jahrhunderts befanden sich auf diese Weise in Marguerites Schlafzimmer), sehr gewöhnliche Betten und Sessel. Auch an den Wänden nichts besonderes, abgesehen von einem Bild des Hofmalers Antoine Coypel in der Diele, von – 1941 in New York gekauften – Piranesi-Stichen im Wohn- und Eßzimmer, dem Portrait eines Vorfahren Marguerite Yourcenars, oben am Ende der kurzen und sehr steilen Treppe mit den übermäßig hohen Stufen (der »Puritaner-Treppe«, wie Marguerite Yourcenar sie nannte) und zwei kleinen Portraits – Marguerite und Grace, von Marie Laurencin – in einem Gästezimmer.

»Die Wände eines Hauses sind fast so etwas wie Andenkensammlungen«, bemerkt sie in einem Gespräch. »Sie dokumentieren, was man getan hat. Beim *Hadrian* habe ich viel an Rom gedacht. Auch für Piranesi habe ich mich interessiert. Daher die Piranesi an den Wänden und ›unveröffentlichte‹ Aktzeichnungen Michelangelos, die für mich den Wirbel der Naturkräfte in Menschenform darstellen. Wenn alles verbrennen würde und ich die Wände neu schmücken müßte, dann würde ich etwas anderes aufhängen. Eine schöne chinesische Malerei zum Beispiel. Aber ich hänge an diesen Dingen, weil sie Augenblicke meiner Arbeit sind. (...) Es gibt Gegenstände, die nicht besonders schön sind, aber an denen man eben hängt. In meinem Schlafzimmer habe ich über meinem Bett eine moderne chinesische Grafik, die so oft reproduziert worden ist, daß man sie ein wenig über hat. Es ist ein Pferd, gemalt um die Mitte der zwanziger Jahre. Ein Freund hat sie mir um 1930 geschenkt. Er hatte sie in Paris bei einem Bouquinisten gekauft und ist inzwischen gestorben. Wenn ich diesen Stich anschaue, denke ich an ihn. Ich habe mir eine ganze Ideen-Assoziation zurechtgelegt. Ein in China legendäres steinernes Pferd, das alle tausend Jahre einen kleinen Himmelsflug macht ... Wenn man den Augenblick abpaßt, in dem es sich in die Lüfte erhebt, kann man sich anklammern und mitfliegen. Ich liebe diese Geschichte. Eines Tages hat ein Orientalist, der mich besuchte, gesagt: ›Wie können Sie nur diese mittelmäßige Grafik behalten?‹ Er wußte das alles nicht.«[5]

Einen Reiz kann man Petite Plaisance jedoch nicht absprechen, nämlich den Reiz eines Hauses, das für Frauen geschaffen ist. Marguerite Yourcenar hätte diese Definition wohl nicht sehr geschätzt und sie zugleich zu ungenau und zu restriktiv gefunden. Aber dieser in sich geschlossene, sanfte und ein wenig starre Ort ist sehr wohl ein Haus für allein lebende Frauen; Frauen, die nicht über sehr viel Geld verfügten und sich allmählich mit Gegenständen umgaben, die sicher nicht wertvoll, aber beiden lieb waren. Ein mehr »literarisches« als praktisches Haus. Im Erdgeschoß die große Küche, die wie die »Bilderbuch-Küche« eines Landhauses wirkt: ein gewaltiger Herd, Hängeschränke und Schubladen aus hellem Holz, eine Arbeitsfläche mit einer langen Etagere darüber, voller großer Glasbehälter, auf die Marguerite die Wörter »Pâtes«, »Farine«, »Semoule«, »Sucre«, etc. gemalt hatte. Auf einer anderen Etagere, kleine Gläser mit Gewürzen; in der Mitte ein kleiner, hoher, quadratischer Tisch, auf dem meist ein Korb voller Früchte steht. An der Wand mit den zwei Fenstern, die auf die Straße hinausgehen, ein Eßtisch; darüber ein Brett, an dem nach amerikanischer Art die »mugs« hängen, große, hauptsächlich zum Frühstück verwendete Tassen. Der Kühlschrank ist in einem großen Wandschrank versteckt. Der trotz fehlendem Geschirrspüler sehr kleine Ausguß befindet sich in einer winzigen Spülküche. Das Wohnzimmer, das an die Küche grenzt, besteht aus kunterbuntem Mobiliar, rings um den Kamin angeordnet, vor dem zwei Sessel und ein kleiner Tisch stehen; an der Wand zur Linken, deren Türe auf den Garten hinausgeht, eine Sitzbank und ein Bücherregal. An der hinteren Wand stand Graces Klavier. Rechts neben dem Kamin die Spezialbibliothek, in der Marguerite ihre eigenen Bücher zusammengestellt hatte, die einzige Besonderheit, flankiert von zwei Lampen mit klassischen Lampenschirmen aus Pergament, auf die sie Inschriften in Altgriechisch kalligraphiert hatte. Im Arbeitszimmer zwei aneinandergestellte Schreibtische – Marguerite und Grace saßen sich beim Schreiben gegenüber.

Sie hatten eine Leidenschaft für die blauen Delfter Fayence-Kacheln – Marguerite vor allem, aus nostalgischen Kindheitserinnerungen. Anya und Jacques Kayaloff hatten es sich zur Gewohnheit gemacht, auf ihren Reisen solche Kacheln aufzustöbern und sie ihnen zuzuschicken. Diese Fayencen schmücken das Eßzimmer und die Badezimmer. Die Badezimmer (eines im Erdgeschoß, auf der Gartenseite, und eines im ersten Stock, ebenfalls auf der Garten-

. . . immer in Gedanken

seite) sind in Weiß gehalten (wie ein Andenken an Griechenland), dessen Reinheit durch die Kacheln sowie durch tiefblaue Flakons und Gläser noch verstärkt wird. Für das Eßzimmer haben Marguerite und Grace ein grau-blaues Steingutgeschirr gewählt, das zu den Kacheln paßt: »Dieses Graublau schien mir immer der Ausdruck eines angenehmen und friedlichen Lebens zu sein«,[6] schrieb Marguerite an Anya und Jacques Kayaloff; »wenn das in diesem Tempo weitergeht, habe ich bald den Delfter Fayence-Ofen meiner Kindheit wiederhergestellt, mit einem Tier oder einer Blume auf jeder Kachel.«[7]

Alle Schlafzimmer waren im Obergeschoß. Das geräumigste, mit einem großen Bett, ist natürlich Marguerites Zimmer. Grace begnügt sich mit einem kleineren. Das ist jedoch kein Beweis dafür, daß sie nicht weiterhin, wie in Hartford, regelmäßig oder unregelmäßig, dasselbe Schlafzimmer teilten, zumindest bis zum Ausbruch von Graces Krankheit. Die beiden anderen sind Gästezimmer; in einem hängen, rechts und links von der Kommode, die beiden Marie Laurencins: »Die beiden blau-rosa Portraits hängen nun im Gästezimmer des kleinen Hauses (das einzige, dessen Porportionen den Bildern angemessen sind – und niemand außer Narziß will in dem Zimmer, wo er lebt und arbeitet, dauernd sein Portrait vor Augen haben). Die Wände wurden so gestrichen, daß sie zu ihnen passen«,[8] schrieb sie 1953 an Natalie Barney. Und später an Georges de Crayencour: »Marie Laurencin hat aus mir das kleine brave (?) Mädchen gemacht, in das sie alle ihre Modelle umgeformt hat.«[9] Die – unvollendete – Zeichnung, die Han Harloff von Marguerite Yourcenars Gesicht 1954 angefertigt hat und die in dem anderen Gästezimmer hängt, ist das Bild, »das mir weitaus am liebsten ist«, fährt sie fort.

Marguerite Yourcenar hat immer wieder betont, daß für sie Petite Plaisance »ein Landhaus war, wie ich es überall in der Welt hätte haben können«. »Die beste Existenzberechtigung für ein kleines Landhaus auf diesem Kontinent liegt, zumindest was die Arbeit und die Reflexion anbelangt, in seinem Einsamkeitswert«, betonte sie 1959. »Auf dieser kleinen Insel (...) bin ich auf eine Weise in den Vereinigten Staaten, als sei ich im Grunde gar nicht dort.«[10] Bestätigt wird dies in einem Brief an Jean Lambert, der sich 1956 in den Staaten befindet und Marguerite sein Heimweh klagt: »Solange es einem nicht, wie Grace und mir, gelungen ist, sich auf diesem Kontinent eine noch so kleine, von der eigenen Phantasie oder dem eigenen Willen geregelte Domäne zu schaffen, solange wird der verpflanzte Europäer, im Gegensatz zu allem was er glaubte, hier einfach nur ein ärmeres und härteres Europa vorfinden, dem all die Grazie fehlt, die für uns Europa ausmacht; (worin wir uns täuschen; wie klein ist dieses Europa der Grazie und wieviel mehr gleicht es Amerika, als man sagt; ich sehe keinen großen Unterschied zwischen dem Boulevard de Sébastopol und der 8.

Avenue). Sicher, da ist noch etwas anderes: Inseln des Bürgersinns, die bei uns untergegangen sind; ein Fortschrittswille, der grotesk ist, wenn er sich in Werbeslogans ausdrückt, der aber auch zu Erfolgen führt, wenn er ehrlich gemeint ist; eine, trotz der skandalösen Umweltzerstörung außergewöhnlich schöne Natur, wenn es einem gelingt, ihre Geheimnisse zu entdecken, die nicht die unseren sind; und unendlich mehr Vergangenheit, als behauptet wird: die großen Vergangenheitsreservoirs, gebildet von Museen und Bibliotheken; die alten Häuser Neu-Englands und die Güter des Südens (die, zugegeben, einer verschwundenen Welt angehören, aber gilt das nicht auch für Versailles?) und schließlich das wunderbare Indianerland. Ich sage das alles, weil ich Ihre Bedrücktheit teile und Sie zugleich davon heilen will, indem ich Ihnen zeige, daß es hier noch viel zu sehen und zu genießen gibt. Glauben Sie wirklich, Sie sollten so schnell wieder nach New York zurück? New York, das Tor zu Europa, gewiß, wie Marseille das Tor zum Orient ist (...) Ich bestreite nicht, daß New York es verdient, einige Wochen oder selbst einige Monate erlebt zu werden, wenn ich jedoch Sie wäre, dann würde ich per Anhalter nach San Antonio oder San Francisco fahren. Man muß sich Zeit lassen, wenn man dieses große Land kennenlernen will, das sich so offen zur Schau stellt und zugleich so geheimnisvoll ist.«[11]

Allen Besuchern, die ihr die traditionelle Frage stellten, warum sie Amerika und diese Insel gewählt habe, gab sie unermüdlich dieselbe Antwort: ihr ganzes Leben lang habe sie sich immer sehr stark zu Inseln und entlegenen Orten hingezogen gefühlt. »Wer an einem isolierten Ort, in einem Dorf wohnt, hat die Möglichkeit, Erfahrungen zu machen, die sich den Städtern nicht bieten. Man lernt schließlich alle Bewohner der Gegend kennen. Ich habe immer die Abgeschiedenheit geliebt. Sollte ich von hier weggehen, würde ich in ein anderes, ähnliches Dorf ziehen (...) Ich lebe hier, wie ich in der Bretagne oder sonstwo leben würde. Meine Lebensentscheidung ist nicht eine Entscheidung für Amerika und gegen Frankreich. Sie gilt einer Welt ohne alle Grenzen.«[12] »Außer diesem Ort hier sehe ich eigentlich nur noch eine Gegend im Nordosten von Göteborg, in Schweden, die Bretagne und den äußersten Süden Portugals, wo ich leben möchte«,[13] meint sie in einem anderen Gespräch.

Diese beiden Frauen, deren Allüren kaum Zweifel an ihren sexuellen Neigungen aufkommen ließen, mußten 1950 schon einen gewissen Mut aufbringen, um in einem so puritanischen Land wie Amerika ein Inseldorf als Wohnort zu wählen. Sie dürften diese Wahl deshalb auch nicht unüberlegt getroffen haben, sondern in dem sicheren Bewußtsein, daß man seiner Freiheit überall zu Respekt verhelfen kann. In Northeast Harbor erinnern sich noch manche Leute an die Betretenheit, die sie empfanden, wenn sie den beiden auf einem Spaziergang begegneten: Marguerite, die Kleinere, hatte den Arm um Graces Taille gelegt, und Grace den ihren um Marguerites Schultern.

»Ihr Aufzug frappierte«, erinnerte sich Anya Kayaloff. »Marguerite war in Schals gehüllt und trug weite lange Hosen. Grace buntfarbige Turbans. Wie Hippies, nur daß Marguerite und Grace sich bereits Ende der vierziger Jahre so ausstaffierten. Wahrscheinlich ging diese Art Kleidung auf Graces Initiative zurück. Als meine Schwiegermutter sie zum ersten Mal sah, sagte sie auf russisch: ›Zwei Maskierte ...‹ Wenn Marguerite nach New York fuhr, trug sie ein schmuckloses schwarzes Kleid. Aber auf der Insel war ihr Aufzug unwahrscheinlich.« »Zu Hause war Grace das Mädchen für alles und Marguerite ›herrschte‹«, sagte Anya Kayaloff, vielleicht ein wenig übertreibend: »Manche Leute wurden zum Tee zugelassen. Marguerite hielt Audienz. Die Atmosphäre war sehr viktorianisch. Als gute Köchin ›sorgte‹ Marguerite für das Essen. Aber Grace putzte das Gemüse, bereitete alles vor. Dann rauschte Marguerite gnädigst herbei und ›kochte‹. Grace ihrerseits kontrollierte alles. Sie ging ans Telefon und entschied, ob Marguerite für jemanden zu sprechen war oder nicht. Es kam dann vor, daß Marguerite behauptete, sie habe nichts von uns gehört, während wir zwei oder dreimal angerufen hatten. Marguerite unterhielt sich gern mit Jacques, der ein kultivierter Mann war. Selbst das konnte Grace nicht ertragen. Sie stellte kleine ›Weiber‹-Intrigen an. Einmal hat sie herausfordernd zu mir gesagt: ›Wenn Jacques glaubt, daß das, was er von Paris erzählt, Marguerite interessiert, dann täuscht er sich.‹ Das zeigt, wie eifersüchtig sie war ... Sie bildeten ein ziemlich unglaubliches Paar.«

Der Klatsch schoß ins Kraut, und die Kinder machten sich über die »Hexen« von Petite Plaisance lustig. Heute sprechen von dem allen nur die Leute, die von Anfang an die beiden Frauen verteidigt hatten. Die anderen befleißigen sich allgemeiner Klischees, aus

Marguerite: »Grace und ich im Hafen der Insel Little Cranberry, wo wir auf dem Jahrmarkt selbstgebackenes Brot verkauft haben. Wir tragen beide blaue Bauernkittel über unseren dicken Pullovern. Grace: ›Berichtigung! Wir haben unser Brot auf dem Jahrmarkt (und auf vier oder fünf örtlichen Jahrmärkten) verschenkt. So haben wir uns einen kleinen Kundenstamm geschaffen, der uns den ganzen Sommer über Brot abgekauft hat. Schwierig, aber amüsant!‹.«

Grace: »Wir mögen uns beide sehr auf diesen Fotos. Maguerite sieht schlanker aus als in Wirklichkeit, und ich scheine nicht ganz so mager wie ich bin! Aber Marguerite hat nun auf Anordnung des Arztes abgespeckt.«

denen hervorgeht, daß sie nur noch die Erinnerung an die Achtung bewahren, die sie – reichlich spät – für diesen »großen Geist« gefaßt hatten, der ihr Dorf als Wohnsitz gewählt hatte.

Durlin Lunt, der Mann Jeannies, die nach Graces Tod 1979 Marguerites Sekretärin werden sollte, war eines jener Kinder, denen Grace »ein wenig wie eine Hexe« vorkam, was um so leichter verständlich ist, als sie gewöhnlich eine dieser langen Kapuzenpelerinen trug, genannt »monk-capes«, die ihr ein ziemlich beunruhigendes Aussehen verliehen haben dürfte.

»In den Läden gab sie sich ziemlich anspruchsvoll, fast harsch, aber sie hatte auch sehr gute Seiten. Einen ausgeprägten Sinn für Humor. Sie lud Kinder zum Tee ein und auch zum Spielen in dem großen Garten. Madame (so wurde Marguerite Yourcenar in Northeast Harbor bezeichnet, wahrscheinlich auf Veranlassung Graces, die allein wirklich mit den Dorfleuten redete, so daß sich viele fragten, ob denn ›Madame‹ überhaupt englisch spreche ...), Madame verließ das Haus nie, außer zu Spaziergängen. Sie lebte völlig zurückgezogen. Sie arbeitete. Nie sah man sie in der Stadt; jahrelang wußte man nicht, wer sie war. Grace ging in die Kirche; sie gehörte zur Gemeinde, selbst wenn man sie für exzentrisch hielt. Madame gehörte nicht dazu.« Grace mischte sich ungeniert in das Leben der Leute ein und erteilte besonders gern Lehren. Frühmorgens setzte sie sich manchmal in den Wagen Dr. Wilsons und bat ihn, wenn er kam (sie wußte haargenau, um welche Zeit er das Haus verließ), er solle sie zur Post fahren. Als sie jedoch einmal einen Bogen und Pfeile auf dem Rücksitz liegen sah, hat sie ihm ohne weitere Umstände eine Standpauke über die Schändlichkeit der Jagd gehalten.

Robert Wilson erinnert sich noch gut an eine ihrer Zwistigkeiten. Die Wilsons hatten einen Hund, der viel bellte, was Grace belästigte. Eines Abends ist sie über den kleinen Pfad, der die Gärten ihrer Häuser verbindet, hinübergegangen. Die Wilsons waren nicht da, und ein Babysitter paßte auf ihre sechs Kinder auf. Grace hat dann ohne mit der Wimper zu zucken behauptet, der Hund belle so viel, weil Dr. Wilson Vivisektionen an ihm vornehme. »Ich habe sie angerufen und ihr die Leviten gelesen, denn sie hat die Behauptung auch noch vor den Kindern wiederholt. Am nächsten Tag ist sie angerückt und verlangte, daß ich mich bei ihr entschuldige. Ich habe mich geweigert. Seitdem standen wir auf etwas gespanntem Fuß ... Sie war eine merkwürdige Mischung aus Freundlichkeit und Ungeniertheit. Sie konnte mitten in der Nacht bei Leuten eindringen – hier versperrt niemand die Haustür – um eines der famosen selbstgebackenen Brote, mit einem roten Band umwikkelt, auf den Küchentisch zu legen, während die Hausbewohner schliefen ...

Wenn Weihnachten naht, gibt es in allen Geschäften des Dorfes ›eggnogs‹ [Eierpunsch] und ›cookies‹. Grace machte dann immer die Runde. Eines Jahres – diese Geschichte ist bei den Dorfbewohnern besonders beliebt – ist sie kurz vor Ladenschluß beim Eisenwarenhändler angekommen, der auch Munition verkaufte. Sie hat sich sofort in eine Schmährede gegen Jäger und Fischer gestürzt, während der Händler, ganz Ohr, ihr immer wieder Eggnog ins

Glas goß, das sie umgehend leerte. Die Ansprache wurde immer flammender, während Grace Fricks großer Hut immer heftiger auf ihrem Kopf schwappte. Bei jedem neuen Glas, bei jeder neuen Tirade verrutschte er ein wenig mehr. Sie ist mit ziemlicher Schlagseite abgesegelt, aber ›Madame‹ hat wahrscheinlich nichts von dieser Geschichte erfahren.«

»Auch ich stand mich nicht gut mit Grace«, sagte DeeDee Wilson; »nicht nur wegen der Geschichte mit meinem Mann, sondern weil mir ihre Manie, die Nase in alles zu stecken und ungebeten Ratschläge zu erteilen, auf die Nerven ging. Sie konnte ohne weiteres ans Fenster klopfen, um einem zu sagen, daß der Tisch schlecht gedeckt sei und die Weingläser nicht zum Geschirr paßten. Ich glaube, Madame wußte nichts von diesem Gehabe und von den wirklichen Beziehungen zwischen Grace und dem Dorf. Daß sie in den Geschäften lange Reden hielt. Daß sie in die Häuser eindrang und über alles in dem gleichen schulmeisterlichen Ton ihre Meinung zum besten gab. Eines Tages habe ich sie in meinem Garten angetroffen, wie sie gerade dabei war, meine Dahlien zu schneiden, natürlich ohne mich vorher um irgend etwas gebeten zu haben. Sie hat nur gesagt: ›Merken Sie sich, man muß immer einen Eimer Wasser dabeihaben, wenn man in den Garten zum Blumenschneiden geht.‹ Mir blieb die Sprache weg. Aber ich muß zugeben, daß ich seitdem nie zum Blumenschneiden gegangen bin, ohne einen Eimer Wasser mitzunehmen ... Madame habe ich erst einige Jahre nachdem wir hierhergezogen waren, kennengelernt, 1966 bei dem großen Brand in der Hauptstraße, glaube ich [es war am 15. Dezember 1966, Grace Frick hat es notiert]. Vorher hatte ich sie immer nur von ferne gesehen. Bei dem Brand standen wir nebeneinander und sahen zu, was passierte. Ich wagte nicht, sie anzureden, da ich wie viele hier überzeugt war, sie könne nicht englisch. Und plötzlich habe ich eine seltsame Stimme gehört, die mit einem merkwürdigen Akzent sagte: ›Ist es schlimm?‹ Ich bin vor Überraschung zusammengefahren.«

Elliot McGarr, der, mit seiner Frau Shirley, Marguerites und Graces nächster Nachbar war, fungierte lange bei ihnen als Gärtner und Faktotum: »Ich brachte Stecker in Ordnung und machte andere kleine Reparaturen, denn in einem Haus, vor allem in einem Holzhaus gibt es immer was zu richten, und ich verscheuchte wenn nötig die Eichhörnchen, die sich im Speicher eingenistet hatten und allerhand Schaden anrichteten«, erzählte er. Er hat gesehen, wie sie eingezogen sind: eine große Magere, »Miss Grace« und eine kleine, etwas Rundliche, »Madame«. »Sie wurden von der Gemeinde abgelehnt, weil man nicht recht wußte, ob sie nur gute Freundinnen waren«, sagte Elliot McGarr. »Und ihr Aufzug war schon seltsam. Mir war das immer egal. Mit Madame zu diskutieren war, wie eine Enzyklopädie aufschlagen. Im Gegensatz zu dem, was allgemein behauptet wird, unterhielt sie sich gern. Aber selten, um nichts zu sagen. Für Shirley und mich war es immer ein wahres Vergnügen, von Zeit zu Zeit ins Petite Plaisance eingeladen zu werden. Wenn Halloween war, haben wir den Abend immer mit ihnen verbracht, weil die Bengel, wenn sie an die Türe klopften und ihr famoses ›treats or tricks‹ wiederholten, den beiden gegenüber ziemlich aggressiv wurden, und Miss Grace und Madame, vor allem mit zunehmendem Alter, es mit der Angst bekamen.« »Grace konnte manchmal ganz schön ruppig sein, aber ich mochte sie, und ich war nicht die einzige«, sagte Shirley McGarr nachdrücklich. »Sie setzte rührende Traditionen fort, wie die der bunten Ostereier, die man seinen Freunden schenkt. Jedes Jahr habe ich am Ostermorgen vor meiner Türe ein Körbchen gefunden, das Grace hingestellt hatte. Ich stehe sehr früh auf, gegen fünf Uhr. Aber ich habe es nie geschafft, vor ihr dazusein oder sie zu überraschen. Ich frage mich heute noch, um wieviel Uhr sie wohl mit diesem Körbchen gekommen ist.«

Die soziale Eingliederung Marguerite Yourcenars und Grace Fricks in Northeast Harbor war also keine leichte Sache. Wenn man die Geschichten hört, die manche Bewohner erzählen, vor allem, wenn man weiß, daß diese Leute den beiden noch am freundschaftlichsten gesinnt waren, dann kann man sich über diese kleine Gemeinde kaum wundern noch ihr einen besonderen Hang zur Verfemung Zugereister zur Last legen. Die rücksichtslose Ungeniertheit der einen, die hochmütige Abkapselung der anderen, die Extravaganz der beiden hätten anderswo, und vor allem in Frankreich, zu noch größerer Ablehnung geführt. Grace dürfte darunter wohl ein wenig gelitten haben, wenn sie auch nichts sagte. Marguerite sicherlich nicht: Sie wehrte sich entschieden gegen jegliche Integration, denn sie wollte so wenig englisch sprechen wie möglich. Dabei war sie jedoch einem kleinen Schwatz mit diesem oder jener nicht abgeneigt: »Es stört mich nicht, in meiner Arbeit unterbrochen zu werden«, versicherte sie. »Ich gehöre nicht zu den Schriftstellern, die sich in ihr mit Kork austapeziertes Schlafzimmer einschließen.«[14] An Gelegenheiten, mit allen möglichen Leuten zu schwatzen, fehlte es nicht in diesem Haus, in dem dauernd Reparaturen anfielen, vor allem Zimmermannsarbeiten: »Mehrere Zimmerleute, eine Abfolge von Zimmerleuten. Der erste war ein alter, etwas verrückter Mann, der ungereimte Geschichten erzählte und sich unbewußt als Meister des Absurden erwies. Dann hatten wir einen anderen, ebenfalls sehr alten, der die ganze Zeit sang und fluchte. Er sang Kirchenlieder, brach mittendrin ab und sagte: ›Ah! Gottverdammich, das haut nicht hin‹, und sang dann wieder weiter. Der letzte, im Nebenberuf Hummerfischer, ist, wie er selber sagt, unser Freund. Er bringt uns Obst und Gemüse aus seinem Garten und klagt uns seine Mißgeschicke. Als seine Katze gestorben ist, hat er sich bei uns ausgeweint. Buchstäblich geweint. Wie unser Hund überfahren wurde, haben wir am nächsten Tag Beileidsbezeugungen erhalten. Vom Zimmermann.«[15]

Mit dem Kauf von Petite Plaisance endet auch, nicht der Nomadismus – Marguerite wird nie die Reiselust verlieren, die, wie sie sagt, »ebenso heftig ist wie die Fleischeslust« – aber eine gewisse Form des Umherschweifens: die Zeit der in Hotels zurückgelassenen Schiffskoffer, die Zeit der Vernichtung von Papieren und der Verkäufe von Gegenständen vor einer überstürzten Abreise, die Zeit der aufeinander gestapelten, kaum ausgepackten Koffer, an Orten, von denen man weiß, daß sie provisorisch sind. Die Reisende, deren Vergangenheit nur aus Erinnerungen bestand, die sie mit sich führte, hat von nun an einen Hafen. Während der Monate, der Jahre (aber das weiß sie noch nicht), in denen sie keine Nomadin sein wird, wird sie Inselbewohnerin. Im Augenblick, das heißt in den fünfziger Jahren, betrachtet sie Petite Plaisance nur als eine »Basis«: »Die Vereinigten Staaten? Ich habe dort ein kleines Haus behalten«,[16] schreibt sie 1954 von Europa aus an einen Freund: »Es ist ein weltferner Ort, der für mich, wenn ich an ihn denke, nicht in Amerika liegt, sondern einfach ›auf dem Land‹, in einer dieser ländlichen Gegenden, in denen man zufällig ein Häuschen besitzt, und wohin ich, wenn möglich, von Zeit zu Zeit zum Arbeiten zurückkehren will, aber keinesfalls vor einem Jahr. Soviel zum Kapitel künftige Wohnorte und Adressen.« Also nichts von dem karikaturhaften Bild einer Marguerite Yourcenar, die sich auf einer abgelegenen Insel an der Nordost-Küste der Vereinigten Staaten von der Welt abgeschlossen hätte.

Marguerite läßt sich jedoch allmählich von der Leidenschaft anstecken, die Grace für das Haus und seinen Garten empfand – ein Beweis mehr, daß Graces Einfluß sehr viel stärker war, als allgemein angenommen. »Ich erinnere mich an die Zeit, als sich hinter dem Haus eine Art Dschungel erstreckte, ein Wust von wilden Gräsern, die den paar Bäumen den Garaus machten«, sagte Elliot McGarr. »Man kann sich heute kaum mehr die Riesenarbeit vorstellen, die es Miss Grace, mit zeitweiliger Hilfe von Madame, gekostet hat, um daraus diesen angenehmen Garten zu machen.«

»Der Garten, das heißt der Grund um das Haus, war sehr vernachlässigt«, bestätigt Marguerite Yourcenar. »Es war eine Art wilde Wiese und ein wenig weiter weg, dort wo jetzt der Garten, die Pfade und die Bäume sind, wucherte eine Art Dickicht um abgestorbene oder umgestürzte Bäume. Wir haben die Stämme und Stümpfe meist mit Fußtritten über abschüssige Stellen des Terrains wegbefördert. Mit der Zeit haben die abrollenden Stämme Pfade gebildet.«[17]

Für diesen Flecken Natur wird sich Marguerite Yourcenar vor allem von dem Augenblick an interessieren, von dem an sie »acht Jahre, fast ohne mich von diesem Garten wegzurühren, eine kranke Freundin pflegen muß«, wie sie es formulierte, um jeder Frage nach indiskreten Einzelheiten zuvorzukommen. Während dieser Jahre erzwungener Seßhaftigkeit betäubt sie ihre Ungeduld, indem sie sich ganz auf das Haus und auf den Garten zurückzieht. Sie gibt dann vor, sich, im Einklang mit ihrem Interesse für orientalische Weisheiten, der Natur annähern zu wollen, aber diese sehr vereinfachende Behauptung, die wie eine nachträgliche Rechtfertigung, wie eine weitere Variante im Kaschieren von Verletzungen, im Verwischen von Spuren anmutet, bedürfte einer weitgehenden Nuancierung. Um ihren angeblichen Wunsch zu Hause zu bleiben wirklich zu empfinden, mußte sie ihn natürlich schreiben. Dies war für sie nie so sehr ein Akt der Selbstüberzeugung, eine mehr oder weniger bewußte Verbiegung der Wahrheit, als vielmehr der einzige Weg, eine Realität zu schaffen.

Von den Reizen, die sie dem Landleben abgewann, finden sich Zeugnisse in ihrer Korrespondenz, namentlich in einem Brief von 1971 an eine französische Freundin, über das Thema »Werke und Tage«:[18] »Wie Sie wissen, kommt dazu [zur literarischen Arbeit] das Tagewerk im Haus, im Garten und selbst im Obstgarten (denn wir sind stolze Besitzerinnen eines Obstgartens; sechzehn oder siebzehn Obstbäume und die Apfelbäume sind zu dieser Zeit so schön unter ihrem Apfelschmuck, daß wir zum Kompott nur das Fallobst verwenden). Die Haushaltshilfe hat sich dieses Jahr, für den Garten, auf einen siebzehnjährigen wuschelköpfigen Jungen beschränkt, der wie der heilige Johannes eines deutschen Holzschnitzers des 16. Jahrhunderts aussah. Er arbeitete fleißig, war aber kaum zu etwas anderem zu gebrauchen als zum Umgraben. Jetzt ist er wieder in sein College zurückgekehrt, wo er anscheinend nichts lernt. Er wurde und wird immer noch durch einen alten Waldarbeiter ersetzt, der das Gras mäht und die dürren Zweige von den Bäumen schneidet. Er ist zerstreut, vergißt zu kommen und seine Werkzeuge sind selten ordentlich geschliffen. Für das Hausinnere kommt während der Ferienzeit stundenweise ein fünfzehnjähriges Mädchen, dessen Arbeitseifer sich anfallsweise äußert. Sie geht jetzt wieder zur Schule. Ihre Schwester, die elf Jahre und sehr hübsch ist (eine kleine skandinavische Fee), macht für uns im Dorf Besorgungen, wenn wir selber nicht gehen können oder wollen; sie wird auch diesen Brief aufgeben. Sie bürstet mit Hingabe Valentine [die Hündin], die ihrerseits das Mädchen liebt, weil es mit Bürste und Kamm über ihr Fell streicht, ohne die ›Knoten‹ aufzulösen. Da ist glücklicherweise auch noch die Wäscherin, die jede Woche mit ihrem Korb kommt. Eine sehr energische ›Raumpflegerin‹, die sich früher ›um uns gekümmert hat‹ (taken care = hiesiger Euphemismus für arbeiten), jetzt aber den ganzen Sommer über ausschließlich die benachbarte Ford'sche Villa pflegt. Sie hat versprochen, ab Ende Oktober zwei Mal die Woche zu uns zum Putzen zu kommen. Ich erzähle Ihnen das alles, weil Sie auch auf dem Land leben und mich daher verstehen werden. Die Leute, die in Paris über mich schreiben, können sich die Art Leben, die ich führe, gar nicht vorstellen.«

Es ist nicht sicher, ob Marguerite Yourcenar diese »Art Leben« noch so sehr geliebt hat, als die kranke Grace die Aufgabe, die sie sich selbst gestellt hatte, nicht mehr erfüllen konnte: Marguerite vor allen materiellen Sorgen zu schützen. Hat sie im Alter erwogen, sich wieder in Frankreich niederzulassen, in einer ländlichen Gegend mit milderem Klima und kürzeren Wintern? Jean Montalbetti, der sie bereits vor Graces Tod danach gefragt hatte,[19] hatte sie geantwortet: »Ich liebe die Bretagne, das Elsaß. Aber ich denke an Candide: Wenn man sich an einem Ort wohl fühlt, soll man dort bleiben.« Und doch hat Marguerite nach Graces Tod, und mehr noch nach dem Tod Jerry Wilsons, mit dem Gedanken gespielt, nach Europa zurückzukehren und sich in England oder in einem Winkel der Bretagne niederzulassen.

Sie zog regelmäßig die Möglichkeit eines Umzugs in Erwägung, konnte sich aber nie dazu entschließen: »Es wäre für mich zu hart, dieses Haus aufzugeben.« Sie wollte keine neue Entwurzelung mehr, sie, hinter der sich alles aufgelöst hatte, alles zerstört worden war: ihr Geburtshaus an der Avenue Louise in Brüssel, das Gut Mont-Noir, die Villa in Westende, die ihr Vater an der belgischen Küste gekauft hatte und die im Krieg 14–18 zusammengeschossen worden war, die Wohnung in Lausanne und selbst ihre geliebten Pariser Hotels: Das Wagram, ihre Vorkriegs-Residenz, wo sie Grace kennengelernt hatte, war einem Brand zum Opfer gefallen, und das Hotel Saint James et d'Albany, wo sie in den fünfziger und sechziger Jahren immer mit Grace gewohnt hatte, war aufgeteilt und 1977 zum Teil in Eigentumswohnungen umgewandelt worden.

Sie will ihr Leben in Petite Plaisance beenden, an diesem Ort, den sie nur denen gegenüber, die ihn nicht mögen, als feucht und ein wenig düster bezeichnet. Und was immer sie in ihren letzten Lebensjahren »offiziell« verlauten ließ – »Warum soll ich mit den Journalisten über Grace Frick sprechen? Mein Leben hat sich immer sehr von dem Leben Grace Fricks unterschieden ...« – ihre wahre Treue Grace Frick gegenüber lag in diesem Haus, das sie zusammen geschaffen hatten und das, selbst nach ihrem Tod, nicht verschwinden sollte. In ihrem Testament vertraut Marguerite Yourcenar die Verwaltung des Hauses einer Stiftung an – was die Amerikaner »a board of trustees« nennen. Es soll so weit wie möglich unverändert bleiben und während der Sommermonate Besuchern zugänglich sein. Bei Undurchführbarkeit dieser Regelung müßten, laut Testament, Möbel und Gegenstände in Frankreich verkauft werden und das Haus selbst in den Besitz einer Vereinigung zum Natur- und Umweltschutz übergehen.

Trotz – oder vielleicht wegen – dieser Anhänglichkeit an das Haus in Northeast Harbor, besteht kein Zweifel, daß dieses Cottage mit dem französischen Namen mehr Grace Fricks Haus war als das Marguerite Yourcenars. Und mag Marguerite Yourcenar auch immer als die dominierende Figur des Paares bezeichnet werden, so gibt es doch einen sichtbaren Beweis ihrer Ergebenheit gegenüber Grace, und dieser Beweis heißt Petite Plaisance.

Kapitel 5
Erste Bekanntheit

Der 1. Januar 1951 war der erste in Petite Plaisance verbrachte Neujahrstag. Zur Feier des Neuen Jahres wurden traditionsgemäß die Nachbarn zu einem Schluck dieses famosen Eggnog eingeladen, den Grace so vorzüglich zuzubereiten verstand und der, wie man gesehen hat, ihren ökologischen Ausführungen soviel Nachdruck verlieh ... Am nächsten Tag gab Marguerite Yourcenar den letzten Teil ihres Manuskripts zur Post, auf dem Heimweg von der Bibliothek, in der sie drei ganze Tage lang die letzten Überprüfungen vorgenommen hatte.

In der Zeit zwischen dem Jahresbeginn und der Einschiffung nach Europa, im Mai, zur Unterzeichnung des endgültig angenommenen Vertrages über die Veröffentlichung des *Hadrian,* notiert Grace nur wenig in ihrer neuen Agenda: spärliche Hinweise auf das Alltagsleben und die aus Frankreich erhaltene Post, sowie die am 9. März eingegangene Ablehnung des Stipendiums, das Marguerite Yourcenar bei der Bollinger-Stiftung beantragt hatte.

Diese Europareise unternimmt Grace nicht ohne Beklemmung. Sie ließ nie etwas darüber verlauten, aber nach Ansicht ihrer alten Freunde mußte sie wohl beunruhigt gewesen sein. Seit über elf Jahren hatten sich die beiden ausschließlich auf ihrem, Graces, Territorium aufgehalten. War das, wenn nicht der einzige, so doch der wichtigste Grund, der es ihr erlaubt hatte, Marguerite zu »behalten«? Sie erinnert sich an die junge, eroberungslustige Frau, der sie 1937 im Wagram zum ersten Mal begegnet und von der sie sofort fasziniert war. Diese selbe Frau hatte sie während des Krieges in Tränen aufgelöst gesehen, an der Welt und an sich selbst verzweifelt, bereit, sich sanft trösten und fest »in die Hand nehmen« zu lassen. Verübelte es Marguerite vielleicht sich selbst, daß sie sich so entblößt hatte, verübelte sie es Grace, daß sie Zeugin dieser Not gewesen war und daraus eine gewisse Macht abgeleitet hatte? Schwer zu sagen, aber wer weiß, aus welchen Fernen das dumpfe Ressentiment kam, das Marguerite am Ende ihres Lebens sehr spürbar gegen Grace empfand?

Wie dem auch sei, die unterbrochenen oder sporadischen Kontakte mit den europäischen Freunden setzten wieder ein. Grace, die damals schon die Post las und archivierte, war der Brief, den Konstantinos Dimaras am 11. Februar 1951 von Athen aus als Antwort auf ein Schreiben Marguerites geschickt hatte, nicht entgangen:

»Welch lebhaftes Vergnügen, sehr liebe Freundin, Ihre guten Nachrichten und Ihre Versprechungen zu lesen! Wir hatten das Gefühl, Ihre Spur verloren zu haben, und das verursachte mir, ich weiß nicht warum, fast Gewissensbisse. Wissen Sie, daß Sie Ihren Besuch schon für vergangenen Herbst versprochen hatten? Nun, es geht Ihnen gut und Sie haben die einzige Entschuldigung, die mir Freude machen konnte: ein langes, beendetes Werk. Ich habe die literarische Entwicklung in Frankreich nie aus der Nähe verfolgt; und jetzt verfolge ich sie aus noch größerer Ferne. Ich glaube mich jedoch nicht zu täuschen in der Annahme, daß Amerika Sie zu lange festgehalten hat und daß Sie, wie soll ich sagen, aus Gründen der literarischen Taktik unbedingt wieder auf dieser Seite des Ozeans erscheinen müssen.«[1]

Sie mußte auch den Brief an Joseph Breitbach kennen, in dem Marguerite eingeht auf ihr »persönliches Leben, das in manchen Punkten (was schon viel ist) sehr glücklich, aber in anderen oft schwierig ist«. »Sie werden verstehen«, fuhr sie fort, »daß ich nicht ohne Bedauern so lange von Europa fern geblieben bin. Aber meine persönlichen und finanziellen Umstände ließen nichts anderes zu. Ich habe oft unter einer großen geistigen Einsamkeit gelitten, das ganze noch verschlimmert durch eine zarte Gesundheit, die das hektische, wenn auch im Grunde enttäuschende und hohle Leben New Yorks schlecht verträgt.«[2]

Zu ihrem Glück hatte Grace sich mehr durch Hochherzigkeit als durch verliebte Berechnung – wenn auch das erste oft nur das Alibi für das zweite ist – fast unentbehrlich zu machen gewußt. Sie mußte nur dafür sorgen, daß sie es in Europa auch weiterhin blieb. Im Augenblick durfte man sich über die Nachrichten freuen, die von dorther kamen. Georges Poupets Brief vom 5. März zeugte von einer »rückhaltlosen« Bewunderung und berichtete, daß Gabriel Marcel und André Fraigneau sich für das Buch einsetzten, das, nachdem es die Schranke des »kleinen Lektoratskomitees« passiert hatte, nun von dem »großen Komitee« geprüft werden würde. In der Woche vom 25. zum 31. März gibt Marguerite zu erkennen, daß sie den *Hadrian* als »beendet« betrachtet; Grace sieht die Bibliographie durch, und Plon schickt einen Vertrag. Sie brauchen nur noch nach letzten Überprüfungen und Textergänzungen abzureisen.

Aber Marguerite bekommt auch weniger glückliche Nachrichten. An einem Tag, an dem sie in der Bangor-Bibliothek arbeitet, um die Kirchenväter wiederzulesen, die sich ein wenig mit Hadrians Politik und viel mit seinen Amouren beschäftigt haben, erfährt sie von André Gides Tod am 19. Februar in Paris. Sie empfand eine große Bewunderung, eine Art Verehrung für Gide, einen der ersten großen Schriftsteller, der sie geschätzt und auf sie, als sie sich als junge Frau entschloß, sich der Literatur zu widmen, einen wirklichen Einfluß ausgeübt hatte: »Ich habe die ganze Nacht, wie in einer Art Totenwache, an sein Werk und an sein Leben gedacht«, gesteht sie Joseph Breitbach; »je länger ich nachdachte, desto mehr erschienen mir dieses Werk und dieses Leben wie ein immenser Erfolg, exemplarisch in Abstimmung, Ausgewogenheit und Einsatz aller Fähigkeiten.«[3]

Mehrfach wird Marguerite sich noch präziser über das Werk dieses Schriftstellers ausdrücken, dessen Einfluß auf ihre Generation sehr bedeutend und manchmal sogar prägend war. Im November 1969 hält sie in Massachusetts, am Smith College, im Rahmen der Veranstaltungen zur Feier des hundertsten Geburtstages des Dichters einen Vortrag.[4] Schon früher, im August 1956, hatte sie sich sehr lobend über das Werk geäußert, das Gides Freund Jean Schlumberger unter dem Titel *Madeleine und André Gide*[5] veröffentlicht hatte, und in einem 1962 an Jean Schlumberger anläßlich einer erneuten Lektüre seines Buches geschriebenen Brief entwickelt sie ausführlich die damals bereits angeschnittenen Gedanken:

»Ihre Aufzeichnungen haben mich veranlaßt, ein wenig gegen meinen Willen eine Neubewertung dessen zu versuchen, was André Gide für uns dargestellt hat. Ich glaube, daß er zunächst und (was ihn sicher verwirrt hätte) vielleicht sogar vor allem ein sehr wertvolles Bindeglied war zwischen dem literarischen Chaos unserer Zeit und der klassischen Tradition, wie wir sie in den großen Werken der Vergangenheit fanden. In der Unordnung der zwanziger Jahre, die für die Männer und Frauen meiner Generation die Unordnung ihrer Jugendjahre war, entdeckten wir mit Freuden einen Schriftsteller, der die Probleme, die uns alle beschäftigten, in einer ganz von Racine'scher Reinheit und Präzision geprägten

Sprache anging. Dann, zu der Zeit, in der uns *Uns nährt die Erde* und *Der Immoralist* erreichten, war er das schönste Beispiel für eine Art mystischer Inbrunst gegenüber Menschen, Empfindungen und Dingen, das erste, bereits schwindelerregende Podest in einer Reihe von Stufen, die übrigens in Richtungen führen können, die Gide selbst nicht eingeschlagen hat. Schließlich, und hier ist die Zuwendung bereits anfechtbarer, hat der Gide der *Verliese des Vatikan* und von *Paludes* uns gezeigt, daß das Gebäude, das wir für so solide hielten und manchmal als so erdrückend empfanden, durch einen impertinenten Nasenstüber scheinbar oder wirklich zum Einsturz gebracht werden konnte. Wenn sich dann manche Leser teilweise von ihm abgewendet haben, so geschah das, wie ich glaube, weil sie bemerkt hatten, wie sehr er, fast im engsten Sinne, Literat geblieben war. (...) Trotz Gides so unablässigen Beteuerungen, die Sie übrigens nicht in Frage stellen, fällt es schwer zu glauben, daß er den größten Teil seines Werkes im Hinblick auf seine Frau geschrieben hat. (Warum auch? Und was wäre daran so verdienstvoll gewesen?) Diese große Liebe scheint mir sogar etwas Gekünsteltes an sich zu haben. Und doch ist es merkwürdig, daß in dem Augenblick, in dem sich zwischen den beiden dieser *eingestandene* Spalt auftut, ganz offensichtlich etwas aus seinem Werk verschwindet. Zugegeben, *Corydon* und *Die Falschmünzer,* die er nicht im Hinblick auf sie und sogar gegen sie geschrieben hat, sind unverblümter, wie Sie sagen (aber sind sie das wirklich?). Trotzdem, es scheint, daß von nun an eine Art Impuls oder Wärme fehlen und daß der Künstler, der Mensch seine Probleme immer mehr dadurch löst, daß er bestimmte Seiten dieser Probleme eskamotiert. Aus vielen Gründen wünschte man sich nicht, daß diese beiden Werke nicht geschrieben worden wären, denn sie zeichnen das Bild, das Gide von sich hatte hinterlassen wollen. Aber schon beginnt die Verkümmerung ... Und genau das führt wieder zu der Frage: Ist die Verarmung eingetreten, als Gide sich im Geist entschieden von Madeleine getrennt hat, oder rührt die Verarmung, die ich auszumachen glaube, nicht im Gegenteil davon her, daß er sich erst so spät dazu entschlossen hat, ihr gegenüber wieder zu einer völligen Freiheit der Meinungsäußerung zurückzufinden?

Dies ist keine Seminararbeit; ich wollte Ihnen nur zeigen, wie aufmerksam ich Sie gelesen habe. Je mehr, das darf ich noch hinzufügen, nicht der hochverdiente Ruhm Gides, sondern das öffentliche Getöse abnimmt, das um sein Werk gemacht wird, desto deutlicher vernimmt man die Stimme mancher Schriftsteller seiner Generation (ich denke dabei besonders an Sie), die, so könnte man sagen, fast freiwillig in den Hintergrund getreten sind. Ich wage nur zögernd diese zu persönliche Bemerkung.«[6]

Vom Einfluß des »Paares« auf die schöpferische Tätigkeit ... Hieße es zu weit gehen, darin – man schreibt das Jahr 1962 – noch etwas anderes zu sehen als nur eine treffende, aber relativ abstrakte literarische Analyse, vor allem in der »Verarmung« eines von Madeleine getrennten Gide, bei der Marguerite Yourcenar sich fragt, ob sie hauptsächlich die Folge einer zu späten Trennung ist?

Am 12. April fahren Marguerite Yourcenar und Grace Frick nach Boston, wo sie in der Bibliothek wieder einige Überprüfungen des *Hadrian*-Textes vornehmen. Vom 15. bis 29. April sind sie in Hartford, um endgültig ihre alte Wohnung zu räumen. Nachdem sie die wenigen Gegenstände, die sich noch dort befanden und an denen ihnen lag, in ihr Haus Petite Plaisance geschafft hatten, fahren sie am 10. Mai mit der Bahn nach New York. Am 18., einem Freitag, schiffen sie sich auf der Mauritania ein »für die Reise, die Marguerite nach zwölf Jahren Abwesenheit wieder nach Europa zurückbringen soll«, vermerkt Grace (die »Chronologie« der Pléiade verlegt diese Reise in den Mai 1950 ...). Sie bleiben in Europa bis August 1952.

Eine Woche später sind sie in Paris. Konstantinos Dimaras, der die Tage gezählt hatte, die Marguerite dem alten Europa wieder näher brachten, schreibt ihr am 28. Mai aus Athen: »Endlich sind Sie also, liebe Freundin, auf der richtigen Seite, auf unserer Seite des Ozeans. Es ist noch nicht ganz das, was ich mir gewünscht hätte, aber es kommt ihm näher.« Wenn Marguerite auch besser als irgendwer weiß, was ihr diese amerikanischen Jahre an trüben Tagen beschert haben, so möchte sie doch nicht, daß man darin nur den Leerlauf eines Exillebens sieht, und noch weniger eine Liebeslaune: In einem Brief, den sie im Juli an Dimaras schreibt, stellt sie die Dinge mit einer Spur Schroffheit richtig: »Während meines letzten Griechenlandaufenthaltes war ich äußerst knapp bei Kasse und wußte nicht, wie es weitergehen sollte. Meine Lehrtätigkeit in den Vereinigten Staaten und die Freundschaft Grace Fricks haben mich am Leben erhalten. Der Zufall will es, daß die Vereinigten Staaten mir die Sicherheit und die Ruhe verschafft haben, die ich zum Schreiben brauchte.«[7]

Nach Aussagen ihrer Freunde spricht Marguerite wenig über die

Emotion, die sie doch so offensichtlich empfindet, als sie ihren alten Kontinent wiedersieht. »Paris ist immer noch sehr schön, schöner sogar noch, als ich es in Erinnerung hatte«, schreibt sie in einem kurzen Brief, den sie im Hotel Crillon, wo die Kayaloffs wohnen, »im Vorübergehen« abgibt. »Die Leute selbst haben sich nicht geändert, weder zum Besseren noch zum Schlechteren.«[8] Am 29. Mai geht sie zu Plon, und am 7. Juni wird der Vertrag endgültig unterschrieben. Die »literarische Abmachung« ist bei Plon sehr »klassisch«, ohne Überraschungen. Marguerite Yourcenar läßt nur den Passus aufnehmen, daß »bei jeder von einer fotografischen Dokumentation begleiteten Ausgabe, der Autor sich das Recht vorbehält, diese Dokumentation zu billigen oder zu wählen«, und daß »bei jeder Übersetzung in die englische Sprache der Autor ebenfalls das Recht behält, seinen Übersetzer zu wählen oder zu billigen«.

Am nächsten Tag – wenn auch besagter Vertrag sie am 7. Juni zur Welt kommen läßt – feiert Marguerite Yourcenar ihren achtundvierzigsten Geburtstag und zieht mit Grace vom Hotel Lotti ins Saint James et d'Albany um, in die Rue de Rivoli, wo sie sich vor mehr als vierzehn Jahren kennengelernt hatten. Der Rest des Monats Juni wird, wie Grace Frick sagt, vom »gesellschaftlichen Leben« in Anspruch genommen. Sie empfangen Gabriel Marcel, gehen mehrmals zu Marie Laurencin, die beide porträtiert, besuchen Jean Schlumberger. Sie sehen sich im Théâtre Antoine Sartres *Der Teufel und der liebe Gott* an, mit Pierre Brasseur in der Hauptrolle – ein Stück, über das sie keinerlei schriftlichen Kommentar machen. Aber Marguerite Yourcenar wird ein Jahr später, Ende Mai, das Vergnügen haben, sich mit Pierre Brasseur zu unterhalten, den sie für einen Ausnahmeschauspieler hielt. Die wichtigste Begegnung dieses Aufenthalts, aus der sich eine lange Korrespondenz ergeben wird, findet bei Marie Laurencin am 28. Juni statt. Marguerite Yourcenar lernt Natalie Clifford Barney, die »Amazone«, kennen. Wieder einmal schwanken die Angaben über Datum und Daten dieser Begegnung, denn Jahre später erzählt Marguerite Yourcenar George Wicks, der Nachforschungen über Natalie Barney anstellte, die Begegnung habe 1952 stattgefunden, und zwar nach einem Vortrag, den sie, Marguerite Yourcenar, gehalten habe ...

Sie sprechen von Edmond Jaloux, der 1949 gestorben ist, und von André Germain, dessen Memoiren soeben unter dem Titel *La*

Natalie Barney, die »Amazone«, 1926

Bourgeoisie qui brûle erschienen sind. Er betrachtet darin »Marguerite Yourcenar und Colette als unsere zwei großen Schriftstellerinnen«.[9] Marguerite und Grace gehen am 3. Juli zu einem Empfang bei Natalie Barney in der Rue Jacob, und am 5. schreibt Marguerite an Natalie den ersten Brief einer Korrespondenz, die sich über etwa zwanzig Jahre erstrecken sollte. Einen traditionellen Dankesbrief zwar, der aber, wenn man die kalte Höflichkeit kennt, die Marguerite Yourcenar an den Tag zu legen wußte, bereits das Interesse und die Wertschätzung durchschimmern läßt, die sie dieser Frau entgegenbringt und immer entgegenbringen wird.

Hôtel St James et d'Albany
20, rue St Honoré 202, rue de Rivoli

Liebe Miss Barney,

Sie waren so liebenswürdig zu meiner Freundin Grace Frick und mir, und wir sind nur für so kurze Zeit in Paris, daß ich sofort einen Versuch mache, Sie wiederzusehen. Könnten wir Sie für einen Abend aus dem schönen Rahmen der rue Jacob entführen und Sie dazu verleiten, in Ihrem eigenen Viertel eine Touristentour zu unternehmen, wie jemand, der nur auf der Durchreise in Paris ist? Grace und ich haben vor, morgen, Freitag, gegen halb acht Chez Georges, 34 rue Mazarine, zu Abend zu essen und anschließend ein Konzert zu besuchen, das um 9 Uhr im Hof des Instituts gegeben wird. Hätten Sie Lust, sich uns anzuschließen, entweder für den ganzen Abend oder nur für das Konzert – für das ich keine Garantie übernehme – oder nur zum Diner? Die Rolle der Hausherrin erfordert ein Höchstmaß an Zurückhaltung und Generosität zugleich: Wir möchten Sie für einen Augenblick von Ihren Pflichten als Gastgeberin befreit sehen und haben uns daher vorgenommen, Sie auf die Terrasse des kleinsten Cafés von Paris zu führen.

Mit vorzüglicher Hochachtung

Marguerite Yourcenar[10]

Am 22. Juli fahren Grace und Marguerite in die Schweiz, wo sie fast zwei Monate verbringen und wo Marguerite wieder einmal krank wird – jeder Schnupfen, jedes Unbehagen, jeder Anflug von Unpäßlichkeit gilt für sie als Krankheit. Sie besuchen zunächst Jacques de Saussure im Schloß Vufflens oberhalb Morsee: »Mein Vater und Marguerite Yourcenar hatten sich in den dreißiger Jahren über Edmond Jaloux, der in der Schweiz wohnte, kennengelernt«, erzählt Alix de Weck, die Tochter von Jacques de Saussure. »Anfang der fünfziger Jahre, als sie gerade mit der Fahnenkorrektur des *Hadrian* begann, hat mein Vater sie, mit ihrer Freundin Grace, auf das Familienschloß eingeladen. Sie haben *Hadrian* zusammen durchgesehen. Marguerite Yourcenar hat meinem Vater die Treue gehalten, bis zu seinem Tod 1969. Sie war nie unaufmerksam oder vergeßlich.«

Am 20. August besuchten Marguerite und Grace in Evolène eine Handweberei, die lange bevor das Kunsthandwerk in Mode kam, von einer gewissen Marie Métrailler betrieben wurde, deren seltsame Persönlichkeit sie faszinierte. Sie gingen noch mehrmals hin. Spuren dieser Begegnung finden sich in einem Band mit Gesprächen zwischen Marie Métrailler und einer ihrer Freundinnen, zu dem Marguerite Yourcenar eigene Briefe als Vorwort beisteuerte: »Ich möchte, daß wir uns, wie die Buddhisten sagen, eines Tages am Ufer eines und desselben Wasserfalls, oder im Schatten eines und desselben Baumes begegnen«, schreibt sie über Marie Métrailler. Und etwas weiter: »Diese Walliserin, mit der ich vielleicht ein halbes dutzendmal zusammengekommen bin, ist einer meiner *Gurus* gewesen. Sie hat mich vieles gelehrt, nicht nur über die Traditionen ihres Landes, sondern auch über das Leben, ich will sagen, über ihre Art, das Leben zu betrachten und es zu führen. Je älter ich werde, desto mehr stelle ich fest, daß es Menschen gibt, von denen fast niemand je etwas wissen wird, oder die manchmal, wie Ihr Brief andeutet, eine Zielscheibe der Ironie und des Spottes sind und denen ganz einfach Größe oder Reinheit eignet. Mir schien sofort, daß Marie Métrailler zu diesen Menschen gehörte.«[11]

Am 27. August schreibt Marguerite Yourcenar aus dem Hotel Bellevue in Siders einen Brief an Jenny de Margerie, in dem sie vom Philosophen Rudolf Kassner spricht, den sie gern während ihres Schweizer Aufenthaltes kennenlernen möchte.

»Machen Sie sich nicht mehr die Mühe, mir Rudolf Kassners Adresse zu schicken. In meinem Entschluß, ihn, koste es was es wolle, aufzufinden, bin ich nach Siders gefahren und von dort weiter nach Montana, weil Sie mir schrieben, er sei vor etwa einem Monat dort gewesen. Aber nach einigen erfolglosen Telefonaten habe ich erfahren, daß er sich in Siders befindet, im Hotel Bellevue, wo ich früher so oft abgestiegen bin und wo er seit fünf Jahren wohnt. Die für mich so wertvolle Begegnung hat also stattgefunden; vielen Dank, daß Sie mir die Richtung gewiesen haben.

Sie haben recht: Kassners Intensität und seine Versenkung in sein Werk sind wirklich sehr schön. Sein Blick ist alterlos. Und für ihn gilt, was Sie so richtig von Europa gesagt haben: Man muß sich beeilen, wenn man sich noch daran erfreuen will.«[12]

Während Marguerite wieder mit der Schweiz und der Erinnerung an die letzten Jahre ihres Vaters anknüpft, veröffentlicht die Zeitschrift *La Table Ronde* in ihrer Juli-, August- und Septembernummer Auszüge aus den *Erinnerungen des Kaisers Hadrian,* die demnächst bei Plon erscheinen sollen. Nun beginnt, was Marguerite und Grace die »Affäre *Hadrian*« nennen, Zeugnis der Hartnäckigkeit und des Kampfgeistes, die Marguerite Yourcenar gegenüber ihren Verlegern – oder jedem anderen Gesprächspartner – immer an den Tag legen wird, um das zu verteidigen, was sie als ihr Recht erachtet oder zumindest als solches definiert hat, und sei es auch ein wenig »außerhalb der Legalität«. Denn Marguerite Yourcenar steht seit der Vorkriegszeit immer noch bei Gallimard und bei Grasset unter Vertrag. Bereits im April 1951 hatte sie Joseph Breitbach über ihre Verhandlungen mit Plon informiert: »Ich habe nicht die Energie, den *Hadrian* von Verleger zu Verleger zu tragen. Was Gallimard anbelangt, so hat dieser Verlag bis jetzt so wenig für meine Bücher getan, daß ich ihn nicht für fähig halte, dieses Buch, das mir viel wichtiger ist als die anderen, ordentlich zu betreuen (...) Ich habe in dieses Buch sehr viel mehr von mir selbst gelegt (...) Ich habe mich in ihm mehr um absolute Ehrlichkeit bemüht.«[13] Breitbach hatte anscheinend niemand bei Gallimard verständigt, trotz seiner Beziehungen, insbesondere zu Jean Schlumberger.

Alles beginnt mit einer Aktennotiz Jean Paulhans an Claude Gallimard, über der nur »Samstag« steht, die man jedoch auf Ende Juli oder Anfang August datieren kann, da die ersten Dokumente, in denen von dem Konflikt die Rede ist, auf den August zurückgehen: »Marguerite Yourcenar veröffentlicht in der *Table Ronde* einen Roman, *Mémoires d'Hadrien,* der mir für alle Prix Femina der Welt geeignet zu sein scheint. Übrigens, keineswegs dumm noch ungeschickt. An Deiner Stelle würde ich ihn von ihr anfordern.«[14] Bei Gallimard stellt man sehr schnell fest, daß der Vertrag, den Marguerite Yourcenar 1938 über *Le Coup de grâce* abgeschlossen hatte, ein »Vorzugsrecht auf die nächsten Werke« vorsah – eine Klausel, die den Autor verpflichtet, seinem letzten Verleger jedes neue Manuskript vorrangig anzubieten. Am 5. September 1951 setzt also Gaston Gallimard den Verlagschef von Plon, Maurice Bourdel, von seiner Absicht in Kenntnis, *Hadrian* zu verlegen.[15] Nun ist man aber bei Plon bereits bei den Druckfahnen – Marguerite Yourcenar schickt von der Schweiz aus am 18. September die letzten gelesenen Fahnen – und will natürlich das Buch, auf das man setzt, vor der Verleihung der Herbst-Preise herausbringen. Sofort beginnt ein »Tauziehen«, weniger zwischen Plon – wo man zunächst einmal so tut, als wüßte man von nichts – und Gallimard, als zwischen Marguerite Yourcenar und Gaston Gallimard. Beide vertragen nicht, daß man sich ihnen widersetzt, und der Ton wird von Brief zu Brief schärfer. Es fehlen nicht einmal die kleinen Nadelstiche, mit denen man die Verbitterung noch höher treibt: Gaston Gallimard, der genau weiß, daß Marguerite Yourcenar trotz ihres ledigen Standes mit »Madame« angeredet werden will, und der nie gegen diese Regel verstoßen hat, schickt ihr einen Brief und ein Telegramm, beides adressiert an »Mademoiselle Yourcenar«[16] ...

Der Konflikt ist ebenso einfach angelegt, wie er schwierig zu lösen ist, vor allem, wenn zwei gleichgewichtige Starrköpfe ihn austragen. In einem Brief an Roger Martin du Gard und in einem anderen an Jean Schlumberger gibt Marguerite Yourcenar zu, eine Unvorsichtigkeit begangen zu haben. An Roger Martin du Gard schreibt sie:

»Die Ablehnung eines meiner Bücher [es handelt sich um *Dramatis personae,* eine Sammlung kleiner Stücke, deren Manuskript von Albert Camus geprüft worden war] im Jahr 1947 ohne die geringste Erwähnung einer beabsichtigten Ausübung des Optionsrechts auf meine zukünftigen Werke, das Fehlen jeglichen Hinweises auf die Planung der im Vertrag festgelegten Neuauflage des seit Jahren vergriffenen *Coup de grâce* oder auf die Übernahme der Rechte an den vergriffenen und anderswo veröffentlichten Werken (wie *Alexis*), für die sich Gallimard das Exklusivrecht vorbehalten hatte, die Schwierigkeit, Abrechnungen zu erhalten, das alles hatte mich zu der Überzeugung gebracht, daß der Verlag endgültig das Interesse an mir verloren habe und der Vertrag überholt und de facto hinfällig geworden sei. Eine, wie ich zugebe, unvorsichtige Meinung, die mich dem Buchstaben nach ins Unrecht setzt, während ich nur zu sicher bin, dem Geist nach recht zu haben. Selbstverständlich erachte ich mich unter den vorliegenden Umständen Plon gegenüber im Wort; ebenso selbstverständlich werde ich mich an niemand durch Zwang binden lassen. Für mich geht es einfach darum, eine sofortige Aufhebung des Vertrags zu erwirken.«[17]

Roger Martin du Gard leitet diesen Brief zusammen mit folgendem handschriftlichen Vermerk am 24. September an Gaston Gallimard weiter:

»Mein lieber Gaston,

Ich habe Dir schon gesagt, daß die Leute, die mich dauernd löchern, damit ich Dich löchere, Legion sind – und Du kannst von Glück sagen, daß meine Zurückhaltung groß und mein Altruismus klein ist . . . Hier habe ich jedoch einen Brief, den ich nicht abtun kann, denn ich hege für *Marguerite Yourcenar* eine sehr große literarische Sympathie und eine (Brief) Freundschaft, die fünfundzwanzig Jahre zurückreicht. Ich schicke Dir also das Schreiben, *ohne das geringste Ersuchen anzuschließen.* Macht das unter Euch aus . . . Auf den ersten Blick scheint mir, daß die Position der NRF de jure vertretbar ist. De facto sind wohl Fehler auf beiden Seiten begangen worden. Die absolute Redlichkeit Marguerite Yourcenars steht dafür, daß sie ohne jeden Zweifel in gutem Glauben gehandelt hat. Ist sie von Plon ›manipuliert‹ worden? Auf alle Fälle fühlt sie sich, zu recht oder zu unrecht, Plon gegenüber im Wort, und so wie ich sie zu kennen glaube, wird sie sich eher durch einen Prozeß ruinieren lassen, als sich von Plon loszusagen.«[18]

Am selben Tag schickt Jean Schlumberger, ebenfalls mit einem handschriftlichen Vermerk, an Gaston Gallimard einen Brief, den er von Marguerite Yourcenar erhalten hat. Sie gibt darin zu, »daß mit Gallimard, möglichst vor Erscheinen des Buches, ein ›Arrangement‹ getroffen werden müßte«. Aber ihrer Meinung nach könnte dieses »Arrangement« nur zukünftige Werke betreffen. Sie hält es weiter für abgemacht, daß der *Hadrian* bei Plon herauskommen wird.[19] Diese Hartnäckigkeit, diese Art, in jedem Brief ihre Beschwerden gegen Gallimard zu wiederholen – zusammen mit einem Schreiben, in dem Maurice Bourdel am 21. September bestätigt, daß »das Buch bereits im Satz ist und in einigen Tagen ausgeliefert wird«[20] – haben Gaston Gallimard wohl in seinem Willen bestärkt, Marguerite Yourcenar zum Nachgeben zu zwingen.

Ein Amtsbote setzt Plon – immer noch an dem famosen 24. September – offiziell von »einem formellen Verbot, die Verlegung des Werkes weiterzuverfolgen« – in Kenntnis.[21] Zugleich stellt Gaston Gallimard beim Verlegerverband einen Antrag auf Gegenüberstellung mit Maurice Bourdel und teilt Marguerite Yourcenar seine Bereitschaft mit, »alle Kosten und Verpflichtungen aus dem von

Ihnen und Plon unterzeichneten Vertrag« zu übernehmen.[22] Als Marguerite Yourcenar sich weigert, darauf einzugehen, schickt Gaston Gallimard ihr Briefe, die ebenso mit Details und Argumenten vollgepackt sind wie die ihren, und widerlegt Punkt für Punkt alle Anwürfe. Gleichzeitig läßt er von seiner Rechtsabteilung verschiedene Aktenvermerke über den »Fall Yourcenar«[23] anfertigen und schlägt Maurice Bourdel eine gütliche Regelung vor, die dieser ablehnt.[24] Am 22. Oktober schreibt er an Marguerite Yourcenar in die Schweiz – während sie seit dem 14. schon wieder in Paris ist –, um sie von seiner Absicht zu unterrichten, die Sache vor Gericht zu bringen: »Ich werde also die Angelegenheit Maître Maurice Garçon, unserem Anwalt, übergeben müssen, denn wenn ich auch alles getan habe, um einen Rechtsstreit zu vermeiden, so bin ich doch nicht minder entschlossen, gerichtlich zu verhindern, daß von beiden Seiten frei getroffene und den beteiligten Parteien rechtzeitig zur Kenntnis gebrachte Abmachungen mißachtet werden.«[25]

In keiner Weise beeindruckt von dem Krieg, den ihr der glanzvollste aller französischen Verlage erklärt, sendet Marguerite Yourcenar am 27. Oktober von ihrem Pariser Hotel aus eine Botschaft, in der sie, unter dem Vorwand, zu einem »Arrangement« kommen zu wollen, keinen sehr aktiven Willen zu Konzessionen zeigt:

»Ich habe vorgestern Ihren Brief vom 22. Oktober (der mir aus der Schweiz nachgeschickt wurde) erhalten und gestern in der rue Sébastien-Bottin angerufen, um eine Verabredung zu treffen, da ich, und hierin dürften Sie mir wohl zustimmen, der Meinung bin, daß die Angelegenheit, die uns beschäftigt, alles von einem freundschaftlichen Gespräch zwischen uns zu gewinnen hätte. Monsieur Claude Gallimard, mit dem ich telefonierte, hat mir ein Treffen für gestern um sechs Uhr vorgeschlagen, das ich nicht annehmen konnte. Ich bin ernsthaft grippekrank aus der Schweiz zurückgekommen und gehe so wenig wie möglich aus. Könnten Sie am nächsten Dienstag oder Mittwoch zwischen vier und sechs Uhr bei mir im Hotel vorbeikommen, damit wir über das vorliegende Problem sprechen können, bevor sich die beiderseitige Situation zum Schaden aller verschlimmert?«[26]

Man muß wohl hinter sich das Gewicht von Generationen von Cleenewerck de Crayencour fühlen, um einen Gaston Gallimard antanzen zu lassen. Und der Existenz dieser Vorfahren, deren Namen sie abgelehnt hatte, um sich einen eigenen, nur ihr gehörigen zu schmieden, wußte Mademoiselle de Crayencour sich zur rechten Zeit zu erinnern, um daraus einen ganz und gar aristokratischen Hochmut zu schöpfen gegenüber ins Kraut geschossenen Bürgerlichen, seien sie auch die Verleger der größten Schriftsteller des Jahrhunderts.

Der Kampf ging also weiter. Marguerite Yourcenar bot ihr Werk sogar Grasset an, der, wie sie meinte, ebenfalls ein Vorkaufsrecht besaß – was Gaston Gallimard bestritt.[27] Schließlich schrieb Gaston Gallimard am 20. November an Maurice Bourdel, nachdem er mit diesem eine letzte Unterredung gehabt hatte: »Unser Gespräch hat mir gezeigt, daß wir Männer vom gleichen Schlag, von gleichem Geschmack und von gleicher Erziehung sind. Das zählt für mich, und ich möchte, daß Sie wie ich, diesen Vorfall vergessen. Wenn ich auf den *Hadrian* verzichte, dann nur Ihnen zuliebe ...«

Marguerite Yourcenar hatte gewonnen, und das wird sie während ihrer ganzen literarischen Laufbahn dazu anstacheln, sich unnachgiebig zu zeigen. Im Augenblick herrschte die Höflichkeit des Waffenstillstands: »Danke für das Wort, das unseren gegenwärtigen Schwierigkeiten ein Ende setzt und uns für die Zukunft einen vollkommenen Einklang erhoffen läßt«, schrieb sie am 23. November an Claude Gallimard. »Dank auch dafür, daß Sie es so graziös in Rosen gehüllt haben.«[28] Den krönenden Abschluß dieser Affäre sollte ein Handschreiben Gaston Gallimards bilden, in dem der Verleger sich für die Zusendung eines mit einer Widmung versehenen Exemplars der *Mémoires d'Hadrien* bedankt und seiner Hoffnung Ausdruck gibt, bald »wieder für Sie arbeiten zu können und Ihr Vertrauen zurückzugewinnen«, zum Schluß jedoch bemerkt, daß »ich nicht ohne eine leichte Bitterkeit und viel Bedauern auf meinem Tisch Ihr Buch sehe, ohne das Monogramm der NRF«.[29]

Mémoires d'Hadrien wird am 5. Dezember ausgeliefert. Man weiß, wie viel Marguerite Yourcenar an diesem Text lag, den sie in der Euphorie einer Rückkehr zu den großen literarischen Plänen ihrer frühen Jugend schrieb. Am 7. April 1951 unterhielt sie sich lange mit Joseph Breitbach über ihre Absichten und Bedenken:

»Wie Ihnen bei Gide, kam es mir darauf an, nicht in Hagiographie zu verfallen, ich wollte auch die sehr engen Grenzen aufzeigen, innerhalb derer sich notwendigerweise auch die reichste Individualität bewegt, die subtilen Rechenfehler, die unmerklichen Irrtümer (welche Seele ist ohne Fehl?) und die Schlußagonie, von der man nicht weiß, ob sie der schlichte und einfache Zerfall ist, das unvermeidliche Ergebnis der Abnutzung oder eine neue und seltsamere Entwicklung, die den alten Rahmen bricht (...). Je weiter ich fortschritt, desto stärker wuchs meine Achtung vor den Taten und vor der einzigartigen Individualität des Menschen, dem ich mich anzunähern versuchte. Es schien mir manchmal weniger schwierig, diesen Mann des 2. Jahrhunderts ohne zu große Ungenauigkeit wieder aufleben zu lassen, als zum Beispiel einen Mann von vor fünfzig Jahren, dessen Erfahrungen, Gefühle und Ideen sich zu sehr von den unsrigen unterscheiden; ich habe mich sogar bemüht, nicht zu kraß die Ähnlichkeiten mit unserer Zeit zu betonen. Sie sind nur dann frappierend, wenn man sie kaum andeutet.«[30]

Als die Vorabdrucke in *La Table Ronde* erscheinen, bezeugen ihre Freunde, darunter Konstantinos Dimaras, Marguerite ohne Schmeichelei und Gefälligkeit ihre Bewunderung mit Vorbehalten gegen Details. Einige dieser Bedenken wird Marguerite Yourcenar berücksichtigen, vor allem die Bemerkung Dimaras', daß die Form der römischen Münzen zur Zeit Trajans es nicht ermöglicht hätte, »glänzende Stapel zu bilden«, wie Marguerite Yourcenar dies behauptete.[31] Dimaras, den sie, wie zur Zeit ihrer gemeinsamen Arbeit an Kavafis, gern Didy nannte, erklärt sie ausführlich,[32] wie sich die *Erinnerungen des Kaisers Hadrian* in ihre persönliche Entwicklung fügen. »Sieg über die Angst, oder zumindest ihre geistige Beherrschung«; wie sie sich in acht genommen habe vor jeder nachchristlichen Sicht der Welt, in der der Begriff der Sünde bedrängender denn je sein Wesen treibt: »Je älter ich werde«, fügt sie hinzu, »desto mehr nähere ich mich einem ruhigeren und ausgeglicheneren Menschenbild, ohne zu viel Licht und Schatten. Vor allem suche ich zu verhindern, daß meine eigene Fehlsichtigkeit meine Modelle Grimassen schneiden läßt; ich habe nicht viel übrig für Zerrspiegel.«

Der Erfolg des *Hadrian,* notiert Marguerite Yourcenar Ende 1951, »übertrifft alle Erwartungen«. Jean Ballard, für den »Hadrian weniger das Sujet für ein Buch als ein Thema der Suche« ist, einer Selbstsuche in der Ausgeglichenheit und der Befriedung, widmet ihr als erster, in *Les Cahiers du Sud,* einen langen und begeisterten Artikel: »Diese Bilanz eines Gewissens hat eine anspruchsvolle Autorin gereizt. Und das bringt uns ein großes Werk ein (...) Stilhöhe und Gedankentiefe sind sich in ihrer hohen Qualität ebenbürtig. Eine bewundernswerte Sprachsicherheit, ein untrüglicher Instinkt für Effekte vermitteln zusammen einen harmonischen

Eindruck von Noblesse des Erzählflusses, der in den schwierigen Erkenntnissen nicht ins Strudeln, noch in den Augenblicken des Stolzes ins Überschäumen kommt.«[33] Die Kritiken sind einstimmig positiv, und die Reaktionen anderer Schriftsteller schmeichelhaft. Jules Romains gesteht ihr am 25. Dezember seine Bewunderung, nachdem er zuerst darauf hinweist, daß er bis dato nichts von ihr gekannt habe und »ein schwieriger Leser [sei], (...) unfähig, die Langeweile zu überwinden (die ich für ein äußerst bedeutsames Indiz halte). Nun, ich habe die *Mémoires d'Hadrien* von der ersten bis zur letzten Seite gelesen (...). Manche Stelle habe ich mir nochmals vorgenommen ... Ich habe von neuem gelesen ... Ich bräuchte nun mehrere Seiten, um Ihnen zu sagen, wie bewundernswert ich Ihr Buch finde. Ich habe in ihm die verschiedensten Qualitäten gefunden: eine erstaunlich kraftvolle und hohe Gedankenführung; ein aufs äußerste ausgeprägtes psychologisches Einfühlungsvermögen; einen Stil von fast durchgehender Perfektion und Treffsicherheit.«[34]

Außer dem sich sehr lobend äußernden Roger Martin du Gard, zeigt Thomas Mann, einige Jahre später, eine wahre Begeisterung für die *Erinnerungen des Kaisers Hadrian*. In einem Brief an Claire Goll vom 12. 12. 53 schreibt er: »Ihr Frauen seid zuweilen erstaunlich. Da ist, auch in New York, aber französisch schreibend, eine gewisse Marguérite Yourcenar, die hat die Memoiren des Kaisers Hadrian verfaßt – von einer bis zur Vexation gehenden Echtheit der Fiktion, übrigens wissenschaftlich gewaltig fundiert. Kennen Sie das Buch? Es ist das Schönste, das mir seit langem vorgekommen.«[35]

Genau einen Monat nach Erscheinen des Buches widmet ihm Emile Henriot von der Académie française in *Le Monde* seine Rubrik »Das literarische Leben«: »Ich finde es bewundernswert, in welch hohem Maße Madame Marguerite Yourcenar ihr Vorhaben gelungen ist. Zu dieser Könnerschaft kommt noch eine bemerkenswerte weibliche Intuition im Erfassen und Durchdringen der Psyche eines Mannes bis in die Mysterien seines Liebeslebens und seiner rasenden Leidenschaft für den jungen Griechen Antinous (...). Hadrian sieht schließlich in der Liebe eine Vereinnahmung des Fleisches durch den Geist, doch drückt sich Madame Yourcenar aus ihrer weiblichen Sicht aus; ein Mann würde, scheint mir, das Gegenteil sagen, denn der männliche Erotismus ist nichts anderes als die Vereinnahmung des Geistes durch die andauernden physischen und psychischen Forderungen des Fleisches.«[36]

Die »große Schriftstellerin« vor ihrer Portraitbüste

Emile Henriot, der ohne Hintergedanken schreibt, stimmt nicht mit ein in den Chor – der zum Gassenhauer werden sollte – über die »männliche Denkweise« und den »männlichen Stil« Marguerite Yourcenars, einen Chor, der diesmal vor allem von Denise Bourdet in der *Revue de Paris* angeführt wird. In den *Nouvelles Littéraires* spricht Jeanine Delpech von der »männlichen Festigkeit ihres Stils«;[37] Aloys J. Bataillard erinnert in den Spalten der *Gazette de Lausanne* daran, daß Marguerite Yourcenar von der »Wahl der Sujets her nicht sehr feminine Bücher« geschrieben hat.[38]

Von dieser Sottise wird Marguerite Yourcenar ihr ganzes Leben lang verfolgt werden. Und heftiger denn je bei ihrer Wahl in die Académie française. Hier treten die obskuren Hintergründe für den Wunsch nach Ausgrenzung zutage, den diese meuchlerischen Kommentare unter ihren Lobpreisungen verbergen. Hätte ein Mann in der ersten Person ein glanzvolles Frauenportrait geschrieben, wer wäre auf die Idee gekommen, ihm die »deliziöse Weiblichkeit seines Stils« zu bescheinigen?

Marguerite Yourcenar hat sich immer über die Leute geärgert, die ihr nach dem Vorbild des berühmten Flaubert'schen »Madame Bovary, das bin ich« ein »Hadrian, das bin ich«, in den Mund legen wollten. Sie betonte im Gegenteil immer, wie faszinierend es für einen Schriftsteller sei, Figuren ins Leben zu rufen, die »weniger

›armselig‹ als wir, frei von unseren kleinen Schwächen«, (...) »auf das Geschick der Welt, auf Krieg und Frieden eingewirkt haben«. Sie hätte, »alles in allem« lieber gesagt: »Ich bin Hadrian.« »Denn«, sagte sie, »durch die von mir verwendete Methode des Delirierens habe ich versucht, zeitweise dieser mit sich selbst im Widerstreit liegende Kaiser zu werden, und zwar so sehr, daß ich bei manchen Auslegungen das, was ich als seine Version der Tatsachen erfühlte, der genauen Wahrheit vorzog.«

»Überall können Sie lesen: Hadrian, das bin ich«, bestätigt sie dem Romancier und Kritiker Jacques Folch-Ribas. »Das ist eine große und fahrlässige Sottise. Ich habe die Fassung, die Sie gelesen haben, die letzte, nur schreiben können, nachdem ich viele Jahre bei Hadrian aus- und eingegangen bin. Man müßte eher sagen, *ich bin Hadrian geworden*. Die Nuance mag haarfein erscheinen, aber sie ist grundlegend. Sie haben sie begriffen, und ich danke Ihnen.«[39]

Sie hat jedoch immer zugegeben, in diesen Text »viel von sich selbst« gelegt zu haben. Eine minuziöse Lektüre des Textes, wie sie Literaturkritiker praktizieren, liefert dafür mannigfaltige Beweise. Man braucht nur einen Satz Hadrians über das Alter und eine Antwort Marguerite Yourcenars auf eine Frage von Matthieu Galey nebeneinanderzustellen, um den Mechanismus einer subtilen Form der Osmose zu begreifen – von dem man nicht mehr recht weiß, ob er von der Schriftstellerin hin zum Kaiser wirkt, oder, manchmal, vom Kaiser hin zu Marguerite Yourcenar, die fasziniert ist von dem, was sie über Hadrians Einstellung zum Leben entdeckt hat.

»Ich war an die vierzig Jahre«, konstatiert Hadrian. »Starb ich damals, blieb nichts von mir als ein Name in der Reihe von hohen Beamten und eine griechische Inschrift zu Ehren des Archonten von Athen. Jedesmal, wenn ich seither einen Mann, dessen Erfolge und Mißerfolge die Öffentlichkeit richtig einzuschätzen meinte, in der Mitte des Lebens dahingehen sah, erinnerte ich mich daran, daß ich in diesem Alter erst in meinen eigenen Augen existierte und in denen einiger meiner Freunde, die wohl manchmal an mir zweifelten, so wie ich selbst an mir zweifelte.«[40]

»Bei einem Schriftsteller wäre es schlimm, wenn er mit vierzig sterben würde. Es wäre eine Katastrophe gewesen bei Tolstoi; es wäre eine Katastrophe gewesen bei Ibsen; es wäre sogar eine Katastrophe gewesen bei Victor Hugo. Man hätte dann den Victor Hugo der Pariser Jahre unter Louis-Philippe, nicht aber den Victor

Hugo des Exils. Die Zeit muß lang bemessen sein. Der Victor Hugo vor *Les Misérables* und vor der *Légende des siècles* ist ein sehr guter Dichter; er ist noch nicht der einzigartige Seher in der Geschichte der Poesie. Ich möchte den frühen Hugo nicht missen, nicht einmal *Odes et ballades,* diese Entwicklungsphase war notwendig, aber ich stelle fest, daß wir nichts von dem großen Victor Hugo gewußt hätten.«

Diese Reflexion hat Marguerite Yourcenar auf Hadrian übertragen, denn in ihrem Gespräch mit Matthieu Galey fügt sie hinzu: »Ich empfinde das übrigens so stark, daß ich Hadrian dieses Gefühl habe artikulieren lassen (. . .)«[41]

Viele Kritiker machen, wie später Jacques Brenner in seiner Geschichte der französischen Literatur,[42] die Liebe des Kaisers für Antinous zum »Schwerpunkt des Buches«. »Seit langem hat niemand mehr so treffend von der Liebe gesprochen«, meint Brenner.

»Ich habe eine begeisterte Presse gehabt . . ., die Antinous stark hervorhob, und zweifelsohne habe ich selbst ihn auch hervorgehoben«,[43] kommentiert Marguerite Yourcenar in ihren Gesprächen mit Matthieu Galey. »Die Leute wollten dieses Leben gar nicht so sehr in seiner Gesamtheit sehen. Sie wollten vor allem einen Erfolg, ein außerordentliches Gelingen sehen (. . .). In diesem Buch finden sich alle möglichen Elemente, die mir interessant scheinen und die von der Leserschaft kaum wahrgenommen werden. Lucius, zum Beispiel, der präsumptive Erbe, der elegante Mann, der fast ein großer Fürst gewesen ist und der stirbt, ohne eine Spur zu hinterlassen. Diese Figuren, die ›fast existieren‹, sind für mich ebenfalls sehr anziehend. Es ist merkwürdig, Hadrian altern zu sehen. Bei jedem von uns ist es anders, und die Leute altern immer, wie ich gesagt habe, auf ihrer eigenen Linie. Hadrians Linie ist die Hellsicht, die sich am Ende zum Mißtrauen steigert.«

Kaum jemand hat, wie André Fraigneau in seinem Gutachten, im *Hadrian* eine Biographie gesehen. Dagegen hat man ihn oft wie einen historischen Roman gelesen. Zutreffender ist die Bemerkung Robert Kanters', der notiert: »Die Domäne Madame Marguerite Yourcenars ist die Geschichte, oder vielmehr die Meditation über die Vergangenheit (. . .). Aber die Meditation über die Vergangenheit wäre unerheblich, würde sie uns nur aufzeigen, wie wir vergehen werden; sie muß uns auch helfen, zu leben, und sei es in einer todkranken Welt.«[44] Aber auch die Attacken fehlen nicht, was ein Zeichen mehr für das Interesse ist, welches das Buch erregt.

1954 beklagt sich Marguerite Yourcenar zu wiederholten Malen über den, wie sie sagt, grobklotzigen Angriff eines französischen Archäologen: »Dieser Tage ist mir eine weniger sympathische Zerstreuung zugefallen; ich mußte auf eine äußerst beleidigende und perfide Darstellung der *Revue archéologique* antworten, die mich wegen einiger archäologischer Details angreift und mir vorwirft, gewisse in meiner Bibliographie aufgeführte Werke nicht gelesen zu haben; der Autor dieser Darstellung beschwert sich außerdem darüber, in meinem Buch zu wenig ›visuelle Bilder des Antinous‹ (!) zu finden. Es ist wie in einem Stück von Molière. Aber die Scheinargumente, der hinterhältige Ton, die gekonnt verstümmelten Zitate zwingen mich aus Prinzip zu einer Widerlegung; was leicht ist, aber viel Zeit beansprucht.«[45] Sie ärgert sich auch über einen sehr feindseligen Artikel des Italieners Evaristo Breccia, der sich darüber beklagt, daß die Autorin ihn nicht in der Bibliographie aufgeführt hat.

1951 trat *Hadrian* seinen langen Siegeszug an, der immer noch andauert, aber am Wettstreit um die großen Herbstpreise hatte das Buch wegen des Konflikts mit Gaston Gallimard nicht teilnehmen können. Der Prix Femina, dessentwegen Jean Paulhan den *Hadrian* Gaston Gallimard empfohlen hatte, war Anne de Tourville für ihren bei Stock veröffentlichten Roman *Jobadao* zugefallen, während der Prix Goncourt 1951 an Julien Gracq ging – der ihn zurückwies – für *Das Ufer der Syrten,* verlegt von José Corti. Ein amüsantes Zusammentreffen, wenn man bedenkt, daß dieselben Kritiker, die heute Marguerite Yourcenar ignorieren wenn nicht gar verachten, Julien Gracq über den grünen Klee loben und seine Aufnahme in die *Bibliothèque de la Pléiade* im Jahr 1989 etwas zu lautstark gefeiert haben. Wer bereit wäre, das *Ufer der Syrten* und den *Hadrian* mit einem wahrhaft kritischen Blick wiederzulesen, würde wohl zugeben, daß die Vorliebe für das eine oder das andere Werk eher eine Sache des Geschmacks als der literarischen »Hierarchie« ist. Und wenn man schon von literarischer Hierarchie spricht, dann sollte man nicht unerwähnt lassen, daß in diesem selben Jahr 1951 *Molloy* und *Malone stirbt* von Samuel Beckett erschienen sind ...

Der *Hadrian,* der im Juni 1952 den Prix Femina Vavaresco[46] erhält, hat bis heute zahlreiche Neuauflagen erlebt, die alle von Marguerite Yourcenar noch einmal durchgesehen wurden. Die

Beispiele für ihren Hang zu peinlicher, ja geradezu manisch kleinlicher Sorgfalt häufen sich mit zunehmendem Alter und durch ihre erzwungene Seßhaftigkeit während der Schlußphase von Grace Fricks Krankheit. Aber schon in den fünfziger Jahren ist jede Neuauflage des *Hadrian* Anlaß zu einer dieser gründlich argumentierten Überprüfungen, denen Marguerite Yourcenar jeden Text vor seiner Druckfreigabe unterzieht. Bei der dreiundvierzigsten Auflage schickt sie an Plon die Liste der Vorschläge des Korrektors, die sie billigt, und, »eine ungleich wichtigere Angelegenheit«, die Liste der Änderungen, die sie ablehnt, wobei sie jeweils ausführlich begründet, warum:

»Im allgemeinen halte ich es für äußerst wichtig, daß der Schriftsteller bei größtmöglicher Beachtung des geläufigen Sprachgebrauchs, sich die Freiheit bewahrt, willentlich davon abzuweichen, wo er es für unerläßlich erachtet. So lege ich größten Wert auf die Beibehaltung des neuartigen Konditionalis *giserait*. Aus Gründen, die zu umständlich zu erklären wären, möchte ich auch *après-midi* als Femininum beibehalten; die Form *à ses côtés* in manchen Fällen und die Form *à son côté* in anderen; desgleichen die alte Schreibweise *payement, lys, frayer, essayer;* nicht unbedingt hinter das *Ah* ein Ausrufezeichen setzen; bestimmte alte, bis auf den heutigen Tag fakultative Schreibweisen wählen, wie *cuillère;* mir bei der Kongruenz des Partizips Perfekt, gefolgt von einem Infinitiv, einen gewissen Spielraum zugestehen, nach dem Vorbild der Grammatiker des 17. und 18. Jahrhunderts, wodurch ganz bestimmte, sonst zum Aussterben verurteilte Nuancen bewahrt werden können; und trotz des famosen *amours, délices et orgues** möchte ich *nos amours vivants* in einem Satz beibehalten, in dem der Plural *amours* nicht wie gewöhnlich in seinem abstrakten Sinn verwendet wird (*de belles amours . . ., elle a inspiré de grandes amours*), sondern in einer dem englischen *his loves* näher stehenden Bedeutung, das heißt eigentlich als Äquivalent für ›geliebte Gegenstände‹. (. . .) Das alles ist sehr ernst gemeint, denn einer der Gründe für die Existenz des Schriftstellers besteht in seinem Kampf gegen einen gewissen oberflächlichen Sprachkonformismus, der, wenn er als Glaubensartikel akzeptiert wird, den subtileren und komplexeren Gesetzen zuwiderläuft und schließlich unter dem Vorwand der Vereinheitlichung zur Verarmung des Französischen beiträgt.«[47]

* Beispiele für Substantiva, die im Singular männlich und im Plural weiblich sind. (A. d. Ü.)

Plon bringt zwischen 1951 und 1958 in verschiedenen Auflagen 96 000 Exemplare des *Hadrian* auf den Markt. Bei Gallimard, wo heute sämtliche Titel Marguerite Yourcenars vereint sind, beläuft sich die Gesamtauflage (*Collection Blanche,* gebundene Ausgabe, *Folio*-Taschenbuch) 1989 auf 821 870 Exemplare. Für jemand, der behauptete: »Ich erwartete nicht, daß mehr als zehn Leute dieses Buch lesen würden, weil ich ganz einfach nicht den Eindruck habe, mich mit Dingen zu beschäftigen, die die große Masse interessieren«,[48] war das eine ganz hübsche Überraschung, die sehr bald schon die Aufmerksamkeit des amerikanischen Verlags Farrar Straus & Giroux erregte. Roger Straus sollte im übrigen der amerikanische Verleger Marguerite Yourcenars bleiben; sie empfand für sein Talent, für seine geistige Eleganz und für seine Manieren eines aufgeklärten Aristokraten einen Respekt und eine Wertschätzung, mit denen sie im allgemeinen sparsam umging.

Bis Februar 1952 kommt Marguerite Yourcenar gefügig den unzähligen Verpflichtungen nach, die ein Autor zur Verkaufsförderung seines Buches eingehen muß: Sie signiert ihren Roman in verschiedenen Buchhandlungen, gibt Interviews (die sie immer »entrevues« nennen wird), bedankt sich bei Kritikern für lobende Besprechungen, geht zu Empfängen. Auf einem davon trifft sie André Fraigneau. »Wir haben uns unterhalten wie alte Freunde«, erinnert er sich. Marguerite Yourcenar hat dagegen zu DeeDee gesagt: »Diesen Mann, den ich vor dem Krieg liebte, habe ich auf einem Fest getroffen, das beim Erscheinen des *Hadrian* gegeben wurde; ich habe ihn ignoriert.« Das gleiche schreibt sie auch an Gabriel Marcel: »Seit 1939 habe ich ihn ein einziges Mal wiedergesehen, auf einem Empfang bei Plon, wo er auf mich zugegangen ist, um ein paar Worte mit mir zu wechseln, aber ich wollte nicht wieder einen Dialog aufnehmen, der einst intim gewesen war und von dem ich nicht glaubte, daß er hätte aufrichtig sein können.«[49]

Wer hat recht?* Sie sieht mit Vergnügen Roger Martin du Gard und ihren ersten Verleger, René Hilsum, wieder, dem sie bis zu ihrem

* Hätte sich Marguerite Yourcenar so verhalten, wie sie behauptet, so hätte André Fraigneau, mit seinem Hang zu ätzenden Bemerkungen, nicht verfehlt, darauf hinzuweisen. Außerdem zeigt dieser Brief an Gabriel Marcel, wie sehr Marguerite Yourcenar bei jeder Gelegenheit mit André Fraigneau abrechnen wollte. Unter Anspielung auf seine Haltung während des Zweiten Weltkriegs und auf seinen Antisemitismus, verbreitet sie sich sogar über die jeweiligen »Meriten« von

Tod verbunden bleiben sollte; sie geht in Sylvia Beachs Buchhandlung Shakespeare & Company und wohnt, ohne Mißvergnügen, einigen mondänen Veranstaltungen bei. Das geht so weit, daß sie die Haute-Couture-Modenschau bei Pierre Balmain besucht. Ein Detail, das nur Leute verwundern kann, die Marguerite Yourcenars Nonkonformismus in Kleidungsfragen und ihre Vorliebe für exzentrische Aufmachungen mißbilligen, die jedoch nie bemerkt haben, welche Sorgfalt sie auf die Wahl ihrer Garderobe, auf die Qualität der Stoffe, auf die Harmonie der Farben verwendete.

Mitte Februar werden Marguerite und Grace jedoch ihres langen Pariser Aufenthalts überdrüssig und gehen auf Reisen. Sie fahren nach Italien über Pau (wegen des Nachlasses Christine de Crayencours), Nîmes, Aigues-Mortes, Saintes-Maries-de-la-Mer, Marseille, Cannes und Vence. Sie bleiben ab 27. Februar einen Monat in Rom, bevor sie nach Neapel weiterfahren und so wieder ihren eigenen Spuren folgen, den Spuren der Reisen zur Zeit ihrer beginnenden Leidenschaft. Über Gibraltar geht es dann nach Spanien, wo sie einen Monat mit der Erforschung der Städte Cádix, Sevilla und Granada verbringen und ihren kapriziösen Einfällen nachgeben, indem sie eines Tages in Algesiras »zwei amerikanische Matrosen zum Mittagessen« einladen, wie Grace Frick am 7. Mai vermerkt. Am 22. Mai kehren sie wieder nach Paris zurück, wo sie Ernsthaftes erwartet (der Prix Femina Vavaresco), Mondänes, Freundschaftliches (zahlreiche Besuche bei Natalie Barney), Berufliches (Gespräch mit Janet Flanner, der berühmten Korresponden-

Fraigneau, Sachs und Montherlant: »Ich weiß sehr wohl, daß Sie mir in diesem Punkt Nachsicht predigen würden, und daß ich unlogisch erscheine, da ich trotz allem eine gewisse Sympathie für Maurice Sachs bewahre, den ich kurz vor 1939 kennenlernte, und weil meine Bewunderung (mit Vorbehalten) für Montherlant unvermindert weiterbesteht. Aber die Situation dieser tragikomischen Figur Maurice Sachs war ganz anders, und abgesehen davon, daß der fürchterliche *Sabbat* und die fürchterliche *Chasse à courre* von einer Art pikareskem Genie zeugen, für das ich nicht unempfänglich bin, hat Sachs seine Gemeinheiten so teuer bezahlt, daß man sie ihm heute nicht mehr zur Last legen sollte; ich erinnere mich lieber an einen jungen, wetterwendischen Mann, unbesonnen bis zum Wahnsinn, aber auch einer kuriosen Inbrunst fähig, so wie ich ihn ein letztes Mal in einem Pariser Café erlebt habe, als begeisterten Zionisten und schon gehbehindert aufgrund eines Ischias, der es ihm unmöglich machte, mit einer Kolonne Schritt zu halten und so zu seinem Tod auf den Straßen Deutschlands führte (...). Was Montherlant anbelangt, so herrscht bei mir trotz all seiner Finten und vielleicht auch Schwindelein das Gefühl einer irregeleiteten Größe vor und die Bewunderung für manche Aspekte des Schriftstellers.«

tin des *New Yorker*) und Literarisches (ein Diner bei Madame Conrad Schlumberger mit Ernst Jünger, und eine Verabredung mit Colette).

Die Agenda, die Grace führt, trägt auf dem Blatt des 7. Juli sichtbare Tränenspuren über dem Satz: »MY firmly declares hatred of Grace.«

Grace liefert dazu wie üblich keinen Kommentar, weder über ihre Gefühle noch über die Gründe dieses Ausbruchs. Es ist sogar erstaunlich, daß sie das Ereignis notiert hat. Der Streit mußte sehr hart gewesen sein, so hart, daß sie diesen Tag nie vergessen wollte: den Haß erklären war so viel wie den Krieg erklären ... In Paris findet die allseits eingeladene und gefeierte Marguerite wieder zurück zu ihrem einsamen Stolz der dreißiger Jahre und wohl auch zu dem Wunsch nach einer Unabhängigkeit, die durch Graces dauernde Anwesenheit an ihrer Seite gestört wird. Und Grace hat dies bemerkt – die Eintragung in die Agenda erscheint wie der Höhepunkt einer Auseinandersetzung, bei der die Erbitterung der einen in dem Maße schwoll wie die tränenerstickten Vorwürfe der anderen zunahmen – und sie ist wohl nicht ganz unschuldig daran, daß Marguerite zwischen 1956 und 1968 nicht wieder nach Paris zurückkehrte. Nach dem Vorfall des 7. Juli 1952 und bis zu ihrer Abreise, einen Monat später, lehnt Grace mehrere Einladungen ab und läßt Marguerite alleine zu Empfängen gehen oder zu Essen bei gemeinsamen Freunden wie Natalie Barney.

Als Marguerite Yourcenar am 6. August 1952 Frankreich verläßt – sie muß im September ihre Kurse am Sarah Lawrence College für mindestens ein Semester wieder aufnehmen – weiß sie, daß ihre »amerikanische Periode« der Zweifel sowie der seelischen und finanziellen Schwierigkeiten endgültig vorbei ist. Sie ist, wie vor dem Krieg, wieder eine französische Schriftstellerin. Noch dazu eine erfolgreiche.

Am 11. August erreicht sie ohne große Begeisterung New York und fährt dann weiter in ihr Petite Plaisance, wo es nach einem Jahr der Abwesenheit viel zu tun gibt. Sie hatte nicht viel Lust gehabt, den Atlantik wieder zu überqueren, wie ein Brief an Jean Ballard beweist: »Ich muß gestehen, daß der Kontinentwechsel eine schwierige Umpflanzung darstellt und ich hoffe, Ende nächsten Frühjahrs wieder in Frankreich zurück zu sein.«[50] Wenn man auch kaum weiß, was zwischen Grace und ihr nach dem heftigen Streit vom 7. Juli vorgegangen ist, so bemerkt man doch, daß in Graces

Agenda die Eintragungen immer sachlicher und lapidarer werden und daß die Zeichen, die Glück, Zärtlichkeit, Liebe und Freude am Zusammensein markieren, fast völlig und für immer verschwinden, als ob auf die Liebesgeschichte das folgte, was ihre Freunde der fünfziger und sechziger Jahre als eine »Vernunftehe« beschreiben.

Am Sarah Lawrence College erwartet Marguerite Yourcenar eine unangenehme Überraschung: Sie bekommt kein Zimmer mehr auf dem Campus. Nicht daß sie eine besondere Vorliebe für die sehr spezielle »Konvivialität« an den amerikanischen Universitäten gehegt hätte, aber die Pendelfahrten nehmen ihr eine Zeit weg, die sie jetzt eigenen Projekten widmen will. Sie mietet also eine kleine Wohnung in Scarsdale (nördlich von New York, auf halbem Weg zwischen Bronxville und White Plaines) und zugleich verkündet sie dem Rektor, daß sie ihren Vertrag nicht wieder zu erneuern wünsche. »Die Überlegungen, die ich dieses Jahr über das Studienniveau in den Vereinigten Staaten angestellt habe, könnten Sie amüsieren«, schreibt sie an Natalie Barney, »würden aber wohl Ihre Schwester verärgern, also lasse ich es. Auf jeden Fall habe ich die Collegeleitung wissen lassen, daß ich mich fürs nächste Jahr freimachen werde; meine Aufgabe ist nicht von einer Wichtigkeit, die es mir zur Pflicht machte, dort zu bleiben, und der Zwang, den Winter in der Nähe von New York zu verbringen, zehrt die finanziellen Vorteile dieser Stellung völlig auf.«[51] Im selben Brief berichtet Marguerite Yourcenar, daß Grace »bewundernswert aber langsam an der Übersetzung des *Hadrian* arbeitet«. Einige Monate später kommt sie nochmals darauf zurück: »Die *Hadrian*-Übersetzung kommt langsam voran, zum Teil, weil Grace sehr gewissenhaft ist und nicht schnell arbeiten kann, zum Teil, weil der Lektor des englischen Verlags es sich angelegen sein läßt, in den Textteilen, die wir ihm zuschicken, blindlings herumzukorrigieren.«[52]

Zum ersten Mal haben Marguerite Yourcenar und Grace Frick es mit einer Arbeit zu tun – der Hadrian-Übersetzung –, bei der Grace federführend ist und Marguerite sozusagen Hilfestellung leistet. Marguerite hat wohl ihren Ärger über Graces Langsamkeit nur schlecht verhehlen können. Nach Graces Tod spielt sie manchmal in einem nicht sehr liebenswürdigen Ton, der lange unterdrückten Zorn verrät, darauf an.

Marguerite Yourcenar besaß eine außerordentliche Konzentrationsfähigkeit. Sie las ungewöhnlich schnell. Sie konnte stundenlang fast ohne Streichungen schreiben und ohne daß irgend etwas sie abzulenken vermochte. Sie war oft weniger energisch, weniger zäh als Grace, die sie, wie sie sagte, »zwang, bis spät in die Nacht hinein aufzubleiben, wenn die für den Tag vorgesehene Arbeit wie zum Beispiel die Durchsicht eines Kapitels oder eine Fahnenkorrektur nicht beendet war«. Aber sie hatte einen Horror vor der geistigen Langsamkeit und Unsicherheit, vor der fast bis zur Lähmung gesteigerten Unentschlossenheit, von der Grace bei dieser Übersetzungsarbeit befallen wurde. Sicher, Grace war unfähig, ihren Rhythmus zu beschleunigen, und Marguerites Reaktion war normal: Alle Menschen, die wie sie eine imponierende geistige Arbeitskapazität besitzen, sind verärgert, wenn man ihnen nicht folgen kann. Aber diese nicht ungewöhnliche Situation wurde hier noch durch besondere psychologische Faktoren überlagert: Nun war es Marguerite, die am Abend die Arbeit des Tages durchsah, und man kann sich schlecht vorstellen, daß sie die Rolle der bewundernden Zustimmerin übernahm, die zu anderen Zeiten wohl oft von Grace gespielt worden war. Grace mußte in einer dauernden Spannung gelebt haben: Zweifellos hatte ihr Marguerite erklärt, daß dieses oder jenes Wort nicht paßte, und es, wie es ihre Art war, darauf angelegt, zu beweisen, daß von ihnen beiden ganz offensichtlich *sie* die englischen Formen und Wörter, die allein den Subtilitäten des *Hadrian* gerecht wurden, besser kannte.

In diesem Jahr 1952 vollzieht sich für Marguerite Yourcenar der Übergang von der Anerkennung durch ihresgleichen, die sie bereits seit der Vorkriegszeit genoß, zu einer gewissen Bekanntheit. Das berührte sie stärker und erstaunte sie weniger als sie zugeben wollte: »Natürlich war ich überrascht«, erzählte sie Matthieu Galey.[53] »Ich habe äußerst bewegende Briefe erhalten, einige haben mich gefreut, andere haben mich sogar erschüttert (...). Ich habe dann viel Zeit mit dem Beantworten der Post verloren, das heißt mit allem, was man tut, wenn man zum ersten Mal einen großen Erfolg hat.« Ihr ganzes Leben wird sie behaupten, daß sie »viel Zeit mit dem Beantworten der Post« verliert, was sie jedoch nicht daran hindern sollte, eine Unmasse von Briefen zu schreiben, von denen sie zudem noch unentwegt Kopien anfertigt.

Zur Stunde gibt sie – wahrheitsgemäß oder aus gespielter Bescheidenheit – noch nicht vor, die Briefe ihrer Bewunderer als lästig zu empfinden. Sie genießt das Wohlgefühl, das ihr die Rückkehr in das Land vermittelte, wo man ihre Sprache spricht, wo man sie liest und feiert, und sie will ihm, selbst aus der Entfernung, wieder angehören. Bevor das Jahr zu Ende geht, wird sie Mitglied der *Société des gens de lettres,* erfährt, daß der *Hadrian* vom Buchklub *Club du meilleur livre* gekauft wurde, was ihm andere Vertriebswege erschließt, und akzeptiert Anfang Dezember den Vertrag, den Gallimard ihr für eine Neuauflage von *Der Fangschuß* anbietet. Das Jahr geht in Petite Plaisance zuende, von wo aus Marguerite Yourcenar ihre Neujahrskarten und -briefe schreibt – mehr als in den anderen Jahren –, insbesondere einen herzlichen Brief an Natalie Barney, in dem sie versichert: »Ich will nicht noch einen Winter in der Umgebung von New York verbringen. Es muß entweder Europa sein, oder diese *cella del conoscimento da se* in Maine.« Und wie so oft endet die Botschaft mit einem Satz, der ebenso sie selbst angeht wie die Empfängerin des Briefs: »Ich denke oft an die schöne, klare und in sich geschlossene Geschichte Ihres Lebens und wünsche mir dabei, Sie würden sie schreiben. Aber vielleicht paßt das beredte Schweigen besser zu Ihnen ...«[54]

Kapitel 6
Das Gleichgewicht

War es Marguerite Yourcenar an Bord des Schiffes, auf dem sie im August 1952 nach Amerika zurückfuhr, völlig bewußt gewesen, daß die »außerordentlichen Verquickungen des Zufalls«, die über ihr Leben mit Grace entschieden hatten, ihre Wahl »irreversibel« machten? Wahrscheinlich. Aber hatte sie nicht gerade die plötzlichen Umschwünge des Zufalls zu sehr geliebt, um sich mit einem Dauerzustand abzufinden? Sie dürfte, wie sie Hadrian hatte sagen lassen, noch oft wieder leidenschaftlich danach gestrebt haben, »von keinem Menschen ausschließlich abhängig zu sein«.[1] Kaum hatte sie den Fuß auf den amerikanischen Boden gesetzt, da äußerte sie auch schon ihre Absicht, sofort nach Semesterende wieder abzureisen. Im Frühjahr 1953 kündigte sie Natalie Barney ihre baldige Ankunft in Europa an und fügte hinzu: »Der Frühling ist selbst in dieser so harten Stadt New York sehr schön gewesen, und zwar in vieler Hinsicht. Seit vierzehn Tagen bin ich nun wieder in dem Haus auf der Insel, in diesem großen und sehr sanften Exil; es macht mir Spaß, griechische Texte unter blühenden Apfelbäumen zu lesen.«[2] Exil ist ein Wort, das Marguerite Yourcenar während ihrer amerikanischen Jahre von 1939 bis 1951 nicht verwendete. Vielleicht wäre es zu schmerzhaft gewesen. Nach ihrem Wiedersehen mit Europa und dem Ende des echten Exils, des Exils, das einem äußere Umstände aufzwingen und von dem man nicht weiß, ob es je enden wird, fiel es ihr leichter, davon zu sprechen, wie von einer Art Metapher für einen gewollten und nicht für einen erlittenen Zustand. Was eine Debatte über die Rückkehr vermuten läßt.

Die Diskussionen, die Marguerite und Grace über dieses Thema geführt haben, kennt man nicht. Da es für diese Jahre, in denen sie dauernd zusammen waren, keinerlei, nicht einmal eine versiegelte Korrespondenz gibt, wird dieser Punkt wohl im dunkeln bleiben. Erst nachdem diese Frage gegenstandslos geworden ist, findet sich in einer Mitteilung Marguerite Yourcenars an Natalie Barney ein Hinweis auf die Schwierigkeit, die Marguerite Yourcenar manchmal mit ihrer Entscheidung für das amerikanische »Exil« hatte: »Je älter wir werden, als desto weiser empfinden wir den Entschluß, der uns hierher *zurückgeführt* hat, wenn es mir auch leid tut, daß ich die Freunde in Frankreich nicht länger und häufiger sehe.«[3] Was allen Zweiflern beweist, daß eine Debatte sehr wohl stattgefunden hat. Aber eine Umsiedlung nach Europa wäre für Grace unannehmbar gewesen. Sie brauchte als Gegengewicht für ihre Selbstbescheidung das Gefühl, für das Überleben Marguerites absolut notwendig zu sein, und dieses Gefühl konnte sie nur an einem Ort finden, wo Marguerite Yourcenar, trotz der erworbenen Staatsangehörigkeit, nie völlig selbständig sein würde, weil sie, wie man gesehen hat, nicht einer Gemeinschaft angehören wollte, in der sie Gefahr lief, die meisterliche Handhabung ihres Arbeitsinstruments, der Sprache, zu verlieren. Das Gleichgewicht in ihrer Beziehung setzte die Beibehaltung von Petite Plaisance als Wohnsitz voraus.

Voraussetzung für diesen Modus vivendi konnte jedoch nur das Reisen sein, denn für Marguerite Yourcenar war eine Rückkehr zur Seßhaftigkeit des vergangenen Jahrzehnts undenkbar. Der Kompromiß war Grace vielleicht in einer dieser scheinbar harmlosen Bemerkungen angezeigt worden, die Marguerite Yourcenar so gut zu handhaben wußte, und deren trügerische Bedeutungslosigkeit durch einen Ton konterkariert wurde, der sie als reiflich überlegte und nicht die geringste Diskussion duldende Entscheidungen auswies: »Wir bleiben in Petite Plaisance, aber wir reisen.« Diese kleinen Bemerkungen, an die sich alle, die mit ihr zu tun hatten, mit Vergnügen oder mit Schrecken erinnern, konnte sie jederzeit von sich geben, wenn sie das Teewasser aufsetzte, wenn sie eine Türe schloß, oder mitten in einem Gespräch. Wer solche Bemerkungen überhörte, hatte das immer zu bereuen ...

Auf die Frage, was Reisen zu einer vitalen, gewissermaßen ethischen Notwendigkeit machte, hatte Hadrian bereits eine indirekte Antwort gegeben: »Wenige Menschen lieben lange das Reisen, diesen steten Bruch aller Gewohnheiten, diese dauernde Erschütterung aller Vorurteile. Aber ich erzog mich dazu, kein Vorurteil zu haben und nur wenige Gewohnheiten.«[4]

Ende Januar 1953 kommt ein Brief von Victoria Ocampo. Sie hatten sich im Dezember 1951 bei einem Pariser Diner in Gesellschaft von Max-Pol Fouchet persönlich kennengelernt. Diese Begegnung hatte Marguerite Yourcenar in der Wertschätzung noch bestärkt, die sie seit der argentinischen Periode der *Lettres françaises,* Ende des Krieges, für Victoria Ocampo empfand. Sie waren seitdem in Verbindung geblieben. Leider weiß man nicht, auf welche

Ausführungen Victoria Ocampo antwortet: Marguerite Yourcenars Brief ist bis heute nicht wieder aufgetaucht. Vielleicht wurde er vernichtet. Das Thema zumindest ist klar, da Victoria Ocampo kommentiert: »Ich glaube wie Sie, daß die Sexualität, und vor allem das, was sie zeitigt, eine große Bedeutung hat. Aber die Auslegung von RS [?] mißfällt mir aus mehreren Gründen, über die wir noch sprechen werden. Stellen Sie sich vor, ich schreibe gerade meine Memoiren und ich finde die Nachforschung schwierig.«[5] Der Verlust des Briefes von Marguerite Yourcenar ist bedauerlich, denn wenn sie auch immer gedacht und behauptet hat, daß die Sexualität – die sie im allgemeinen lieber »Sensualität« nannte – einen großen Platz in jeder Existenz einnehme, so hat sie doch im Laufe ihres Lebens ihre Ansicht über einen bestimmten Punkt mehrmals geändert, nämlich über die Notwendigkeit, von diesen Dingen zu sprechen, namentlich, wenn es in die Privatsphäre ging: »In puncto persönliches Leben muß man alles geradeheraus und unmißverständlich, oder im Gegenteil überhaupt nichts sagen«,[6] schrieb sie 1973 an eine ihrer Freundinnen.

Sie hatte immer eine gewisse Abneigung gegen öffentliche Polemiken über das, was sie als »Sinnenwahl« bezeichnete. Die Zeitschrift *Arcadie,* Vorkämpferin für das Recht auf Homosexualität, hatte im Jahr ihrer Gründung, 1954, Kontakt mit Persönlichkeiten aufgenommen, deren Neigungen ihr in eine solche Richtung zu gehen schienen. Marcel Jouhandeau hatte seinem äußerst heftigen Protest gegen diese Initiative in einem offenen Brief Luft gemacht, was ihm, am 6. Mai 1954, folgende Bemerkung von Marguerite Yourcenar einbrachte: »Darf ich meinem Erstaunen darüber Ausdruck geben, daß Sie diese so schlecht gestaltete Zeitschrift *Arcadie* öffentlich angehen? Ich habe von dem Direktor den gleichen Brief erhalten und mich darauf beschränkt, meine Einwände, die ungefähr (aber nicht ganz) wie die Ihren lauteten, in einen Umschlag zu stecken. Ist es nicht besser, Lektionen in gutem Geschmack, wenn schon nicht in ›guten Sitten‹, mit weniger Schärfe und Aufsehen zu erteilen?«[7] Marguerite Yourcenars Schweigen über ihre Neigung zu Frauen war nicht, wie oft behauptet, einer Zimperlichkeit zuzuschreiben, die ihrer Natur völlig widersprochen hätte, sondern vielmehr der klaren Überzeugung, daß die Freiheit, sich unverhohlen zu dem gewählten Leben bekennen zu dürfen, einhergehen müsse mit der Freiheit, nichts darüber sagen zu müssen. Marguerite Yourcenar hatte nie gedacht, daß sie gehalten sei, über diesen Punkt

Rechenschaft abzulegen oder sich für die Duldung ihrer Neigungen und Vorlieben einzusetzen. Sie wollte nicht toleriert werden, hat nicht versucht, sich eine Freiheit zugestehen zu lassen, die sie sich einfach genommen hatte. Sie hat immer gewußt, daß sie eine privilegierte Frau war, die sich aufgrund ihrer Geburt, ihrer Erziehung und des Zufalls der Umstände bis zu einem gewissen Grad den Zwängen der Gesellschaft hatte entziehen können. Nie hatte sie Verachtung empfunden für die Homosexuellen, die sich aus einer erstickenden Heimlichkeit herauszukämpfen suchten. Doch für sie ging der Weg zur Freiheit weniger über die Geltendmachung eines Anspruchs als über eine gelassene Selbstbehauptung.

Victoria Ocampos Bemerkung scheint jedoch darauf hinzuweisen, daß Marguerite Yourcenar sich zu Beginn der fünfziger Jahre für die Debatte über die Sexualität interessierte – was jedoch nicht bedeutet, daß sie zu Aussagen über *ihre* Sexualität bereit war. Es sei denn, der unauffindbare Brief an Victoria zielte mehr auf das Konkrete als auf abstrakte intellektuelle Spekulationen ... Auf alle Fälle wäre dieses Interesse bei der Frau begreiflich, die soeben den *Hadrian* veröffentlicht hat und der man allseits lobend versichert, sie verstehe es besser als irgend wer, von der Liebe und von den Sinnen zu sprechen.

Und eben gerade wegen der Liebe des Kaisers zu Antinous erfährt der *Hadrian* seine erste Bearbeitung. *Le Ballet d'Antinoüs* wird von der Truppe des Marqués de Cuevas, den Marguerite Yourcenar bei ihrem letzten Pariser Aufenthalt kennengelernt hat, aufgeführt. Dieser Schüler Nijinskis, der mit einem unnachahmlichen Akzent versicherte, daß für ihn der »Stil« alles sei, war eine schillernde und dem Pariser Publikum des Empire, des Théâtre des Champs-Elysées und des Théâtre Sarah Bernhardt bestens bekannte Persönlichkeit. Der Marqués, ein Nachfahre der Konquistadoren, hatte Margaret Strong Rockefeller, die Enkelin des Milliardärs geheiratet. 1947 hatte er die Leitung des »Grand ballet de Monte Carlo« übernommen – eine Truppe von etwa fünfzig Tänzern und Tänzerinnen, die bei ihm unter Jahresverträgen standen.

Die Musik des Balletts *Antinoüs* war nach einem Libretto Marguerite Yourcenars von einem griechischen Musiker komponiert worden, Louis Nikolaou, der Marguerite sehr sympathisch gewesen war und den sie gefördert und Natalie Barney empfohlen hatte. Die Generalprobe findet am 14. Mai 1954 statt, ohne die Autorin, die in einer Entfernung von sechstausend Kilometer allmählich ungeduldig wird. Zur Lehrtätigkeit am Sarah Lawrence College, die sie als immer lästiger empfindet, und zur Hexenjagd-Atmosphäre des McCarthyismus, dessen Dummheit sie bedrückt, kommen noch die Alltagssorgen: der Zahnarzt, Steuergeschichten (um die sich glücklicherweise Grace kümmert), die Vermietung des Hauses während ihrer Abwesenheit, worüber sie mit Mrs Nelson Rockefeller verhandeln.

Marguerites Hauptinteresse gilt jedoch Europa. Sie arbeitet an ihrem Essay über Kavafis, für den sie Artikel heranzieht, die sie in den Zeitschriften *Mesures* (1940) und *Fontaine* (1944) veröffentlicht hatte. Und dann faßt sie den Plan, Grace alle ihre, Marguerites, Lieblingsorte in Europa zu zeigen. Nach einem Aufenthalt in England, wo sie am 28. Juli ankommen werden, einer Vortragsreise durch Skandinavien und einer Zwischenstation in Paris, möchte Marguerite den Winter in Italien oder in Griechenland verbringen: Die Briefe Konstantinos Dimaras' haben in ihr wieder die Sehnsucht nach Athen erweckt. Diese Reise sollte jedoch nicht stattfinden, und Marguerite Yourcenar wird erst dreißig Jahre später, 1983, für kurze Zeit nach Griechenland zurückkehren. Als schlösse die Bindung an Grace das Land aus, das sie in einem anderen Leben zu ihrer symbolischen Heimat gemacht hatte.

In Paris sollte Marcel Herrand – alleiniger Leiter des Théâtre des Mathurins, seit Jean Marchat im Juli 1952 wieder zur Comédie française zurückgegangen war – *Electre* zur Aufführung bringen, und die Generalprobe war bereits für den Beginn der Theatersaison im September festgesetzt. Aber sein Tod im Juni stellt wieder alles in Frage. Madame Harry Baur, die Witwe des großen Schauspielers, übernimmt provisorisch, bis zur Rückkehr Jean Marchats, die Leitung des Theaters. Marguerite verläßt die Vereinigten Staaten, ohne zu wissen, ob das Projekt weiterverfolgt wird. Vor ihrer Abreise – sie werden erst zweiundzwanzig Monate später wieder zurückkommen – bittet Marguerite Yourcenar in einem Brief Gaston Gallimard um Zusendung einiger Exemplare des soeben neu aufgelegten *Fangschuß*, den die Presse begeistert aufgenommen hat.

Grace und Marguerite gehen am 28. Juli in Liverpool an Land: Sie reisen zwei Monate lang durch das England ihrer Erinnerungen (vor allem der Kindheitserinnerungen, was Marguerite Yourcenar anbelangt), ihrer Jugend und ihrer Sehnsucht und verbringen dann am Ende ihrer Reise die Zeit vom 8. bis 15. Oktober in London – eine Stadt, die Marguerite als besänftigend empfindet, wie alle Menschen, die Städte eigentlich nicht mögen.

Von London aus fahren sie am 16. Oktober per Schiff nach Dänemark. Am 20. Oktober beginnt Marguerite Yourcenar eine Reihe von Vorträgen in den skandinavischen Ländern. Damals war sie zur Finanzierung ihrer langen Reisen zu zweit auf diese Art Einladungen angewiesen. Aber Marguerite Yourcenar sollte diese Gewohnheit fast bis ans Ende ihres Lebens beibehalten, und hätte der Tod nicht das, was sie den »guten Lauf der Dinge« nannte, unterbrochen, dann hätte sie am 9. Dezember 1987 mit einem Vortrag über Borges in Kopenhagen, dem Ausgangspunkt, »den Kreis geschlossen«. Ihre Feinde und selbst manche ihrer Freunde sahen in dieser Gier nach bezahlten Veranstaltungen das Zeichen eines gewissen Geizes. Sie selbst machte kein Hehl aus ihrer Abneigung gegen Geldausgaben, selbst als der gesicherte Eingang mehr als ansehnlicher Tantiemen jeglichen Zwang zum Sparen unnötig machte: Sie hatte immer mit dem Gedanken gelebt, daß man »seine Mittel einteilen muß«, um nur ja nicht wieder gezwungen zu sein, eine abhängige Tätigkeit anzunehmen.

Abgesehen davon, daß 1953 die »Gefahr« einer abhängigen Tätigkeit nicht abgewendet war und diese Einladungen ein willkommenes Zubrot darstellten, machten diese Vorträge Marguerite Yourcenar mehr Spaß, als man annehmen möchte und als sie selbst zugeben wollte. Sie liebte das gesprochene Wort, und bei ihr war das gesprochene Wort bis zuletzt auf der Höhe des geschriebenen. Selbst in einer Unterhaltung verhedderte sie sich nicht, zögerte sie nicht, erlaubte sie sich nicht diese plötzlich unterbrochenen und später wieder ohne Rücksicht auf den Zusammenhang aufgenommenen Sätze. Wenn sie eine Periode unterbrach und ein Wort durch ein anderes ersetzte, dann war das wie eine Textkorrektur, eine leichte Streichung, um einen Gedanken so scharf wie möglich zu fassen, einen genaueren Terminus einzuführen, um einem Gesprächspartner die Ehre des einzig in Frage kommenden »mot juste« zu erweisen. Sie wollte überzeugen, verstanden werden und betrieb, auch wenn sie sich gegen diese Unterstellung verwahrte, eine Art Universalpädagogik. Und sie hörte sich ganz einfach gerne reden. Nicht in dem dümmlich eitlen Sinn, den man gemeinhin dieser Wendung unterlegt, sondern aus Freude an der unendlich subtilen Handhabung ihrer Sprache, zu der sie, wie sie wußte, fähig war. Wenn sie manchmal, wie jedermann, Banalitäten von sich gab, dann in einer melodischen Sprechweise, die allein schon den Zuhörer daran hinderte, sie als solche wahrzunehmen.

Marguerite Yourcenar hatte ihren Pariser Freunden ihre Ankunft für November, dann für Anfang Dezember angekündigt, »da die Vortragsreise sich verlängerte«. Nach Stockholm, Uppsala, Helsinki und dann, da sie krank geworden war, vom 25. November bis 17. Dezember, nochmals Stockholm, kehrte sie am 18. Dezember wieder nach Kopenhagen zurück, blieb dort an die zehn Tage und traf erst am 28. Dezember in Paris, wiederum im Hotel Saint James et d'Albany, ein. Sie verabredete sich zu allererst mit Natalie Barney, die sie ungeduldig erwartete. »Wir sind erst gestern in Paris angekommen«, schreibt sie ihr (. . .) »Ich habe Ihren reizenden Brief vorgefunden, der mich mit Gewissensbissen Ihnen gegenüber erfüllt und mich bedauern läßt, daß ich erst so spät nach Paris gekommen bin. Verzeihen Sie bitte meine schlechte Planung, aber alles, die Vorträge, die literarische Arbeit, die Reisen und das Leben selbst nehmen immer mehr Zeit in Anspruch als erwartet.«[8]

Der Winter 1954 versprach ebenso viele gesellschaftliche Veranstaltungen, Treffen mit Freunden und Zerstreuungen zu bieten wie dies die ersten Monate des Jahres 1952 getan hatten. Marguerite Yourcenar kam oft mit Natalie Barney zusammen; Grace weniger, denn sie lehnte die Einladungen zum Mittagessen häufig ab. Zwischen der Fortsetzung der Arbeit an Kavafis, den Besprechungen mit Jean Marchat über *Electre,* den Verabredungen mit Jean Schlumberger, Gabriel Marcel und Pierre Gaxotte und einem Vortrag über Hadrian (am 6. Februar), fand Marguerite Yourcenar die Zeit, wieder einmal krank zu werden, sowie neben Elena Craveri-Croce, Carlo Levi, Han Harloff und anderen eine Petition an die italienischen Behörden zu unterzeichnen, in der gefordert wurde, der Verwüstung der Via Appia Einhalt zu gebieten.

Marguerite und Grace sehen sich einige Ballettaufführungen in der Oper an und eine größere Anzahl Theaterstücke, von Madame Simones *En attendant l'aurore* bis Ionescos *Amédé oder Wie wird man ihn los* oder Cocteaus *Höllenmaschine* – die Marguerite Yourcenar sehr gefällt – mit Jean Marais. Grace notiert alles in ihrer Agenda, aber ohne Kommentar, was, wenn man die Heftigkeit ihrer Kritiken über mißliebige Stücke kennt, darauf schließen läßt, daß die beiden die gesehenen Stücke eher gut oder zumindest nicht ärgerlich gefunden hatten.

Dann, im März, ein Donnerschlag: Marguerite, die beim amerikanischen Konsulat einen Antrag auf Verlängerung ihres Passes gestellt hat, erhält, statt der erwarteten zweijährigen Verlängerung, den Bescheid, daß besagter Paß am 24. Mai seine Gültigkeit verlieren werde. Wollte man ihr die amerikanische Staatsbürgerschaft streitig machen? Nach mehreren erfolglosen Erklärungsversuchen, langen Briefen Marguerites und Graces an die »zuständigen Stellen«, sowie nach einer Intervention Marguerite Barratins, die in Frankreich die Leitung des Sarah Lawrence College vertrat, bringt schließlich ein energischer Telefonanruf Natalie Barneys die Sache wieder ins Lot. Grace ist zwar erleichtert aber auch empört darüber, daß zur Regelung dieser Angelegenheit, in der Marguerite gegen keinerlei Vorschriften verstoßen hatte, das Ansehen einer Freundin bemüht werden mußte, und sie macht ihrem Ärger in einem Dankesbrief an Natalie Barney Luft:

»Glauben sie mir, ich bin bestürzt darüber, daß ein so banaler und so klarer Fall nicht ohne Druck von oben geregelt werden konnte. Was geschieht mit den Hunderten von Leuten, die keine Natalie Barney haben, die sich für sie am Telefon ins Zeug legt, und das am Montag morgen in aller Herrgottsfrühe? (...) Ich stamme aus einer republikanischen Familie, aber ich spüre, wie ich immer mehr den Demokraten zuneige und zu einer Anhängerin Jeffersons werde. Es ist einfach unzulässig, daß an der Botschaft nicht jedem die gleiche prompte Aufmerksamkeit zuteil wird, und ich bin entzückt über die Bemerkung, mit der Sie diese Bürokraten abgekanzelt haben: ›Wenn die Sache für mich einfach ist, warum ist sie es dann nicht für jedermann?‹«[9]

Wie soll man, ohne in eine Überinterpretation zu verfallen, die Tatsache auslegen, daß Grace den Dankesbrief an Natalie Barney geschrieben hat und nicht Marguerite? Natürlich erlaubt nichts, an der echten Empörung dieser Bürgerin des freien und demokratischen Amerikas zu zweifeln, an der Entrüstung über diese Mischung aus verbohrter Bürokratie und verkappter Ächtung. Trotzdem: Was wäre geschehen, wenn man Marguerite Yourcenar wegen ihrer langen Auslandsaufenthalte die Rückkehr in das Land verboten hätte, dessen Staatsangehörigkeit sie immerhin besaß?

Man war noch einmal mit dem Schrecken davongekommen: Marguerite bleibt Amerikanerin, und im Mai 1954 fahren die beiden nach Deutschland: Eine Reise – natürlich mit Vorträgen –, die vier Monate dauern wird. Marguerite nimmt ihr Schriftstellermetier mit Eifer wahr, gibt Rundfunk- und Fernsehinterviews. Nach Heidelberg, Tübingen, Stuttgart, Frankfurt, Köln und Würzburg kommen sie am 6. Juli in München an. Sie bleiben dort über zwei Monate, wegen, wie Grace sagt, »einer ziemlich langen Unpäßlichkeit Marguerites«. Auch wegen der Nähe des Instituts für Klassische Archäologie, wo Marguerite Yourcenar an einem kurzen Essay über Oppian arbeitet, einem griechischen Dichter aus dem dritten Jahrhundert. Es handelt sich um einen Text, um den ihre Freundin, Prinzessin Hélène Schakhowsky* sie gebeten hatte, das Vorwort zu einer Neuauflage – in der Luxusausgabe der Société des Cent-Une – der Übersetzung, die Florent Chrestien 1575 von Oppians *Vier Büchern des Weidwerks*[10] angefertigt hatte. Marguerite wohnt im Hotel Continental. Sie schickt Hélène Schakhowsky, die zur Kur in Abano weilt, mehrere von Details und Empfehlungen überquellende Briefe, die wieder einmal von der Sorgfalt zeugen, die sie jeder ihre Arbeiten angedeihen läßt:

»Der Essay ist fertig, und ich beginne morgen mit der Abschrift dieser 160 Zeilen. Sollte der Text für das von Ihnen geplante Vorwort zu lang sein, brauchen Sie nur das Mittelstück mit den Ausführungen über die Jagd herauszunehmen und die beiden Enden aneinanderzufügen. Ich möchte jedoch nicht, daß hier und dort ein Satz weggelassen wird, weil dann der Sinnzusammenhang verloren gehen könnte.

Die Oppian-Arbeit war für mich ein Vergnügen. Ich habe das Gedicht im Laufe einer Nacht verfaßt, in der mich eine Gallenkolik und eine seit einem Monat währende Übermüdung nicht schlafen ließen. Reime schmieden war die reizvollste aller Zerstreuungen. (...) Sie werden feststellen, daß ich auf der letzten Seite eine leere Stelle gelassen habe, am Ende eines Satzes, der sich auf die Erstaus-

* Marguerite Yourcenar hatte Hélène Schakhowsky Anfang der fünfziger Jahre über ihre gemeinsame Freundin Anne Quellennec in Paris kennengelernt: »Ich selbst habe Marguerite Yourcenar Ende der zwanziger Jahre zu Beginn ihrer Schriftstellerlaufbahn kennengelernt, als sie einen kleinen Preis für eine Novelle, *Le premier Soir*, erhalten hatte; Marcel Prévost, der Stifter dieses Preises, war mein Cousin«, sagte Anne Quellennec. »Ich habe sie nach Kriegsende in Europa wiedergesehen, und wir sind bis zu ihrem Tod befreundet geblieben. Bei mir ist sie auch oft mit dem Verleger Charles Orengo zusammengekommen, der bis zu seinem Tod einer ihrer Freunde und Berater war.«

gabe der Übersetzung Florent Chrestiens bezieht, deren Erscheinungsjahr Sie mir nicht mitgeteilt haben. Das gleiche gilt für das Format. Da Sie diesen Band in Händen gehalten haben, könnten Sie vielleicht selbst ergänzen und so etwas einsetzen wie ›das Oktav von 1599‹ (oder 1601, oder eben die zutreffende Jahreszahl) oder ›das Sedez von 1595‹ oder jede andere einschlägige Formel. Sollten Sie sich des Formats nicht sicher sein, schreiben Sie einfach ›der Band‹ oder ›der kleine Band‹ von (dem und dem Jahr). Bitte sagen Sie mir, was Sie in diesem Punkt und auch hinsichtlich der Kürzungen getan haben.

Auf alle Fälle muß ich die Fahnen korrigieren, und sei es auch nur wegen der Eigennamen.

(...) Die schönen Bibliotheken der Stadt sind mir sehr nützlich, und Grace bieten sie bei der Fahnenkorrektur ihrer Hadrian-Übersetzung die Möglichkeit, direkt auf die lateinischen Texte zurückzugreifen, wenn sie das für nötig hält.

Ich hoffe, noch einige Tage in der Schweiz zu verbringen, zu einem echten Urlaub auf dem Lande. Wir wollen nicht vor dem 15. September wieder nach Paris zurückfahren.«[11]

Ende August hat Marguerite Yourcenar allmählich genug von Deutschland. Sie möchte nach Paris zurück und träumt davon, den Winter am Mittelmeer zu verbringen – was sie auch tun wird, aber in Südfrankreich und nicht in Südeuropa. Sie ist von der kraftvollen Vitalität eines im Wiederaufbau begriffenen Deutschlands beeindruckt, zugleich aber auch ein wenig beunruhigt über den germanischen Sinn für Disziplin, der ihr die Voraussetzung zu sein schien zu den Verirrungen und Tragödien, deren Spuren Deutschland gerade energisch beseitigt. Eine Szene hat sich ihr lebhaft eingeprägt: der Abriß eines Neubaus, der wahrscheinlich nicht den Vorschriften der Lokalbaukommission entsprach. Nicht nur, daß die Leute neben ihr wortlos diesem Abriß zusahen, sondern die selben Arbeiter, die gestern aufgebaut hatten, zerstörten heute, nach dem Motto »Befehl ist Befehl«. Sie wird nicht wieder nach Deutschland zurückkehren, es sei denn auf der Durchfahrt bei späteren Reisen nach Österreich und in die Schweiz. Aber sie plante für Ende 1987 oder Anfang 1988 einen kurzen Zwischenaufenthalt in der Bundesrepublik im Verlauf der Reise, die sie dann nicht mehr antreten kann, da sie kurz vor der Abfahrt einen Schlaganfall erleidet. Deutschland flößte ihr ganz einfach nicht das Gefühl der Zugehörigkeit ein, das sie an Italien band, nicht einmal diese Art Zärtlichkeit und Wohlwollen, die sie England entgegenbrachte, wo Menschen und Erde ihr seit Urzeiten innig miteinander verbunden zu sein schienen.

Sie trifft am 22. September wieder in Paris ein, und sofort nach ihrer Rückkehr – sie hat soeben den Artikel »Le Temps, ce grand sculpteur« für die *Revue des voyages* beendet –,[12] beginnt die »Affäre *Electre*«. Marguerite Yourcenar wohnt den Proben des Stückes bei, das mit einem Jahr Verspätung endlich aufgeführt werden soll. Sofort protestiert sie gegen die Besetzung: Sie will Jany Holt nicht als Elektra und sie äußert Bedenken gegen Laurent Terzieff als Orest. Es kommt zu wenig erfreulichen Diskussionen mit Jean Marchat. Um so mehr als Marguerite, die am 27. September eine Aufführung von Strindbergs *Fräulein Julie* gesehen hat, völlig hingerissen ist von Eléonore Hirts Darstellung der Julie. Sie empfängt sie, spricht ihr von *Electre,* aber Jean Marchat lehnt diese Wahl ab. Während sie die *Carnets de notes d'Electre* schreibt, diniert sie mit Eléonore Hirt am 24. Oktober. Die Beziehungen zwischen Autorin und Regisseur spitzen sich zu.

Für Marguerite Yourcenar liegt der Kern der Affäre in der Nichteinhaltung ihres Rechts auf die »Versuchs-Klausel«, die ihr Jean Marchat zugesagt hatte. In der Tat hatte Marchat vorgeschlagen, er selbst werde, da Marguerite Yourcenar nicht in Paris war, die Schauspieler vorsprechen lassen und sie dann für das Stück auswählen, wobei Marguerite Yourcenar dann, fünf Proben lang, die Möglichkeit hätte, diese Besetzung zu beurteilen und eventuelle Umbesetzungen vorzunehmen. Als Marguerite Yourcenar wieder nach Frankreich zurückkommt, stellt sie fest, daß die famose Klausel in den Verträgen nicht erwähnt wird. Da sie mit der Wahl der beiden Hauptdarsteller ganz und gar nicht einverstanden ist, erwirkt sie von Jean Marchat die schriftliche Zusage über deren Austausch. Wieder läßt man Schauspieler vorsprechen, aber nach einigen Tagen erhält Marguerite Yourcenar von Madame Harry Baur ein Schreiben des Inhalts, daß sie nach den Vertragsbestimmungen keinerlei Recht auf die Versuchs-Klausel habe und daß im übrigen ihrer Ansicht nach beim Engagement berühmter Schauspieler diese Klausel nicht geltend gemacht werden könne. Zudem teilt sie Marguerite Yourcenar mit, daß sie die Kosten für die fünf Vorsprech-Tage zu tragen habe und das Abstandshonorar für die Schauspieler bezahlen müsse. Jean Marchat seinerseits zieht seine

Zusage zurück. Einschreibbriefe mit Rückscheinen werden gewechselt, die Gemüter erhitzen sich, und die Angelegenheit bewegt sich auf einen Prozeß zu. Am 1. Oktober kommt es endgültig zum Bruch, wie der kleine Artikel beweist, der am 1. November im *Figaro* erscheint:

»Wie gestern abend zu erfahren war, hatte Madame Marguerite Yourcenar bei der Uraufführung ihres Stücks *Electre* im Théâtre des Mathurins in aller Form gegen die Besetzung protestiert und sich darüber beschwert, daß die Leitung des Theaters es für gut befunden habe, sich über den Willen der Autorin hinwegzusetzen. Dazu erklärt uns Madame Yourcenar: ›Aufgrund der schwerwiegenden Meinungsverschiedenheit zwischen mir und dem Théâtre des Mathurins, habe ich bei den Probenvorbereitungen zu *Electre* nicht mitgewirkt und ich möchte keinen Kommentar über die Bedingungen abgeben, unter denen mein Werk zur Zeit aufgeführt wird. Das Publikum soll urteilen.‹«

In *Le Monde* vom 11. November erscheint die erste Kritik des Stückes: Sie ist von Robert Kemp und spricht nicht gegen die Bedenken und die schließlich offene Feindseligkeit Marguerite Yourcenars: »Seit einigen Tagen«, schreibt er, »geht die Kunde um, daß man bei der Galavorstellung von *Electre ou la Chute des masque* nicht schlecht gefeixt habe, und ich habe noch gestern abend absurde Lacher gehört ... (...) Was die Zuschauer vielleicht verwirrt hat – nehmen wir das zu ihrer Entschuldigung an – ist die verheerende Darstellung des Stücks ... Ich nehme natürlich Madame Jany Holt aus. Sie ist hier einfach eine Fehlbesetzung. Man kann sagen, daß Elektra nicht unbedingt eine Bärin, eine Wölfin, ein Tier von riesigen Ausmaßen ist; man kann sie sich sogar als Schlängchen vorstellen ... Aber diese kleine, nervöse Elektra, deren leichte, die Luft antippende Fingerchen nicht die Finger einer Würgerin sind ... Dieses feine Gesicht, dem ein verkrampftes Lächeln nicht zu einem erschreckenden Ausdruck verhilft ... Diese Stimme, die sich überanstrengt, ist nie die Stimme einer Nemesis ... Nein, Madame Jany Holt, die sehr hübsche Momente des Taumels und des Schreckens hat, ist nicht die Frau für diese Rolle ... Sie hat sie jedoch im Griff. Man folgt ihren Bewegungen eines Wiesels im Käfig. Man hört ihr zu. Aber die anderen! Diese jungen Männer ohne stimmliche und körperliche Noblesse, wo hat man sie nur hergenommen? Man läßt sie auf die Bühne los. Sie können nicht sprechen. Zu allem Überfluß stecken sie in braunen Trikots, auf denen weiße Linien eine Muskulatur oder so etwas wie eine Rüstung darstellen. Wie überzuckerte Lebkuchenmännchen für den Sankt-Orestus-Tag. Sie sind unglaublich schlecht. Orest ist der schlimmste. Er brüllt, und man versteht ihn kaum. (...) Kurz, eine wahre Katastrophe!«[13]

Der Verriß ist für Marguerite Yourcenar um so unerträglicher, als Robert Kemp ihren Text mit einigen kleinen Vorbehalten geschätzt zu haben schien: »Dieser erste vor Intelligenz funkelnde Akt ist ein wenig langatmig und ermüdend. Aber der zweite ist von unvergleichlicher Schönheit!«

Nach einem zweiten, ebenso mörderischen Artikel in *Combat,* beauftragt Marguerite Yourcenar ihren Anwalt, Maître Mirat, gegen Jean Marchat einen Prozeß in Sachen *Electre* anzustrengen.

Graces Meinung zu diesem Streit ist nicht bekannt, so wenig wie der Zustand ihrer Beziehungen zu Marguerite in diesem Herbst. Sie vermerkt nur in ihrer Agenda, daß sie Marguerite Yourcenar zu bestimmten Diners, namentlich bei Anne Quellennec, nicht begleiten wollte. Am 30. November, einem Dienstag, geht Marguerite allein zu einer verabredeten Portraitsitzung bei Marie Laurencin, an der Place Saint-Sulpice.

Marguerite Yourcenar und Grace Frick verbringen einige Tage in Gent, zu einem Vortrag, dann in Ostende und Brüssel, wo Marguerite »Tante Loulou«, ihre »Stiefschwägerin«,[14] Louise de Borchgrave aufsucht. Marguerite Yourcenar stand, was bei ihr ungewöhnlich war, mit dieser intelligenten, kultivierten und musikalischen Frau (sie spielte Geige) auf dem Duzfuß und blieb ihr verbunden, bis Louise de Borchgrave 1986 im Alter von hundert Jahren starb.

Von Belgien aus, wo sie geboren ist, fährt Marguerite weiter nach Lille, wo sie einen Teil ihrer Kindheit verbrachte, und dann nach Südfrankreich, als wolle sie wieder an eine alte Tradition anknüpfen: an die Winter am Mittelmeer zusammen mit ihrem Vater. Ihr ganzes Leben suchte sie das Vergnügen an der Entdekkung neuer Landschaften mit der nostalgischen Rückkehr an die Orte ihrer Erinnerung zu vereinen. Diesmal war es, nach Skandinavien und Deutschland, der Midi Michel de Crayencours. 1982 wird es, nach der späten Erfüllung eines alten Wunsches, einer Ägyptenreise, Venedig sein, wohl in einem verzweifelten Versuch, sich in die Zeit der Liebesleidenschaften ihrer dreißiger Jahre zurückzuversetzen ...

Marguerite und Grace werden also den ganzen Winter 1954-55 in Fayence verbringen, in dem Haus ihres Hartforder Freundes, Everett Austin, für dessen Amateurtheatertruppe Marguerite Yourcenar 1942 *Die kleine Seejungfrau* geschrieben hatte. Einige Jahre später, 1963, als Marguerite Yourcenar den Prix Combat erhielt, schildert Ghislain de Diesbach – ein angeheirateter Cousin – den Eindruck, den sein Besuch in Fayence, wo er Marguerite zum ersten Mal begegnet, auf ihn machte: »Das Haus, das ihnen einer ihrer Freunde zur Verfügung gestellt hatte, war ein ganz hübsches Altstadtgebäude, aber ich war erstaunt über die Nacktheit der Zimmer und über die Art, wie Marguerite Yourcenar sich mit dem fast völligen Fehlen von Möbeln abfand (...). Von Marguerite Yourcenar selbst habe ich nur ein undeutliches Bild bewahrt (...). Ich erinnere mich an ein altmodisches Kleid mit einer Art weißen Halskrause, an kurz geschnittene und über die Ohren gestrichene Haare, an eine Adlernase, an sehr schöne blaue Augen und an etwas in ihrem Gang und in ihrer Haltung, was an Frauenporträts der Renaissance gemahnte.«[15]

In Fayence empfangen sie einige Freunde, darunter Natalie Barney und Romaine Brooks, den Verleger Charles Orengo, mit dem Marguerite Yourcenar eine persönliche Beziehung und eine regelmäßige Korrespondenz unterhalten hat, sowie etliche Familienmitglieder, denen Marguerite Fragen über die Genealogie ihrer Verwandten und Ahnen stellt. Sie machen auch kurze Ausflüge, unter anderem nach Nizza, wo Marguerite einen Vortrag über Antinous hält und an einigen gesellschaftlichen Veranstaltungen teilnimmt. Marguerite Yourcenar hat Jerry Wilson auf ihren Reisen in den achtziger Jahren ausführlich von diesem Winter im Var erzählt.[16] Hier muß eingeflochten werden, daß Marguerite Yourcenars Abneigung gegen die Dorfgeselligkeit noch andere Motive hatte als das Bestreben, wie in Petite Plaisance, der »Sprachverschmutzung« zu entgehen. Grace, die hier eigentlich die »Fremde« war, hatte sich, wie gewohnt, gut in die Gemeinde eingefügt und organisierte ihre üblichen kleinen Feste für die Dorfkinder. Marguerite hielt sich hartnäckig im Hintergrund. Sie arbeitete an ihrem Essay über Thomas Mann, den sie am 17. Februar beendete, an eben dem Tag, an dem sie einen sehr anerkennenden Brief von diesem Schriftsteller erhält. Ghislain de Diesbach erinnert sich: »Marguerite Yourcenar hat mir einen Brief von Thomas Mann vorgelesen, in dem er sie zu ihrem Stück *Electre ou la Chute des masque* beglückwünschte und empört darüber war, daß man dieses Stück nicht zu den herausragenden Werken ihres Schaffens zählte: ›Die Leute sagen, Sie hätten mit ›Hadrian‹ Ihr Geschick erfüllt, das Buch Ihres Lebens geschrieben, und daß danach nichts mehr kommen werde ... Die Dummköpfe! Wenn man ein derartiges Buch schreibt, beweist dies im Gegenteil, daß man Fähigkeiten besitzt, von denen man noch Besseres erwarten kann, und Ihre ›Electre‹ ist gekommen!‹«

»Ich muß gestehen«, meint Ghislain de Diesbach, »daß ich für mein Teil den *Hadrian* höher einschätze als *Electre* und ich reihe mich bescheiden in die Kategorie der Dummköpfe ein, gegen die Thomas Mann zu Felde zog*.«[17]

Wenn Grace sich, wie gesagt, auch in Fayence gut eingelebt hat, so gehen ihr doch Marguerites Gäste auf die Nerven, vor allem solche, die ihrer Meinung nach zu lange nach dem Abendessen bleiben. Der Maler Pierre Monteret, ein Freund von Marguerite Yourcenars lebenslangem Briefpartner Elie Grekoff, muß eine kaum noch höfliche Antwort einstecken, als er sich wundert, daß die beiden Damen keine Haushaltshilfe haben. »Wir finden, daß Kochen eine gute Alternative zu literarischer Arbeit ist«, weist Grace ihn scharf zurecht ... Nur eine Anekdote, kaum der Rede wert, zeigte sich hier nicht bereits der erste Ansatz zu einer Entwicklung, die im Lauf der Jahre immer ausgeprägter wurde: Graces Unduldsamkeit, die Marguerite Yourcenars Beziehungen zu ihren Gästen in Petite Plaisance unnötig komplizieren sollte.

Die zweite Hälfte des März 1955 ist einer Reise durch Frankreich gewidmet: Bordeaux, Poitiers, zu einem Vortrag, Tours, Blois, dann Paris, wo sie mit dem Anwalt die »Affäre *Electre*« bespricht und sich *Port Royal* von Montherlant ansieht, bevor sie nach einer Bummelfahrt über Avignon, Vaison, Saint-Rémy, Les Beaux und Arles am 3. April wieder in Fayence eintrifft. Schließlich machen sich Marguerite und Grace auf nach Skandinavien, wo sie sich am 1. Juni nach Amerika einschiffen.

* Marguerite Yourcenar interessierte sich nicht allzusehr für Dramaturgie. Die Theaterstücke waren für sie eine Nebenbeschäftigung. Matthieu Galey, der sie daran erinnerte, erwiderte sie: »Quantitativ, ja. Qualitativ, das wäre zu prüfen. Ich tummle mich in meinen Stücken wie in einem privaten Revier, in dem ich noch relativ allein bin (...). Ich habe den Stimmen immer eine große Bedeutung beigemessen (...). Bis jetzt hat man kaum die Beziehungen zwischen diesen Theaterstücken und meinen anderen, bekannteren Werken bemerkt. Dabei unterscheiden sie sich von ihnen nur in der Form, nicht aber in der Substanz.«[18]

Am 12. Juni sind sie nach fast zwei Jahren Abwesenheit wieder in Petite Plaisance. Sie haben anscheinend wieder einen gewissen Lebensrhythmus gefunden, in dem Weltreisen und lange Perioden der Arbeit und der Ruhe in Maine abwechseln.

Im letzten Viertel des Jahres 1955 beschließt Marguerite Yourcenar, das Werk *La Mort conduit l'Attelage,* das 1934 bei Grasset erschienen war, neu zu bearbeiten und nimmt sich dazu als erstes die Novelle *D'Après Dürer* vor: So beginnt das, was nicht eine neu gefaßte Novelle, sondern ihr Hauptwerk werden sollte, *Die schwarze Flamme.* Wenn Grace sich klaglos damit zufrieden gibt, den Garten zu bearbeiten, die Nachbarn zum Tee einzuladen, zu ihnen zum Abendessen und jeden Sonntag in die Congregational Church zu gehen, so fängt die seit kaum sechs Monaten wieder in Petite Plaisance seßhaft gewordene Marguerite Yourcenar bereits wieder an, lange Reisen zu planen: »Ich hoffe, im Februar oder März in Damaskus und Beirut zu sein«, schreibt sie an eine ihrer Freundinnen.

Um die selbe Zeit beginnt sie mit einer Praktik, die sich zu einer wahren Manie steigern sollte: Sie schreibt an verschiedene französische oder belgische Buchhändler und bestellt bei ihnen Exemplare ihrer eigenen Werke. »Wie Sie sich denken können«, erklärt sie, vielleicht um einer leichten Verblüffung bei ihren Adressaten vorzubeugen, »versuche ich mit dieser Bestellung festzustellen, welche Ausgaben meiner Bücher zur Zeit in Umlauf sind, da manche dieser Ausgaben sich als äußerst fehlerhaft erwiesen haben« ... Wie man bereits gesehen hat – und wie man in noch stärkerem Maß bei der sich zur Prozeßreife entwickelnden »Affäre Plon« sehen wird – mußte man als Verleger Marguerite Yourcenars über eine gewisse Seelenstärke verfügen.

Der Winter 1955-56 in Northeast Harbor ist von Heiligabend bis Ostern eine »ununterbrochene Abfolge von Eis und Schnee«, wie Marguerite in ihre Agenda notiert. Sie behauptet zwar, diese Zeit sei »sehr günstig zum Nachdenken und Arbeiten«, versinkt aber trotzdem in einer gedämpften Langeweile mit einigen heftigen Abwehrreaktionen, wie die Anhäufung ihrer Allergien zeigt. Grace ihrerseits liebt den Schnee. Ihre Freundin Florence Codman kommt für einige Tage zu Besuch, vom 13. bis 17. Januar.

»Sobald ich wieder in New York zurück war«, erinnert sie sich, »habe ich ihnen eine Schallplatte geschickt mit einer Aufnahme von Colette, denn Marguerite und ich hatten viel von ihr gesprochen.

Für mich war es das größte Vergnügen, mich mit ihr über französische Literatur zu unterhalten. Alles, was sie sagte, war immer sehr klug, sehr zutreffend, sehr überzeugend. Ich kann mich nicht erinnern, daß wir jemals verschiedener Meinung gewesen wären. Um wieder auf diese Schallplatte zurückzukommen, sie mußten sie sich in der Dorfbibliothek anhören, da sie keinen Plattenspieler hatten. Dabei war Grace, die Klavier spielte, eine Musiknärrin. Aber sie führten freiwillig, und, wie ich glaube, vor allem unter Graces Einfluß ein sehr sparsames, frugales Leben. Marguerite hörte sich jedoch die Platte an, trotz der Kälte in jenem Winter und trotz ihrer Abneigung, sich dieser Kälte auszusetzen. Und das brachte mir einen sehr schönen Brief ein.«

»Danke für *Gigi Chéri,* das wir uns heute morgen angehört haben«, schrieb Marguerite Yourcenar am 16. Februar. »Man kann auf der Trasse dieser Stimme das ganze Leben verfolgen: Die reiche und feiste Burgunderin, den Kanaille-Einschlag von Willy, den literarischen Einschlag und auch den, wenn ich so sagen darf, Hausmeisterinnen- und Kartenlegerinnen-Einschlag. Denn das alles war sie. Sie ist ungemein repräsentativ gewesen für ein bestimmtes Frankreich zwischen 1900 und 1946, mit ihrer urwüchsigen Deftigkeit, ihren Manierismen (denn sie hatte welche), ihrer ganz eigenen Lebensfreude und mit ihrem Kodex für das Schickliche und Unschickliche, der ebenso kompliziert war wie die Verhaltensregeln im alten China. Ein Frankreich, von dem ich im Grunde nicht recht weiß, ob ich es mag.«[19]

Burgundischer Akzent, Manierismus, Kanaille-Einschlag, Urwüchsigkeit, Hausmeisterinnen- und Kartenlegerinnen-Mentalität ... So amüsant dieses »stimmliche Portrait« von Colette ist, es verrät doch eine Art der Distanz, die zwar nicht die literarische Wertschätzung ausschließt, ihr aber einen vagen Anstrich von belustigter Herablassung verleiht. Bei Marguerite Yourcenar ist eben das Vitriolfläschchen nie weit von der Teekanne entfernt.

Im März 1956 ergeht das Urteil im Prozeß gegen Jean Marchat und das Théâtre des Mathurins in Sachen *Electre.* Marguerite Yourcenar gewinnt und erhält fünfhunderttausend Francs Schadenersatz zugesprochen, weil »Marchat sein brieflich bestätigtes Versprechen, Jany Holt auszuwechseln, nicht gehalten hat«,[20] schreibt sie an Natalie Barney; »Wie Sie sich denken können, freue ich mich über dieses Urteil, das in der so wichtigen Frage des Mitspracherechts des Autors zum Schutz seines Werkes einen Markstein setzt.«

In Petite Plaisance muß man mindestens bis Juni warten, um sich endlich im Garten aufhalten zu können ... Marguerite Yourcenar, die vom 20. Oktober bis 6. November Vorträge in Belgien halten soll, ist fest entschlossen, den Winter nicht in Maine, sondern wieder einmal in Südfrankreich zu verbringen. Sie mietet ein Haus in Beaulieu, wo sie nach einem einmonatigen Aufenthalt in Paris gegen den 15. Dezember ankommen will.

Grace und sie gehen am 3. Oktober in Rotterdam von Bord und fahren über Arnheim und Amsterdam nach Belgien, wo Marguerite Yourcenar ihre Vorträge hält. Sie beschließt, in Namur eine von ihr als »touristisch« bezeichnete Zwischenstation zu machen, um auf den Friedhof von Suarlée zu gehen, wo ihre Mutter Fernande, ihre Tante Jeanne und zwei ihrer Onkel, Octave und Théobald, ruhen. Diesen ersten Besuch der Familiengruft beschreibt sie in den *Gedenkbildern:*

»So sehr ich mich auch bemühte, ich konnte einfach keine Beziehung zwischen mir und diesen Leuten herstellten, die da lagen. Persönlich kannte ich von ihnen nur drei, die beiden Onkel und die Tante, und selbst sie hatte ich im Alter von zehn Jahren aus den Augen verloren. Durch Fernande war ich hindurchgegangen und hatte mich von ihrer Substanz genährt, doch war meine Kenntnis der Fakten so kalt wie eine Schulweisheit; ihr Grab rührte mich nicht mehr als das einer Unbekannten, deren Ende man mir rein zufällig und in Kürze erzählt hätte.«[21]

Als sie am 30. Oktober in Bergen ankommt, entdeckt sie in einer Buchhandlung ihr Gedichtbändchen *Les Charités d'Alcippe*. Der Dichter Alexis Curvers, der in Lüttich eine kleine Vierteljahreszeitschrift, *La Flûte enchantée* leitet und dessen Bekanntschaft sie 1954 gemacht hatte, ist der Herausgeber. Curvers, dem Marguerite nach einem Briefwechsel im Juli 1956 einige Gedichte zugeschickt hatte, hatte sie um die Erlaubnis gebeten, diese Gedichte in einer handgedruckten, limitierten Auflage herausbringen zu dürfen. Sie hatte diese Erlaubnis erteilt, die aufgrund ihrer freundschaftlichen Beziehungen durch kein offizielles Dokument bestätigt worden war.

Die typografische Gestaltung einiger Gedichte überrascht sie, wie auch die für das Titelblatt gewählte Maillol-Zeichnung. Curvers hatte aus Zeitnot Marguerite Yourcenars Anordnungen unvorsichtigerweise nicht abgewartet. In einem höflichen Brief teilt sie ihm umgehend ihre Vorbehalte mit. Als sie jedoch in Lüttich ankommt, um die Presseexemplare mit Widmungen zu versehen, legt Curvers ihr gegenüber eine gewisse Animosität an den Tag, die sich zur offenen Feindseligkeit steigert, als er sieht, daß sie in jedem Exemplar handschriftliche Korrekturen an Titeln und Text anbringt. Die Lage spitzt sich zu, als sie erfährt, daß Curvers die vierzig versprochenen Belegexemplare nicht herausrücken will ... Sobald sie wieder in Northeast Harbor ist, macht sie einen letzten Versöhnungsversuch per Einschreiben; Curvers läßt durch seinen Anwalt antworten. Die Affäre – eine mehr – die Marguerite im Dezember 1956 Maître Jean Mirat übergibt, zieht sich von Komplikationen zu Komplikationen über neun Jahre hin, bis Marguerite Yourcenar schließlich recht bekommt.

Doch bei all ihrer Prozeßwut hält Marguerite Yourcenar ihr Auge nicht nur auf Druckfehler gerichtet: Ende 1956 gab es größere Anlässe zur Bestürzung als eine mangelhafte Buchausgabe.

In Holland und dann in Belgien, wo die Ironie der Geschichte sie einen Vortrag über »Europa und der Humanismus« halten ließ, waren die verheerenden Nachrichten vom Suez-Konflikt und von der Niederwerfung des Aufstandes in Budapest zu ihr gedrungen:

»Im Haag waren die Zeitungen voll von der Entführung Ben Bellas, diesem Theatercoup im nordafrikanischen Melodram. In einer großen flandrischen Stadt Belgiens wurde ich Zeuge der chauvinistischen Raserei einer Gruppe von Franzosen der offiziellen Spielart, die auf den Sieg von man wußte nicht genau über wen tranken. Am nächsten oder übernächsten Tag trafen wir englische Industrielle, die sich ebenso kriegerisch gaben, nur mit britischem Zungenschlag. Es war bereits von Schwarzmarkt die Rede, und die belgischen Hausfrauen hamsterten kiloweise Zucker. Die ganz Schlauen kauften Bleilamellen, mit denen sie ihre Fenster abdichteten, denn Blei schützt bekanntlich vor radioaktiven Strahlen. Während der Westen dergestalt beschäftigt war, benützten die Sowjets die Zeit, um ihr Glacis zu befestigen. Ich kam gerade in Brüssel an, als gemeldet wurde, daß russische Tanks Budapest umzingelt hatten. Mein fröhlicher Taxichauffeur verlieh diesem an sich schon düsteren Bild einen noch schwärzeren Anstrich mit der Bemerkung: ›Die Russen haun da jede Menge Phosphorbomben rein; das brennt vielleicht!‹ (...) Um ein Vielfaches gesteigert durch die Wucherung des Menschengeschlechts und zum ersten Mal im Besitz der Werkzeuge zur endgültigen Vernichtung, herrschten die

Brutalität, die Gier, die Gleichgültigkeit gegenüber dem Leid anderer, der Wahnsinn und die Dummheit mehr denn je über die Welt. Die gegenwärtige Krise würde vielleicht eine Lösung finden, nachdem sie nur gegen eine bestimmte Anzahl von Menschen gewütet hatte; andere Krisen würden kommen, jede verschlimmert durch die Folgen der vorhergegangenen: Das Unvermeidliche hatte bereits begonnen. Die Museumswärter, die mit martialischem Schritt durch die Säle gingen, um zu verkünden, daß geschlossen werde, schienen die Schließung von allem auszurufen.«[22]

Beunruhigung über die Lage in Europa, in diesen Zeiten des »kalten Kriegs«, in denen jeder Konflikt den Keim einer drohenden Apokalypse in sich zu tragen scheint? Verzweiflung angesichts einer verrückt gewordenen Welt, in der als einziges Refugium die verschneite Ile des Monts-Déserts blieb? Auf alle Fälle sind Marguerite und Grace am 27. November wieder in den Vereinigten Staaten, nach einem zehntägigen Aufenthalt in Paris, wohin Marguerite erst wieder 1968 zurückkehren wird. Die Europareise hätte an sich länger dauern sollen, und es ist nicht bekannt, welche Rolle Grace bei dem Entschluß gespielt hat, sie abzukürzen. Marguerite schreibt einige Monate später an eine Freundin: »Ich hatte zunächst eine mehrmonatige Ruhepause in Südfrankreich geplant (...) um von dort nach Griechenland und in den Vorderen Orient zu reisen. Doch die Atmosphäre, die im November herrschte, schien mir nicht sehr günstig für Pläne, die Damaskus, Aleppo, Alexandrien und vielleicht Israel einschlossen (...) Ich muß gestehen, daß der Zustand der Welt mich in eine Verzweiflung gestürzt hat, aus der ich noch nicht wieder aufgetaucht bin und die unsinnig ist, denn haben wir mit Besserem gerechnet?«[23]

Und Grace, das steht ebenfalls fest, will, daß Marguerite sich wieder an die Arbeit macht. Sie hat sich über die Ablehnung eines Artikels über Chenonceaux geärgert, den Marguerite einer Zeitschrift angeboten hatte, deren Namen sie nicht erwähnt. Ein Text, den Marguerite Yourcenar mit einigen Änderungen im Dezember 1961 im *Figaro* unter dem Titel »Celle qui aima Henry III«[24] unterbrachte.

Sofort nach der Rückkehr wird Marguerite Yourcenar also aufgefordert, sich wieder an ihren Schreibtisch zu setzen. Sie macht sich an die Umarbeitung von *Feuer* und verschickt einige Exemplare von *Les Charités d'Alcippe* an Freunde und Bekannte.

Marguerite Yourcenar hing sehr an ihrer Lyrik, »wie alle, die keine Dichter sind«, bemerkte André Fraigneau nicht zu Unrecht. Die Poesie ist wirklich nicht ihre Stärke. Und das muntere und höfliche, von einer Zeichnung begleitete Dankeswort Jean Cocteaus ändert nichts an dieser Feststellung, um so mehr, als Cocteau sich wohl hütet, anderes als die gute Absicht zu preisen: »Meine liebe Marguerite. Es gibt keine Huldigung des Herzens, die dem Geschenk eines Gedichtes nahekommt. Ich danke Ihnen für dieses Buch, das zum Fenster hereinschwirrt, durch das Zimmer fliegt und sich endlich auf meinem Tisch niederläßt.«[25]

Gleichwohl senden viele Leute Marguerite Yourcenar ihre Elaborate zu, mit der Bitte um Billigung oder um Ratschläge, die sie im übrigen freigebig erteilt, in einem manchmal sehr doktrinären Ton. Davon zeugt eine Notiz, die sie zusammen mit ihrer Übersetzung der Gedichte von Hortense Flexner an eine ihrer Freundinnen schickt:

»Einige Ratschläge, was die Poesie betrifft (sofern man überhaupt Ratschläge geben kann):

Auch die Poesie ist eine Übersetzung; wir übersetzen unsere intimen Emotionen in eine Sprache, die der Leser verstehen kann. Es gilt also treu zu sein (genau zu übertragen): Ich will damit sagen, Wörter und Klänge zu verwenden, die am besten unsere auch noch so unsagbaren Eindrücke wiedergeben. Vorsicht vor Allerweltswörtern, die der Sprachgebrauch verformt hat (reizend, entzükkend, schön, etc.). Man kann sie verwenden, muß sie aber säubern und durch die Verbindung mit sehr starken und sehr reinen Wörtern aufwerten.

Immer den einfachsten Ausdruck nehmen (Sie tun das sehr oft, das ist gut), doch daran denken, daß der einfachste Ausdruck nie der banalste ist, im Gegenteil: er geht direkt aus den Dingen hervor, ohne von irgendeiner Konvention beeinflußt zu werden.

Keinerlei Nachsicht gegenüber seinen eigenen Emotionen haben (der Leser wird auch keine haben). Seinen Text beurteilen, als läse man ihm zum ersten Mal. Sind Sie überzeugt? Sind Sie bewegt? Den Mut haben, seine Gedanken immer zu Ende zu denken. Dichtung ist dazu gemacht, gehört zu werden. Dem Rhythmus große Bedeutung beimessen. Jede lebende Kreatur hat einen Rhythmus.«[26]

Das alles ist mehr graue Theorie als eine originelle Analyse der poetischen Erfahrung und Eigenart.

Interessanter sind ihre Betrachtungen über die Lyrik – insbesondere über die zeitgenössische Lyrik –, die sie dem Dichter und Essayisten Dominique Le Buhan anvertraut:

»Ich glaube nicht an den Tod der Poesie, so wenig wie ich an den Tod des *Atems* glaube, oder an das Fatalistische ›wozu?‹. Wozu versuchen die Lungen sich mit reiner Luft zu füllen und dafür zu sorgen, daß die Luft um uns rein bleibt oder wieder wird?

Ich frage mich, ob das wahre Drama, für Sie wie für so viele andere junge Dichter (denn wie Ihr Wort ›schmerzlich‹ beweist, liegt ein Drama vor) nicht vor allem aus der Unfähigkeit erwächst, angesichts eines immer gröber werdenden Konformismus zu reagieren. Allein schon die Tatsache, daß das Wort ›marginal‹ in unseren Tagen erfunden wurde, um damit zu bezeichnen, was nicht dem Mob des Geistes angehört, und auch dieses andere Schimpfwort ›elitär‹, das jeden Wunsch, es besser zu machen, an der Wurzel unterbindet, zeugt von diesem Konformismus, der schlimmer ist als die kategorischen Imperative von einst, gegen die man sich leichter auflehnen konnte. Doch so abscheulich auch dieser Aspekt unserer Zeit ist (und alle Zeiten haben ihre abscheulichen Aspekte gehabt, wenn auch die unsrige besonders reich damit gesegnet ist), so wissen Sie, Philosoph, der Sie sind, doch sehr wohl, daß Zeit und Ort nur Konzepte darstellen, die man beiseite schieben kann, um hinter ihnen eine wahre biologische Zeit und einen wahren kosmischen Raum wiederzufinden. Nichts hindert Sie daran, der Poet einer anderen Zeit, beziehungsweise aller Zeiten zu sein.

Alle jungen Dichter, die mir schreiben, scheinen tragisch an Autismus zu leiden: Sie verwechseln die Poesie, dieses höchste Ausdrucksmittel, mit einem Schrei oder einem individuellen Gemurmel, ohne sich zu bemühen, auf den Anderen (den Leser) mit offenen Armen zuzugehen, oder ganz einfach eine Schwingung freizusetzen, die durch die anderen hindurchgeht (oder über ihre Köpfe hinweg, das ist nicht so wichtig) und die, da sie von ihnen, den Dichtern, ausgeht, *mehr* ist als sie (...)

Die Surrealisten sind so jämmerlich gescheitert, weil es ihnen zugleich am Sinn für das Natürliche und für das Heilige fehlte (das ist das Gleiche).

Aus den Gründen, die sich aus den angeführten Feststellungen ergeben, glaube ich (ich habe mich über diesen Punkt in dem Vorwort zu *La Couronne et la Lyre*, das ich soeben beende, näher geäußert) an den modulierten und metrischen Vers. Ich denke nicht, daß der französische Vers seine ihm innewohnenden Möglichkeiten erschöpft hat: Wir sind nur gegenwärtig unfähig, diese Möglichkeiten auszunützen. (...)

Die Gefahr, daß Zwänge zu Routine werden, ist zwar immer gegeben, fehlen diese Zwänge jedoch, verfällt der Dichter wieder in Prosa: bald in eine Prosa der Ausrufe und Ergüsse, eine abgehackte Prosa, die sich auf die von Ihnen beklagte syntaktische Zertrümmerung zubewegt, bald, und das ist noch schlimmer, in eine Art Computer-Prosa ohne Lymphe und Blut. (...)

Es gibt einerseits die Prosa, die ungemein reicher an Kryptorhythmen ist als gewöhnlich angenommen wird, und andererseits den Vers, der von den ihm eigenen Klangwiederholungen und -abfolgen getragen wird. Zwischen den beiden weiß der moderne Dichter, wie mir scheint, nicht mehr zu wählen.«[27]

Marguerite Yourcenar hat immer ihre Vorliebe für die metrische Dichtung betont und behauptet, für sie sei der Ausdruck der Emotion wichtiger als die Abstraktion und die Intellektualisierung. Ihre Lieblingsdichter waren Villon, Racine und Hugo. »Für unsere Zeit könnte ich eigentlich nur Valéry, Apollinaire und gewisse Verse von Cocteau wie *Plain-Chant* anführen«,[28] gestand sie den Dichtern ihres Jahrhunderts zu. Alle Werke, die außerhalb der striktesten Regeln der Versbildung geschrieben waren, fanden nicht sehr viel Gnade vor ihren Augen. »Die zeitgenössische Lyrik langweilt mich aus mehreren Gründen«, sagte sie in einem Gespräch. »Der freie Vers, der 1880 neu war, ist heute zur Routine geworden. Zudem hat die Zerstörung der Formen die Poesie immer mehr um ihre Musikalität gebracht und zugleich der Menge entfremdet, für die der Rhythmus wie Atemluft ist. Die Lyrik ist heutzutage oft eine ein wenig dunklere und zusammenhanglosere Prosa. In den kunstvollen Kombinationen der alten Dichtung liegt eine große Schönheit.« Wenn man ihr von Texten André Bretons, René Chars oder Yves Bonnefoys sprach, entschied sie: »Diese Kombinationen sind sehr viel mehr intellektuell als rhythmisch oder affektiv. Was ihre Dunkelheit für viele Leser ausmacht. Laboratoriumsexperimente.«[29]

Ihre Verse sind prosodisch untadelig – sie erlaubt sich höchstens, und das spät, sehr spät, im Jahr 1963, den Hiatus »Ami, Ombre« in dem Gedicht »Imitation« – aber von so mittelmäßiger Qualität, um es milde zu sagen, und so konventionell mit ihren »weichen Reben«

und ihren »träumenden Seen«, daß sie nicht einmal den altmodischen Charme ausstrahlen, der für ihren Anachronismus entschädigen könnte. Hier gibt es in der Tat keinerlei »Laboratoriumsexperiment«, aber auch, so steht zu befürchten, keinerlei poetisches Experiment: Marguerite Yourcenars Gedichte gleichen mehr gereimten Aufsatzübungen als einer lyrischen Erkundung. Niemand wagt es ihr offen zu sagen, außer ihren Feinden, auf die sie nicht hört. Das geht so weit, daß sich Gallimard von seiner »Académicienne« dazu breitschlagen läßt, 1984 eine Neuauflage der *Charités d'Alcippe* herauszubringen. Diese Gedichte, von denen die meisten in den zwanziger und dreißiger Jahren entstanden sind (einige wurden übrigens damals in verschiedenen Zeitschriften publiziert), haben heute nur noch ein biographisches Interesse. Vor allem die »sieben Gedichte für eine Tote«, die Jeanne von Vietinghoff gewidmet sind und 1931 in der Zeitschrift *Le Manuscrit Autographe* unter dem Titel *Sept poèmes pour Isolde morte* veröffentlicht wurden, sowie die 1942 geschriebenen und Lucy gewidmeten Gedichte *Drapeau grec* und *Epitaphe, Temps de guerre*.

»Ich habe meine Schriftstellerlaufbahn auf die Prosa gebaut«, gab Marguerite Yourcenar selbst zu; »so daß die Lyrik nur noch ein Nebenprodukt ist, aber das lange allegorische Gedicht, das dem Bändchen [*Les Charités d'Alcippe*] seinen Namen gibt, stammelt bereits 1929 Gedanken, die von späteren Werken bestätigt wurden: Es ist merkwürdig, daß diese junge Frau von sechsundzwanzig Jahren vieles so klar durch die Nebelschleier der Jugend gesehen hat.«[30]

Es ist weniger merkwürdig und ein Glück, daß dieselbe junge Frau für diese Bestätigung die Prosa gewählt hat.

Während des ganzen Dezembers läßt die Umarbeitung von *Feuer* Marguerite kaum Zeit, sich einer Sehnsucht hinzugeben, die jedoch aus ihren Weihnachts- und Neujahrskarten spricht. Freunden, die sie gerne in Paris besucht hätte, gesteht sie: »Das ›dann eben ein anderes Mal‹ ist besonders melancholisch, wenn die Freunde 6000 Kilometer weit entfernt leben.«

1959 ist ein Jahr ohne Reisen, abgesehen von einem kurzen Aufenthalt in Montreal, wohin Marguerite von Jean Mouton, dem damaligen Kulturreferenten von Ottawa, zu einer Vortragsreihe über das Thema *Roman und Geschichte* eingeladen worden war. Die erste Begegnung zwischen Marguerite Yourcenar und Jean Mouton verläuft in einer herzlichen Atmosphäre. Sie hatten bis dato nur einige Briefe gewechselt, die Charles Du Bos betrafen, und Marguerite wird Jean Mouton die Korrespondenz schenken, die sie mit Du Bos während der zwei Jahre vor seinem Tod im Jahre 1939 geführt hatte. Jean Mouton hat die ganze Organisation des Vortragsprogramms übernommen, aber er muß sich ebenfalls um Marguerites Einlieferung in ein Krankenhaus kümmern, als sie plötzlich eine Venenentzündung bekommt. Nach einer schnellen und wirksamen Behandlung besucht Marguerite Yourcenar am 19. November das Wellesley College, bei Boston, in dem Grace Frick einen Teil ihrer Studien absolviert hatte; sie spricht dort über »Die griechischen Dichter und ihr Einfluß auf die französische Lyrik«.

Es beginnt eine lange, arbeitsreiche Zeit. Marguerite Yourcenar überarbeitet *Feuer* und macht sich zugleich an die Niederschrift des Textes, aus dem *Die schwarze Flamme* werden wird, wie ein Brief vom 10. März 1957 an Louise de Borchgrave bezeugt, in dem sie bemerkt: »Ich bin zur Zeit irgendwo zwischen Innsbruck und Regensburg, anno 1551.«[31] Ist sie sich schon bewußt, daß aus dem, was nur eine Überarbeitung von *D'après Dürer* sein sollte, ein neues Werk hervorgehen wird? Ist es überhaupt ein neues Werk? Einige Monate vorher ließ Marguerite Yourcenar verlauten, sie sei bei der Überarbeitung von *La Mort conduit l'Attelage*. Diese Antwort gab sie wenigstens Gaston Gallimard, der sie um nähere Angaben über das »Renaissance-Werk« bat, an dem sie gerade schreibe.[32]

Später, nach Beendigung des Buches, erklärt sie, sie habe »das Gespräch in Innsbruck«[33] in den Jahren 1956 und 57 geschrieben und dann das Gros des Werkes zwischen 1962 und 1965 (das Buch erscheint erst 1968, wegen der Schwierigkeiten mit Plon und einem langen Rechtsstreit, den Marguerite Yourcenar, wieder einmal, zu ihren Gunsten entscheiden wird). Bei dieser Niederschrift, oder vielmehr Umschrift, hat sie, wie sie zu wiederholten Malen versichert, etwas Grundlegendes entdeckt, nämlich ihren »Willen, nicht *für* sich, sondern *durch* sich zu existieren und sich einzig und allein von den Notwendigkeiten ihrer eigenen Entwicklung leiten zu lassen«. Bei der Arbeit an der »Erweiterung« von *D'après Dürer* stellt sie fest, sie betrachte ihre verschiedenen Bücher wie die diversen Teile eines einzigen, nie vollendeten Werks, das sie sich immer wieder vornimmt in dem Bestreben, es zu vervollkommnen durch allmähliche »Bereicherung oder Vereinfachung«. Wie die

Erscheinungsformen eines einzigen Objekts, eine Art literarische Parthenogenese, an der sie als Urheberin nur einen beschränkten Anteil hätte: »Ich habe mich bemüht, meine Werke so wenig wie möglich mit meiner eigenen Person zu belasten«, notiert sie in ihre Agenda. »Das wird kaum verstanden. Die biographischen Auslegungen sind natürlich falsch und vor allem naiv.«

Die Zeit, die sie in Petite Plaisance verbringt – es sind diesmal einige Monate – betrachtet Marguerite Yourcenar als besonders geeignet zur Erledigung ihrer Korrespondenz. Sie ist ohnehin eine große Briefschreiberin. In ihrer Korrespondenz kann man fast wie in einem Tagebuch ihren Gedankengängen und Stimmungswechseln folgen. Selten, um nicht zu sagen, niemals findet man darin Bekenntnisse, es sei denn in indirekter Form. Als sie vom Tod der Mutter einer Bekannten erfährt, schreibt sie ihr: »War es nicht Ihre Stiefmutter? Ich erinnere mich eigentlich nur an das Gesicht Ihres Vaters (...). Ich hoffe, daß die in einem derartigen Fall unvermeidliche Umstellung Ihnen nicht zu schwer fällt.«[34] Marguerite war zwangsläufig ein »Vatertöchterchen«. Ihr mangelndes Interesse für Mutterfiguren ist jedoch nicht darauf zurückzuführen, daß sie ihre eigene Mutter nicht gekannt hat. Was immer sie gelegentlich zu diesem Thema äußert, wenn sie eine »Konfektionsrede« über *die* Frau hält, dieses der Natur und den »Dingen des Lebens« so nahe Wesen, alles, was sie an Müttern gesehen hat, angefangen bei ihrer Großmutter Noémi, war dazu angetan, ihr diese Funktion verhaßt zu machen. Und dieses Haßgefühl hat an ihrer Ablehnung der Mutterschaft einen ebenso großen Anteil wie ihre »offizielle« Version von der schrecklichen Überbevölkerung des Planeten. Diesen veritablen Abscheu vor der Fortpflanzung, der vielen Homosexuellen – beider Geschlechter – ihrer Generation gemein ist, konnte Diane de Margerie, deren Mutter Jenny eine alte Bekannte Marguerites war, 1952 in Rom feststellen. Marguerite Yourcenar war bei Mr Randol-Coate zum Abendessen eingeladen. Sie führte mit Diane ein langes und äußerst angeregtes Tischgespräch. »Nach dem Ende der Mahlzeit«, erzählt Diane de Margerie, »als wir alle aufgestanden sind und Marguerite Yourcenar bemerkte, daß ich schwanger war, da habe ich ihren mißbilligenden Blick bemerkt. Im Nu wurde sie eisig. Und wir haben nicht mehr miteinander gesprochen.« Wenn Marguerite für Kinder auch weniger übrig hatte als Grace, so empfand sie doch ihnen gegenüber weder

Abneigung noch Ungeduld. Am Ende ihres Lebens gibt sie sich sogar recht gerne mit Jeremy ab, dem Sohn ihrer Sekretärin Jeannie. Ihre Feindschaft galt also ausschließlich der Mutterschaft und den Müttern, oder werdenden Müttern.

Marguerite Yourcenars Briefwechsel schwillt ab Ende der fünfziger Jahre um so stärker an, je größer die Abstände zwischen langen Reisen werden, und nimmt dann wieder ab, als sie 1980 von neuem zu reisen beginnt. Sie unterhält nicht nur eine rege Korrespondenz mit einigen Freunden, sondern sie antwortet auch, unter dauerndem Hinweis auf die Zeit, die sie damit verliert, auf zahlreiche Briefe von Bewunderern und Ratsuchenden aller Art. Sie liest die Manuskripte, die man ihr schickt, kommentiert sie, wobei sie soweit geht, sich für ihre »Weitschweifigkeit« zu entschuldigen. »Ein Schriftsteller sollte derartige Briefe nicht beantworten«, sagte sie immer, »wenn er es aber tut, dann muß er es gründlich tun.« Beim Lesen dieser Korrespondenz ermißt man die immense geistige Neugier Marguerite Yourcenars, die Vielfalt und die Weite ihrer Bildung. Keiner der eingehenden Briefe entgeht dem (kritischen) Blick Graces. So wenig wie die gesamte abgehende Post. Oft liest Marguerite sie ihr abends am Kamin vor und fügt dann Postskripta an, die gewöhnlich mit »Grace macht mich darauf aufmerksam, daß ...« beginnen.

Um diese Zeit erhält sie auch die ersten Fragebogen über Literatur, die sie noch gern ausfüllt. Später, als die Massenmedien sich ihrer bemächtigen, bittet man sie telefonisch um ihre Ansicht über alles und jedes: Ihre Antworten sind dann lapidar, von einer kalten und minimalen Höflichkeit. 1957 antwortet sie sehr ausführlich auf einen Fragebogen der Zeitschrift *Prétexte*, zum Thema »Die Autobiographie und die Fiktion im modernen Roman seit Gide«. Zur Phantasielosigkeit, die man im allgemeinen anführt, um das Werk zeitgenössischer Schriftsteller zu charakterisieren, bemerkt sie:

»Ich glaube, daß bei gewissen Romanciers und Schriftstellern von heute ganz unleugbar eine bestimmte (vielleicht eher poetische als erzählerische) Form der Phantasie vorhanden ist. André Breton (ich denke an *Nadja*), Gracq *Auf Schloß Argol*, Cocteau *Kinder der Nacht*, sogar Genet (zum Beispiel die Beschreibung des alten Zuchthauses in *Querelle*). Andererseits kann man sich fragen, ob manche, als ›realistisch‹ eingestufte Romane, wie die bewundernswerten *Junggesellen* von Montherlant, beim Autor nicht eine Art psychologische Phantasie voraussetzen, die für den Roman ebenso wesentlich ist wie die erzählerische Phantasie. Ohne Sympathie im eigentlichen Sinne des Wortes kommt man in der inneren Kenntnis einer Romanfigur nicht sehr weit, und es gibt keine Sympathie ohne Ausübung der Phantasie.«

Es kommen dann die oft gestellten und immer wieder gleich beantworteten klassischen Fragen nach dem Anteil autobiographischer Elemente in ihrem Werk, einen Anteil, den sie als »gleich Null und sehr groß« bezeichnet; »überall diffus und nirgends direkt. Ein Romancier, der dieses Namens würdig ist, stellt seine Substanz, sein Temperament und seine Erinnerungen in den Dienst von Figuren, die nicht er selbst sind.« Auf die Frage nach der Bedeutung, die sie der Fiktion beimißt, antwortet sie: »Fiktion und Realität gehen, zumindest was mich betrifft, eine so homogene Verbindung ein, daß es dem Autor bald unmöglich wird, sie voneinander zu trennen, sie bilden eine so festgefügte Einheit, daß der Autor ein fiktives Faktum so wenig ändern kann wie ein reales, ohne dabei die Realität zu verfälschen oder deren Echtheit zu zerstören. Sicherlich könnte ich im *Hadrian* den Anteil der Fiktion vom Anteil der Realität unterscheiden, aber der *Hadrian* ist nicht eigentlich ein Roman, sondern eine Meditation oder eine Erzählung an der Grenze zur Historie ... Auch hier wäre übrigens die Frage nach dem Verhältnis von Fiktion und Realität komplexer, als man annehmen könnte. Zudem sind die Elemente, aus denen sich ein Roman zusammensetzt, nicht, wie Ihre Umfrage versehentlich anzudeuten scheint, einerseits die Autobiographie und andererseits die Fiktion. Dazwischen steht noch die unpersönliche Beobachtung der Realität.

Ich bin zur Zeit bei der Umarbeitung eines früheren Romans. Diese Figuren, die ich vor Jahren geschaffen habe, stellen sich mir nun wie reale Menschen dar, die ich gekannt, vergessen und dann wiedergefunden hätte. Ich kann jetzt die Analyse noch weiter treiben, und gewisse Episoden ihres Lebens, die ich einst nicht gründlicher erforscht habe oder absichtlich im Dunklen lassen wollte, herausstellen, manche ihrer Handlungen stärker beleuchten. Ich kann sie aber nicht ändern, ohne sie zu zerstören.«[35]

Ein nicht unwesentlicher Teil ihrer Korrespondenz gilt ihrem Anwalt (ihre Prozeßlust, die sich bereits bei der Regelung ihres väterlichen Erbteils gezeigt hatte, ist noch größer geworden, seit sie mit Grace lebt, die diese sehr amerikanische Eigenheit im höchsten Maße besitzt) sowie den endlosen Auseinandersetzungen mit ihren

Verlegern. Das geht so weit, daß Bernard Grasset hinter ihren unaufhörlichen Reklamationen »die Hand Plons« sieht und Maurice Bourdel dafür verantwortlich macht: »Madame Yourcenar schikaniert mich. Ich spüre, daß Sie dahinterstecken. Dabei habe ich Ihnen wie auch ihr einen Gefallen getan [in der Affäre *Hadrian*]. Ich begreife das nicht.«[36] Aber Marguerite Yourcenar mußte von niemandem gedrängt werden, wenn es darum ging, von den Verlegern nicht nur Abrechnungen zu verlangen, sondern diese Abrechnungen auch noch anzuzweifeln, anzufechten, nähere Angaben zu verlangen, Überprüfungen. Das hatte sie immer getan. Völlig entnervt läßt Bernard Grasset ihr eine Abrechnung über alle ihre in seinem Haus verlegten und bis Ende 1956 verkauften Bücher zukommen: *La Nouvelle Eurydice* (1931): Auflage 5000, verkauft 2667; *Pindare* (1932): Auflage 4000, verkauft 2032; *Denier du rêve* (1934): Auflage 4000, verkauft 2500; *La Mort conduit l'Attelage* (1935): Auflage 4000, verkauft 1786; *Feux* (1936): Auflage 3000, verkauft 1786; *Les Songes et les Sorts* (1938): Auflage 3000, verkauft 1044.[37] Verkaufszahlen – über einen Zeitraum von zwanzig Jahren –, die dazu angetan sind, Autoren, die noch nicht ihre Leserschaft gefunden haben, und eventuell auch ihre Verleger, davon zu überzeugen, daß kommerzielle Erfolge manchmal lange auf sich warten lassen.

Im Sommer 1957 erscheint *Der Fangschuß* in Graces Übersetzung in den Vereinigten Staaten bei Farrar Straus & Giroux, der das ganze Werk Marguerite Yourcenars verlegt hat, und die Autorin signiert ihr Buch in Bar Harbor, der größten Ortschaft der Insel. Einige Wochen später teilt sie Natalie Barney mit, daß »das Buch wider Erwarten diese Woche auf der Bestsellerliste aufgetaucht ist, was nichts beweist, vor allem nicht das intelligente Verständnis des Lesers, aber trotzdem so angenehm ist wie die Nachricht, man habe in der Lotterie ein Gewinnlos gezogen.«[38]

Das Ende dieses Jahres 1957 verläuft ganz entschieden ruhig und angenehm: Für Grace, die soeben von einem einmonatigen Aufenthalt bei ihren Verwandten in Kansas City zurückgekommen ist, scheint einzig die Krankheit des Hundes langer Kommentare wert zu sein, eines schwarzen Cockers, der sie auf all ihren Reisen begleitet, und den sie, mit unbestreitbarem Humor, »Monsieur« getauft haben.

Vierter Teil
Scheidewege

Kapitel 1
Die akzeptierte Einschließung

Am 12. Januar 1958 feiert Grace Frick ihren fünfzigsten Geburtstag. Marguerite Yourcenar den ihren am 8. Juni des selben Jahres. Die beiden Frauen kennen sich seit einundzwanzig Jahren und leben seit neunzehn Jahren zusammen. In einen Band der Neuauflage der *Erinnerungen des Kaisers Hadrian* schreibt Marguerite: »Für GF dieser Band, der (als erster) in gedruckter Form den Ausdruck einer Zuneigung und einer Dankbarkeit enthält, die seit zwanzig Jahren mein Leben erfüllen. Marguerite. 16. November 1958. Ile des Monts-Déserts.« Der Verlag Plon veröffentlicht 1958 die fünfte Auflage der *Erinnerungen des Kaisers Hadrian*, die als erste Normalausgabe des Verlags die Notizhefte mit einschließt, in denen der Grace Frick gewidmete Passus enthalten ist. Über alle Schwierigkeiten hinweg – die unvermeidlichen Kompromisse eines Lebens zu zweit, Graces Aufwallungen von Ungeduld und Zorn, Marguerites Hochmut und schneidende Äußerungen – scheinen sie ihren Rhythmus gefunden zu haben: Ein Wechsel von Reisen und geistiger Arbeit in Petite Plaisance.

1958 verspricht ein gutes Jahr zu werden. Ein Teil des Winters in Maine bleibt Marguerite erspart, denn sie verbringt fast vier Monate in ihrem geliebten Italien. Marguerite und Grace gehen am 19. Februar in New York an Bord und landen am 25. in Algeciras. Der Aufenthalt in Rom wird eine eher mondäne Angelegenheit – »very social«, notiert Grace mißbilligend. Die nächsten Etappen, Turin, Mailand, Florenz, Siena, Perugia sind mehr der Zweisamkeit gewidmet. In Sorrent, wo Marguerite nach ihrem ersten mit Grace in den USA verbrachten Winter im Jahr 1938 *Der Fangschuß* geschrieben hatte, korrigieren sie gemeinsam die Druckfahnen der Übersetzung der Gedichte von Konstantinos Kavafis nebst kritischer Einführung. Marguerite Yourcenar hat dieser »kritischen Einführung« den im Januar 1940 in der Zeitschrift *Mesures* erschienenen Essay zugrunde gelegt. Es folgen Übersetzungen, die in Zusammenarbeit mit Konstantinos Dimaras in den dreißiger Jahren entstanden. Die Reflexionen, die Marguerite Yourcenar in diesem Essay über Kavafis anstellt, sind den Ideen und Zweifeln über ihre eigene Person sehr ähnlich, wohl einer der Gründe, warum sie sich für diesen Dichter interessierte, obgleich, wie sie sagt, »einige von Kavafis' Gedichten, vom rein literarischen Standpunkt aus, fade und daher unerträglich anstößig sind«.

»Kavafis hat immer wieder gesagt, daß sein Werk in seinem Leben wurzele; sein Leben liegt also für uns Heutige völlig in seinem Werk (...). Jeglicher Sündenbegriff ist Kavafis' Werk völlig fremd; hingegen ist klar, daß in gesellschaftlicher Hinsicht das Risiko des Skandals oder des Tadels für ihn gezählt hat, daß er in einem gewissen Sinn davon besessen war. Auf den ersten Blick scheint zwar jede Spur von Angst aus diesem gesitteten Werk ziemlich rasch getilgt worden zu sein. Die Angst in sensuellen Dingen ist fast immer eine Jugenderscheinung; sie zerstört entweder den Menschen oder schwindet allmählich aufgrund der Erfahrung, einer besseren Kenntnis der Welt oder ganz einfach durch Gewöhnung. (...)

Er scheint von einer sozusagen romantischen Sicht der Homosexualität ausgegangen zu sein, von der Idee einer abnormalen, krankhaften Erfahrung, die über die Grenzen des Gewohnten und Erlaubten hinausgeht und gerade dadurch geheime Freuden und Erkenntnisse zeitigt, ein Vorrecht von Naturen, die so feurig und frei sind, daß sie sich in die Gefilde jenseits des Statthaften und Bekannten wagen dürfen. (...) Von dieser, eben durch die gesellschaftliche Verfemung bedingten Haltung ist er zu einer, wenn man so sagen darf, klassischeren und unkonventionelleren Sicht des Problems übergegangen. Die Begriffe Glück, Erfüllung, Rechtmäßigkeit der Lust haben die Oberhand gewonnen; er hat schließlich die Sinnlichkeit zum Angelpunkt seines Werks gemacht. (...) Wir sind so sehr daran gewöhnt, in der Weisheit einen Rückstand erloschener Leidenschaften zu sehen, daß es uns schwerfällt, in ihr die härteste und verdichtetste Form der Inbrunst zu erkennen, das Quentchen Gold, das aus dem Feuer hervorgegangen ist, und nicht die Asche.«[1]

Für Marguerite Yourcenar stehen der Verwirklichung der Freiheit, dem Lustgewinn, der Erfindung des eigenen Lebens nur solche Hindernisse im Weg, die man sich einbildet oder sich selber schafft. Das wird sie immer wieder sagen, ohne jemals zu erklären, warum ausgerechnet sie dem Genuß ihrer persönlichen Freiheit ein so immenses Hindernis entgegengestellt hat: Grace Frick. Zum Teil läßt es sich vielleicht mit dem erklären, was sie über Kavafis schreibt: »Er hat schließlich die Sensualität zum Angelpunkt seines Werks gemacht« ...

Die Arbeit über Kavafis – die zwanzig Jahre später revidiert und um Übersetzungen bisher unveröffentlichter Gedichte erweitert werden sollte – erscheint gegen Ende des ersten Halbjahrs 1958 bei Gallimard. Zunächst treten Marguerite und Grace von Genua aus die Rückreise an. Während sie nach Petite Plaisance heimkehren (sie landen am 10. Juni im Hafen von Halifax, Neuschottland), holt Frankreich, das in die »Ereignisse in Algerien«, den alsbald ausbrechenden Algerienkrieg, verwickelt ist, General de Gaulle aus seinem Refugium in Colombey-les-Deux-Églises zurück; am 1. Juni erhält er von der Nationalversammlung, wie er gefordert hatte, »pleins pouvoirs«. Die Linke tobt über diesen »Gewaltstreich«. Zu den Führern der Opposition gegen diese Machtergreifung gehört ein Abgeordneter, der bereits mehrmals Minister war und dem eine noch weit glänzendere Zukunft beschert sein soll: François Mitterrand. Marguerite Yourcenar, die ihn damals noch nicht kannte, teilte halb und halb seinen Standpunkt. Sie schrieb an Natalie Barney: »Ich wünsche mir, wie Sie, ein wiedererstarktes Frankreich, aber ich fürchte, die jetzige Lösung ist kein Wundermittel gegen alle unsere Übel (ist das eine Diktatur je gewesen?). Mir scheint, nur von jedem einzelnen Franzosen, nicht von einem Retter, auch wenn dieser ein wirklich großer Mann ist, kann Frankreichs Genesung ausgehen, und dies um den Preis einer strengen Selbstkritik, von der allerdings noch kein Zeichen zu sehen ist.«[2]

Aber Marguerite Yourcenar möchte, trotz ihres wachsenden Pessimismus hinsichtlich des Zustands der Welt, in diesem Juni 1958 zunächst den beginnenden Sommer genießen. »Ihr Brief ist vorgestern hier eingetroffen«, schreibt sie an Natalie Barney,[3] »am Johannistag, der für mich der schönste und zauberischste Tag des Jahres bleibt (Mysterium des Sommeranfangs: an jedem 24. Juni feiere ich für mich allein ein Fest, ebenso feierlich wie Weihnachten oder Ostern, aber viel geheimnisvoller).« Noch weiß sie nicht, daß auf Grace eine Prüfung wartet, die auch ihr Leben ändern soll und worin sie, nicht ohne zeitweilige ungerechte Erbitterung, eine Beschleunigung des eigenen Alterns erblicken wird.

Als Grace am 24. Juli das Krankenhaus verläßt, wo sie nach einer Operation mehrere Wochen verbracht hat, macht sie darüber keine Eintragung in ihr Tagebuch. Während sie Marguerites Kopfschmerzen und andere kleine Ermüdungserscheinungen ausführlich vermerkt, schweigt sie sich über den eigenen Zustand aus. Sie hat eine Brustamputation hinter sich und muß sich einer Strahlentherapie unterziehen, die eine weitere Ausbreitung der diagnostizierten Krebserkrankung eindämmen soll. Sie wird einundzwanzig Jahre lang unermüdlich gegen diese Krankheit ankämpfen. Auf Besserungen werden Rückfälle folgen, dann, im Lauf der siebziger Jahre, eine kontinuierliche Verschlechterung bis zu ihrem Tod 1979. Graces Entschlossenheit und ihr Mut, zu einer Zeit, als das Wort Krebs noch, mehr als heutzutage, ein Synonym für baldigen Tod war, verdienen Hochachtung. Und Marguerite Yourcenar gehört nicht zu den Menschen, die sich in öffentlichen Jeremiaden über das Leben und seine Tragödien ergehen. Die Spuren dieses Schocks, in den Aufzeichnungen wie in den Briefen, sind von großer Würde. Dennoch sieht man auf den Fotos aus jener Zeit, daß Marguerite Yourcenars Züge sich verdüstern; vergebens sucht man die maliziöse Ironie des Blicks, den sinnlichen und genießerischen Mund. Beides wird erst mit dem Alter zurückkehren, mit »einer gewissen Bejahung des Lebens, wie es eben kommt, und der Fähigkeit, die Menschen so zu nehmen, wie sie eben sind«, pflegte sie zu sagen.

Das Ende des Jahres 1958 ist ein wenig traurig, überschattet von einer diffusen Angst, der weder Marguerite noch Grace Raum geben wollen. Marguerite arbeitet an *Eine Münze in neun Händen*. Diese Umarbeitung – »es ist das einzige meiner Bücher, das wirklich umgeschrieben wurde«, betonte sie immer wieder – bleibt »eine meiner großen Erfahrungen als Schriftstellerin. Ich habe unendlich viel gelernt und (was noch wichtiger ist) unendlich viel verlernt«.[4] Obwohl Thematik, Personen und Anordnung der Kapitel des Romans unverändert blieben, weicht diese zweite Fassung beträchtlich von der des Jahres 1934 ab. Gewisse als unglücklich erachtete Stellen wurden beseitigt, zum Beispiel der Satz, den Sandro zu seiner Frau Marcella sagt: »Du hast noch zehn Jahre vor dir, ehe du endgültig verfettest ...«; oder über die alte Dida, die Blumenhändlerin: »Sie war tückisch gewesen, wie die Wurzel, die sich unter dem Boden krümmt, hart wie das Wasser, heiß wie das Geschlecht der Blumen.« In der zweiten Fassung beherrscht das politische Geschehen – ein Attentat im faschistischen Rom des Jahres 1933 – alle anderen Themen; die Charaktere der Personen und ihre Absichten sind sorgfältiger entwickelt, der Raum in dem sie sich bewegen, wird genauer umrissen, der Hintergrund genauer geschildert. Marguerite Yourcenar hat den Umfang dieser Neugestaltung im Nachwort erklärt:[5]

»Ich habe versucht, einige Stellen realistischer und wieder andere poetischer zu gestalten, was dasselbe ist oder sein sollte. (...) Zu den bereits verwendeten Verfahren – wie direkte und indirekte Erzählung, dramatischer Dialog und manchmal sogar lyrische Arie – kam noch, bei ziemlich seltenen Gelegenheiten, ein innerer Monolog, der jedoch nicht, wie dies fast immer beim zeitgenössischen Roman der Fall ist, ein Gedächtnis zeigen soll, das passiv den Fluß der ablaufenden Bilder und Eindrücke spiegelt, sondern sich hier auf die Grundelemente der Person und fast immer auf den einfachen Wechsel von Bejahung und Verneinung beschränkt.« Und sie fährt fort: »Die Chance, dem Ausdruck unwandelbarer Ideen und Gefühle eine längere menschliche und vor allem handwerkliche Erfahrung zugute kommen zu lassen, fand ich zu wertvoll, um sie nicht mit Freuden und einer Art Demut zu ergreifen.«[6]

Die Presse wird der fünften Auflage, die 1971 bei Gallimard erschien, mehr Aufmerksamkeit schenken als dieser gründlich umgearbeiteten Version von 1959. Immerhin erscheint am 19. August in der Zeitschrift *Arts* ein langer Artikel von Guy Dupré. Während der Verfasser Marguerite Yourcenars literarische Karriere in den höchsten Tönen preist, zeigt er sich, was den Aufguß des Romans von 1934 betrifft, außerordentlich kritisch:

»Zum ersten Mal lesen wir von Marguerite Yourcenar einen Roman, in dem eine unverwechselbare Stimme der alten romanesken Willkür geopfert wird. (...) Wie jede Tapisserie gerät auch diese zur Allegorie. Hinzu kommt eine Verschlechterung der Beziehungen zwischen Autor und Figuren – aus Menschen werden Marionetten –, die aus diesem 1934 erschienenen Roman eine das ›Zeitalter des Argwohns‹* vorwegnehmende Stilübung macht ... *Eine Münze in neun Händen* hat nichts von einem Überzeugungsroman; das politische Thema und das des Einzelnen, der gegen die aufgezwungene Ordnung revoltiert, haben nur einen sozusagen musikalischen Wert, so wie die Themen Krankheit oder Alter. Themen, die von der Autorin in übertrieben schulmäßiger Form abgehandelt werden, als müsse sie vor der Prüfungskommission eines Konservatoriums bestehen. (...) Vielleicht steht in *Eine*

* Natalie Sarraute: L'Ere du soupçon, Essais sur le roman, 1956 (A.d.Ü.).

Münze in neun Händen der Moralist dem Romancier im Wege: Die Illusion wird zerstört, die klassische Prägung verleiht dem Gemeinplatz eine mißliche Autorität. (...) Das Leben fern von Paris und die Weigerung, sich eine Legende zu schaffen, die Zurückgezogenheit und die Zurückhaltung haben sich vielleicht nachteilig ausgewirkt, aber auch den Glanz der Renommees eingebracht, die sich einzig dem Talent verdanken. Ihr eigentliches Verhängnis, das noch charakteristischer ist als der Haß auf das andere Geschlecht oder die Tragödie einer gewissen Einsamkeit, ist der Drang zur Perfektion. Er nützt zuweilen. Zuweilen schadet er.«[7]

Solche Äußerungen haben der Autorin von *Eine Münze in neun Händen* selbstverständlich keine Freude bereitet, sowohl wegen der Härte des Urteils als auch wegen der öffentlichen Anspielung auf den »Haß auf das andere Geschlecht«, und Marguerite Yourcenar wird sich daran erinnern, als sie während eines Prozesses, den sie gegen den Verlag Plon führt – für den Dupré gearbeitet hat –, ihrer Erbitterung in einem Brief an ihre Freundin Natalie Barney erneut Ausdruck verleiht:

»Ein letztes Wort, was Guy Dupré betrifft«, schreibt sie. »1959, kurz nach Erscheinen eines meiner (mit unendlicher Sorgfalt und Mühe) umgeschriebenen Bücher, einer Arbeit die 1934 veröffentlicht und dann von Plon übernommen wurde (aber der Verlag hat niemals zwischen dem Versuch von 1934 und der endgültigen voll ausgearbeiteten Neufassung zu unterscheiden gewußt); 1959 also hat Dupré, in *Arts* glaube ich, einen Artikel von extremer Erbärmlichkeit veröffentlicht, im Ton nicht unähnlich dem eines kleinen Revolverblattes. Daß man gelegentlich auf einem Geiferklecks ausgleitet, gehört zum Berufsrisiko, indes ist wohl heilsames Mißtrauen erlaubt, wenn der Geifer von jemandem stammt, der sich vordem in Lobeshymnen überschlug und der anscheinend ein wichtiger Mann ist in eben dem Verlag, in dem das Buch erschienen ist, das er mit allen Mitteln schlecht zu machen sucht. Jetzt werden Sie mir sagen, Paris sei eben so: Das ist der Grund, warum ich nicht dort lebe.«[8]

Guy Dupré hatte in seinem Artikel darauf hingewiesen, daß in der neuen Edition von *Eine Münze in neun Händen* »die Widmung an Edmond Jaloux, warum auch immer, weggefallen«[9] sei. Marguerite wird diese Rücknahme 1974 in einem Brief an Jean Lambert erklären, dem sie dafür dankt, daß er ihr eine seiner Novellen dedizierte:

»Ich selber dediziere sehr wenig«, gesteht sie, »und die paar Namen, die ich einigen meiner ersten Bücher voranstellte, wurden in späteren Neuauflagen weggelassen. Die Gründe für diese Widerrufe sind vielschichtig (...). Ein in meinen Augen besonders wichtiger Grund verdient indessen, erwähnt zu werden: Nur selten besteht vollständige Übereinstimmung zwischen der Persönlichkeit, der man etwas zueignet, und dem Werk, das man ihr widmet. Ich bin gegen diese Art von Dissonanz sehr empfindlich geworden.

So hatte ich zum Beispiel den Entwurf von *Eine Münze in neun Händen* meinem sehr lieben Freund Edmond Jaloux gewidmet. Ganz abgesehen von den Mängeln dieses ersten Versuchs war es absurd, dieses Buch einem Mann zu dedizieren, der die Ideen der Linken so rigoros ablehnte und sich weigerte, ihnen den gebührenden Platz einzuräumen.«[10]

Grace hüllt sich während dieser ganzen Zeit in Schweigen, notiert kaum etwas in ihr Tagebuch. Wie ihre Freunde berichten, überwindet sie tapfer den Schock, der sie getroffen hat, und ist fest entschlossen, zu kämpfen und ihr Leben nicht von der Krankheit bestimmen zu lassen. Oder ihrer beider Leben. Denn Grace hat eine fixe Idee: Marguerite soll in Frankreich als eine der großen Schriftstellerinnen dieses Jahrhunderts anerkannt und gefeiert werden. Dabei muß sie Marguerite helfen. Muß alle materiellen Sorgen von ihr fernhalten, muß sie vor Störungen von außen und vor sich selber schützen, vor ihrem Pessimismus und ihren Anwandlungen von Müdigkeit. Grace ist überzeugt, daß nur sie allein dazu imstande ist – womit sie vielleicht nicht unrecht hat. Sie darf nicht versagen. Und sie wird nicht versagen. Nur die Krönung ihres »Werks« bleibt ihr versagt: Vier Monate vor Marguerite Yourcenars Aufnahme in die Académie française wird Grace sterben.

Von nun an wechseln in Graces Agendas (in denen bis dato, manchmal nicht ohne Humor, Marguerites zahlreiche Wehwehchen vermeldet wurden) die regelmäßigen Eintragungen über Graces Therapie mit Marguerites Krankheiten (wobei jetzt zu den eingebildeten auch die wirklichen kommen) einander ab. Wenn man den Alltag in Petite Plaisance am Ende der fünfziger und in den sechziger Jahren verfolgt, besonders in der Entstehungszeit von *Die schwarze Flamme*, so begreift man den tieferen Sinn – die Zeit der Liebe aus Leidenschaft ist vorüber – des »Arrangements« zwischen Marguerite und Grace. Marguerite akzeptiert ihre »Einschließung«, um sich ganz auf die schriftstellerische Arbeit zu konzentrieren, ohne wieder ihren »Dämonen« zu erliegen, als da sind Wechselspiel von Passionen und Depressionen, amouröse Eskapaden, Reiselust, die bis an die Grenzen der Heimatlosigkeit führt, Abkapselung bis an die Grenze des Verstummens und der Lähmung. Marguerite ergeht es mit Grace, wie Aragon mit Elsa (ein Vergleich, der nicht über die Lebensweise hinausgeht, da Marguerite Yourcenars Œuvre nie den Anspruch erhob, mit dem Aragons an Umfang und Kraft zu rivalisieren): Sie hat eingewilligt – also gewählt –, sich zu »verheiraten«, ihr Leben mit einem Menschen zu verbringen, dessen Berufung es war, sie zu »kontrollieren«. Und sie zu ermutigen. Sie hätte sich Aragons Verse an Elsa zueigen machen können: »Du, deren Arme meinem Wahn den Weg versperrten.« Grace wußte genau, was sie wollte, und ihre Energie schien unerschöpflich. Diese subtile, gebildete, literaturbegeisterte Frau konnte ermessen, welch unschätzbares Glück die Schöpferkraft bedeutet, wieviel Leiden auch damit verbunden sein mag. Nie hätte sie geduldet, daß die Frau, die sie liebte, der Schwäche nachgeben oder sich verzetteln würde. Marguerite wußte das und war dafür dankbar, was einige ihrer Widmungen an Grace beweisen: In das Exemplar Nr. 2 der nicht für den Handel bestimmten Exemplare der Neufassung von *Eine Münze in neun Händen* hat sie geschrieben: »Für GF, auf deren kritisches Urteil ich mich stets verlassen konnte und die mir ihren Mut geliehen hat. M.Y. Ile des Monts-Déserts 1959«; und im selben Jahr in ein Exemplar der Ausgabe des Club des Éditeurs: »Für G., ohne die ich oft den Mut zur Arbeit verloren hätte. M. 27. Juli 1959.«

Grace war natürlich viel zu gescheit um nicht zu wissen, daß ein Schriftsteller immer imstande ist, sich allem und allen zu entziehen, um zu tun, was er tun muß, was sein Leben ausmacht. Marguerite Yourcenar hatte vor ihrer Zeit geschrieben, und sie würde auch ohne sie schreiben können, ja sogar dann noch, wenn sie, Grace, ihr zur Last wurde, wie dies während der letzten Phase ihrer Krankheit der Fall sein sollte. Aber Grace wußte auch, daß der schöpferische Mensch der Zeugen bedarf, der Freunde, die an ihn glauben und ihm als erste die absolute Notwendigkeit seiner Arbeit bestätigen. Nachdem Marguerite Yourcenar mit dem literarischen Milieu, das ihr in den dreißiger Jahren diese Gewißheit verschafft hatte, gebrochen hatte, war Grace zum einzigen und ständigen Zeugen geworden. Überdies hatte sie auch längst begriffen, daß man einen

Menschen, dem man alle Sorgen des Alltagslebens, der »Verwaltung« abnimmt, von sich abhängig macht, und sei er noch so dominierend. Durch dieses delikate Zusammenspiel von Liebe, von Berechnung (auf beiden Seiten), von Verehrung (auf seiten Graces) und einer gewissen Fügsamkeit (auf seiten Marguerites), ist ihre Bindung unauflöslich geworden. Nur der Tod konnte sie lösen.

Nach Graces Tod wird Marguerite Yourcenar zu den Neigungen ihrer Jugend zurückkehren, Reise an Reise reihen. Die Arbeit am letzten Band ihrer Familien-Triologie geht so langsam voran, daß sie *Liebesläufe* unvollendet hinterlassen wird. Es war fast, als versuche sie die Zeit mit Grace, über die sie sich sogar gelegentlich zu schockierend bissigen Bemerkungen hinreißen ließ, aus ihrem Leben zu tilgen. Als wolle sie sich geradezu erbittert für die letzten gemeinsam verbrachten Jahre rächen.

Doch im Jahr 1959 hat die Entdeckung von Graces Krebsleiden – dank deren Charakterstärke – dieses Zusammenleben noch nicht wirklich beeinträchtigt. Nur in Grace Fricks Agendas (in diesem Jahr sind es zwei) bemerkt man eine gewisse Enthaltsamkeit. Sie, die gewöhnlich so »Geschwätzige«, notiert keine Einzelheiten über den Tagesablauf, als rüste sie sich für das Wesentliche – »durchhalten« und nichts von den Bedrohungen durchblicken lassen, die ihre Zukunft in Frage stellen. Die Notate beschränken sich vielmehr, in deutlicher Erkenntnis der Spanne, die ihr noch zugemessen ist, auf die »Zeichen des Lebens«, die Vögel, die sie liebt und beobachtet, den blühenden Flieder, am 1. Juni 1959 ...

In Ermangelung von Reiseplänen widmet Marguerite sich neben ihrer literarischen Arbeit ihrer Korrespondenz. In Briefen an ihre Freunde mischt sie Mitteilungen über Graces Befinden mit allgemeineren Reflexionen über die Literatur – »wie kommt es, daß unserer französischen Weisheit so oft etwas Beschränktes anhaftet, ja, sogar etwas Farbloses oder besser gesagt allzu bequem in sich Ruhendes? Sogar wenn man Montaigne mit Marc Aurel vergleicht, frappiert uns die Kurzatmigkeit des Urteils« –, über den Zustand der Welt und der »selben armen, manchmal rührenden und immer entmutigenden Menschheit«.[11]

Wenn Marguerite Yourcenar auch seit Jahren, vor allem seit dem Erfolg der *Erinnerungen des Kaisers Hadrian*, parallel zu ihrer eigentlichen literarischen Arbeit eine rege Korrespondenz unterhielt, die von Grace minuziös aufgelistet wurde (wir wissen übrigens nicht, wer auf dieser Archivierung bestanden hat: nicht unbedingt Marguerite, die, zumindest anfallsweise, einem entschiedenen Vernichtungstrieb folgte), so wußte Grace doch sehr wohl, daß diese Aktivitäten in den Augen ihrer Gefährtin keine längere Seßhaftigkeit rechtfertigen konnte.

Sie weiß, daß Marguerite nach wie vor gern reisen möchte, und da sie selber sich der Krankheit nicht beugen will, trifft sie Vorbereitungen für eine neuerliche Reise nach Europa, zu der sie am 12. Dezember 1959 von New York aus auf der *SS Olympia Greek Line* aufbrechen. Marguerite ist während der Überfahrt krank, auch noch bei der Ankunft in Lissabon, wo sie den Beginn des Jahres 1960 verbringt. Nach einem kurzen Aufenthalt in Spanien (vom 29. Januar bis 3. Februar) kehrt sie nach Portugal zurück und hält am 12. Februar in Lissabon einen Vortrag über »Die Verantwortung des Romanciers«. Zwischen Ausflügen, zum Beispiel nach Coimbra und Porto, arbeitet sie an zwei Essays, die später in die Sammlung *Sous bénéfice d'inventaire* aufgenommen werden: *Les Tragiques d'Agrippa d'Aubigné*, den sie im März in Cintra beenden wird, und *Le cerveau noir de Piranèse*, den sie erst im folgenden Jahr in Petite Plaisance fertigschreibt. In Porto macht sie die Bekanntschaft des Dichters Eugénio de Andrade, der sich noch lebhaft an »diese Frau von ungewöhnlicher Präsenz« erinnert: »Damals war sie noch nicht diese kräftige Frau, die an eine griechische Göttin erinnerte, ganz und gar nicht; sie war nicht schlank, sie war imposant. Sie reiste zusammen mit einer amerikanischen Freundin. Wir gingen ins Restaurant. Es war ein hochoffizielles Diner, mit Honoratioren und bedeutenden Persönlichkeiten. Ihre Freundin Grace, die ein reizendes Hündchen dabei hatte, saß mir gegenüber, Marguerite am anderen Ende der Tafel. Grace war sehr sympathisch. Älter als Marguerite; viel älter. Sie sprach sehr gut französisch. Während ich mich mit ihr unterhielt, erlaubte Marguerite Yourcenar sich einen Verstoß gegen die Etikette. Sie sagte zu ihrem Tischnachbarn: ›Entschuldigen Sie, Monsieur, ich werde mit meiner Freundin die Plätze tauschen, weil ich mit Monsieur Andrade sprechen möchte.‹ Sie sagte zu mir, sie interessiere sich sehr für die Geschichte von der unglücklichen Liebe zwischen Dom Pedro und Ines de Castro, die König Alfons IV. aus Gründen der Staatsräson hatte ermorden lassen. Diese Geschichte liegt Montherlants Drama *Die tote Königin* zugrunde. Während dieses Gespräches dachte ich: ›Seltsam, auch dieser Frau ist unbekannt – wie übrigens den meisten

Leuten, sogar in Portugal –, daß jener so leidenschaftlich in eine Frau verliebte Mann auch die Knaben liebte.‹ Und da ich aus der Lektüre des *Hadrian* wußte, daß dieses Thema sie sehr interessierte, erzählte ich es ihr. Sie war sprachlos. Hingerissen. Dieses ein wenig unstatthafte Gespräch war sehr offen. Wir waren einander etwas näher gekommen. Nach dem Diner habe ich sie in ihr Hotel begleitet, und wir haben bis zwei Uhr morgens in der Bar diskutiert. Um neun Uhr vormittags trafen wir uns bereits wieder zu einem Spaziergang durch Porto und haben den ganzen Tag bis zu ihrer Abreise gemeinsam verbracht.«[12]

Auf dieser Reise durch Portugal begegnete Marguerite Yourcenar auch Alain Oulman, dem Erben des Verlages Calmann-Lévy, mit dem sie in Verbindung bleiben sollte. Sie lernt auch Oulmans Mutter kennen, deren Gastlichkeit und Lebensfreude ihr sehr gefielen, was sie in verschiedenen Briefen an Freunde wiederholt zum Ausdruck brachte. Diese Begegnung und die in Portugal gesammelten Eindrücke wird sie mehrere Jahre später ihrer Korrektorin und Freundin Jeanne Carayon schildern:

»Es ist schade, daß Sie einer ›Bindung‹ wegen das Vorkriegs-Portugal nicht kennenlernen konnten. Damals mußte es noch schöner gewesen sein, als ich es in den sechziger Jahren gesehen und geliebt habe (...). Ich kenne kein Land, ausgenommen vielleicht einige Winkel Englands, wo die Poesie so allgegenwärtig und lebendig ist wie hier, in Flur und Wald, so unendlich zärtlich wie die portugiesischen Poeten des Mittelalters. (...) Sogar ganz in der Nähe von Lissabon, auf den Höhen der Cintra, bieten die in den Felsen gehauenen Einsiedeleien inmitten der riesigen Korkeichen einen einzigartigen Eindruck. Mag auch William Beckford als Kenner berichten, die Eremiten des 18. Jahrhunderts seien nur noch fidele Schelme gewesen, so bleibt doch ein seltsames grünes Endzeitlicht, so etwas wie der Reflex einer untergegangenen vorchristlichen, vielleicht keltischen Welt ...

Wissen Sie, daß in Lissabon, in einem wunderschönen Haus aus dem 18. Jahrhundert, eine alte Dame lebt, Madame Oulman, Tochter eines Calmann-Lévy (aber welches C.-L.?) aus der großen Zeit des Hauses, die sich noch an die um die Familientafel gescharten Berühmtheiten erinnert? Ihr Sohn, Alain Oulman, leitet, wie ich höre, mindestens teilweise den jetzigen Verlag. Er ist ein bedeutender Kenner der spanischen und portugiesischen Musik.«[13]

Vermutlich entdeckt sie auf dieser Reise auch ein schmales

portugiesisches Lyrikbändchen, die Gedichte Fernando Pessoas, lange ehe dieser Dichter in Frankreich bekannt werden sollte. Diese Lyrik erscheint ihr »außerordentlich«, wie sie später ihrem Freund, dem Schriftsteller Jacques Masui schreibt, der damals im Verlag Fayard die Reihe »Documents spirituels« herausgab.[14]

In der letzten Märzwoche sind Marguerite Yourcenar und Grace Frick in Madrid, wo sie eine systematische Besichtigung des Prado unternehmen. Eine Woche lang verbringen sie dort Tag für Tag mehrere Stunden. Marguerite Yourcenar hat sich schon immer für die Malerei und alle Formen bildlicher Darstellung interessiert. Sie konnte selber sehr gut zeichnen, hat indessen von diesem Talent wenig Gebrauch gemacht. Die Musik hingegen war ihr eher fremd. Sie lauschte beflissen, wenn Grace Klavier spielte oder Platten laufen ließ. Über Musik, die sie kannte, sprach sie durchaus gescheit, was indes eher ihrer Intelligenz und Sensibilität zu verdanken war, als Kennerschaft und wirklicher Neigung. Für die Unterschiedlichkeit musikalischer Interpretationen hatte sie wenig Gespür: Wenn sie die Musik für eine Rundfunk- oder Fernsehsendung aussuchte, so wählte sie niemals die von den Spezialisten als »Standard-Version« bezeichnete Einspielung. Merkwürdigerweise mochte sie keine Sopranstimmen. Manchmal erhielt sie von Freunden Schallplatten, mit denen man ihr Freude zu machen glaubte. So schickte ihr jemand einmal eine Aufnahme von *Norma*. Er erhielt einen Kommentar, der ihm zu denken geben mußte: »Leider ändert die Vorzüglichkeit der Platte nichts an meiner unüberwindlichen Abneigung gegen Sopranstimmen.«[15] Trotzdem ging sie mit Grace regelmäßig zu Konzerten und in die Oper. (Am 8. Januar 1960 hatten sie in Lissabon eine Aufführung von Wagners *Lohengrin* besucht.)

Was indessen die bildenden Künste betrifft, so waren ihre Äußerungen darüber stets viel tiefschürfender, ihr Geschmack viel sicherer und ihr Gefallen offensichtlich. Ihre Vorliebe galt den holländischen und flämischen Schulen. Sie erblickte in ihnen eine Art Geistesverwandtschaft, auf die sie häufig zu sprechen kam, so auch in einem Brief an ihren Freund Niko Calas, wo sie über Hieronymus Bosch sagt: »Ich habe ein wenig das Gefühl, mit ihm und vor allem mit Breugel verbunden zu sein: durch meine flandrischen Wurzeln, durch eine gewisse besondere Sensibilität, die ihre volle Ausprägung nur zwischen der Nordsee und der Maas im 16. Jahrhundert gefunden hat und von der noch heute Spuren zu finden sind (ich denke zum Beispiel an das Magisch-Halluzinatorische à la Versuchung des Heiligen Antonius im Werk Rimbauds). Und vor allem entdecke ich bei diesen beiden Malern (ohne sie über einen Leisten schlagen zu wollen) immer stärker eine Art beunruhigender Vorwegsicht der Welt, die uns umgibt, eine Art Röntgenbild der Menschenwelt, vor der wir nicht mehr die Augen verschließen können, und die uns krank macht.«[16] Ein paar Jahre später wird sie sich auch für die belgischen Symbolisten und Surrealisten interessieren: »Ich habe in mir gewisse Gemeinsamkeiten mit einigen dieser Maler festgestellt«, gesteht sie in einem Brief, »vielleicht und vor allem mit Ensor oder auch mit dem, was bei Knopff und bei Deville nicht von der Hysterie des Fin-de-Siècle geprägt ist. Gibt es tatsächlich eine ›Sensibilität der Niederlande‹, sowohl der belgischen wie holländischen und französischen (die Grenzen sind ja im wesentlichen erst jüngeren Datums), eine Art visionären Realismus, der auch mich erfüllt? Mag sein, allerdings hätte man in diesem Fall Mühe, Matisse zu erklären, einen Mann des Nordens und von rein französischem Temperament.«[17] Noch später wird sie, als *Le Nouvel Observateur* sie um ihren Beitrag zu »Le Musée égoïste« bittet, ein Bild des Malers Ruysdael wählen, den ihr Vater besonders schätzte, und auf Übereinstimmungen mit Rembrandt hinweisen: »Ruysdaels Vorliebe für geknickte und verstümmelte Bäume und die Reste verfallener Bauwerke (der Turm des Schlosses Egmond, den er oft gemalt hat, gleicht einem abgestorbenen, aufrecht stehengebliebenen Baumstamm) gemahnt an Rembrandts Vorliebe für die zählebigen und ernsten Alten. Der Hauch des Seltsamen, des alten talmudischen oder kabbalistischen Traums, der manchmal in Rembrandts Interieurs eingefangen ist, schwebt auch über diesem camposanto eines anderen Volks.«[18]

Rembrandts Brauntöne hinterließen bei ihr einen unauslöschlichen Eindruck (einer ihrer letzten Texte,[19] enthalten in der posthumen Essaysammlung *En pèlerin et en étranger*, handelt von seinem Gemälde *Zwei Neger*, das sich im Museum Mauritshuis in Den Haag befindet). Nicolas Poussin, bei dem »das ganze Denken, das ganze Fühlen Frankreichs (...) seinen Ausdruck findet«, hatte sie 1940 anläßlich einer Poussin-Ausstellung in New York einen kurzen Text gewidmet. Er blieb unveröffentlicht, bis er in *En pèlerin et en étranger* aufgenommen wurde. »Genau wie Walt Whitmans ›Die Schläfer‹ und wie Victor Hugos ›Abendsegen‹ in den ›Betrachtungen‹«, schrieb sie abschließend, »hat dieses endzeitliche Meisterwerk [Die Erziehung des Bacchus von Poussin] das unsere platte Auffassung von Klassik und Romantik beschämt, seinen Platz am Rand des Unsagbaren: Zwischen Schlaf und Traum, zwischen Leben und Tod, zwischen dem sinkenden Tag und der anbrechenden Nacht. Danach bleibt einzig noch die Nacht zu erforschen.«[20] Von Velászquez' *Las Meninas* war sie ebenso fasziniert wie viele zeitgenössische Schriftsteller und Maler, von Michel Foucault[21] bis Picasso (der eine noch heute nicht bis ins letzte interpretierte Serie zu diesem Bild gemalt hat), und sie blieb es ein Leben lang. Denn »der Platz des Künstlers im Bild« ist in all seiner Symbolik eine Frage, mit der sie ständig Versteck gespielt hat, so intensiv, daß sie nie davon losgekommen ist.

Von Madrid reisten Grace Frick und Marguerite Yourcenar nach Sevilla, um sich die Prozessionen in der Karwoche anzusehen. »Es ist das erste Mal, daß ich in Sevilla die Zeremonie der Karwoche gesehen habe«, schreibt Marguerite einer Freundin,[22] »ein erstaunliches Stück Vergangenheit bewegt sich dort durch die gewundene Calle de las Sierpes; die Soledad oder der sein Leben aushauchende Christus, vor dem Hintergrund der Straßenlampen und Leuchtreklamen unseres Jahrhunderts. Ich habe mir gesagt, hier sieht man einmal auf offener Straße jene tragische Realität zur Schau gestellt, die uns heute mit allen Mitteln verborgen werden soll: Schmerz, Verlassenheit, Tod, Opfer, der Gerichtete Gerechte.« Toledo, Compostela, Segovia hinterlassen, trotz der Kürze des Aufenthalts in jeder dieser Städte »einen Eindruck sondergleichen«. Doch besonders ergriffen war sie vom Besuch der Stätte hoch über Granada, wo Federico García Lorca »gefallen« ist. Am Tag vor ihrer Rückreise nach den USA schreibt sie an Isabel, die Schwester des Dichters:

»Vor allem möchte ich Ihnen sagen, daß ich, als ich die uns bezeichnete Stätte verließ (die vielleicht nur annähernd stimmt, aber das hat nichts zu bedeuten), mich umwandte, um dieses nackte Gebirge zu betrachten, diesen kargen Boden, die wenigen jungen Kiefern, die voll Kraft in die Einsamkeit ragen, die tiefen senkrechten Einschnitte der Schlucht, in denen wohl die urzeitlichen Sturzbäche strömten, die Sierra Nevada, die sich in ihrer ganzen Majestät vor dem Horizont hinzieht, und ich habe mir gesagt, ein solcher Platz spottet des Plunders aus Marmor und Granit auf unseren Friedhöfen, und Ihr Bruder ist zu beneiden, weil er in dieser Landschaft aus Ewigkeit seinen Tod fand. Bitte glauben Sie mir, daß ich nicht etwa das Grauenvolle dieses allzu frühen Endes verharmlosen möchte, auch nicht die furchtbare Angst, die (mich jedenfalls) bei dem Versuch ergreift, die Szene nachzuerleben, die sich hier einst abgespielt hat und die wir niemals in allen Einzelheiten kennen werden. Aber eines steht fest, man könnte sich kein schöneres Grab für einen Dichter denken.«[23]

Den Rest des Jahres 1960 verbringt Marguerite in Petite Plaisance: Monate, die der Arbeit gewidmet sind, nur unterbrochen durch ein paar Besuche von Freunden – zum Beispiel von Charles Orengo gegen Ende Mai – und die übliche Korrespondenz, zu der noch die mit François Augiéras gekommen ist. Dieser seltsame junge Mann, Maler und Schriftsteller, hatte, wie an Gide und mehrere andere französische Autoren, auch an Marguerite Yourcenar sein Buch *Le Vieillard et l'enfant* geschickt, einen in lyrisch-romanhafte Form gebrachten autobiographischen Text aus dem Jahr 1950, den er unter dem Pseudonym Abdallah Chaamba mehrmals umgeschrieben hatte. Marguerite Yourcenar erhielt die Version von 1953, die in den Éditions de Minuit erschienen war. François Augiéras war damals siebenundzwanzig Jahre alt.

Zum ersten Mal hatte sie ihm am 16. Mai 1953 geantwortet. Sie habe den Brief mit Interesse gelesen, aber, schreibt sie »was mich stört (obwohl manche Passagen mich sehr berührt haben), ist der Ton von Gereiztheit und krankhaftem Stolz, der in Ihrem Schreiben herrscht. Einen Rhythmus der Welt entdeckt zu haben, in einem Bett oder anderswo, ist bereits ein sehr seltenes *Glück,* das aber zu nichts nütze ist, wenn man sich nicht bemüht, diesen selben Rhythmus alle Tage und in allem wiederzufinden und wenn man in dieses Bemühen nicht alle Demut und allen Mut, den man aufbringen kann, steckt.«[24]

In einem zweiten Brief an François Augiéras vom selben Jahr[25] zeigt sie sich noch immer ebenso interessiert, warnt ihn jedoch vor der Erstarrung, vor der Gefahr, »ein Vogel, der immerzu den gleichen Schrei ausstößt« zu werden. Er habe ihr, wie sie sagt (der Brief François Augiéras' wurde nicht aufgefunden) ausführlich dargelegt, daß er sich prostituiere. Vermutlich um ihn davon abzubringen, darin eine außerordentliche Erfahrung zu sehen, betonte sie: »Sobald man sich entschließt, irgendein Metier auszuüben, ist dies immer eine Form der Prostitution.« Wogegen Grace Frick protestierte, indem sie den Rand des Durchschlags mit mehreren Ausrufungszeichen versah ...

Nach einigen Jahren des Stillschweigens, jedenfalls soweit es sich nach den vorliegenden Dokumenten vermuten läßt, gehen zwischen 1960 und 1964 mehrere Briefe hin und her, danach scheint Marguerite Yourcenar die Korrespondenz eingestellt zu haben. Ihre Antwort auf die Zusendung einer Neubearbeitung von *Le Vieillard et l'enfant* ist von jener besonderen Klarheit und Härte, die sie nur Menschen gegenüber zeigt, denen sie wirklich Interesse entgegenbringt:

»Ich habe auch in dieser Neufassung das Talent gefunden, zu dem ich Sie bereits beglückwünschte, die Gabe, mit einer Art einleuchtender Intensität die Dinge und die Landschaften zu malen, und mit überzeugender Klarheit eine besessene und senile, sehr ausgefallene Figur darzustellen, die aber noch so viel Banalität bewahrt, daß sie menschlich scheint. Da ich selber Wert darauf lege, manche meiner Bücher zu revidieren und neu zu bearbeiten, um sie zu perfektionieren oder zu bereichern, kann ich Sie nicht dafür tadeln, daß Sie eine neue Fassung Ihres Buches vorlegen, die mir dichter erscheint als die vorangegangenen, näher daran, ganz einfach Poesie zu sein.

Einem Poeten verzeiht man alles, auch die ein wenig naive Arroganz Ihres Vorworts (aber wenn Sie so denken, sollen Sie es auch sagen); indes vermittelt dieses permanente Gefangensein, nicht nur in einem einzigen Thema, sondern, was bedenklicher ist, in einer einzigen Erfahrung, schließlich den Eindruck der Klaustrophobie unter freiem Himmel. Weniger um Ihres Werkes als um Ihrer selbst willen wünschte man Ihnen, daß Sie auch anderes unternähmen, daß Sie versuchten, auf andere Weise Sie selbst zu sein.«[26]

Der Ton von Augiéras' Erwiderung sagt alles über die Ambiguität dieses Briefwechsels:

»Es wäre bedauerlich gewesen, hätten wir nicht miteinander Beziehung aufnehmen, einen Briefwechsel führen können, auch wenn er ein wenig stockend war aufgrund unausweichlichen gegenseitigen Nichtverstehens, ein Dialog zwischen Schwerhörigen. (...)

Jeder andere als Sie wäre vor Freude erbebt über die Entdeckung einer ›barbarischen‹ Sprache, die langsam, tragisch am äußersten Rand der Beherrschung entstanden ist (...). Daher kann ich, wenn Sie mir bestätigen, ich hätte ›das Talent, mit einer Art einleuchtender Intensität die Dinge und die Landschaften zu malen‹ nur Ihre Blindheit beklagen; von jeher hatten Sie eine Art, meine Arbeit geringzuschätzen, die mich schmerzt. (...).«[27]

Und trotz der diesmal vernichtenden Erwiderung, die sie ihm zukommen läßt, nachdem sie *L'Apprenti sorcier* erhalten hat – »Am Ende gibt es immer eine Sackgasse, und Sie scheinen sich dafür entschieden zu haben, in dieser Sackgasse zu leben«[28] –, läßt Augiéras nicht locker: »Ein direkter Kontakt würde sogleich alle Mißverständnisse beseitigen (...). Ich wäre sehr glücklich, Ihre Ansicht, Ihre Ratschläge zu hören. Mein größter Wunsch ist, Sie zu sehen, mit Ihnen zu sprechen.«[29]

Dieses Beispiel ist weniger als literarische Debatte von Belang als vielmehr typisch für die seltsame Beziehung zwischen Marguerite Yourcenar und jungen Autoren, die zugleich von ihr fasziniert und über ihr gnadenloses Urteil erbittert waren.

Und wiederum Briefe: Ein paar Tage nach ihrer Rückkehr aus Spanien erhält Marguerite von ihrer Freundin Natalie Barney einen autobiographischen Band, *Souvenirs indiscrets*, und teilt ihr unverzüglich ihre ersten Überlegungen mit: »Obwohl ich noch nicht alles las, habe ich bereits den Eindruck, daß es Ihnen gelungen ist, Ihre Legende zurechtzurücken, ohne sie zu zerstören. An diesen indiskreten Erinnerungen – die im Grunde so wenig indiskret sind – bewundere ich den Takt, die leichte und doch feste Hand, den feinen Humor und den Scharfblick, auch gegenüber geliebten Menschen. Besonders wohltuend ist, daß Sie so frohgemut Sie selbst blieben, unangefochten von den verschiedenen Strömungen, die uns zwischen 1900 und heute heimsuchten; sei es die Philosophie Bergsons in der Schlichtfassung für gepflegte Konversation, sei es der Neo-Thomismus, der Freudianismus, der psychologische oder soziologische Jargon oder ein Allerwelts-Existentialismus (die Liste ließe sich mißliebig fortführen). Resultat: Ihre fast ein halbes Jahrhundert zurückreichenden, fast leichtlebigen Erinnerungen sind alles andere als überlebt.

Meine sehr persönliche Aussage hat vielleicht um so mehr Gewicht, als ich der ›belle époque‹ nie besonderen Reiz abgewinnen konnte.«[30]

Eine in der Tat sehr persönliche Aussage, und nicht so sehr wegen Marguerite Yourcenars Verurteilung von »Modeströmungen«, als wegen ihrer Bewunderung für eine Frau, die es verstanden hat, ihre »Legende zurechtzurücken, ohne sie zu zerstören«.

Erwähnenswert in dieser Korrespondenz ist auch ein ziemlich harscher Brief an Jean Ballard, eine Abfuhr, fast ein endgültiger Bruch mit einem Mann, mit dem sie lange Zeit, schon vor dem Krieg, wenn auch nicht in freundschaftlicher, so doch in freundlicher Verbindung gestanden hatte: Jean Ballard hatte im Dezember 1951 als Erster in den *Cahiers du Sud* ihren *Hadrian* ausführlich und einfühlend besprochen. Marguerite Yourcenars Ausführungen zeugen, auch wenn sie weder ungerecht noch unbegründet sein mögen, von einem Starrsinn, fast von einer Bissigkeit, für die sich in diesen sechziger Jahren so manches Beispiel findet:

»In Ihrem Schreiben vom August wünschen Sie sich von mir einen ›schönen Text‹. Ich muß Ihnen sagen, selbst wenn ich einen solchen Text hätte, was zur Zeit nicht der Fall ist, würde ich zögern, ihn an Sie zu schicken, denn seit nunmehr fast acht Jahren schweigt die Zeitschrift sich beharrlich über meine Arbeiten aus, obgleich ich inzwischen mehr als einen Beitrag geliefert habe. Ich verstehe, daß dort weder über die Neuauflage von *Alexis* (1953) noch von *Der Fangschuß* (1953) oder von *Feuer* (1957) berichtet wurde, obwohl andere Blätter dies sehr wohl taten; unverständlicher finde ich, daß weder die 1957 veröffentlichten Gedichte *Les Charités d'Alcippe* noch der kritische Essay über Konstantinos Kavafis 1958 das Interesse einer Zeitschrift fanden, die sich besonders der Poesie annimmt und dessen, was man, zu recht oder zu unrecht, als das mediterrane Denken bezeichnet. Mit dem gleichen Schweigen wurde auch die Veröffentlichung von *Eine Münze in neun Händen* im letzten Jahr übergangen, trotz eines Waschzettels und eines Vorworts mit dem Hinweis, daß dieser nach meiner Gepflogenheit auf der Grundlage einer früheren Fassung überarbeitete Roman zugleich mein neuestes und durchdachtestes Buch sei. Ich bin es nicht gewohnt, Redakteure, auch nicht befreundete, um Besprechungen zu ersuchen, und nichts erstaunt mich im allgemeinen weniger, als das Schweigen, aber im Falle der *Cahiers du Sud* kann ich nicht umhin, in dieser Unterlassung etwas anderes als mangelndes Interesse an meiner Arbeit zu sehen, was an sich durchaus legitim aber wenig dazu angetan ist, mich zu Veröffentlichungen in dieser Zeitschrift zu animieren.«[31]

Was ihr literarisches Schaffen betrifft, so arbeitet Marguerite Yourcenar weiter an ihrem Essay über Piranesi, schreibt für eine Neuauflage von *Alexis oder der vergebliche Kampf*, die bei Plon erscheinen soll, ein anderes Vorwort, und brütet über einem seltsamen Projekt, das nie das Licht der Welt erblicken sollte: Sie will in einem Roman verschiedene Figuren aus *Eine Münze in neun Händen* erneut auftreten lassen und deren Lebensweg vom Jahr 1945 an bis zum Ende der fünfziger Jahre weiterführen, nicht mehr in Italien, sondern hauptsächlich in Paris und in Deutschland. Die Idee, die nicht unbedingt gut war, ist dennoch typisch für Marguerite Yourcenars erstaunlich selbstbezogenes Vorgehen: Ständig versucht sie, bereits Bestehendes zu verlängern, zu erweitern, anstatt fortzuschreiten, indem sie hinter sich die Spuren tilgt, den »Sprung ins Leere« wagt und etwas vollständig Neues ausdenkt. Natürlich wurde sie häufig gefragt, weshalb sie die meisten ihrer Bücher umgeschrieben habe. Die Antwort lautete immer gleich: Es gehe ihr darum, eine schlechte Konstruktion neu zu gestalten oder Schwächen zu beseitigen. »Ich empfinde einen Horror davor, die Dinge schlecht zu sagen. Man verfällt in Emotionen, deren Echtheit fragwürdig ist (...). Ich unterwerfe mich wirklich mit großer Demut meinen Geschöpfen, ihrer langsamen Entwicklung, in die der Autor ein wenig von sich selbst und viel anderes hineinlegt. In Tibet rät man jedem Mönch, er solle Stück für Stück ein Bild seines Schutzpatrons erschaffen. Dann sagt man zu ihm: ›Kehre zurück in die Welt und schaue, ob er dir folgt. Wenn ja, so zerstöre ihn, denn du selbst hast ihn erschaffen.‹«[32] »Sooft das für mich so wichtige Problem der Neubearbeitung auftaucht, bin ich versucht, wieder einmal den wundervollen Satz des irischen Dichters Yeats zu zitieren: ›Ich korrigiere mich selbst, wenn ich mein Werk korrigiere.‹« Dieser Satz bringe ihre eigene Einstellung vollendet zum Ausdruck, sagt sie zu Patrick de Rosbo.[33] »Wenn ein Buch mir so gut gelungen erscheint, wie ich es irgend konnte, dann schreibe ich es nicht um, ich hüte mich, daran zu rühren, es sei denn, es wäre mir ein schwerwiegender Fehler unterlaufen, ich hätte mich in einem Datum geirrt oder dergleichen«, erklärte sie einmal gesprächsweise. »Die meisten Schriftsteller huldigen einem anderen Vorgehen: Sie machen aus einem alten Buch ein neues, über dieselben Themen, nur mit anderen Figuren. War ein Roman mißlungen, der in der Touraine spielt, so machen sie daraus schleunigst einen anderen, der in der Provence spielt; das Thema bleibt ungefähr gleich, nur Marie heißt jetzt Joséphine. Das ist ihre Art der Neubearbeitung. Da ich meinen Figuren treu bin, da sie für mich wirklich leben, gehe ich bei der Neufassung eines Buches lieber von ihnen aus. Es ist ungefähr so, wie in der Liebe. Man kann sich fragen, ob es nützlicher sei, jede Woche einen neuen Menschen kennenzulernen oder bereits bestehende Beziehungen zu vertiefen. Ich bin dafür, bereits bestehende Beziehungen zu vertiefen.«[34]

Dieses ständige Wiederbearbeiten vorliegender Texte führte Marguerite Yourcenar manchmal zu ungeahnten Resultaten. Als sie die Novelle *D'Après Dürer* aus *La mort conduit l'Attelage* umschmolz, war sie gewiß nicht darauf gefaßt, daß aus dieser Umarbeitung, dieser Vervollkommnung ein dicker Roman hervorgehen sollte, der Roman, an dem ihr (neben der endgültigen Fassung von *Un homme obscur*) wohl am meisten gelegen war: *Die schwarze Flamme*.

Im Moment steckt *Die schwarze Flamme* – von Grace Frick während der Zeit des Entstehens gemeinhin als »Zenon« bezeichnet – noch im Anfangsstadium. 1961, einem ausschließlich in Amerika und sehr arbeitsam verbrachten Jahr, machte die Niederschrift von »Zenon« keine Fortschritte. Marguerite Yourcenar schreibt *Rendre à César*, eine Bühnenfassung von *Eine Münze in neun Händen*, die in Paris aufgeführt werden sollte. Im 1970 geschriebenen Vorwort zu diesem Stück hat sie dargelegt, was sie zur Dramatisierung ihres Romans veranlaßte:

»1961, nicht ganz zwei Jahre nach der weithin unbeachteten Veröffentlichung der endgültigen Version von *Eine Münze in neun Händen*, hat mich ein Regisseur um eine Bühnenfassung eines meiner Bücher gebeten. Dieser noch brandneue Text schien mir für einen solchen Versuch geeignet. (...) Als ich das fertige Bühnenstück dem freundlichen Direktor zuschickte, stand dieser bereits, wie wohl nicht anderes zu erwarten, ohne Ensemble und ohne Geldmittel da. Aber was tat's: Ich verdanke ihm die Erfahrung, wie man ein Romanwerk, worin der Autor seinen Figuren nur dann und wann einen Monolog oder einen Dialog zugesteht, in ein Bühnenwerk umformt, in dem dieselben Figuren allein die ganze Szene beherrschen und den Autor auf seinen Platz im Souffleurkasten verweisen.«[35]

Das Jahr 1961 zeigt »Marguerite Yourcenar im Umgang mit ihren Zeitgenossen« nicht gerade liebenswürdig. So schreibt sie am 4. Januar an Jacques Kayaloff[36], sie habe Roger Vaillands Roman *Hart auf hart*[37], den der Autor ihr zugehen ließ, wortlos an ihn zurückgeschickt. Das Buch habe für sie einen widerlichen Beigeschmack von

Fäulnis, von Moder: »nein, nicht Moder«, schließt sie, »vielmehr etwas wie Mundgeruch.« ...

Da Marguerite sich wiederum zu einer Vortragstournee entschlossen hat, reisen sie und Grace zwei Monate lang, vom 22. Februar bis zum 22. April durch die Südstaaten: Virginia, West-Virginia, Kentucky, Louisiana, Tennessee, Mississippi. Sie fahren den Mississippi zwischen Cincinnati und New Orleans hinab und hinauf. Auch eine Rundreise durch Ägypten war für dieses Jahr geplant und fertig vorbereitet, mußte jedoch in letzter Minute wegen Graces Gesundheitszustand, der eine neuerliche Operation am 26. April notwendig machte, annulliert werden. In den Südstaaten sammelt Marguerite das Material für ihre Übersetzungen von Negro Spirituals, aus denen sie ein Buch zusammenstellen möchte. Beide Frauen nehmen leidenschaftlich Anteil an dem, was sich in den Südstaaten vorbereitet – die großen Kämpfe der schwarzen Bevölkerung in den sechziger Jahren. Sie setzen sich zunehmend für die Bürgerrechtsbewegungen ein, für die sie sich mehr interessieren als für die traditionelle Politik. Trotzdem haben sie für Kennedy gestimmt, so sehr erbittert sie der Fanatismus der gegen ihn gerichteten antikatholischen Kampagne. Aber an erster Stelle wird für beide stets der Kampf um die Rechte der Minderheiten stehen, besonders der Schwarzen, und sie werden bei jeder Gelegenheit für diese Rechte eintreten. Auf ihrer Insel, wo es keine Neger gibt, außer im Sommer, wenn die betuchten Familien mit ihrer Dienerschaft anrücken, erhebt sich keine einzige Stimme gegen den Rassismus: Wieder einmal brechen die beiden Frauen durch ihr Engagement, durch die Besuche ihrer schwarzen Freunde ein Tabu.

Im Verlauf dieser Reise in den Süden besucht Grace, wie immer allein, ihre Angehörigen in Kansas City. Was die Aussagen zu bestätigen scheint, wonach Graces Familie ihre Vorbehalte gegen Marguerite Yourcenar niemals aufgegeben hat.

Im Sommer 1961 wird Marguerite Yourcenar vom Smith College in Northampton (Massachusetts) der Doktortitel *honoris causa* verliehen. In diesem Sommer fährt sie auch oft hinüber zur benachbarten Insel Sutton Island, wo sie Hortense King besucht, die unter dem Namen Hortense Flexner Gedichte schreibt. Marguerite übersetzt später eine Auswahl von Hortense Flexners Gedichten, die zusammen mit einem »kritischen Vorwort« 1969 im Verlag Gallimard erscheinen wird.

Mit Hortense Flexner, deren Gedichte Marguerite übersetzt hat

1961 ist sonderbarerweise auch ein »sportliches« Jahr. Marguerite Yourcenar hat in ihren alten Tagen, wie sie sagt, »ihren Pferdeverstand entdeckt« und sich entschlossen, Reitstunden zu nehmen, um mit Grace, die eine gute Reiterin ist, mithalten zu können. Grace erholt sich gut von ihrer zweiten Operation: Sie unternimmt Ausritte, sie duldet sogar »Fremdkörper« in Petite Plaisance – am 17. November darf Gabriel Marcel dort übernachten. Aber vor allem weist ihre Agenda wieder jene täglichen, köstlich konfusen Eintragungen auf, die an das Lieblingsspiel der Surrealisten *Le cadavre exquis* erinnern: vom Geburtstag des Hundes »Monsieur's Birthday party« – dem 23. Juli, zu »MY und G beobachten den Sonnenaufgang über dem Mont Cadillac und kaufen danach einen Staubsauger« – am 15. September, dazwischen »Besuch auf Sutton Island. Monsieur begeistert« – am 14. Juli.

Im April 1962 bricht eben dieser »Monsieur« sich eine Pfote, was Grace außerordentlich beschäftigt, während Marguerite den Essay-Band fertigschreibt, der unter dem Titel *Sous bénéfice d'inventaire* für Ende des Jahres vorgesehen ist.

Am 18. April schreibt Marguerite an eine befreundete Archäologin und bittet sie um genaue Angaben über ein bestimmtes Fresko in Syrakus, da sie wieder einmal ihren Essay über Pindar umarbeiten möchte. »Ich befasse mich zur Zeit mit der Umarbeitung oder vielmehr der Neufassung eines Textes, den ich mit der Naivität und der Kühnheit meiner zwanzig oder zweiundzwanzig Jahre über die Gedichte Pindars geschrieben habe und den sowohl der französi-

Grace, die vorzügliche Reiterin, erteilt Marguerite Unterricht

sche wie auch der amerikanische Verleger neu herausbringen wollen. Da ich den Text natürlich nicht so erscheinen lassen kann, wie er jetzt ist, will heißen voller Lücken, die mir jetzt nur allzu deutlich auffallen, stecke ich inmitten einer enormen Umbauarbeit.«[38] Doch ob aus Müdigkeit oder Einsicht, dieser »Umbau« wird nie das Licht der Welt erblicken.

Anfang 1962 erhält Marguerite die traurige Nachricht vom Tod Alice Parkers, einer ihrer ältesten Bekannten in diesem Land, dessen Bürgerin sie geworden ist; und sie zeichnet für die Freundin, die ihr Alices Tod mitgeteilt hat, ein Portrait dieser Zeugin ihrer ersten amerikanischen Jahre:

»Alice Parker war eine der ersten Amerikanerinnen, mit denen ich in freundschaftliche Verbindung trat (...). In ihrer Person begegnete ich der aufgeklärten und rationalen Welt des 18. Jahrhunderts mit ihrem großherzigen Optimismus, was die menschliche Natur betrifft, und ihrer mutigen Absage an alle Vorurteile. Sogar in ihrer religiösen Überzeugung, sogar in ihren (für sie so wesentlichen) Kontakten mit dem Unsichtbaren und dem Unbekannten finde ich etwas von der Geisteshaltung der großen puritanischen Mystiker jener Epoche, die Alice Parker so gut kannte und der sie, wie mir scheint, sich zutiefst verwandt fühlte. Sie repräsentierte das große Amerika von einst und war doch zugleich an allen Problemen der Gegenwart nachdrücklich und mit bewundernswertem Einsatz interessiert. Als ich während des Krieges in die Vereinigten

Staaten zurückkehrte und die Ereignisse mich dort festhielten, erkannte ich in ihr spontan einen der sehr wenigen Menschen, an die man sich jederzeit wenden könnte, sei es um moralische, oder, wenn die Umstände es erfordern würden, um materielle Unterstützung.«[39]

Am 11. Juni 1962 brechen Marguerite und Grace zu einer Europa-Reise auf. Die Etappen sind Island, Norwegen, Schweden, Finnland, Sowjetunion – nur drei Tage in Leningrad –, Dänemark, Deutschland und die Niederlande. Am 17. Juni landen sie in Reykjavik. Die Entdeckung Islands und der kurze Besuch in Leningrad sind für Marguerite Yourcenar besonders ergiebig, der Rest dient nur der Freude des Wiedersehens mit geliebten Orten. Nach ihrer Rückkehr in die Vereinigten Staaten am 16. Juli schreibt sie – in englisch – an einen ihrer Gastgeber, um ihm für den freundlichen Empfang zu danken.[40] Sie teilt ihm ferner mit, daß sie zur Zeit eine französische Übersetzung der *Grettirsaga*[41] lese und daß ihr allzu flüchtiger Blick auf Island ihr dennoch helfe, diese alten Texte besser zu verstehen. »Was den kurzen (dreitägigen) Besuch in Rußland betrifft, so war er voll unerwarteter Eindrücke – jedenfalls für uns, die wir versuchten, allem vorurteilsfrei zu begegnen und die antisowjetische Propaganda zu ignorieren. Aber der bleibende – übrigens auch schon erste – Eindruck war Bestürzung und Empörung über die Zählebigkeit des Polizeistaats.«

Diese Bemerkungen gehen einem langen Brief voraus, den Marguerite Yourcenar Weihnachten 1962 an ihre italienische Übersetzerin Lidia Storoni schrieb:

»Diese so kurze Erfahrung«, schreibt sie über die drei Tage in Leningrad, »hatte auf mich (und auch auf Grace) eine Wirkung, auf die ich nicht gefaßt war und die sich, was mich betrifft, als unendliche Entmutigung bezeichnen läßt. Was hatte ich erhofft? Gewiß nicht den Anblick eines Eldorado, aber doch, vermutlich eine Reaktion auf die dumme antikommunistische Propaganda in Amerika mit ihren kindischen Klischées, die Begegnung mit einer neueren, vielleicht ›vitaleren‹ Welt, auch wenn diese Welt uns feindlich oder fremd wäre. Was ich vorfand, vom frühen Morgen des ersten Tages an, als wir im Nebel die russischen Beamten auf das Schiff kommen sahen, bis zur schlaflosen Nacht des dritten Tages, als wir lange und sehr nah an der Festung Kronstadt vorüberfuhren, die sich, umringt von Kriegsschiffen, mit der Kuppel ihrer entweihten Kathedrale aus dem Meer erhebt, ist ganz einfach Custines Rußland, die ewige Mischung aus bürokratischem Trott, der Verdächtigung von Ausländern, eines schon orientalischen Schlendrians und vorsichtigen Mißtrauens, und diese schlaffe und fast erstickende Tristesse, die den russischen Roman kennzeichnet und die ich nicht erwartete, wiederzufinden (...); die Scharen von Provinzlern, die gruppenweise durch die weitläufige Eremitage geschleust wurden und leeren Blicks die aus fernen Jahrhunderten und Ländern stammenden Kunstwerke betrachteten, und die Bauern, die wie betend vor einem Christus von Rembrandt standen (...) – und auf der monumentalen Ehrentreppe in italienischem Barock, leider aus der schlechten Epoche, will heißen aus der Zeit Alexanders I., nicht aus der Zeit Katharinas, unter der Unzahl von Füßen, die diese Marmorstufen hinauf- und hinuntertrampeln, (verzeihen Sie das eklige Detail, das nichts beweist und nichts bedeutet, aber für mich, ob ich will oder nicht, eine Art Symbol darstellt) ein klägliches und peinliches weibliches Accessoire, das wohl einer Reisenden gehört hatte, die zu erschöpft war, um den Verlust zu bemerken, ein blutiger Lappen, und niemand nahm sich die Mühe, ihn mit der Schuhspitze in eine dunkle Ecke zu befördern, geschweige denn, sich zu bücken und ihn in den Abfallkorb zu werfen. (...)[42]

Marguerite Yourcenar hat trotz Lidia Storonis wiederholter Bitten den Abdruck dieses Briefes in einer Zeitschrift verboten. Sie fand, einzelne Briefe eines Schriftstellers dürften nicht zu dessen Lebzeiten veröffentlicht werden, allenfalls Anthologien der Korrespondenz, und zwar »erst in den letzten Lebensjahren zusammengestellt und publiziert, so daß sie quasi posthum sind«.

Während der letzten drei Monate des Jahres, die in den USA von der Kuba-Krise überschattet sind – Grace berichtet über ihrer beider Besorgnis in diesem Zusammenhang –, arbeitet Marguerite Yourcenar fleißig an »Zenon« und an den Korrekturfahnen zu *Sous bénéfice d'inventaire*. Der Band erscheint Ende 1962 bei Gallimard und erhält im Februar 1963 den Prix Combat, der zum viertenmal verliehen wird. Die früheren Preisträger waren René de Obaldia, Cioran und Roger Caillois gewesen. Zugleich mit Marguerite Yourcenar erhielt André Pieyre de Mandiargues den Preis für sein Gesamtwerk. Die Mitglieder der Jury, die damals, vor fünfundzwanzig Jahren, über die Verleihung dieser Auszeichnung entschied, waren: Pierre de Boisdeffre, Alain Bosquet, Michel Butor, Henri Chapier, Max-Pol Fouchet, François Nourissier, Jacques de

Ricaumont, Robert Sabatier, Philippe Sénart, Philippe Tesson und Henri Thomas.

Das Buch war von der Kritik schon vor seiner Prämierung sehr gut aufgenommen worden: »Marguerite Yourcenar wird ihre Leser nie enttäuschen: Ihre tiefen Einsichten und die klassische Eleganz des Stils werden ihre Bücher immer zu Werken von hoher Qualität machen«, urteilt Adrien Jans in *Le Soir.*[43] »Der gebildete Leser – den der Roman ermüdet und die Intelligenz entspannt – wird an diesem Essay-Band Marguerite Yourcenars den bekömmlichsten und raffiniertesten Genuß finden«, versichert Jacqueline Piatier in *Le Monde.*[44] Nur Pierre de Boisdeffre meldet in *Les Nouvelles Littéraires* einen gewissen Vorbehalt an: »... eine Sammlung historischer, ästhetischer und kritischer Kommentare von unterschiedlichem Wert, manche allerdings durchaus fesselnd. (...) Unsere Aufmerksamkeit hat bei der Lektüre manchmal nachgelassen. Aber wir haben viel gelernt.«[45]

1963 erscheint endlich in Frankreich das Theaterstück, das im Sommer 1942 entstanden war, *Le Mystère d'Alceste* – es wird Marguerite Yourcenars letzter Titel sein, der bei Plon herauskommt –, sowie eine Neuauflage der *Orientalischen Erzählungen* bei Gallimard.[46]

Marguerite kommentiert in ihrer Korrespondenz die Werke, die ihr die Freunde, die Verleger, die Autoren aus Frankreich zuschikken. So bedankt sie sich bei Roger Caillois für einen Essay über den Traum,[47] den sie »mittels einer deutschen Übersetzung entschlüsselt« habe. »Ich möchte nicht versäumen«, fährt sie fort, »Ihnen zu sagen, wieviel *Méduse et Cie* für mich bedeutet – eines der reichsten Bücher, das ich seit langer Zeit gelesen habe, – desgleichen *L'Esthetique généralisée* und dieser *Pontius Pilatus*, der die Meditation über das Mögliche so weit vorantreibt.«[48]

In Petite Plaisance ist es im Winter zu kalt, im Sommer zu heiß. Im Sommer 1963 erhält Marguerite Yourcenar die Sondernummer von *Adam International*, die der Amazone, ihrer Freundin Natalie Barney gewidmet ist, der sie einen hinreißenden Brief schreibt. Sie beginnt mit der Erklärung, warum sie keinen Beitrag zu dieser Nummer hatte liefern wollen, obgleich der Redakteur der Zeitschrift sie darum gebeten hatte: »Unfähig zum kurzen Aperçu, wie ich nun einmal bin, zur reinen Erinnerung, die hinwiederum Ihre Stärke ist, wäre ich, hätte ich das Angebot dieses Herrn akzeptiert, alsbald auf der Strecke geblieben oder versunken in Schubladen voller Zettel, unter Stößen von Papier und Strömen von Tinte, was alles unerläßlich ist, wenn man *Die Erinnerungen Natalies* oder *Natalies schwarzes Gehirn* schreiben wollte, was mir indessen nicht zusteht.« Dennoch entwirft sie ein wenig später *ihr* Portrait der Natalie Barney:

»Ich kann mir Ihre künftige Legende sehr gut vorstellen, da ich von Ihnen zunächst nur die Legende kannte, die Ihre früheren Zeitgenossen Ihnen zugeschrieben hatten. Doch trotz aller Ausführlichkeit der ›Sondernummer‹ (besonders die Genealogien sind faszinierend) – wievieles bleibt unerklärt! Zum Beispiel die vollständige ›Einbürgerung‹ der Ausländerin, die Sie einst waren und der es gelang, in Paris zuhause zu sein, ohne daß sie jemals die Privilegien ihrer Exterritorialität völlig verloren hätte. (...) Schließlich bewundert man vor allem, ohne es sich recht zu erklären, mit welcher Gelassenheit Sie die dauernde Kraftleistung überstanden haben, die ein freies Leben bedeutet.

Ich habe über das alles ein wenig nachgedacht: Ich meine, daß Sie das Glück hatten, in einer Zeit zu leben, als Lust noch ein Bestandteil der Kultur war (was sie heute nicht mehr ist); insbesondere weiß ich zu schätzen, daß Sie sich nie von den intellektuellen Infektionen der letzten fünfzig Jahre haben anstecken lassen, sich weder einer Psychoanalyse unterzogen noch Existenzialistin wurden oder emsig *actes gratuits* verrichteten, sondern stets nur den eigenen Sinnen folgten; Ihrem eigenen Verstand, das heißt, dem gesunden Menschenverstand. Ich kann nicht umhin, Ihr Leben mit dem meinen zu vergleichen, das nicht wie Ihres ein Kunstwerk gewesen sein wird, vielmehr den Zufälligkeiten des Geschehens unterworfen, schnell oder langsam verlaufend, kompliziert oder einfach oder zumindest vereinfacht, unbeständig und ungeformt ... Wie rasch verändern sich die Rhythmen von einer Generation zur anderen, und auch die Ziele ...«[49]

Ein »einfaches oder zumindest vereinfachtes Leben« wird ihr durch Grace ermöglicht. Es ist fraglich, ob sie dabei immer glücklich war, und was sie in einem Brief an Suzanne Lilar schrieb, die ihr ein Exemplar ihres Essays über »Das Paar« geschickt hatte, sind vielleicht nicht nur allgemeine Feststellungen; was um so wahrscheinlicher ist, als Grace von sämtlichen Briefen Kenntnis hatte. Man darf sich fragen, ob es sich für Marguerite nicht auch um eine Art indirekter Botschaft an ihre Gefährtin handelte:

»Was die Liebe angeht, so bin ich nicht sicher, daß das vielgerühmte ›Paar‹ an sich schon die ideale Lösung ist, die uns von unseren Irrtümern und Fehlern befreit; wieviel Aggressivität, wieviel Egoismus zu zweit, wieviel Absonderung vom Rest der Welt, wieviel Pochen auf das ausschließliche Besitzrecht an einem anderen Menschen hat sich in diesen Begriff eingeschlichen: vielleicht müssen wir ihn von dem allen reinigen, ehe wir ihn wieder als sakrosankt erklären ... im übrigen sollten wir alles Körperliche heilig halten, und sei es nur, um es dem Geist anzunähern, dessen Geschwister es ist; eine solche Einstellung könnte Mißverständnis und Mißbrauch mindern. Zuweilen finde ich es – soziologisch und ohne Paradox gesprochen – bedauerlich, daß die Prostitution seit mehr als zweitausend Jahren nicht mehr geheiligt ist. Die Tempeldienerin hatte ihre Privilegien und Tugenden, die wir der ›Registrierten‹ entzogen haben.«[50]

Im Winter 1963 steht die ganze Welt unter dem Schock der Ermordung Präsident Kennedys in Dallas, dann der des mutmaßlichen Attentäters Lee Harvey Oswald durch Jack Ruby. Wiederum vertraut Marguerite sich Natalie Barney an:

»Ihre beiden reizenden Briefe (die sich mit meiner kurzen Mitteilung gekreuzt haben müssen) sind am Freitag, dem 22. November morgens hier angekommen. Als ich mich gerade an den Schreibtisch setzen wollte, um Ihnen postwendend zu danken, berichtete uns ein Nachbar telefonisch von dem schrecklichen Attentat, dem Präsident Kennedy zum Opfer gefallen war, und wir haben wie alle Welt die folgenden drei Tage am Fernsehgerät oder am Radio verbracht, voll Abscheu über diese unsinnige Mordtat und voll Mitleid mit diesem Mann, der auf dem Weg zu sein schien, ein großer Staatsmann zu werden. Unwillkürlich mußte ich daran denken, was ich Hadrian zum Thema der ›abgebrochenen Laufbahn‹ hatte sagen lassen, an sein Mitleid mit jedem Staatsmann, der vor seinem vierzigsten Jahr sterben mußte, ehe er sich vollenden konnte. (...) Bestürzend ist auch, daß die Ermordung des Tatverdächtigen so ›tough‹ und nach schlechtester Krimi-Tradition durchgeführt wurde von diesem ›good guy‹, dem Besitzer einer Tanzdiele, der es auf sich genommen hat, einen Staatsmann zu rächen (und zugleich, ob mit oder ohne Absicht, für immer die Möglichkeit zunichte machte, den Anstiftern und den Ursachen des Attentats auf die Spur zu kommen). So, wie Proust die Ermordung Rasputins als ein ›so russisches‹ Verbrechen bezeichnet, empfindet man die Einzelheiten der Tragödie von Dallas als ›so amerikanisch‹.«[51]

Marguerite Yourcenar und Grace Frick sind jetzt sechzig, und bei beiden gewinnt der Pessimismus die Oberhand. Um das Ende dieses unheilvollen Jahres zu überstehen, behelfen sie sich mit kleinen Ritualen, die ihnen lieb geworden sind. Am 13. Dezember zum Beispiel notiert Grace Frick: »Es schneit. Köstliche Gewürzplätzchen, von MY gebacken und in der Abenddämmerung bei Kerzenlicht zu Kaffee serviert, wie in Schweden. Ein Brauch, der seit unserem dortigen Aufenthalt 1954-55 streng eingehalten wird.«

Der Schnee, die Dämmerung, die kleinen Rituale: Das Leben in Petite Plaisance wird langsamer, stagniert.

Kapitel 2
»Die schwarze Flamme« und die Konflikte

Das Jahr 1964 begann kaum besser, als das vorhergegangene geendet hatte. Von Grace Frick erfahren wir darüber nichts, da ihre Agenda verlorenging. Aber wir wissen, besonders auch aus Marguerite Yourcenars Korrespondenz, daß im Januar »durchdringende Kälte« herrschte. Sie hatte ihr entfliehen wollen und eine Reise in den Vorderen Orient geplant – Libanon, Ägypten, Israel – (die gleiche, von der sie 1954 wegen der Suezkrise hatte Abstand nehmen müssen). Auch diesmal mußte die Reise annulliert werden, da bei Grace eine neuerliche Therapie notwendig wurde. »Aus meinem letzten Brief wissen Sie, wie sehr ich gehofft hatte, Sie am 7. Januar während unseres kurzen Aufenthaltes in Marseille wenn schon nicht zu sehen, so doch anrufen zu können«, schreibt sie an Natalie Barney. »Leider muß die Reise erneut aufgeschoben werden, denn bei einer Routine-Untersuchung, der Grace sich vor kurzem unterzog, stellte sich heraus, daß das Leiden, von dem man sie genesen glaubte, wieder aufgetreten ist. Folglich ist eine Strahlenbehandlung vonnöten, wie sie 1958 so guten Erfolg gebracht hatte (ich glaube, Ihnen damals davon berichtet zu haben), und diese Behandlung wird uns hier mindestens bis Ende Januar festhalten. Grace unterbricht mich und sagt, ich soll Ihnen schreiben, sie fühle sich ›disgustingly healthy‹ und pflege im Moment nicht etwa tatenlos der Ruhe, was ich Ihnen wohl kaum eigens sagen muß, denn Sie kennen ja Grace . . .«[1]

Obwohl Grace der Krankheit zu trotzen scheint, bleibt Marguerite, die sie geheilt geglaubt hatte, tief besorgt, so sehr, daß sie sich Natalie Barney anvertraut: »Grace geht es gut, sie hat nach wie vor ihre außerordentliche Energie (zur Zeit ist sie auf Reisen im Mittelwesten), aber der Alarm im vergangenen Winter ist mir in die Glieder gefahren (. . .). Die Therapie hat gut angeschlagen, aber der Arzt und ich machen uns weiterhin Sorgen. Man kann nichts tun als von einem Tag zum nächsten leben, intensiv und mit Besonnenheit (so man hat), und sich sagen, daß aus Tagen Wochen und Monate werden und hoffen, sie möchten sich zu Jahren reihen. Was erlaubt mir, Sie mit all dem zu belasten? Die Freundschaft und das Gefühl, mit mir selber zu sprechen, wenn ich mit Ihnen spreche. Bleiben Sie, liebste Freundin, uns weiterhin ein schönes Beispiel der Ausdauer und Heiterkeit, und seien Sie meiner Zuneigung versichert.«[2]

Im Januar schreibt Marguerite Yourcenar an Gaston Gallimard, daß sie ihm *Fleuve profond, sombre rivière* zuschicke, »bestehend aus einer Studie über die Lieder und die Mystik der Schwarzen in den USA, dem historischen Hintergrund, auf dem diese Mystik und diese Lieder entstanden sind, und der Übersetzung von ungefähr zweihundert *Negro Spirituals*, die in Frankreich größtenteils unbekannt sind«.[3] Im selben Brief schneidet sie die Frage an, die ihr am meisten am Herzen liegt und die zu einer endlosen Auseinandersetzung zwischen ihr und der Librairie Plon führen wird. Sie habe, schreibt sie, nicht die Absicht, die Arbeit, die aus *La Mort conduit l'Attelage* entstehen soll, bei Plon zu veröffentlichen. Das Werk verspreche, recht umfangreich zu werden, sie sei gerade dabei, den ersten Teil »Das unstete Leben« zu beenden. »Wenngleich in Technik und Thematik völlig verschieden, ist dieser Roman für mich zu einer Arbeit von der Art der *Mémoires d'Hadrien* geworden«, fährt sie fort, »was natürlich nicht bedeutet, daß ich ihm eine ebenso günstige Aufnahme prophezeien möchte. Ich habe geglaubt, *Hadrian* für zehn Leser zu schreiben, und ich habe mich getäuscht. Jetzt glaube ich, *Die schwarze Flamme* für zehn Leser zu schreiben, und es kann durchaus sein, daß ich mich nicht täusche. Das vorliegende Manuskript von etwa zweihundertfünfzig Typoskript-Seiten entspricht als neue Version den siebzig Druckseiten einer Novelle mit dem Titel ›D'après Dürer‹ aus *La Mort conduit l'Attelage* von 1934.«[4]

Sie »erinnert« sich, daß Gaston Gallimard schon seit Jahren den Wunsch hege, einen Roman von ihr zu publizieren. Die umfangreiche Arbeit, die *Die schwarze Flamme* ihr abfordere, erlaube ihr nicht, diesen Wunsch vor Ablauf einer längeren Zeitspanne zu erfüllen, indessen scheine ihr bereits klar zu sein, daß *Die schwarze Flamme* durchaus der literarischen Tradition des Hauses Gallimard entspreche. »Ich gehe noch weiter: Der Roman *Die schwarze Flamme* mit seiner komplizierten Technik, den schwer zugänglichen und zuweilen gewagten Gedankengängen (es handelt sich um das bewegte, aber auch meditative Leben eines Mannes, der mit den Ideen und Vorurteilen seines Jahrhunderts radikal aufräumt und erleben muß, wohin sein freies Denken ihn führen wird), dürfte seinem Geist nach weit besser bei Gallimard aufgehoben sein und kaum in einen

Verlag passen, der sich vom Umgang mit der schwierigen Literatur immer mehr zurückzuziehen scheint. Es geht keineswegs darum, Plon zugunsten von Gallimard zu benachteiligen, wie ich ausdrücklich betonen möchte, vielmehr sollen für die in ihrer endgültigen Form vorliegenden Manuskripte in Berücksichtigung ihres Inhaltes die optimalen Dispositionen getroffen werden.«[5]

Noch ist sie sich ihrer Sache nicht sicher, und sie weiß ohne Zweifel, welche Schwierigkeiten mit Plon ihr ins Haus stehen. Also gibt sie vor, sich ganz auf Gaston Gallimard zu verlassen und bittet ihn implicite, die Richtigkeit ihrer Wahl zu bestätigen. Was er auch postwendend tut, obwohl noch nicht einmal das angekündigte Manuskript von *Fleuve profond, sombre rivière* bei ihm eingetroffen ist ...

Da es Grace besser geht, stellt Marguerite diese wichtige Arbeit ein – läßt sie zumindest eine Weile ruhen –, um nach Europa zu fahren. Es wird bis 1968 die letzte gemeinsame Reise außerhalb der USA sein. Im April und Mai 1964 (und nicht im März, wie die »Chronologie« der Pléiade behauptet, mehrere Briefe Marguerite Yourcenars an ihre Freunde sprechen dagegen), besuchen sie Polen, die Tschechoslowakei, Österreich und Norditalien, immer in der selben Absicht: andere Dinge, andere Menschen sehen, anderswo sein. »Sie sagen, daß es in Maine nicht von Verlegern wimmeln dürfte«, schreibt sie aus Wien an Jacques Kayaloff; »genau das ist der Grund, warum ich dort lebe. Ich hätte auch die Hautes-Pyrénées wählen können (...), einfach irgendein stilles Fleckchen Erde, wo man in Frieden arbeiten kann. Diese Ansicht vertrete ich auch auf Reisen: Stätten und Landschaften sehen, Kontakt mit Menschen aufnehmen, am liebsten mit solchen, die nichts mit Literatur zu tun haben. Andernfalls würde ich nach Paris gehen und nicht nach Wien oder Krakau.«[6]

In Salzburg, wo sie die Festspiele besuchen, beginnt Marguerite Yourcenar die Niederschrift des zweiten Teils von *Die schwarze Flamme*, mit dem Kapitel »Das unbewegte Leben«. Bei der Rückkehr nach Northeast Harbor im Frühsommer beschließt sie, sich ausschließlich diesem Buch zu widmen, das sie im August 1965 beenden wird.

Im Herbst 1964 publiziert Gallimard *Fleuve profond, sombre rivière*: »Mein erstes – und wer weiß? vielleicht mein einziges – Buch, das einem ›amerikanischen‹ Thema gewidmet ist«, schreibt Marguerite Yourcenar an Natalie Barney.[7] Ein Buch, das es, was den Publikumserfolg angeht, natürlich nicht mit *Hadrian* oder anderen Romanen aufnehmen kann, ihr aber immerhin einige treffliche Besprechungen einträgt, besonders die von Yves Berger in *Le Monde*. Der Kritiker vergleicht Marguerite Yourcenars Übertragung mit der Übersetzung, die Sim Copans[8] um die gleiche Zeit von denselben Texten gemacht hat.

Sim Copans:

> On ne me vendra plus aux enchères,
> Jamais plus, jamais plus.
> On ne me vendra plus aux enchères.
> Des milliers sont partis
> Je ne vivrai plus du boisseau de maïs
> (du maître)

Und Marguerite Yourcenar:

> Plus d'bloc au marché pour moi!
> Oh, jamais plus!
> Plus d'coups d'fouets sur l'dos pour moi!
> Oh, jamais plus!
> (Par milliers, les hommes sont partis.)
> Non, plus d'rations d'maïs pour moi!
> Oh, jamais plus![9]

»Der Unterschied bedarf keines Kommentars«, schließt Yves Berger.[10]

Die Jahre zwischen 1965 und 1968 verlaufen in Petite Plaisance nach dem Muster des »Unbewegten Lebens«, wie Marguerite Yourcenar an Natalie Barney schreibt, diejenige unter ihren Freundinnen in Frankreich, der sie ungeteiltes Vertrauen zu schenken scheint. Natalies Großzügigkeit ist unerschöpflich, ihr Sinn ebenso weit entfernt von Engherzigkeit wie von Klatschsucht, in Marguerites Augen zwei »typisch pariserische« Untugenden. Im Lauf jener Jahre liegt Natalies Briefen manchmal ein Scheck bei, was Marguerite zutiefst bewegt:

»Ich sehe hierin den Beweis für jene große Seltenheit«, schreibt sie, »die wahre Freundschaft, die sich Sorgen macht, weil man schweigt, und die erfüllt ist von dem Wunsch, zu helfen (...). Ich nehme dieses Geschenk in Dankbarkeit entgegen, wie alle früheren Gaben, nicht weil ich im Moment materieller Hilfe bedürfte (ich schwöre Ihnen, daß ich nicht in Geldnöten bin), sondern weil dieser Scheck ein Symbol ist, so wertvoll, wie gediegenes Gold (...) Ich habe etwas getan, was Ihnen vielleicht mißfällt: Ich habe von diesen fünfhundert Dollar den Zehnten abgezogen. Sie wissen, wie sehr ich mich für den Erhalt von Landschaften interessiere: jedes Jahr schicke ich eine kleine Summe an die Nature Conservancy Association, die vor drei Jahren eine 152 Morgen große Insel in der Bucht von Bar Harbor, Turtle Island, gekauft hat, um sie vor den Bauspekulanten und den Holzhändlern zu retten, die diese schönen Bäume im Handumdrehen in Papierbrei für Comics und alberne Illustrierte verwandelt hätten ... (›Halt, Fäller, inne‹) Vor kurzem schickte ich fünfzig Dollar als Zuschuß zur Tilgung der noch nicht bezahlten Kaufsumme, und schrieb dazu, daß dieses Mal das Geschenk von Ihnen stamme; mich erfreut der Gedanke, daß auf diese Weise ein paar Moosmulden, ein paar Felsen und ein paar Nester von Meeresvögeln ihre Sicherheit Ihnen verdanken. Ich danke Ihnen an ihrer Stelle.«[11]

Der Jahresbeginn 1965 bringt in Northeast Harbor extreme Kälte. Ihrem Freund, dem Maler und Illustrator Elie Grekoff, der die Dekorationen und Kostüme für *Elèctre* schuf und vor kurzem die von ihm gezeichneten Ex-libris »from the library of Marguerite Yourcenar, Grace Frick« schickte (3000 Stück sind bereits eingeklebt): »Grace und Monsieur lieben den Schnee, ich hasse ihn.«[12] Nach dem kurzen Augenblick kindlichen Entzückens über den ersten Schnee, bedeutete er für Marguerite nur noch den Winter. Und den haßte sie ebenso. Mit den Jahren fand sie die Winter in Maine immer länger, »sie beißen sich in den April«, manchmal noch in den Mai. Im Juni würde sie zweiundsechzig sein, aber sie dachte kaum an das Alter. Die Seßhaftigkeit bedeutet für sie jedoch eine Art Ausdünnung des Lebens. Wieviele Jahre sollte sie noch in diesem Winkel Amerikas mit seinen »fast endlosen Wintern« festsitzen? Sie, die Petite Plaisance immer als »Landhaus«, um nicht zu sagen, als Sommerhäuschen bezeichnet hatte, sah sich nun jahraus, jahrein dort vergraben. In diesem Januar 1965 hatte sie eine Venenentzündung gehabt, ein Leiden, das ausnahmsweise nichts mit ihrer üblichen Hypochondrie zu tun hatte. Grace ging dieser Wintertrübsinn sichtlich auf die Nerven. Die willensbetonte Frau konnte unmöglich begreifen, daß man sich vom Wetter abhängig machte. Und es auch noch zugab. An manchen Tagen herrschte dicke Luft.

Marguerite Yourcenar konnte zum Glück jederzeit »die Ketten sprengen«. Am hellen Tag oder vorzugsweise mitten in der Nacht; schon immer hatte sie die langen durchschriebenen Nächte geliebt, die Seiten, die man zügig vollkritzelt, um sie bei Tagesanbruch in den Papierkorb zu werfen. In der Stille von Petite Plaisance, ob Grace zu Bett lag oder neben ihr saß und las oder arbeitete, »verschwand« Marguerite. Sie war bei Zenon. Es war keine Pose, wenn sie später von ihm sagte, sie liebe ihn »wie einen Bruder«. Für sie war die Grenze zwischen Wirklichkeit und Fiktion mehr als fließend, sie war fast inexistent. Es war keine Lüge, wenn sie gestand, sie habe sich mehrmals an Zenon um Rat gewandt. Sein Geburtstag, der 23. Februar, stand in Marguerite Yourcenars Geburtstagskalender neben den Daten der Freunde und Verwandten, die sie nicht vergessen wollte. An dem Tag, als sie die letzte Seite des Manuskripts von *Die schwarze Flamme* zu Ende geschrieben hatte, legte sie sich in ihre geliebte Hängematte und »sagte dreihundertmal den Namen Zenon vor sich hin«, wie sie mehrmals berichtet hat. Eine letzte Ehrung für den Mann, der für sie wirklich gelebt hatte und nun in seinem Kerker in Brügge gestorben war.

Wie sie einst an Louise de Borchgrave (die ihr von allen ihren Angehörigen wohl am liebsten war) geschrieben hatte: »Ich bin zur Zeit irgendwo zwischen Innsbruck und Regensburg anno 1551«,[13] so war sie in diesen ersten Monaten des Jahres 1965 in Brügge, wo Zenon unter dem Namen Sebastian Theus als Arzt wirkte und dem sterbenden Prior der Franziskaner Beistand leistete. Glatteis und verharschter Schnee von Maine wichen den Nebeln und der milden Feuchtigkeit von Brügge. Der Franziskanerprior, der Zenon befohlen hatte, die Stadt zu verlassen, da er wußte, daß nach seinem Tod Zenon in Gefahr sein würde, erlaubte ihm, die letzte Nacht an seinem Sterbebett zu verbringen:

»Die Zeit der mündlichen Mitteilungen, selbst der kürzesten, war vorüber; der Prior begnügte sich damit, durch Zeichen um einen Schluck Wasser oder die Urinflasche zu bitten, die an einem Bettpfosten hing. Es schien Zenon, daß im Inneren dieser Welt des Verfalls, wie ein Schatz unter einem Trümmerhaufen, noch ein Geist vorhanden sei, mit dem man vielleicht über die Worte hinaus in Verbindung bleiben könnte. Er hielt weiterhin das Handgelenk des Kranken, und diese schwache Berührung schien ausreichend, um dem Prior ein wenig Kraft zu vermitteln und von ihm dafür ein wenig Heiterkeit zu bekommen. Zuweilen dachte der Arzt an die

Überlieferung, die besagt, daß die Seele eines Menschen, wenn sie ihn verläßt, wie ein in Nebel gehülltes Flämmchen über ihm schwebt, und er starrte in das Halbdunkel, aber was er sah, war wahrscheinlich nur der Reflex einer brennenden Kerze in der Fensterscheibe.«[14]

Trotz allem galt es jetzt, in die amerikanische Wirklichkeit des Jahres 1965 zurückzukehren. Sie spielte sich in Vietnam ab, wo die USA sich, wie ein paar Jahre zuvor Frankreich, in beängstigende Dinge verstrickt hatten. Sogar auf der Ile des Monts-Déserts wurden Versammlungen gegen das amerikanische Engagement im einstigen Indochina abgehalten. Marguerite Yourcenar und Grace Frick besuchten sie eifrig, sie hielten diese Frage für eine der brennendsten der Gegenwart. »Es ist hart, wenn man schon unter den von Frankreich in Asien begangenen Fehlern gelitten hatte und jetzt mitansehen muß, wie Amerika die Nachfolge antritt und niemand aus der Erfahrung klug wird. Zum Glück erheben sich viele Stimmen gegen diese Fehler, (vor allem aus religiösen Kreisen und aus den Reihen der Wissenschaftler, die sich der Gefahr bewußt sind), und wir tun unser Möglichstes, um diesen Leuten den Rücken zu stärken«,[15] schreibt Marguerite Yourcenar im Februar 1967 an Natalie Barney.

Und *Die schwarze Flamme* war nicht nur Marguerites Traum, ihre Methode, die Flaute drinnen und die Schneestürme draußen zu überleben. Es war ein fast fertiger Roman, dessen Veröffentlichung bevorstand. Zwischen Mai 1964 und Juni 1965 gibt Marguerite an verschiedene Zeitschriften fünf Kapitel oder Teile von Kapiteln zum Vorabdruck, zwei davon an die *Nouvelle Revue Française*: »Das Gespräch in Innsbruck« und »Der Tod in Münster«.[16] Grace schickt im Mai 1965 zwar einige Kapitel des Buches an Plon, doch Marguerite hat mit diesem Verlag »nichts mehr im Sinn«. Daß Plon sich immer mehr Werken zuwendet, die ihr von der Literatur »weit entfernt« erscheinen, erschüttert ihr Vertrauen, und sie fürchtet, ihre eigenen Bücher würden nicht hinlänglich betreut, besonders dieses, dem sie ebenso viel Bedeutung zumißt wie *Hadrian*, wenn nicht noch mehr. Am liebsten hätte sie eine Art »Gewissensklausel« geltend gemacht, des Inhalts: Man könne nicht weiterhin bei einem Verlag publizieren, dessen Programm nichts mehr gemein hat mit dem, was man selbst schreibt. Doch ihr Anwalt, Maître Marc Brossollet, weist sie darauf hin, daß es eine solche Klausel bei Verlagsverträgen nicht gebe.

Marguerites Ungeduld gegenüber ihrem Verleger wächst zusehends. Dies zeigt eine telegraphische Drohung, die sie im Mai an Georges Roditi richtet:

»Neuauflage *Alexis* seit 1961 gefordert – Versprochen seit 1962 – Imprimatur erteilt Februar – Bitte um sofortige Veröffentlichung. Yourcenar«[17]

Worauf sie Bescheid erhält, daß *Alexis* im Juli erscheinen werde. Aber diese Neuauflage wird in der Paperback-Reihe der *Nouvelle Bibliothèque Française* herauskommen, nicht in der normalen Edition – eine Entscheidung, die Marguerite Yourcenar prompt beanstanden und die für sie einen weiteren Beschwerdegrund in der Auseinandersetzung bilden soll, die alsbald zur »Affaire Plon« wird.

Da sie nicht, wie sie anderen Autoren unterstellt, vor den Verlegern »katzbuckeln« will, sich auch kurzerhand über den Optionsvorbehalt, der sie an Plon bindet, hinwegsetzt, verwickelt Marguerite Yourcenar sich in eine Auseinandersetzung, die sich fast zwei Jahre hinziehen und die Veröffentlichung von *Die schwarze Flamme* beträchtlich verzögern wird. »Ich weiß nur, daß ich gute Gründe habe, mich über die Behandlung, die mir von seiten Plons widerfährt, zu beklagen und ein Buch, das in keiner Hinsicht zu dem paßt, was aus Plon geworden ist, zurücknehmen zu wollen. Ich weiß ferner, wie wichtig es ist, daß jemand sich gegen die Nachlässigkeit und eine gewisse arrogante Laschheit der Verleger wehrt, die allerdings das Gros der Autoren durch ihr Katzbuckeln selbst verschuldet hat. Ich will niemanden tadeln, die meisten Autoren sind angesichts der in Paris gegebenen Lebensbedingungen und angesichts ihres Wunsches, um jeden Preis das zu erringen, was sie unter Erfolg verstehen, zu extremen Zugeständnissen gezwungen. Meine Situation ist anders, ich gehöre vielleicht zur kleinen Zahl derjenigen, die erfolgreich protestieren können.«[18]

Bei Plon macht man sich Sorgen; es sollte ohne Umschweife Klarheit geschaffen werden: *pacta sunt servanda*:

»Ich erwarte mit Ungeduld den vollständigen Text von *Die schwarze Flamme*, der bald fertig vorliegen dürfte« schreibt ihr Georges Roditi am 5. August 1965. »Wenn ich ihn in diesem Sommer erhalte, können wir das Buch im Januar publizieren.

Ich höre zu meinem Mißvergnügen, daß die Abgesandten eines Konkurrenzverlags einander auf Ihrer Insel die Türklinke in die Hand geben! Das beunruhigt mich, nicht wegen dieses Buches, das bei Plon zweimal unter Vertrag ist und uns nicht entzogen werden kann, sondern wegen der *folgenden* Bücher. Ich hoffe, daß Sie nichts unterschreiben. Wenn wir wieder zusammenkommen, werde ich Ihnen einen Vertragsentwurf vorlegen, den Ihnen kein anderer Verlag bieten könnte.«[19]

Worauf Marguerite am 3. September 1965 an Maître Marc Brossollet schreibt, um ihm die Situation darzulegen: Sie wünsche keineswegs, *Die schwarze Flamme* bei Plon erscheinen zu lassen. Sie schlägt ihrem Anwalt eine Zusammenkunft mit Charles Orengo und Bernard de Fallois vor, beide damals Geschäftsführer bei Hachette und mit Marguerite Yourcenar befreundet, die ihnen sämtliche Unterlagen zu den mannigfachen Auseinandersetzungen mit Plon seit 1962 anvertraute. Sie zählt ihre Klagepunkte auf (nicht wieder aufgelegte oder aus der regulären Edition herausgenommene Werke; »literarische Kursänderung« des Verlages ...) und erklärt, sie wolle die Rechte an *Die schwarze Flamme* und an *La Mort conduit l'Attelage*, dessen erster Text *D'après Dürer* die Keimzelle von *Die schwarze Flamme* gebildet habe, zurückfordern. Schließlich verlangt sie die Rechte an den Texten zurück, die entweder in der regulären Ausgabe vergriffen sind – *Hadrian* und *Alexis* – oder total vergriffen wie *Electre* und *Feuer*, sowie an *Alkestis*, wovon nur noch eine Restauflage vorhanden ist. Sie erhofft eine gütliche Regelung mit Plon, aber Maître Brossollet warnt: Die Aussichten seien nicht günstig in Anbetracht des kommerziellen Wertes und des Prestiges, das ihr Œuvre für den Verlag darstelle. »Ich hatte Marguerite Yourcenar nie persönlich kennengelernt«, erinnert sich Marc Brossollet. »Sie hat Charles Orengo zur Besprechung des Falls in meine Kanzlei geschickt. Meine Ausführungen schienen ihn zu überzeugen. Ein paar Tage später hat Marguerite Yourcenar mich wissen lassen, es sei ihr Wunsch, ich solle ›diese Affäre bis ans Ende mit ihr durchfechten‹. Ich war gerührt über ihr Vertrauen zu einem jungen Anwalt, den sie gar nicht kannte. Sehr bald war ich auch erstaunt über ihre Entschlossenheit. Diese Frau war im Besitz eines fertigen oder so gut wie fertigen Manuskripts. Sie wußte, daß es ihr bedeutendstes Werk seit *Hadrian* war. Vielleicht maß sie ihm sogar noch größere Bedeutung zu. Und sie war entschlossen, es lieber gar nicht erscheinen zu lassen, als bei Plon. Die Fronten zwischen ihr und Roditi verhärteten sich. Keiner wollte von seinem Standpunkt abrücken. Aber wie schon Gallimard, als es um *Hadrian* gegangen war, mußte auch Plon schließlich nachgeben. Denn es war völlig klar, daß sie unbeugsam bleiben würde. Dennoch zogen die Verhandlungen sich lange hin. Ich besitze noch ein dickes Dossier mit allen den sehr ausführlichen Briefen Marguerite Yourcenars, die mit fast manischer Aufmerksamkeit selbst die geringfügigsten Entwicklungen verfolgte, über die ich sie auf dem laufenden hielt. Glücklicherweise konnte ein Arrangement erzielt werden, ehe die Sache vor Gericht kam. Ich frage mich, wann andernfalls, das heißt, wenn es zum Marsch durch die Instanzen gekommen wäre, *Die schwarze Flamme* wohl hätte erscheinen können.«[20]

In der Tat droht der Fall, nach mehreren Versöhnungsversuchen, Winkelzügen und Vorschlägen, auf die Plon nicht einging, Mitte Juli 1966 doch noch zum Gerichtsfall zu werden. Doch die Dritte Kammer, in der urheberrechtliche Fragen zur Verhandlung kommen, ist so überlastet, daß ein Termin erst für Januar 1968 angesetzt werden kann. Inzwischen wird erneut unterhandelt, und nach allerlei Komplikationen und Konzessionen einigen die Parteien sich schließlich, und die umfangreiche Akte kann geschlossen werden, mit Einverständnis von Marcel Jullian, der im Juli 1967 Präsident des Verlages Plon geworden war.

Doch das Alltagsleben geht weiter wie immer, und wie immer ist Marguerite begierig nach allen Formen intellektuellen Austausches. In ihrer Korrespondenz nimmt sie Bezug auf alle Bücher, die ihr aus Europa geschickt werden, und versieht sie mit Anmerkungen. Seit Mitte August 1964 steht sie in Briefwechsel mit dem Essayisten und Universitätslehrer Gabriel Germain (Austausch von Gedanken über spirituelle Fragen, der regelmäßig bis zu Germains Tod im Oktober 1978 fortgesetzt wird). »Ich habe mit größtem Interesse den *Homer* gelesen, den Sie mir freundlicherweise schickten«, schreibt sie ihm in einem ihrer ersten Briefe. »Ich bewunderte, wie in *Epiktet*, Ihre Weisheit, die Sie vor dem Glauben an eine endgültige Lösung aller Fragen bewahrt und vor der Versuchung, den mehr oder weniger verlockenden Hypothesen ins Netz zu gehen (...)«[21] Um die gleiche Zeit schickt ihr aus Italien der Essayist Elemir Zolla seinen Artikel über *The Turn of the Screw* von Henry James, den sie besonders schätzt:

»Er gab mir Anlaß zur nochmaligen Lektüre dieses Romans, der mir wiederum als ein Meisterwerk erschien und mich um so mehr interessiert, als ich vor Jahren *What Matsie knew* von Henry James ins Französische übersetzte, gleichfalls eine Geschichte über kindlichen Voyeurismus, nur daß es dort nicht um Gespenster geht, sondern um lebende, sehr lebendige Erwachsene, zwischen denen das kleine Mädchen seltsame Bande knüpft. *The Turn of the Screw* geht noch viel weiter, denn in dieser Geschichte geht es James nicht nur um das Problem von kindlicher Unschuld und kindlicher Perversität, sondern um unsere Beziehung zum Bösen. James verläßt, bewußt und unbewußt zugleich, das Feld des Psychologischen, um sich auf das des Theologischen und Metaphysischen, auch des Okkulten zu begeben. Wie recht Sie haben, Wilsons Hypothese zurückzuweisen, die das Ganze auf hysterische Hirngespinste der Gouvernante reduziert. Ein schönes Beispiel, welchen platten und primitiven Aspekt das Geistige und seine Probleme in den Augen mancher unserer Zeitgenossen annehmen. In Wahrheit ist in *The Turn of the Screw* die sexuelle Obsession schon deshalb vorherrschend, weil James (ganz der Mann des 19. Jahrhunderts) das Problem des Einverständnisses mit dem Bösen anhand der Kontakte mit den Hurern abhandelt, und das so mondän-ungenierte erste Kapitel scheint mir *a contrario* zu beweisen, daß James wußte, auf welches in jeder Hinsicht gefährliche Gelände er sich vorwagte.«[22]

Grace beschäftigt sich in der zweiten Hälfte des Jahres 1965 – von August bis Dezember – hauptsächlich mit der Krankheit des kleinen schwarzen Cockers, des berühmten »Monsieur«. Täglich notiert sie seine Krisen, seine Krämpfe, zwischen zwei Zeilen über die Probleme mit *Die schwarze Flamme* und die ständigen Telefonanrufe aus Paris, drei Zeilen über Marguerites Krankheiten und ein paar flüchtige Bemerkungen über Freunde, die zum Tee gekommen sind. »Monsieur« stirbt am 6. Dezember 1965, dem Nikolaustag. Er wird, wie später seine Nachfolger, in einem Winkel des Gartens begraben, »unter den Birken und zwischen den Farnwedeln«, schreibt Marguerite Yourcenar in einem ihrer Carnets. Auf jedem Grab liegt eine kleine Steinplatte mit einer Inschrift: »And still my spaniel sleeps« (John Manston), für »Monsieur«. Und »Pourtant un gentil cœur, dedans un petit corps« (Ronsard) für den nächsten Cocker, diesmal einen rothaarigen, der am 14. Februar 1966 in Petite Plaisance einzieht, am Sankt Valentins-Tag (und am 2. Dezember 1971 sterben wird). Die kleine Hündin bekommt den Namen Valentine. Ein Beweis, daß Grace und Marguerite dem amerikanischen Brauch treu geblieben sind, wonach man denen, die man wirklich liebt, am Sankt Valentins-Tag eine Freude macht. Dabei bleibt es auch in der schwierigsten Phase ihres gemeinsamen

Lebens, in den letzten Jahren. Als könne dieses Ritual das, was gewesen war, in die Gegenwart herüberretten.

Am Jahresende, genau gesagt am 28. Dezember 1965, schreibt Marguerite einen sehr langen Brief an einen kanadischen Studenten, der seit 1963 mit ihr korrespondiert. Dieser Text ist ein neues Beispiel für die zugleich herzlichen und ein wenig moralisierenden »Lehrbriefe«, die Marguerite Yourcenar an ihr fast unbekannte junge Menschen zu richten pflegte. Die Klagen ihres jungen Briefpartners über sein eigenes Geschick beantwortet sie so:

»In unserer Zeit, da in jedem Augenblick irgendwo grauenvolle Kriege toben, da das Geld, das wir so dringend benötigten, um die Erde bewohnbarer zu machen, von den Staaten verpulvert wird, in Form von angeblich wissenschaftlichen Projekten, hinter denen sich nur unzulänglich das wahre Ziel verbirgt, ihre militärische Schlagkraft und das zukünftige Zerstörungspotential zu stärken, da wir Luft und Wasser verseuchen, die unschuldige Welt der Tiere (und auf diesem Umweg uns selbst) vernichten (...), steht es uns da an, in diesem traurigen Jahr des Herrn 1965 nur für uns selbst und an uns selbst zu leiden? Denken Sie darüber nach.

Ich weiß sehr wohl, daß die Jugend ihre Privilegien hat: Eines der geheiligtsten besteht darin, daß man das Recht hat, vor allem an sich selbst zu denken, sich zu formen, seine intellektuellen, materiellen und sinnlichen Fehler zu machen, kurz, sich harmonisch zu entwickeln, ehe man sich diesem Kampf stellt, der das Leben ist. Aber Sie sind kein Knabe mehr, Jean-Louis, und Sie werden nie ein Mann sein, wenn Sie es nicht energischer versuchen. Ihre Klagen, die sie in zehn Seiten langen Briefen ausbreiten, werden Sie nicht heilen, Ihnen den Eintritt in ein besseres Leben nicht erleichtern (...) Wenn ich recht verstanden habe, sind Sie noch Student, was heißen will, daß Ihre Familie in der Lage ist, Ihnen die nötigen Mittel zu gewähren. Tun Sie wirklich alles, was Sie können, um diese Chance zu nutzen? Um hinauszuziehen und von der Fremde zu lernen? (...) Als Mitglied eines *peace corps*, als Beatnik oder Matrose auf einem Frachter. Um in irgendeinem Milieu leben und sich durchsetzen zu können, werden Sie keine anderen Hilfsquellen haben als die Kenntnisse, die Sie erworben und die Qualitäten die Sie in der Daly Street, Ottawa, entwickelt haben.

Sie beklagen sich, daß Sie sowohl im Bereich des Intellekts, wie der Gefühle und der Sinne allein seien. Fragen Sie sich, ob Sie nicht zum Teil selbst an dieser Einsamkeit schuld sind. Gehören Sie zu den Menschen, die anderen Sympathie oder Bereicherung schenken oder belasten Sie, ohne Ihr Wissen und Wollen, Ihre Umgebung? Ich möchte Sie, der Sie die Literatur lieben, an den Ausspruch Valéry Larbauds erinnern: ›... ICH. Die Integrität der Serenissima. Allein sein vor dem Leben, wie ich es eines Tages vor dem Tod sein werde.‹ An dem Tag, an dem Sie dieses Programm (das nicht mit dem des Egoisten zu verwechseln ist) teilweise verwirklicht und in der Einsamkeit die gute Herrin erkannt haben werden, steht es Ihnen zu, ihre Farben zu tragen, wie ein mittelalterlicher Ritter, und Sie werden Freunde gewonnen haben, mit denen man allein sein kann.«[23]

1966 und 1967 sind zwei völlig »unbewegte« Jahre, was Marguerite damals unerträglich vorkam. Sie wußte noch nicht, daß beinah ein Jahrzehnt – von 1971 bis 1980 – ebenso verlaufen würde. Das Leben in Petite Plaisance war ausgefüllt vom Auf und Ab der Affäre Plon in Paris, von Briefen an Freunde, den wenigen Besuchen – immerhin kamen Florence Codmann und Erika Vollger, die Schneiderin aus Hartford, während des Sommers 1966 – und von Krankheiten. Marguerites Krankheiten, die man angesichts ihrer legendären Hypochondrie gern bagatellisieren möchte, sind diesesmal real. Der Arzt unterzieht sie 1966 zahlreichen Tests, da er fürchtet, auch sie könne an Krebs leiden. Das ist nicht der Fall, aber sie wird von Ischiasanfällen und von immer lästigeren Allergien gequält, die 1967 dicht aufeinander folgen.

Auf literarischem Gebiet macht Marguerite Yourcenar sich mit eindeutigem Vergnügen an ihre Übersetzungen griechischer Lyriker (eigentlich eher freie Übertragungen), die mehr als zehn Jahre später, 1979, bei Gallimard unter dem Titel *La Couronne et la Lyre* erscheinen werden. Ein Teil wird 1966 in der *Nouvelle Revue Française* abgedruckt.[24] Um diese Zeit beginnt auch der Briefwechsel mit einem ihrer Stiefneffen, Georges de Crayencour. Louise de Borchgrave »Tante Loulou«, hatte bereits 1964 eine solche Korrespondenz angeregt, die am 12. Mai 1966 begann und bis November 1987 dauern sollte. Und an Georges, den leidenschaftlichen Familienforscher, und seine »unermüdliche Gefälligkeit« wird Marguerite sich ab dem 1. April 1973 wenden, als sie mit den Recherchen für den Band *Lebensquellen* beginnt.

Aber noch ist es weit bis zu den Plänen für die Familientrilogie;

und die Glut, mit der sie die Geschichte Zenons geschrieben hatte, ist erkaltet. Ja, dieser Roman, der, wie sie allmählich glaubt, vielleicht nicht mehr zu ihren Lebzeiten erscheinen wird, macht sie unfähig, sich in eine weitere langwierige Unternehmung zu stürzen. Alles wirkt zusammen, um eine Konfusion, kleinliche Verstrickungen zu erzeugen, die Marguerite nicht akzeptieren kann. Zwanzig Jahre lang hatte sie beständig nach Klärung, nach Vereinfachung gestrebt, sich bemüht, das Ungefähr einer von falschen Komplikationen belasteten Existenz durch eine Askese, ein Leben in Freiheit und Festigkeit zu ersetzen. Sie erinnert sich, wie immer in Zeiten der Unentschlossenheit, an das, was Edmond Jaloux zu ihr gesagt hatte, als sie, die damals Dreißigjährige, klagte, sie habe ein halbes Jahr ohne Schreiben und ohne den Wunsch, zu schreiben, vertan: »Warum wollen Sie nicht auch dem Geist einen Winterschlaf gönnen?«[25] Aber dazu kann sie sich nicht entschließen.

Nicht einmal aus Rücksicht auf Grace kann sie völlig über das schweigen, was unsäglich auf ihr lastet. »Wir haben Mount Desert seit unserer Rückkehr aus Polen, Österreich und Italien 1964 nicht mehr verlassen«, schreibt sie Elie Grekoff im Dezember 1966 – in einem Brief, den Grace selbstverständlich liest und archiviert.[26] »Ich weiß nicht, wann dieser fatale Zustand enden wird. Denn es ist immer fatal, wenn man gegen seinen Willen festsitzt.« Noch erwähnt sie nicht die Gründe für dieses Festsitzen, diese doppelte Gefangenschaft dort oben im äußersten Norden der Vereinigten Staaten: die Insellage und die Krankheit. Aber aus jedem ihrer Briefe, in dem davon die Rede ist, läßt sich entnehmen, daß sie sich bereits nicht mehr für eine Wahl verantwortlich fühlte, die sie mitgetroffen hat. Es fehlte nicht viel, und sie hätte eine »Schuldige« genannt ... Höchstens ringt sie sich Grace zuliebe, von der die Initiative für die Ansiedlung in Petite Plaisance ausgegangen war, ein paar – sehr nuancierte – Bemerkungen über die Schönheit der Insel ab – »Mount Desert ist noch immer sehr schön, auch wenn die Insel sich verändert hat, seit ich sie 1942 zum ersten Mal sah. Das Überhandnehmen des Tourismus und gewisse, an sich nicht häßliche ›Neugestaltungen‹ haben diese einstige ›Märcheninsel‹ in eine Art Parklandschaft verwandelt, ähnlich den Wäldern von Fontainebleau oder Compiègne, gleichgeblieben sind allerdings Meer und Felsen.«[27] – oder ein paar Worte über die Anspruchslosigkeit, die beiden gemeinsam sei und die noch ein »Wir«, auf den bescheidensten Nenner gebracht, zuläßt. So sind sie entschlossen, sich kein Auto anzuschaffen, trotz aller Unbequemlichkeiten, die ein solcher Verzicht auf einer Insel ohne öffentliche Verkehrsmittel bedeutet: »Wir haben keinen Wagen. Nicht aus Sparsamkeit. Wir könnten uns dieses Utensil leisten, aber ein Auto ist nur zusätzlicher Ballast.«[28]

Um den grauen Alltag wenn möglich noch grauer zu machen, kommen Grace und Marguerite in das Alter, in dem man zwangsläufig Angehörige oder Freunde verliert. Die älteren zuerst, und bald die Gleichaltrigen. Am 15. Juni 1966 notiert Grace den Tod ihrer alten Freundin Malvina Hoffmann (die *New York Times* wird ihn erst am 11. Juli melden), die 1962 eine Büste von Marguerite Yourcenar geschaffen hatte. Malvina Hoffmann war zweiundachtzig Jahre alt geworden, sie hatte noch Rodin gekannt und war mit Brancusi liiert gewesen. Marguerite und Grace erinnern sich noch an die Feste, die sie in ihrem New Yorker Atelier gegeben hat und die beide in den längst vergangenen Zeiten ihres Stadtlebens mit seiner mondänen Geselligkeit gern besucht hatten.

Am 24. Juni stirbt in Brüssel Marguerites Halbbruder Michel-Joseph an einem Gehirnschlag. Marguerites diesbezügliche Korrespondenz läßt keinerlei Rührung erkennen. Wie sie ein paar Jahre später in einem Kapitel von *Lebensquellen* berichtet, war ihre Beziehung zu dem um achtzehn Jahre Älteren niemals einfach gewesen.[29]

1961 hatte Marguerite an Camille Debocq-Letot geschrieben, jene Camille, die einst über ihre frühe Jugend gewacht hatte, und ihr erklärt, warum sie endgültig mit Michel-Joseph gebrochen habe: »Mit meinem Bruder und dessen Familie habe ich seit Jahren keine Verbindung mehr, denn ich konnte Michel nie verzeihen, wie schlecht er sich gegen seinen Vater und gegen mich benommen hatte. Du kennst ihn und wirst daher nicht erstaunt sein, aber Du weißt vielleicht nicht, daß er während der langen Krankheit meines Vaters alle Verantwortung und alle Kosten Christine und mich allein hat tragen lassen und daß er ohne ein Wort der Entschuldigung den größten Teil meines Vermögens verspekuliert hat, das ich ihm auf den Rat meiner Stiefmutter hin anvertraut hatte (was von mir übrigens recht töricht war), und daß ich mich dann durch ein Leben schlagen mußte, auf das ich nicht vorbereitet war und zwar unter den schwierigsten Bedingungen. Ich habe damals über das alles nicht gesprochen, weil Christine unbedingt den Anschein einer heilen Familie aufrechterhalten wollte, aber seitdem auf ihre Meinung nicht mehr Rücksicht genommen werden mußte, habe ich den Umgang mit Michel und den Seinen völlig eingestellt.«[30]

Die selben Klagen kehren in einem späteren Brief an Camille wieder: »Daß ich längst mit meinem Bruder gebrochen habe, wird Dich nicht erstaunen, denn Du erinnerst Dich gewiß an ›Monsieur Michel‹ und seinen gewalttätigen Charakter. Ich denke noch mit Dankbarkeit daran, wie oft Du mich vor ihm beschützt hast, als ich ein kleines Mädchen von zehn oder zwölf Jahren war (...). Nach unserer Abreise aus England sah ich ihn erst wieder zwischen 1929 und 1933, als meine Stiefmutter Christine sich in Belgien niederließ, und dieses Wiedersehen hat mir kein Glück gebracht, denn ich habe ›Monsieur Michel‹ beauftragt, sich um die Liegenschaften im Hennegau und bei Namur zu kümmern, die ich von meiner Mutter geerbt hatte, und er hat im Handumdrehen fast alles verloren. Zwischen 1915 und 1929 hat er seinen Vater (der im Januar 1929 in der Schweiz starb) kein einziges Mal besucht, und hat auch nichts getan, um ihm bei seiner letzten Krankheit beizustehen. Es scheint, daß er auch sehr hart gegen seine Kinder gewesen ist, und doch haben sie ihn besser behandelt, als er seinen Vater behandelt hat, und ihn bis zu seinem Tod aufs beste gepflegt.«[31]

Ja, Marguerite ist außerordentlich nachtragend. An ihrer Aufrichtigkeit darf allerdings gezweifelt werden. So ist es zum Beispiel merkwürdig, daß Marguerite, was immer die Gründe für Michel-Josephs Verhalten beim Tod seines Vaters gewesen sein mögen, in diesen Briefen wie auf den Seiten von *Lebensquellen* hartnäckig behauptet, sie habe ihren Bruder zwischen der Abreise aus England und dem Umzug ihrer Stiefmutter nach Belgien nicht gesehen. Camille hat sich vielleicht darüber gewundert, denn Marguerite Yourcenar hatte ihr am 28. August 1928 aus der Schweiz eine Postkarte geschickt, auf der ein Aufenthalt Michel-Josephs fünf Monate vor dem Tod seines Vaters erwähnt wird: »Meinem Vater geht es viel besser, wir sind seit zwei Monaten in Glion und bleiben dort bis Ende September. Ich verbringe einen sehr vergnügten Sommer. Ich habe in der Schweiz viele Freunde und mache kleine Reisen . (...) Michel und Solange sind vierzehn Tage zu Besuch bei uns gewesen ...«[32]

Und weitere Erinnerungen werden wach, als Marguerite im Juni 1966 einen langen Brief einer Harvard-Professorin erhält, die eine Arbeit über Lucien Maury vorbereitet. Sie berichtet Marguerite Yourcenar, was Maury 1951 in Briefen an den schwedischen Schriftsteller Ahlenius schrieb: »Bald werden in Frankreich auf dem

Gebiet des Romans nur noch die Frauen schöpferische Phantasie entwickeln«, schrieb Lucien Maury. »Soviel ich weiß, haben Sie jenes Werk einer Frau erhalten, mit bronzener Feder von einem Talent geschrieben, das man als männlich bezeichnen möchte: *Die Erinnerungen des Kaisers Hadrian* meiner bewundernswerten Freundin Yourcenar. Unsere Romanciers verkümmern in Leere und Subtilität; die Frauen (einige von ihnen) haben nicht die Nabelschnur durchtrennt, die sie mit dem Leben verbindet, mit der Ewigkeit . . .«[33]

»Ich glaube, Lucien Maury meine Kenntnis Schwedens zu verdanken«, gesteht Marguerite ihrer amerikanischen Briefpartnerin. »Nicht nur durch die Kontakte mit lebenden Autoren, mit denen er mich bekanntmachte, sondern vor allem, weil ich durch seine Übersetzungen aus dem Schwedischen schon als Kind mit Legende und Wirklichkeit Schwedens vertraut wurde. So geht meine bis heute ungebrochene Bewunderung für Selma Lagerlöf auf die ersten französischen Übersetzungen [von Lucien Maury um 1910] ihrer Geschichten und Novellen zurück, die ich gelesen habe oder die mir in meiner Kindheit vorgelesen wurden. Daß ich mich mein ganzes Leben lang auch hin und wieder als Übersetzerin betätigt habe, dürfte ebenfalls etwas mit dem Beispiel Maurys zu tun haben: Er hat mich gelehrt, wieviel Schönes, sogar Großes in der Hingabe an ein fremdes Werk steckt, das man sich bemüht, Leuten zugänglich zu machen, die es andernfalls nie kennenlernen würden.

Ich stand auch recht häufig in persönlicher Verbindung mit Lucien Maury, ziemlich regelmäßig zwischen 1930 und 1939, also etwa in der Zeit, als er die *Revue Bleue* leitete, an der ich gelegentlich mitgearbeitet habe (. . .) Als Chef einer solchen Zeitschrift hat M. Lucien Maury der jungen Schriftstellerin, die ich in den dreißiger Jahren noch war, viel Ermutigung zuteil werden lassen. Seine Zeitschrift hat einige meiner Arbeiten von damals, an denen ich sehr hänge, veröffentlicht, zum Beispiel das lange Prosagedicht mit dem Titel *Sixtine*,[34] das seither in Frankreich nicht neu erschienen ist.«[35]

Im Februar 1967 beantwortet Marguerite einen Brief ihres Freundes Roger Lacombe – der zur Zeit von Marguerites erstem Besuch in Schweden 1953 Leiter des Institut français in Stockholm war. Roger Lacombe hatte ihr von seiner kritischen Ausgabe eines Textes von Sade berichtet, eines Auszugs aus *Verbrechen der Liebe*.

»Ich muß Ihnen gestehen, daß ich Sade nicht mag«, antwortet ihm Marguerite. »Ich verüble ihm seinen mangelnden Realismus. Er erscheint mir als das frappanteste Beispiel für einen sehr französischen Fehler oder doch für einen Fehler, an dem ein sehr großer Teil der französischen Literatur seit dem 17. Jahrhundert leidet: Gebrauch und Mißbrauch rein intellektueller Konzepte, verbunden mit einer totalen Unfähigkeit, Tatsachen zu erfassen. Nichts ist weniger physiologisch als dieser Mann, der sich von der Sexualität besessen wähnt. Man riecht kein Blut bei diesem blutrünstigen Autor, und auch sonst keinen Geruch nach menschlicher Ausscheidung oder Absonderung. Sade erscheint mir auf dem Gebiet der Lust das Gegenstück zu jenen (oft weitaus sadistischeren) Strategikern *[sic]* zu sein, die von Abnutzungskrieg und Erreichung der gesteckten Ziele sprechen, wenn Tausende Menschen bei lebendigem Leib verbrennen. Man kann alles sagen und sogar alles tun (Sade hat allerdings wohl mehr gedacht als getan), wenn man in einem gedanklichen Laboratorium sitzt, aus dem alles Leben verbannt ist.

Ich sehe durchaus das grauenhaft Prophetische an ihm, aber gerade die Tatsache, daß heute eine Menschheit wuchert, die ihm gleicht, scheint ihm viel von dem erregenden Reiz zu nehmen, den er vor einem Jahrhundert gehabt haben mochte. Verglichen mit der Wasserstoffbombe sind die kleinen künstlichen Vulkane in den Gärten des Grand Seigneur des 18. Jahrhunderts ein recht bescheidenes Spielzeug.

Und dennoch verstehe ich, daß Sie sich für ihn interessieren und seine, wie man wohl sagen kann, Stringenz schätzen. Wie Spinoza (ich erwarte Ihre Essays über ihn mit noch größerer Ungeduld) ist auch Sade ein großer Systematiker. Und dann, steckt darin nicht ein wenig von der amüsanten Neugier jenes französischen Herren, der in allen Buchläden des alten Stockholm herumfragte: ›Habesne libros eroticos?‹ Es freut mich, daß *Ernestine* Sie im Geist wieder nach Schweden versetzt, in das Land, von dem Sie besser reden können als irgend jemand sonst.«[36]

Diese Ausführungen sind typisch für Marguerite Yourcenars Methode der literarischen Beurteilung: eine Mischung aus Intuitionen – über die Strenge im Aufbau von de Sades Œuvre – und, es muß leider gesagt werden, Banalitäten oder schlimmer noch einem kompletten Fehlurteil über die Intentionen des Werks.

Die schwarze Flamme wird Marguerite das Jahr 1967 hindurch in Atem halten, aber auf weniger erfreuliche Art als zur Zeit der Niederschrift, ausgenommen die kurze Spanne, während der sie das endgültige Manuskript nochmals durchsieht und Grace sich um den 20. August an die Übersetzung macht.

»Sie können sich denken, daß ich mich nicht mutwillig auf diese Geschichte eingelassen habe«, schreibt sie an Natalie Barney im Hinblick auf die »Affaire Plon«. »Der Entschluß, ein Werk, das mich Jahre des Überlegens und der Mühen gekostet hat, nicht jetzt (und vielleicht sogar *niemals*) zu veröffentlichen, fällt mir bitter schwer.« Im selben Brief sagt sie an anderer Stelle: »Hierbei spielt auch die Veränderung in der juristischen Person des Verlags aufgrund einer Reihe finanzieller Vereinbarungen, die nichts mit Literatur zu tun haben, eine Rolle. Worauf es in diesem Punkt ankäme, nicht nur für mich, sondern für alle, wäre, einen ›Präzedenzfall‹ zu schaffen. Das alte Vertragsgesetz sah derart verheerende Zustände nicht voraus, wie sie aus Zusammenschlüssen und Neugliederungen resultieren, die einen Verlag oft von einem Tag auf den anderen völlig verwandeln und den Autor in eine schwierige und schiefe Lage bringen. Wir brauchen unbedingt ein Gesetz zum Schutz des Autors, der mit einem bestimmten Verlag abgeschlossen hat und sich plötzlich einem ganz anderen unter demselben Namen gegenübersieht. Ich weiß nicht, ob das Gericht dieses Argument akzeptieren wird (ich kann es nur hoffen), aber selbst wenn ich nicht recht bekomme, so habe ich doch wenigstens einen Schritt in die Richtung getan, die ich für richtig halte.«[37]

Die Auseinandersetzung mit Plon geht ihren normalen Gang, aber Marguerite ist völlig davon in Anspruch genommen. Sogar die Freunde werden um Beistand angerufen und versäumen nicht, ihr alles mitzuteilen, was ihre These stützen kann. Jacques Kayaloff schickt ihre einen Artikel aus *Le Monde** »Sven Nielsen, Verkäufer

* Marguerite Yourcenar hatte von diesem Artikel keine Kenntnis, da sie nur noch die Wochenausgabe von *Le Monde* bezog. »Ein Jahr lang war ich auf die tägliche Ausgabe von *Le Monde* abonniert«, teilt sie Jacques Kayaloff[39] mit. Nur die Versandschwierigkeiten – man erhalte oft gleichzeitig und mit Verspätung mehrere Nummern – hätten sie zum Verzicht auf die tägliche Ausgabe bewogen, »denn sie stapeln sich, noch im Streifband, auf dem Tisch«. Was beweist, wie sehr ihr an Informationen gelegen war, obwohl gewisse Leute – und am Ende ihres Lebens in gewissem Maß auch sie selber – das Gegenteil behaupteten. Sie machte die Zeitung sogar zu einem pädagogischen Instrument und empfahl sie gern jungen Briefpart-

aus Berufung«. Dieser Artikel vermeldete, daß Sven Nielsen, »mehr Verkäufer als Verleger« (mit einem Umsatz, der einem Fünftel sämtlicher französischer Belletristik- und Kinderbuchverlage entspricht), den Fundus von Plon und Juillard aufgekauft hatte, »mit allem, was dazu gehörte«. Diese Verlagskonzentration hatte zur Folge, »daß der riesige Bestand unverkaufter Plon-Bücher eingestampft wurde, und daß sporadische Nachfragen nach bestimmten Titeln von den Buchhändlern nicht mehr bedient werden können«. Neben der Ankündigung der Gründung des rein literarisch orientierten Verlags Bourgois – »Orchidee im Knopfloch Monsieur Nielsons?« fragte sich der Verfasser des Artikels – wurde auch die »Breitenstrategie« des Verlegers erläutert, die völlig im Widerspruch stand zu den Methoden des »Tandems Hachette – Gallimard«. »Man könnte sich mit der Existenz dieser Potentaten abfinden, wenn aus ihrem Zusammenprall der Funken der Erleuchtung springen würde, deren das Verlagswesen dringender bedarf denn je«, hieß es weiter in dem Artikel, der zu dem Schluß kam: »Es besteht jedoch die Gefahr, daß bisher unabhängig gebliebene literarisch anspruchsvolle Verlage in dieser Schlacht von den Riesen zertrampelt werden.«[38]

Wir sind noch immer im Jahr 1967 ...

Die Sorge um das Nichterscheinen des Buches, die Marguerite seit dem Ausbruch des offenen Konflikts mit Plon bedrängt hatte, dürfte in diesem Jahr von ihr gewichen sein. Denn an Angeboten von Verlagen hat es ihr nicht gefehlt, ganz im Gegenteil. Neben Gallimard, ihrem anderen Verleger, mit dem sie seit langem über *Die schwarze Flamme* verhandelt, wird plötzlich Grasset aktiv. Man erinnert sich, daß man vor langer Zeit ihre ersten Bücher publiziert hat, und die Strategen des Hauses meinen, man sei gut beraten, wenn man versuche, sie zur Rückkehr zu bewegen. Im April 1967 kommt der literarische Direktor Yves Berger zum Lunch nach Petite Plaisance. Bernard Privat, Président-Directeur Général von Grasset, drückt Marguerite am 27. Juli brieflich sein Bedauern darüber aus, daß er sie einst habe ziehen lassen. »Grasset, der ebenfalls wußte, daß Ihr Name zu den glänzendsten seines Verlags

nern, die von ihr die Kunst des Schreibens erlernen wollten: »Lesen Sie regelmäßig jede Woche eine sehr gute und in erstklassischem ›gängigem‹ Französisch geschriebene Zeitung, wie die Wochenausgabe von *Le Monde*«, riet sie ihren Jüngern.[40]

gehörte, hatte diesen Verlust als sehr schmerzlich empfunden. Ich höre noch heute, wie er mir, was selten vorkam, einzelne Passagen aus dem *Hadrian* vorlas. Sie werden daher nicht erstaunt sein, *chère Madame*, wenn ich Ihnen sage, daß ich stolz darauf sein würde, wenn Ihr nächster Roman bei uns erscheinen könnte.

Wenn ein Autor in der Literatur eines Landes einen Platz einnimmt, wie Sie ihn in Frankreich einnehmen, so ist es schwierig und beinah indiskret, von der Bewunderung zu sprechen, die man für diesen Autor und sein Werk empfindet. Erlauben Sie mir, nur dies eine zu sagen: Ich kenne Ihren Rang und weiß, welche Ehre es für einen Verleger bedeutet, zur Ausstrahlung Ihrer Werke beizutragen.«[41]

Privat schlägt ihr einen Vertrag ausschließlich für *Die schwarze Flamme* vor, ohne weitere Verpflichtung. Und er bietet ihr einen Vorschuß von »zehn Millionen alten Francs« an (natürlich gilt längst der »neue Franc«, aber er vermutet zu Recht, daß die Millionensumme für eine Dame reifen Alters verlockender klingt). Ferner schlägt er 15% pro verkauftem Exemplar vor, eine Startauflage von 20 000 Exemplaren, einen Vorab-Propaganda-Feldzug, laufende Werbung und Verkaufsförderung »zu deren Besprechung ich, wenn Sie es für nötig erachten, noch vor Erscheinen des Buches zu Ihnen kommen könnte«. Marguerite Yourcenar fühlt sich ohne jeden Zweifel erleichtert, belohnt für ihre Unnachgiebigkeit gegenüber Plon, für die Risiken, die sie auf sich genommen hat. Und außerdem mißfällt es ihr keineswegs, begehrt zu sein (wem würde das schon mißfallen?). Bernard Privat läßt es nicht bei diesem Brief bewenden. Wie Gaston Gallimard sechzehn Jahre zuvor, als es um den *Hadrian* ging, läßt er interne Aktennotizen über die »Affaire Yourcenar« anfertigen, um ganz sicher zu sein, daß er alle Einzelheiten des Vorgangs zur Hand hat. Angeblich habe Marguerite Yourcenar bei einem Gespräch, das Yves Berger Anfang August mit ihr führte, zwischen Grasset und Gallimard geschwankt. Bernard Privat bittet Charles Orengo, seit kurzem Verlagsleiter von Fayard und mit Marguerite Yourcenar seit Anfang der fünfziger Jahre in Verbindung, ihm zu helfen. Orengos Ratschläge hat sie immer befolgt, und er ist in der Auseinandersetzung mit Plon ihr Vertrauensmann bei Maître Brossollet. Sein Rat werde daher, wie Bernard Privat meint »von großem Gewicht« sein. Orengo müßte ihr klarmachen, daß Grasset »ihre Sache mit mehr Enthusiasmus und Effizienz vertreten würde« als Gallimard. »Ich glaube, durch dieses Vorgehen würden wir beide einen wichtigen Beitrag zum Leben der Verlagsgruppe leisten«, schreibt Bernard Privat an Orengo. »Um so mehr, als es sich um eine Autorin von größter literarischer Bedeutung handelt, der noch eine große Zukunft bevorsteht.«[42] Aber Marguerite Yourcenar geht es hauptsächlich darum, ihr gesamtes Œuvre bei ein und demselben Verlag zu wissen, was den Ausschlag für Gallimard gibt, wo in fast zehn Jahren die Übersetzung von Kavafis' Gedichten, der Band *Sous bénéfice d'inventaire*, die Neuauflage der *Orientalischen Erzählungen* sowie *Fleuve profond, sombre rivière* erschienen sind. Thérèse de Saint-Phalle – die für die zu Plon gehörige Verlagsgruppe Presses de la Cité arbeitet und sich bemüht, die beiden streitenden Parteien zu versöhnen – versucht durch Vermittlung von Roger Straus, Marguerites amerikanischem Verleger, in Petite Plaisance empfangen zu werden. Vergeblich. Was andere Verleger nicht abhält, sich zu melden. Charles Orengo, der zu dieser Zeit in Paris bestimmt sehr hofiert wird, übermittelt Marguerite Yourcenar ein Angebot von Paul Flamand: Auch die Editions du Seuil möchten *Die schwarze Flamme* publizieren.

Inmitten all dieser Aufregung erhalten Marguerite Yourcenar und Grace Frick am 10. Oktober 1967 durch ihren Anwalt Marc Brossollet die Nachricht, daß man zu einer Einigung gelangt, daß *Die schwarze Flamme* frei sei und Marguerite dieses Buch beim Verlag ihrer Wahl publizieren lassen könne. Die beiden Frauen feiern das freudige Ereignis mit Champagner, Marguerites Lieblingsgetränk seit langer Zeit. Sie ist nicht wenig stolz darauf, wieder einmal gewonnen, wieder einmal, und ganz allein, einem großen Verlag Paroli geboten zu haben. Und es ist ihr auch alles andere als unlieb, Gegenstand eines kleinen Wettkampfs zwischen Pariser Verlagen zu sein. Aber ihre Wahl ist vermutlich schon getroffen.

Gaston Gallimards Hartnäckigkeit hatte schließlich gesiegt. Diese schwierige Frau, die ihm früher manches Wortgefecht geliefert, die Unverfrorenheit besessen hatte, ihn in ihr Hotel zu bestellen und die er, wohl wissend, wie ungern sie das hörte, als »Mademoiselle Yourcenar« betitelt hatte, schlug sich nun mit Sack und Pack auf seine Seite. Gallimard würde alle ihre Bücher übernehmen. *Die schwarze Flamme* würde den Erfolgen seines Verlages einen neuen hinzufügen, und der Name Marguerite Yourcenar verlängerte die Liste der Renner aus dem »Gestüt Gallimard«.

Kapitel 3
Die öffentliche Anerkennung

Einer fünfundsechzigjährigen Schriftstellerin wird ein beachtlicher Erfolg und eine Art »literarischer Einsegnung« zuteil, für einen umfangreichen Roman über die Renaissance, der im Frankreich des »Vor-Mai 68« erscheint ... Das klingt wie eine Antwort auf die Frage: »Was wäre der Gipfel des Paradoxen?« Doch genau das passiert mit Marguerite Yourcenar, ihrem Buch *Die schwarze Flamme* und dessen Helden Zenon, der zwar nicht in den Reihen der 68er kämpft – diese Studenten protestieren gegen die Gesellschaftsordnung ihrer Zeit –, der jedoch den Prototyp des Rebellen verkörpert. »Wenn man unter Rebell einen Gegner der Institutionen versteht, dann ja, durchaus«, antwortete Marguerite Yourcenar, als Matthieu Galey sie fragte, ob der Held ihres Romans *Die schwarze Flamme* ein Rebell sei.

»Denn Zenon rebelliert gegen alles: als junger Mensch gegen die Universitäten; als uneheliches Kind gegen seine Familie, deren protzigen Reichtum er verachtet; gegen das Kloster von Don Blas de Vela, wo er sogar den von den Mönchen verjagten alten Marranen* im Stich läßt, was er später bereuen wird; gegen die Professoren in Montpellier, wo er Anatomie und Medizin studiert; gegen die Obrigkeit, gegen die Fürsten und so weiter. Er tut die herrschende Ideologie und Gelahrtheit als bombastisches Geschwätz ab; er hat natürlich verschiedene Formen der fleischlichen Lust praktiziert, verwirft aber schließlich die Sinnlichkeit bis zu einem gewissen Punkt. Natürlich verwirft er das christliche Denken, versteht sich aber dennoch gut mit einigen Kirchenmännern wie dem Prior der Franziskaner. Er muß den Zusammenbruch des linken Flügels der Protestanten erleben und die skandalöse, von der Gegenreformation besiegelte Allianz zwischen Kirche und Monarchien; alles rings um ihn bricht zusammen, aber er fühlt, daß hier das Menschsein als solches in Frage gestellt wird (...). Deshalb wurde *Die schwarze Flamme* in meinen Augen zu einer Art Spiegel, worin im

* Marranen, Schimpfwort der Spanier für getaufte, aber insgeheim ihrer Religion treu gebliebene Mauren und Juden. A. d. Ü.

Bild jener Abfolge von Ereignissen, welche wir die Geschichte nennen, die *conditio humana* eingefangen ist.«[1]

Als Marguerite Yourcenar am 6. Februar 1968 in Petite Plaisance von Gallimard den sehr vorteilhaften Vertrag[2] für *Die schwarze Flamme* erhält (die Bedingungen sind in etwa die gleichen wie bei Grasset), bedeutet das für sie vor allem das glückliche Ende einer »Affäre«: der »Affaire Plon«. Dieser Vertrag ist reine Formsache, denn das Buch ist bereits gesetzt. Sie schickt den Vertrag erst am 20. Februar zurück, und noch ehe das Dokument in Paris eintrifft, erhält sie – am 24. Februar – die ersten Druckfahnen ihres Romans. Sie arbeitet, natürlich gemeinsam mit Grace, fleißig an der Korrektur. Die beiden haben beschlossen, beim Erscheinen des Buches, das für Ende April vorgesehen ist, in Paris zu sein und teilen diesen Plan einigen ihrer Freunde mit, unter anderen Jean Mouton, mit dem sie am 2. Mai dinieren wollen. »Ich schreibe Ihnen unter dem Eindruck des Todes von Martin Luther King«, fügt Marguerite Yourcenar noch hinzu. »Die Ermordung dieses großen Pazifisten ist ein neues Glied in der Kette von Gewalttaten, deren Ende nicht abzusehen ist.«[3]

Sie werden also mit einem Schiff, das am 17. April in Cherbourg anlegt, nach Frankreich reisen. Am 7. April unterzeichnet Marguerite Yourcenar noch bei ihrem Notar ein neues Testament (bis zu ihrem Tod wird sie nacheinander mehrere Testamente mit endlosen Abänderungen machen).

Am 22. April steigen Grace und Marguerite im Hotel Saint James et d'Albany ab, nach alter Gewohnheit, obwohl sie seit zwölf Jahren nicht mehr in Frankreich gewesen waren. Den Freunden, allen voran Charles Orengo, die zur traditionellen Begrüßungsvisite gekommen sind, folgen alsbald die Journalisten, die fast alle von *Die schwarze Flamme* sehr beeindruckt sind. Am 3. Mai werden Jean Chalon zu einem Interview für *Le Figaro Littéraire* und Michel Polac, der Fernseh-Journalist empfangen. Doch das große Ereignis zu Anfang dieses Monats Mai ist nicht unbedingt die Veröffentlichung von *Die schwarze Flamme*, »vielmehr erschütterten die Studenten-Unruhen die ganze Welt«, gestand Marguerite Yourcenar lange danach, mit dem Lächeln eines Menschen, der sich ohne Mißfallen erinnert. Grace und Marguerite betrachteten, vermutlich im Gegensatz zu den meisten Leuten, mit denen sie manchmal dinierten, diese Ausbrüche mit Gelassenheit, verfolgten voll Interesse, was sich Tag um Tag ereignete, und spazierten durch die

Stadt, die wieder ganz den Fußgängern gehörte. »Demonstration auf dem linken Seine-Ufer«, notiert Grace am 11. Mai. Dann: »Immer mehr Streiks«; »Generalstreik: wir gehen spazieren.« Schließlich am 24. Mai, dem Tag nach Christi Himmelfahrt: »Die schlimmsten Ausschreitungen nach der mit Spannung erwarteten, aber nichtssagenden Fernseh-Ansprache De Gaulles. Barrikaden. Polizei-Einsätze.«

Natalie Barney gibt am Freitag dem 17. Mai einen Empfang zu Ehren Marguerites. Grace und sie entscheiden, daß man unter den gegebenen Umständen am einfachsten zu Fuß von der Rue de Rivoli in die Rue Jacob gelangt. Jean Chalon, der ebenfalls anwesend war, erinnert sich an die Ankunft der beiden Damen. Zum großen Erstaunen mancher Gäste berichteten sie, wie sie über den Pont des Arts aufs linke Ufer und dann zwischen »Spalieren« von CRS-Truppen zur Rue Jacob marschiert waren. Eine Sorglosigkeit, die nicht von allen als angebracht empfunden wurde. Marguerite Yourcenar wird einige Erinnerungen an diesen Abend, wie sie Jean Chalon in seinem *Portrait einer Verführerin* niedergelegt hat, später in aller Freundschaft bestreiten: »Es treten auf: das große weiße Spitzenjabot Marguerite Yourcenars und die Weißfüchse ihrer Übersetzerin Grace Frick«,[4] schrieb er zum Beispiel. Marguerite berichtigt: »Grace weist mich darauf hin, daß sie niemals Weißfüchse getragen habe, die außerdem an einem gewitterschwülen Junitag *[sic]* überflüssig gewesen wären. M. Y.s großes weißes Spitzenjabot war ein weißes Nylon-Jabot von bescheidenen Dimensionen; ich habe es noch heute. Aber das ist nicht so wichtig.«[5] In der Tat, nicht so wichtig ist gelinde ausgedrückt, es ist überhaupt nichts im Vergleich zu dem, was man bald schon in Ermangelung eines treffenderen Ausdrucks »Die Mai/Juni-Ereignisse 1968« nennen wird.

Grace Frick wird später berichten: »Den letzten Empfang, den Marguerite Yourcenar besuchte, hatte Natalie Barney ihr zu Ehren während der Studenten-Unruhen im Mai 68 organisiert. Die Rue Jacob lag mitten in der ›heißen Zone‹, und es war nicht einfach, hinzukommen. Aber Natalie Barney verhielt sich ganz wie immer. Sie war nicht die Frau, die den Vorgängen auf der Straße die geringste Beachtung geschenkt hätte.«

Marguerite Yourcenar hingegen konnte das, was sich auf den Straßen von Paris abspielte, nicht einfach unbeachtet lassen. Oder vielmehr das, was es bedeutete. Viele Jahre ihres Lebens hatte sie das abgelehnt, wogegen sich jetzt die Studenten von Paris und anderer großer Städte des Westens empörten: die Zivilisation des Métro-Boulot-Dodo« [Pendeln, Placke, Pennen], der »Autos und der Waschmaschine«, des Reichtums als höchstes der Gefühle. »Beide waren Hippies *avant la lettre*«, sagt heute ihre Freundin Anya Kayaloff. »Sowohl in ihrer Art, sich zu kleiden, wie in ihrer Ablehnung gewisser Errungenschaften wie Auto oder Fernseher, in ihrer vegetarischen Lebensweise, ihrer Gewohnheit, ihr Brot selbst zu kneten, ihrem streitbaren Pazifismus und Ökologismus.« »Ich möchte Zenon eher mit manchen jugendlichen Nomaden unserer Tage vergleichen, obwohl ich nur sehr wenige kannte, die so leidenschaftlich waren, wie er«, wird Marguerite Yourcenar Jahre später erklären. »Die meisten leiden an einem Nihilismus, der zwar ein wenig schlapp, aber doch verständlich ist in einer noch viel chaotischeren Zeit. Sie wollen die ausgetretenen Pfade fliehen, und bald wird ihr Fluchtweg wiederum zum ausgetretenen Pfad.«[6]

Am 3. Mai 1968 stellte ihr Jean Chalon[7] die Frage: »Glauben Sie, daß eine Lebensform wie die Ihre, das heißt, eine Frau, die sich ganz ihrem Werk widmet, davon lebt, nur Texte ihrer eigenen Wahl veröffentlicht, heutzutage noch möglich ist? Könnten Sie sich eine zwanzigjährige Marguerite Yourcenar von heute vorstellen?« – und sie ergreift die Gelegenheit, auszusprechen, was sie angesichts der Orientierungslosigkeit eines großen Teils der Jugend empfand. »Aber sicher. Wir überschätzen die Macht der Verhältnisse. Zugegeben, es gibt ökonomische Zwänge. Wenn ein junger Mann oder eine junges Mädchen es im Sinn der Technokraten zu etwas bringen wollen, Auto, TV, Waschmaschine, dann werden sie zu Gefangenen, zu Sklaven. Wie es Zenon geworden wäre, hätte er sich zum Kanonikus weihen lassen.« »Mit zwanzig Jahren«, sagte sie über Zenon, »hatte er sich befreit geglaubt von den Normen und Vorurteilen, die unser Handeln lähmen und unserer Urteilskraft Scheuklappen anlegen, und doch mußte er danach sein Leben lang diese Freiheit, die er bereits zu besitzen geglaubt hatte, in kleinster Münze verdienen.«

Die jungen Menschen von 1968 glichen vielleicht ein wenig allzu sehr dem zwanzigjährigen Zenon, wenn sie geglaubt hatten, ihre Parolen, ihre Phantasie, ihr Überschwang, der Wellen geschlagen und das starre Machtgefüge rings um einen alten Mann ins Wanken gebracht hatte, würden ihnen auf ihrem Lebensweg die Freiheit geben. Jedenfalls stand Marguerite Yourcenar diesen jungen Menschen näher als viele ihrer Zeitgenossen. Näher auch, als sie heute deren Kindern stünde, die mit zwanzig Jahren bereits Aktionäre sind und den »Unternehmergeist« an die Stelle eigenen Überlegens setzen. Und entschieden näher einem Daniel Cohn-Bendit als einem Bernard Tapie.

Sie erinnerte sich gern an die Slogans vom Mai 68, besonders an solche über die Macht des Imaginären: Das berühmte »Unter dem Pflaster der Strand« natürlich; oder »Die Phantasie an die Macht« und »Seid realistisch, fordert das Unmögliche«. In ihrem Haus Petite Plaisance verwahrte sie im Bücherregal eines der Gästezimmer das vom Verlag Tchou herausgegebene rote Buch, das diese Slogans enthält, diese Inschriften, kurz, sämtliche »Sprüche« des Pariser Mai 1968: *Les Murs ont la Parole, Sorbonne, Mai 68.*[8] Viele davon hatte sie unterstrichen. Von »Wir alle sind deutsche Juden« bis »Konsum macht dumm«, »Wahrheit statt Waren«, »Es ist verboten zu verbieten«, und dazu der Ausspruch Artauds: »Nicht der Mensch, sondern die Welt ist anormal geworden«, oder der Vers Paul Valérys: »Der Wind erhebt sich, Versuche nun zu leben« bis hin zu der ökologischen Botschaft: »Vor dem Menschen war der Wald, nach ihm wird die Wüste sein.« »Ich hasse die Verpflichtungen, die die Leute sich selbst schaffen«, sagt Marguerite zu Jacqueline Piatier in einem Interview, das *Le Monde* am 25. Mai 1968, auf dem Höhepunkt der Unruhen, veröffentlicht. »Sie halten gewisse Formen des Erfolgs für unverzichtbar: Geldverdienen, Aufsteigen, Dazugehören. Man kann nicht immer das tun, was man möchte, aber es gibt zahllose Fälle, in denen man zwischen zwei Möglichkeiten wählen kann.«

Einige Monate später nimmt sie in einem von *L'Express* veröffentlichten Gespräch sehr deutlich zu gewissen politischen Fragen Stellung. »Was mich in Frankreich zutiefst beunruhigt, ist zum Beispiel der auch in Amerika verbreitete Paternalismus. Das heißt, die Leute sagen sich: Wir haben da einen sehr guten Mann, er ist an der Macht, wir betrachten ihn als eine Art Vater, der für uns entscheidet. Doch selbst wenn dieser Mann an Genie oder Redlichkeit alle anderen überträfe, wenn er ein Übermensch wäre, so wäre das dennoch schlecht, auf Grund dessen, was es symbolisiert.«

Auf die Frage nach ihrer Bewertung der Studenten-Demonstrationen antwortet sie: »Das ist vielleicht eine Frage des Alters. Ich fühlte mich kilometerweiten Fußmärschen nicht gewachsen. Aber es war sehr mitreißend. Wenigstens sind wir dabeigewesen. Wir haben gesehen, was falsch gemacht wurde, aber wir teilten die Hoffnungen der Studenten. Es könnten sich Reformen anbahnen, die Welt könnte sich wenigstens teilweise verändern.«[9]

Es ist seltsam, daß Marguerite Yourcenar dennoch von vielen Leuten für eine »Rechte« gehalten wurde und noch wird. Was die einen begrüßen, die anderen bedauern. Sollte etwa auf beiden Seiten eine fatale Verwechslung, eine Vermischung von Literatur und Lebensführung vorliegen? Die Beherrschung der Vergangenheitsformen, des Konjunktiv Plusquamperfekt und des im Aussterben begriffenen Umgangs mit infiniten Nebensätzen scheinen unweigerlich als Zeichen für Rechtslastigkeit zu gelten, während eine hemdsärmelige Sprache und stilistische Schlamperei eindeutig Linksorientierung verraten, ähnlich wie ein – übrigens nicht ernst gemeinter – Test des *Nouvel Observateur* den Liebhabern von Camembert einen rechten und denen von Frischkäse einen linken Geschmack bestätigte. André Fraigneau findet die nach dem Krieg entstandenen Werke Marguerite Yourcenars, wie man sich erinnern wird, eher langweilig und plump moralisierend, und gibt die Schuld dem schädlichen Einfluß von »allen diesen Linken, mit denen sie in Amerika zusammengekommen ist.« »In den Kreisen, in denen sie in Frankreich vor dem Krieg verkehrte, waren alle rechts, und das störte sie keineswegs«, behauptet er, und vermutlich stimmt es. Er vergißt nur, daß Marguerite immer frei und für alles aufgeschlossen sein wollte und daß ihre griechischen Freunde, angefangen mit Andreas Embirikos, sehr engagierte Linke waren. Mehrere Männer aus der kleinen Gruppe von Intellektuellen, der sie damals in Griechenland angehörte, haben im Spanischen Bürgerkrieg auf der Seite der Republikaner gekämpft und ihr Leben geopfert.

»Marguerite stand zwar nicht extrem links, aber keineswegs auf Seite der Rechten«, versichert ihre Freundin Anya Kayaloff. »Sie war sehr anti-Nixon, sehr anti-Reagan. Wie wir alle hat sie für Kennedy gestimmt. Es war übrigens das letzte Mal, daß wir ›für‹ stimmten. Danach stimmten wir nur noch ›gegen‹. Marguerite war liberal. Durch und durch. Nur in Frankreich habe ich das Gegenteil behaupten hören. Vermutlich, weil sie vor dem Kriege mit sehr ›rechten‹ Leuten verkehrte.« Georges de Crayencour berichtet: »Meine Tante hat zu mir gesagt: ›Georges, meine Ideen sind links.‹« Aber um sich von ihrer Familie zu distanzieren, wäre Marguerite Yourcenar imstande gewesen, alles zu »linken«, einschließlich ihrer politischen Ansichten. ... Die Antwort, die sie einem Journalisten aus Quebec gab, verriet eher eine Tendenz zur Mitte: »Für die Rechte? Nein. Für die Linke auch nicht. Sagen wir lieber, für die Rechtlichkeit.« Was ihr an den Ideen der Linken am meisten Unbehagen bereitete, war deren »unheilbarer Optimismus«.*

Sehr viel heftiger sollte sie sich über den Vietnam-Krieg äußern: »Jeder, der Katholik ist oder war, muß sich für die Katholiken in Vietnam schämen«, und im November 1969 erklärte sie Jacques Kayaloff, dessen Meinung in dieser Sache sie nicht teilte – ihrer Ansicht nach lag sie zu sehr auf der Linie der amerikanischen Regierung: »Ich fürchte, zu den ›Feuerköpfen‹ zu gehören und immer gehört zu haben, vielleicht auch zu der großen Gruppe jener ›versnobten Intellektuellen‹, auf die Sie anspielen ...«[10] Wenig später schrieb sie über die Frage des Konflikts zwischen dem Einzelnen und dem Staat an Gabriel Germain: »Wie mir scheint, haben Sie übersehen, daß in jedem Konflikt zwischen dem Gewissen des Einzelnen und dem Staat, gerade die von der Staatsgewalt als ›abwegig‹ bezeichnete Persönlichkeit das schweigende kollektive Gewissen repräsentiert, das sich immer nur durch den Mund der Wenigen äußert, welche den Mut haben, nein zu sagen. Nur in den Konzentrationslagern und in den wenigen Deutschen, die Widerstand gegen Hitler leisteten, lebte das kollektive Gewissen des Landes eines Angelus Silesius, eines Goethe und Schopenhauer, während es überall sonst aus Furcht verstummt oder von der Propaganda verdummt war. In den Vereinigten Staaten lebt das kollektive (und christliche) Gewissen in den jungen Menschen, die ihre Einberufungsbefehle verbrennen und gegen den Einsatz von Napalm protestieren, überall sonst läßt es sich durch das Regierungsgeschwätz einlullen.«[11]

Ob Marguerite Yourcenar die Unruhen vom Mai 68 wohlwollend – wie es der Fall war – oder mißbilligend betrachtete, *Die schwarze Flamme* hätte durch die »Ereignisse« eigentlich ernste Einbußen erleiden müssen. Aber das Buch verkauft sich vom ersten Tag seines Erscheinens, dem 8. Mai an. Vielleicht weniger, als es sich in einem ruhigen Frühjahr verkauft hätte. Aber immerhin ... »Es ist

* Sie verwies ihre Gesprächspartner oft auf einen Satz aus den *Gedenkbildern*: »Es war eine Tragödie des europäischen Denkens, daß die Rechte und die Linke sich beide erbittert an fast theologische Auffassungen von der menschlichen Natur klammerten.«

mir klar, wie sehr die Mai-Ereignisse Ihrem Unternehmen geschadet haben«, schreibt sie im September an Baron Étienne Coche de La Ferté, der eine Ausstellung »Israel durch die Jahrhunderte« organisiert hatte. »Mich persönlich haben sie, was die Veröffentlichung meines letzten Buches angeht, sehr wenig betroffen, und das Erlebnis dieses Paris während des aufregenden Monats hat die wenigen Unbilden reichlich wettgemacht.«[12]

Die Start-Auflage betrug 25 000 Exemplare, im Juli werden 15 000 nachgedruckt. Die Kritiker sprechen mit wenigen Ausnahmen von einem Meisterwerk.

André Billy ging sogar so weit, zu schreiben: »Worte sind zu schwach, um Marguerite Yourcenar gebührend zu würdigen.«[13] Patrick de Rosbo hebt eine »prophetische Strenge« des »zeitlosen und paradoxerweise unserer Zeit so nahen Bildes« hervor, das in Zenon verkörpert sei: »Marguerite Yourcenars Roman wirkt durch das Ungestüm in Ton und Stil, durch die manchmal unerträgliche Härte der Dialoge, wie eine Kampfansage, eine Provokation, gerichtet gegen alle alleinseligmachenden Überzeugungen, hinter denen sich nur allzu oft der blutrünstigste Fanatismus verbirgt.«[14]

Aber aufs neue, und noch mehr als anläßlich der früheren Werke, bestärkt der »männliche« Stil der Autorin gewisse Schlußfolgerungen, die teils mit Elogen, teils mit Bedauern verbunden sind. Für Robert Kanters ist *Die schwarze Flamme* »das männliche Meisterwerk unserer weiblichen Literatur«, und »gehört zu den sehr wenigen Büchern, die für den aufmerksamen Leser zum Vehikel einer inneren, emotionalen und intellektuellen Alchimie werden können.«[15] Übereinstimmend schreiben in langen, vorwiegend positiven Analysen Henri Clouard in *La Revue des Deux Mondes*[16] und José Cabanis in *Le Monde*,[17] das Buch ermangele »trotz seiner Kraft« der Wärme und der Grazie. Ein Urteil, das Edith Thomas in *La Quinzaine Littéraire* übernimmt:

»Marguerite Yourcenar schreibt gut, in vollendet klassischer Manier, die sich von dem heute praktizierten Gestammel unterscheidet. Sie versteht es, Portraits zu zeichnen, Szenerien mit der Präzision der alten flämischen Meister hinzustellen, das Wesentliche in großen Strichen zu schildern (...). Wie kommt es, daß soviel Qualität uns nicht ganz befriedigt? Was fehlt daran? Möchte man hinter dieser Distinktion und Distanziertheit auch mehr Wärme entdecken?«[18]

Die größten Vorbehalte meldet Kléber Haedens in *Paris Presse*-

L'Intransigeant an, wenn er über »das lange sauertöpfische Leben des trübseligen Zenon« schreibt:

»Es geht nicht voran. Mühsam muß man sich hinschleppen bis zum Tod. Von Marguerite Yourcenar heißt es oft, sie sei die intelligenteste und mit einem sehr schönen Stil begabte Romanciere, von einer für eine Frau unserer Tage ungewöhnlich gründlichen Bildung. Nichts davon ist übertrieben (...) Ja, gewiß, aber es muß auch betont werden, daß das alles nicht genügt (...) *Die schwarze Flamme* ist ein Buch ohne Schwung. Die Erzählung ist matt, zersplittert, ein wenig konfus, es riecht nach alten Folianten und muffigen Bibliotheken, wir sind kaum gefesselt. Zenon selbst ist ein wenig sympathischer Typ (...) Er irrt düster durch diese Geschichte, in Fährnisse verwickelt, die unsere Gefühle nicht in die geringste Wallung versetzen. Marguerite Yourcenar hat bedeutende Verdienste. Es steht zu befürchten, daß sie nicht im Stande der Gnade war.«[19]

Jacques Brenner stellt sich zwar in Widerspruch zu denjenigen, für die Gefühl und Intelligenz unvereinbare Tugenden sind, doch auch er kann sich dem Klischee von der »männlichen Literatur« nicht entziehen:

»Man könnte befürchten, die Kunstfigur Zenon sei ohne Leben und das Buch weise insgesamt eine gewisse pedantische Kälte auf. Nichts dergleichen (...) Sein Humanismus ist nicht die Konservierung einer überkommenen Weisheit: Er ist ›auf das Unerklärte gerichtet‹. Desgleichen ist Marguerite Yourcenars Klassizismus durch seine Uminterpretierung des menschlichen Denkens und Verhaltens immer subversiv (...) Die Emotion fehlt nie, aber sie ist immer gezügelt. Keine Unbeherrschtheiten, keine Schreie, keine anstößigen Wörter, die ein verwirrtes Gemüt verrieten. Man ist ganz überrascht, eine männliche Literatur wiederzuentdecken: geschrieben von einer Frau.«[20]

Man könnte sich über diese simplifizierte Einteilung ärgern: Wärme, Erregbarkeit und Grazie sind Indizien für den »weiblichen Stil«, während Intelligenz, Stringenz und das Fehlen jeglichen Überschwangs die typischen Attribute einer männlichen Literatur darstellen. Kein Wunder, daß die Frauen jener Zeit den fragwürdigen Begriff der »weiblichen Schreibweise« erfanden ...

Eine Lesung aus *Die schwarze Flamme* wird am 3. Juni im Radio gesendet, einen Tag ehe Marguerite und Grace über Irland nach den Vereinigten Staaten abreisen.

In Dublin hören sie von der Ermordung Robert Kennedys, und sie besuchen dort den für ihn abgehaltenen Trauergottesdienst. Am 11. Juni landen sie in New York und fahren unverzüglich weiter zur Ile des Monts-Déserts. Dort erhält Marguerite Yourcenar ein Exemplar der zweiten Auflage ihres Romans. Sie schreibt darüber am 1. August an Charles Orengo einen Brief, der wieder einmal ihre fast manische Aufmerksamkeit auf alles, was ihre Bücher angeht, beweist. Denn es ist nicht etwa die Rede von sinnentstellenden Druckfehlern, es geht um eine lächerliche Äußerlichkeit, über die sie sich nicht weniger aufzuregen scheint: »Vorgestern erhielt ich von Gallimard ein Belegexemplar der zweiten Auflage, mit dem gleichen sehr gelungenen Schutzumschlag. Ein wenig überrascht war ich nur, daß die letzte Seite den Vermerk trägt: ›ausgedruckt am 20. Juli 1968‹ und ›Hinterlegung der Pflichtexemplare: erstes Quartal 1968‹, obgleich es sich nur um einen Nachdruck handelt. Die zweite Auflage von *Sous bénéfice d'inventaire*, die drei Monate nach der ersten erschien, trägt zwar auch ein neues Datum der Fertigstellung, bewahrt jedoch, was mir natürlich erscheint, den selben Hinterlegungsvermerk.«[21]

Im Sommer und in den ersten Herbstwochen ist es still auf der Insel. In Paris hingegen, wo mit der literarischen Saison auch die Jagd nach den Preisen beginnt, hört man immer öfter den Namen Marguerite Yourcenar erwähnen. Es scheint, daß sie besonders in der Jury des Prix Femina eifrige Fürsprecherinnen hat, angefangen mit der Doyenne Madame Simone, die jetzt einundneunzig ist. Marguerite Yourcenar muß die Vereinigten Staaten am 10. November verlassen und ein paar Vorträge in Belgien halten, ehe sie am 24. oder 25. November in Paris eintrifft. Der Prix Femina wird immer am 25. November vergeben. Bei Gallimard wäre man froh, wenn Marguerite Yourcenar möglichst nicht zu spät käme. »Ich reise am 7. November von Northeast Harbor ab«, scheibt sie am 26. Oktober an Charles Orengo. »Ein Brief von Mme Léone Nora [Pressereferentin bei Gallimard] bittet mich, dieses Datum des Preises wegen ein wenig vorzuverlegen, aber Sie wissen, wie ich darüber denke.«[22] Sie wird natürlich nichts an ihren Plänen ändern und an dem von ihr festgesetzten Tag abreisen, nicht ohne vorher noch ihren amerikanischen Notar, Mister Fenton, wegen eines »neuen« Testaments aufgesucht zu haben.

Schließlich trifft Marguerite Yourcenar an dem Tag in Paris ein, an dem die Damen des »Femina« ihr den Preis zusprechen – im ersten Wahlgang und ohne Gegenstimmen, was seit der ersten Verleihung im Jahr 1904 nicht mehr vorgekommen ist. Am Vortag hatten noch einige Jurorinnen, die Herzogin von La Rochefoucauld, Agnès de La Gorce und Zoé Oldenbourg gegen Marguerite Yourcenar gestimmt, mit der Begründung, die *Erinnerungen des Kaisers Hadrian* seien mit dem »Femina-Vacaresco« ausgezeichnet worden. Anno 1952. Vor sechzehn Jahren ... Aber schließlich war es Madame Simone gelungen, alle unter einen Hut zu bringen und ein einstimmiges Votum zu erreichen. »Ich empfinde Dankbarkeit und Verwunderung, denn es ist eine große Seltenheit, daß Frauen sich so ausnahmslos auf ein Buch einigen« lautet Marguerite Yourcenars Kommentar. An diesem Tag lernt sie auch Elie Wiesel kennen, der soeben den gleichzeitig mit dem »Femina« verliehenen »Prix Médicis« für sein Buch *Der Bettler von Jerusalem* erhalten hatte. Sie wird sich in einem Brief daran erinnern, den sie ihm 1972 schreibt, nachdem sie *Chassidische Feier* mit großer Bewegung gelesen hat. »Ich werde nie vergessen, daß der Zufall uns 1968 in Paris beim Preis-Bazar zusammengeführt hat. Ihre Anwesenheit war mir ein Trost in jenen Augenblicken, die angeblich für einen Schriftsteller zu den Höhepunkten des Erfolgs gehören, in denen mir jedoch schien, daß wir beide am Ersticken waren. Ich habe sofort gespürt, daß es für Sie eine andere Realität gab.«[23]

Die schwarze Flamme ist schon vor der Auszeichnung mit dem »Femina« ein Erfolg, denn Gallimard hat mehr als sechzigtausend Exemplare aufgelegt, was angesichts des Umfangs und Inhalts des Buches, seines zumindest scheinbar spröden Charakters für viele Leute höchst erstaunlich war.

Am Abend dieses 25. November 1968 gibt Gallimard traditionsgemäß einen Cocktail für seine Laureaten. Bei dieser Gelegenheit sieht Dominique Rolin, die Romanschriftstellerin, die Marguerite Yourcenars Nachfolgerin in der Königlich Belgischen Akademie werden soll, diese zum ersten Mal. In ihrer Antrittsrede im April 1989[24] hat sie ihre damaligen Beobachtungen mit großer Genauigkeit wiedergegeben: »Ich hatte mich darauf beschränkt, sie [Marguerite Yourcenar] von fern zu beobachten«, erinnert sich Dominique Rolin, und sie erwähnt ein interessantes Detail: »Anstatt als Star des Abends aufzutreten, hielt sie sich von der Menge fern wie irgendein Gast, der in seine eigenen Gedanken vertieft ist. Ihre gedrungene Gestalt, der freundliche, aber zerstreute Gesichtsausdruck, das unter dichten Brauen wachende Hell-Dunkel der blauen

Augen haben mich sehr beeindruckt. In ihren dunklen Gewändern erinnerte sie mich unwillkürlich an Auguste Rodins imposanten Balzac. Denn diese bescheidene Zurückhaltung diente nur dazu, einen unbeugsamen Stolz zu kaschieren.« Wäre es Marguerite Yourcenar auch nur im Traum eingefallen, diesen Stolz, den sie keineswegs als Sünde ansah, zu kaschieren? Hatte nicht gerade er sie zu jenem Erfolg geführt, der jetzt bei Gallimard gefeiert wurde, ohne daß sie die geringsten Zugeständnisse an den Pariser Literaturbetrieb gemacht hatte? Wenn sie, wie in den Kriegsjahren, ausnahmsweise diese Haltung aufgab, so geriet sie an den Rand des Abgrunds. Stolz war für sie nicht gleichbedeutend mit Arroganz, Dünkel oder Selbstgefälligkeit, wie in manchen Wörterbüchern zu lesen steht. Er war von jeher, ist und bleibt bis ans Ende ihrer Tage für sie das Mittel zum Überleben. Wie hätte sie es ohne diesen in der Tat unbeugsamen Stolz fertiggebracht, sechstausend Kilometer von jenem Ort entfernt, wo ihre schriftstellerischen Fähigkeiten beurteilt und anerkannt werden könnten, nicht »abzudriften«? Woher hätte sie die Kraft genommen, sich die Gedanken zu eigen zu machen, mit denen sie Zenon ausstattete, und dennoch weiterzuleben? »Sein seßhaftes Leben bedrückte ihn wie eine Kerkerstrafe, die er vorsichtshalber über sich selbst verhängt hatte; aber das Urteil konnte widerrufen werden. (...) Und dennoch bewegte sich sein Schicksal. Ein Gleiten vollzog sich, ohne daß es ihm bewußt wurde. Wie einem Menschen, der in finsterer Nacht gegen den Strom schwimmt, fehlten ihm die Landmarken, um genau zu berechnen, wie weit er ›abgedriftet‹ ist.«[25]

Wer nicht mit Marguerite Yourcenar in Anlehnung an Shakespeare glauben möchte, das Leben sei ein »Chaos formloser und gewalttätiger Episoden, aus dem gelegentlich gewisse Gesetzmäßigkeiten auftauchen, die indes fast immer für Akteure und Betrachter unsichtbar bleiben«,[26] der könnte sicherlich in *Die schwarze Flamme* »Schlüssel« finden, um ihr intellektuelles, politisches und moralisches Portrait zusammenzusetzen. »Die biographischen Auslegungen sind natürlich falsch und naiv«, wiederholte sie unermüdlich. Das stimmt, sofern mit plumpen Denotationen gearbeitet wird. Aber Marguerite Yourcenar selbst hat es sehr wohl verstanden, subtile Zusammenhänge zwischen dem Zustand der Welt, dem Stand ihrer Überlegungen und ihren Fiktionen herzustellen.

»Während des Krieges habe ich mit der Arbeit am *Hadrian* begonnen, wozu mich seit langem angestellte Überlegungen drängten«, wird sie Claude Mettra im Verlauf eines Gesprächs berichten. »Ein Buch, das womöglich nie das Licht der Welt erblickt hätte, wäre da nicht dieser Kampf Europas gegen die Hitlerherrschaft gewesen, dieser Kampf des Lichts gegen die Finsternis.«[27]

Einem Studenten, der ihr seine vergleichende Studie über Hadrian und Zenon geschickt hatte, erläuterte sie:

»Hadrian, geschrieben zwischen 1949 und 1951, spiegelt die Idee wider, die mich damals beschäftigte, nämlich daß eine Anzahl Gerechter noch immer eine lebenswerte Welt schaffen könnten (...). *Die schwarze Flamme* hingegen drückt die Ängste aus, die uns heute alle erfüllen. Das Buch verdankt seine Entstehung natürlich nicht den Ereignissen des Mai 68, denn es ist bereits am 13. *[sic]* jenes Monats erschienen und wurde in seiner endgültigen Form zwischen 1960 und 1965 geschrieben; danach erfuhr es nur einige geringfügige Änderungen und Zusätze (zum Beispiel wurden dem Kapitel ›Der Abgrund‹ ein paar Seiten angefügt). Tatsache ist, daß der ›Aufstand‹ vom vergangenen Mai mich erschüttert hat, denn er lehrte mich, worauf ich nicht gefaßt war, zumindest nicht in Frankreich (in den USA zeigten sich seit langem gewisse Symptome): daß so viele Menschen der jungen Generation, von denen man annahm, die Gewöhnung habe sie gegen jeden Zweifel und jede revolutionäre Kritik an einer Welt, in der sie aufgewachsen sind, immun gemacht, dieser Welt eine Absage erteilten, wie Zenon der seinen. Selbst wenn ihre Revolte sich allzu oft in Ausschreitungen verzettelt, die nur bewirkten, daß die Situation sich, wenigstens im Augenblick, verschlechtert, so beweist sie doch, daß die menschliche Seele nicht mehr so ohne weiteres manipulierbar ist. So wie das Christentum im 16. Jahrhundert und selbst sehr viel früher schon seine zwar vorsichtigen aber aufmüpfigen Atheisten hatte, was immer auch manche modernen, gegen diese Tatsache voreingenommenen Historiker sagen mögen, so fängt auch die Konsum- und Zerstörungsgesellschaft allmählich an, die ihren zu haben.

Sie sagen sehr richtig, Hadrian würde heutzutage ein gewissenhafter Beamter sein (etwa wie Dag Hammarskjöld oder U-Thant, wenn ihnen mehr Handlungs- und Durchsetzungsfreiheit gegeben wäre). Es könnte noch darauf hingewiesen werden, daß, außer dem leidenschaftlichen Wunsch, zu verstehen (für Hadrian der höchste Luxus, für Zenon so notwendig wie Brot und Salz) diese beiden nach Rang und Temperament so verschiedenen Männer noch das verbindet, was Hadrian ›die Entschlossenheit, nützlich zu sein‹ nennt. ›Alles bleibt zu tun‹, sagt der alte Kaiser, und auch Zenon bleibt in einer Welt der Zerstörung und der Veränderung bis zuletzt seinen ärztlichen Tätigkeiten und Verpflichtungen treu. Es gibt eine Disziplin, die der Beachtung wert ist, denn ich glaube, daß ohne sie nichts Dauerhaftes gestaltet werden kann, auch nicht die Freiheit.«[28]

Marguerite Yourcenar wird noch oft auf das zurückkommen, was Hadrian – »Wassermann, Zeichen der Fülle und der Begabung«[29] – und Zenon – »Fische, Zeichen für Geheimnis und Kälte, für den Gang durch den Abgrund« – (sie hatte für beide das Horoskop erstellen lassen) – miteinander verbindet oder voneinander trennt: »Zwei zutiefst voneinander verschiedene Menschen« schreibt sie in den *Notizheften zu Die schwarze Flamme*:

»Der eine erbaut sich seine Welt auf Bruchstücken des Realen, der andere auf dem Imaginären, das jedoch von Realitätsschüben gespeist wird. Die beiden Kraftlinien, deren eine vom Realen ausgeht und zum Imaginären hochsteigt, während die andere vom Imaginären ausgeht und in das Reale eindringt, überschneiden sich. Der Mittelpunkt ist das Gefühl des SEINS. (...) Hadrian glaubt an die Möglichkeit einer rationalen Kommunikation von Mensch zu Mensch, an die Sprache, die den Gedanken *übersetzt* (weshalb man ihn sein Leben fast oratorisch erzählen lassen kann); Zenon weiß, daß jedes Gespräch, selbst die Unterhaltung mit dem freundschaftlichen Franziskaner-Prior,[30] seine Mißverständnisse und Lügen enthält.« »Der Unterschied«, sagt sie an anderer Stelle, »besteht auch darin, daß Hadrians Sicht der Dinge intellektuell ist, von sehr seltenen Gelegenheiten abgesehen, bei denen jedoch immer ein Bodensatz von Intellektualität bleibt. Bei Zenon kommt dagegen die Dimension des Visionären dazu.«[31]

In einem Brief an den belgischen Kritiker Michel Aubrion stellt sie die Hypothese auf, daß »ein Hadrian, der in die Gewalt seiner Feinde gefallen wäre, wie Zenon sterben würde, und ebenfalls ›sehenden Auges‹, wenn auch die Gedanken und Visionen im Augenblick seiner Agonie andere sein würden. Der sterbende Hadrian wendet sich wieder den Freuden zu, den Spielen, den geistigen Vorteilen des Menschseins; Zenon konzentriert sich auf das Knirschen der aufgehenden Türen (...) Ich leugne zwar nicht den tiefen Unterschied zwischen den beiden Büchern, der, wie Sie sagen, von den düsteren Zeiten herrührt, in denen *Die schwarze*

Flamme spielt, und auch vom Umstand, daß Hadrian so gut wie allmächtig und Zenon ein Mensch aus der Masse und ein Verfolgter ist, aber ich fühle tief innerlich, daß es sich um zwei Etappen der selben Reise handelt, und das erklärt wohl, daß ich als Zwanzigjährige davon träumen konnte, diese beiden Bücher gleichzeitig zu schreiben, ohne daß mir dies natürlich gelang. Ich war bereits ein Teil des einen und des anderen, und sollte es immer bleiben.«[32]

Wenn sie sich auch in diese beiden Werke am meisten »eingebracht« hatte, so wird sich Marguerite Yourcenar in ihren Gesprächen und ihrer Korrespondenz immer hartnäckig von ihren beiden Helden absetzen:

»Es besteht hier der Unterschied zwischen der Substanz und dem Menschen. Die Substanz, ja, der Mensch, nein. Es gibt einen Menschen Zenon, eine Individualität Zenon, die nicht das Geringste mit mir zu schaffen haben, die ich nicht bin, so wenig, wie ich Hadrian bin. (...) Nur wenn ich mir Hadrian vorstelle als jemand, der krank oder müde ist, der eine Entscheidung zu treffen hat ... Das Gleiche gilt für Zenon: Ich stütze mich zum Teil auf das, was ich von einem Mann der Wissenschaft in der Renaissance weiß, zum Teil auf das, was ich unter mehr oder weniger analogen Umstände tue. Wenn der müde Zenon sich ein etwas besseres Abendessen leistet, dann hätte ich es an seiner Stelle auch getan. Ich lege größten Wert auf diese nicht intellektuelle Basis, wobei ich darunter keineswegs eine nicht mentale, nicht mit dem Geist verbundene Basis verstehe, sondern eine, die nicht von unseren intellektuellen Formeln abhängt, eine, die unser Körper ist, unsere Physis, unser allgemeines Verhalten, alles, was man zu leicht vergißt, wenn man intelligent ist.«[33]

»Wenn ich sage, ich hätte alles von mir selbst in meine Bücher gelegt, so glaube ich doch keineswegs, ich könne mich mit einer meiner Figuren identifizieren. Dieser Identifikationsprozeß, der in der modernen Psychologie zu einer Manie geworden ist, widerstrebt mir zutiefst.«[34]

»Was mich betrifft«, führt sie in einer sehr langen Antwort auf einen Fragebogen aus, »so habe ich dauernd, wenn auch nicht immer bewußt, Wert darauf gelegt, daß die Hauptfiguren, mit deren Hilfe ›ich mich ausgedrückt habe‹, sich in vielen Punkten, vor allem in ihrer äußeren Erscheinung, in ihrem Temperament, in ihrer Konstitution von mir unterschieden oder nur einen kleinen Teil meiner Eigenschaften als Erbteil mitbekamen (...) Ich bin überzeugt, daß wir immer dann am ›fruchtbarsten‹ sind, wenn wir uns auf Menschen aufpfropfen, die sich wesentlich von uns unterscheiden.«[35]

Nicht auf die Identifizierung mit einer Romanfigur komme es an, sondern auf deren Glaubwürdigkeit und Stimmigkeit, betont Marguerite Yourcenar: »Solange wir einem Menschen nicht ebenso viel Wichtigkeit zumessen, wie uns selbst, ist er nichts«, sagt sie, wiederum in *den Notizheften zu Die schwarze Flamme.*

»Während des Winters 1954-1955, den ich in Fayence in einem Haus aus dem frühen 16. Jahrhundert verbrachte, habe ich oft in Gesellschaft Zenons am großen Küchenkamin gewacht, aus dem das Feuer zwischen den zwei in den Raum ragenden Steinpilastern frei emporzuschießen schien. Später, von 1956-57 an, vor dem Kamin in ›Petite Plaisance‹.

Ich konnte ihn übrigens überall zurücklassen. Als ich von Salzburg wegfuhr, hatte ich beschlossen, mich von ihm auf der Steinbank der alten Bäckerei zu trennen. Er wartete und war sicher, daß ich zu ihm zurückkommen, ihn holen würde, so sicher, wie es manche unserer Freunde im wirklichen Leben sind.

Würde ich das für die öffentliche Leserschaft in einem sorgfältig ausgearbeiteten Essay schreiben, müßte ich – aber wie? – ausführen, daß es sich um keine Halluzinationen handelt. Ich habe bis jetzt nie welche gehabt. Als ich den *Hadrian* schrieb, sagte ich mir oft: ›Wozu ein Phantom beschwören, da doch der Geist selbst immer beliebig präsent ist‹. (...)

Wenn G., die Übersetzerin, mich bittet, ihr zu erklären, warum eine bestimmte Figur in einem bestimmten Augenblick etwas Bestimmtes tut, dann zögere ich und suche nach einem Grund. Ich habe *gesehen*, daß sie es getan hat.

Wie oft habe ich nachts, wenn ich nicht schlafen konnte, den Eindruck gehabt, Zenon, der in dem selben Bett lag und sich von seiner Existenz ausruhte, *die Hand zu reichen*. Die physische Geste, einem erfundenen Menschen die Hand zu reichen, habe ich mehr als einmal vollführt. Fügen wir sofort für die Dummköpfe, die diese Notiz lesen könnten, hinzu, daß ich meinen Figuren zwar oft (und manchmal mit einem gewissen physischen Vergnügen meinerseits) beim Liebesakt zugesehen habe, mir aber nie dabei einbildete, mich mit ihnen zu vereinen. Man schläft nicht mit einem Teil seiner selbst.«[36]

Wenn man an das von Marguerite Yourcenar so oft wiederholte

»Ich liebte Zenon wie einen Bruder« glaubt – und man wäre schlecht beraten, es nicht zu tun –, dann kann man in Zenon nur den Ausdruck ihrer in die Praxis umgesetzten oder erträumten Lebensethik sehen. Es ist übrigens amüsant festzustellen, daß man Marguerite Yourcenar immer lieber mit Hadrian als mit Zenon verglichen hat, dieser unendlich störenderen außenseiterischeren, gesetzloseren Figur. Diese Betrachtungsweise ging natürlich Hand in Hand mit dem dauernden Bestreben ihrer Zeloten, sie zur Norm hinzuziehen, zu einer Konformität, die nur das Abbild ihres, der Zeloten, eigenen Konformismus war. Marguerite Yourcenar setzte sich dagegen zur Wehr, indem sie dauernd, und am Ende ihres Lebens immer heftiger, auf die Mißdeutung ihres Werkes hinwies, auf die »zwar viel gelesenen, aber oft schlecht verstandenen« Bücher. Es mochte ja noch angehen, daß sie wie Zenon sagen konnte, es mißfalle ihr, »Agonien zu verdauen«, und daß sie sich des Fleischgenusses enthielt. Wie aber sollte man tolerieren, daß sie sich in folgendem Portrait Zenons wiedererkannte:

»Er hatte die Achseln gezuckt, als die kleinmütigen Bürger von Basel sich schließlich geweigert hatten, ihm einen Lehrstuhl zu bewilligen, weil die Gerüchte, er sei ein Sodomit und ein Hexenmeister, sie erschreckt hatten. (Er war gelegentlich das eine und das andere gewesen, aber die Wörter entsprachen nicht den Dingen; sie geben nur die Meinung wieder, die sich die Herde von den Dingen macht.) (. . .) Das gleiche galt für das komplizierte Gebiet sinnlicher Freuden. Die Freuden, denen er den Vorzug gegeben hatte, gehörten zu den heimlichsten und gefährlichsten, zumindest in christlichen Landen und zu der Zeit, in der er zufällig auf die Welt gekommen war; vielleicht hatte er nur nach ihnen gestrebt, weil das Verhehlen und die Verbote daraus einen wilden Bruch mit den Sitten machten, ein Hinabtauchen in die Welt, die unter dem Sichtbaren und Erlaubten brodelte. Oder vielleicht rührte diese Wahl von einem einfachen und unerklärlichen Appetit her, wie man ihn zum Beispiel auf eine bestimmte Frucht hat und nicht auf eine andere; das scherte ihn wenig. Hauptsache, daß seine Ausschweifungen wie seine Ambitionen im ganzen selten und kurz gewesen waren, als läge es in seiner Natur, das, was die Leidenschaften lehren oder geben konnten, schnell auszuschöpfen. Dieses seltsame Magma, das die Prediger mit dem nicht schlecht gewählten Wort Fleischeslust bezeichnen (denn es handelt sich, so scheint es, um die Lust des Fleisches, seine Kräfte zu verausgaben) ist aus so verschiedenartigen Substanzen zusammengesetzt, die ihrerseits wieder in andere, nicht sehr einfache Bestandteile zerfallen, daß es unerforschbar war. (...) Diese so verlockenden Leidenschaften waren ihm wie ein unverzichtbarer Teil seiner menschlichen Freiheit erschienen; jetzt fühlte er sich frei ohne sie.«[37]

Manchen von denen, die Marguerite Yourcenar wegen ihres »Klassizismus« liebten, fiel es leichter, von ihrer Reflexion über die Macht bei Hadrian oder über die Intoleranz bei Zenon zu sprechen als zu bedenken, daß ihr Hauptinteresse immer schon den Sinnen, dem Körper und den sich daraus ergebenden Erfahrungen galt und bis zuletzt gelten würde. Als sie das in *Feuer* geschrieben hatte, war man kaum darauf aufmerksam geworden. Selbst noch als sie es klar sagt, immer wieder von ihrer Abneigung gegen alle Gefühlsschwelgerei spricht, will man es nicht zur Kenntnis nehmen.

Trotz der Mißverständnisse, die zwischen einem Schriftsteller und seinen Lesern unvermeidlich und vielleicht sogar wünschenswert und nützlich sind, damit das Werk nicht für alle Zeiten in einem, und sei es auch vom Autor gewünschten Sinn erstarrt, sondern ein Stein des Denk-Anstoßes bleibt, hatte sich, nachdem *Die schwarze Flamme* gelesen, bewundert und gefeiert worden war, endgültig etwas im Schicksal Marguerite Yourcenars bewegt. Das, wovon sie in ihrer nun schon fernen Jugend geträumt hatte, war in Erfüllung gegangen. Nicht nur der kleine Satz, den sie Alexis in den Mund gelegt hatte – »Als Kind wünschte ich mir Ruhm« – sondern auch der Wunsch, nützlich gewesen zu sein, eine Spur zu hinterlassen, einen Beweis, daß man nicht vergeblich gelebt hat. Von nun an glaubte sie, daß es, selbst in dieser Welt, die, wie sie befürchtete, aus Schlappheit und geistiger Trägheit in Obskurantismus und techniisiertem Analphabetentum versinken müsse, immer Männer und Frauen geben werde, »verrückt genug und weise genug«, um Zenons Botschaft zu verstehen, um zu versuchen, sich, wo immer sie auch sein mochten, von den Zwängen zu befreien, ohne dabei Toleranz oder Billigung zu erbitten, wohl wissend, daß sie »nolens volens die Livree ihrer Zeit« tragen und »ihrem Intellekt vom Jahrhundert bestimmte Kurven einprägen lassen«[38] mußten.

Sie konnte also beruhigt die Heimfahrt antreten. Aber sie hatte nicht die geringste Lust dazu, wenigstens nicht vor dem Frühjahr. Sie wollte lieber die unvermeidliche Provinztournee der Literaturpreisträger machen und vielleicht einen kleinen Abstecher nach Spanien. Während dieser ganzen Zeit schreibt Grace nichts über sich selbst in ihre Agenda. Sie hält nur Fakten fest: 1. Dezember, Erika Vollger [ihre alte Freundin und Schneiderin] gestorben, 5. Dezember, Natalie Barney; 8. Dezember, Anne Quellennec ... Sie hat Marguerites Triumph zu sehr gewollt, um nicht einen gewissen Stolz darüber zu empfinden. Doch wie immer, wenn sie nichts mehr kontrolliert, nicht einmal die Verabredungen, die von Gallimards Presse-Abteilung organisiert werden, wird sie bockig. Sie hüllt sich in Schweigen, zieht sich zurück, wobei sie diesen Rückzug spektakulär gestaltet, wie einige Leute bei Gallimard zu berichten wissen. Als Marguerite ihre Bücher auf dem langen Tisch in der Bibliothek signierte, saß Grace, mit dem Rücken an den Heizkörper gelehnt auf dem Boden und schrieb auf den Knien. Sie hat es sicher nicht nur getan, weil sie fror.

Bevor sie Paris verlassen um nach Saumur und dann nach Avignon zu fahren, wo sie Weihnachten verbringen wollen, empfangen Marguerite Yourcenar und Grace Frick in ihrem Hotel-Appartement am 15. Dezember 1968 einige Freunde. Grace hatte den traditionellen *eggnog* zubereitet. Unter den Eingeladenen war auch Jean Chalon. Er erinnert sich, daß er der einzige Mann unter lauter Frauen war – sollten noch andere Männer gekommen sein, dann zu einer anderen Zeit als er. »Es liegt ein wenig weit zurück«, sagte er, »aber ich erinnere mich, daß sich unter den Gästen Pauline Carton befand, die das ganze Jahr über im Saint-James wohnte, und Germaine Beaumont, eine der damaligen Jurorinnen des Prix Femina. Ich bin sofort auf Germaine Beaumont zugegangen, eine der wenigen Anwesenden, die ich kannte. Aber Grace Frick hat uns umgehend getrennt mit dem Hinweis, die Leute seien gekommen, um sich kennenzulernen und nicht, um mit bereits bekannten in einer Ecke zu stehen. Sie hat mich zu einer anderen Gruppe geführt. Marguerite Yourcenar saß in einem Fauteuil und rührte sich nicht, während Grace pausenlos herumschwirrte. Wenn man das Glück hatte, einige Minuten mit Marguerite zu sprechen, verfiel man wie immer sofort wieder dem Zauber ihrer Konversation. Aber schon war Grace wieder zur Stelle, mit einem anderen Gesprächspartner für Marguerite im Schlepptau und bedeutete einem, man solle sich anderswohin verziehen.«

Bis März 1969 reisen Marguerite und Grace in Südfrankreich herum, sowohl im Osten (Aix, Marseille, wo sie oft ins Konzert und ins Theater gehen), wie auch im Westen (Perpignan, Toulouse). Die Zeit ist ausgefüllt mit Interviews und Signierstunden in verschiedenen Buchhandlungen, Pflichten, denen Marguerite Yourcenar trotz des immer gleichen Ablaufs ohne wirklichem Mißvergnügen nachkommt: Sie hat sich stets für diese sehr kurzen Begegnungen interessiert, bei denen sich zwischen Autor und Leser manchmal dieses heimliche Einverständnis, diese flüchtige Nähe einstellt, welche der, wenn auch nur vorübergehenden, Teilhabe an einem gemeinsamen Universum entspringen.

Im Januar verfaßt Marguerite Yourcenar für die NRF einen Text als Hommage für Jean Schlumberger, einen der Gründer der Zeitschrift, der am 26. Oktober 1968 im Alter von einundneunzig Jahren gestorben war. »Zum ersten Mal«, erinnert sie sich unter anderem, »bin ich diesem lebhaften, hageren und ausgesucht höflichen Mann in einem Pariser Salon begegnet.« Aber die »eigentliche Verbindung« kam erst zwanzig Jahre später zustande, in Paris, kurz nach der Veröffentlichung des *Hadrian*. In Schlumbergers, dem Anschein nach allzu maßvollem, wie ein »französischer Garten« angelegtem Werk, entdeckt Marguerite Yourcenar eine »fast tragische Poesie« und sie schreibt am Ende ihrer Hommage: »Die vorsichtige Haltung, die Jean Schlumberger einnahm, scheint seiner wahren Freiheit eher zuträglich als abträglich gewesen zu sein: Die puritanische Strenge, die er, nach seiner eigenen Aussage, erst ziemlich spät in seinem Leben etwas milderte ohne sie je völlig zu verwerfen, hat bei ihm lange eine Art Lebensgenuß gefördert, die in seinen Werken diskret präsent ist und mit der hektischeren Gier André Gides in Kontrast zu setzen wäre. (...) Dem aufmerksamen Leser kommt es manchmal vor, als habe dieser Mann, der bewußt Abstand hielt von unserer und selbst von seiner eigenen Generation, kühnere Vorstöße gemacht als manche seiner angeblich abenteuerlicher veranlagten Zeitgenossen.«[39]

Sooft Marguerite Yourcenar etwas Zeit erübrigen kann, beantwortet sie die zahlreichen Briefe, die ihr *Die schwarze Flamme* eingebracht hat. Unter anderen auch ein Schreiben Montherlants, das sie Ende Dezember erhalten hat, und in dem Montherlant seiner Begeisterung Ausdruck verleiht und bemerkt, er habe *Die schwarze Flamme* bei der Abstimmung über den Großen Roman-Preis der Académie française seine Stimme gegeben.

»Ihr Brief, den ich heute morgen erhielt, war für mich ein

Festgeschenk«, schreibt Marguerite Yourcenar. »Es berührt mich zutiefst, daß Sie sich Zeit und Mühe genommen haben, mir zu schreiben. Ihr Brief, und das ist eine seiner Haupttugenden, gibt mir die Gelegenheit, Ihnen meine Bewunderung besser auszudrükken, als mir das in einigen Widmungen möglich war. Ich hätte Ihnen – vielleicht zu ausführlich – bereits geschrieben, wie wichtig manche Ihrer Bücher für mich waren, wüßte ich nicht, daß Sie zu den Menschen gehören, denen man schnell lästig fällt. Ich beschränke mich also auf die Feststellung, daß *Das Chaos und die Nacht* mir als eines der größten Bücher erscheint, die ich je gelesen habe, und daß die Stelle in *Blüte im Sand*, wo zwei Männer in einer Medina den Tod nahen sehen, ganz einfach unvergeßlich ist. Das einzige Stück, das ich mir während dieses ziemlich nichtigen und ziemlich hektischen Aufenthalts in Paris angeschaut habe, ist *Die Stadt, deren König ein Kind ist*, und ich war glücklich, zu sehen, daß es, entgegen meinen Befürchtungen, durch die Aufführung nicht gelitten hat. (...) Ich meinerseits finde die Fragezeichen, die Sie rund um Zenon setzen, amüsant. Ich antworte darauf ... obwohl sie keine Antwort erfordern. Zenon will am Anfang Gott sein; er endet als Heiliger, unterwegs auf unchristlichen Pfaden. Engel oder Erzengel? So wenig, wie wir alle, und ich habe versucht, ihm bis zuletzt seine Physis zu lassen. Ich spürte in ihm eher seinen Genius (ganz groß geschrieben) oder seinen Gott (ganz klein geschrieben). *Sequere deum* sagte in diesem Sinne Casanova, der sicher ein Scharlatan war, aber auch kühner, als diejenigen glauben, die annehmen, seine einzige Kühnheit habe darin bestanden, Röcke zu lüften.«[40]

Marguerite Yourcenar und Grace finden zu Beginn dieses Jahres 1969 trotzdem Zeit, ein wenig herumzureisen. Sie verzichten ohne Bedauern auf Spanien, wo der Ausnahmezustand erklärt worden war, besuchen statt dessen die Abteien Saint-Michel-de-Cuxa und Saint-Guilhem-du-Désert. Am 17. März fahren sie zum Schloß Montségur, wo Marguerite sich erinnert, daß »vor genau 725 Jahren diese Wiese geschwärzt und mit noch heißer Glut bedeckt war«.[41] Sie besuchen auch Joseph Delteil und seine amerikanische Frau in ihrem Bauernhaus in der Nähe von Montpellier, wo auch Jeanne Galzy, eine der Jurorinnen des Prix Femina lebt, mit der Marguerite Yourcenar sich auf Anraten Natalie Barneys telefonisch in Verbindung gesetzt hat. Sie sehen sich oft. Jeanne Galzy, die Frauen bevorzugt, ist von Marguerite sehr angetan und wird mit ihr in brieflicher Verbindung bleiben. Sie beklagt sich manchmal über Marguerites Schweigen: »Schreiben Sie doch ein wenig öfter an Natalie oder an mich. Ich bin mit Natalie seit langem befreundet und ich empfinde große Bewunderung für den Mut, mit dem sie wagte, sie selbst zu sein, zu einer Zeit und in einem Milieu, die dermaßen konventionell waren.«[42] Marguerite, die nie müde wurde, ihren Charme spielen zu lassen, liebt die »Robustheit« und die »Einfachheit« Jeanne Galzys, dieser »echten Auvergnatin, unverwüstlich wie der Granit ihres Geburtslandes«.

Bei ihrem Aufenthalt im Hérault erfährt Marguerite von einem Vorfall, der sich in Orange ereignet und der sie nachhaltig beeindruckt hatte, wie ein Brief an Elisabeth Barbier, ebenfalls eine Jurorin des *Prix Femina,* beweist:

»Ich kenne [diesen Vorfall] nur aus *La Dépêche du Midi*, ein paar Zeilen aus dem Polizeibericht, die mich seitdem verfolgen. Ein gewisser Marc Morel, ein sechzehnjähriger Gymnasiast, der Unterschriftslisten herumgehen ließ gegen den Vietnam-Krieg und gegen das Robbenschlachten, und der Spenden für Biafra sammelte, hat sich auf dem Hügel Sainte-Europe (durch Selbstverbrennung) umgebracht. Diesen Entschluß hatte er nicht plötzlich gefaßt, denn man hat bei ihm diese Notiz gefunden (oder hat er es zu jemandem gesagt?): ›Ich muß einfach eines Tages den Mut finden, zu sterben‹. Dieses Bild eines jungen Menschen (und es gibt viele davon), der die Welt, in der zu leben er gezwungen ist, nicht akzeptiert, hat mich seitdem nicht mehr losgelassen. Ich gedachte, einen Artikel über die Sache zu schreiben, aber ich habe mir gesagt, daß ich zu wenig über den Fall dieses jungen Mannes wisse, um einen, selbst im besten Sinne engagierten literarischen Text darüber zu schreiben. Wäre ich an Ort und Stelle gewesen, hätte ich versucht, mich diskret näher zu erkundigen. Vielleicht war dieser Junge einer jener Heranwachsenden gewesen, an denen ich achtlos vorbeigegangen bin, als ich, von Pont-Saint-Esprit kommend, wo ich wieder einmal auf den Spuren meines Zenon gewandelt war, mit Grace in Orange Zwischenstation machte.«[43]

Dies ist ein weiteres Beispiel dafür, daß sie diese jungen Leute einer ganz anderen Generation begreifen wollte. Auch die umfassende Korrespondenz, die sie, wenn auch manchmal in einem etwas lehrhaften Ton, mit jungen Schriftstellern oder angehenden Forschern unterhielt, zeugt von diesem Bemühen.

Am 20. März 1969 schiffen Marguerite und Grace sich in Le

Havre ein und erreichen sechs Tage später New York. Marguerite hält an der Columbia University einen Vortrag über »Der historische Roman, Authentizität und Aktualität«, und am 31. sind sie wieder zurück in Petite Plaisance. Für einen sehr ruhigen Frühling, Sommer und Herbst: Besuche bei Nachbarn, vor allem bei den McGarr; Champagner am 8. Juni, zu Marguerites Geburtstag, in der einstigen, jetzt wiedergefundenen Intimität; Fotos – am 2. August – mit Hortense King (Flexner), für die Gedicht-Übersetzungen und die kritische Einführung in das Werk Hortense Flexners durch Marguerite Yourcenar, die Ende Oktober bei Gallimard herauskommt.

Und, in zunehmendem Maße, eine Korrespondenz, die einen Teil der Tage Marguerites in Petite Plaisance in Anspruch nimmt. In dieser Zeit setzt auch ein kurzer Briefwechsel zwischen ihr und Patrick de Rosbo ein, einem französischen Journalisten, der auf die Ile des Monts-Déserts kommen und Gespräche aufnehmen möchte. Diese Beziehung, die nach der Sendung der Gespräche im Rundfunk und ihrer Veröffentlichung in Buchform,[44] in einem heftigen Streit enden sollte, beginnt unter vielversprechenden Höflichkeitsbekundungen. Marguerite Yourcenar beantwortet bereitwillig Patrick de Rosbos Fragen zur Vorbereitung des Interviews, namentlich in einem Brief vom 26. April 1969. Sie erinnert ihn daran, daß sie von 1939 bis 1951 und von 1956 bis 1968 nicht in Frankreich war, weist aber darauf hin, daß sie vor 1939 immer einen Teil des Jahres in Paris verbrachte. Auf die Frage nach ihren Freunden antwortet sie, wie meistens, sehr ausweichend, da Mitteilungen über das Privatleben für sie nicht zur Kommunikation mit der Öffentlichkeit gehörten. »Ich habe zugleich viele und sehr wenige Freunde«, schreibt sie. »Viele unbekannte Briefpartner werden Freunde, da ich, sobald ein erster und sympathischer Kontakt hergestellt ist, ziemlich schnell dazu neige, mich in eine Freundschaft einzunisten.« Trotzdem habe sie nur wenige nahe Freunde, »wegen der langen Abwesenheiten von Paris und der zahlreichen Reisen (gelegentliche Treffen fördern keine intimen Freundschaften). Vielleicht auch wegen einer gewissen Unabhängigkeit und Besonderheit des Denkens, die dazu führten, daß ich nie irgendwelchen Gruppen angehörte oder mich von denen, in die ich zufällig geraten war, schnell wieder trennte.«[45] Aber auch, was sie nicht sagt, wegen Graces Eifersucht, die ihr das Leben kompliziert hätte: Wollte sie diese Komplikation vermeiden, mußte sie auf die Vertiefung einer Freundschaft mit anderen Menschen verzichten. Das war ihr klar gewesen, als sie sich entschlossen hatte, bei Grace zu bleiben. Denn Grace ertrug keine intimen Freundschaften, von denen sie ausgeschlossen war. Nun ist aber naturgemäß niemand »intimer Freund« zweier Menschen, die ein Paar bilden. Der einzige Raum für Intimität, den Grace Marguerite zugestand, war der Traum und die Literatur. Doch gerade in Marguerite Yourcenars Büchern trat alles zutage, was Grace beunruhigte. Sie hatte Marguerite zu gründlich gelesen, Zeile für Zeile, Wort für Wort, hatte sie zu genau beobachtet, um nicht zu wissen, daß Marguerite nur ein sinnlicher Zugang zum Universum interessierte, daß andere Menschen ihre Neugier erweckten, ihre Lust, diese Menschen für sich einzunehmen, daß sie glücklich war, nun bewundert, hofiert zu werden, junge Männer und Frauen zu faszinieren, sie, die niemals aufgehört hatte, der physischen Schönheit und der Jugend einen Liebeskult zu weihen. Graces Manie, Marguerite zu »kontrollieren« wird sich mit zunehmender Verschlimmerung ihrer Krankheit bis zur Verkrampfung, bis zur Obsession steigern. Daher das im Laufe der sechziger Jahre wachsende Ressentiment, das Marguerite Grace gegenüber empfand, ein Ressentiment, das sie nie direkt vor der so heroisch gegen ihre Krankheit ankämpfenden Grace zum Ausdruck gebracht hätte, das jedoch zum Teil erklärt, warum sie in den achtziger Jahren nicht nur die Erinnerung an Grace, sondern auch die Erinnerung an ihr gemeinsames Leben auf den Index setzte.

Das Jahrzehnt, das in diesem Herbst 1969 zu Ende geht, beendet auch dreißig Jahre einer leidenschaftlichen Liebe Graces zu Marguerite, dreißig Jahre der Existenz eines Paares, das kraft seiner großen Überschwänge und seiner kleinen Riten, seiner Manien, seiner Zuwendungen und seiner Ausgrenzungen nicht nur zu überleben, sondern zu leben wußte. Die siebziger Jahre werden die Jahre der Krankheit sein, der langsamen Unterwanderung durch das Alter. Aber wie immer tritt dieses Abgleiten erst nachträglich voll ins Bewußtsein.

Ende 1969 zieht Marguerite Yourcenar wieder gegen den Verlag Plon zu Felde, der soeben die fünfte Auflage von *Alexis* und die vierte von *Eine Münze in neun Händen* veröffentlicht hat, beide gespickt mit Fehlern: eine »Sauerei (denn ich finde kein anderes Wort)«, schreibt Marguerite an ihre Freundinnen Hélène Shakhowskoy und Anne Quellennec. »Etwa hundert Sätze fehlen ganz oder teilweise, und es wimmelt von Ungereimtheiten (...), weshalb ich mit diesen Leuten nur noch über meinen Anwalt korrespondiere.«[46] Wieder einmal setzt Marguerite Yourcenar sich durch: Die fehlerhaften Auflagen werden aus dem Handel gezogen, und die Affäre führt – am 3. September 1970 – zum Abschluß eines Vertrags, in dem Plon, unter anderem, die Rechte an diesen beiden Werken abtritt.

Grace und Marguerite legen offensichtlich ein »gutes Durchschnittstempo« in ihren Aktivitäten vor. Ein Abendessen mit jemandem, der *Hadrian* verfilmen will (Marguerite lehnt ab); eine Bücherbestellung Marguerites bei einer Buchhandlung in Frankreich, wie immer »um nachzuprüfen, ob noch fehlerhafte Auflagen in Umlauf sind«; ein Vortrag am Smith College zu Gides hundertstem Geburtstag; Vorträge in der Librairie française von Boston; Absendung des Manuskripts von *Rendre à César* – das Stück, das aus *Eine Münze in neun Händen* entstanden ist – und eines Texts an *La Revue de Paris* über Oppian, gefolgt von der Übersetzung einiger Verse; und eine Demonstration in Bar Harbor, am 13. Dezember, für »peace now« in Vietnam: eine der sehr amerikanischen Demonstrationen, bei denen man sich in einen Sandwichmann oder in eine Sandwichfrau verwandelt und einen ganzen Tag auf einem Stück Trottoir verbringt, »um Zeugnis abzulegen«. »Es war wie am Pranger«, sagte Marguerite Yourcenar. Bernard Pivot, dessen Erstaunen über eine Marguerite Yourcenar, »die bei einer Demo mitmacht«, sie höchlichst amüsiert, gibt sie zur Antwort, daß dies alles ihr normal erscheine, ebenso normal wie die Mitgliedschaft bei etwa vierzig Gesellschaften »zur Verteidigung, zum Schutz, zur Erhaltung ...« Wenn Marguerite Yourcenar auf irgendeine Art sich als Amerikanerin erwiesen hat, dann durch diese Manifestation des Bürgersinns, der die Menschen veranlaßt, an Senatoren oder Gouverneure Briefe zu schreiben oder Telegramme zu schicken, um gegen dieses oder jenes Vorhaben zu protestieren. »Glauben Sie bloß nicht, das sei verlorene Mühe«, betont sie angesichts Bernard Pivots relativer Ungläubigkeit. »Alle diese Briefe und Telegramme werden sorgfältig registriert und zur Kenntnis genommen, im Hinblick auf die Wahlen.«

Mit der Wahl in die Académie Royale de Belgique und der Operation, der sie sich am 27. August unterziehen muß – man befürchtete von neuem, sie habe Brustkrebs –, zeichnen sich die beiden Hauptachsen ab, nach denen Marguerite Yourcenars Leben in diesem ganzen Jahrzehnt verlaufen wird. Einerseits die Häufung literarischer Ehrungen, andererseits das Altern und die Krankheit. Grace, die trotz ihres unbändigen Lebenswillens den Tod nahe fühlt, gibt in ihren immer seltener werdenden Notizen dem Gefühl Ausdruck, daß die Welt um sie in Agonie fällt, womit sie nicht so unrecht hat. 1970 ist in ihrer Agenda nur die Rede von Besuchen bei Ärzten, von Biopsien und anderen Untersuchungen, von Marguerite Yourcenars Krankenhausaufenthalt, vom letzten Besuch Charles Orengos in Petite Plaisance – er wird im folgenden Jahr krank und stirbt 1974 an Krebs –, vom Zusatz zu Marguerites Testament, den sie am 25. August 1970, zwei Tage vor der Operation, bei ihrem Anwalt unterzeichnet.

Am 2. September, kaum eine Woche nach dieser Operation, kommt Patrick de Rosbo in Northeast Harbor an, um seine Gespräche mit Marguerite Yourcenar für den Rundfunk aufzunehmen. Er will bis zum 10. September bleiben. Der Augenblick hätte nicht schlechter gewählt sein können, und alles trägt dazu bei, Grace zu verärgern. Rosbo ruft sofort nach seiner Ankunft um einundzwanzig Uhr an: Er sei auf dem Flughafen von Bangor, auf dem Festland, und habe keine Devisen, um das Taxi nach Monts-Déserts zu bezahlen. Grace nennt ihm den Namen des Hotels, wohin er sich bringen lassen soll, und wo das nötige Geld ihn am Empfang erwarten wird. Über diesen Besuch hat Grace nur einige wütende Sätze in ihre Agenda geschrieben: 6. September, Rosbo zum Abendessen. Bleibt bis spät in die Nacht; 8. September, MY erschöpft. Rosbo kampiert hier; 10. September, Rosbo fährt endlich weg. Da die Qualität oder die Mittelmäßigkeit der Gespräche mehr über den Interviewer als über die Interviewte aussagen, kann man heute, da diese Gespräche in gedruckter Form vorliegen,[47] leicht feststellen, daß Patrick de Rosbo in keiner Weise auf der Höhe der Situation war, und daß nicht der geringste Funke der Sympathie zwischen Marguerite Yourcenar und ihm übersprang. Lag es an Marguerites Müdigkeit? Am Druck und an der Spannung, die Graces stumme Mißbilligung erzeugte? Sicherlich ein wenig. Aber nicht nur. Die Fragen sind zu lang, schlecht formuliert, lassen sich kaum beantworten. Dabei besaß Marguerite Yourcenar damals schon die »Gabe, von sich selbst mit ebenso ruhiger wie verschleierter Beredsamkeit zu sprechen«, wie Dominique Rolin[48] sagt, und Patrick de Rosbo hat zumindest das Verdienst gehabt, der erste zu sein, der sie zu einem langen Gespräch bewegen wollte.

Bei der Betrachtung des Fotos von Grace Frick, das auf einem Bücherbord im Salon stand, sagte Marguerite Yourcenar immer: »Das ist die letzte gute Aufnahme von Grace.« Ein Foto, das vor der unaufhaltsamen Verschlimmerung ihrer Krebskrankheit aufgenommen worden war, 1971, in Belgien. Grace ist achtundsechzig. Es ist eines der schönsten Bilder, die von ihr existieren. Unter den Falten, die Zeit und physischer Schmerz gegraben haben, ist die Steifheit ihrer Jugend verschwunden. Auf ihrem Gesicht mischen sich eine gewisse, wie von einer schleichenden Abnützung verursachte Mattigkeit und eine unerschütterliche Energie. Ihr Blick verrät, was man oft aus Ärger über ihr autoritäres und manisches Gehabe nicht wahrhaben will, ihre Intelligenz, ihre Subtilität, ihren Humor.

1971, das mit einem Blizzard beginnt, wird, vor allem für Grace, ein Jahr äußerster Qual sein. Sie macht ihre letzte Europareise, um Marguerite Yourcenar zur Académie Royale de Belgique zu begleiten. Marguerite hält dort am 27. März, nach der Begrüßungsansprache von Carlo Bronne, eine Laudatio auf den Professor und Essayisten Benjamin Mather Woodbridge.[49] Sie waren nicht auf dem direkten Weg nach Belgien gekommen, sondern am 7. März von New York aus auf einem Passagierschiff nach Algeciras gefahren und bereisen zunächst Spanien, an das sie so angenehme Erinnerungen bewahrt hatten, vor allem an die Festlichkeiten der Karwoche in Sevilla und an ihre im Jahr 1960 fast völlig im Prado verbrachte Woche. Marguerite Yourcenar wandelt gern auf bereits einmal zurückgelegten Wegen. Wie bei ihren Büchern. Um die Orte völlig in Besitz zu nehmen, um sich ihre Einzigartigkeit und den Fluß ihrer Veränderungen anzueignen, um sie allein genießen zu können, ohne Führer, nach einem rein innerlichen Besichtigungsplan. Diese Art Autarkie, die auf ihre ungewöhnliche Kindheit zurückgehen dürfte, ist eine der Konstanten ihres Verhaltens. Sie huldigt Grace nach deren Tod – trotz aller gegenteiligen Äußerungen –, indem sie neben ihren Entdeckungsreisen in neue Länder, vor allem in den Orient, wieder an die Orte pilgert, die sie beide geliebt haben.

In Madrid gehen sie natürlich wieder in den Prado. Marguerite kann ein weiteres Mal die *Meninas* von Velászquez bewundern und sich fragen: Wird sie jemals ihre eigene Antwort auf die Frage nach

1971: »Die letzte gute Aufnahme von Grace«

dem Platz des Künstlers im Bild finden? Sie ist sich bewußt, daß ihre geheimnisvolle, nomadenhafte, abseits vom Getriebe der Welt lebende Person Rätsel aufgibt, fasziniert, manchmal irritiert, auf alle Fälle jedoch ihren Werken immer mehr Leser zuführt, und sie weiß, daß sie sich an der Frage nach ihrer eigenen »Sichtbarkeit« im Bild wird messen lassen müssen ... Sie muß sich also dieser Frage stellen, oder ausweichen, die Spuren noch ein wenig mehr verwischen, was sie ja meisterhaft beherrscht ...

Als den Brüsseler Angehörigen der Familie Crayencour zu Ohren kommt, daß Marguerite Yourcenar von der Königlichen Akademie ihres Landes geehrt wurde, fällt ihnen plötzlich ein, daß sie mit ihr verwandtschaftlich verbunden sind, wenn auch Marguerite auf ihren Adelsnamen verzichtet hat – worüber manche nicht böse sind, denn was sind schon Schriftsteller, vor allem solche, die so anstößige Themen behandeln, wie sexuelle Beziehungen, die nichts mit der Fortpflanzung und der Verewigung der sakrosankten Familie zu tun haben. Marguerite kommt mit ihnen zusammen oder vielmehr begegnet ihnen flüchtig, wobei sie eine Haltung zeigt, die von kalter Höflichkeit bis zu offener Feindseligkeit reicht, denn sie findet diese späten Annäherungen reichlich geschmacklos. Der einzige, den sie mit Vergnügen sieht, ist Georges de Crayencour, mit dem sie ohnehin seit mehreren Jahren, genau gesagt seit 1966, in Verbindung steht, durch die Vermittlung von Louise de Borchgrave, die Marguerite immer sehr gern gehabt hat. Sie schätzt Georges wegen seiner Begeisterungsfähigkeit – der er ohne Scheu freien Lauf läßt, entgegen den Verhaltensregeln seines Milieus und der Sippe –, wegen seiner Vorliebe für die Zeichenkunst und die Literatur und, selbstverständlich, wegen seines Interesses für sie. Georges de Crayencour ist ihr bei der Abfassung des zweiten Bandes ihrer Familientrilogie, *Lebensquellen*, eine große Hilfe. Sie führen während dieser Zeit eine lange, präzise und fesselnde Korrespondenz.[50]

Nach ihrem Brüsselaufenthalt reisen Marguerite und Grace eineinhalb Monate lang in Belgien und Holland herum und bleiben eine Weile in Brügge. Marguerite geht in der Stadt spazieren und denkt dabei an Zenon. Sie besuchen gemeinsam alte Freunde wie Monsieur und Madame Jean Eeckhout, die sie in den fünfziger Jahren unter ziemlich komischen Umständen kennengelernt haben. Marguerite sollte einen Vortrag halten, und einer der Veranstalter, Jean

Eeckhout war in ihr Hotel gekommen, um sie abzuholen. Sie wollte ein langes Kleid mit einem langen Reißverschluß im Rücken anziehen, konnte ihn aber nicht allein schließen, und Grace, die einen Hexenschuß hatte, war unfähig, sich zu rühren. Also mußte Jean Eeckhout, sowie sie sich einander vorgestellt hatten, als Kammerzofe dienen. Nach dem Vortrag fiel ihm ein, daß »da ja noch ein Reißverschluß herunterzuziehen wäre«. Marguerite nahm diese zweite Hilfeleistung mit aristokratischer Unbefangenheit an.

Die zwei Wochen in Paris, vom 16. bis zum 30. Mai, verlaufen ohne Zwischenfälle. Sie trifft sich mit Freunden, besucht Gallimard, um, da man schon an Ort und Stelle ist, kleine Probleme zu regeln, und führt Gespräche mit Journalisten. So auch mit Jean Chalon, für den sie Freundschaft empfindet. Dieses Gespräch, das im *Figaro* erscheint, bringt Jean Chalon einen dieser »Richtigstellungsbriefe« ein, für die Marguerite Yourcenar eine besondere Vorliebe zu haben scheint. »Ich habe ganz bestimmt nicht diesen für mich undenkbaren Satz gesagt: ›meine Anthologie der griechischen Dichter schlummert zur Zeit ... Wer will heutzutage noch etwas von Empedokles wissen?‹, so, als sei diese Gleichgültigkeit für mich ein Grund, dieses Buch nicht fertigzuschreiben und zu veröffentlichen. Das, lieber Jean Chalon, widerspricht völlig meiner persönlichen Einstellung: Wann habe ich je wissen wollen, ob die Leute etwas wissen wollen oder nicht?«[51] In seiner Antwort vom 1. August gesteht Jean Chalon gern ein, daß sie in diesem Punkt recht hat: In ihrer Arbeit wie in ihrem Leben wollte Marguerite Yourcenar nicht in erster Linie gefallen. Ausgenommen sich selbst.

Vor der Einschiffung am 13. Juni in Le Havre verbringen Marguerite und Grace zehn geruhsame Tage in Rouen und Umgebung. In Le Havre besteigen sie ein sowjetisches Passagierschiff, das sie nach Montreal bringen soll: Der Weg von Montreal nach Mount Desert erscheint ihnen, vor allem zu dieser Jahreszeit, angenehmer als die Route, die von New York – wo man die häßlichsten Vororte durchqueren muß – nach Maine führt, wenn diese Straße auch von Boston, und vor allem von Portland an am Meer entlanggeht und all ihren ursprünglichen Reiz bewahrt hat. Gleich nach der Abfahrt des Schiffes stürzt Grace jedoch schwer und renkt sich das Knie aus, so daß sie die ganze Fahrt mit einem Gipsverband reglos in ihrer Kabine verbringen muß. Dieser Unfall hat ihr, die das Meer über alles liebt, ihre letzte Atlantiküberquerung verdorben. Bei der Ankunft in Montreal ist Grace natürlich außerstande, einen Wagen zu lenken – sie wird sogar mehrere Wochen an Krücken gehen –, und da Marguerite sich immer geweigert hatte, fahren zu lernen, müssen sie sich von einem Chauffeur nach Petite Plaisance bringen lassen. Es ist Ende Juni, das Wetter ist frühlingshaft, der Garten bunt und angenehm. Marguerite weiß noch nicht, daß sich ihr Leben nun neun Jahre lang einzig in ihrem »Landhaus« abspielen wird.

Im Juli geht Grace wieder zu Untersuchungen ins Krankenhaus von Bar Harbor, und das Ergebnis der Röntgenaufnahmen und der Mammographie geben kaum zu Optimismus Anlaß: Der Krebs breitet sich aus. Im August kommt Florence Codman zu Besuch und bringt ein wenig Fröhlichkeit mit. Es macht immer Vergnügen, mit ihr zu sprechen, ihr gepflegtes Französisch zu hören, das sie mit der Begeisterung eines Menschen handhabt, der diese Sprache liebt. Sie ist gebildet, geistreich, von scharfem Verstand. Sie ist genau so alt wie Grace, wirkt aber ungleich jünger und lebhafter. Marguerite ermißt nun plötzlich die schrecklichen Auswirkungen der Krankheit auf Grace, die ihr bisher durch die tägliche Gewöhnung entgangen waren.

Im Juli schreibt Marguerite an die Firma Nabisco einen dieser Protestbriefe, die sie in ihrer Unterhaltung mit Bernard Pivot erwähnt hatte. Schade, daß sie diesen Brief nicht zur Hand gehabt und ihn Pivot vorgelesen, oder vielmehr vorübersetzt hatte. Er hätte ihm sicher Spaß gemacht:[52]

»Als überzeugte und langjährige Käuferin von Nabisco-Waffeln kann ich gar nicht scharf genug gegen die Herstellung der Horror-Spielzeuge protestieren, die von Ihrer neuen Filiale Aurora Plastic vertrieben werden. Diese unglaubliche und abstoßende Brutalität zeigt, in welche Abgründe das gefallen ist, was wir immer noch christliche Zivilisation nennen. Dadurch wird selbst der Name Amerika mit Schmach und Schande bedeckt.

Natürlich ist es für mich ausgeschlossen, noch irgendein Produkt Ihrer Firma zu kaufen, solange Sie nicht öffentlich erklären, daß diese widerwärtigen Spielzeuge aus dem Verkehr gezogen werden, und ich bin fest entschlossen, jedermann, aus eben diesen Gründen, vom Kauf Ihrer Erzeugnisse abzuraten.«

1971 bringt Gallimard auch in zwei Bänden die Theaterstücke heraus, die bei der Kritik eine geteilte Aufnahme finden. Mehr als einmal fällt die Bemerkung, es seien eher Stücke zum Lesen als zum Spielen: »Die drei griechischen Dramen, die ich zu schreiben versucht habe, sind alle auf die eine oder die andere Weise Allegorien«, präzisiert Marguerite Yourcenar; »ich will damit sagen, daß die Figuren weniger aufgrund ihrer selbst zählen, sondern vielmehr als Zeichen oder als Bestandteile einer bestimmten Erfahrung (fast im Gegensatz zu der im *Hadrian* oder in der *Schwarzen Flamme* angewandten Technik). Das Griechentum spielt in diesen Stücken so gut wie keine Rolle.«[53]

Als im September bei Seghers die erste lange Studie aus der Feder von Jean Blot über sie erscheint, schreibt Marguerite Yourcenar an ihre Freundin Jeanne Carayon, dieses Werk habe sie beinahe »in eine schwarze Niedergeschlagenheit gestürzt, obwohl der Autor sich natürlich einbildet, mein Lob gesungen zu haben«.[54] Jean Blot hatte Marguerite erst kurz vor der Veröffentlichung dieser Studie geschrieben: »Die Behandlung der Zeit, die Annahme oder Ablehnung des Mythos, der herzerwärmende Erotismus in Ihrem Werk haben mich zu einem Essay inspiriert. (...) Da Sie selbst Kritikerin sind – eine bewundernswerte Kritikerin –, werden Sie nicht erstaunt sein, daß ich vor Fertigstellung meines Essays nicht versucht habe, mit Ihnen Kontakt aufzunehmen. Nichts hindert die freie Annäherung an ein Werk mehr als die persönliche Bekanntschaft mit dem Autor.«[55] Marguerite, die oben auf dem Brief notiert hatte »nicht beantwortet« und später zu wiederholten Malen vom Autor der Studie sagen wird, »ich wußte nicht einmal, daß er existiert«, schreibt am 1. September an Jean Blot:

»Ich habe aus Zeitungen ersehen, daß bei Seghers eine Studie erscheinen wird, die Sie über mich geschrieben haben. Sie können sich denken, daß ich sie mit sehr großem Interesse lesen werde, so wie einst den Artikel, den Sie, glaube ich, über *Die schwarze Flamme* in der NRF veröffentlicht haben. Ihren Wunsch, nicht mit dem Autor, über den Sie schreiben, während Ihrer Arbeit zusammenzukommen, verstehe ich sehr gut. Ich meinerseits möchte leidenschaftlich die komplexe Individualität der Menschen so weit wie möglich erfassen und ich hätte mir sehr gewünscht, wenn es möglich gewesen wäre, Kavafis oder Thomas Mann kennenzulernen. Aber vielleicht hätten diese Begegnungen mich völlig aus dem Konzept gebracht, und es hätte dann eines großen Abstands bedurft, um das, was solche Begegnungen mich gelehrt hätten, mit dem in Einklang zu bringen, was die Bücher dieser Autoren mich gelehrt hatten ... Aber ich akzeptiere auch die Freiheit des Malers, der das Modell auf seine Art und mit seinen Mitteln nachvollziehen will.«[56]

»Diese Haltung werde ich nie verstehen«, schreibt sie jedoch kurz darauf an einen ihrer Briefpartner, »ich hätte viel dafür gegeben, Kavafis kennenzulernen oder mit Thomas Mann in eine andere Beziehung zu treten, als in einen einfachen Briefwechsel.«[57] »Wie kann ich, die ich ein Jahr meines Lebens dafür gegeben hätte, Hadrian zu begegnen«, wird sie oft sagen, »die Einstellung Jean Blots teilen?«

In Wahrheit macht Marguerite Yourcenar Jean Blot vor allem zum Vorwurf, daß er seine Analyse auf die Vorkriegswerke konzentriert und alles vernachlässigt hatte, was für sie viel wichtiger ist, *Hadrian* und *Die schwarze Flamme*. »Ich habe irgendwo zum Thema ›kritische Biographie‹ bemerkt, daß man das Denkmal zwar immer auf seine Art errichtet, dazu aber zumindest authentische Steine verwenden muß«, antwortet sie Marcel Lobet, der in *La Revue Générale* eine lobende Besprechung von Jean Blots Arbeit veröffentlicht hatte. »Aber die von Jean Blot verwendeten Steine, ich will damit sagen, die aus ihrem chronologischen Zusammenhang gerissenen Bücher, verlieren ihre Authentizität, und wie durch Zufall fehlen alle Ecksteine.«[58] Der Essay, der in aktualisierter Form 1980 neu aufgelegt wird, scheint ihr »eine Verbesserung« zu sein – eine mit vielen Vorbehalten versehene Beurteilung, die sich gerade noch am Rande der Höflichkeit bewegt ...

Im Herbst genießen Marguerite und Grace die Freuden des Gartens, vor allem die des Obstgartens – Freuden, die Marguerite eingehend in einem Brief an ihre Freundin Jeanne Carayon[59] schildert: »Es macht mir Spaß, Ihnen das alles zu erzählen, da Sie ja selbst auf dem Lande leben und mich daher verstehen werden. Die Leute, die in Paris über mich schreiben, können sich meine Lebensweise überhaupt nicht vorstellen.«[60] Hauptthema dieses langen, sehr freundschaftlichen Briefes ist jedoch eine detaillierte Stellungnahme zu Fahnenkorrekturen von Werken, die gerade nachgedruckt wurden. Marguerite würdigt zunächst die Arbeit Graces bei der Durchführung dieser Revisionen: »Grace Frick war mir ebenfalls eine große Hilfe. Sie hat die angebrachten Korrekturen eine nach der anderen überprüft (eine vielstündige Arbeit) und hat sie dann meist selbst an den Rand geschrieben, da ihre Schrift feiner ist als die meine. In Augenblicken, in denen mir buchstäblich der Kopf schwirrte, hat ihre Konzentrations- und Urteilsfähigkeit die meine abgelöst. Ich habe natürlich immer Bedenken wegen der Zeit, die ich auf diese Weise (und auch manche andere) ihrer Übersetzungsarbeit entziehe.«[61] Die Korrekturarbeit, die in Frankreich »zur Hälfte« von Jeanne Carayon durchgeführt wird, hat die in diesem Punkt besonders anspruchsvolle Marguerite als »bewundernswert« beurteilt: »Sooft ich ein Bündel Fahnen durchgesehen hatte«, schreibt sie ihr, »wollte ich Ihnen ausführlich schreiben, um detailliert über die Korrekturen zu diskutieren, Ihnen für die befolgten Vorschläge zu danken, und erklären, warum ich andere verworfen habe.« Und sie verwirft viele.

Aber dieser Brief, den Marguerite am nächsten Tag, dem 3. Oktober beendet, wird noch durch eine schlechte Nachricht verlängert, die Nachricht vom Tode der Hündin Valentine:

»3. Oktober, halb 3 Uhr nachmittags.

Ich hatte diesen Brief kaum beendet, als sich etwas sehr Schmerzliches ereignete. Ich war mit dem kleinen Hund hinausgegangen, um Blumen zu pflücken. Valentine wollte über die Straße, die um diese Zeit des Jahres kaum befahren ist, in den sehr großen Garten der Nachbarn laufen. Ich folgte ihr, da ich es mir zur Gewohnheit gemacht hatte, mich immer auf derselben Seite der Straße zu halten wie sie. Aber sie war schon vor einen Wagen gesprungen, der in einer übrigens sehr mäßigen Geschwindigkeit herangefahren kam, und im nächsten Augenblick habe ich sie mit gebrochenem Genick auf der Straße liegen sehen. Sie hat überhaupt nicht gelitten. Mit Hilfe unseres vortrefflichen Nachbarn, des Gärtners und seiner Frau, haben wir sie auf ein Bündel vom Herbst bereits gelb gefärbter Farnkräuter gebettet und sie neben ihrem Vorgänger, Monsieur, begraben. Ein kleines Atom Freude in der Welt.«

Grace, die diesen Brief in die Maschine tippt, ist von der Nüchternheit und der anscheinenden Emotionslosigkeit dieses spontan geschriebenen Berichts beeindruckt. So sehr, daß sie handschriftlich hinzufügt:

»Liebe Freunde, allmählich begreife ich, warum die weniger subtilen Leser finden, Marguerite sei eine ›kalte‹ Schriftstellerin. Nur wer einen Menschen oder ein Tier so brutal verloren hat, kann ermessen, in welchem Zustand der Beklemmung sie dieses Postskriptum noch am selben Nachmittag geschrieben hat. Wie Sie wissen, war Valentine immer bei ihr. Sie lebte buchstäblich zu ihren Füßen, am Schreibtisch, im Garten, auf Reisen (...) Traurig Ihre G. F.«

Man kann sich fragen, welch düstere Überlegungen Grace anstellte beim Anblick einer Marguerite Yourcenar, die ihren Schmerz über den Verlust eines geliebten Wesens so souverän meisterte ...

Sehr viel später wird Marguerite Yourcenar bei der mündlichen Schilderung dieses Unfalls gestehen, sie sei so »geschockt« gewesen, daß sie zu Boden fiel und immer wieder auf französisch wiederholte »ils ont tué le chien, ils ont tué le chien« [sie haben den Hund getötet, sie haben den Hund getötet] vor einer Frau, die kein Wort verstand und nur Geld zum Kauf eines anderen Hundes anbot. »Wie schon bei anderen, ähnlichen Gelegenheiten in meinem Leben, spürte ich das Gewicht der Zeit«, sagt sie noch. Und einige Jahre später schreibt sie in den *Notizheften zu Die schwarze Flamme*:

»1971 habe ich in den Straßen Brügges alle Wege Zenons nachvollzogen (...) Während eines ganzen April, Morgenspaziergänge, manchmal in der Sonne, öfter bei Nebel oder Nieselregen. Und mit mir Valentine, die schöne, die sanfte, die blonde, die lautstark Pferde anbellte (woran ich sie zu hindern suchte), fröhlich im Hof des Gruthuuse herumlief, im Garten des Beginenhofs unter Narzissen herumsprang – und jetzt (sechs Monate darauf, am 3. Oktober 1971) ebenso tot ist wie Idelette, wie Zenon, wie Hilzonde. Und niemand wird mich verstehen, wenn ich sage, daß ich mich ebenso wenig darüber hinwegtrösten kann wie über den Tod eines Menschen.«[62]

Im Oktober kommt in Petite Plaisance ein französisches Fernsehteam an, das von Matthieu Galey begleitet wird. »Eine wenig erfreuliche Aussicht«, kommentiert Marguerite Yourcenar in einem Brief an Jeanne Carayon. »Aber ich bin froh, daß sie während des ›Indian summer‹ kommen, wenn die Bäume allmählich ihre schönen alchimistischen Farben annehmen.«[63] Matthieu Galey: Der Beginn einer langen Freundschaft, die nach der Veröffentlichung seines Buchs *Les Yeux ouverts*, im Jahr 1981, ziemlich schlecht enden wird. Ein, wie auch immer geartetes Buch über Marguerite Yourcenar zu »verbrechen« war eben eine Art Verfehlung, ja sogar Sünde, eine unzulässige Anmaßung, die Bekräftigung einer inakzeptablen Eigenständigkeit. Diese Einstellung wird klar, wenn man Marguerite Yourcenars Beziehung zum Geschriebenen kennt, diese Beziehung totaler Aneignung, wo der Größenwahn fast dazu führt, dem anderen das Recht abzusprechen, sich auf seine eigene Art auszudrücken. »Ich weiß, was ich sage und wie es gesagt werden muß.«

Im Oktober 1971 fährt also das französische Fernsehen nach Northeast Harbor und gibt damit den Anstoß zu einem Medienrummel um Marguerite Yourcenar, der immer mehr zunehmen sollte. Der Gärtner von Petite Plaisance, der freundschaftliche, gefällige und treue Nachbar, Elliot McGarr, wird an ihrer Seite interviewt. Das wird bei Grace *nie* der Fall sein. Vielleicht um Marguerites Wunsch zuvorzukommen, und ganz sicher aus Stolz, versagt sie es sich. Grace wird immer eine Art versenktes Bild bleiben, die exemplarische Figur der Zurückhaltung.

Vielleicht das Zeichen der wahren Macht; ganz sicher der Ausdruck von Eleganz und Intelligenz.

Kapitel 4
Yourcenar, Vorname: Marguerite

Während Marguerite Yourcenar, durch *Die schwarze Flamme* in den Rang einer »großen französischen Schriftstellerin« erhoben, nun auf dem Weg zum Ruhm ist, zur Anerkennung durch ihresgleichen und selbst durch eine öffentliche Meinung, die über ihren bereits weiten Leserkreis hinausgeht, ist Grace Frick auf dem Weg zum Schmerz und zum Tod: Die Beziehung zwischen den beiden Frauen konnte sich nur verzerren und verschlechtern.

Dabei kommt Marguerite mit absoluter Treue ihren Verpflichtungen nach. Wie Grace von 1939 bis 1945 Marguerites Schutzwall gegen das langsame Versinken in eine Depression mit unvorhersehbarem Ausgang war, so war Marguerite von nun an Graces Stütze. Der Unterschied ist jedoch groß: Der Ausgang ist diesmal vorhersehbar und das Versinken in der Krankheit, schnell. Es gilt nicht mehr zu kämpfen, sondern nur noch zu wachen.

Grace will, daß Marguerite bei ihr bleibt, und sie weist jeden Gedanken ans Reisen zurück. Manche Freunde Marguerite Yourcenars, vor allem ihre Pflegerin Deirdre Wilson, sind der Meinung, Marguerite sei nicht imstande gewesen, allein, ohne Grace zu reisen. Marguerites Reiseabstinenz läßt sich jedoch nicht auf diese etwas vereinfachende Weise erklären. Die ganze Korrespondenz, die bei den vorhergegangenen Reisevorbereitungen geführt wurde, beweist, daß sie sich sehr wohl um Hotelreservierungen und andere Formalitäten kümmerte: Der Sinn für die materielle Organisation ging ihr nicht völlig ab. Und schließlich wäre es ihr ein leichtes gewesen, die Lösung dieser »nachgeordneten« Probleme auf andere zu übertragen, auf ihren Verleger zum Beispiel, der nichts lieber gesehen hätte, als daß sie an Ort und Stelle zur Verkaufsförderung ihrer Bücher beitrage. Wie immer sind bei diesen beiden Frauen und ihrer seltsamen Lebensgemeinschaft die Dinge subtiler, explosiver und wohl auch perverser. Als könne aus der Vermengung der erzwungenen Abgeschiedenheit der einen mit der akzeptierten aber verabscheuten Abgeschiedenheit der anderen eine allerletzte Emotion und vielleicht eine allerletzte Lust hervorgehen.

»Sie wollte mich um sich haben, und das ist nur natürlich. Auch habe ich diese Frühlinge, diese Sommer, diese Herbste und Winter in meinem Garten geliebt«, gesteht Marguerite Yourcenar später. Aber diese Einwilligung in eine Seßhaftigkeit, die für sie schon in der Vergangenheit so oft unerträglich gewesen war, fällt ihr nicht so leicht, wie sie gemäß ihrem Rollenverständnis als alte Dame, die angeblich alle Stürme mit Gleichmut überstanden und zu innerer Heiterkeit gefunden hat, vorgibt.

Dies bezeugen Anfang 1972 die Briefe, die Marguerite schreibt, als ihr der mit fünfzigtausend Francs dotierte Literaturpreis Prince-Pierre-de-Monaco zugesprochen wird. Sie teilt Louise de Borchgrave mit, daß sie sich, wie es der Brauch ist, zur Entgegennahme des Preises nach Monaco begeben wolle: »Ich denke, mein Vater hätte sich über diesen Preis gefreut und amüsiert«, schreibt sie. »Ich habe ein wenig den Eindruck, einen Teil der Louisdor, die er so gern aufs Spiel setzte, wieder zurück zu bekommen.«[1] Marguerite Yourcenar wird nicht nach Monte Carlo gehen: Grace muß im April für einige Tage ins Krankenhaus, und die Lage wird im Dezember, zur Zeit der Preisverleihung, nicht besser sein.

In ihrer Agenda notiert Grace fast nur noch die Arzttermine, die Krankenhausaufenthalte und die Instandhaltungsarbeiten im Haus. Zum ersten Mal seit dreißig Jahren sagt sie nichts über die Arbeit Marguerites, obwohl der erste Band der Familientrilogie, *Gedenkbilder*, kurz vor dem Abschluß steht. Gewöhnlich entfaltete sie immer dann, wenn die Niederschrift eines Manuskripts sich dem Ende näherte, die größte Aktivität, die sie ausführlich in ihren Agendas beschrieb. Sie überprüfte, sie fotokopierte. »Das Buch« Marguerites, welches auch immer es war, nahm sie vollkommen in Anspruch. An dem Buch *Gedenkbilder* scheint sie in keiner Weise beteiligt gewesen zu sein. Als halte sie sich von nun an bei der Ausarbeitung des Werks im Hintergrund. Vielleicht weil Marguerite sich auf die Suche nach ihrer eigenen Familie gemacht hatte, an »Gedenk«-Stätten, an denen Grace keinen Anteil hatte. Zwischen der Erforschung einer Vergangenheit, in der sie nicht vorhanden gewesen war, und einer literarischen Zukunft, in der sie nicht mehr vorhanden sein würde, konnte Grace sich nur ausgeschlossen fühlen und die Abwesenheit wählen, zumindest in Sachen »Yourcenar«, denn in Sachen »Marguerite« notiert sie bis zu ihrem letzten Tag das Tun und Treiben, die Schnupfen und Migränen ihrer Freundin. In diesem Desinteresse muß man jedoch die ersten Zeichen eines Endes sehen. Marguerite und Grace entfernen sich voneinander, weil sie nun, und zwar endgültig, aneinandergekettet, auf Haus und Garten beschränkt sind. Wie ein altes Ehepaar. Dabei hatte sich keine von beiden ein derartiges Ende vorstellen können.

Grace erträgt die Vorstellung nicht, daß Marguerite sie überleben könne. Das Gefühl, das in ihr vorherrscht und das einer Konstante ihres Charakters entspricht, ist weniger die Angst vor dem Tod als ein unbändiger Lebenswille, so unbändig, daß sie sogar einige Wochen vor ihrem Tod den Entschluß faßt, eine neue Behandlung auszuprobieren, die sich noch im Experimentierstadium befindet. Aufgrund dieser Energie hat Grace sich immer als »die Überlebende« gesehen. Dann würde die Protokollantin zur Richterin wie auch zur unentbehrlichen Zeugin werden. Ihre Bewunderung und ihre Liebe für Marguerite haben sie sicher daran gehindert, diesen Gedanken klar zu formulieren, aber die Manie, »alles« in Agendas zu notieren, war ein Mittel, um Marguerite in Besitz zu nehmen und sie gleichzeitig den anderen zu entziehen. Diese Agendas würden, wer immer auch den anderen überleben mochte, ein von Tag zu Tag registriertes Zeugnis von Marguerite Yourcenars Existenz ablegen. Aber man würde in ihnen eher die Unpäßlichkeiten als die Lektüren, eher die Erwähnung eines Spaziergangs im Garten, als das Gespräch, das dabei geführt wurde, finden.

Marguerite Yourcenar ist dies, als sie die Notizen wiederlas, sehr wohl klar geworden, und sie hat an die letzte Agenda, die über das Jahr 1979, eine in englisch geschriebene Karte geheftet mit der Anordnung: »Für die Houghton library (oder wenn diese Bibliothek sie nicht haben will, für die Grace Frick Stiftung an der Wellesley Universität). Grace Fricks Tagebücher. Agendas mit Notizen über Reisen oder in Petite Plaisance erhaltene Besuche, ober aber – vorher – über Aufenthalte in Hartford und Kansas City. Sehr wenige Eintragungen über MY.« Wenn man diesen kurzen Text zum ersten Mal liest, ist man perplex. In diesen Agendas ist fast ausschließlich die Rede von Marguerite Yourcenar. Aber sie erscheint darin als eine etwas kränkliche, ziemlich wehleidige Dame, die gern reist, aber oft abgespannt und sogar deprimiert ist, und nicht so sehr als eine Schriftstellerin, die von dem Wunsch getragen ist, ein Werk zu schaffen. Während Marguerite Yourcenar also ihre eigenen Texte für Harvard bestimmt, erhofft – oder wünscht – sie den möglichen Ausschluß der Agendas von Grace: Die Geste – und das Symbol – machen schaudern.

Als Grace klar wird, daß es mit ihr zu Ende geht, bleibt ihr nur noch eine einzige Macht: Sie kann durch ihre lückenhaften Agendas das Leben Marguerite Yourcenars in diesen siebziger Jahren schrumpfen lassen, so wie ihr eigenes Leben schrumpft. Dabei wußte sie, daß man nichts vermag gegen die Bücher – die bleiben –, daß man nichts vermag gegen den Augenblick, in dem ein Schriftsteller sein Publikum findet; nichts gegen den Augenblick der Anerkennung und des Ruhms. Sie wußte es, und wenn sie, angesichts des nahenden Todes, das Werk ihrer Gefährtin aus ihrer beider Alltagsleben tilgen will, so ist dies der verzweifelte Versuch eines Menschen, dem eines schon immer bewußt gewesen war: Wer der Schatten eines schöpferischen Geistes ist, der ist selbst gar nichts. Nichts in der Gegenwart, denn statt sein eigenes Leben zu gestalten, widmet er sich dem Geschick des anderen; nichts später, denn allein die schöpferische Leistung ist der Garant für ein eventuelles Fortleben in der Nachwelt.

Grace ist »la grâce«, die Gnade, durch die alles möglich geworden ist – Marguerite schreibt diesen Vornamen immer auf französisch: Grâce. Und Grace fragt sich nun manchmal, ob sie nie mehr gewesen ist, als nur ein Werkzeug in den Händen Marguerites, deren Egozentrismus und Narzißmus sehr oft jedes Maß überschritten haben. Aber ihre Hingabe an das »Genie« Marguerites, die Dankbarkeit gegenüber der Frau, die einwilligte, mit ihr zu leben und sich von ihr lieben zu lassen, verwehren es Grace, ihre Überlegungen bis zu diesem Punkt weiterzuführen. Hätte sie es dennoch versucht, sie wäre nur in einen Wust von Widersprüchen geraten. Selbst wenn man berücksichtigt, was sich nach ihrem Tod ereignet hat, fällt es schwer, die seltsame Geschichte von Grace Frick und Marguerite Yourcenar auszuloten.

Nach Graces Tod wird Marguerite Yourcenar, im Bann einer neuen Leidenschaft und eingeholt von den Dämonen ihrer Jugend, vorgeben, daß ihr gemeinsames Leben mit Grace nur eine nicht immer ganz friedliche Koexistenz gewesen sei. Aber vierzig Jahre totaler Zweisamkeit lassen sich nicht auf einen so banalen Nenner bringen. Alles, was Marguerite Yourcenar während der letzten Jahre ihres Lebens darüber gesagt hat, weist nur auf eine Liebe, die alles überdauert hat, wobei das Verdienst dafür nicht nur Grace und ihrer angeblichen Unterwerfung zukam. »Jahrelang habe ich geglaubt, Madame, die so Sanfte, die so Ruhige, sei die Gefangene von Grace, von Graces Autorität, Energie und schwierigem Charakter«, erzählt DeeDee Wilson. »Als ich dann nach Petite Plaisance gekommen bin, um Grace zu pflegen, habe ich sehr schnell begriffen, daß ich mich getäuscht hatte: Die Gefangene war Grace.« Diese Bemerkung ist äußerst aufschlußreich, nicht aufgrund dessen, was DeeDee für die Wahrheit über das Abhängigkeitsverhältnis zwischen den beiden Frauen hielt, sondern wegen des schwankenden Urteils der Leute, die dieses seltsame Paar erlebten. Wer zwang wem seine Interessen, seine Lebensziele, seine Werte auf – und nach welchem subtilen Teilungsprinzip? Fest steht, daß Grace 1972 die Gefangene geworden war, und sei es auch in einem Gefängnis, das sie selbst errichtet hat: Grace ist krank, völlig der von ihr geliebten Frau ausgeliefert, und diese Frau ist nur noch mit sich selbst beschäftigt. Die schlimmsten Jahre, die 1972 beginnen, vermitteln eine bessere Einsicht in die Komplexität dieses Paares, das nicht nur, wie die meisten amerikanischen Freunde der beiden Frauen sagen, *a good marriage* war.

Wie viele Paare – und die Tatsache, daß Marguerite Yourcenar Schriftstellerin war, verstärkte noch diese Tendenz – hatten Grace und Marguerite ihr Leben auf einer Fiktion begründet: Nach außen hin, für das Publikum im weitesten Sinne des Wortes, bildeten sie eine Einheit, genannt Marguerite Yourcenar, eine Einheit, die jedoch in der Realität sehr wohl aus zwei Personen bestand. Wir haben gesehen – und die Korrespondenz legt davon ein beredtes Zeugnis ab –, wie Marguerite Yourcenar nach ihrer Niederlassung in Petite Plaisance im Lauf der Jahre jeglichen Anspruch auf eine »Privatsphäre« gegenüber Grace aufgegeben hat. Grace sah alles durch, was ins Haus kam und aus dem Haus ging (Briefe, literarische Arbeiten, etc.), sie nahm alle Telefonanrufe entgegen und entschied von sich aus, ob Marguerite zu sprechen war oder nicht.

Als einzige Privatsphäre blieben Marguerite ihre Träumereien und ihre Lektüren. Es blieb ihr vorbehalten, Grace davon zu erzählen oder Schweigen zu bewahren. Doch im Gegensatz zu den Menschen, die völlig ausweglos in eine totale Abhängigkeit eingeschlossen sind, konnte Marguerite immer in etwas flüchten, das nur ihr allein zugänglich war: ins Schreiben. In ihre Sprache, die nicht die ureigene Sprache der anderen war. In einem anglophonen Universum, auf einer Insel, die weitaus stärker dieses Universum symbolisierte, als dies eine kosmopolitische Großstadt hätte tun können, handhabte sie eine fast verlorene Sprache, das Französische in seiner klassischsten Form. In dieser Sprache schuf sie ein Werk, in dauerndem Kampf gegen den Sog eines Idioms, das in seiner verluderten, verarmten, zu einem bloßen Werkzeug degradierten Form sich über den ganzen Planeten ausbreitete. Ein eigenständiges Werk, das sich auf keinerlei Experimente einließ, weder über die Sprache, noch über die Erzähltechnik, und das, wie sie dachte, nur denen etwas sagen würde, die diese Eigenständigkeit begriffen – weshalb sie immer mit nur wenigen Lesern rechnete und sich, als deren Zahl zunahm, nicht ohne Grund über ihr Unverständnis beklagte: Sich einschließen lassen, um seine eigene Festung zu bauen.

Allmählich beginnt Grace diese unwandelbare Intimität zu hassen, diese absolute Selbstbesessenheit, die Marguerite, die Schriftstellerin, zur Schau trägt. Im Laufe dieses Jahres 1972, das einen Wendepunkt in ihrem Leben und in ihrer Beziehung zu Marguerite markiert, beschäftigt Grace, die dunkel ahnt, daß sie vor Marguerite sterben wird, sich ausgiebig mit der Gesundheit ihrer Gefährtin und sehr wenig mit deren Werk. Nichts über das laufende Buch; am 3. Juni nur ein flüchtiger Hinweis auf den Doktor *honoris causa*, der Marguerite vom Colby College in Waterville, unweit von Mount Desert, verliehen wird. Alles dagegen über Marguerites Blutdruckschwankungen, die Allergien, die nach den zwei mit einem Fernsehteam verbrachten Tagen auftreten und Grace in ihrer Überzeugung bestätigen, daß Besuche der Gesundheit Marguerites abträglich sind.

Ende Oktober wird Marguerite krank. Fünf Wochen lang leidet sie an unerklärlichen Fieber- und Schwächeanfällen, an einer starken Müdigkeit. Schließlich geht sie vom 31. Dezember 1972 bis zum 11. Januar 1973 ins Krankenhaus von Bar Harbor. Als sie »nach zwölf Tagen Krankenhausaufenthalt und schmerzhaften Untersuchungen« wieder nach Hause kommt, ist sie, wie Grace sagt, »sehr schwach und schwer unterernährt«. Die Ärzte haben natürlich keinerlei Krankheit entdecken können. Marguerite Yourcenars Hypochondrie hat ihren Höhepunkt erreicht – und wirkt um so schockierender, je mehr Graces physische Schmerzen zunehmen. Marguerite beschließt, ein »Gesundheitsjournal« zu führen, »nach zwei Monaten und zwei Wochen nicht diagnostizierter Krankheit muß ich also selbst versuchen, mich zu heilen und die Kurve zu zeichnen«, schreibt sie als erste Eintragung in dieses Journal, das sie bis ins Jahr von Grace Fricks Tod führen wird (das Journal endet mit dem März 1979, und Grace stirbt Ende November).

Sie hätte sich nach den Gründen fragen können, die sie veranlaßt hatten, bei diesem Datum stehen zu bleiben. Vielleicht hat sie es getan, wir wissen es nicht. Dagegen wissen wir, daß sie sich 1973, dem Jahr, in dem sie siebzig wird, kaum nach den wahren Gründen ihrer Unpäßlichkeiten gefragt hat, die zwar sehr real, aber durch ihre hypochondrischen Reaktionen auch sehr »überzogen« waren. Konnte sie es nicht hinnehmen, daß Grace »die« Kranke war? Wollte sie den als unerträglich empfundenen seßhaften Zustand in eine Notwendigkeit verwandeln? »Auch ich bin krank, also können wir uns nicht vom Fleck rühren.« Und da reisen nicht mehr in Frage kommt, muß man sich auf die Selbstbeobachtung zurückziehen.

Der Terminus »psychosomatisch« taucht natürlich nie in diesem Gesundheitsjournal auf. Sie fordert für ihre Unpäßlichkeiten »echte, wissenschaftliche Bezeichnungen«, wie Dr. Robert Wilson bezeugt, der als Hausarzt und DeeDees Ehemann Marguerite Yourcenar in ihren letzten Jahren sehr nahe ist. »Mit zunehmendem Alter hat sich diese Tendenz selbstverständlich noch verschlimmert«, erklärt er. »Ich habe schließlich diesen kleinen Unannehmlichkeiten wohlklingende Namen gegeben. Ich glaube, das beruhigte sie.« Ganz sicher: Wenn man, wie Marguerite Yourcenar an die Macht der Wörter glaubt, dann muß man benennen können. Ihr »Fall« ist geradezu klassisch. Zu dieser Einsicht hätte sie bei ihrer Intelligenz und ihrer Scharfsicht selbst kommen müssen. Doch davon findet sich in ihrem Gesundheitsjournal nicht die geringste Spur.

Ohne auch nur einen Anflug von Selbstkritik erhebt sie systematisch Einspruch gegen alles, was die Ärzte tun und sagen. So im Jahr 1973: »Keinerlei Untersuchungen auf Asthma und dergleichen, obwohl diese Beschwerden meine Tätigkeit stark einschränken. Z. B. seit 1968 Verbot, mit der Metro zu fahren, wegen schwerer Anfälle.« Später, 1978, nachdem sie ein »Augenproblem« festgestellt hat – »ich sehe herumschwirrende Fliegen und Funken« – vermeldet sie, fast enttäuscht, »aber kein Glaukom, kein grauer Star, keine Netzhautablösung« ... Molière ist nicht weit ... Sie scheut sich übrigens nicht, mit großer Ernsthaftigkeit den *Malade imaginaire* zu zitieren: »Von einigen Ausnahmen abgesehen, tun die meisten Ärzte, die ich kenne, ihr Bestes. Aber im großen und ganzen hat der Béralde aus dem *Eingebildet Kranken* immer noch recht: ›Sie verstehen sich darauf, die Krankheiten zu benennen, zu definieren und zu klassifizieren. Sie verstehen sich nicht darauf, sie zu heilen‹. Oder kaum.«[2]

Schon im August 1972, bevor sie sich an die minuziöse Erfassung ihrer Unpäßlichkeiten macht, beklagt sie sich über ihre Müdigkeit bei Jeanne Carayon:

»Wenn ich die Briefe an meine Freunde nicht frühmorgens vor der eigentlichen literarischen Arbeit schreibe, bin ich am Abend oft zu müde, um mich mit dem nötigen Elan daranzumachen.

Die Müdigkeit . . . Sie sind die einzige, deren freundschaftlicher Aufmerksamkeit diese beiden Wörter im Vorwort zu den *Rundfunkgesprächen* [mit Patrick de Rosbo[3]] nicht entgangen sind: In der Tat, da ist die Müdigkeit. Da ist sogar die Krankheit, denn Anfang August hat ein kleiner Anfall von Angina pectoris – ein Übel, dessen Symptome ich seit zwanzig Jahren kenne (was mir erlaubt hat, sie im *Hadrian* zu beschreiben) – die Aufmerksamkeit der Ärzte erregt (. . .) Seitdem muß ich eine Menge Medikamente nehmen, was ebenfalls ermüdet. Es geht mir zwar besser, aber noch nicht vollkommen gut. Eigentlich geht es mir seit Jahren schon nicht mehr vollkommen gut. Ich glaube, daß die Ärzte, selbst wenn sie, wie anscheinend die meinen, sehr tüchtig sind, keine Ahnung von der immensen moralischen Müdigkeit haben, wie sie die Welt, in der wir leben, mit sich bringt, noch von den Ängsten, die auf uns allen lasten.«[4]

Sie kommentiert die Wirksamkeit der Medikamente, die man ihr gibt (»Parabid: ziemlich gute Wirkung bei Krämpfen und jähem Erwachen«), stellt eine Liste der Medikamente auf, die man ihr verschrieben hat, von denen sie gehört hat, oder die sie hortet, ohne sie einzunehmen, wie das Valium, »ein angeblich sehr gutes Beruhigungsmittel. Ich besitze welches, habe es aber noch nicht probiert.« Als Stärkungsmittel verordnet sie sich selbst ziemlich oft einen Cognac. Das ist eine seit langem geübte Praktik, die sie wahrscheinlich von ihrem Vater übernommen hat und auf die sie nie verzichten wird.

Das Peinlichste, das am schwersten zu Akzeptierende an diesem Journal ist nicht so sehr das ausgeprägte Interesse Marguerite Yourcenars an ihrer eigenen Person – viele Frauen und wohl auch viele Männer notieren gewissenhaft ihre Gewichtsveränderungen, wie sie ihre Blutdruck- und Temperaturschwankungen aufzeichnete – als vielmehr der Anteil, den die schwerkranke Grace an diesen Beobachtungen nimmt, vor allem im Januar 1973, nach Marguerites Klinikaufenthalt. Marguerite schreckt fast jede Nacht schweißbedeckt aus dem Schlaf auf. Grace notiert es und gibt an, ob sie

Marguerites Haar mit ihrem elektrischen Föhn hatte trocknen müssen oder nicht. Sie schreibt es auch in ihre eigene Agenda ein, während sie darin nie von dem spricht, was sie bewegt; hingegen erwähnt Marguerite in ihrem Gesundheitsjournal Grace nur dann, wenn ihnen beiden zusammen der Blutdruck gemessen wurde. Grace macht sogar einige Kommentare, was bedeutet, daß sie bei allen kleinen Unpäßlichkeiten zur Stelle war. So wie sie auch gewissenhaft die Temperatur verzeichnet, was zu Feststellungen führt, deren Komik ihr eigentlich hätte bewußt werden müssen: »Nach der Abendmahlzeit hat Marguerite 37°4«, schreibt sie eines Tages. »Dann fällt die Temperatur auf 36°7; das ist zu niedrig.« Oder: »Angenehmer Abend bei 37°!« (was Marguerite in demselben Wortlaut angibt). Man mußte schon, wie Grace dies wohl war, völlig eingeschlossen in die Krankheit, in das Alter, von dem anderen auf verrückt-morbide Weise fasziniert sein, um das alles mit der größten Ernsthaftigkeit niederzuschreiben. Man ist weit entfernt vom ironischen »Marguerite called to tell world she had a cold« der vierziger Jahre. Aus diesem Gesundheitsjournal geht hervor – und das ist sein interessantester Aspekt – daß Marguerite Yourcenar keinerlei Abscheu vor dem Körper empfindet, selbst wenn dieser Körper krank und mit gemeinhin als abstoßend empfundenen Krankheiten behaftet ist. Davon zeugt auch ihr ganzes Werk, in dem sie geradezu genüßlich die verschiedenen Arten von Blutungen, Schweißausbrüchen, Krämpfen und anderen Schmerzen beschreibt ...

Vom Beginn des Jahres 1973 an leidet die gemeinsame Existenz Grace Fricks und Marguerite Yourcenars sozusagen an Auszehrung. Davon weiß man wohl kaum etwas in Paris, wo man seit der Veröffentlichung der *Gedenkbilder* im Jahr 1974 immer mehr von Marguerite Yourcenar spricht. Im Gegensatz zu heute, da man über verschiedene Aufzeichnungen und Korrespondenzen verfügt, konnte man damals kaum ermessen, wie sehr der Verzicht auf Reisen auf ihrem Alltagsleben lastete. Wenn man dagegen Schritt für Schritt die Etappen ihrer nicht gewählten sondern erduldeten »Einschließung« verfolgt, begreift man besser, warum Marguerite sie bei der Wiederaufnahme ihrer Reisen nach Graces Tod den Eindruck hatte, ihre Jugend wiederzufinden.

Als im Februar 1973 die ersten Fahnenabzüge von *Gedenkbilder* ankommen, tut Grace wieder das, was sie in derartigen Fällen immer getan hat: Sie fotokopiert den Satz Fahnen, um die Korrektur zu zweit zu erleichtern, schickt die korrigierten Kapitel ab, etc. Während dieses leeren Winters, der vom Altern und von der Krankheit beherrscht wird, lebt Marguerite Yourcenar sozusagen auf Sparflamme. In diesem Universum der Gesundheitstees wird daher ein Artikel von Patrick de Rosbo im Magazin *Gulliver*, in dem der Autor sich auf sehr beleidigende Weise über Grace äußert, fast zu einem Ereignis. Zu einem ärgerlichen Ereignis, denn Patrick de Rosbo erlegt sich keinerlei Zwang auf.

Der Journalist war, wie bereits erwähnt, im September 1970 auf der Ile de Monts-Déserts. »Acht Tage Fegefeuer mit Marguerite Yourcenar«, unter diesem Titel schreibt er sich in seinem langen Artikel die zahlreichen Mißverständnisse und Frustrationen von der Seele, als deren Opfer er sich gefühlt hatte. In der Schilderung Patrick de Rosbos erscheint Grace als ein bösartiger Zerberus unbestimmten Geschlechts: »Ich sehe ein kleines, knochiges Gesicht. Schrumpfkopf? Mumie Ramses' II.? Das graue, dünne struppige Haar erinnert mich sofort an einen kleinen und sehr mageren Herrn mit ausgemergelten Zügen, an eine sehr viel ältere Schwester Natalie Sarrautes, an eine Malerin der zwanziger Jahre, ein wenig auch an die ›Petite Dame‹ Gides. Über das Geschlecht bin ich mir im unklaren.« Oder: »Miss F . . . taucht aus ihrem Wagen auf, ganz englische Schulmeisterin, Schwester Bismarcks; blaß-blaue, vorstehende Augen, wachsam und ohne einen Funken Güte, hermaphroditisches Skelett. Cocteau in Röcken, mittelalterliches Pasolinisches Scheusal, das sich anschickt, einen Ketzer zu verbrennen . . .« Grace, die nicht wollte, daß Marguerite sich überanstrenge, hatte bezüglich der Dauer der Gespräche sehr strikte Anweisungen erteilt, was Rosbo ärgerte: »Punkt fünf Uhr tauchte aus der Küche die knochige Figur der ›Vertrauten‹ auf, eine Bezeichnung, die mir gerechtfertigt scheint aufgrund der häufigen, wenn nicht dauernden Gegenwart Miss F.'s während der Stunden, in denen es mir gestattet war, mit der Romanciere zusammenzusein.« Wenn das Gespräch nicht beendet war, »setzte Grace eine ziemlich grimmige Miene auf, flüsterte einige Worte in einem unnachahmlichen Englisch, und verschwand wieder – die Greuliche zurück ins Gräuliche.« Bei einer anderen Arbeitssitzung zeigte er sich irritiert darüber, daß Marguerite dauernd fragend auf Grace schaute. »Meine Augen sind nicht von Graces Augen zu trennen«, soll sie ihm geantwortet haben. »Unter dem zähen, wirksamen Störfeuer dieser eckigen Göttin der Zwietracht wurden unsere Gespräche nicht lockerer, sondern zusehends steifer. Es gab seltene Augenblicke, in denen wir allein waren und ich hoffen konnte, endlich angehört zu werden, ohne Ärgernis zu erregen, und leider allzu häufige Augenblicke, in denen, nach Auftritt der Vertrauten in einer Wolke von schwirrenden Pfeilen und zischenden Kugeln, Steifheit und Mißtrauen wieder die Oberhand gewannen. Der Kontrast war frappierend.«[5]

Dieses Zerrbild hat Marguerite Yourcenar, die Rüpelhaftigkeit immer verabscheut hat, so sehr schockiert, daß sie Charles Orengo einen Brief an Pierre Belfond, den Direktor des Magazins *Gulliver* diktiert. Nicht nur das Portrait, das Patrick de Rosbo von Grace zeichnet, sei absolut niederträchtig, erklärt sie, sondern auch alle seine Behauptungen seien falsch: der Leihwagen, das antikatholische Pamphlet, das sie angeblich vorbereite, die beschriebenen Gegenstände. Kurz und gut, die Äußerungen Monsieur de Rosbos zeichneten sich weder durch Genauigkeit, noch durch Wahrhaftigkeit, weder durch Schicklichkeit, noch durch Anstand aus.

»Es handelt sich hier um eine Mischung aus Niedertracht und Wahnvorstellungen«, kommentiert sie in einem Brief an eine ihrer Freundinnen. »In diesem *Gulliver* sind alle Gespräche frei erfunden. Ein ungewöhnlicher Fall von krankhafter Phantasie.« »Die Geschichte ist an sich banal«, erklärt sie. »1969 habe ich den Verlag Gallimard (der niemand anderen vorzuschlagen hatte) gebeten, man solle ihn [Rosbo] eine Arbeit von knapp hundert Seiten über mich machen lassen im Rahmen der Reihe ›Zeitgenössische Schriftsteller‹. Die Exposés, die Rosbo dann im darauffolgenden Jahr vorlegte, mußten alle abgelehnt werden; sie waren ebenso verrückt wie seine Beschreibung von Northeast Harbor, jedoch im Sinne reiner Lobhudelei, und ich habe vergeblich mit ihm korrespondiert und versucht, zu klären, zu vereinfachen (...) Einige Monate vor dem Tod dieses Projekts kündigte er mir seinen (unerbetenen) Besuch in Northeast Harbor an, zur Aufnahme einer Reihe von ›Rundfunkgesprächen‹. Für diesen Aufenthalt sah er vierzehn Tage vor, die ich mit Mühe auf acht verkürzte. Die Sache kam mir sehr ungelegen, da sie in eine Arbeitsperiode fiel. Es ist nicht Rosbos Schuld, wenn ich mich infolge von Quetschungen, die ich mir bei einem Sturz zugezogen hatte, dringend einer Brust-

Biopsie unterziehen mußte (...); es ist aber sehr wohl seine Schuld, wenn er, nachdem er bei seiner Ankunft erfahren hatte (wir konnten ihn nicht eher benachrichtigen), daß ich erst vor zwei Tagen in ziemlich geschwächtem Zustand aus dem Krankenhaus entlassen worden war, sich trotzdem aufdrängte. Dies erklärt auch seine Animosität gegen Grace Frick, die sich bemühte, mich zu verteidigen, da sie wußte, daß ich selbst nicht die Kraft dazu hatte, und die versuchte, diese endlosen täglichen Besuche ein wenig einzuschränken. Die arme Grace, von der mein reizender alter holländischer Übersetzer so treffend sagte, er habe in ihr das ›Antlitz der Treue in Reinkultur zu sehen geglaubt‹ ...«

Soviel zur »armen Grace«. Danach kommt Marguerite auf das Wesentliche, das heißt auf ihr Werk zu sprechen:

»Ich finde, die *Rundfunkgespräche* sind trotz allem ein nützliches Buch für die Leute – vorausgesetzt, es gibt sie –, die sich eingehender mit meinen Werken befassen wollen. Ich habe den Text gründlich überarbeitet, viele Zusätze auf den Korrekturfahnen angebracht. Ich hatte nach Kräften versucht, meinen Gesprächspartner zu einer Änderung derjenigen Fragen zu bewegen, deren vage Formulierung kaum eine einigermaßen klare Antwort zuließ, und viele andere Fragen schienen mir kaum wert, gestellt zu werden (aber das ist oft der Fall). Immerhin konnte ich bei dieser Gelegenheit gewisse Dinge über mein Werk sagen, die ich sonst nicht gesagt hätte.«[6]

Ein Jahr später reitet Patrick de Rosbo wiederum eine Attacke, diesmal gegen Marguerite Yourcenar:

»Ich habe an anderer Stelle bereits geschrieben, daß dieser Aufenthalt in Northeast Harbor für mich ein Fegefeuer war, und ich bleibe dabei (...) Ich mache mich heute nicht ohne gewisse Bedenken wieder auf den Weg nach Maine (wenn auch nur im Geist, das ist weniger gefährlich). Nicht ohne Grund habe ich die Schriftstellerin mit einer Festung verglichen: stolz und abweisend, aber auch von vielen unmerklichen Rissen durchzogen (...). Yourcenar die Hochmütige, ihre Kopfbedeckung, halb Schottenmütze, halb Schlägerpfanne, in das Gesicht einer Kriegsgöttin gezogen, die Nasenlöcher kämpferisch gebläht, die weite Pelerine im Seewind flatternd (...) Ich habe schon einmal gesagt, daß Marguerite Yourcenar zugleich verkannt und anerkannt sein will, von der Intelligenz entdeckt, der Seele unzugänglich. Wer ihr begegnet, soll ihre Bildung zu spüren bekommen, ihr Denken hinterfragen und die

Meditation, die daraus entspringt: Sie wird sich nicht widersetzen, ja es sogar wünschen. Aber die Zugbrücken gehen in der Sekunde hoch, in der man in das Innere dieses Port-Royal, dieses Montségur eindringen will. Die bis dahin gezügelte Heftigkeit oder Verachtung brechen sich dann auf diesem lauernden Gesicht blitzartig Bahn (...) Alles im Griff haben. Alles beherrschen. Sich nie bei einem Irrtum ertappen lassen, nie eine Schwachstelle zeigen: Welche Freiheit kann man unter diesen Umständen von einem Dialog erwarten, der spontan sein will? (...) Die Ausstrahlung eines exemplarischen Werks verbietet nicht, daß man die hochgemuten Siegesbulletins der Autorin manchmal für unnötig oder eintönig hält.«[7]

Während dieser Zeit und bis 1979 finden sich Marguerite Yourcenars Reflexionen vor allem in den Briefen an Jeanne Carayon. Reflexionen über ihre Lektüren, über das Altern, über die Autoren, denen ihre gemeinsame Liebe gilt. Das trifft in besonderem Maße auf Montherlant zu, auf den Marguerite Yourcenar mehrmals zu sprechen kommt. 1973 kommentiert sie einen Artikel Gabriel Matzneffs, der die Asche Montherlants in Rom über das Forum verstreut hat: »Selbst wenn dieser Mensch* sich guten Glaubens, was ja möglich ist, für den Sohn Montherlants hält, so ist es nicht seine Sache, dies publik zu machen, da Montherlant selbst nicht das Nötige getan hat.«[8]

Außer dieser »Karikatur einer antiken Bestattung, die nicht einmal wie ein schlechter Film, sondern wie ein schlechter Comic wirkt«, wirft Marguerite Yourcenar Montherlant »sein zwanghaftes Bedürfnis« vor, von seinem Privatleben zu sprechen, ein Bedürfnis, das gepaart sei mit der Furcht, »zu viel darüber zu sagen«. »In puncto Privatleben«, versichert sie, »muß man entweder entschieden und unzweideutig alles sagen, oder im Gegenteil, gar nichts.«[9] Das ändert natürlich in nichts die Bewunderung, die sie für einen Teil des Montherlant'schen Werkes empfindet. So wenig wie ihr Urteil über die Texte, die ihr »widerwärtig« sind: »Ich verspüre bei diesem großen Schriftsteller nur zu deutlich eine Neigung zu grobschlächtiger und bornierter Brutalität; als ob zuweilen ein betont unbekümmerter Feldwebel seine Stelle einnehme und Montherlant unglücklicherweise sein Entzücken an diesem Rollentausch habe. Es nimmt wunder, daß ein Mann, der so klar

* Gemeint ist Jean-Claude Barat, Montherlants Erbe und Testamentsvollstrecker.

und überzeugend gegen die Niedrigkeit unserer Zeit protestierte, nicht bemerkt hat, daß er selbst dafür anfällig war.«[10] »Ich verübele es Montherlant, daß er so tief unter seiner eigenen Größe stand.«[11]

In einem anderen Brief kommentiert sie das vitale Liebesleben mancher, selbst sehr betagter Leute; sie zitiert »Hugo, Pindar, Goethe, Ninon«, und bemerkt im Hinblick auf die, wie sie sagt, »verliebten Achtzigjährigen«: »Die alten, und manchmal uralten Menschen, Männer und Frauen, die immer noch nach Liebesfreuden haschen, oder dauernd die Erinnerung an sie wiederkäuen, scheinen mir zu vergessen, daß alles seine Zeit hat.« Derart kategorische Behauptungen sind, wie sie selbst nicht müde wurde zu sagen, immer mißlich: An dem Tag, an dem sie sich aus Unachtsamkeit zu dieser ziemlich banalen Bemerkung und zu dieser völlig konventionellen Idee hinreißen läßt, weiß sie nicht, daß genau das, was sie beschreibt, ihr selbst passieren wird. Jeanne Galzy hatte Marguerite Yourcenar einmal darauf aufmerksam gemacht, daß man sie, Marguerite Yourcenar, übermäßiger Leidenschaftlichkeit »anklage«: »Warum wundern Sie sich über so viel Leidenschaft? (...) mir scheint, daß das Liebesgefühl zwar zunehmend zarter aber nicht schwächer wird.«[12] Marguerite Yourcenar war in ihrer Jugend, als sie von den erotischen Sehnsüchten des alten Pindar sprach, klarsichtiger.

Dies alles hat Marguerite Yourcenar noch nicht ermessen, als sie an Jean Chalon schreibt, den Autor des Buches *Portrait einer Verführerin*,[13] das Natalie Barneys Leben nachzeichnet. Sie sagt, sie sei nicht einverstanden mit seiner Betrachtungsweise der »Liebe« (im präzisen und engen Sinn des Wortes) zwischen der damals achtzigjährigen Natalie und der um dreißig Jahre jüngeren Gisèle, der letzten Liebe der »Amazone«: »In den letzten Jahren ihres Lebens waren die Liebe aus Leidenschaft und die Lust aus Leidenschaft für unsere Freundin zu der Art nostalgischer und, man kann es nicht anders sagen, ein wenig abgedroschener Zwangsvorstellungen geworden, wie sie auch manche alte Herren haben. Das schien mir am wenigsten schätzenswert bei einer Frau, die so viele Qualitäten und Eigenschaften ganz anderer Art besaß. ›Ein jegliches hat seine Zeit‹, wie der *Prediger Salomo* sagt, und wenn diese Zeit vorbei ist, wird das Beharren auf manchen Dingen zu einem Ärgernis.«[14]

Zeit des Schreibens, Zeit des Lesens. Trotz ihrer Vorbehalte gegenüber Montherlant liest sie 1975 dessen nachgelassene Werke mehrere Male – »ich lese ein Buch, das die Mühe wert ist, nach der ersten Lektüre sofort von neuem.« *Fichier parisien* gibt Anlaß zu der Feststellung, »wie sehr Hugo und Montherlant sich gleichen durch ihre scharfe Sicht der Aktualität.« In *Tous feux éteints* ärgern sie die Wiederholungen: »Versehen oder Ermüdung seitens des kranken und alternden Schriftstellers? Ungeschicklichkeit der Erben, die Wiederholungen, vielleicht ohne sie zu bemerken, belassen haben, Wiederholungen, die der Autor ausgemerzt hätte? Auf alle Fälle liegt hier eine mißliche Nachlässigkeit vor.«[15] Es wäre gut gewesen, wenn Yvon Bernier diesen Satz gekannt und am Manuskript des wichtigsten posthumen Werks Marguerite Yourcenars, *Liebesläufe* gearbeitet hätte, statt pietätvoll einen Text zu veröffentlichen, bei dem es Aufgabe der Forscher sein wird, festzustellen, mit welch »mißlicher Nachlässigkeit« die Erstausgabe bewerkstelligt wurde.

An *Liebesläufe* denkt sie bereits, als noch nicht einmal *Gedenkbilder* erschienen waren. So wie sie auch in ihrer Korrespondenz mit Jeanne Carayon immer schon Einzelheiten aus *Lebensquellen* erwähnt, mit deren Ausarbeitung sie gerade beschäftigt ist. Für sie war dieser Rückblick auf die Familiengeschichte ein einziger und einheitlicher Schöpfungsakt aus der Erinnerung, eine Gesamtschau, die nur zur Erleichterung der literarischen Aufbereitung geteilt werden mußte. Als Marguerite Yourcenar sich mit der Figur Jeanne von Vietinghoffs herumschlug, schreibt sie an Jeanne Carayon: »Ich sehe Jeanne von V. 1924 wieder. Sie war bereits nur noch ein Schatten (...), sie ist nie völlig eine Schriftstellerin gewesen. Dem standen zu viele Dinge im Wege (...), ihre Zaghaftigkeit, ihre kleinen Finessen einer Frau comme il faut.«[16] »*L'autre devoir*, von Jeanne von Vietinghoff, ist ein dickleibiger Roman, den ich als Fünfundzwanzigjährige las und schon damals als wertlos empfand«, erklärt Marguerite Yourcenar ein wenig später.[17] »Als Einziges hat mich frappiert, daß Jeanne ihre erste Begegnung mit einem Mann beschreibt, der ganz offensichtlich mein Vater ist, eine Begegnung inmitten der Zypressen und der Ruinen der Villa Adriana.« Nun hat aber die erste Begegnung, wie erinnerlich, bei der Hochzeit Fernandes und Monsieur de Crayencours stattgefunden. »Aber die imaginäre Kulisse bringt ihre erste Begegnung in eine sonderbare Nähe zu meiner Konstellation«, bemerkt Marguerite Yourcenar. Seltsame »Magnetfelder« erzeugen, ihrer Ansicht nach, in allen Gefühlsbeziehungen diese Breton so teueren »objektiven Zufälle« rings um die Protagonisten. Marguerite Yourcenars Sinn für literarische Gedankenspiele dürfte wohl für eine Weiter-

317

J'ai cru longtemps avoir peu de souvenirs d'enfance; j'entends par là ceux d'avant la septième année. Mais je me trompais: j'imagine plutôt ne leur avoir guère jusqu'ici laissé l'occasion de remonter jusqu'à moi. En réexaminant mes dernières années au Mont-Noir, certains au moins redeviennent peu à peu visibles, comme le font les objets d'une chambre aux volets clos dans laquelle on ne s'est pas aventuré depuis longtemps.

Je revois surtout des plantes et des bêtes, ~~plus~~ secondairement des jouets, des jeux et des rites ayant cours autour de moi, plus vaguement et comme à l'arrière-plan des personnes. Je grimpe à travers les hautes herbes la pente abrupte qui mène à la terrasse du Mont-Noir. On n'a pas encore fauché. Des bleuets, des coquelicots, des marguerites y foisonnent, rappelant, ce qui me déplaît, à mes bonnes le chapeau tricolore, car je voudrais que mes fleurs soient seulement des fleurs. Nous ignorions, bien entendu, que cinq ou six ans plus tard, ces "pavots des monts de Flandre" allaient se parer d'une gloire funèbre, pavots en vérité, sacrés au sommeil de quelques milliers de jeunes anglais tués sur cette terre, et dont des reproductions en papier de soie écarlate sont encore vendues de notre temps pour certaines oeuvres de charité anglo-saxonne. La pente de

Manuskriptseite aus Quoi? L'Eternité (Liebesläufe)

entwicklung solcher »Zufälle« gesorgt haben. Es ist vorstellbar, daß sie aufgrund dieses Details aus Jeannes Buch die *Liebesläufe*-Episode erfunden hat, in der Jeanne Michel de Crayencour auf dem Gelände der Villa Adriana zu sehen glaubt.[18] Das ist zwar nur eine Hypothese, aber man darf nicht vergessen, daß sie während der Niederschrift der *Liebesläufe* von diesem Text immer als von einem »Roman« sprach, also ausdrücklich auf Elemente der Fiktion verwies, die übrigens auch schon in den beiden ersten Bänden der Trilogie vorhanden waren, ohne daß sie es für nötig erachtet hätte, darauf hinzuweisen.

In den Anfang 1974 erschienenen *Gedenkbilder* – Grace mußte sich damals einer neuerlichen Operation unterziehen (am 18. Januar im Krankenhaus von Bar Harbor) –, in denen sich bereits einige Spuren finden, die ihre Kindheit betreffen und ihr Verhältnis zur Mutterlosigkeit, beherrscht Marguerite Yourcenar noch nicht völlig ihre Methode der Vergangenheitsumarbeitung. Dieses in biographischer Hinsicht höchst interessante Buch ist schwerfälliger als *Lebensquellen* und manchmal fast langweilig. Einige Ahnen-Portraits sind zu ausführlich, ungenauer als in *Lebensquellen*. In der Figur des Octave Pirmez, Marguerite Yourcenars Großonkel mütterlicherseits, Dichter und Schriftsteller, glaubte Jean Chalon jedoch ein Selbstbildnis Marguerite Yourcenars zu entdecken. Er spricht davon in einem Artikel, der in der Zeitschrift *Elle* erscheint, und ihm eine kleine Richtigstellung einbringt: »Sicherlich, *unum sum et multi in me*«, schreibt ihm Marguerite Yourcenar;[19] »aber diese *multi* sind nicht das gleiche, wie unser kleines Ich. Und das Buch enthält weder ›Geständnisse‹ noch ›Bekenntnisse‹, und schon gar keine unfreiwilligen.« »Möglicherweise schreibe ich eines Tages einen Band (einen einzigen) über mein eigenes Leben, oder vielmehr über die Menschen, die ich gekannt, und die Ereignisse, denen ich beigewohnt habe«, hatte sie Jean Chalon schon früher einmal geschrieben.[20] »Wenn ich es tue (Deo volente), so weiß ich jetzt bereits, daß ich darin nur eine kleine Rolle spielen werde.«

Ganz allgemein erscheinen ihr jedoch die Kritiken über *Gedenkbilder* »intelligent und von tröstlicher Wärme«. Besonders die in der NRF vom Juli 1974 veröffentlichte Rezension von Dominique Aury findet sie »schön wie ein Gedicht«. In ihrer in der Tat sensiblen und zutreffenden Analyse sagte Dominique Aury: »Zur Suggestivkraft und zur ruhigen Noblesse der Gedankenführung, die Marguerite Yourcenars Text seine Kraft verleihen, zum verhaltenen und immer gegenwärtigen Mitleid, welches das Buch so bewegend macht, kommt noch ein besonderes Merkmal, so besonders, daß es ihr, und nur ihr allein eigen ist: Sie beseitigt, ohne anscheinend jemals daran zu rühren, die Grenzen zwischen den Reichen, ich will sagen zwischen dem Pflanzenreich, dem Tierreich und dem Menschenreich. Wir sind alle vom selben Blut (oder aus dem selben Lehm). Nur sie allein vergißt das nie.«[21]

Grace, die am 25. Januar 1974 aus dem Krankenhaus entlassen wird, notiert monatelang nichts in ihre Agenda. Sie erholt sich schlecht, und das Leben läuft für sie erst im Sommer wieder langsam an: Sie besucht zusammen mit Marguerite in Somesville ein Konzert am 23. Juli sowie eine Theateraufführung am 1. August. Marguerite scheint ihrerseits nur für ihre Arbeit zu leben und für ihre Korrespondenz, vor allem für den sehr reichhaltigen und regelmäßigen Briefwechsel mit Jeanne Carayon. Nachdem sie Claude Lévi-Strauss' Antrittsrede in der Académie française gelesen hat (er nimmt Montherlants Sitz ein und wird von Roger Caillois mit einer Laudatio eingeführt) liefert sie ihrer Briefpartnerin einen Kommentar. Sie würdigt den Beginn dieser Rede, den Vergleich zwischen der Aufnahme in die Académie und der Initiation in eine Geheimgesellschaft, meint jedoch, er spinne diese Idee zu sehr aus und findet den Teil über Montherlant »schrecklich dürftig«. Was Caillois betrifft, so hat ihr »seine schonungslose Analyse der Sozialwissenschaften, mit ihrer Verschwommenheit und Rechthaberei« sehr gefallen. »Die Académie selbst«, schreibt sie, »löst zwiespältige Gefühle aus. Einerseits die Schönheit einer Institution, die eine dreihundertjährige Tradition hat, wenn auch die Uniformen aus der Zeit Napoleons stammen. Andererseits die Intrigen und Lobhudeleien, die jede Wahl mit sich bringt, diese Kunst, zu sprechen um nichts zu sagen, die gleicherweise vom Laudator wie vom Belobigten praktiziert wird. Das Frappierendste dabei ist eine gewisse Belanglosigkeit.«[22]

Die Massenmedien interessieren sich in zunehmendem Maß für Marguerite Yourcenar, und dieses Interesse wird bis zu ihrem Tod immer mehr anschwellen. Dieses Phänomen ist um so augenfälliger, als man von nun an zu ihr kommen muß, wenn man sie sehen will. Sie rührt sich nicht mehr vom Fleck. Der kanadische Rundfunk kommt Ende August, und ihm folgt das belgische Fernsehen vom 7. bis 14. September. Vom 26. bis 30. September macht Gisèle

Freund Aufnahmen von Marguerite Yourcenar. Man kann verstehen, daß Grace, der es nach wie vor schlecht geht, diese Eindringlinge nur schwer erträgt, diese Invasion dessen, was sie als ihr ureigenes Territorium betrachtet, den Ort ihres Besitzes – soweit Marguerite je in ihrem Besitz hatte sein können. Wenn Marguerite ihr an diesem Ort entgleitet, dann entgleitet sie ihr völlig. Sie kann solche Besuche also nur mißbilligen. So wie ihr auch die herzlichen Beziehungen mißfallen müssen, die Marguerite mit manchen Pariser Journalisten unterhält, vor allem mit Matthieu Galey vom *Express*, der bereits im Herbst 1971 nach Petite Plaisance gekommen war und dem sie Klein-Mädchen-Wichtigkeiten anvertraut wie: »Die Apfelbäume haben gut getragen. Bis Neujahr wird es sechs Mal in der Woche Apfeldessert geben. Das ist ein wenig monoton, aber wir sind sehr stolz darauf.«[23]

Nach der äußerst wohlwollend aufgenommenen Veröffentlichung von *Gedenkbilder*, nach der Verleihung des Großen nationalen Kulturpreises, nach all diesen Besuchen, die von dem wachsenden Interesse zeugen, das die ganze französisch sprechende Welt ihr entgegenbringt, schreibt Marguerite Yourcenar am 17. Dezember an ihren Freund Jacques Kayaloff: »Es geht mir viel besser als im letzten Jahr«, setzt aber sofort korrigierend hinzu »aber meine Kräfte werden entschieden immer beschränkter und bleiben nur am Arbeitstisch völlig ›reliable‹.«[24] Sie ist einundsiebzig: Wenn man weiß, wie sie mit vierundachtzig durch die Welt zog, dann kann man ermessen, wie sehr diese Äußerungen rein psychologisch begründet waren ...

Charles Orengo, der an Krebs erkrankt war, überlebte das Jahr 1974 nicht mehr. Mit seinem Tod im Alter von einundsechzig Jahren »endet eine Freundschaft von dreiundzwanzig Jahren, die Zeit zwischen *Hadrian* und *Gedenkbilder*«. Seltsame Freundschaft. Orengo, von dem dessen Freundin Anne Quellennec – mit einundneunzig Jahren die einzige Überlebende unter all denen, die mit Marguerite Yourcenar schon vor der Veröffentlichung des *Alexis* zusammengekommen waren – noch heute sagt, wie sehr er eine Schriftstellerin bewunderte, die er für »einen der größten Geister dieses Jahrhunderts« hielt, Orengo korrespondierte über zwanzig Jahre regelmäßig mit Marguerite Yourcenar. Er hat sie immer ermutigt, unterstützt, in ihren Verhandlungen mit Verlegern beraten, ohne Rücksicht auf die Schwierigkeiten seiner eigenen verlegerischen Laufbahn. Und doch ist in der umfangreichen Korrespondenz, die nun im Besitz der Harvard Universität ist, sehr viel mehr die Rede von beruflichen und sachlichen Dingen, als von echter Freundschaft. Sollte Marguerite Yourcenar alles ausgesondert haben, was sie als unvereinbar mit dem Bild erachtete, das sie von sich selbst geben wollte, wie sie dies auch bei den Briefen an Jacques Kayaloff getan hatte? Das ist sehr wohl möglich. Trotzdem spürt man in jedem Brief an Jacques Kayaloff, selbst im belanglosesten, eine Wärme, die sich in der Korrespondenz mit Orengo an keiner Stelle bemerkbar macht. Vielleicht weil Jacques Kayaloff sie zur Zeit ihrer »schwarzen Jahre« gekannt und ihr geholfen hatte, und sich so zwischen ihnen ein mit keinem anderen vergleichbares Band geknüpft hat.

Charles Orengo gegenüber läßt Marguerite Yourcenar ihren Gedanken nie freien Lauf, empfindet sie nie die Lust, Nebensächliches zu sagen, von beruhigenden Alltagsbanalitäten zu sprechen, wie mit Jeanne Carayon, mit Lidia Storoni, ihrer italienischen Übersetzerin und einigen anderen. Immer Frauen, wie man zugeben muß. So als existierte eine uralte, aus dem Gynäkeion oder Harem stammende Tradition der Frauengespräche, der man sich nie völlig entziehen kann. Marguerite Yourcenar, die jede Form der »Eingrenzung« ablehnte und glaubte, das Feld ihrer Freiheit ad infinitum ausdehnen zu können, hätte auf eine derartige Bemerkung mit Abscheu reagiert. Und doch ...

Über das Altern, zum Beispiel, sprach sie nur mit Frauen, vielleicht, weil die Frauen sich ihr anvertrauten, was ein Zeichen der selben, oben erwähnten Tradition ist. So schreibt sie an Jeanne Carayon: »Darf ich Sie bitten, nicht zu sehr an das Alter zu denken. Ich habe nie geglaubt, daß das Alter ein Kriterium sei. Vor fünfzig Jahren fühlte ich mich nicht besonders ›jung‹, (als Zwanzigjährige liebte ich die Gesellschaft alter Leute), und heute fühle ich mich nicht ›alt‹. Mein Alter wechselt von Stunde zu Stunde. Das hat es immer getan. Wenn ich müde bin, habe ich Jahrhunderte auf dem Buckel; wenn ich arbeite, bin ich vierzig; im Garten, mit dem Hund, habe ich den Eindruck, vier Jahre alt zu sein.«[25]

Während des ganzen Jahres 1975 arbeitet Marguerite Yourcenar an *Lebensquellen* – das damals noch den Titel *Das Labyrinth der Welt* trug, der dann zum Obertitel für die gesamte Familientrilogie werden sollte – und bereitet dabei schon *Liebesläufe* vor. Das beweisen ihre Bitten um Nachforschungen an Jeanne Carayon und ihre Korrespondenz mit Georges de Crayencour. Aber Grace läßt nichts darüber verlauten. Ende September kommt Madame Denise Lelarge für einige Tage zu Besuch, eine Freundin Georges de Crayencours, die ihm bei der Zusammenstellung der Dokumentation für *Lebensquellen* geholfen hat. Auch hier macht Grace keinerlei Kommentar im Zusammenhang mit Marguerites literarischer Arbeit.

Alle diese Jahre sind auch gekennzeichnet durch den Tod von Freunden, die Gefährten einer Epoche oder bevorzugte intellektuelle Gesprächspartner gewesen waren. Im Februar 1972 stirbt Natalie Barney, die »Amazone« aus dem Stadthaus an der Rue Jacob, die Marguerite Yourcenar in den fünfziger Jahren kennengelernt hatte: »Sie machte auf mich damals schon den Eindruck eines leichten und charmanten Schattens, der den Abschied von uns immer wieder hinauszögerte. Jetzt ist sie endgültig in ihr Reich eingegangen, und ihre Legende hat bereits begonnen«, schreibt sie an Jean Chalon.[26] Nach Charles Orengo stirbt im November 1975 der Philosoph und Verleger Jacques Masui (unter anderem Direktor der Zeitschrift *Hermès*), mit dem Marguerite regelmäßig korrespondierte, vor allem seit Beginn des Jahrzehnts, als er die Reihe »Documents spirituels« bei Fayard herausgab.[27] »Masuis Tod ist für mich ein großer Verlust«, schreibt sie an Gabriel Germain. »Wir waren freundschaftlich miteinander verbunden; er hatte sogar einige Tage hier verbracht, und die Erinnerung an sie ist mir teuer. Seine Frau kannte ich nicht, aber ihre Schlußgeste bewegt mich [sie hat am Tag nach dem Tod ihres Mannes Selbstmord begangen]. Er hinterläßt nicht nur in unserem Leben eine Lücke, die nicht auszufüllen ist, sondern auch auf dem Gebiet der Studien, mit denen wir uns beschäftigen. Der furchtbare Niedergang der Bildung erschreckt mich. Er war eine bewundernswerte Ausnahme.«[28] Gabriel Germain, dessen Buch *Le Regard intérieur* Marguerite Yourcenar besonders geschätzt hatte, wird drei Jahre später, im Oktober 1978 sterben.

Als ihr im September 1975 Niko Calas (gestorben im Januar 1989 in New York) den Tod von Andreas Embirikos mitteilt, weiß die nun zweiundsiebzigjährige Marguerite Yourcenar, daß sie endgültig in die Periode des Lebens eingetreten ist, in der man »der Überlebende« wird, und wo die letzten Nachrichten über die ältesten, manchmal fast vergessenen Freunde nur noch Todesanzeigen sind, mit denen Erinnerungen wieder auftauchen und zugleich, durch das Verschwinden der Akteure und der Zeugen, unwiderruflich zu Vergangenheit werden. Andreas Embirikos »nimmt einen großen Teil unseres vergangenen Lebens mit sich, mit dem er untrennbar verbunden war«, schreibt sie an Niko Calas.[29] »Ich mochte ihn sehr, wenn ich ihn auch seit 1939 nicht wiedergesehen habe und er, wie es scheint, seit dieser Zeit jeden Kontakt verweigerte, weil er in seine eigenen Schriften und Träume vertieft war (...) Ich habe keine große Lust, Athen wiederzusehen. Bei allen Orten, die man geliebt hat, drängt sich einem, wenn man sie wiedersieht, der Eindruck auf, man statte einem todkranken Freund einen letzten Besuch ab. (Bei den Orten, die man noch nicht kennt und gern kennenlernen möchte, sagt man sich zuweilen, daß es noch nicht zu spät ist (Indien, Japan, Ägypten).)«

Das Geständnis der Sehnsucht nach Ländern, die »man gern kennenlernen möchte«, und »von denen man sich zuweilen sagt, daß es noch nicht zu spät ist«, verrät eine schreckliche Erwartung: die Erwartung von Graces Tod. Marguerite Yourcenar kann nicht mehr verhehlen, daß ihr »unbewegtes Leben« immer mehr dem Leben des von Unrast verzehrten Zenon in Brügge gleicht; so wie ihm »gelingt es mir zuweilen nicht mehr, die Abdrift genau zu berechnen.«[30] Nichts kann ihr im Grunde die Lust am Leben nehmen. Sie weiß, »daß das, was die Astrologen ›das Ende der Dinge‹ nennen, nahe ist«, und »daß irgendetwas in uns schließlich einmal sagt, ›nun ist es genug‹. Aber trotz der unendlichen Traurigkeit der Welt (...) scheint mir das Leben, dieses Wunder an Sensibilität und Luzidität, ohne Entmutigung und mit einer Art Vertrauen bis zuletzt gelebt werden zu müssen. Man gleitet so leicht von einer einsichtigen und gelassenen Bejahung all dessen, was möglich oder eines Tages unvermeidlich ist zu einer allzu widerstandslosen Hinnahme.«[31]

Grace Fricks Agenda für das Jahr 1976 ist anscheinend verloren gegangen. Und merkwürdigerweise nimmt um diese Zeit Marguerite Yourcenars Korrespondenz, namentlich ihr Briefwechsel mit Jeanne Carayon, immer mehr die Form eines Journals an. Sie schreibt ausführlich, häufig, in immer kürzeren Abständen über das Alltagsleben und flicht Reflexionen ein, die man unwillkürlich für sich über Dieses oder Jenes anstellt, oder Stellungnahmen zu Vorfällen und Ereignissen, die der Tag mit sich bringt. Die Korrespondenz entwickelt sich immer klarer zu einem Ersatz für das intime Tagebuch, das Marguerite Yourcenar nicht führt. Sie sagt es übrigens selbst, da sie bestimmt, daß die »intimen Tagebücher in Form von Briefen«, adressiert an Jeanne Carayon während der Jahre 1979 und 1980, für eine Zeit von fünfzig Jahren unter Verschluß gehalten werden müssen. Sie notiert darin, was es sie zu formulieren drängt und was sie wohl weniger denn je für sich behalten will, jetzt, da Grace nicht mehr »antwortet«. Man kann sich jedoch fragen, ob nicht überhaupt die ganze, so sorgfältig archivierte Korrespondenz Marguerite Yourcenars, wenn man sie in ihrer Kontinuität liest, als Journal gelten kann. Da sie alle Durchschläge ihrer Briefe aufbewahrte, legt sie damit eine Spur aus und stellt einen Bezug zur Nachwelt her, wie dies sonst nur Tagebücher tun. Eine Veröffentlichung ist ebenfalls möglich, wenn sie auch durch zahlreiche juristische Vorsichtsmaßnahmen behindert wird. Zudem dürfte Marguerite Yourcenar bei dem Gedanken, welche Komplikationen diese Masse von Briefen nach ihrem Tod schaffen würde, ein gewisses Gefühl der Schadenfreude empfunden haben ...

Im Laufe des Jahres 1976 sieht man also von Brief zu Brief Marguerite Yourcenar die Gestalt annehmen, die sie im letzten Jahrzehnt ihrer Existenz sein wird. Die Frau, die den dörflichen Weihnachts- und Neujahrsriten huldigt, »Austausch kleiner Geschenke, Kekse, Brötchen und hausgemachter Konfitüren. Ich übe zu dieser Jahreszeit meine bescheidenen Backtalente aus, fabriziere Schnecken, Ingwerplätzchen, Dreikönigskuchen, etc ...«[32] Die Frau, die Ralph Naders Verbraucherschutzbestrebungen unterstützt, gehört einer weiblichen Vereinigung an, die unter anderem gegen die »Verfälschung von Lebensmitteln« kämpft, lehnt sich gegen die Konsumgesellschaft auf, wie dies ein Teil der Jugend in aller Welt seit Mitte der sechziger Jahre tut. Marguerite Yourcenar beklagt sich über diese »trübseligen Supermärkte«, wo das »fast völlige Fehlen von Personal alle menschlichen Kontakte ausschließt und wo die mechanische Musik sich wie zäher Sirup über die Käufer ergießt. Die Trusts, die Monopole, das Abwürgen der Konkurrenz und diese überall gleichen Produkte, die schließlich den kapitalistischen Kramläden die gleiche trostlose Einförmigkeit verleihen wie den Läden der sozialistischen Staaten.«[33]

Man spürt, wie sie sich in kleine Gesten einschließt, versucht, sich vor dem zu schützen, was in Petite Plaisance vorgeht, gegen die Verschlimmerung von Graces Gesundheitszustand und die Verschlechterung ihrer Beziehungen, die allmählich die Grenze des Erträglichen erreichen, wie sie sich abkapselt und zugleich bemüht, durch ihre Korrespondenz den Kontakt mit der Außenwelt zu wahren und zu verstärken. Doch man sollte sich nicht in eine falsche Auslegung verrennen und sich den Satz Henri Michaux' aus *Ecuador* vor Augen halten: »Wenn ich bedenke, daß ein paar Esel sich eingebildet haben, sie hätten das Leben Rimbauds nach seiner Korrespondenz rekonstruiert ...«

In ihrem »reglosen Leben« liest Marguerite Yourcenar, Neues und schon Bekanntes. Immer wieder Montherlant, mit einem sehr kritischen Blick, als sehe sie in ihm einen bevorzugten Gegner. »Manchmal umgeht er das Wesentliche«, stellt sie fest[34] und fährt fort: »Ich bin immer mehr darauf bedacht, das Werk eines Schriftstellers unter Berücksichtigung all seiner Verhaltensweisen abzuwägen, wie ich es schon bei Kavafis, Thomas Mann und Selma Lagerlöf versucht habe. Ich beabsichtige, bei meiner Arbeit über Mishima genauso vorzugehen, aber ich habe trotz umfangreicher Lektüren den Eindruck, daß ich noch nicht einmal an dem Punkt angelangt bin, an dem ich überhaupt beginnen könnte.« Sie wird diese Arbeit trotzdem ausführen, und das Resultat wird kein Essay für einen Sammelband sein, sondern ein kleines Buch, das 1981 erscheint, *Mishima oder die Vision der Leere*. Ihr Interesse für Mishima veranlaßt sie auch zum Studium der japanischen Sprache und zur Übersetzung der *Fünf modernen Nô-Stücke* im Jahr 1984. Im weiteren Sinne scheint die japanische Literatur ihr »eine der größten« zu sein, wie sie in Beantwortung eines literarischen Fragebogens gesagt hat: »Ob es sich um große Romane handelt, wie die Romane Murasakis, oder um poetische Notate, wie die Texte Shei Shonagons, um große Haiku-Dichter wie Basho und viele andere, oder um Nô-Dramen, die ich im menschlichen Kulturerbe neben das griechische Drama stelle.«[35] »Wenn man mich nach der Romanciere fragt, die ich am meisten bewundere«, sagt sie zu Matthieu Galey, »dann denke ich sofort mit außergewöhnlicher Achtung und Verehrung an Murasaki Shikibu. Sie ist wirklich die große Schriftstellerin, die sehr große japanische Romanciere des 11. Jahrhunderts, das heißt einer Zeit der Hochkultur in Japan. Kurz und gut, sie ist der Marcel Proust des japanischen Mittelalters: eine geniale Frau mit Sinn für die sozialen Veränderungen, für die Liebe, das menschliche Drama, für das Scheitern des Menschen am Unmöglichen. Man hat nichts Besseres geschaffen, in keiner Literatur.«[36] In *Le Tour de la Prison*, einer Sammlung von Essays und unveröffentlichten Reisebeschreibungen widmet Marguerite

Yourcenar mehrere Texte den Formen des japanischen Theaters, vor allem dem Nô, das sie, wie sie betont, schon sehr bald entdeckt habe, und dessen Einfluß bereits in dem Einakter von 1930, *Le Dialogue dans le Marécage*[37] bemerkbar sei: »Man kann gar nicht oft genug darauf hinweisen, daß die Nô-Spiele einen der zwei oder drei Höhepunkte des Theaters darstellen (...) Manchmal denke ich, meine Sensibilität wäre in eine andere Bahn gelenkt worden, hätte mich der Zufall *Atsumori* und *Sumidagwa* zugleich mit der *Antigone* entdecken lassen.«[38]

Sie liest auch Céline wieder, ein wenig; sie mag ihn nicht, »ausgenommen ein kleines Buch, das er unter seinem Familiennamen veröffentlicht hat.«[39] Die Präzisierung ist ungewollt amüsant: Der Hinweis auf ein Buch, das Céline damals »unter seinem Familiennamen« veröffentlicht hat, läßt vermuten, daß es sich um *Das Chinin in der Therapie* handelt, das einzige Werk also, das vor den Augen dieser unverbesserlichen Hypochonderin Gnade finden konnte ... Im Englischen liest sie jedes Jahr *Far from the Madding Crowd* von Thomas Hardy wieder. »Ich lese sehr gern bereits Gelesenes wieder«, sagt sie zu Matthieu Galey, »so wie Musikliebhaber sich immer wieder das selbe Stück vorspielen. Von den Schriftstellern der Generation, die der meinen vorangegangen ist, lese ich oft Hardy, Conrad, Ibsen, Tolstoi wieder ..., manches von Tschechow, manches von Thomas Mann ... Das Buch, das ich, wenn nicht am öftesten, so doch mit dem größten Nutzen wiedergelesen habe, ist die Autobiographie Gandhis.«[40]

Die spirituellen, ja sogar religiösen Bestrebungen, die ihr lange fremd gewesen waren, lenken sie nun zu den orientalischen Weisheitslehren hin. Sie hat die grundlegenden Texte bereits mehrmals gelesen, nimmt sie sich aber immer wieder vor. Marguerite Yourcenar, für die »es immer gefährlich ist, im ausschließlichen Besitz einer Wahrheit oder eines Gottesglaubens oder Unglaubens zu sein«,[41] wollte nie irgendeiner Konfession angehören. Aber ihre geistige Neugier, der Wunsch, sich »auf alle menschlichen Abenteuer einzulassen«, haben sie zu einer Reflexion über das Religiöse geführt, wie ihr langer und reicher Briefwechsel mit dem Verleger Jacques Masui und dem Hellenisten Gabriel Germain beweisen. Dem Kritiker Michel Aubrion, der ihr zu Beginn der siebziger Jahre eine sehr lange Untersuchung in der *Revue Générale belge* gewidmet hat, schreibt sie:

»In allem, was ich schreibe, spüre ich sehr stark den Impuls einer religiösen Bestrebung, fast möchte ich sagen Inbrunst, der nur darum so oft unbemerkt bleibt, weil er sich von den Formen entfernt, in die rings um uns religiöse Bestrebung und Inbrunst meist gegossen werden, und weil er an eine Art Radikalität des Denkens gebunden ist, an der die Religion gewöhnlich keinen Anteil hat.«[42]

In einem Brief an eine junge Frau, die gerade dabei war, eine Doktorarbeit über *Die schwarze Flamme* zu schreiben, deutet sie den Weg an, den ihre Forschungen genommen haben:

»Sie haben recht, ich bin weder Cartesianerin (Ich finde zu recht oder zu unrecht keinerlei Geschmack an Descartes) noch Stoikerin im volkstümlichen Sinn des Wortes (...), die Grundlagen meines Denkens sind von Anfang an die griechische Philosophie gewesen (Platon in meiner Jugend, der sehr schnell von den Neuplatonikern abgelöst wurde, und diese wiederum von den Vorsokratikern), die Meditationen der Upanischaden und der Sutren, die taoistischen Axiome. Ich habe in meinen Büchern die Ebene, auf der sie liegen, nur sehr diskret angedeutet, denn diese Art Suche wird, vor allem in Frankreich, so wenig praktiziert, daß sie nur zu einem Mißverständnis mehr Anlaß gegeben hätte. Der Hellenist Gabriel Germain, Autor des sehr bemerkenswerten *Regard intérieur* hat sofort bemerkt, daß viele Meditationen Zenons im Kapitel *Der Abgrund* buddhistische Meditationsübungen waren (das Wasser, das Feuer, die Knochen, letzteres eher und vor allem schamanisch) (...) Es kommt übrigens für mich nicht in Frage, den Einfluß meiner christlichen und insbesondere katholischen Wurzeln zu verwerfen oder zu leugnen (...) Ich fühle mich instinktiv weniger wohl im Protestantismus, wenn ich auch Gelegenheit hatte, mich von seiner Größe zu überzeugen (ich hätte sonst *Fleuve profond, sombre rivière* nicht schreiben können). Ich fühle auch die Größe des Islam. Bei all diesen sogenannten abrahamitischen Religionen, die auch ziemlich grauenerregend als ›Religionen des Buches‹ definiert werden, stört mich jedoch die Kompromißlosigkeit und der Dogmatismus, die sehr viel weiter getrieben sind als bei anderen Lehren, sowie eine Neigung zur Buchstabentreue, die sie dauernd dazu drängt, Häretiker zu erfinden und ihre Mystiker an den Rand, wenn nicht sogar auf die andere Seite des Grabens zu drängen. Der tantrische Asket weiß sehr wohl, daß er die Götter, die er von Tag zu Tag deutlicher in seiner Zelle schaut, durch einen entgegengesetzten Willensakt auch wieder zerstreuen kann, so wie der Wind die Wolken zerstreut. Für den europäischen, oder, wenn Ihnen das lieber ist, mediterranen Geist, war das Reale immer ein Gegensatz zum Imaginären, und das Imaginäre hat nie einen mächtigen Teil des Realen gebildet. Daß dem jedoch so ist, wird einem sofort klar, wenn man vergleichende Studien der Religionen, der Ideenbewegungen oder auch nur der politischen Meinungen betreibt (...) Mich schockiert am Christentum nicht dieses oder jenes Dogma (denn der Gedanke, daß im menschlichen Leid ein Teil des Göttlichen steckt, scheint mir eine Wahrheit zu enthalten, eine bewundernswerte Metapher), als vielmehr, wenn ich so sagen darf, der Dogmatismus, mit dem diese Dogmen behandelt werden.

Was das jüdische Denken betrifft, so habe ich es sehr spät kennengelernt, und erst dann, als ich bemerkte, daß es (wenn auch in seiner dissidenten Form) wie ein Ferment auf sehr viele Geister im Okzident gewirkt hatte (...) Persönlich habe ich in der Kabbala sublime Gedankenblitze, aber auch viel Plunder gefunden, einen auf die Spitze getriebenen Zahlenaberglauben (sagen wir Obsession, wenn das Wort Aberglaube zu abschätzig ist), dieses Element der Abkapselung und der Involution, das mir oft das jüdische Denken charakterisiert zu haben scheint, wohl aufgrund der Bedingungen des Judaismus im Mittelalter.«[43]

In ihren Gesprächen wie in ihrer Korrespondenz hat Marguerite Yourcenar des öfteren auf ihre ausgeprägte Vorliebe für Riten hingewiesen und ihre Erbitterung über die Intoleranz und den Dogmatismus betont: »Ich nehme es der Religion, so wie man sie uns gelehrt hat, furchtbar übel, daß sie Gott dermaßen verfälscht und verkrüppelt hat«,[44] schrieb sie an Jeanne Carayon. Diese Anklage nimmt sie 1976 in einem Brief an Pater Yves de Gibon in erweiterter Form wieder auf, worin sie im übrigen auch ausführlich ihr Bedauern über die »Modernisierung« der Kirche zum Ausdruck bringt:

»Darf man von einer Dogmensklerose sprechen, die immer mehr den Zugang zu den Kräften der Phantasie und dem verwehrt, was man wohl die menschliche Seele nennen muß? Ich fürchte, ja. Von allen großen Religionen scheint mir das Christentum, und insbesondere der Katholizismus am meisten von Dogmen überladen zu sein. (Der Islam hat seinen Dogmatismus mit nicht weniger Unduldsamkeit verteidigt, aber dieser Dogmatismus ist viel einfacher.) Ein Buddhist kann unendlich über das Buddhawesen meditieren (...) Der Katholizismus dagegen hat immer stärker auf der Buchstäblichkeit der Dogmen beharrt. Man könnte sagen, es gibt einen katholischen Fundamentalismus, so wie es einen protestantischen Fundamentalismus gibt. (...) Andererseits frappiert mich immer wieder, daß Franzosen, die sich vom katholischen Glauben abwenden, zu fünfundneunzig Prozent ›Atheisten‹ oder ›Materialisten‹ im primitivsten Sinn des Wortes werden. Die Starrheit und Enge der religiösen Unterweisung bringt halbgebildete und bornierte Antiklerikale vom Typ des Flaubert'schen Homais hervor. Diese Art Geister verwerfen nicht nur ein für allemal den Begriff der Religion, es bleibt auch eine ausgeprägte Feindseligkeit gegenüber der Kirche, und der Disput oder der Streit wird gegebenenfalls auf dem niedrigsten Niveau wieder aufgenommen.«[45]

Gegen diese »Abschottungen« und »Starrheiten« führt Marguerite Yourcenar den Buddhismus ins Feld, »denn das ist die einzige Religion, die auf eine wahrhaft tiefe Psychologie gegründet ist. Mit Sinn für das Sein und Sinn für das Gegenteil des Seins; Sinn für den Übergang,* Sinn für das Übel in der Welt, den Schmerz, Sinn für die Teilchen, aus denen sich die menschliche Persönlichkeit zusammensetzt. Das führt sehr weit, ohne von einem Dogma abzuhängen. Ein Glücksfall.«[46] Und weil sie schließlich annimmt, »daß sich vervollkommnen das Hauptziel des Lebens ist«,[47] erwartet sie weder endgültige Lösungen noch Tröstungen, und dieser Sicht der Dinge entspricht wiederum am besten der Buddhismus, wie sie an Gabriel Germain schrieb:

»Wie Sie möchte ich nichts vom Gebiet des Religiösen preisgeben, dessen beide Aspekte, den des Okzidents und den des Orients, wir Menschen des 20. Jahrhunderts als erste gründlich erforschen konnten, aber mir scheint, daß wir vorerst nur in uns selbst und fast insgeheim, das Gemenge aus christlicher Barmherzigkeit und buddhistischem Mitleiden, dem festen Gefühl des Göttlichen und des Numinosen, wie es sich im Schintoismus, in der Orthodoxie und im Katholizismus ausgedrückt hat, vermischen können mit dem dynamischen Geist Indiens und mit dem so griechischen Doppelbegriff der Würde des Menschen und der Grenzen des

* Die Arbeitsnotizen zu *Liebesläufe* zeigen jedoch, wie unsicher sie noch am Ende ihres Lebens ist: »Zwischen dem hinduistischen Begriff des *atman*, der ewigen Wanderung, und dem buddhistischen Begriff des ewigen Übergangs werde ich mich nie entscheiden können, fühle aber, daß diese beiden einander entgegengesetzten Begriffe außerhalb unserer Sicht verschmelzen.«

Menschen. (...) Ich bin weit davon entfernt, den Wert der außerordentlichen Freude oder Ruhe, Ekstase, Intase oder Satori zu leugnen, die in uns, zumindest eine ewige Sekunde lang, die Praktik des religiösen Lebens verbreiten kann. Sie kann jedoch nicht verhindern, daß der riesige Ozean der Übel uns umgibt, und daß wir, die Freiesten, noch zu neun Zehnteln darin eingetaucht sind. (...) Ob wir glücklich sind oder nicht, hat im Grund keine Bedeutung, und der Buddhismus – und darin besteht sein gewaltiger Sieg – hat gefühlt, daß selbst die Befreiung keine Bedeutung hat, und daß keine Bedeutung haben vielleicht seine geheime Seins-Bedingung ist. Der einzige wirkliche Halt, der uns gegeben ist, scheint mir die bewundernswerte Aussage des letzten der vier buddhistischen Gelübde zu sein: ›Wie unzählig auch die Geschöpfe sein mögen, die in der Weite der drei Welten umherirren, ich werde mich bemühen, sie zu retten.‹ Ein Gelübde übrigens, das uns mit unserer grenzenlosen Schwachheit konfrontiert. Aber es ist immer noch das Beste, was die menschliche Seele gefunden hat.«[48]

Diese Reflexionen und die umfangreiche Korrespondenz, die sie nach sich ziehen, hindern Marguerite Yourcenar natürlich nicht an der Weiterführung ihrer eigentlichen literarischen Arbeit, und das hält sie wohl so rege. Im Sommer 1976 beschließt sie, *Lebensquellen* abzuschließen, denn das Buch ist bereits »reichlich gefüllt« und geht »bis zum Tragisch-Pikaresken in Michels Leben«. Sie denkt bereits an den dritten Band: »Die Geschichte Moniques [Jeanne von Vietinghoffs], die ich sehr gern schreiben möchte, mein eigenes Erwachen und das Schauspiel eines alternden Mannes.«[49] Neben dieser neuen schöpferischen Arbeit und der Vorbereitung ihrer Projekte, liest sie weiterhin mit manischer Sorgfalt ihre – zum Beispiel als Taschenbuch – neuverlegten Werke und korrigiert sie, um sich möglichst dem zu nähern, was sie genau sagen will.*

Im Sommer 1976 erscheint auch die letzte Arbeit Grace Fricks: Die englische Übersetzung von *L'Œuvre au noir* unter dem Titel *The Abyss*. Sie brauchte zur Übersetzung dieses Textes zehn Jahre, und Roger Straus, der amerikanische Verleger Marguerite Yourcenars erinnert sich, Marguerite Yourcenar mehrmals angefleht zu haben, sie solle doch einen anderen Übersetzer nehmen, damit das

* Bei der Durchsicht von der *Schwarzen Flamme* für deren Veröffentlichung in der Taschenbuchreihe »Folio« verbessert sie »die Qual wurde dadurch schlimmer« in »die Qual hätte dadurch schlimmer werden müssen« und kommentiert: »was nicht absolut gerecht ist.«[50]

Buch in Amerika endlich erscheinen könne. Sie hat immer abgelehnt, da sie der Meinung war, ein derartiges Verhalten wäre ihrer gemeinsamen Vergangenheit unwürdig und eine Beleidigung für Grace gewesen, die, wenn schon nicht an ihre Heilung, so doch an ihr Weiterleben in der Nachwelt glauben wollte. Zu Lebzeiten Graces hat Marguerite Yourcenar immer untersagt, daß irgendeiner ihrer Texte von irgend jemand anderem ins Englische übersetzt würde.

»Der Sommer ist ungemein hektisch gewesen«, schreibt sie an Georges de Crayencour, um ihre Briefschulden zu rechtfertigen. »Die relativ niedrigen Preise, welche die Fluggesellschaften den Besuchern der amerikanischen Zweihundertjahrfeier gewähren, haben mir eine ganze Reihe von Besuchern beschert, von denen die meisten sich selbst eingeladen hatten, mit denen man sich aber mehr oder weniger abgeben mußte. Das wäre nicht weiter schlimm gewesen, hätten sich nicht im Hintergrund andere Unannehmlichkeiten und Sorgen abgezeichnet, zu allererst die Sorge um Graces Gesundheitszustand, der viele Rückschläge erlitten hatte.«[51]

Im selben Jahr kommt bei Stock *Ballade américaine* heraus, das Buch Elvire de Brissacs, die ebenfalls zu einem Gespräch mit Marguerite in Petite Plaisance gewesen war. Dieses Buch enthält, wie vordem der Artikel Patrick de Rosbos in *Gulliver*, ein Spott-Portrait von Grace. Den Eintrag vom 1. Juli 1972, der Elvire de Brissacs Besuch festhält, ergänzt Marguerite nachträglich in der Agenda: »Sie wetteifert in der Niedertracht mit Rosbo, kann sich aber nicht damit entschuldigen, daß sie übergeschnappt ist, Rosbo konnte das, oder daß Gallimard einen von ihr geschriebenen kritischen Essay über mich abgelehnt hätte.« Jean Chalon, der für den Figaro eine eher wohlwollende Rezension über das Buch geschrieben hat – ohne natürlich auf die Bemerkungen über Grace einzugehen –, zieht sich eine heftige Rüge zu. Dieses Schreiben ist ein sprechendes Beispiel für Marguerite Yourcenars Kunst, mit anderen Leuten abzurechnen. Wer Jean Chalons Kultiviertheit und Humor kennt, den wird es nicht wundern, daß er nicht versucht hat, diese »Standpauke« zu verheimlichen:

»Die feixende Häme, die im größten Teil des Buches über Grace Frick ausgegossen wird, erinnert an das Freudengekoller von Strolchen, die eine Passantin zu Boden gestoßen haben und auf ihr herumtrampeln, nur daß Strolche soviel Ehre im Leib haben, sich nicht vorher auch noch von ihrem Opfer einladen zu lassen. Zudem gehen Strolche Risiken ein, und Mademoiselle de Brissac glaubt nichts zu riskieren.

Die Atmosphäre von Paris muß schon arg vergiftet sein, da Sie nicht einmal fühlen, wie schändlich es ist, öffentlich eine Frau zu beleidigen, die sich immer im Hintergrund gehalten hat, die der französische Leser gar nicht kennt, da er nichts von ihren bewundernswerten Übersetzungsarbeiten weiß, und deren einziges Vergehen darin besteht, daß sie mit ihrer gewohnten Herzlichkeit eine Besucherin empfangen hat, die vorgab, mit mir sprechen zu wollen. (...) Daß Sie sich in Lobreden über ein derartiges Machwerk ergehen, rückt selbstverständlich unsere Beziehungen, die ich für freundschaftlich hielt, in ein neues Licht. Ich habe gezögert, Ihnen zu schreiben, da ich nicht den Eindruck erwecken wollte, ich ließe mich von einem vorübergehenden Ärger hinreißen. Dieser Brief wird im übrigen seinen Zweck verfehlen, wenn Sie nicht von selbst einsehen, daß mein Ekel (dies ist leider das einzig passende Wort) genau so groß gewesen wäre, wenn Sie ein anderes Buch mit grob beleidigenden Äußerungen über eine Unbekannte hochgelobt hätten.«

Und Marguerite schließt mit der »sublimen« Schlußformel:

»Mit der Versicherung meiner veränderten Wertschätzung.«[52] Aber diese »veränderte Wertschätzung« nimmt glücklicherweise und schon sehr bald wieder eine freundschaftlichere Tonart an. Bis Jean Chalon dann mit seiner gewohnten Aufrichtigkeit sagt, was er von *Anna, soror* ... hält, das von Gallimard neu aufgelegt wurde: ein »gestelzter« Text. Marguerite wird ihm das nie verzeihen, was ihr nicht zur Ehre gereicht.

Alle diese Briefe und »Zerstreuungen« verhindern weder das Gefühl der Weltabgeschiedenheit noch die Klarsicht. So schreibt Marguerite an einen ihrer alten Pariser Freunde, Max Heilbronn, Russischübersetzer und Dolmetscher und im übrigen Direktor bei den Galeries Lafayette: »Grace ist wieder von ihrer Krankheit befallen worden und leidet seit 1972 pausenlos darunter, was erklärt, warum ich so lange nicht nach Europa gekommen bin. Sie kämpft immer noch mit einer erstaunlichen Energie, aber die Spezialisten bieten keinerlei Hoffnung mehr.«[53] Grausame Klarsicht: Wenn man bedenkt, daß Grace weiterhin die *gesamte* Korrespondenz archiviert ... Auch scheint sich zwischen den beiden Frauen eine versteckte Animosität zu entwickeln, die sich in nebensächlichen, fast kindischen Aussprüchen äußert, wie zum Beispiel in der Bemerkung über ein Foto von Marguerite mit der Hündin Valentine, das zur Zeit der Veröffentlichung von *Die schwarze Flamme* in Frankreich aufgenommen wurde: »Grace mag das Bild nicht, weil sie der Ansicht ist, ich hielte Valentine wie eine Puppe. Ich mag es.«

Aber muß man in all dem wirklich Verbitterung und eine unerträgliche Form des schlechten Geschmacks sehen, wie manche sie dem letzten Memoirenband Simone de Beauvoirs, *Die Zeremonie des Abschieds* zuschreiben, in dem die Autorin ohne Umschweife von dem körperlichen und geistigen Verfall Sartres spricht, von seiner Inkontinenz und seinen »Absencen«? Vielleicht nicht. Oder vielleicht nicht nur. Eher vom letzten zweideutigen und bewegenden Zeichen einer Liebe, von der absoluten Weigerung, sich den anderen anzueignen, ihm sein Schicksal zu unterschlagen, indem man ihm seinen Zustand verheimlicht. Marguerite Yourcenar und die um fünf Jahre jüngere Simone de Beauvoir kannten sich nicht. Sie glichen sich jedoch in mancher Hinsicht: in ihrem Bemühen um Luzidität, in ihrem verbissenen Willen, der ungeschminkten Realität ins Auge zu sehen und sich deren Härte nicht zu verhehlen. Und nicht zufällig werden sie von manchen gleichermaßen mißbilligt. Sie waren einander in einer Botschaft flüchtig begegnet, erinnert sich Marguerite Yourcenar. Sie hatten nichts oder nur wenig voneinander gelesen. Marguerite Yourcenar, die in einem räumlichen und zeitlichen Exil lebte und den Stoff für ihre Werke so weit wie möglich abseits der Aktualität suchte, konnte kaum die Aufmerksamkeit Simone de Beauvoirs erwecken, von deren intellektueller und literarischer Einstellung wiederum Marguerite Yourcenar vorgab, nichts zu verstehen. Sie sah sicher nicht, in welchem Maße Simone de Beauvoir die unersetzliche – und bis heute noch nicht in ihrem vollen Wert anerkannte – Chronistin eines Intellektuellenmilieus gewesen war, für das Marguerite Yourcenar sich allerdings kaum interessierte.

Marguerite Yourcenar hatte jedoch *Das andere Geschlecht* gelesen, da sie nicht zu den Leuten gehörte, denen die Wichtigkeit einer derartigen theoretischen Reflexion entgehen konnte. Sie hat über diese Lektüre keinen präzisen Kommentar abgegeben, aber ein Brief an Suzanne Lilar, in dem sie auf deren Essay *Le Malentendu du deuxième sexe* eingeht, gibt einige Hinweise: »Ich hätte Ihnen gleich nach Lektüre des *Malentendu* schreiben müssen, da ich doch jede

Ihrer Auseinandersetzungen mit Simone de Beauvoir immer sofort registriert habe. Es schien mir jedoch diesmal, daß Sie beide ins Schwarze trafen. Ich bin prinzipiell leidenschaftlich für alles, was die menschliche Würde, also die Würde der Frau heraufsetzt. Ich glaube, man kann in der Praxis gar nicht genug für die faktische Gleichberechtigung eintreten, die, wie Sie sehr gut am Beispiel der Gehälter zeigen, noch nicht erreicht ist.«[54]

In Petite Plaisance bäumt Grace sich zum letzten Mal verzweifelt gegen den Tod auf. Sie will, von einem fast unsinnigen Willen getrieben, nicht nur in der Nachwelt, sondern in dieser Welt weiterleben, und unterzieht sich vom 6. bis 14. Februar im Krankenhaus einer neuen, ziemlich anstrengenden chemotherapeutischen Behandlung. Als sie am Sankt-Valentinstag wieder nach Hause kommt, findet sie in ihrem Schlafzimmer als Liebespfand eine Karte, gemäß der Tradition, die in den Vereinigten Staaten viel stärker ist als in Europa, und der sich Marguerite Yourcenar trotz allem nicht entzogen hat.

Obwohl Grace vom 13. bis 21. April wieder ins Krankenhaus muß, beschließt sie, sofort nach ihrer Entlassung, zu einer Hochzeit zu gehen, zu der man sie eingeladen hat, und dann eine Alaska-Reise zu machen. Der Plan, den sie ausgearbeitet hat, duldet keine Diskussion. Marguerite und Grace verlassen Petite Plaisance am 30. Mai und kommen am 15. Juni wieder zurück. Sie sind in Montreal am 31. Mai und in Vancouver am 4. Juni. Marguerite Yourcenar spricht trotz aller Vorbehalte, die sie Grace gegenüber während der letzten Jahre ihres eigenen Lebens hatte, gern von dieser Reise, nicht nur wegen der hinreißenden Schönheit der Landschaft, sondern weil diese Reise an sich schon, ohne daß es irgendeines Kommentars bedurfte, eine Huldigung an Grace Fricks Tapferkeit darstellt. »Wir haben auf der Hinfahrt vier Tage und vier Nächte im Zug verbracht und ebenso wieder auf der Rückfahrt. Selbst mit zwei Unterbrechungen an zwei verschiedenen Punkten der Rocky Mountains war das anstrengend. Dann acht Tage inmitten der Schönheit dieser noch unberührten Landschaft.«

»Auf der Fahrt durch diesen Archipel von Inseln und Vorgebirgen, über die Gletscher ragen und auf denen der Wald sich meist bis zum Meer hinabzieht«, schrieb Marguerite Yourcenar im Juli 1977 an Jeanne Carayon,[55] »habe ich mir oft gesagt, daß dies eigentlich nicht zu beschreiben sei und daß nur die Visionen der Dichter hier und da etwas Gleichwertiges böten: Rimbaud: ›ich habe Sternenarchipele gesehen und Inseln‹;* Vigny: ›Frei wie das Meer am Ufer dunkler Inseln‹ ... die großen, stummen Länder. Das ganze Ende der Baudelaire'schen *Voyage*, aber der letzte Vers ärgert mich immer noch, und Hugo, bei dem es sich weniger um einen Vers oder ein Gedicht im besondern handelt, sondern um den Sinn für das Meer im ganzen Werk. Diese Dichter haben gesehen, selbst diejenigen, die nicht mit ihren leiblichen Augen gesehen haben. (...) Es war nicht ganz die Mitternachtssonne, die ich in Nordskandinavien so geliebt hatte. So sehr, daß ich sie Zenon als letzte Vision und als Symbol der Unsterblichkeit gab. Ein riesiger Elch schwamm in einem sehr breiten Fluß.« Zum Schluß sagt sie dann, sie würde »niemals das krachende, mit nichts zu vergleichende Urgeräusch, das die Gletscher beim Kalben ihres Eisbergs machen«, vergessen.

Marguerite und Grace werden Alaska öffentlich an der Seite der amerikanischen Umweltschützer verteidigen, die sie seit langem moralisch und finanziell unterstützen. Sie gehörten im übrigen zahlreichen Naturschutz-Vereinigungen in der ganzen Welt an. Wenn Marguerite auf diesem Gebiet auch sehr viel mehr als sie zugeben wollte von Grace – »Hippy und Umweltschützerin *avant la lettre*« nach den Aussagen ihrer Freunde – beeinflußt worden war, so gründete doch ihr Kampf gegen die Verwüstung des Planeten in ihrem wachsenden Pessimismus gegenüber den Handlungen der Menschen, ihren verschwommenen Gegenwarts- und Zukunftsvorstellungen, ihrer Unfähigkeit, sich als ein Glied in einer langen Kette zu sehen, deren Fortdauer gesichert werden muß. Die Reflexion Marguerite Yourcenars über die Ökologie beschränkt sich nicht auf das weit verbreitete, im Film gefällig festgehaltene Bild einer alten Dame, die von ihrem Fenster aus die zutraulichen Eichhörnchen betrachtet, oder in ihrem Garten, begleitet von ihrem Hund, die Vogelhäuschen mit Futter füllt. »Ich leide, wenn ich Städte sehe, deren Luft verschmutzt ist, Strände, die von Öl verseucht sind, wenn ich feststelle, daß immer mehr Tierarten verschwinden«, sagt sie zu Matthieu Galey. »Wenn das Italien der Romantiker, das Italien, dessen Bild wir noch vor dreißig Jahren liebten, nur noch ein Mythos ist, wenn Bäume durch Strommasten

* »Das trunkene Schiff«, Vers 87. Paul Celan übersetzt: »Ich sah Inselsterne, sah Archipele ragen.« A. d. Ü.

ersetzt werden, dann sehen wir eine sterbende Welt. Ich versuche, mit allen legalen Mitteln dagegen anzukämpfen, unterstütze die Protestbewegungen. Die politischen und humanitären Vereinigungen spielen in meinem Leben eine bedeutende Rolle. Ich gehöre in Amerika und in Frankreich unzähligen Gesellschaften an. Ich schreibe,[56] versende Telegramme ... Aber ich bin, glaube ich, ganz und gar nicht für die direkte Tat geschaffen. Ein Schriftsteller kann es jedoch nicht bei einer einfachen Meinungsäußerung bewenden lassen, er muß einen bestimmten Blickwinkel aufzeigen, ein bestimmtes Bild von der Welt (...) Man muß nahe an der Natur bleiben, das heißt, an allem, was den Menschen mit seinem planetaren Geschick verbindet.«[57]

Grace war nach der Rückkehr von Alaska – diesem Land, für das sie bereit war, ihre letzten Kräfte zu mobilisieren – »im Grunde nur noch ihr eigenes Gespenst, auch wenn sie alles tat, um ihre Umgebung bis zum Schluß darüber hinwegzutäuschen«, wird Marguerite Yourcenar später sagen. Sie selbst, Marguerite, lebt von nun an sozusagen in zwei Welten, die sie nicht mehr miteinander in Einklang bringen kann. Die Welt von Petite Plaisance, die Welt der Krankheit mit ihren mannigfaltigen Schwierigkeiten, und die Welt von Paris, wo sich bereits ihr Einzug in eine Institution vorbereitet, die bisher den Frauen verschlossen war: die Académie française. Und eben diese Académie verleiht ihr 1977 den Großen Literaturpreis in Würdigung ihres Gesamtwerkes. Grace, die kaum noch Einträge macht in ihre Agendas, welche einst, trotz Graces enger und feiner Schrift, kaum alle als berichtenswert erachteten Details fassen konnten, notiert immerhin am 30. Oktober 1977: »Besuch von Monsieur und Madame Dausset von der Académie des sciences. Wollen MY zur Bewerbung um Aufnahme in die Académie française bewegen. Sie lehnt ab.«

Die Veröffentlichung von *Lebensquellen* bedeutet einen weiteren Höhepunkt. Über dieses »reiche, sprudelnde, jugendliche und leidenschaftliche Buch«[58] äußert sich die Kritik – von einigen Ausnahmen abgesehen – besonders begeistert, ja hymnisch: »Das ist prall, das ist rund und subtil, klangvoll und nobel, hier und da gewürzt mit einem seltenen, grausamen Wort, bewundernswert ausgewählt unter allen möglichen Wörtern, ein Wort, das in uns eindringt wie eine Klinge«, schreibt François Nourissier jubelnd in *Le Point*. »Diese Sprache ist eine der schönsten französischen Sprachen, weniger geschmeidig als die Sprache Aragons, weniger berechnend als die Montherlants, saftiger als die Sprache Gracqs oder Mandiargues. Sie besitzt zugleich den Sinn für die Größe und den für das Triviale, das Familiäre. Auf diesem Gebiet dürfte es heute kaum jemand mit Marguerite Yourcenar aufnehmen können. (. . .) Sie hat ein Gefühl für das Gewaltsame, für die Massen, für die Eislandschaften, wie es auch Breugel, Bosch oder Patinir besaßen. Mit brennender Feder und kaltem Auge erzählt sie von den Geburten, den Eitelkeiten, den Agonien, dem Wahn der Menschen. Und eben das ist ein Schriftsteller: nicht irgendwer *plus* einige Bücher, sondern jemand, dem sein Leben und die Wörter, seine Bücher und die Zeit als eine einzige untrennbare Substanz erscheinen.«[59] »Sie schafft ein neues Genre, in dem ihr Schriftstellertalent prunkvoll die Wandlung der Genealogie in Literatur vollzieht«, urteilt Jacqueline Piatier in *Le Monde*. »Marguerite Yourcenar schreibt ihre intime und persönliche *Légende des siècles*.«[60] In *L'Humanité* betont André Wurmser, daß »die Aristokratie des Satzes und der Erzählrhythmus auf einer stoischen und skeptischen Philosophie fußen, der es wenig darum zu tun ist, Anhänger zu gewinnen«, und er schließt: ›Es war die Rede davon, die Gleichberechtigung der Geschlechter auch auf diese jahrhundertealte Institution auszudehnen, die Madame de Sévigné, George Sand und die große Colette ignorierte. Die Académie, so wird gemunkelt, zöge Marguerite Yourcenar gern irgendeinem Minister vor. Das wäre erfreulich.«[61] Dominique Fernandez meldet Vorbehalte an: »Von einer Schriftstellerin dieser Statur kann man anderes erwarten als diese empfindsame Promenade. Sobald der Vater auftritt, offenbart die gewählte Erzählweise, die mit kleinen anekdotischen Sondierungen operiert, ihre Unzulänglichkeit.« Schwer annehmbar scheint ihm die Distanz, die Marguerite Yourcenar gegenüber Michel de Crayencour wahrt: »Das mag noch angehen für den Großvater, dessen erster Ball sechzig Jahre vor ihrer Geburt stattgefunden hat. Aber für den Vater, nein. Ihn als Fremden behandeln, als irgendein Mitglied der unzähligen *gens*, als Staubatom, das zufällig aus den Familienpapieren gefallen ist, als Sandkorn, aufgelesen in den Archiven des Département du Nord, das heißt die Erzählung um alle emotive, elektrahafte oder andere (ich bin kein Komplexfanatiker) Spannung bringen, die in der Realität vorhanden war. Sehr viel schlimmer für einen Schriftsteller ist es jedoch, wenn er einen banalen Stil schreibt und wie am Kaminfeuer müßig dahinplaudert.«[62] Dominique Fernandez mag noch so sehr abstreiten, ein »Komplexfanatiker« zu sein, seine Äußerung impliziert das Gegenteil: Wie konnte eine Frau es nur wagen, sich der »mit aller emotiven Spannung« aufgeladenen Huldigung zu enthalten, die eine Tochter ihrem Vater darbringen muß?

Marguerite Yourcenar, die mit den Kritiken sehr zufrieden ist, zeigt sich auch entzückt von »dem wunderbaren Brief Claude Gallimards über die *Lebensquellen*, voll von einem warmen Verständnis, das man nie zu erhoffen wagt.«[63] »Ich wollte eigentlich zuerst alles herausheben, was mich frappiert hat, aber es gibt in diesem Buch so viele Fakten, Details, blitzende Bemerkungen, daß ich vor allem den Eindruck hatte, zum Kern einer Wahrheit vorzustoßen, die mit Hellsicht und Freimut dargelegt wurde. Sie sagen die Dinge klar, ohne Umschweife, mit unerschütterlichem Humor. Ich bin überzeugt, daß es sich um ein außergewöhnliches Werk handelt, in dessen kunstreichem Labyrinth man sich zurechtfinden kann, dank eines ebenso kraftvollen wie unaufdringlichen, von Noblesse überglänzten Stils. Ich wollte Ihnen meine Bewunderung mit Aufrichtigkeit aber auch mit Zurückhaltung ausdrücken. Ich konnte jedoch nicht umhin, es mit all meiner Begeisterung zu tun, denn einem derartigen Werk begegnet man nur selten.«[64] Marguerite Yourcenar antwortet ihm umgehend und versucht zu erklären, worum es ihr ging. »Ich habe mir gesagt, man müsse einmal den Versuch wagen, die Vergangenheit einer Familie, oder vielmehr einer Gruppe heraufzubeschwören, ohne Träne im Augenwinkel, ohne amüsierte Herablassung oder Rücksichtnahme auf eventuelle Eitelkeitsaufwallungen der Familien, ohne Vorwürfe und Befangenheit, und auch ohne Erbitterung. Nur das, was man weiß, und mit dem Mut, Fragezeichen zu setzen, wenn man etwas nicht weiß. Ich bin nicht in der Lage zu beurteilen, ob ein derartiges Buch ›literarisch‹ gelingen kann, aber der Versuch war ein spannendes menschliches Abenteuer. Daß Sie dies so schnell und so gut bemerkt haben, ist, was das Schicksal des Werkes betrifft, beruhigend, und für mich persönlich einfach beglückend.«[65]

Wenn Marguerite Yourcenar soweit geht, einem Verleger Tugenden, und vor allem literarische Tugenden zuzusprechen, dann muß Grace zu Recht befürchten, daß ihre Gefährtin wieder nach Europa zurückgekommen ist ... Und wirklich ist Marguerite während all der Zeit, in der man viel von ihr und ihrem Buch spricht, in Gedanken mehr in Europa als bei ihrer Freundin. Sie schickt mehr denn je Dankesworte an Literaturkritiker, wobei sie Irrtümer richtig stellt, ausnahmsweise einmal mehr mit Humor als mit nörgelnder Schärfe. So schreibt sie unter anderen Georges Frameries, der in *L'Unité* eine sehr wohlwollende Besprechung über *Lebensquellen* veröffentlicht hat:[66] »Ich bin nicht achtzig, sondern vierundsiebzig. Sechs Jahre, das ist nichts und das ist eine ganze Welt! Man muß immer so leben, als stürbe man in zehn Minuten oder als würde man immer weiter dauern.« Und wenn sie schon sechs Jahre gut habe, bemerkt sie, dann könne sie *Quoi? L'Eternité* schreiben, ihr Studium des Sanskrit und des Japanischen ein wenig vorantreiben, in den Fernen Osten reisen, in Europa einige Winkel wiedersehen, die sie liebe ... und »weiterhin für den Schutz der Natur, und damit auch für den des Menschen kämpfen.«[67]

Anfang 1976 muß Marguerite Yourcenar sich einer für sie neuen und unerwarteten Erfahrung stellen: der Verfilmung eines ihrer Bücher, nämlich von *Der Fangschuß*, unter der Regie von Volker Schlöndorff. Der Film wird am 1. Januar 1977 bei einer Privatvorführung im Maine Coast Mall Cinema in Ellsworth gezeigt. Am nächsten Tag beginnt Marguerite einen langen Brief an Schlöndorff, der erst eine Woche später zu Ende geschrieben wird und eine Art Anklage gegen Schlöndorffs Lesart des Romans darstellt. Sie versichert ihm zunächst, daß sie seine schöpferische Freiheit und seine eigentliche Filmarbeit respektiere, bringt aber dann mehr als Vorbehalte gegenüber seinen Auslegungen vor, insbesondere gegenüber seiner Behandlung der Figuren. Wenn sie jedoch behauptet, daß in Erich eine »verdrängte Heterosexualität« vorhanden sei, dann kann man Schlöndorff kaum den Vorwurf machen, er habe dies bei der Lektüre des Romans nicht bemerkt: Muß man, um diese Bemerkung zu begreifen, nicht wissen, daß das Modell für Erich André Fraigneau ist, in den Marguerite Yourcenar sehr verliebt war, und daß sie sich niemals mit der Zurückweisung ihrer Liebe hatte abfinden können? Sie wird Jahre später, bei der Verfilmung von der *Schwarzen Flamme* durch André Delvaux, mit diesem belgischen Regisseur besser zurechtkommen.

Sie hatte sich jedoch kaum die Mühe gemacht zu begreifen, was damals Volker Schlöndorff, von dem sie rein gar nichts wußte, an ihrem Roman interessiert haben könnte. Wie sie an ihren Freund

Joseph Breitbach schreibt: »Bei der Unterzeichnung des Vertrages wußte ich nicht, daß Schlöndorff, wie Sie sagen ›in der deutschen linksradikalen Szene engagiert‹ war. Ich spüre keinen besonderen Rechtsdrall in mir, ziehe jedoch das vor, was Schlumberger ›le juste milieu‹ nannte. Geschichte schreibt man nicht mit Moritatenbildern des Hasses.«[68] Sie bittet jedoch Breitbach, diese ihre Bemerkungen für sich zu behalten: »Ich möchte Schlöndorff nicht schaden, der seinen Film so gemacht hat, wie er glaubte, ihn machen zu müssen.« Zudem fügt sie im Postskriptum hinzu, daß sie Jean-Louis Bory für seine Besprechungen im *Nouvel Observateur* und in der Rundfunksendung »Le Masque et la Plume« gedankt habe, in denen er äußerst wohlwollend auf den Film eingegangen sei. »Seine Begeisterung beweist, daß manche Zuschauer trotz allem hier und dort etwas von dem wiederfinden, was ich in das Buch legen wollte.«

Im April 1977 erhält sie die Nachricht von der Schließung des Hotels Saint-James et d'Albany in Paris. Eine eher belanglose Nachricht, die aber kurioserweise die Liste der Gebäude ergänzt, die sich hinter ihr »aufgelöst« haben, von den Häusern ihrer Kindheit bis zum Hotel Wagram. Das denkmalgeschützte Saint-James wird zwar nicht zerstört, aber in Eigentumswohnungen aufgeteilt, verkauft.

Marguerite hatte ihrer Gewohnheit gemäß einen Schiffskoffer dort gelassen, der die Originalausgaben ihrer Werke von vor 1939 enthielt, sowie andere Bücher, Papiere und Zeitschriften. Der Koffer geht samt Inhalt verloren, und sie macht darüber nur einen knappen Kommentar: »Ich habe in meinem Leben so oft Dinge verloren, die ich irgendwo zurückgelassen hatte (Kriege, plötzliche Abreisen, Abwesenheiten, die wegen Krankheit oder anderer Gründe, länger als vermutet ausfielen), daß ich mir angewöhnt habe, diese Art Mißgeschick mit Philosophie hinzunehmen.«[69]

In Frankreich interessiert die Presse sich immer mehr für sie, und die breite Öffentlichkeit möchte sie kennenlernen, diese Frau, die »auf einer Insel lebt, die sie nie verläßt« – man weiß nicht, daß diese Abgeschiedenheit ganz und gar nicht freiwillig ist. »Ich weiß, daß sich um meine angebliche Einsamkeit eine Legende gebildet hat«, merkt sie in einem der Kapitel von *Les Yeux ouverts* an, das den Titel »Die Einsamkeit, um nützlich zu sein« trägt. »Diese Einsamkeit hat nichts mit der Insel zu tun, auf der ich lebe, sondern hängt damit zusammen, daß ich seit jeher, selbst in meinen Jugendjahren, bei allen wirklich wichtigen Beziehungen, kurzen oder langen, dauerhaften oder zeitweiligen, versucht habe, sie in dem Halbdunkel zu halten, das ihnen so gut ansteht. Daher also die Legende, oder vielmehr die Legenden, sobald man angefangen hat, mich einer Beachtung für wert zu halten. Ich habe Besucher hier ankommen sehen, ganz erregt, weil sie die Ile des Monts-Déserts für ein Capreae hielten. Später habe ich andere Besucher inquisitorische Blicke auf die Glasgefäße in meiner Küche werfen sehen, weil sie einen Geruch von Alchimie oder Magie gewittert haben. Und die Besucher, die . . . Und die Besucherinnen, die . . . Aber diese Fabulierer sind unbezahlbar: Sie lehren den Dichter-Historiker, dem Klatsch und Tratsch der Geschichte zu mißtrauen.«[70]

Marguerite Yourcenar widersetzt sich noch ein wenig einem Verhalten – der öffentlichen Rede über sich selbst –, das sie tief und ehrlich mißbilligt. Sie gibt ihm schließlich nach, nicht ohne dann allen, die wie Matthieu Galey Zeugen dieser Nachgiebigkeit gewesen waren, böse zu sein. Im Oktober 1977 möchte die Sängerin Hélène Martin eine Show über sie machen. Marguerite Yourcenar verweigert ihre Zustimmung und bemerkt dazu: »Ich verabscheue diese krankhafte Gier, mit der sich die Öffentlichkeit auf das Leben eines Schriftstellers oder einer Schriftstellerin stürzt, als seien diese nicht ein Mann oder eine Frau wie alle anderen. Ein Schriftsteller zählt durch seine Bücher. Dort muß man ihn suchen, oder vielmehr nicht ihn – denn um ihn geht es nicht – sondern die Ideen, die er zu geben hat.«[71] Doch schon zwei Tage später kommen Jean Montalbetti und André Matthieu, um ein Gespräch für den Rundfunk aufzunehmen. Marguerite und Grace schätzen »ihre Intelligenz, ihre Freundlichkeit und ihre Sensibilität«, wie Grace in ihr Tagebuch einträgt. Im November rückt ein Team des französischen Fernsehens aus Washington, D.C. an. Marguerite Yourcenar weiß sehr wohl, daß sie diese Wärme braucht, dieses Interesse, diese Anerkennung durch ihr Heimatland, sie, die sich schon bald allein auf einem Kontinent wiederfinden wird, den sie nur Grace zuliebe »angenommen« hatte. Davon spricht sie jedoch so wenig wie möglich, denn damit würde sie ihre kranke Freundin viel mehr beleidigen, als durch die in ihre Korrespondenz eingeflochtene Feststellung, daß Graces Fall nun hoffnungslos sei. Allen Journalisten, die sie fragen, wann sie denn wieder nach Paris kommen werde, antwortet sie ausweichend, ebenso allen, die sie zu einem Frankreichbesuch im Frühjahr 1978 drängen.

Kapitel 5
Das zugeklappte Klavier

Die Jahre 1978 und 1979 werden noch unerträglicher und »schizophrener« als die fünf in verquälter Zweisamkeit verbrachten, die ihnen vorangegangen waren. Graces Krankheit ist nur noch eine lange Agonie, und Marguerite Yourcenar erreicht den Gipfel einer Schriftstellerlaufbahn, den Ruhm. Am 23. Januar 1978 ruft Claude Gallimard sie an: man dränge ihn von allen Seiten, er solle Marguerite Yourcenar dazu bewegen, daß sie nach Paris komme und sich um die Kandidatur für die Académie française bewerbe. Sie teilt ihm einen Entschluß mit, von dem sie nicht abweichen wird. Unter keinen Umständen werde sie sich selber um eine Kandidatur bemühen. Sollte man sie jedoch als Kandidatin aufstellen, so würde sie nicht so unhöflich sein, abzulehnen. Was immer »diese Herren« beschließen würden, sei deren Sache. Nur solle man nicht von ihr erwarten, daß sie persönlich dort vorstellig werde und um die Stimmen der »Unsterblichen« werbe.

Selbst wenn Grace am Leben bliebe – aber sie weiß, daß sie sterben muß –, Marguerite würde ihr genommen werden. Was sie so sehr und schon so lange gefürchtet hatte, ist eingetreten: Europa fordert die angebetete Frau zurück. Über diese Académie-Geschichte dürfte Grace also keine ungeteilte Freude empfunden haben. Hätte sie bei Marguerites Aufnahme in die Académie anwesend sein können, so wäre dies die Krönung ihres eigenen Lebens, die Rechtfertigung ihrer Hingabe, ihrer Selbstverleugnung, ihres blinden Glaubens an die Größe der Marguerite Yourcenar gewesen. Und in ihren letzten Lebensmonaten wird ihr der Gedanke, bei dieser, nach ihrer Überzeugung unmittelbar bevorstehenden Zeremonie nicht dabeizusein, unerträglich. Für Marguerite ist die Aufnahme in den Kreis der »Unsterblichen« das Zeichen der absoluten Zugehörigkeit zu Frankreich, für Grace bedeutet sie die Trennung. Hinzu kommen ständige körperliche Schmerzen, und mit ihnen verschlimmert sich eine Situation, von der in Frankreich damals niemand etwas ahnt. Marguerite wird interviewt, wird gefilmt, gibt sich spöttisch amüsiert über das, was ihr zuteil wird, manchmal hochmütig – aber von Kummer keine Spur.

In Petite Plaisance indessen wurde die Atmosphäre erstickend. Oder vielmehr, sie wäre es geworden, hätten der Gereiztheit, die manchmal an Haß grenzte, nicht vierzig Jahre der Liebe entgegengestanden. Das galt für beide Frauen. Mit all dem, was sich an Ambivalentem, an Kompromissen, an Unausgesprochenem, nicht Aussprechbarem in so vielen gemeinsam verbrachten Jahren angestaut hatte. Man darf nicht unterstellen, daß diese Liebe sich einfach in Ressentiment verwandelt habe. Auch wenn dieses Ressentiment in den letzten zwei Jahren alles andere verdrängt, sich in kleinlichen Auseinandersetzungen, in kindischen Weigerungen Luft gemacht hat. So hatte Grace zum Beispiel monatelang den großen Schrank in ihrem Schlafzimmer vor jedermann verschlossen gehalten. Als er nach ihrem Tod geöffnet wurde, fanden sich darin Papiere, unbezahlte Rechnungen oder Steuerforderungen, die längst hätten erledigt werden müssen.

Die wenigen Eintragungen, die Grace noch in ihre Agenda gemacht hatte, zeigen den Verfall ihrer Handschrift. »Hier steht es nicht zum besten«, räumt Marguerite in mehreren Briefen ein. Aber vor allem streicht sie Graces Energie und Mut heraus, die ihr Achtung abnötigen. Später wird sie mißbilligend vermerken, Grace habe »gegen das Ende zu ihre Krankheit am liebsten ignorieren, auf keinen Fall beim Namen nennen wollen.« Jetzt bewundert sie diese Haltung so sehr, daß sie böse werden kann, wenn französische Freunde meinen, in Gegenwart von Kranken dürfe das Wort »Krebs« niemals ausgesprochen werden. »Ich erlaube mir die Bemerkung, daß ich die Politik des Verschweigens keineswegs für die beste halte«, schreibt sie.[1] »Ich meine, es beweist einen Mangel an Respekt, wenn man die Wahrheit verschweigt. Ich meine auch, daß der Kranke, von dem man annimmt, er wisse nicht Bescheid, sehr wohl die Gefahr ahnt, in der er schwebt, und daß er in seiner Ungewißheit weit mehr leidet als einer, der weiß, wie es um ihn steht. Außerdem kann ich mir nicht vorstellen, wie ein Kranker sinnvoll mit seinem Arzt zusammenarbeiten soll (...), wenn er nicht vollständig im Bilde ist. Schließlich, wenn es sich um einen Menschen mit religiösen Gefühlen oder philosophischen Ansichten handelt, so hat man, wie ich meine, die Pflicht, ihm zu ermöglichen, daß er sich auf seine Weise auf den Tod vorbereitet.« Nochmals auf Grace Fricks Krankheit zurückkommend schließt sie: »Schon im vergangenen Jahr hat man mit ihrem Ende gerechnet (...), aber noch heute lebt sie, wenn auch in höchster Gefahr, und macht den bestmöglichen Gebrauch von den ihr verbliebenen Kräften. Ich bin überzeugt, daß dieses wunderbare Resultat nicht möglich gewesen wäre, hätte man sie über ihren Zustand im unklaren gelassen.« Marguerite Yourcenar wird diese »sehr französische Praxis des Verschweigens« immer geißeln, diesen »unwürdigen Brauch, den Menschen ihr Los zu verheimlichen.« Die Heftigkeit, mit der sie sich auch später zu diesem Thema äußerte, war wohl ihre Art, der Gefährtin eine posthume Huldigung zu erweisen.

In Wahrheit stehen »die Dinge« ausgesprochen schlecht, auch wenn Grace im Juli beschließt, zum Besuch einer Ausstellung über Pompeji mit Marguerite für zwei Tag nach Boston zu fahren. Es sollte ihre letzte »Vergnügungsreise« werden. Sie fahren mit dem Wagen, und natürlich sitzt Grace am Steuer – etwa sechs Stunden sind es bis Boston –, denn Marguerite hat keinen Führerschein ... In Marguerites Agenda sind der 7. und 8. Juli 1978 mit XXX versehen, jenen drei X, mit denen beide Frauen während der Zeit ihrer Leidenschaft besonders glückliche Tage zu markieren pflegten und die schon bald in Marguerites Notizen während ihrer Reisen mit Jerry Wilson auftauchen werden.

Grace, die bei dem Versuch, das Fliegengitter in der Küche zu befestigen, gestürzt ist und sich eine Schulter gebrochen hat, unterzieht sich einer Therapie nach der anderen. Mit mäßigem Erfolg. Es gelingt nicht, die Bildung von Metastasen einzudämmen. Ihr linker Arm schwillt unförmig an. Sie muß eine Preßbandage tragen. Auf einem Schnappschuß, der sie von hinten zeigt, sieht der Arm trotzdem aus wie ein monströses Gewächs, das nicht zu ihrem Körper gehört. Auch ihr Oberkörper schwillt an und schmerzt unaufhörlich. In ihren Wahn, alles zu kontrollieren, bezieht sie von nun an auch den eigenen Körper mit ein, und sie weigert sich, vor der Krankheit zu kapitulieren. Am 3. Januar 1979 wird sie allein im Auto nach Buffalo im Norden des Staates New York fahren, um sich einer noch im Versuchsstadium befindlichen Therapie zu unterziehen. Nach zwei Wochen fährt sie, wiederum allein, nach Petite Plaisance zurück.

So aufrichtig Marguerite diese Kraft und diese Würde bewundert, es ist ihr unmöglich, Krankheit und sicheren Tod zum Mittelpunkt ihres Daseins werden zu lassen. »Mein Leben in der Abgeschiedenheit begann vor fast zehn Jahren (1978)«, schreibt sie in den späteren *Notizheften zu Die schwarze Flamme*. Und: »In gewisser

Weise eher ›Gefängnis‹ als ›Abgeschlossenheit‹, denn es steht mir nicht mehr frei, durch die offene Tür hinauszugehen.« Und ohne weiteren Kommentar fährt sie fort: »Das zwanghafte Beobachten einer Krankheit an einem anderen Menschen.«[2]

Sie beginnt »in Gedanken«, wie sie an Louise de Borchgrave schreibt, mit der Vorbereitung »des dritten und letzten Flügels des Triptychons, der den alternden Michel zeigen wird. Aber vor der Niederschrift muß ich mir Zeit zum Nachdenken gönnen.«[3] Sie setzt ihre literarische Tätigkeit fort und korrespondiert mit ihren Freunden: »Hier stehen die Dinge nicht zum besten«, schreibt sie im Dezember 1978 an Anne Quellennec, »ich schreibe viel, vervollständige meine Sammlung von Übersetzungen aus dem Altgriechischen *La Couronne et la Lyre*, doch obgleich Grace noch immer aktiv und energisch ist (zu aktiv, zu energisch), es gibt Gesundheitsprobleme, gegen die man wird angehen müssen, vermutlich mit gefährlichen Medikamenten. Mir selber geht es mehr oder weniger gut, es wechselt von Tag zu Tag.«[4]

Was in Marguerite Yourcenar in jenem Jahr wirklich vorging, darüber läßt sich nur spekulieren, wenn man nicht zu Auslegungen greifen will, die fast schon Fiktion wären. Was hat es wirklich mit den ersten Besuchen Jerry Wilsons auf sich, jenes jungen Mannes, der zu einem französischen Fernseh-Team gehörte und Marguerites Reisegefährte werden sollte? Haben die beiden einander schon bei Jerrys erstem Aufenthalt »gefunden«? Es gibt einen einzigen Anhaltspunkt: Nach dem Tod von Grace – vielleicht auch erst nach Jerry Wilsons Tod – muß Marguerite Yourcenar Graces Agenda durchgelesen und die Seite mit der Woche vom 1. Mai 1978 gefaltet und am Rand nachträglich (wie die andere Tinte beweist) ergänzt haben: »Maurice, Jerry.« Grace hingegen hatte nur am 3. Mai vermerkt: »Fernseh-Team, sechs Leute«, und am 6. Mai: »MY geht mit ihnen spazieren.« Ferner wird Marguerite Yourcenar die Seite mit der Woche vom 1. November desselben Jahres falten, auf der Grace nur Nebensächliches festgehalten hatte. 1. November: »Maurice Dumay kommt mit seinem Freund Jerry Wilson, um dem Film eine Ergänzung anzufügen. 3. November: den ganzen Tag Arbeit mit Fernsehteam. Marguerite soll Auszüge aus *Lebensquellen* vorlesen, aber nach dem Abstieg vom Mont Cadillac ist sie nicht bei Stimme. 4. November: Abreise des Fernseh-Regisseurs und seines Kammeramanns Jerry Wilson.« Später wird Marguerite

Yourcenar oft sagen, Grace habe große Stücke auf Jerry gehalten und sich ihm nahe gefühlt, weil sie beide aus den Südstaaten der USA stammten – woran etwas Wahres sein mag. Doch Graces einziger schriftlicher Kommentar zu Jerry Wilson besagt nur, er sei ein »netter Junge«, was nicht wenig ist, wenn man weiß, wie unliebenswürdig sie sich zeigen konnte.

Marguerite selbst wird nicht versäumen, mehreren ihrer Bekannten mitzuteilen, wie blödsinnig sie *Le Pays d'où je viens* findet, die Fernsehsendung, der sie den Besuch Maurice Dumays und Jerry Wilsons verdankt. Doch seltsamerweise und ganz gegen ihre sonstige Gewohnheit nimmt sie das Team in Schutz, das in Petite Plaisance gefilmt hat, was bei ihr nicht Zeichen einer plötzlichen Duldsamkeit, sondern nur einer großen Sympathie sein kann. »Ich hoffe, daß Sie die Fernsehsendung *Le Pays d'où je viens* nicht gesehen haben, für die ich hier interviewt wurde«, schreibt sie in einem ersten Brief. »Der Rest der Sendung war, wie ich erst später erfuhr, von unvergleichlicher Vulgarität. Eine platinblonde Dame, Mikrophon in der Hand, stellte offenbar die Gräfin von Flandern dar, die Gründerin des Hospizes Comtesse, das unlängst in ein Museum umgewandelt wurde.«[5] »Der Regisseur des Films«, fährt sie eine Woche später fort, »ein liebenswürdiger junger Mann namens Maurice Dumay, der hier gewesen war, um mich zu interviewen, wußte nicht, für welche Schnulze man ihn eingespannt hatte, denn nur ein paar Stunden vor seiner Ankunft bei mir ist er in New York zum ersten Mal mit zwei unbedeutenden Mitarbeitern aus Lille zusammengetroffen, die mit ihm nach Northeast Harbor reisten und ihm kein Wort von dem sagten, was in Lille geplant war. Allerdings, Dumay *hätte wissen müssen*, was die Regionalsender im allgemeinen produzieren, und ich verüble es mir, daß ich mich als Lockvogel für diese Provinzposse hergab, deren Vulgarität ich an Hand von Zeitungsfotos feststellen konnte. Das Urteil einiger Bekannter, deren Namen Dumay von mir erbeten hatte, um sie sehr höflich auf die Fernsehsendung aufmerksam zu machen, ist mit dem Ihren identisch. Ein guter Freund, ein Maler [es handelt sich um Elie Grekoff] schreibt mir von seinem Bauernhof in der Nähe von Saumur: ›Ein Ozean aus Buttercreme‹«.[6]

Nun beginnt eine Periode in Marguerite Yourcenars Leben, die es noch schwieriger als sonst macht, das wirklich Geschehene und das nachträglich Empfundene, sprich Erfundene, voneinander zu trennen. Eine rein rhetorische Frage für diese Frau, die von Hadrian bis Jeanne von Reval, von Zenon bis zum eigenen Vater, alles, was sie erfand, auch »gelebt« und vieles von dem, was sie gelebt, erfunden hat. Keine ganz so müßige Frage für den Biographen, der sich in Verworrenem zurechtfinden oder mit gewagten Schlußfolgerungen abfinden soll. Und die Ungewißheit wird sich vielleicht nicht einmal im Jahr 2037 lichten, in dem Jahr, in dem die versiegelten Dokumente geöffnet werden sollen – denn warum sollte die Grenze zwischen dem Realen und dem Imaginären dann klarer sein als bei allen den Pseudo-Informationen, die Marguerite Yourcenar hinterlassen hat?

Absolut gewiß ist indes eines: 1979 ist ein Jahr der Hölle, voller Wahn und Horror, ein Vorgeschmack auf ein weiteres grauenvolles Jahr: 1985. Es ist kein Zweifel mehr möglich: Grace Frick stirbt. Es ist kein Zweifel mehr möglich, Marguerite Yourcenar steht auf dem Gipfel des Ruhms. Alles spricht dafür, daß sie als erste Frau einen Sitz in der Académie française einnehmen soll, der Wahlkampf läuft auf vollen Touren. Sie ist, Höhepunkt des Paradoxen, zur Autorin à la mode geworden, zum Verkaufsschlager, es findet sich sogar ein beachtlicher Leserkreis für die »Übersetzungen« altgriechischer Gedichte, die unter dem Titel *La Couronne et la Lyre* in einem Band von 480 Seiten im November 1979 erscheinen. »Übersetzungen« ist eine kühne Bezeichnung für diese Texte, die nach dem Urteil von Fachleuten, allen voran Konstantinos Dimaras – er hat mit Marguerite Yourcenar an Kavafis zusammengearbeitet und weiß, was sie unter Übersetzen versteht –, eher Nachdichtungen sind. Französische Lyrik, inspiriert von Fragmenten griechischer Texte. Texte, die Marguerite selbstredend genau verstanden hat. Niemandem käme es in den Sinn zu behaupten, daß es sich um fehlerhafte Übersetzungen handele. Aber, wie Konstantinos Dimaras so einleuchtend erklärt, Marguerite Yourcenar hatte nicht die geringste Ahnung, was eine Übersetzung sein sollte. Sie verbesserte die Texte sehr gern und sehr bewußt und schmetterte jeden Einwand mit dem Satz ab: »So ist es besser.«

Diese Anthologie aus etwa 110 Dichtern – vom 7. vorchristlichen Jahrhundert bis zur Regierungszeit Justinians um 520 – ist zum größten Teil während der Niederschrift der *Erinnerungen des Kaisers Hadrian* zusammengestellt worden, also zwischen 1948 und 1951. »Die vorliegenden Übersetzungen altgriechischer Dichtung wurden zu meinem eigenen Vergnügen zusammengestellt, das heißt, nicht mit der Absicht einer Veröffentlichung«, betont Marguerite Yourcenar in ihrer langen Einführung.[7] In diesem Vorwort erläutert sie auch die Vielfalt ihrer Auswahl und erklärt ihre Ansicht zum Problem der Übersetzung. »Gewiß, gute Übersetzungen müssen treu sein, aber für Übersetzungen gilt dasselbe wie für Frauen: Treue allein, ohne andere Tugenden, macht sie noch nicht genießbar. Mit Ausnahme der Juxtalinearübersetzungen, vielleicht den nützlichsten, weil sie uns auf einen Blick den strukturalen Unterschied zwischen zwei Sprachen klarmachen, ist eine gute Prosa-Übersetzung niemals wortgetreu: die Wortstellung, die Grammatik, die Syntax, ganz zu schweigen vom Einfühlungsvermögen des Übersetzers stehen dem entgegen (...) Wer heutzutage Verse übersetzt, läuft bei uns Gefahr, für ein Fossil oder einen Spinner gehalten zu werden«, fährt sie fort. Dennoch hat sie diese Wahl getroffen und verteidigt sie ausführlich. Ebenso wie im Gespräch mit Matthieu Galey wird sie häufig auf die Notwendigkeit der Versform verweisen (besonders des Alexandriners), ohne die es unmöglich sei, die Rhythmen und Inkantationen dieser klassischen Stücke zu transponieren.[8]

Daneben arbeitet Marguerite weiter an der Niederschrift von *Un homme obscur*. Seit sie die weit zurückliegende Verzweiflung der 40er Jahre überwunden hat, kann sie nichts mehr vom Schreiben abhalten. Aber in Petite Plaisance geben die Journalisten einander die Klinke in die Hand: Matthieu Galey, Jacques Chancel, Bernard Pivot, Jean-Paul Kauffmann, um nur die bekanntesten zu erwähnen. Grace überwacht auch weiterhin alles, erfüllt die Pflichten einer Gastgeberin, beschützt Marguerite vor den »Strapazen« der Interviews, was eine schwere Bürde bedeutet. Doch ob sie sich höflich oder abweisend zeigt, die Besucher dürften darin nur gewisse Eigenheiten von Graces Charakter erblicken und keinesfalls bemerken, daß hier ein heroisches Spiel über die Bühne geht.

Warum läßt Marguerite Yourcenar diesen Ansturm zu, gerade als es Grace am schlechtesten geht? Ist es nur eine Auswirkung ihrer Egozentrik? Kaum. Sie will die ständige Konfrontation mit Grace vermeiden, mit Graces Tod, der für sie eine tiefe Angst bedeutet, worüber sie so wenig wie möglich und nur wie aus Versehen sprechen wird. Zum Beispiel, als sie nach dem Tod Jacques Kayaloffs im Jahr 1984 dessen Witwe Anya beschwören wird, sie solle gut auf sich achten: »Jetzt halten Sie dem Schlag stand, aber Sie werden sehen, das Schwerste kommt erst später«, sagt sie am

Telefon. »Ich habe das mit Grace erlebt. Im Moment war es fast eine Erlösung, aber danach ...«

Es ist wichtig für sie, Mut zu fassen für das, was ihr nach Graces Tod bevorsteht, es ist wichtig, dieses Interesse zu spüren, die Herzlichkeit, die man ihr in ihrer Heimat entgegenbringt. Was zu bestätigen scheint, daß Jerry Wilson damals keinen Trost für sie bedeutete. Sie ist – was sie niemals zugeben wird, obwohl sie einmal von ihrer »Bürde von Ängsten« spricht – am Rande der Panik. »Grace ist zu ihrem Arzt gefahren, und ich nutze ihre Abwesenheit, um Ihnen zu schreiben. Ich habe das Gefühl, in einem langen dunklen Tunnel zu stecken«, schreibt sie in einem Brief, den sie sofort selbst archiviert (die Angaben auf dem Umschlag sind in ihrer Handschrift), um ihn vor Grace geheimzuhalten.[9]

Die bloße Lektüre von Graces Agenda für dieses letzte Jahr ihres Lebens hinterläßt den Eindruck einer Art Raserei, in die beide Frauen sich hineinsteigern; keiner von beiden gelingt es mehr, die Realität zu meistern; einer Raserei, nicht unähnlich jener ihrer ersten Begegnung. Doch diese Raserei, der sie im Alter von 76 Jahren anheimfallen, ist bedrückend in ihrer Tragik, sie grenzt zuweilen ans Grausige. Grace notiert nahtlos hintereinander: »Projekt Pivot taucht auf. Die Schmerzen verlassen mich nicht mehr.« Oder am 15. Juli, vier Monate vor ihrem Tod »Marguerites Gesundheit macht mir Sorgen. Sie hat ihre Zahnprothese verloren.« Am 15. Mai kopierte sie, wie immer handschriftlich, eine Karte Marguerite Yourcenars an eine Freundin mit folgendem Wortlaut: »Graces Gesundheit ist im Moment nicht besonders gut, und vor allem hat sie große Schmerzen« ...[10]

Doch wenn Grace die Besucher notiert, vermittelt sie den Eindruck, daß wiederum nur Marguerite für sie zähle, deren Gesundheit und Bequemlichkeit. Matthieu Galey kommt vom 12. bis 18. Februar 1979, um die Gespräche zu führen, die das Material für sein Buch *Les yeux ouverts* abgeben werden. Dieser Aufenthalt trägt den Keim für alle Konflikte in sich, die beim Erscheinen des Buches zwischen Marguerite Yourcenar und Matthieu Galey ausbrechen werden. Sie ist wirklich sehr müde. Und sie hat wohl wirklich das Bedürfnis, zu sprechen. Daher später der Eindruck, sie habe sich – vor einem intelligenten, aufmerksamen Gesprächspartner, der ihr Werk gründlich kannte und dem sie vertraute – »ausgezogen«. Dieses Wort wird sie gebrauchen, wie Matthieu Galey in seinem Journal 1981 vermerkt, und er fügt hinzu: »Als ich widerspreche:

›Das ist alles andere als ein Strip-tease‹: ›Ich bin sehr dekolletiert‹. Es beunruhigt, es ärgert sie, daß sie sich von den Umständen hat überraschen lassen und unwissentlich das Visier gelüftet hat.«[11]

Die Beziehung zwischen Grace und Matthieu Galey ist nicht übertrieben herzlich; immerhin hat sie ihre Mißbilligung nur dem Tagebuch anvertraut: »Er kommt täglich von 2-6 Uhr nachmittags, auch bis 7 Uhr. Am 16. Februar muß MY abbrechen. Sie ist zu müde. Sie hat Herzbeschwerden und muß ins Krankenhaus. Am 17. Februar besucht Galey sie dort, um sich zu verabschieden. Er bringt ihr eine Topfpflanze. Azalee. Er begleitet mich nach Hause, er bleibt und bleibt ... Am 18. Februar erscheint Galey aufs neue und besteht darauf, das Gespräch im Krankenhaus fortzusetzen, weil ihm noch der Schluß fehle. Ich rufe Marguerite an und bitte sie inständig, sie solle ihn noch am Vormittag empfangen und sofort nach Paris zurückschicken. Er bleibt eine Stunde und zehn Minuten bei ihr, bis sie sich entschließt, ihn endgültig an die Luft zu setzen.«

Über Jean-Paul Kauffmann, mit dem, wie sein Artikel verrät,[12] alles schief geht: »Ich mußte ihn nach fünf Stunden hinauswerfen«, sagt Grace. Während dieser ganzen Zeit ist es ihm nicht gelungen, Marguerite zum Sprechen zu bringen. Sie wird ihm schriftlich und recht unwirsch auf die zusätzlichen Fragen antworten, die er ihr zugeschickt hat, da sie sich weigerte, ihn nochmals zu empfangen. In diesen Antworten finden sich Beispiele für jenen eisigen Zorn, der gewiß weniger Jean-Paul Kauffmann galt als vielmehr ihrem eigenen augenblicklichen Zustand, und der sie gelegentlich befiel und sie bissig, ja sogar sinnlos verletzend machte: »Man sollte nicht jede Form des Wissens oder der Kultur, an der wir aus Faulheit oder Dumpfsinn nicht teilhaben wollen, als ›geheim‹ bezeichnen.« »Wozu den Ozean überqueren, nur um von mir Auskünfte über Samuel Champlain zu verlangen, die man im Konversationslexikon finden kann? Wozu den Ozean überqueren, nur um mich zu fragen, wieviele Schlafzimmer das Haus habe, das ich bewohne? Es sei hinzugefügt, daß der Personenkult eine Form des Banausentums ist, die es zu allen Zeiten gab, die aber niemals so grassierte wie heute. Wie kommen Sie zu dem Urteil, ein Mensch, den Sie gar nicht kennen, halte mit etwas hinter dem Berge? Meine Person birgt sowenig Geheimnisse wie mein Haus (...) Nur Dummköpfe glauben an das Geheimnis, und nur Wichtigtuer behaupten, eines zu haben.«[13] Ein Satz, der seltsam dem ähnelt, den sie Hadrian in die

Feder diktierte: »Die Beobachtung von Menschen, die es verstehen, uns ihre Geheimnisse zu verbergen oder uns weißzumachen, daß sie welche haben.« Ein Beispiel für diese Tonart findet sich schon ein paar Jahre zuvor in einem Briefwechsel mit Georges Wicks, der über Natalie Barney arbeitete und Marguerite Yourcenar seinen Text vorgelegt hatte. Sie hatte den Text korrigiert und Wicks ohne übermäßige Höflichkeit mitgeteilt: »Ich habe die Stellen gestrichen, die mich betreffen. Erstens, weil es unnötig ist, sich über meine Person zu verbreiten; zweitens, weil diese Zeilen eindeutig beweisen, daß Sie keine Ahnung haben, was mich bewegt und meine Bücher nicht gelesen haben, was natürlich kein Verbrechen ist, aber wie kann man sich in diesem Fall anmaßen, jemanden zu definieren? Was heißt ›die römischen Kaiser‹ (in der Mehrzahl), mit denen ich ›in meinem literarischen Leben Umgang pflegte‹? Oder warum diese Beschreibung einer Bibliothek, wenn Sie nicht wissen, was sie enthält?«[14]

Jacques Chancel hingegen genoß Graces Wohlwollen: »Sein ganzes Team, zwei Tage hier, am 12. und 13. Mai, war reizend und sehr tüchtig.« Und Marguerites Kommentar: »Indem er mir ständig versicherte, man werde sofort aufhören, wenn ich es wolle, hat Chancel mich insgesamt 10 Stunden lang zum Sprechen gebracht, und es scheint mir nicht geschadet zu haben. Ich bin nur müde von sovielen Worten, die mir unnötig erscheinen.« Hier erlaubt Marguerite Yourcenar sich eine Pose; sie hat ganz und gar nichts dagegen, zu sprechen, das hört man sehr klar in ihren *Radioscopies*, so, wie man es ein paar Monate danach in der ihr gewidmeten Sendung von *Apostrophes* mit Bernard Pivot sehen wird.

»Vor zwei Wochen machten wir drei Tage lang Aufnahmen für das Radio unter Leitung von Jacques Chancel, eines liebenswürdigen Mannes, auch die Techniker wie immer sehr nett (...) Man fragt sich, warum die Medien einen Schriftsteller zwingen, über alle möglichen Themen zu sprechen, obgleich es sein Metier ist, über ein paar bestimmte Themen zu schreiben. Aber ich fühle, daß dem Verleger aus Gründen der Publicity daran liegt; allerdings ist er so liebenswürdig, mich nicht zu zwingen. Und vor allem, wenn man im Ausland lebt, darf man nicht alle Brücken abbrechen (...). Offengestanden weiß ich nicht, ob man sich so viel Mühe machen soll, damit man verstanden wird.«[15]

Mit diesen Gesprächen leitet Jacques Chancel eine neue Spielart seiner Sendung ein. Als mehrere Journalisten ihn dazu auffordern, berichtet er von seinem Besuch, von dem er entschieden positivere Eindrücke mitgebracht hat, als Patrick de Rosbo:

»Wir haben mehr als sechs Stunden Bandaufnahmen gemacht. Mit mehreren Zwischenpausen. (...) Marguerite Yourcenar beantwortete meine Fragen auf die gleiche Art, wie sie arbeitet ... sehr aufmerksam, sehr ernsthaft, fast streng. Mit einer Autorität, einer Überlegenheit, die sie sich unbewußt zuerkennt. Niemals die kleinste Vertraulichkeit, aber wir spürten sehr viel mehr, sehr viel Besseres als Vertraulichkeit in der Art wie sie uns guten Tag sagte oder nach der Arbeit einen Spaziergang ans Meer vorschlug, an den Ozean, den man durchs Fenster sieht. Wir kehrten glücklich zurück, und ich glaube, auch sie fühlte sich nicht allzu sehr ›belästigt‹ (...). Mrs. Grace sorgte dafür, daß alles reibungslos ablief, sie rief uns abends im Hotel an und fragte, ob es uns an nichts fehle, ihre Freundlichkeit war grenzenlos. Manche Leute haben sie als Nervensäge bezeichnet; nein, sie schirmt nur Yourcenar, die darauf angewiesen ist, vollständig ab. Sonst nichts. Und diese Aufopferung ist großartig.«[16]

Als Jacques Chancel ihr Fragen über Grace Frick stellt, kann Marguerite Yourcenar zum ersten und einzigen Mal vor der Öffentlichkeit ihre Bewegung nicht zügeln. Jacques Chancel: »Ich möchte Ihnen sagen, wie einmalig diese Frau ist. Sie hat uns empfangen, sie hat sich um uns gekümmert ... Aber ich glaube zu wissen, was diese Frau an Ihrer Seite bedeutet ...«

»Vermutlich die Treue, ein großer Wunsch nach Aufopferung.«

Dann die Frage: »Sollte sie eines Tages nicht mehr da sein, würden Sie sich dann einsam fühlen?« Mit erstickter Stimme antwortet Marguerite Yourcenar: »Ich würde mich einsam fühlen«, dann faßt sie sich sofort, als Chancel nachhakt: »Sie ist Ihre Familie.« – »Sie ist zur Zeit meine Familie ... Nichts kann ewig dauern.«

Als diese *Radioscopie* neuen Stils vom 11. bis 19. Juni in Frankreich gesendet wird, ist das Echo in der Presse groß, zumal man Marguerites Stimme noch nicht oft gehört hat. Jérôme Garcin staunt in *Les Nouvelles Littéraires*: »Man erwartet einen verhaltenen, diskreten, schüchternen Dialog; man hört nichts dergleichen: alert, lebhaft, rasch; Marguerite Yourcenar fängt jede Frage im Flug auf (...), spricht gern über persönliche Erinnerungen (...). Kurz, eine gute Gelegenheit, endlich mit dem Mythos aufzuräumen, der uns eine Frau im Exil an der Ostküste der Vereinigten Staaten zeigen will, in Klausur wie eine Nonne, die sich weigert, zu beichten.«[17]

Noch überraschender wird die Sondersendung von *Apostrophes* sein, die Bernard Pivot ihr widmet, mit dem sie eine Art ironisches Einverständnis herstellt. ›Sie amüsiert sich sichtlich über diesen enthusiastischen Journalisten, der ihre Bücher gelesen hat,* aber voller Staunen feststellt, daß die Reinkarnation Hadrians eine lebensvolle und witzige Frau ist, die auf der Straße gegen den Vietnam-Krieg demonstriert oder sich über die maßlose Sentimentalität der Franzosen in Liebesdingen mokiert. Unter den Pressekommentaren, die diese gegenseitige Sympathie und das deutliche Vergnügen hervorheben, das Marguerite Yourcenar das Gespräch bereitet hat, fehlt wie üblich auch nicht die alte sexistische Leier: »Eine Dame von sechsundsiebzig Jahren, korpulent, mit maliziösem Blick, die Zeitenfolge und Verbform perfekt beherrscht und in drei Sätzen die alte feministische Asche, die man fleißig vor ihrer Schwelle ausstreut, hinwegfegt (...). Das Geheimnis der Kraft dieser Frau, die lächelt und ihren Garten bestellt, dürfte ihr männlicher Pessimismus sein.«[18] Bertrand Poirot-Delpech ist zwar nicht ganz auf seine Kosten gekommen, hat aber die Aufführung sehr genossen und schreibt in *Le Monde:* »Maliziös wie sie ist, hatte sie gewarnt: Bei diesem Gesellschaftsspiel sei der Gemeinplatz immer Trumpf (...) Bleibt noch die kompetente Führung durch ein sehr großes Œuvre. Pivot macht das glänzend (...). Marguerite Yourcenars Gesicht, ein Wunder aus Intelligenz und Sinnlichkeit, hilft zu begreifen, daß für den Schriftsteller der Gebrauch des *imparfait du subjonctif* eine fleischliche Komponente besitzt – Ah! dieses: *bien que je pensasse*! – so hinreißend natürlich, oder die Suche nach dem *mot juste*.«[19]

In dem Brief an ihren Stiefneffen, worin sie den Besuch von Jacques Chancels Team erwähnt, verrät Marguerite einiges über Graces dramatische Situation und verflicht damit sogleich das folgende Bekenntnis ihrer eigenen körperlichen Mißlichkeiten:

* In der Nummer der Monatszeitschrift *Lire* vom Juni 1990 kommt Bernard Pivot auf seine Erinnerungen an *Apostrophes* zurück, auf die Sendung mit Marguerite Yourcenar, die im Dezember 1979 und nochmals kurz nach Marguerite Yourcenars Tod ausgestrahlt wurde. »Beim Anhören von Marguerite Yourcenars Antworten, ihrer Worte, die so genau gesetzt sind, ihrer prallen, langsamen, kernigen und doch eleganten und melodiösen Sätze, habe ich wie nie zuvor die Überzeugung verspürt, daß ich schlecht spreche.«

Bernard Pivot mit Marguerite Yourcenar in der Fernsehsendung »Apostrophes«

»Hier steht es nicht zum besten. Graces Gesundheitszustand hat sich seit Jahresbeginn eher verschlechtert, und von Zeit zu Zeit leidet sie große Schmerzen. Aber ihre Energie gibt niemals auf. Sie hat einen Teil der Nacht vom Samstag auf Sonntag mit der Herstellung eines großen Brotes verbracht, das dem besten Bäcker Ehre machen würde. Ich selber erhole mich langsam von meiner langen Bronchitis, der das feuchte und kalte Frühjahr wenig zuträglich war.«[20]

Zwischen zwei Bemerkungen über Marguerites Besucher und einigen kommentarlosen Erwähnungen ihrer Schmerzen notiert Grace, wie sie es schon immer tat, allerlei Nebensächliches: »Chancels Team hat uns das großartige Geschenk eines Kassetten-Radios gemacht«; »am 8. Juni haben wir zu Marguerites Geburtstag [dem letzten, den sie gemeinsam feiern sollten] einen Erdbeerkuchen gegessen.« Diese Manie, über die man lächeln möchte, diese kleinen und uninteressanten Bemerkungen, die allenfalls einigen Aufschluß über die Person der Schreiberin geben, wirken heute fast pathetisch, nachdem man dank DeeDee Wilsons Aussagen hinter die Kulissen jenes Jahres blickt.

»Miss Frick lebte mit qualvollen und unaufhörlichen Schmerzen. Ihre Brust war von übermäßigen Bestrahlungen völlig verbrannt, rohes Fleisch. Ihr Zustand erforderte mehr Pflege, als eine einzelne Person hätte leisten können. Deshalb hat ihre Pflegerin Ruth mir davon erzählt«, berichtet DeeDee Wilson. »Meine Beziehung zu Miss Frick war ziemlich kühl, nicht nur, weil sie meinen Mann beschimpft hatte, sondern weil es mich ärgerte, wie sie ihre Nase in alles steckte und alle Welt mit unerbetenen Ratschlägen überschüttete. Trotzdem habe ich, um Ruth zu helfen, zugesagt, falls es Miss Frick recht sei, einen Teil der Pflege zu übernehmen. Als ich am ersten Tag nach Petite Plaisance kam, fühlte ich mich ein wenig unbehaglich. Verlegen sagte ich: ›Guten Tag, Miss Frick.‹ Sie erwiderte nur: ›Ich heiße Grace.‹ Von Tag zu Tag wuchs meine Bewunderung für ihre Tapferkeit. Sie war vorbildlich. Die Pflege, die ich ihr angedeihen ließ, linderte ihre Schmerzen nicht, verschlimmerte sie im Moment sogar. Ich habe sie niemals klagen hören. Noch heute bewegt die Würde dieser Frau mich zutiefst. Mit Madame hingegen war sie äußerst hart. Es stimmt, daß Madame, ohne böse Absicht, alles verkehrt machte. Denn sie war nicht gewöhnt, Haushaltspflichten zu übernehmen, und noch viel weniger, sich um Grace zu kümmern. Sie hätte der Kranken gern kleine Freuden bereitet, appetitliche Gerichte, aber alles ging schief. Grace war ausschließlich von Zorn und einer Art dumpfen Ressentiments erfüllt. Aus Zerstreutheit, vielleicht aus Angst verfehlte Madame nie, im ungeeignetsten Moment im Zimmer der Kranken zu erscheinen. Grace brüllte dann: ›Verlassen Sie* sofort mein Zimmer! Wie oft habe ich Ihnen schon verboten, hier hereinzukommen, besonders wenn die Pflegerin bei mir ist‹.

Wenn ich dann wieder hinunterging, fand ich Madame im Salon hingestreckt, fassungslos. In solchen Augenblicken gab es keine Marguerite Yourcenar mehr, keine Schriftstellerin, für deren

* Bekanntlich erachteten Marguerite Yourcenar und Grace Frick es als ungehörig, sich in Gegenwart ihrer nur englisch sprechenden Freunde des Französischen zu bedienen. Andererseits – und dies bezeugt unter anderen Anne Quellennec – wechselten Marguerite und Grace, wenn sie französisch sprachen, dauernd zwischen Du und Sie, wobei das Du der Beschwörung von Erinnerungen in den friedlichen Augenblicken vorbehalten war. Man kann also das englische »you« je nach der Gesprächssituation bald mit »Sie«, bald mit »Du« wiedergeben.

Ruhm Grace alles getan hatte. Nur noch zwei alte Frauen in den Fängen von Krankheit und Tod.

Wie hoch auch der Preis an Qualen sein mochte, Grace wollte weiterleben. Dafür hat sie alles auf sich genommen. Bis ans Ende. Sie hätte das Unmögliche gewagt. Noch wenige Wochen vor ihrem Tod wollte sie selbst im Auto irgendwohin fahren, um eine neue Therapie auszuprobieren. Der Plan war so absurd, daß ich in meinem Schrecken ihren Arzt alarmierte, der fand, es sei nun an der Zeit, mit ihr zu sprechen, ihr begreiflich zu machen, daß der Verlauf der Krankheit irreversibel sei.

Gemeinsam haben wir den Arzt aufgesucht, Madame, Grace und ich. Es mag genau eine Woche vor Graces Tod gewesen sein. Der Arzt nahm Madame beiseite und sagte ihr, das Ende sei gekommen. Grace versuchte er beizubringen, es habe keinen Sinn, neue Therapien auszuprobieren, es gebe keine andere Möglichkeit der Behandlung als die, die bereits angewendet wurde, aber sie werde nicht mehr leiden müssen.

Auf der Rückfahrt im Auto, das ich chauffierte, hat Grace kein Wort gesprochen und ihre Miene war eher zornig als verzweifelt. In Petite Plaisance gab es an jenem Abend eine Szene, die sehr peinlich, aber auch so typisch für diese Frau war, daß ich glaube, ich sollte zu Ehren ihrer Charakterstärke davon erzählen. Grace hat Madame und mich in ihr Schlafzimmer kommen lassen. Sie saß aufrecht im Bett, von Kissen gestützt, und sie hat uns angeschrien, auf Englisch natürlich, denn Grace und Madame sprachen in meiner Gegenwart niemals französisch:

›So! Jetzt ist es soweit! Ich muß sterben!‹

›Ich weiß‹, hat Madame leise erwidert und damit Graces Zorn noch mehr gereizt.

›Wieso?‹

›Der Arzt hat es mir gesagt.‹

›Und Sie haben es mir nicht sofort mitgeteilt? Wie konnten Sie es wagen? Das ist infam ...‹

Grace berauschte sich an ihrem eigenen Zorn; Madame ließ das Unwetter über sich ergehen, aber man sah, wie sehr sie verletzt war. Ich dachte, es sei an der Zeit, einzugreifen, und mein Beruf als Pflegerin, also als ›Fachkraft‹ berechtige mich dazu. Zum ersten Mal seit ich Grace pflegte, habe ich sie barsch angefahren.

›Hören Sie, es geht Ihnen heute nicht schlechter als es Ihnen gestern oder vorgestern ging. Und es wird Ihnen auch morgen nicht schlechter gehen. Also machen Sie bitte Schluß mit dieser Szene und diesem Geschrei. Sie wollten doch immer alles im Griff haben, alles kontrollieren. Jetzt können Sie zeigen, wie Sie ›das‹ in den Griff kriegen.‹

Ich staunte über mich selbst. Aber ich konnte den ungeheueren und jähen Ausbruch dieser Frau nicht ertragen, dieser sonst so würdevollen Frau, deren Tod nun so nah und offensichtlich war, daß man hätte meinen können, sie werde sich mit ihren sechsundsiebzig Jahren darein schicken. Von jenem Tag an fiel kein Wort mehr über Graces baldigen Tod. Die Lage verschlimmerte sich von Tag zu Tag. Schmerzstillende Medikamente wurden verabreicht. Etwas anderes konnte man nicht tun.

Vom 11. November an mußte Grace Sauerstoff zugeführt werden. Ab dem 15. war sie nicht mehr bei Bewußtsein, aber da sie in ihrem komaähnlichen Zustand ständig klagte, haben wir ihr weiterhin Beruhigungsmittel gegeben. Madame war schweigsam und auf dem Posten. Am 18. November sagte ich ihr, daß das Ende nahe sei.« Am Nachmittag dieses Tages hat Marguerite an Graces Sterbelager die kleine Spieldose aufgezogen, von der sie Matthieu Galey erzählt: »Eine einfache kleine Schweizer Spieluhr, die ganz leise eine Arietta von Haydn spielte und die ich neben Graces Bett ablaufen ließ, eine Stunde vor ihrem Tod, als Berührungen und Worte sie nicht mehr erreichten.«[21]

»Es lag eine unendliche Zärtlichkeit darin«, fügt DeeDee hinzu, »die Zärtlichkeit einer Frau für eine andere, die ihr vierzig Jahre lang zur Seite gestanden hatte, einer Frau, die tat, was Millionen Frauen vor ihr getan haben: in den Tod begleiten. Grace ist friedlich gestorben, fast unmerklich. Es war genau neun Uhr abends. Madame hat mich mit ungläubiger Miene gefragt:

›Ist es zu Ende?‹

›Ja.‹

›Sind Sie sicher?‹

›Ja.‹

Da ist sie ans Fenster getreten, hat es weit geöffnet und etwas gesagt wie: ›Ich weiß nicht, aber es heißt, man müsse den Geist in die Freiheit entlassen.‹

Genau in diesem Augenblick klingelt das Telefon. Madame ist hingegangen und ganz verstört zurückgekommen. Es war Graces Bruder, der sich nach ihr erkundigen wollte. Ich habe Madame geraten, sie solle sagen, es gehe Grace sehr schlecht, und wir würden alsbald zurückrufen. An jenem Abend glich Marguerite Yourcenar in nichts mehr der berühmten Schriftstellerin und der Frau, die ihrer Entschlüsse und ihres Lebens sicher war, wie die Franzosen sie kürzlich im Radio und Fernsehen kennengelernt hatten. Sie glich auch nicht der manchmal allzu anspruchsvollen und absichtlich aggressiven Frau, die sie später werden sollte. Ihr Anblick tat mir weh.«

Noch am selben Abend übernahm Marguerite Yourcenar die Tradition der Eintragungen in Graces Agenda, die nun die ihre geworden war.

»18. November: um neun Uhr abends GF gestorben. XXX. Schöner sonniger Tag. Ruth, DeeDee und ich bereiten GF für die Einäscherung vor. Gegen elf Uhr dreißig abends wird sie auf einer Bahre fortgebracht. Ich begleite sie beim zauberhaften Licht der Sterne bis zum Transportfahrzeug.«

»19.-20. November: Aufräumen, Besucher, Telefonanrufe.«

»21. November: Einäscherung in Bangor.«

»22. November: Thanksgiving-Dinner bei Freunden im kleinen Kreis.«

»23. November: Ruth, DeeDee und ich auf dem Friedhof.«

Es folgt die Schilderung des Begräbnisses von Graces Urne, in einer fast unleserlichen Handschrift, die bereits Marguerite Yourcenars Schrift während der letzten Monate ihres Lebens vorwegnimmt. »Toni hat mit der Schaufel das viereckige Loch ausgehoben, es sah aus, als wolle man einen Baum pflanzen. Eine große Vase voll Blätter, getrocknete Rosen und ein wenig Lavendel hineingeschüttet. Dann in einen alten goldfarbenen indianischen Korb, den ich mit zwei braunen Seidenschals ausgelegt hatte, die Asche über meine Hände rieseln lassen [unleserliche Stelle]. Das Ganze in ihren braunen Wollschal gehüllt. DeeDee und Ruth legen ein paar Blumenstengel dazu. Dann wird die Erde wieder sauber darübergeschaufelt und die Grabplatte aufgelegt.«

Am Montag, dem 26. November, findet in der Unierten Kirche von Northeast Harbor ein Gottesdienst für Grace Frick statt. Die Andacht für Marguerite Yourcenar, acht Jahre später, wird die genaue Wiederholung sein. Dieselben Texte werden gelesen.

»Diese Totenfeier hat mich sehr beeindruckt«, erinnert sich DeeDee Wilson. »Alle Dorfbewohner waren gekommen. Man konnte ermessen – und Madame wohl am besten –, wie sehr Grace in der Gemeinde geachtet worden war, trotz ihres seltsamen und schwierigen Charakters. Es kam zwar vor, daß jemand eine Schwatzbase mit den Worten unterbrach: ›Psst, du weckst uns ja Grace wieder auf!‹, aber das bewies im Grunde nur Zuneigung für diese ungewöhnliche Frau. Was für eine Persönlichkeit! Wir alle liebten sie, und jeder hat den Mut bewundert, mit dem sie Krankheit und Schmerzen ertrug.

An den folgenden Tagen war Madame sehr niedergeschlagen. Grace hatte sie zu sehr von allem abgeschirmt.«

Jeannie Lunt, die im Sommer 1978 als Hilfskraft von Grace engagiert worden war und bis zu Marguerite Yourcenars Tod deren Sekretärin bleiben und Testamentsvollstreckerin werden sollte, erinnert sich an die Verhaltensmaßregeln, die Grace ihr täglich von neuem eingehämmert hatte, um sie zu absoluter Lautlosigkeit anzuhalten:

»›Madame arbeitet‹, kehrte ständig wieder wie ein Refrain. Man sollte wohl nur auf Zehenspitzen gehen, um sie nicht zu stören ... Und dabei war, wie ich später feststellen konnte, Madame, wenn sie arbeitete, dermaßen konzentriert, daß sie, wäre eine Bombe neben ihr explodiert, nicht mit der Wimper gezuckt hätte!«

Marguerite Yourcenar wird später gestehen, sie habe nicht einmal die Telefonnummer des Krämers gekannt, der die Lebensmittel ins Haus lieferte, niemals ein Geschäft angerufen oder in einem Restaurant einen Tisch bestellt, es sich sogar abgewöhnt, ans Telefon zu gehen, denn »das machte Grace«.

Wie DeeDee Wilson sagt, war sie »hilflos, aber nicht nur aus diesen materiellen Gründen. Sie wirkte auf mich wie unter Schock, ein wenig verstört. In Frankreich allerdings hat sie sich, wie ich später erfuhr, nichts davon anmerken lassen.« Sagen wir, kaum etwas. Nur Georges de Crayencour hat Marguerite sich in den schwersten Augenblicken anvertraut. Anfang September 1979 schilderte sie ihm die Situation in ihrem ganzen Ernst und Ausmaß:

»Ja, es ist eine furchtbare Prüfung, wenn man mit ansehen muß, wie ein Mensch – mit dem man noch dazu durch die Bande der Zuneigung, der Dankbarkeit und Achtung verbunden ist – durch eine tückische Krankheit langsam zerstört wird. Seit 1972 (meinem letzten Aufenthalt in Europa) verging in Petite Plaisance kein einziger Tag ohne Nöte und Sorgen aller Art, und seit letztem Januar ist die Krankheit, die bislang sehr schmerzhaft war (abgesehen von einer ernsten Krise mit drohendem Herzversagen 1977, verursacht durch die Nebenwirkungen der Chemo-Therapie, was Grace indessen nicht davon abhielt, anschließend einen Monat in Alaska zu verbringen, eine wundervolle aber beklemmende Reise), zur echten Tortur geworden, denn ein Krebs, der das gesamte Lymphsystem ergriffen hat, breitet sich fast im ganzen Körper aus. (...) An Beistand mangelt es mir nicht. Die Gemeindeschwester wohnt 500 Meter entfernt; diese vortreffliche und sehr fähige Frau kommt zwei- bis drei Mal täglich (...). Schließlich viele Damen aus dem Dorf, der alte Fischer Dick, die Gärtner Harry und Elliot. Die einen bringen fertige Mahlzeiten oder Leckereien, die anderen Gemüse aus ihren Gärten, wieder andere sind zur Stelle, wenn ich ein Auto brauche (...). Dies sind, in schwierigen Situationen, die Vorzüge des Lebens in einem Dorf (...). Grace ist zu angelsächsisch, als daß sie uns ihre Gedanken anvertrauen würde, sei es über ihren Gesundheitszustand, sei es über ihre Zukunft in dieser oder einer anderen Welt. Mir scheint, nur ihr Mut hält sie aufrecht, ein Mut, der sie allerdings zuweilen während allzu schlimmer Krisen fast im Stich läßt.

Sie steht übrigens täglich für ein paar Stunden auf, sie will sich ›schön machen‹ für die Besucher oder die Leute von Rundfunk und Fernsehen, wie Jacques Chancel im Mai oder vor kurzem Bernard Pivot. Letzte Woche hat sie, schwankend und atemlos, ein Team von zehn Photographen verköstigt!«[22]

Drei Monate später schreibt sie ihm:

»Und jetzt die so traurige und so vorhersehbare Nachricht. Vorhergesehen von jedermann außer von Grace selbst, die bis zum vorletzten Tag gekämpft hat. Fast acht Jahre lang hat sie die grausamsten Schmerzen gelitten; natürlich gab es dazwischen Milderungen von Wochen oder manchmal ein, zwei Monaten, aber seit Anfang des Jahres war es eine fast ständige Qual. So kam es, daß, als sie so unmerklich zu leben aufhörte, die Pflegerin und ich nicht einmal sofort begriffen haben, denn es geschah in einem durch eine starke Injektion (ein Morphin-Derivat) herbeigeführten Schlaf, was um ihretwillen nicht einmal wirklich bedauert werden konnte. Aber dieser Sturz ins Leere, nach so vielen Jahren gemeinsamen Lebens und Arbeitens. Es gilt, eine Art neuen Rhythmus zu finden. Um ein letztes Mal von meinen Sorgen zu sprechen, füge ich hinzu, daß ich, was den häuslichen Alltag betrifft, gut umhegt werde: eine brave Frau, die den Haushalt besorgt, eine freundliche Sekretärin, die sich durch den Ozean von Papieren wühlt – eine Hinterlassenschaft Graces, die sich seit Wochen um nichts mehr hat kümmern können – hilfsbereite Nachbarn ...

Es gäbe so vieles zu sagen ... Georges, sollte Sie zufällig während dieses Sommers die Lust ankommen, als Urlaubsziel die USA zu wählen, so kann ich Sie gern für eine Woche in Petite Plaisance aufnehmen. Denken Sie darüber nach.«[23]

Matthieu Galey notiert in seinem Tagebuch eine Äußerung Marguerite Yourcenars über Veränderungen im Haus nach Graces Tod: »Vor ein paar Wochen sagte Marguerite Yourcenar zu mir: ›Graces Klavier war für mich ein zu schmerzlicher Anblick. Ich habe es verkauft und an seinem Platz bereits ein Bücherregal aufstellen lassen.‹«[24] Gewiß, man kann darin den ersten Schritt zu einer posthumen »Austreibung« Graces sehen, die zweifellos stattgefunden hat. Aber daß der Anblick dieses Klaviers, auf dem niemand mehr spielen würde, unerträglich war, ist nicht weniger wahrscheinlich. Man muß die Aufrichtigkeit von Marguerite Yourcenars Schmerz nicht unbedingt bezweifeln, wie Matthieu Galey es zu tun scheint. Eine ähnliche Reaktion findet sich in dem 1989 erschienenen autobiographischen Buch des in Frankreich lebenden griechischen Schriftstellers Vassilis Alexakis: »Der Anblick eines geschlossenen Klavierdeckels stimmt mich immer ein wenig traurig. (...) Weil es fast aussieht wie ein Sarg? Mir scheint, kein anderes ruhendes Musikinstrument erzeugt so große Stille wie ein zugeklapptes Klavier.«[25] Auch Matthieu Galey wird später über eine Begegnung 1981 – als sein Verhältnis zu Marguerite Yourcenar ausgesprochen schlecht war – erwähnen: »Ganz zum Schluß noch ein paar gerührte Worte über Graces Tod. So, wie Statuen gerührt sind. Ein kleines, schnell verwehtes Wölkchen.«[26]

Die nüchternste und zugleich bewegendste Schilderung der Bestattung von Grace Fricks Asche gab Marguerite Yourcenar in einem Gespräch mit Claude Servan-Schreiber. Sie beweist ihre Faszination für das Ritual und ihren Glauben an dessen kathartische Kraft.

»Ich hatte einen Korb mitgenommen, einen dieser Indianerkörbe aus biegsamen Halmen, die ihren Duft bewahren: es genügen ein paar Tropfen Wasser, und er lebt wieder auf. In diesen Korb schüttete ich die Asche, die eher kleinen Kieseln glich. Ich habe das Ganze in einen Wollschal gewickelt, den die Verstorbene oft getragen und sehr gern gehabt hatte. Nachdem wir noch Laub darauf gelegt hatten, wurde die Grube wieder zugeschaufelt und die schöne Grasscholle an ihren alten Platz gebracht. Es war nichts mehr zu sehen. Wir sind alle drei wieder heimgegangen, die beiden Pflegerinnen und ich, wie die Frauen, die seit undenklichen Zeiten die Kranken pflegen und die Toten begraben. Es war ein Ritual. (...) Keine Urne aus falscher Bronze, mit samtbezogenem Sockel, kein Sarg mit Seidenfutter, Kunstseide natürlich. Das alles haben wir vermieden. In jedem Augenblick des Lebens kann man ein Ritual neu erfinden.«[27]

Später wird sie sagen, sie habe sich schon vor Graces Tod ihrer Zukunft zugewendet, diesem dreißig Jahre jungen Amerikaner, der perfekt französisch sprach, Jerry Wilson, dem Freund Maurice Dumays, der beschloß, ihr Reisebegleiter zu werden. Aber die Widersprüchlichkeit ihrer diesbezüglichen Äußerungen und Verhaltensweisen in den achtziger Jahren mahnt zur Vorsicht. Es stimmt, daß Jerry Wilson kurz vor Graces Tod nach Petite Plaisance gekommen ist. Am 19. August hatte Grace nur vermerkt: »Jerry Wilson soll nach dem 22. August kommen.« Dann, in der mit dem 16. September beginnenden Woche, findet sich eine ziemlich wirre Notiz von der Hand Marguerite Yourcenars: »18. September, Jerry. 19. September: Jerry und MY in Rockefeller Garden. 20. September: Besuch Jerrys. Abreise Jerrys.« Marguerite Yourcenar hat immer behauptet, Grace habe ihr diesen jungen Mann »empfohlen«. Mag sein. In der »Chronologie« der Pléiade kann man unter dem Februar/März 1979 lesen: »In einer Aufwallung von Energie schreibt Grace Frick an ihre Pariser Freunde eine Reihe kurzer, manchmal unvollständiger Mitteilungen, in denen sie das Stück ›Gospel Caravan‹ empfiehlt, Idee und Organisation von einem jungen Amerikaner namens Jerry Wilson. Dieses Projekt, das sie an Zeiten erinnerte, als sie für Marguerite Yourcenar Negro Spirituals kollationierte, ist das letzte, für das ihre schwindenden Kräfte Interesse aufbringen konnten.« Indes kann nichts von alledem für bare Münze genommen werden. Was immer die Wahrheit sein mochte, Marguerite Yourcenar glaubte so felsenfest an alle Übermittlungsriten, wünschte sich so sehr eine »Stabübergabe« von Grace an Jerry, daß dieser Wunsch für sie der Realität entsprach.

Hinzu kam ihr fast unbezähmbares Bedürfnis nach Bewegung, nach Aufbruch, nach Reisen, ihr Aufstand gegen das Greisendasein, das sie fast acht Jahre lang hatte führen müssen. Alles, was sie gelebt, geschrieben, gedacht hatte, machte es ihr unmöglich, in Petite Plaisance zu bleiben. Man sollte darin nicht vorschnell einen Verrat an Graces Andenken sehen, vielmehr festhalten, daß sie außer den neuen Ländern, die sie zusammen mit Jerry entdecken wollte, um, wie Zenon, nicht zu sterben ohne »die Reise um das Gefängnis«[28] gemacht zu haben, fast in jedem Jahr eine Reise in jenes Land unternahm, für das Grace immer eine besondere Vorliebe hatte: England. In *Liebesläufe* beschwört sie diese »unvergeßlichen Augenblicke«: »Ich sehe vor mir wieder eine junge Sibylle auf einem dieser Zäune sitzen, die dort die Felder von den Weiden trennen, wir sind am Fuß des Hadrianwalls, ihre Haare wehen im Wind; sie scheint die Verkörperung dieser Luft- und Himmelsebene. Ich sehe dieselbe Frau im Himmelbett eines alten verkommenen Hauses in Ludlow, wo sie von Shakespeare spricht, den sie sich auf einer Probe mit seinen Schauspielern vorstellt oder vielmehr, mit Shakespeare spricht, als sei sie bei der Probe mit dabei.«[29]

Grace Frick war viel zu unentbehrlich gewesen, sowohl im Leben der Frau Marguerite Yourcenar wie der Schriftstellerin Marguerite Yourcenar, als daß diese nicht versucht hätte, sie zwar nicht zu vergessen, aber doch die Erinnerung an sie zu verwischen. Aber ihre Ausfälligkeiten – beachtlich bei einer Frau, die seit langem allen sprachlichen Exzessen abgeschworen hatte – gegenüber Journalisten, die ihr Mitteilungen über Grace zu entlocken versuchten, ihre starrsinnige Weigerung, und dann die zugleich verärgerte und betroffene Schilderung, die sie unverzüglich ihren Freunden zukommen ließ, waren sicherlich nicht Zeichen einer Gleichgültigkeit. Und wie sollte jemand, der die Leidenschaft der beiden Frauen verfolgt und ihr Zusammenleben beobachtet hatte, noch den berühmten Ausspruch glauben, den Marguerite ihren Freunden entgegenhielt, wenn diese nur verlegen schwiegen bei Marguerites Klagen über »diese Leute, die mich partout dazu bringen wollen, über Grace Frick zu sprechen, obgleich doch mein Leben von dem ihren immer sehr verschieden gewesen war«: »die Sache ist ganz einfach: zuerst eine Leidenschaft, dann eine Gewohnheit und schließlich nur eine Frau, die eine kranke Frau pflegt.«

Wer könnte das glauben? Nur jemand, der ihr Gesicht und ihren Blick nicht gesehen hat, als sie auf ein 1971 in Belgien aufgenommenes Foto Grace Fricks, das in ihrem Salon auf einem Regal stand, wies und flüsterte: »Das ist das letzte gute Foto von Grace.« Nur jemand, der keine sonderbare Rührung empfunden hätte bei der

Lektüre einiger lapidarer Zeilen in einem Kalender, der nach Marguerite Yourcenars Tod bei den in Petite Plaisance gebliebenen Papieren entdeckt worden war. Sie hatte um den 18., den 23. und 26. November 1979 je einen Kreis gezogen und nur geschrieben:

»18. November (Sonntag): der Tod, 9 Uhr abends, bei schönem Sternenhimmel. 23. November: Asche zur Erde zurückgekehrt an einem schönen dunstigen und sonnigen Morgen. 26. November: Gottesdienst *in memoriam.*« Und neben dem Kalender fand sich auch ein Brief aus Paris vom 6. Dezember 1979. Marguerite Yourcenar hatte das Kuvert aufbewahrt und darauf vermerkt: »Der letzte Brief, der an beide Namen adressiert war.«

Fünfter Teil
Die Nomadin der Académie française

Kapitel 1
Die aufgehobene Zeit

Sylvester 1980. Der erste Jahreswechsel nach Graces Tod, der erste nach einem gemeinsamen Leben von über vierzig Jahren. Denkt Marguerite Yourcenar an das einsame Leben, das sich nun – für wie lange noch – vor ihr auftut? Sicher. Mehr noch aber denkt sie an die Reise, die sie, nach neun Jahren erzwungener Häuslichkeit unternehmen will. Aus absoluter Treue zu Grace hatte Marguerite die schlimmste aller Beschränkungen auf sich genommen: das Stillhalten an einem Ort. Marguerite Yourcenar dürfte in ihren nachträglich gemachten schriftlichen und mündlichen Äußerungen die Freude übertrieben haben, die ihr Ende Dezember 1979 die Ankunft Jerry Wilsons und Maurice Dumays in Petite Plaisance bereitete. Die beiden wohnten im benachbarten Hotel und nicht im Haus, sie gehörten noch nicht zum Kreis der Vertrauten. Aber Marguerite sah in Jerry bereits den Vorboten einer baldigen Reise. Und das verschaffte ihr ohne jeden Zweifel ein intensives Glücksgefühl.

Mit Jerry und Maurice Dumay bereitet sie diese Reise vor, die unter anderem eine Kreuzfahrt in die Karibik einschließen soll, und zwar genau zu der Zeit, welche die Académie française für die Wahl des Nachfolgers auf den Sitz Roger Caillois' festgesetzt hat. Möglicherweise wollte Marguerite Yourcenar damit zu verstehen geben, daß sie zum Zeitpunkt dieser Wahl – wie immer diese ausgehen mochte – radikal »anderswo« war. Maurice und Jerry verlassen die Ile des Monts-Déserts am 5. Januar. Jerry soll gegen den 20. Februar allein zurückkommen, und die Abreise in Richtung Florida soll gegen den 25. stattfinden.

Sobald Marguerite wieder allein ist, verfällt sie in ihren alten Krankheitsfimmel, verzeichnet gewissenhaft in verschiedenen Heften Blutdruck, ›Magenkrämpfe‹ etc. Dazu kommen die Erinnerungen (12. Januar: die beiden Jahrestage, der Geburtstag von GF, und der Todestag von Michel 1929), die juristischen Probleme, (»25. Januar, Besuch bei Fenton wegen des Testaments und der Einrichtung eines ›Trust‹«). Und die übliche Korrespondenz. In diesen Briefen spricht sie unter anderem von ihrem Vater und von dem, was sie zu Beginn dieses neuen Jahrzehnts nach seinem Vorbild wieder werden will, schildert den »Mann mit den Schuhen aus Wind«, »der überall und nirgends zu Hause war, seine Lebensfreude und fast totale Vergangenheitsabgewandtheit und schließlich seine äußerste Verachtung für gängige Meinungen und Vorurteile.«[1] Eine fast totale Vergangenheitsabgewandtheit, die dürfte sie sich wohl nach den beschwerlichen Jahren gewünscht haben, in denen Grace langsam starb. Weiß sie, daß sie dazu unfähig ist, daß für jemand, der ohne Unterlaß seine Vergangenheit neu durchlebt und neu gestaltet, das Wort »Vergessen« inhaltslos ist? Noch ist sie nicht die Frau, die sich wieder ihrer Jugend bemächtigen und in den achtziger Jahren die Welt durchstreifen wird. »Sie beklagte sich nicht, sie tat, was zu tun war«, sagen ihre Nachbarn und Freunde. »Sie stand zwar nicht mehr unter Schock, wie an dem Abend, an dem Grace starb, aber sie wirkte immer noch verstört«, betont ihre Krankenpflegerin DeeDee Wilson. »Wie viele Frauen, denen der Lebensgefährte wegstirbt, den sie während einer langen Krankheit umsorgt und auf seinem letzten Weg begleitet haben, war sie niedergeschlagen; aber auch erleichtert, wie ein Mensch, der aus einem langen Tunnel auftaucht und eine Freiheit wiederfindet, mit der er noch nicht recht umzugehen weiß.«

Während Marguerite Yourcenar versucht, sich an ein Leben ohne Grace zu gewöhnen, an eine Existenz, von der vierzig Jahre plötzlich in eine endgültige Vergangenheit kippen, spricht man in Frankreich viel von ihr. Man erregt sich sogar. Die »Schlacht an der Académie française« ist ausgebrochen, und Jean d'Ormesson hat dazu den Anstoß gegeben. Er ist entschlossen, Marguerite Yourcenars Kandidatur auf einen Sitz in der Akademie vorzuschlagen, und ebenso entschlossen, ihre Wahl durchzusetzen. Sie hat natürlich in den Augen der Akademiemitglieder einen unverzeihlichen Geburtsfehler: Sie ist eine Frau. Die »Compagnie« hat noch nie Frauen aufgenommen. Für manche hat sie den Vorzug, das berühmte »männliche Talent« zu besitzen, das man ihr seit so langer Zeit nachsagt. Für andere, die Mehrzahl, ist diese angebliche »Männlichkeit« ein Stein des Anstoßes: eben, sie ist »nicht genügend Frau«, geben sie in feinen Anspielungen auf das zu verstehen, was man über ihre sexuellen Neigungen zu wissen glaubt. Diejenigen schließlich, die vor dubiosen Bonmots nicht zurückschrecken, vermengen beide Argumente zu der Behauptung, sie gebe »einen guten Kompromißkandidaten« ab.

Dieses Gezerre, das vielleicht vom Zaun gebrochen wurde, um eine apathische Institution, die Académie, »wachzurütteln«, hat auch das Verdienst, die nach ihren Kämpfen der siebziger Jahre ein wenig demobilisierten Frauen wachzurütteln, indem es ihnen schlagartig klarmacht, daß die Männer, wenn es um Frauen geht, seit Olims Zeiten nichts dazugelernt haben. Die fragwürdigen Witze über Marguerite Yourcenar, die beißenden Urteile über ihr Werk unterscheiden sich in nichts von den Schmähungen, die vor vierzig Jahren Simone de Beauvoir beim Erscheinen des *Anderen Geschlechts* und dann, 1954, bei der Veröffentlichung der *Mandarine von Paris* hinnehmen mußte. Auf den Vorwurf des »schlampigen Stils« und der »zotigen Sprache« einer »Riesenameise des Existentialismus«[2] folgte der Vorwurf des »gestelzten und geschraubten Stils« einer »Frau, die sich für ein Denkmal hält«. Wenn man nicht so weit ging wie Albert Cohen, der sich in Jacques Chancels Sendung »Radioscopie« zu der Behauptung verstiegen hatte, jemand, der so »dick und so mordshäßlich« sei, könne kein guter Schriftsteller sein.*

Was Marguerite Yourcenars sexuelle Neigungen anbelangt, so zitiert man am besten eine Bemerkung, die sie über dieses Thema und über viele andere machte: »Es hieße allen, die darüber sprechen zu viel Ehre antun, wenn wir ihr Gerede nachplappern würden.« Aus diesem »Gerede« geht nur eine interessante Tatsache klar hervor: Im Alltagsleben wird die Homosexualität der Frauen sehr viel weniger lächerlich gemacht und angeprangert als die der Männer. Sie ist so etwas wie eine verlängerte Pensionatsgewohnheit und zeugt von einer reizenden aber unheilbaren Kindlichkeit, der die Männer mit einer gewissen Nachsicht begegnen. Sobald die Frauen jedoch in der Lage sind, eine bedeutende Stellung in der Gesellschaft einzunehmen, wird die Vorliebe für ihr eigenes Geschlecht ein schweres Handikap. Eine Frau, die einen bisher den Herren der Schöpfung vorbehaltenen Status anstrebt, begeht in den

* Sie schreibt übrigens in einem Brief: ›Was das Abmagern betrifft, so habe ich das hinter mir. Die sechs Monate nach Grace Fricks Tod haben mich mit ihren Arbeiten und Reisen um zehn Kilo erleichtert, nach dem Leben in fast völliger Unbeweglichkeit während der vier oder fünf vergangenen Jahre. Ich beklage mich nicht darüber, man soll die Erde so wenig wie möglich belasten ...‹«[3]

Augen der Männer bereits eine Unschicklichkeit. Eine Frau, die noch dazu Frauen liebt, ist die Unschicklichkeit – und die Negierung aller Werte – in Person.

Als sei das alles noch nicht genug, oder noch nicht genügend abschreckend, haben manche Leute mehr oder weniger öffentlich, in den »Wandelgängen« oder auf Cocktailpartys, die Antisemitismus-Gerüchte oder -Anklagen wieder aufgewärmt, die, in Buchbesprechungen verpackt, in Umlauf gebracht oder gegen Marguerite Yourcenar erhoben worden waren. Das Argument war überraschend, denn die Académie war immer mehr als zurückhaltend gewesen, wenn es um die Erforschung der Vergangenheit ihrer männlichen Mitglieder ging. Dieser bequeme Gedächtnisschwund hatte die Wahl Félicien Marceaus möglich gemacht, der bei der Befreiung wegen Kollaboration belangt worden war. 1976 ereignete sich ein bis dahin für unmöglich gehaltener Vorfall, eine Demission: Der Dichter Pierre Emmanuel trat aus der Académie aus. Marguerite Yourcenar hatte ihm damals geschrieben, ihm ihre Bewunderung ausgedrückt und ihn ihres Beistands versichert. Die Frage nach Marguerite Yourcenars vorgeblichem Antisemitismus läßt sich jedoch damit nicht abtun.

»Marguerite Yourcenar des Antisemitismus zu bezichtigen, ist so dumm, daß man darüber nur lachen kann«, sagt ihr amerikanischer Verleger, Roger Straus, »und ich weiß, wovon ich spreche. Bei einem meiner letzten Besuche in Petite Plaisance – vielleicht war es sogar der allerletzte – haben wir uns über dieses Thema unterhalten, weil die Besitzer des Hotels, in dem ich wohnte, mir gegenüber eine sichtlich antisemitische Haltung an den Tag legten. Dort oben, in Maine, gibt es so etwas wie eine ›Igelstellung‹ des Antisemitismus. Diese brutale, irrationale Ausgrenzung, die der Antisemitismus im Grunde ist, widersprach völlig Marguerite Yourcenars Einstellung, ihrer Philosophie, ihrer Lebensethik. Das ist einfach absurd.«[4] Roger Straus hat recht. Der Vorwurf des Antisemitismus gegen die Frau, die er gekannt hat, mit der er häufig zusammengekommen war, ist schändlich. Aber, wie Marguerite Yourcenar selbst gesagt hatte, sind die Dinge auf diesem Gebiet nie einfach. Hatte sie nicht, als Achtzehnjährige gehört, wie ihr Vater, dieser überzeugte Dreyfus-Anhänger, die Frau des Doktor Hirsch, des Arztes, den Michel für den Tod seiner ersten Frau Berthe und deren Schwester Gabrielle verantwortlich machte, »Drecksjüdin« schimpfte? »Ich hörte Schreie: ›Schindersweib! Diebin! Mörderin!‹

und als ob plötzlich giftige Schwaden aus den Kellern eines baufälligen Hauses stiegen: ›Drecksjüdin!‹«*

»Ich wußte sehr wohl, daß Michel sowenig wie ich das Alte Testament liebte, dieses für die einen so tröstliche und die anderen so abscheuliche und abstoßende Buch, daß er aber eine instinktive Sympathie für das unverstandene und verfolgte, über die Welt verstreute jüdische Volk empfand; er war eingenommen für die armen und reichen Mitglieder, für die Bankiers und Heimschneider dieser Rasse, die sich manchmal durch ihr Genie und fast immer durch ihre menschliche Wärme auszeichnet. Doch dieser völlig außer sich geratene Mann griff zu den Beleidigungen eines Drumont und der Dreyfusgegner, die er in seiner Jugend verabscheut hatte.«[5]

Jemand, der, wie ich, die Ansicht Roger Straus' teilt, setzt sich natürlich dem Verdacht aus, Marguerite Yourcenar »um jeden Preis verteidigen zu wollen«. Aber darum geht es gar nicht. Es steht außer Frage, daß Marguerite Yourcenar, wie ihr Vater, »Vorurteile« in sich trug, als Erbteil einer Gesellschaftsschicht und einer Familie, die von der alten katholischen und antisemitischen Tradition durchdrungen waren. Daß sie bis zum Überdruß gewisse Stereotype verwendet, wie das der jüdischen Prostituierten, verkörpert durch Sarai in *Un homme obscure*. Dagegen hat das Wort »Rasse«, das sie, wie fast alle Leute ihrer Generation dauernd gebraucht, nichts mit Antisemitismus zu tun: Rasse steht, wie wir gesehen haben, ganz einfach für Volk. Sie sagte »die französische Rasse«, die »holländische Rasse« genauso wie »die jüdische Rasse«.

Sie wich einer Diskussion über diesen Punkt nicht aus und war ganz und gar nicht schockiert, wenn man, wie Matthieu Galey, sie aufforderte, dazu Stellung zu nehmen. Den Vorwurf, ihr Werk enthalte »antisemitische Anspielungen« hat sie Punkt für Punkt widerlegt, namentlich mit dem Hinweis, daß »der Autor ein schlechter Romancier wäre«, wenn seine Figuren in seinem Namen sprächen.[6]

* Diese Episode hat sie so sehr beeindruckt, daß sie in *Liebesläufe* nochmals darauf zurückkommt: »Im Nu kommen Michel die Vorurteile, gegen die er sich gefeit glaubte, wie eine bittere Pille hoch, so wie er, der überzeugte Gegner des Antisemitismus, einige Jahre später, als er zufällig der Witwe eines reichlich dubiosen israelitischen Arztes begegnet, den er nicht ohne Grund kurpfuscherischer Abtreibungspraktiken verdächtigt, in den Ruf ›Drecksjuden‹ ausbrechen wird.« (S. 172-73)

Das Thema kam auch in ihren Gesprächen mit Patrick de Rosbo aufs Tapet, als die Rede von *Hadrian* war. Marguerite Yourcenar verwies vor allem auf Hadrians Unfähigkeit zu begreifen, daß die Juden (und hier kommt bei ihm, wie man zugeben muß, eine gehörige Portion Naivität und Blindheit ins Spiel) von den »Wohltaten der griechisch-römischen Kultur« nichts wissen wollten.[7] Laut Thomas Gergely, Verfasser eines Artikels über »Das verdächtige Gedächtnis des Hadrian«,[8] sind diese Bemerkungen kaum dazu angetan, »einigen Passagen der *Erinnerungen* ihren dubiosen Charakter zu nehmen.« Er beruft sich dabei auf Verwechslungen und offensichtliche Ungenauigkeiten bei der Wiedergabe der jüdischen Tradition in den *Erinnerungen* und behauptet, daß der Kaiser des Romans »mehr über die verborgene Facette der Innenwelt Marguerite Yourcenars als über das psychische und physische Universum ihres Geschöpfs« aussage. Thomas Gergely ist jedoch nicht unbedingt überzeugend, denn auch er schreckt vor hastigen Vereinfachungen und Deduktionen nicht zurück, wie zum Beispiel: »Als gebildeter Römer wird Hadrian sich wohl hüten, unter den Juden die ›aufgeklärten‹ mit den ›fanatischen‹ zu verwechseln (...) Die Meinung, die hier dem Kaiser zugeschrieben wird, weist kaum über die Ansicht der Männer des Zeitalters der Aufklärung hinaus, die sich darin gefielen, in puncto Religion und Verhalten, ›aufgeklärte Juden‹ und ›fanatische Juden‹ einander gegenüberzustellen. Von d'Holbach bis zu Voltaire und Rousseau wird dies durch die gesamte philosophische Literatur in Frankreich belegt. (...) Die Idee vom ›Haß auf das Menschengeschlecht‹, die den Juden und Christen zur Last gelegt wird, ist in der lateinischen Literatur geläufig (siehe, zum Beispiel, Tacitus *Annales*, Buch XV, 44), aber zusammen mit der Idee vom ›jüdischen Volk, das seine Ambitionen stillen will‹, nimmt sie eine ganz andere Färbung an, nämlich die der *Protokolle der Weisen von Zion*, diesen berühmten Fälschungen der zaristischen Polizei des 19. Jahrhunderts, welche das Märchen von einem jüdischen Komplott zur Errichtung einer Weltherrschaft verbreiten sollte.«[9] ...

Der Schwenk von Tacitus zu den *Protokollen der Weisen von Zion* aufgrund einer einzigen Anspielung auf das »jüdische Volk, das seine Ambitionen stillen will« ist geradezu abenteuerlich.

Für Marguerite Yourcenar gab es hier wie anderswo keinerlei Tabus: Das Wort Jude durfte ihrer Meinung nach nicht aus der Sprache, aus ihrer Sprache, ausgeschlossen werden, so wie es von vielen, oft mit einem verworrenen Gefühl schlechten Gewissens, ausgeschlossen wird. Das läßt vielleicht auf eine geringe Anfälligkeit für schlechtes Gewissen schließen, nicht aber auf Unbedachtheit und schon gar nicht auf erwiesenen Antisemitismus. Sie mußte sich deshalb in ihrem Privatleben wegen angeblich suspekter Äußerungen rechtfertigen. Ein Beispiel. Marguerite Yourcenar war in den sechziger Jahren in Portugal mit der Erbin des Verlags Calmann-Lévy, Madame Oulmann bekannt geworden, einer Frau, deren Bildung und Gesellschaft sie geschätzt hatte. Freunden gegenüber hatte sie von dem »so jüdischen Sinn für Gastfreundschaft, den Madame Oulmann besaß« gesprochen. Diesen Satz wird man ihr mit Heftigkeit zum Vorwurf machen, und sie erinnerte später manchmal daran, nicht um irgendwelchen Ärger zu äußern, sondern in dem Wunsch, »klar in dieser Sache zu sehen« wie sie sagte. »Ich verstehe, daß nach allem, was im letzten Krieg passiert ist, überall der Antisemitismus aufgespürt wird, selbst im Unterbewußtsein. Die Vorurteile, der Rassismus sind Wahnvorstellungen, die nicht aussterben. Aber man sollte vielleicht aufhören, in jedem Menschen, der den Juden besondere Qualitäten zuspricht, einen Antisemiten zu sehen. Natürlich nimmt man an, daß derselbe Mensch den Juden auch besondere Fehler zuschreibt. Diese Gefahr besteht tatsächlich immer. Ich hatte ganz einfach sagen wollen, daß jede zu häufigen Wanderungen verdammte Gemeinschaft zwangsläufig aufgeschlossener und gastlicher gegenüber dem Fremden ist als die Seßhaften. Das glaube ich. Man hat mich nicht begriffen.« Natürlich muß man bedenken, daß damals, in den sechziger und siebziger Jahren, der geringste Einwand gegen die Politik des Staates Israel als ein offenkundiges Zeichen von Antisemitismus ausgelegt wurde. Heute kann man anscheinend die israelischen Rechtsparteien mißbilligen, ohne deshalb als Antisemit zu gelten. »Der jüdische Fanatismus ist nicht respektabler als irgendein anderer Fanatismus«,[10] sagte Marguerite Yourcenar zu Matthieu Galey. Ist diese Äußerung antisemitisch? Möglicherweise. Je nach dem, was man von dem Menschen, der diesen Ausspruch tut, weiß oder zu wissen glaubt. Es kann hier keine endgültige Antwort gegeben werden, denn Marguerite Yourcenar bedarf keinerlei »Rechtfertigung«. In einer derartigen Sache kann man die Debatte nur offen lassen: Jeder, der Leben und Bücher dieser Frau zur Kenntnis nimmt, wird sich seine »persönliche Überzeugung« bilden.

In den ersten drei Monaten des Jahres 1980 war Marguerite

Yourcenar ohne es zu wissen zum Objekt eines Streites geworden, der über eine bloße Wahl in die Académie hinausging. Der Wirbel um ihre Person und die faulen Wortspiele konnten die Realität nicht verbergen: Marguerite Yourcenar war eine Frau, ob einem das paßte oder nicht. Sollte sie die Pforte der Académie durchschreiten, würde das unabwendbare Folgen haben: Den Einbruch *der* Frauen in ein bis dahin geschütztes Männerreservat. Dem Präsidenten der Republik, Monsieur Valéry Giscard d'Estaing, mißfiel es nicht, seine siebenjährige Amtszeit, die im Mai 1981 zu Ende ging, mit diesem Symbol zu krönen: eine Frau in der Académie française. »Es ist sogar behauptet worden, ich sei auf Veranlassung des Präsidenten der Republik ›tätig‹ geworden, was absolut falsch ist«, präzisiert Jean d'Ormesson. Wenn Jean d'Ormessons Bericht[11] über diese ganze Affäre heute auch sehr erheiternd wirkt, so ließen doch die Gespräche, die damals geführt wurden, oft die bei Akademiemitgliedern als selbstverständlich angenommene Höflichkeit und Hochsinnigkeit vermissen, und der »Sieg« der Yourcenar-Anhänger wurde um den Preis einer Mauschelei erkauft.

»Die Sache war im Grunde ziemlich einfach«, sagt Jean d'Ormesson mit dem maliziösen Lächeln eines Mannes, der sich an einen »gelungenen Streich« erinnert. »Ich war damals mit Roger Caillois sehr befreundet. Wir arbeiteten zusammen bei der Unesco, wo er die Zeitschrift *Diogène* leitete. Ich war sein Stellvertreter. Caillois war 1970 in die Académie gewählt worden, auf den dritten Sitz, den unter anderen Georges Clemenceau und Jérôme Carcopino innegehabt hatten. Ich bin drei Jahre später in die Académie aufgenommen worden. Ich hatte mit Roger Caillois oft über Marguerite Yourcenar gesprochen, die er seit den Kriegsjahren kannte.« Man kann sagen, daß Roger Caillois und Marguerite Yourcenar einander bewunderten und respektierten. Davon zeugt namentlich Marguerites Korrespondenz mit ihrem Freund Jacques Kayaloff, der ebenfalls Caillois nahestand. Zu wiederholten Malen spricht Marguerite Yourcenar in ihren Briefen von Caillois' »außergewöhnlicher Intelligenz«, mit der er, wie sie betont, »in keiner Weise zu brillieren suchte.«[12] Als sie von Jacques Kayaloff Roger Caillios' Buch *Méduse et Cie* erhält, antwortet sie: »Das ist eines der schönsten Bücher, die ich seit langem gelesen habe. Besser noch als *L'Incertitude qui vient des rêves*, dieses ebenfalls ungewöhnliche Werk. Es ist tröstlich zu wissen, daß in unserer Zeit der fast totalen Zersplitterung eine Art Pooling der Geister stattzufinden scheint, das vielleicht eines Tages zu einer vollkommeneren Kenntnis der Dinge führen wird.«[13] Nach seiner Wahl in die Académie hatte Roger Caillois an Jacques Kayaloff wegen des rituellen »Degen-Komitees« geschrieben – eine Gruppe von Freunden, von denen das neugewählte Akademiemitglied seinen Degen geschenkt bekommt – und präzisiert: »Die Neuerung wird diesmal in der Teilnahme von Ausländern [das ›Degen-Komitee‹ schloß unter anderen Kawabata, Asturias und Borges ein] und von Frauen bestehen. Ich habe an zwei gedacht: Victoria Ocampo und unsere Freundin Marguerite Yourcenar, die ich in den Zeitungen und im Rundfunk als eine geradezu prädestinierte Beute für die Académie bezeichnet habe. Ich habe ihre Adresse nicht. Aber Sie können sie, wie ich glaube, leicht erreichen. Würden Sie das für mich tun und ihre Zustimmung einholen?«[14]

»Nach Caillois' Tod habe ich, wie ich zugeben muß, ein wenig die ›Lästige Witwe‹ gespielt: Ich wollte einen würdigen Nachfolger für ihn finden, denn das wäre ganz in seinem Sinn gewesen«, erzählt Jean d'Ormesson. »Er hat oft gesagt, ›es ist wirklich ärgerlich mit dieser Académie, man weiß nie, wer den Sitz, den man hat, bekommen wird‹. Drei Namen sind mir in den Sinn gekommen: Raymond Aron, Aragon und Marguerite Yourcenar. Als ich mich entschloß, Marguerite Yourcenar für den Sitz Roger Caillois' vorzuschlagen, dachte ich keineswegs, daß ich damit ›die Sache der Frauen vorantreiben‹ würde. Ich dachte ganz einfach, daß sie die geeignete Nachfolgerin sei. Auch wollte ich die beiden anderen Kandidaten, die mir in den Sinn gekommen waren, nicht fallen lassen. Aber der Kampf um die Wahl Marguerite Yourcenars hat mich derartig mitgenommen, daß ich schließlich darauf verzichtet habe, meine anderen Kandidaten durchzusetzen.«

Sollte Jean d'Ormesson die sexistischen Vorurteile seiner Kollegen unterschätzt haben? Ganz sicher. Er war auf ihre Einwände bei »technischen« Punkten gefaßt gewesen, auf ihre Fragen, vor allem auf die wichtigste: »Ist Marguerite Yourcenar überhaupt Kandidatin?« Marguerite Yourcenar ist es nicht eigentlich, aber sie ist entschlossen, ihre Wahl anzunehmen. Sie hatte mehrmals mündlich und schriftlich betont, daß sie weder kandidieren noch Antrittsbesuche machen würde, daß sie jedoch, sollte die Académie ihr die Ehre erweisen, sie zu wählen, diese Ehre nicht zurückweisen würde. Auf keinen Fall aber würde sie mehrere Monate jährlich in Paris verbringen, um an den Sitzungen der Académie teilzunehmen.[15]

Sie wollte also nicht die traditionellen Antrittsbesuche bei den Akademiemitgliedern machen. Ein weiteres Hindernis? Keineswegs, betont Jean d'Ormesson. Sie ist völlig im Recht. Paragraph 15 der Akademie-Ordnung besagt: »Antrittsbesuche sind verboten.« Nur die Gewohnheit hat anders entschieden. Was Jean d'Ormesson nicht vorhergesehen hatte, war das radikale Wüten mancher »Académiciens« gegen *die* Frau. »Für mich war sie zuvörderst eine große Schriftstellerin«, kommentiert er, »und in dieser Eigenschaft gereichte sie der Académie zur Ehre, sehr viel mehr als manche Männer, die klaglos gewählt worden wären. Ich hatte die Traditionalisten gegen mich. Einige Leute der Linken, wie André Chamson, die Marguerite Yourcenar als Rechte einstuften, was falsch war. Claude Lévi-Strauss, ein leidenschaftlicher Gegner der Kandidatin: »Man ändert nicht die Stammesregeln.« Dieser Wirbel war im Grunde recht amüsant. Die vorgebrachten Meinungen verdienen es, verzeichnet zu werden, zumindest als Anekdotenschatz. Jean d'Ormesson hat eine köstliche Blütenlese im Gedächtnis behalten.

»Die Académie française ist wie der Eiffelturm, sie hält nur durch den Anstrich. Wenn man daran kratzt, bricht alles zusammen.« »Die Académie beruht auf einer Reihe von Riten. Eines der Rituale besteht darin, daß wir alle gleichberechtigt sind, die einzige Ordnung ist die der Anciennität, eine unwandelbare Ordnung. Wenn nun eine Frau dazukommt? Müssen wir Madame Yourcenar den Vortritt lassen? Auch die Kleidung ist ein wichtiges Element des Rituals. Welche Uniform soll Madame Yourcenar tragen?« »In der Académie altern wir unter uns. Wie werden wir es ertragen, eine Frau altern zu sehen?« Auf dem Weg über Scheinargumente und verbale Entgleisungen wurde das Gerangel, nach einem Wort Jean d'Ormessons, »irre«: »Ein Artikel in der Zeitschrift *L'Express* hat behauptet, es sei zu Schlägereien gekommen. Eine Zeitung berichtete, ich hätte eine Ohrfeige bekommen, was falsch ist. Richtig ist dagegen, daß André Chamson mich ›Bengel‹ nannte und hinzufügte: ›Unser junger, talentierter Kollege macht das, weil er eine große Schwäche für das Fernsehen hat.‹ Ich bin aufgestanden und hinausgegangen, gefolgt von Félicien Marceau, Maurice Rheims und fünf oder sechs Freunden, die für Marguerite Yourcenar waren. Man hat sich dann bei uns äußerst lahm entschuldigt ...«

Auf die Diskussion über die Hausordnung und über die »Stammesehre« folgt die Debatte über die Staatsangehörigkeit. Man hat zuerst das Gerücht verbreitet, Marguerite Yourcenar sei Belgierin. Das stimmte nicht. Dann kam man dahinter, daß sie Amerikanerin war und vergessen hatte, entsprechende Schritte zur Bewahrung ihrer französischen Nationalität zu unternehmen. »Kein Problem«, erklärte Alain Peyrefitte, der damalige Justizminister und ein eifriger Befürworter der Kandidatur Marguerite Yourcenars. »Sie wird wieder Französin werden. Im übrigen ist die Sache bereits erledigt. Der französische Konsul von Boston ist bei ihr gewesen. Sie ist wieder Französin geworden.« »Die Akademiemitglieder mußten ganz einfach für sie stimmen, wenn sie nicht als lächerlich verzopft und notorisch frauenfeindlich gelten wollten«, bemerkt Jean d'Ormesson genüßlich. »Ich glaube, daß sie mir bis zum Tod Marguerite Yourcenars nicht verziehen haben. Sie waren immer der Meinung, ich hätte sie genötigt. Sie wollten sie nicht in der ›Compagnie‹ haben. Das war ganz klar. Wir haben die Kollegen besänftigt mit der Bemerkung, sie würde ja ohnehin nie dasein. Worauf sie zu sagen wagten, Marguerite Yourcenar lasse die Académie in ihrem Snobismus ›links liegen‹. Wenn dem so war, dann hatte sie völlig recht. Bei dem Empfang, den sie ihr bereitet hatten. Und überhaupt, wie kamen sie dazu, sich über ihre Abwesenheit zu beklagen, da die Herren Académiciens Marguerite Yourcenar ohnehin nicht sehen wollten?« Über ihre »Académie-Abstinenz« hat Marguerite Yourcenar immer denselben Kommentar gegeben: »Das war bekannt.« Wenn man meinte, sie könne bei ihren Zwischenstationen in Paris den Quai Conti mit einem Besuch beehren, antwortete sie immer wieder: »Ich bin einmal hingegangen. Das sind alte kleine Jungen, die sich am Donnerstag unter sich amüsieren. Ich glaube, eine Frau hat dabei nicht viel zu suchen.« 1976 hatte sie darüber an Madame Carayon geschrieben: »Ich habe an das gedacht, was Françoise Giroud über Klubs oder Verbände von Politikern sagt, die so wenig wie Sportvereine eine Frau in ihren Reihen aufnehmen wollen, weil sie sich dann nicht mehr in Hemdsärmeln bewegen könnten. Nicht daß man am Quai Conti die Gewohnheit hätte, die Jacke auszuziehen, aber psychologisch läuft es auf das gleiche hinaus.«[16]

Die Académiciens haben ihr das alles auf eine ganz besonders schäbige Weise vergolten: Niemand hatte beim Gedächtnisgottesdienst am 16. Januar 1988 auf der Ile des Monts-Déserts die Académie française vertreten.

Jean d'Ormesson, der die Rüpelhaftigkeit bedauert, mit der die

Académie française eine Frau behandelt hat, fühlt sich weniger wohl in seiner Haut, wenn die Rede auf die Art und Weise kommt, wie er seinen Sieg, das heißt die Wahl Marguerite Yourcenars angeblich errungen hat. Am 6. März sollten zwei Kandidaten gekürt werden: Marguerite Yourcenar und Michel Droit. Da beide – vor allem Michel Droit – kaum in der Lage waren, eine Mehrheit auf sich zu vereinigen, war sofort klar, zu welchem Manöver Zuflucht genommen werden sollte: zu einem »Schacher«. Als Marguerite Yourcenar davon Wind bekam und, nach eingeholter Auskunft, »den anderen Teil« des Schachers ganz und gar nicht nach ihrem Geschmack fand, schrieb sie an Jean d'Ormesson, der ihr in seiner Antwort versicherte, daß keinerlei »Abmachung« dieser Art getroffen worden sei. »Ich möchte vor allem betonen, daß ich mich auf keinerlei ›Kuhhandel‹ eingelassen habe, in den Ihr Name verwickelt gewesen wäre (...), in keinerlei Strategie, keinerlei Manöver (...) Ich mußte, als ich Ihren Namen mit Ihrer Erlaubnis präsentierte, einem, allerdings sehr starken, Druck widerstehen. Das war aber auch alles.«[17] Zehn Jahre später bestätigt er nur: »Wenn es einen Kuhhandel gab, dann kann ich nur versichern, daß ich nicht auf dem laufenden war.« Andere behaupten, Maurice Druon, der Michel Droit freundschaftlich verbunden war, habe die Trommel gerührt für eine »akzeptable« Lösung: »Man muß vor Michel Droit zumindest im ersten Wahlgang ›eine Verbeugung‹ machen, damit die Niederlage nicht zu grausam ausfällt.« Michel Droit kam natürlich im ersten Wahlgang durch. Ebenso Marguerite Yourcenar. Zwei sehr seltsame Wahlen, die »wie geschmiert« über die Bühne gingen ...

Während dieser fieberhaften Wochen erliegt Marguerite Yourcenar einem weiteren Fieber, dem Reisefieber. Jerry kommt am 23. Februar, und sie brechen zwei Tage später mit dem Wagen in Richtung Süden auf. Sie fahren nach Florida und schiffen sich dort am 6. März – dem Tag der Wahl in die Académie – zu einer Kreuzfahrt in die Karibik ein, die sie unter anderem nach Jamaika führt. Diese Reise ist für Marguerite Yourcenar wie eine Rückkehr ins Leben: jeden Tag weiter weg von Petite Plaisance, jeden Abend ein Hotel, Koffer. Was sie immer als unerläßlich erachtet und was ihr so viele Jahre gefehlt hat. Dazu kommt die Gesellschaft eines jungen einunddreißigjährigen Mannes, den die Energie einer Frau fasziniert, die auf ihr siebenundsiebzigstes Lebensjahr zugeht. »Die Reise ist ziemlich ermüdend«, notiert Jerry, »aber sie verliert ihren Humor nicht und lacht viel.«[18] »Denn«, so betont Jerry, »sie sprach mit jemandem, für den alles, was sie sagte, neu war, eine Erfahrung, die sie seit langem nicht mehr gemacht hatte.« So erzählte sie ihm, wie sie »den *Alexis* mit vierundzwanzig geschrieben hat, nach einer Portugalreise. Beinahe hätte sie die Handlung in Portugal spielen lassen, hat dann aber schließlich Österreich gewählt.« Sie sprach ihm von Gide und Zenon, so als sei Zenon nicht weniger wirklich gewesen als Gide. Und Jerry macht sich am Abend Notizen wie ein erstauntes Kind: »Von Gide hat sie drei Dinge gesagt: Protestant; eine Weile Kommunist gewesen; lebte lieber mit jungen Männern als mit seiner Frau.« »Wir haben auch über das Schminken gesprochen, und davon, daß sie schon in sehr jungen Jahren darauf verzichtet hat.« Oder: »Sie hat das schönste Lächeln und einen Blick, der noch jünger ist.« Es überrascht ihn, daß sie so wenig vom amerikanischen Alltagsleben weiß: »Natürlich, sie hört weder Radio noch sieht sie fern.« Marguerite spricht von den »Schwierigkeiten der letzten Jahre mit der kranken Grace Frick. Psychisch war es ebenso schrecklich wie physisch, und sie gibt zu, ›damit noch nicht fertig zu sein‹. Ich hoffe, diese Reise wird ihr helfen, wieder Fuß zu fassen.« Und weiter geht es über Cocteau, »den sie sehr geliebt hat, und der, ihrer Ansicht nach, immer intelligente Dinge sagte. Sie meint, seine scheinbare mondäne Ironie diente ihm nur dazu, seine Überempfindlichkeit zu verbergen. Sie mochte seine Lyrik, und selbst seine Stücke ›hatten immer etwas‹. Cocteau schätzte Grace Frick und fand es amüsant, daß sie ihn immer aufforderte, mehr zu essen, weniger zu rauchen, etc.«

Jerry Wilson entdeckt, wenn er Marguerite Yourcenar zuhört, eine neue Welt, in der man den großen Schriftstellern des Jahrhunderts begegnet, wo Bemerkungen über Murasaki und die japanische Literatur sich vermischen mit dem Bericht über eine Griechenlandumschiffung in den dreißiger Jahren, »allein auf einem Frachter mit einem Freund, dem Kapitän und dessen Frau«, dann Italien, »in Siena, wo Grace und sie und noch jemand an einer Café-Terrasse geparkt hatten, wo Opernsänger Partien aus *Dido* in Vorbereitung auf die Abendvorstellung trällerten. Sie haben alle zusammen gelacht, Bekanntschaft geschlossen. Abends waren MY und Grace in der Vorstellung. Aber MY mag Opern nicht sehr.«

Der junge Mann ist, wie man leicht begreifen kann, hingerissen. Weniger leicht wird man wohl begreifen, daß sie es auch ist.

Am 6. März, dem Tag, an dem das Schiff in Miami ablegt, kommt die Nachricht von Marguerite Yourcenars Wahl in die Académie française. Jerry bemerkt, in dem lakonischen und »platten« Stil, der Marguerite Yourcenar auffällt, als sie nach Jerrys Tod seine Aufzeichnungen liest: »Als man ihr mitteilte, daß sie in die Académie française gewählt worden sei, hat das bei ihr kaum Reaktionen hervorgerufen. Mademoiselle Pelletier, die Fotografin, war auch da. Der Kapitän hatte Champagner bereitgestellt [und die Trikolore hissen lassen: Auf einem Foto steht er zusammen mit Marguerite Yourcenar vor der französischen Nationalflagge]. Mit der ›Großen Diskretion der Schiffahrtsgesellschaft Paquet‹ schien es nicht so weit her zu sein. Telegramme kamen an. Sie fragte, wer Raymond Barre sei. Telefonanrufe wurden nicht angenommen. Wir haben über die Akademie-Uniform gesprochen und uns amüsiert. Sie lachte über die Bemerkung eines Académicien [Jean Dutourd], der behauptete, sie habe zu viel gelesen um eine gute Schriftstellerin zu sein.«

»Ich denke, daß sie das alles eingeplant hatte«, sagt DeeDee Wilson heute halb spöttisch, halb bewundernd. »Die Abreise genau zum Zeitpunkt der Verkündung ihrer Wahl, die Flaggenhissung ... sie liebte das. Und man muß zugeben, das hatte Stil.« Am 7. März traf an Bord der Brief ihrer amerikanischen Freundin Katherine Gatch ein, den Marguerite sorgfältig verwahrt hat. Nach den obligatorischen Glückwünschen beklagte Katherine Gatch, daß »Grace diesen höchsten Triumph nicht miterlebt hat«; »aber was Sie für ihr Leben getan haben«, fügte sie hinzu, »ist nicht die geringste Ihrer Leistungen.«[19]

Der Rest des Monats März wird von der Kreuzfahrt in Anspruch genommen und von der Rückkehr, im Wagen wie bei der Hinfahrt, doch diesmal über New York – wo Jerry Freunde hat, vor allem Stanley Crantson, der nach 1986 Marguerite Yourcenars Reisebegleiter wird – und New Jersey. Sie erreichen Northeast Harbor am 29. März. Jerry wird von nun an in Petite Plaisance wohnen. Er ist endgültig »erwählt« worden, und er schreibt in seine Agenda: »Sie hat mir den ersten Stock, den ich nie gesehen hatte, und mein Schlafzimmer gezeigt.« Dieses Zimmer war das Schlafzimmer von Grace gewesen. Dabei gibt es noch zwei weitere Schlafzimmer im Oberstock.

An den folgenden Tagen – bis zum 8. April, an dem Jerry nach New York reist und dann nach Arkansas, wo seine Familie beheimatet ist – geht Marguerite oft auf den Friedhof von Somesville, in dem Graces Asche ruht. Sie fängt auch an, ihre umfangreiche Post zu sortieren. Wirft viel weg. Verwahrt Briefe, auf die sie »nicht beantworten« schreibt. Beantwortet die meisten. Die Briefe kommen von ihren Freunden, aber auch von unbekannten Bewunderern und von Organisationen, hauptsächlich Naturschutzvereinen, deren Mitglied sie ist. Diese Briefe sind sorgfältig archiviert worden – Marguerite hat also Graces Arbeit übernommen – und sind heute im Besitz der Houghton Library an der Harvard Universität. Darunter ein Schreiben der A.V.S. (Association for Volontary Sterilisation), dem Verein für freiwillige Sterilisierung, dem Marguerite angehört.[20] Ihr Abscheu vor der Fortpflanzung, von dem bereits die Rede war, hatte sich also bis zum Radikalismus gesteigert, trotz ihrer Zuneigung zu Kindern von ihr nahestehenden Menschen – zum kleinen Jeremy, Jeannies Sohn und zu Jerrys Neffen, den sie auf einem Foto liebevoll im Arm hält. Die Erklärung dafür steht in einem kleinen Heft, das Jean-Denis Bredin, der als Nachfolger auf den Sitz Marguerite Yourcenars in der Académie française zur Vorbereitung seiner Antrittsrede nach Petite Plaisance gekommen war, im Januar 1990 durch Zufall hinter einer Bleistiftschachtel auf Marguerites Schreibtisch gefunden hat. Es ist eine Wunschliste in bezug auf die Welt, in der sie gerne leben möchte. Nach »Eine Welt ohne künstliche und unnütze Geräusche, eine Welt ohne Geschwindigkeit (...)« kommt wie ein Hammerschlag: »Eine Welt, in der es schändlich und ungesetzlich wäre, mehr als zwei Kinder zu haben (Sterilisation beim dritten Kind)[21] [Marguerite Yourcenar hat neben diesem Satz »1980« angegeben]. »Eine Welt, in der eine ledige Mutter ungefähr in der Lage einer Geschiedenen von heute wäre (was fast erreicht ist) und vom Staat eine finanzielle Unterstützung erhielte, jedoch nach der Geburt eines *zweiten* Kindes sterilisiert würde. Eine Welt, in der unschädliche Verhütungsmittel frei zum Verkauf stünden (was in einigen Ländern so gut wie gesichert ist).«[22]

Diese Sätze machen gewiß schaudern: Mit der Zeit und mit zunehmendem Alter nahmen manche Obsessionen Marguerite Yourcenars (und die Furcht vor Überbevölkerung ist eine davon) erschreckend neurotische Ausmaße an.

Als Jerry Wilson am 1. Juni zurückkommt, fahren sie nach Boston, wo in der Französischen Buchhandlung ein Empfang zu Ehren Marguerites stattfindet, anläßlich ihrer Beförderung zum »officier« der Ehrenlegion. Dabei begegnet sie zum ersten Mal Yvon Bernier, einem Lehrer aus Quebec, der sich leidenschaftlich für ihr Werk interessiert und seit einigen Jahren mit ihr korrespondiert. Sie schließen Freundschaft. Yvon Bernier wird die Bibliographie für die Pléiade-Ausgabe erstellen und Marguerite Yourcenar bei den Fahnenkorrekturen behilflich sein. Er ist auch einer der vier testamentarisch bestimmten »trustees«. Nach Marguerite Yourcenars Tod hat er an zwei ihrer nachgelassenen Manuskripte gearbeitet, an *Liebesläufe* und an *En pèlerin et en étranger*, für das er auch die Bibliographische Notiz angefertigt hat.

Am 11. Juni kehrt Marguerite Yourcenar wieder nach Petite Plaisance zurück und macht sich an die Abfassung ihres Essays über Mishima, der bei Gallimard im Januar erscheinen soll, zur Zeit ihrer Aufnahme in die Académie française. Jerry fährt am 14. Juni nach Neukaledonien. Er kommt erst einen Monat später wieder zurück und bricht fast sofort von neuem auf. Marguerite Yourcenar kann sich also ausgiebig ihrem Manuskript widmen. Während sie an ihrem Essay arbeitet, kommt Claude Gallimard, ihr Verleger, mit seiner Frau Colette zu Besuch, sowie André Desjardins, ein befreundeter Priester aus Quebec. Sie hat ihre unglaubliche Konzentrationsfähigkeit wieder zurückgewonnen: *Mishima oder die Vision der Leere* ist am 23. September, dem Tag von Jerrys Rückkehr so gut wie beendet, und es werden Vorbereitungen für eine lange Europa- und wahrscheinlich auch Nordafrika-Reise getroffen.

Die Einschiffung auf der *Queen Elisabeth* zur Überfahrt nach England ist für den 28. September in New York vorgesehen. Am 25. fahren Marguerite Yourcenar und Jerry Wilson über Salem nach Boston, wo sie mit Walter Kaiser zusammenkommen, Professor an der Harvard Universität, seit einigen Jahren mit Marguerite befreundet und einer ihrer Übersetzer seit Graces Tod. Marguerite Yourcenar wird bis an ihr Lebensende ein inniges Gefühl der Freundschaft für Walter Kaiser hegen. Der Mann, den sie als »einen wahren Freund und soviel begehrenswerter als jeden anderen Übersetzer« bezeichnete, war an der Seite DeeDees und Jeannies, als man Marguerite Yourcenars Asche der Erde übergab. Er sprach auch in der Unierten Kirche von Northeast Harbor den Nachruf auf sie.[23]

Nach einer problemlosen Überfahrt geht Marguerite Yourcenar am 3. Oktober in Southampton von Bord und schickt sich an, ihrem jungen Reisegefährten das England zu zeigen, das ihr seit ihrer Kindheit so teuer ist. Zum ersten Mal seit Jahren ist sie wahrhaft glücklich. Es fällt auf, daß sie während dieser Zeit keinerlei Krankheit oder Unpäßlichkeit vermeldet. Das mag zum Teil daran liegen, daß sie ihre Agendas nicht mehr mit der Akribie von einst führt, und daß Grace nicht mehr zur Stelle ist, um die geringste ihrer Temperaturschwankungen zu notieren. Auch ihre Briefe werden weniger und kürzer. Sie hat nun »besseres zu tun«. Sie lehrt Jerry, die Vogelarten zu unterscheiden. Zu ihm ist sie zuvorkommend und aufmerksam. Unabhängig von der Intensität einer wirklichen, zusammenphantasierten, erdichteten Liebesleidenschaft, wird sie Jerry gegenüber immer diese absolute Nachsicht üben, zu der nur Mütter fähig sind: Sie bewundert sein »schönes, schläfriges Gesicht«; sie wird immer alle seine Aufnahmen, die er während ihrer gemeinsamen Reisen macht, »großartig« finden; sie wird ihm alle seine Fehler verzeihen, alle seine Gewalttätigkeiten ihr gegenüber.

In England kann Grace jedoch nicht völlig abwesend sein. In einer Abtei der Grafschaft Dorset denkt Marguerite an sie: »Ich habe versucht mir vorzustellen, wie sie als die sehr junge Frau, die ich nicht gekannt habe, England mit einem Rucksack durchstreift hat.« Jerry dagegen braucht sie sich nicht vorzustellen. Er ist bei ihr, sie schaut ihn an, sie ist bewegt: »Ein junger Mann in einem weißen Pullover mit weißer Kapuze steigt festen Schritts einen *tor* herunter, eine dieser urzeitlichen Pyramiden aus spitzen Felsen im Wald von Dartmoor«, schreibt sie in *Liebesläufe*. »Seine Bekleidung ist zeitlos. Es ist ein kalter Herbsttag; auf dem Boden liegt der Kadaver eines Lamms, das vor einigen Tagen von diesen Höhen gestürzt ist. Derselbe junge Mann in derselben Kleidung besucht mit mir ein Schutzgebiet für Schwäne. Derselbe, auf dem engen Treppenabsatz eines englischen Landgasthofs, barfuß in seinem Kimono aus grauer Baumwolle, in einer engen Umschlingung mit mir, die anscheinend nichts zu lösen vermag; sie löste sich dennoch.«[24]

Maurice Dumay, der damalige »Freund« Jerrys, stößt zu ihnen. Ein seltsames Trio. Schon seit dem Frühjahr äußert Maurice, meist am Telefon, eine echte oder gespielte Eifersucht auf Marguerite und verstärkt so in der alten Frau die Idee, daß Jerry und sie ein Paar bilden, das Neid und Haß erweckt. Die Reise nach Neukaledonien, die Maurice und Jerry geplant hatten – und auf die Jerry dann angeblich verzichten will – wird zum Gegenstand eines kleinen Dramas, in dem abwechselnd Bezichtigungen wegen schmählichen Wortbruchs erhoben und fingierte Großmut an den Tag gelegt werden. Marguerite wird auf diese Weise »vereinnahmt« und schlittert so, ohne es zu wissen, in eine ziemlich chaotische Periode ihrer Existenz. Sie wird dann diese Zeit wie üblich umdichten, nicht indem sie sich eine vorteilhafte Rolle zuschreibt, sondern indem sie behauptet, das Spiel von Anfang an völlig durchschaut zu haben, während kaum Zweifel daran bestehen dürften, daß sie tückisch manipuliert worden war. Eines Tages wird sie immerhin zugeben: »Mir war nicht klar, in welch komplexes menschliches ›Gewebe‹ ich mich da verstrickte.«

Im Verlauf dieser Reise beschließt Marguerite Yourcenar, vor der Niederschrift des dritten Bandes ihrer Familientriologie, die Schilderung ihrer Fahrt rund um die Welt in Angriff zu nehmen. Sie will endlich die Ägyptenreise machen, auf die sie 1964 hatte verzichten müssen, weil Grace einen Rückfall erlitten hatte. Sie will Indien und Japan entdecken, Länder, für die sie sich während der Jahre des »unbewegten Lebens« immer mehr interessiert hatte. Sie hat sich sogar im Selbststudium rudimentäre Kenntnisse des Japanischen angeeignet. Dieses Buch, das sie – in Erinnerung an Zenons Ausspruch »Wer wäre so töricht zu sterben, ohne wenigstens die Reise um sein Gefängnis gemacht zu haben?« – *Reise um das Gefängnis* betiteln wird, ist beträchtlich vom ursprünglichen Plan abgewichen. Von einigen Texten abgesehen, handelt es sich weniger um einen Reisebericht, als um eine Reihe von Schilderungen und Essays, von denen die meisten Japan gewidmet sind. Marguerite Yourcenar kann das Werk nicht vollenden. Sie hinterläßt bei ihrem Tod an die dreihundert hand- oder maschinengeschriebene Seiten,[25] sowie zahlreiche, sehr bruchstückhafte Arbeitsnotizen, die kaum zu verwenden sind, es sei denn als biographische Dokumente, dank der Anmerkungen über ihr Privatleben, die neben den Landschaftsbeschreibungen stehen. Dieses biographische Interesse gilt vor allem für die Reisen des Jahres 1982. Ende 1980 finden sich nur einige Notate; zum Beispiel: »27. Oktober. Spaziergang [mit Jerry und Maurice]. Bewegendes und gutes Gespräch. Einer der sehr schönen Tage meines Lebens. Den kleinen Merkur zusammen mit Maurice angesehen. Sinnlichkeit aller dieser griechisch-römischen Skulpturen. Selbst bei einem Basrelief

1980: Rückkehr in die Kindheit. In Saint-Jans-Cappel vor der Mauer von Mont-Noir

wie diesem hier, spürt man, daß man es in die Arme nehmen könnte.«

Sie, die so gern auf ihren eigenen Spuren wandelt, vollzieht mit Jerry eine ihrer Lieblingsreisen nach: Kopenhagen, Hamburg, Texel, Amsterdam. Im Haag sieht sie im Mauritshuis-Museum die *Zwei Neger* von Rembrandt wieder, über die sie zur Wiedereröffnung des restaurierten Museums einen sehr schönen Text schreiben wird.[26] In Brüssel besucht sie Louise de Borchgrave – Tante Loulou – »immer noch sehr schön in ihrem hohen Alter« [sie ist vierundneunzig]. In Brügge zeigt sie Jerry die Wege, die Zenon gegangen ist und erklärt sich zu einer Signierstunde in einer Buchhandlung bereit. »Was für ein Albtraum«, notiert Jerry in sein Tagebuch.

»Das dürfte das letzte Mal gewesen sein, daß ich etwas Derartiges zugelassen habe.« Seltsame Bemerkung. Sollte Jerry, wie Grace Frick vor dreißig Jahren, entdecken, wie unangenehm es ist, daß Marguerite Yourcenar nicht ihm gehört? Am 15. Dezember wird Marguerite Yourcenar in Bailleul und Mont-Noir, den Orten ihrer Kindheit, mit allen Ehren empfangen. Alle Fotos von diesem Tag zeigen sie erstaunlich fröhlich und jung. Sie hat oft erzählt, wie glücklich sie war, als sie in der alten Frau, die bewegt auf sie zuging und »Marguerite« sagte, »Marie Joye« erkannte, die Tochter der Pförtnersleute, mit der sie als Kind gespielt hatte. »Nur wir allein sahen in diesen beiden alten Frauen, die sich anschauten, zwei lachende Kinder«, gestand sie. »Fast achtzig Jahre waren vergangen ...« Jerry Wilson ermißt plötzlich Marguerite Yourcenars Berühmtheit, bemerkt, was für eine bekannte Persönlichkeit, was für ein »Star« sie geworden ist, seit ihrer so symbolträchtigen Wahl in die Académie française. Marguerite Yourcenar ihrerseits empfindet für Jerry eine naive, heftige Zuneigung. Für sie ist die Zeit aufgehoben.

Sie kommen nach Paris (wo sie bei Maurice Dumay, im Marais wohnen) am 17. Dezember, dem Tag, an dem Marguerite Yourcenar mit Yves Saint Laurent verabredet ist, der ihre Akademiekleidung entworfen hat. Ein langes schwarzes Samtkleid von einer Schlichtheit und Eleganz, wie sie nur Yves Saint Laurent zustande bringt, und ein langer weißer Seidenschal, der die Haare bei ihrem Eintritt unter die »Coupole« bedecken wird, und den sie vor ihrer Ansprache auf die Schultern gleiten läßt – der Schal, in den jetzt der indianische Korb gehüllt ist, der ihre Asche enthält. Marguerite Yourcenar wollte weder von der Napoleonischen Uniform noch von dem Degen etwas wissen. Jean d'Ormesson hatte dies geahnt und ihr scherzend geschrieben: »Ich habe mir erlaubt, den Degen von Ihnen abzuwenden. Möchten Sie dafür eine Brosche, ein Kollier, ein Diadem, einen lebenden Elefanten, ein Schwimmbekken aus Porphyr ...?« »Ich hätte gerne einen Gegenstand gehabt, von dem ich eine rustikale Ausführung besitze«, erzählte Marguerite Yourcenar oft und gerne. »Einen ›Dolch zur Tötung des Ich‹. Aber ich befürchtete, die Herren würden mich nicht verstehen.« Man schenkte ihr schließlich einen Hadrians-Aureus, der heute im Besitz eines ihrer teuersten Freunde der achtziger Jahre ist, Jean-Pierre Corteggiani, Ägyptologe und Bibliothekar des Institut français in Kairo.

Marguerite Yourcenar auf dem Weg in die Académie française. Als erste Frau wird sie in diese Männerversammlung aufgenommen.

Am 22. Dezember, nach der traditionellen Visite der neuen Akademiemitglieder – Marguerite Yourcenar und Michel Droit, begleitet vom Duc de Castries – beim Präsidenten der Republik (Schirmherr der Académie française), geht Marguerite Yourcenar zu einem Diner bei Colette und Claude Gallimard, an dem, unter anderen, Bernard Pivot, Jacqueline Piatier, Pierre Nora und Maurice Rheims teilnehmen. Jerry mag das »Pariser Leben« so wenig wie Grace es mochte. Zumindest alle diese »offiziellen« Veranstaltungen, bei denen er wohl oder übel im Hintergrund bleibt, und Marguerite tut im übrigen nichts, damit er sich dazugehörig fühle.

Wahrscheinlich ist Jerry nicht ganz unschuldig an dem Zerwürfnis zwischen Marguerite Yourcenar und Matthieu Galey, dessen Gespräche mit Marguerite Yourcenar unter dem Titel *Les Yeux ouverts* kürzlich in Buchform herausgekommen sind. Über diese Angelegenheit wurde alles und das Gegenteil von allem gesagt. Nach Matthieu Galeys Tod leugnet Marguerite Yourcenar, daß es ein Zerwürfnis gegeben habe und betont: »Ich wußte nicht, daß er krank war, sonst hätte ich ihn selbstverständlich besucht.« Aber es mußte einen Zank gegeben haben, denn Marguerite Yourcenar wollte nichts von einer Teilnahme Matthieu Galeys an der Fernsehsendung »Apostrophes«* am 16. Februar 1981 wissen: Nur Jean d'Ormesson, der sechs Tage später die Laudatio in der Académie halten sollte, durfte an ihrer Seite mit dabei sein.

Heute, mit dem zeitlichen Abstand, kann man sagen, daß die Schuld auf beiden Seiten lag. *Les Yeux ouverts* ist ein aufregendes Buch, wenn Marguerite Yourcenar auch behauptete: »Matthieu Galey hat mich über Dinge befragt, die *ihn* interessierten. Nicht über Themen, die mir am Herzen liegen.« Sie dachte wohl, sie sei zu sehr aus sich herausgegangen. Hingegen protestierte sie zu recht gegen die Umschlaggestaltung des Buches. Auf dem Buchrücken

* Marguerite Yourcenar sprach über *Mishima oder die Vision der Leere*. Über diesen Essay, der soeben erschienen war, hatte Diane de Margerie geschrieben: »Der Essay entfaltet sich um das Werk, untersucht das so vieldeutige Fehlen einer Botschaft, zählt all die Fragen auf, die der Leser sich (wohl immer) über Mishima stellen wird (...) Dieser hellsichtige Text, der die Annäherung an ein unglaublich vielfältiges und komplexes Werk erlaubt, läßt eines mit frappierender Deutlichkeit erkennen: Mishima, dieser erstaunliche Schöpfergeist, dieser Beweger und Zeuge seiner Zeit, findet weder Trost noch Hoffnung im Erreichten. Die Begegnung zwischen dieser schroffen Verneinung, die bis zum Tod geht, und der vitalen Umwandlung, welche die Romanciere immer mittels ihrer Figuren vollzogen hat, ist aufregend.«[27]

stand einfach: »Marguerite Yourcenar, *Les Yeux ouverts*«, und auf dem Einbanddeckel: oben, und in sehr großen Lettern, »Marguerite Yourcenar, de l'Académie française, *Les Yeux ouverts.*« Dann, in kleinen Lettern, unter einem Foto Marguerite Yourcenars, »entretiens avec Matthieu Galey.« »Es hat sich unangenehmerweise eingebürgert, dieses Buch in die Liste meiner Werke aufzunehmen«, beklagt sie sich. »Ich bin nicht die Autorin dieses Buches.« Man kann ihr darin nicht widersprechen. Dieses Vorgehen, das wohl auf kommerziellen Gründen beruhte, war kaum weniger schnöde als Marguerite Yourcenars Weigerung, Matthieu Galey an der »Apostrophes«-Sendung teilnehmen zu lassen. Den Gipfel der Taktlosigkeit erreicht jedoch Matthieu Galey in seinem *Journal*. Natürlich ist niemand gehalten, in seinen Gedanken taktvoll zu sein. Sobald er aber seine Gedanken zu Papier bringt, überschreitet er eine Schwelle, verleiht er dem Ressentiment eine sichtbare und dauerhafte Form. Noch dazu, wenn das Tagebuch im Hinblick auf eine Veröffentlichung geführt wird. Matthieu Galeys Animosität gegenüber Marguerite Yourcenar wächst im Laufe des Jahres 1980.

»In dem Yourcenar-Manuskript, das ich abtippe – und korrigiere«, schreibt er unter anderem, »erklärt sie, sie habe nichts gegen ›Abortion‹ [statt avortement, Abtreibung], ein Anglizismus, der nach einem vierzigjährigen Aufenthalt in den USA verzeihlich ist, wenngleich ein Mitglied der Académie ... Doch was soll man von ›propensité‹ [statt propension, Hang, Neigung zu] denken? Ganz zu schweigen natürlich von den schiefen und gewundenen Sätzen, die ich gerade zu biegen versuche. Ich frage mich, ob Grace Frick zu ihren Lebzeiten nicht diese Arbeit besorgte ... Sie wird sehr fehlen.«[28]

Selbst im Zorn hätte sich Matthieu Galey nicht so weit hinreißen lassen dürfen zu unterstellen, daß Grace Frick die Texte Marguerite Yourcenars umgeschrieben hat. Sicher verrichtete sie die mühselige, umfangreiche und unerläßliche Kleinarbeit. Marguerite Yourcenar hat das nie geleugnet. Dafür gibt es vielfache Belege, von den *Notizheften zu den Erinnerungen des Kaisers Hadrian*, über die Privatkorrespondenz bis zu den Buchwidmungen für Grace.

Die Erbitterung nimmt zu: Ohne Angst, sich dem Vorwurf der Geschäftstüchtigkeit auszusetzen, die ja vielleicht eine positive Eigenschaft ist, berichtet Matthieu Galey auch über eines seiner Telefongespräche mit Marguerite Yourcenar:

»6. April«

»Heute Nacht rufe ich Yourcenar an. Sie ist gelassen, kaum liebenswürdig, durch den Ruhm, wie es scheint, zu rostfreiem Stahl verhärtet. Seelenruhig sagt sie, ich würde die zwanzig Seiten, die mir fehlen, nicht vor einigen Monaten zurückbekommen, sie habe noch nicht einmal das Paket mit den Fahnen geöffnet, und wenn ihre Bekanntheit wirklich nicht den Sommer überstehen sollte, dann sei das alles uninteressant. Was soll ich darauf antworten? Ich knabbere am Telefonhörer bei dem Gedanken an Rosbo, der allein auf dem Markt ist und in aller Ruhe konkurrenzlos absahnt. Wenn sie mir wenigstens einen unvergänglichen Text gäbe. Aber nein, drapierte Banalitäten, die schließlich jeder überbekommen wird. Läßt sich dieses Buch, selbst zur Zeit der Aufnahme in die Académie, überhaupt verkaufen? Wenn ich schon einmal das Glück am Wickel habe. Es ist zum aus der Haut fahren.«[29]

Diese dumpfe Feindseligkeit hat Marguerite Yourcenar wahrscheinlich gespürt. In derartigen Fällen neigte sie kaum zur Nachsicht. Eher zur Dickköpfigkeit.

Am 22. Januar findet die Aufnahme Marguerite Yourcenars in die Académie française statt, und zwar, was völlig außergewöhnlich* ist, in Gegenwart des Präsidenten der Republik. Matthieu Galey liefert von dieser Zeremonie eine kaustische, wenn auch schrecklich frauenfeindliche Beschreibung, die nicht verschwiegen werden soll.

»Natürlich warte ich bei dem einzigen historischen Ereignis, dem ich beiwohne, eine volle Woche, ehe ich es niederschreibe. Diese Aufnahmezeremonie war eine veritable Show, die völlig aus dem Rahmen fiel. Nichts von einem Empfang unter der ›Coupole‹ der Académie: eher so etwas wie eine Inthronisation der Weinkönigin oder das Jubiläum der Queen Victoria. Große Kutte aus schwarzem Samt, weißer Kragen und, auf dem Kopf, ein ebenfalls weißer Schal: Marguerites Einzug in diesem Aufzug ist umwerfend.

Eine Salbung unter Trommelwirbeln. Eine Schwester des Dritten Ordens, gefolgt von einem Priester (Hochwürden Carré), oder eine alte Kaiserin, die vor einem Sondergericht allen diesen bizarren Staatsanwälten in grünem Schwalbenschwanz Rede und Antwort stehen muß. Man kann auch sagen, daß die Académiciens wie

* Nicht weniger außergewöhnlich war die Live-Übertragung im Fernsehen (FR 3), produziert von Maurice Dumay.

Karikatur von Wiaz

Insekten aussahen und daß das Ganze wie eine geheimnisvolle Kirmes wirkte, so als wolle diese dicke, von den sie umschwirrenden Insekten befruchtete Termite vor den Augen des Präsidentenpaares, das ungerührt in seinen Louis-xv-Sesseln saß, ihre Eier legen.

Worauf die kompakte, in Samt gehüllte Masse sich auf einen kleinen Tisch unter dem Podest des Präsidiums zubewegt und eine schöne – aber lange – Rede über Caillois vorliest, in der es um Diamanten geht, aber das dürfte nicht absichtlich gewesen sein ... (...) Am Ende erhebt sich der ganze Saal zu einer Standing Ovation. Mit Ausnahme der Giscard, die sich für Herrscher von Gottes Gnaden halten.«[30]

Diese, wie Matthieu Galey zugibt, »schöne Rede«, beginnt, sehr ironisch, mit einer Huldigung an die Frauen, die mit ihren Schatten das weibliche Wesen begleiten, dem die Männer endlich »offiziell einen Sitz in der Académie zugestehen«:

»Sie haben mich aufgenommen, sagte ich. Dieses unbestimmte und schwebende Ich, dessen Existenz ich selbst angefochten habe und dem nur einige Werke, die ich zufällig schrieb, wirklich Konturen verleihen, dieses Wesen steht, wie es ist, vor Ihnen, umgeben, begleitet von einer unsichtbaren Schar von Frauen, denen vielleicht so viel früher diese Ehre hätte zuteil werden müssen, daß ich versucht bin, zur Seite zu treten, um ihre Schatten vorbeiziehen zu lassen.

Vergessen wir jedoch nicht, daß die Frage der Anwesenheit von Frauen in dieser Versammlung sich erst vor etwa einem Jahrhundert stellen konnte. Anders ausgedrückt, die Literatur wurde in Frankreich um die Mitte des 19. Jahrhunderts für einige Frauen zugleich eine Berufung und ein Beruf, und diese Entwicklung war vielleicht zu neu, als daß sie die Aufmerksamkeit einer ›Compagnie‹ wie der Ihren auf sich ziehen konnte. Madame de Staël wäre sicher wegen ihrer Schweizer Ahnen und ihrer schwedischen Ehe nicht wählbar gewesen: Sie begnügte sich damit, einer der besten Geister des Jahrhunderts zu sein. George Sand hätte Anstoß erregt aufgrund der Turbulenz ihres Lebens und der Freizügigkeit ihrer Gefühle, die aus ihr eine so bewundernswert weibliche Frau machen; die Frau George Sand war ihrer Zeit noch weiter voraus als die Schriftstellerin. Colette hielt dafür, daß eine Frau keine Antrittsbesuche bei Männern zu machen habe, um deren Stimmen zu erbitten, und ich kann diese Ansicht nur teilen. Ich habe es auch nicht getan.«[31]

Einige der »Herren«, denen Marguerite Yourcenar sozusagen Dank schuldete, dürften etwas verärgert gewesen sein. Um so mehr, als sie am Abend ihre Aufnahme in die »Compagnie« lieber mit Jerry, Maurice Dumay und einigen Freunden feierte, als mit ihren neuen Kollegen.

Traditionsgemäß mußte Marguerite Yourcenar als neues Mitglied an einer Sitzung teilnehmen, in der am »Dictionnaire« gearbeitet wird. »Das neue Akademiemitglied muß das Wort des Dictionnaire de la langue française kommentieren, bei dem man gerade angekommen ist«, erklärt Jean d'Ormesson. »Das Wort, das Marguerite Yourcenar zufallen sollte, war ›follette‹ [Dummchen]. Wir waren ein wenig verlegen. Wir haben geschwindelt und ihr ›follement‹ [wahnsinnig, adv.] gegeben.«

Marguerite Yourcenar, die nichts von diesem Schwindel weiß, glaubt an ein glückliches Zeichen des Zufalls, denn sie liebt Jerry bereits »wahnsinnig«. Ein Gerücht, das heute noch nicht verstummt ist, behauptet, sie hätte »gousse« [Hülse, Schote] kommentieren sollen, ein Argotwort für »Lesbierin« ... Ein typisches Beispiel für männlichen Humor ...

Diese »in Ruhm schwimmende« Frau findet, und das ist eines ihrer üblichen Paradoxa, die Zeit zum Besuch eines Altersheims in der Nähe von Chartres, wohin sich Sherban Sidéry zurückgezogen hatte, einer ihrer alten Bekannten und Vertrauter von Marie-Laure de Noailles. Sidéry hatte die Theaterfassung eines anonymen englischen Romanes geschrieben, den Marguerite besonders schätzte, *Madame Solario*.

Marguerite Yourcenar ist im innersten überzeugt, daß diese prunkvolle Aufnahme in die Académie ihr zustand. Sie sieht sich nicht ungern als die Frau, die »die Pforte aufgestoßen hat« und in einigen Monaten aus der größtmöglichen Distanz zum Jahrhundert und zur Aktualität zur größtmöglichen Übereinstimmung mit dieser »Show-Gesellschaft« gelangt ist, die immer von ihr mißbilligt worden war. Mehr dürfte sie wohl erstaunt haben, daß man sie plötzlich zur Bannerträgerin einer »Sache der Frauen« machte, die sie nicht recht verstand, da sie selbst nie, nicht einmal in ihrer Kindheit, den Zwängen ausgesetzt gewesen war, die üblicherweise das Los des weiblichen Geschlechtes sind.

Viele ihrer Äußerungen über den Feminismus verraten denn auch ein gewisses Unverständnis für die Probleme von Frauen, die das Gesetz ihres sozialen und die Zwänge ihres beruflichen Milieus erleiden. Dagegen zeugen sie von einer großen Hellsicht, wenn es um die Fallen geht, die den »befreiten Frauen« gestellt werden. Wenn »Befreiung« gleich Bejahung der »Werte« der Männergesellschaft ist, des ungebremsten sozialen Wettlaufs bis hin zum Krieg, wo ist dann die wahre Freiheit? Wo ist die mögliche Neuerung, die Erfahrung einer endlich »gemischten« Welt?

»Wenn es darum geht, zu kämpfen, damit die Frauen bei gleicher Leistung den gleichen Lohn erhalten wie die Männer, dann kämpfe ich mit«, sagt sie zu Matthieu Galey. »Wenn es darum geht, sich für die freie Verwendung von Verhütungsmitteln einzusetzen, so unterstütze ich aktiv mehrere Organisationen dieser Art; wenn es um Abtreibung geht, für den Fall, daß der oder die Betroffene nicht rechtzeitig Maßnahmen ergreifen konnten oder zu ergreifen verstanden, dann bin ich für die Abtreibung, und ich gehöre verschiedenen Vereinen an, die Frauen in derartigen Fällen helfen, obgleich ich persönlich die Abtreibung immer für einen sehr schwerwiegenden Akt halte.«[32]*

* An eine ihrer Briefpartnerinnen hatte sie geschrieben: »... Abtreibung ... Ich mag diese Praktik nicht sehr, aber die Zeit erfordert sie; wenn ich mir auch wünschte, daß ein Gebetsritus vorgesehen wäre für den Mann und für die Frau, die, wenn auch klugerweise und um das Schlimmste zu verhindern, ein Leben ausgelöscht haben. Das würde zwar an der Sache nichts ändern, aber Anlaß geben, über den Ernst des Aktes nachzudenken und die Betreffenden vielleicht dazu bewegen, künftig rechtzeitig Vorsichtsmaßnahmen zu ergreifen.«[33]

Im Gegensatz zu den Behauptungen mancher Männer – die nur zu glücklich sind bei dem Gedanken, eine so berühmte Frau spreche gegen die Frauen – hat Marguerite Yourcenar den Feminismus nicht mit einer Art Rassismus, oder genauer gesagt, Sexismus gleichgesetzt. Wie wir gesehen haben, unterstützte sie in ganz bestimmten Dingen, wie Verhütung und Abtreibung, den Kampf der Frauen. Wäre sie, wie manchmal gesagt wird, diesem Kampf feindlich gegenübergestanden, sie hätte sich, zur Zeit ihrer Aufnahme in die Académie und bei anderen Paris-Besuchen, nicht so oft mit Gisèle Halimi getroffen, einer der herausragenden Figuren des französischen Feminismus.

Die Académie war für Marguerite Yourcenar wahrscheinlich der erste Ort des Zusammenstoßes mit den Männern. Zum ersten und einzigen Mal in ihrem Leben hat sie deren Mißbilligung zu spüren bekommen. Eine irrationale Mißbilligung, die nur auf ihre Zugehörigkeit zum anderen Geschlecht begründet war. Die Feindseligkeit der Männer ihr gegenüber war und ist immer noch größer als die gegenüber Frauen, welche »die Sache der Frauen« verteidigen. Denn Marguerite Yourcenar ist nicht einmal in soziale *Opposition* zu den Männern gegangen. Sie hat die Männer einfach ignoriert. Das war ihnen auf die Dauer unerträglich. Noch heute be- und verurteilen junge Leute sie bedenkenlos und entschieden. François Sureau – junger Autor, aber bereits Mitglied des Staatsrats und stellvertretender Generaldirektor eines großen Unternehmens – behauptet allen Ernstes in einem Gespräch mit Jean d'Ormesson, Marguerite Yourcenar habe »eine religiöse und fast totalitäre Auffassung von der Literatur« und sagt dann am Ende der Unterhaltung: »Meine Gereiztheit ist sehr oberflächlich. Die Attitüde der großen Schriftstellerin, die ihre Statue poliert – ich verweise auf ihre Biographie in der Pléiade –, einerseits Einsamkeit, andererseits Meinungen über alles und jeden, die falschen großen Attitüden, lassen mich vielleicht ungerecht sein. Der Stil ist kalt, schwerfällig, provinziell, die Philosophie bleiern, aber es gibt auch schöne Dinge, *Der Fangschuß* ...«[34] Was die »Meinungen über alles und jeden« betrifft ... In diesem Punkt hält man sich besser an die »Meinung« Mishimas, der kurz vor seinem Tod dem *Figaro* erklärte, die *Erinnerungen des Kaisers Hadrian* gehörten zu seinen französischen Lieblingsromanen. Oder an die Meinung des jungen österreichischen Autors Christoph Ransmayr, der, wie er sagt, seinen Ovid-Roman *Die letzte Welt*[35] nie geschrieben hätte, wären da nicht die

Erinnerungen des Kaisers Hadrian gewesen. Oder an die Meinung William Styrons, der erklärte, wie sehr die Erzählkraft Marguerite Yourcenars in den *Erinnerungen des Kaisers Hadrian* ihm bei der schwierigen Abfassung seines Romans *Die Bekenntnisse des Nat Turner* geholfen hätten.[36]

Die alte Frau, die zu Lebzeiten in ihre eigene Legende eingegangen ist, gemäß dem ihr, wie sie glaubt, rechtens zustehenden Schicksal, diese Frau hat die Sehnsüchte eines jungen Mädchens. Kaum eine Woche nach ihrer Antrittsrede in der Académie bricht sie mit Jerry zu einer langen Reise auf. Sie zeigt ihrem jungen Begleiter Frankreich, so wie sie es einst Grace gezeigt hatte: La Rochelle, Saintes, Royan, Toulouse, die Abtei von Le Thoronet. In Albi besucht sie am 12. Februar das Toulouse-Lautrec Museum und notiert: »Wirklich gefallen haben mir nur die Frauen der Freudenhäuser mit ihrem gottvollen und plumpen [unleserlich] des weiblichen Details, die kaum vulgärer sein dürften als die Ehefrauen der Klienten und wahrscheinlich erfahrener. Ihr völliger Mangel an Schönheit nimmt ihnen jeden aufreizenden Charakter. Ein Freudenmädchen in schwarzen Strümpfen, dem unverzichtbaren Klischee der damaligen Zeit, spricht durch etwas unbestimmbar Sensibles mehr an als die anderen Skizzen. Nichts kommt jedoch hier völlig dem Bild mit den zwei zerzausten und ermüdeten Liebenden gleich, das ich, ich weiß nicht mehr wo, gesehen habe.«

Nach einer Promenade durch die Camargue fahren sie nach Saint-Paul-de-Vence zu James Baldwin, mit dem Marguerite Yourcenar noch mehrmals zusammenkommen sollte. 1982 übersetzt sie sein Stück, *The Amen Corner* ins Französische. Sie schätzt die Gesellschaft dieses »geistreichen und warmherzigen« Mannes, dessen »weibliche und zugleich sehr männlichen Hände von erstaunlicher Sensitivität« sie bemerkt. Am 21. Februar schiffen Marguerite und Jerry sich in Marseille zur Überfahrt nach Algerien ein. Sie verbringen dann drei, wie Marguerite bekennt, »sehr glückliche« Wochen in Marokko, bevor sie nach Spanien weiterreisen, wo sie am 22. März Jerrys zweiunddreißigsten Geburtstag feiern. In Portugal laden Amalia Rodriguez und Alain Oulman – der viele ihrer Lieder vertont hat – Marguerite und Jerry zu einer Abendgesellschaft ein, die als »köstlich« bezeichnet wird. Doch plötzlich nimmt ihre Art zu reisen etwas seltsam Exzessives an, etwas wie eine blinde Beschleunigung. Sie kommen am 14. April in Paris an und fahren am 26. nach Brügge. Am 29. sind sie in England, von wo aus sie nach den Vereinigten Staaten übersetzen. In New York besuchen sie die Frick Collection, wo Marguerite Jerry den berühmten *Polnischen Reiter* Rembrandts zeigt, eines der Gemälde ihres Lebens. Ein Bild, das ihr ebenso nachgeht wie dem Erzähler in Philippe Sollers' Roman *Femmes*: »Da ist er, wild, rot, aufgetaucht aus der braungelben Tiefe der Landschaft ... Pelzmütze, Bogen und Pfeile ... Apokalypse auf dem Sprung ...«[37]

Jerry bleibt nur bis zum 17. Juni auf Monts-Déserts und fliegt dann nach Paris, wo er den Sommer mit Maurice Dumay verbringen will. Marguerites Sommer ist angefüllt mit Arbeit, die nur durch einige Besucher wie Colette und Claude Gallimard unterbrochen wird. Anfang August korrigiert sie zusammen mit Yvon Bernier die Fahnen des ersten Bandes ihrer Werke für die Bibliothèque de la Pléiade und arbeitet gleichzeitig an *Un homme obscur*. Am 7. September beendet sie die Niederschrift dieses Textes – eines ihrer bevorzugten Werke – und widmet ihn Jerry, der am 26. August wieder in Petite Plaisance eingetroffen ist. Beide machen sich am 9. Oktober von neuem auf den Weg nach Europa, nach einem Friedhofsbesuch in Somesville: Diesen Besuch absolviert Marguerite jedesmal pflichtgemäß, bevor sie die Insel verläßt. Sie gehen, wie im Vorjahr, in England an Land und suchen wieder die Orte auf, die Marguerite Jerry bereits gezeigt hatte und die – zufällig? – auch die Orte sind, die Grace über alles liebte.

Von Ende Oktober an ist Marguerite Yourcenar in Paris, das sie Anfang Dezember für einige Tage verläßt, um schnell nach Amsterdam und Brügge zu fahren. In Paris geht sie am Sonntag oft in die russische Kirche in der Rue Daru, wie einst mit ihrem Vater. Diesen Ritus wird sie bis an ihr Lebensende beibehalten. Als über den Großen Preis des Romans abgestimmt wird, begibt sie sich – zum ersten und letzten Mal nach ihrer Aufnahme – in die Académie. Ihr Favorit ist Michel del Castillo, der nicht gekrönt wird. Das trägt nicht dazu bei, Marguerites Beziehungen zu den Akademiekollegen zu verbessern. Niederlagen kann sie ganz einfach nicht ertragen. Sie kommt wieder mit Matthieu Galey zusammen, der dieses Ereignis natürlich in seinem *Journal* kommentiert:

»Zum ersten Mal seit dem Zerwürfnis Yourcenar wiedergesehen. In ihrem Hotel in der Rue de l'Université. Unverändert, nur die Haare im Nacken kurz geschnitten à la Gertrude Stein, und ihre übliche bizarre Aufmachung, mit einer ausgebeulten langen Hose, einer neckischen Bluse mit Blümchenborten und einer grauschwarz gestreiften Kammerdiener-Weste, das Ganze schmuck herausgeputzt durch einen kleinen schwarzen Umhang von Saint Laurent ... Unser Teegespräch ist sehr mondän, ein seichtes Geplätscher: die letzten Académie-Preise (ihre Wahl galt Castillo, wegen seiner ›Modernität‹), England, wo sie kürzlich einige Wochen verbracht hat. Salisbury, Stonehenge, Tintagel (?), Amsterdam, Friesland und seine Vogelschutzgebiete, die Oasen Marokkos, der Alltagstrott in Northeast Harbor und natürlich ihre Arbeit. Völlig überlastet, sagt sie: Korrektur der Pléiade-Ausgabe (...) Vorbereitung ihrer nächsten Reise nach Japan, wo sie sechs Monate zu verbringen gedenkt. Von *Liebesläufe,* dem dritten Band ihrer Memoiren hat sie erst den Anfang geschrieben, aber sie will den Text erst einmal ruhen lassen. ›So schwierig, von sich selbst zu sprechen, wenn man, wie es scheint, ein Sonderfall ist.‹

›Warum diese vergangenen Welten immer wieder umarbeiten, statt andere zu erfinden?‹ ›Weil meine Figuren mich nie verlassen. Ich begnüge mich damit zu beobachten, wie sie unter veränderten Umständen leben, und bereichere sie mit meiner gegenwärtigen Erfahrung.‹ Sie kommt auf *Les Yeux ouverts* zu sprechen und sagt: ›In Holland hat man mich gebeten, im Fernsehen die letzten Seiten über den Tod zu lesen: ich war sehr betreten.‹ Aber sie hat sie doch gelesen.«[38]

Maurice Dumay ist krank, er wird einige Monate später an einem Krebsleiden sterben. Marguerites Beziehungen zu Jerry werden schwierig, aggressiv. »Die Atmosphäre in der Rue Pavée war an diesem Jahresende unerträglich«, erinnert sich Marguerite Yourcenar. Glaubt sie immer noch, recht gehabt zu haben, als sie im Oktober, vor ihrer Abfahrt aus den Vereinigten Staaten, zu einer Freundin sagte, daß »Grace und Jerry einer der schönsten Akkorde« ihres Lebens seien? Sie dachte damals, »wenn Grace noch lebte – eine noch nicht zu sehr von der Krankheit geschwächte und verwirrte Grace –, sie würde ›Danke‹ zu Jerry sagen.« Hat sie sich, um »eineinhalb Jahre mit großem Glücksgefühl die Schmackhaftigkeit des Lebens« zu genießen, nicht unvorsichtigerweise in die kleinen Intrigen einer Gruppe von Freunden hineinziehen lassen, die sie an ihre Jugend erinnerten, jedoch bei weitem nicht das Brio und die Talente ihrer Gefährten von einst besaßen? Und wenn sie es auch nicht wahrhaben will, sie ist am 8. Juni 1981 achtundsiebzig Jahre alt geworden. Sie ist nicht mehr die junge und freie Nomadin, die mit Andreas Embirikos eine Kreuzfahrt machte, um *Feuer* zu schreiben und um ihre schmerzliche Leidenschaft für André Fraigneau zu betäuben. Wenn sie weiterhin reisen will, durch die Zeit – durch ihre Zeit – und durch den Raum, dann muß sie sich, in einer gewissen Weise, Jerry unterordnen.

Kapitel 2
Die Verstörungen und der »schwarze Roman«

Die Reisen, die Marguerite Yourcenar dank Jerry Wilson machen kann, sind, wie sie sagt, »unverhofft« für eine Frau ihres Alters. Doch ab Januar 1982, das heißt zwei Jahre nach ihrem ersten gemeinsamen Aufbruch zur Karibik-Fahrt, wird ihr Zusammenleben zuweilen schwierig, schon weil keiner von beiden das hat, was man gemeinhin einen »verträglichen Charakter« nennt.

Nach den Zeugnissen all derer, die während dieser Zeit mit Marguerite und Jerry verkehrten und ab und zu ins Vertrauen gezogen wurden, scheint es, daß die Affektivität und die starke, zu lange brach gelegene Sinnlichkeit Marguerites, plötzlich übermächtig und fast wahnhaft wieder zum Ausbruch kamen. Wollte sie von Jerry bekommen, was André Fraigneau ihr verweigert hatte, sich für diese, von ihr nie akzeptierte Zurückweisung rächen? Hat sie, wie sie manchmal ganz am Ende ihres Lebens* durchblikken ließ oder wie manche enge Freunde Jerry Wilsons behaupten, bekommen, was sie wollte? Hat sie, wozu sie sehr wohl fähig war, phantasiert und an einen Traum geglaubt, der stärker war als die Realität? Aber muß man diesen Punkt wirklich klären, versuchen, »Licht« in die Angelegenheit zu bringen, die Ungewißheit nicht hinnehmen? Eine wahrscheinlich endgültige Ungewißheit, trotz aller Verschlußsachen und widersprüchlichen Behauptungen der Beteiligten, denn es wird, wie wir schon mehrfach gesehen haben, immer schwer fallen, das, was Marguerite Yourcenar wirklich »erlebt« hat, von dem zu trennen, was sie »erdichtet« hat. Wie auch immer, wir wissen, daß sie das »Erdichtete« am intensivsten erlebt hat.

* Nach Aussagen all ihrer Freunde war Marguerite Yourcenar bis zu ihrer allerletzten Krankheit im Vollbesitz ihrer geistigen Kräfte. Ihre Krankenschwester und ihre Ärzte bestätigen, daß sie vor November 1987 an Marguerite Yourcenar keinerlei Anzeichen von Senilität oder Geistesverwirrung beobachten konnten. Sie räumen jedoch ein, daß Marguerite Yourcenar zwischen dem Sommer 1986 und dem Herbst 1987 möglicherweise unmerkliche Gehirnschläge erlitten hatte, und daß ihr immenses Wissen und ihr virtuoser Umgang mit ihrer Bildung sehr leichte Gedächtnisschwächen dauernd kaschiert haben könnten.

Sicher ist – mochte auch André Fraigneau, wenn man es ihm erzählte, noch so sehr darüber staunen und feststellen: »Sie hatte mich doch schließlich seit dreißig Jahren nicht mehr gesehen!« – sicher ist, daß sich für Marguerite Yourcenar im Laufe der achtziger Jahre das Bild André Fraigneaus und das Bild Jerry Wilsons immer mehr ineinander schoben. Genau so wie sich in ihrem Geist eine Identifikation zwischen Antinous und Hadrian einerseits und zwischen Jerry und ihr selbst andererseits vollziehen wird. Nach ihrer schweren Herzoperation 1985 spricht Marguerite Yourcenar noch unter den Nachwirkungen der Narkose Jerry dauernd mit »André« an. »In diesem Zustand können die Gedanken nicht beherrscht werden«, sagt DeeDee Wilson. »Dieser Vergleich, den sie im Wachzustand wohl oft zwischen den beiden Männern angestellt hatte, bricht sich hier ungehemmt Bahn. Als ich sie den Namen ›André‹ aussprechen hörte, habe ich sofort an den Mann gedacht, den sie vor dem Krieg geliebt hatte und vor dem sie, wie sie mir sagte, geflohen sei, glücklicherweise, denn er habe sich auf die Seite des Feindes geschlagen.«

Nicht weniger sicher ist Marguerite Yourcenars Wunsch, Jerry und sie möchten als ein Paar gelten. Wir haben gesehen, welche Rolle die angebliche Eifersucht von Jerrys engen Freunden auf Marguerite Yourcenar bei der Entstehung dieses Wunsches gespielt hatte. 1981 beschließt Marguerite, »auf immer und ewig« eine Goldkette zu tragen, die ihr, wie sie sagt, Jerry geschenkt hat. 1983 nimmt sie, »nach einer besonders unerquicklichen Szene« diese Kette ab, legt sie dann aber zwei Tage später wieder um den Hals. Jerry nützt natürlich die Leidenschaft, die er erregt, aus. Er fühlt sich jedoch auch auf seltsame Weise an diese alte Frau gebunden. Es besteht kein Grund daran zu zweifeln, daß auch er in diese wunderliche Verbindung sein Teil Aufrichtigkeit eingebracht hat. Und wie bei Marguerite und Grace, so ist auch bei Marguerite und Jerry schwer auszumachen, wer der Gefangene des anderen war.

Vor der seit zwanzig Jahren ersehnten Ägyptenreise – eine einmonatige Kreuzfahrt, vom 12. Januar bis 13. Februar, mit Venedig als Ausgangs- und Endpunkt – will Marguerite Verona besuchen, die Stadt, die sie in den zwanziger Jahren so sehr geliebt hatte. Sie sieht dort »die mit Bronze plattierten Portale der Kirche San Zeno und die Pisanellos« wieder – darunter die wunderbare, unvergeßliche Frau, die der Heilige Georg vor dem Drachen rettet.

Die erste Etappe der Reise ist Alexandria. Ihr Logbuch[1] vermeldet nichts darüber, doch dürfte sie in dieser Stadt die Orte aufgesucht haben, die dem Dichter Konstantinos Kavafis teuer gewesen waren. Dann macht das Schiff, das den Nil hinauffährt, Zwischenstation in Kairo. Marguerite Yourcenar und Jerry Wilson steigen im Hotel Méridien ab: »Die erst sechs Jahre alte Installation war bereits in einem schlechten Zustand«, erinnert sie sich. »Ich habe mich fast mit dem Klempner angefreundet, den ich dauernd rufen mußte. Er ›reparierte‹ die undichten Röhren, indem er sie mit Baumwollzeug umwickelte. Ich sah ihm gern dabei zu. Als er ging, küßte er mir die Hand. Oder die Schulter.«

Marguerite Yourcenar, von der man immer mehr den Eindruck hat, daß sie durch die Welt fährt, um zu überprüfen, ob die Wirklichkeit dem entspricht, was sie sich darunter vorgestellt hat, notiert: »Die Sphinx ist so schön wie auf den Fotos« und fügt hinzu: »Trotzdem, seltsamerweise keinerlei Emotion.« Auch die Pyramiden berühren sie kaum: »Von hinten gesehen sind die Pyramiden schöner, da man hier das Gelände freigelegt hat. Aber die grandiosen regelmäßigen Tetraeder scheinen mir, wenn auch auf bewundernswerte Weise, nur das zu sein, was sie sind: Große Grabmäler einer Rasse, die noch an die Dauer glaubte. (...) Das riesige Mißverhältnis zwischen der technischen Leistung und der erreichten Wirkung ist schließlich das gleiche wie bei unseren Kathedralen und Industriekomplexen (...). Die Kathedralen, die errichtet wurden, um den Menschen mit Gott zu vereinen, haben ihren Zweck – die Verherrlichung Gottes durch die Heiligung des Menschen – nicht erfüllt, und die Industriekomplexe, die angeblich geschaffen wurden, um dem Menschen Wohlstand zu bringen, werden unser Verderben sein (...). Anscheinend will die menschliche Ameise immer wieder materielle oder geistige Gebilde schaffen, die sie schließlich zermalmen.« Die Moschee eines Sultans scheint ihr dagegen von ergreifender Schönheit: »Mir scheint, ich habe sie im Traum gesehen.«

Durch das Museum von Kairo läßt Marguerite Yourcenar sich von Jean-Pierre Corteggiani, dem Bibliothekar des Institut français führen. Er erbietet sich auch, sie zu den Ruinen von Antinoupolis zu führen, von wo aus sie dann flußabwärts wieder das Schiff zur Fortsetzung ihrer Kreuzfahrt erreichen könne. Sie nimmt mit Freuden an. Am 22. Januar 1982, dem ersten Jahrestag ihrer Aufnahme in die Académie française, kommt sie in Antinoupolis an.

»Es war wie eine Rückkehr an einen vertrauten Ort«, erzählt Jean-Pierre Corteggiani,[2] »als erinnere sie sich an das, was Hadrian gesehen hatte, was sie Hadrian hatte sehen lassen und was sie selbst durch die Vermittlung Hadrians gesehen hatte. Es war faszinierend zu beobachten. Seit langem schon bewunderte ich sie als Schriftstellerin. Aber bei dieser Begegnung, von der ich nicht wußte, daß sie zu einer für mich sehr kostbaren Freundschaft führen würde, war ich von dieser Frau hingerissen. Von ihrer Bildung. Von ihrer unglaublichen Konzentrationsfähigkeit und Wachheit, von der trotz ihrer achtundsiebzig Jahre noch so lebhaften geistigen Neugier, deren Intensität ich beim Besuch des Museums von Kairo ermessen konnte. Mich überraschte auch ihre Art, ›überall und nirgends zu Hause zu sein‹, wie sie von ihrem Vater sagte. Jerry Wilson dagegen war mir nicht sonderlich sympathisch. Er blieb sehr schweigsam, und man fragte sich, ob das nun ein Zeichen von Feindseligkeit war oder nicht.« Jerry sah es nicht gern, wenn Marguerite zu sehr die Gesellschaft eines anderen Menschen genoß oder gar freundschaftliche Beziehungen anknüpfte. Und bei gelehrten Gesprächen konnte er nicht mithalten. Es ist nicht bekannt, ob ihm dieses Schweigen auferlegt worden war. In Europa haben Marguerite Yourcenars Freunde, soweit sie nicht auch Jerrys Freunde waren, immer nur einen schweigsamen Jerry erlebt, der sich bewußt im Schatten der Frau hielt, die er respektvoll »Madame« nannte; sobald »Madame« jedoch nicht mehr zugegen war, sprach er gelassen in seinem eigenen Namen. Wer Marguerite und Jerry auf Monts-Déserts erlebt hat, DeeDee und Jeannie vor allem, war äußerst erstaunt, von dieser Zurückhaltung zu hören: In Petite Plaisance gab Jerry seit Ende 1981 den Ton an.

In Antinoupolis mußte Marguerite immer an »[ihre] Beschreibung Hadrians denken, ›aufrecht erhalten durch eine hellsichtige Trunkenheit‹«. »Ich dachte auch an die von der Stadt zum Fluß hinabführenden Marmortreppen, die ich erahnt hatte. Ich denke schließlich bei all dem an die Trauer- und Klageszene am ersten Tag des Monats Athys.«

»Wir sind in ein Boot gestiegen und etwa zehn Meter vom Ufer, an der Stelle, wo Antinous, vielleicht, ertrunken ist, hat Marguerite Yourcenar symbolisch eine kleine Börse voller Münzen ins Wasser geworfen.« In ihren Reisenotizen schreibt Marguerite Yourcenar diese Geste Jerry Wilson zu ... Und sie fügt hinzu: »Ich hätte gern auf dem anderen Ufer die Stelle aufgesucht, wo Hadrian seinen Freund zu den Balsamierern bringt. Aber ich wollte schließlich Antinoupolis durch nichts anderes verdrängen und zudem mußten unsere Freunde wieder nach Kairo zurück. Und wir haben übrigens gut daran getan, denn kaum waren wir wieder auf dem Schiff, als wir Zeugen einer unvergeßlichen Szene wurden (...). Ich war in meiner Kabine. Jerry, auf Deck. Jerry kommt hastig mich holen. Er hat gesehen, wie ein Polizist eine Frau, die auf den Fluß zustürzte, verfolgte und vom Wasser wegführte. Sie schrie. Weitere Frauen sind gekommen, die ebenfalls schrien, dieses langgezogene Geheul des Orients ausstießen, das Trauer bedeutet. Alle bewegten rhythmisch ihre Schals, warfen die langen schwarzen Streifen nach vorne wie Flügel. Ein dreißigjähriger Mann, dessen Feluke plötzlich kenterte, war ertrunken. (...) Die Schreiende war seine Frau. Eine ältere Frau, wahrscheinlich die Mutter, steigt zum Fluß hinunter ohne daß jemand sie zurückhält und reibt sich Haare und Gesicht mit Schlamm ein, bevor sie sich wieder zum Chor gesellt. Die Männer des Dorfes, die ebenfalls zugegen sind, sehen schweigend zu. Ein Mann wischt sich mit seinem weiten Gewand über das Haar. Ein wenig später setzt er sich auf einen Stein, den Kopf auf den Knien, ein stummes, sehr würdiges und unendlich bewegendes Bild des Schmerzes (Hadrian hat sich vielleicht ebenso diskret mit seiner Toga die Augen getrocknet, hat sich vielleicht ebenso hingesetzt, den Kopf zwischen den Armen auf den Knien). Die Männer beteten. Schönheit dieser Gebete, deren Aufrichtigkeit man spürt. Ja, ich bin so sehr Teil dieser urzeitlichen Welt, daß ich an den Zorn der Ströme auf die Brücken glauben kann. Ich denke an dieses merkwürdige Zusammentreffen, das uns die Trauerszene für einen Ertrunkenen am Tag unseres Besuches in Antinoupolis erleben läßt. Corteggiani hat uns erzählt, daß Hadrian ›Seele des Nil‹ genannt wurde, er, der seinen Freund zum Gott erhoben hat. Er dürfte diese Bezeichnung mit ironisch geschürzten Mundwinkeln zur Kenntnis genommen haben.«

Bei dieser Ägyptenreise wird sie ständig von Hadrian begleitet: »Auf dem Weg nach Luxor erzählt man uns, Hadrian habe dort am 24. Januar 131 seinen Geburtstag gefeiert«, notiert sie. »Ich kann mich an keinen Beleg für dieses Ereignis erinnern, aber sollte es zutreffen, woran mag dann wohl dieser fünfundfünfzigjährige Mann an jenem Tag gedacht haben?« Sie berichtete auch gern von einem Vorfall, der wahrscheinlich dazu beigetragen hat, die von ihr erträumte Identifikation Jerrys mit Antinous zu verstärken. Eines Abends ist Jerry vom Schiff aus in den Nil getaucht. Er hatte die Strömung unterschätzt und war nur mit Mühe wieder an Bord gelangt. Ziemlich erschreckt, »von eisigem Wasser triefend«, habe er sich wie ein Kind in Marguerite Yourcenars Arme geflüchtet und gesagt: »Ich hätte ertrinken sollen wie Antinous ...« Man könnte die Geschichte heute als ein wenig zu stark aufgetragen empfinden und Jerry einer gröblichen Manipulation verdächtigen. Aber ist dieses Ereignis nun wahr oder wieder einmal zusammenphantasiert? Und sollte es wahr sein, wie schwer mußten auf dem Geist des jungen Mannes jene Tage, Orte, Reden lasten, die beherrscht und heimgesucht sind von einem jungen Toten, dem zu gleichen Marguerite ihn aufforderte?

Vom 28. Januar an fühlt Marguerite Yourcenar sich müde. Sie läßt Jerry oft allein Besichtigungen machen. Vom angelegten Schiff aus betrachtet sie den Kai und schreibt nieder, was sie sieht: »Ein alter Geiger, [der] immer wieder die selbe traurige ein wenig mißtönende, beklemmende und dünne Weise spielt«, oder: »In der fast absoluten Einsamkeit zwischen den Ladungen [von Touristen], dem Alltagsleben auf der elenden kleinen Pier, [wo] unglückliche Esel in Beinfesseln sich auf den Boden legen, im Staub wälzen und mühsam wieder aufstehen oder sich mit gesenktem Kopf auf die Suche nach einem unauffindbaren Grasbüschel im Sand machen.« Am 5. Februar ist sie wieder in Kairo und vermerkt, daß sie drei Tage lang das Zimmer nicht verlassen habe. Das Schiff legt am 8. Februar ab. Jerry scheint Anwandlungen von schlechter Laune zu haben. Diese dauernd müde Frau wird ihm wohl manchmal lästig. Und sie notiert elliptisch: »Es ist bedrückend festzustellen, daß die Kräfte nachlassen.« Vor der Rückfahrt nach Venedig macht das Schiff Zwischenstation in Piräus. Marguerite Yourcenar will nicht an Land gehen. Hat sie Angst, Athen nach dreiundvierzig Jahren wiederzusehen? Ihre Verlegerin, Jeannette Hadzinicoli besucht sie an Bord. Marguerite Yourcenar verspricht, nach Griechenland zurückzukommen. Sie wird Wort halten.

In Venedig, wo das Schiff am 13. Februar um 7 Uhr morgens anlegt, fängt Marguerite Yourcenar an, ihre Reisenotizen in italienisch abzufassen. Will sie dadurch der Stadt näher kommen, in der sie sich befindet, oder vor ihrem Begleiter, der nicht italienisch kann, verbergen, was sie über ihren Aufenthalt niederschreibt? »Ich reihe alle diese Tage, den 13., 14., und 15. Februar unterschiedslos aneinander, weil sie für jemand, der zu schauen und zu leben weiß, zu einer Art seltsamen Traum verschmelzen.« Venedig feiert seinen Karneval. Marguerite Yourcenar verbringt jeden Abend eine lange Zeit im Florian am Markusplatz. Sie betrachtet den »Strom der Masken«. Sie hat immer die Verkleidung geliebt und die »geheimnisvolle Schönheit« der Maskierten. Sie sieht jedoch einen als SS-Offizier verkleideten Mann, »ein einsamer Nazi, der mich ein wenig schaudern macht«. Am 18. gedenkt sie einen angenehmen Abend zu verbringen mit Paolo Zacchera, einem italienischen Freund, der ihre ökologischen Sorgen teilt und mit dem sie die achtziger Jahre hindurch befreundet bleiben wird. Sie dinieren am Zattere-Kai. Jerry schlägt vor, zu Fuß ins Hotel zurückzugehen. Marguerite wagt nicht, nein zu sagen. Auf halbem Weg wird ihr unwohl. Als sie schließlich in ihrem Hotel ankommen, »kocht Jerry vor Wut«, wie sie später notiert, »er wirft mir vor, unsere Gäste mit meiner Unpäßlichkeit belästigt zu haben. Es gelingt mir nicht, zwischen seinen Beschimpfungen auf die einfache Tatsache hinzuweisen, daß ich erwartet hatte, im Boot vom Zattere-Kai ins Hotel zu fahren.« Sie meint, Jerrys Wut entsprang der »Angst, die ich ihm eingejagt habe und der heimlichen Gereiztheit, die man gegenüber jedem Menschen, mit dem man zusammenlebt, empfindet, selbst wenn man ihn liebt«. Von der verbalen Gewalttätigkeit geht Jerry zur körperlichen Brutalität über, was Marguerite Yourcenar nicht als skandalös zu betrachten scheint. Mit erstaunlichem Gleichmut stellt sie fest: »Während der Nacht denke ich wieder daran und frage mich erstaunt, was mich wohl veranlaßt haben mag, mich mehrmals an Menschen zu binden, deren Starrsinn und Heftigkeit plötzlich inmitten eines angenehmen und friedlichen Lebens zu zweit zum Ausbruch kommt. Ich sage mir, daß ich Jerry zwei Jahre des Glücks und vielleicht des Lebens verdanke, etwas Unerhörtes angesichts der Lage, in der ich mich zu jener Zeit meiner Existenz befand. Man nimmt die Menschen hin, wie sie sind. Am nächsten Tag herrscht wieder die übliche, von freundschaftlicher Atmosphäre geprägte Zärtlichkeit zwischen uns.« Sagte sie sich, daß dieser Beweis des Interesses und vielleicht sogar der Leidenschaft immer noch besser sei als die ungerührte Gleichgültigkeit, die ihr einst ein André Fraigneau entgegengebracht hatte? Daß diese, wenn auch gewalttätige, Anerkennung ihrer physischen Existenz immer noch besser sei als die Mißachtung ihres Körpers? Die Sophie des *Fangschuß* dachte auch nicht anders ... Und hat sie sich überhaupt zuweilen klar gemacht, daß sie in hohem Maß die Kunst besaß, Menschen, mit denen sie affektbeladene Beziehungen unterhielt, zur Weißglut zu bringen?

Als sie Anfang März in Paris ankommen, geht es Maurice Dumay sehr schlecht. Er stirbt am 24. März. Für Marguerite Yourcenar beginnt nun ein seltsamer Abschnitt ihrer Existenz. Sie führt zwei fast völlig voneinander abgeschottete Leben. Da ist einerseits die Arbeit und andererseits das Glück, wieder in Paris zu sein, das sie sehr viel mehr liebt, als sie zugeben will. Sie notiert in ihr Tagebuch: »Paris wiederzusehen ist jedes Mal ebenso beeindruckend wie Rom oder Athen wiederzusehen. Sogar noch beeindruckender, weil ich mich von seinem Stadtbild stärker angesprochen fühle. (...) Was bliebe von Paris, wenn man von Saint-Germain-l'Auxerrois bis zum Etoile und von der Sainte-Chapelle bis zur Madeleine und zur Opéra alles niederreißen und überall Mietshäuser hinbauen würde? Was bliebe von einem gewissen französischen Geist?«[3] In den Monaten März und April 1982 sieht sie die »Chronologie« der Pléiade durch, übersetzt Blues, die 1984 als Album herauskommen und macht sich an die Abfassung von *Liebesläufe*. Sie ist berühmt und wird gefeiert. Man bittet sie um Audienz. Man kümmert sich um sie, um ihre Familie.*

Seit einem Jahr kommt sie mit neuen Leuten zusammen, wie mit Gisèle Halimi und anderen, die vom Symbolcharakter ihrer Wahl in die Académie angezogen werden. Wie zu Graces Zeiten geht sie am Abend »groß aus« zum Diner, wie am 21. März mit Robert Kanters – »für mich ein warmherziger und charmanter Kritiker, mit dem ich mich jedoch nicht auf dem Boden der Freundschaft fühlen kann«. Alle diese Menschen ahnen nicht, was sich zwischen Jerry Wilson und ihr abspielt. Jerry erscheint ihnen als der Prototyp des jungen Begleiters für reiche oder berühmte, beziehungsweise reiche und berühmte Leute vorgerückten Alters. Ihr Zusammenleben ist immer das Resultat eines »Arrangements«, bei dem jeder der Beteiligten auf seine Rechnung kommt. So hat zum Beispiel Jerry, ohne eine sehr klare Vorstellung zu haben, beschlossen, ein Theaterstück »herauszubringen«. Marguerite hält es für ihre Pflicht, ihm dabei zu helfen. Sie werden also von Patrice Chéreau und Antoine Vitez aufgesucht. Aber es kommt nichts dabei heraus.

* In diesem Jahr werden auf Veranlassung einer Dame aus Suarlée die Grabstätten der Familie mütterlicherseits restauriert.

Die alten Freunde Marguerites und Graces dagegen wissen nicht mehr, woran sie mit dieser Frau »unter Einfluß« sind, die sie wegen eines jungen Mannes fallen läßt, »von dem man weiter nichts wußte, als daß er nachts viel ausging«, erinnert sich Anne Quellennec. »Er liebte das ›Lasterleben‹ und Marguerite war sicher nicht die Frau, die eine derartige Neigung mißbilligte.« Sie hatte sogar von ihrer Jugend her eine Vorliebe für sinnliche Exzesse bewahrt. Am Ende einer sehr schönen Reflexion über die Lust und die Liebe läßt sie Hadrian sagen: »Fast wäre man geneigt, den schalen Künsten der Verführung die ganz simplen Wahrheiten der Ausschweifung vorzuziehen, würde nicht auch in ihr die Lüge herrschen.«[4] Eines vor allem bereitet den Vertrauten von einst Sorge: Marguerite scheint sich nicht so wohl zu fühlen, wie sie gern glauben machen möchte. Und in der Tat notiert sie in ihr Tagebuch: »1. April. Ich bin ganz entschieden geistig und körperlich krank. Zerrüttet bis auf den Grund der Seele. Alle Beziehungen meines Lebens – oder sagen wir des Lebens, so wie ich es erfahren habe – sind seltsam umwegig gewesen und umso intensiver, je umwegiger sie waren.«

Marguerite Yourcenar kommt gerade mit Jerry Wilson in den Vereinigten Staaten an, als bei Gallimard im Mai *Comme l'eau qui coule*, eine Sammlung von drei Texten publiziert wird: *Anna, soror ... Un homme obscure* und *Une belle matinée. Anna, soror ...* (1981 zum ersten Mal veröffentlicht) fand bei der Kritik ein äußerst zwiespältiges Echo. Angelo Rinaldi, Romancier und Starkritiker der Zeitschrift *L'Express*, hatte sich besonders verärgert gezeigt über das »reichliche« Nachwort und vehement gegen die Ausgrabung dieses Jugendwerks protestiert. »Montherlant zum Beispiel, war ein Spezialist in Sachen Wiederaufnahme alter, mit Vorworten, Nachworten und Varianten aufgemöbelter Texte: Man entgeht mit knapper Not den Rechnungen seiner Kleiderreinigung. Madame Yourcenar eifert ihm nach in puncto Selbstgefälligkeit (...). Die gleiche Vorliebe für Historie im Faltenwurf, für Stehkragensteifheit im Ausdruck der Gefühle. Wollte man boshaft sein, würde man hinzufügen, die gleiche Neigung, noble Flachreliefs in sämige Schmierseife zu meißeln, mit dem Stichel eines Akademiepreisträgers aus dem letzten Jahrhundert. (...) Fast möchte man bedauern, daß, wenn denn schon eine Wiedererweckung betrieben werden muß, Madame Yourcenar nicht ihre Pindar-Biographie dazu verwendet hat.«[5]

Dieser »Bericht über eine düstere Inzest-Affäre zwischen einem

Bruder und einer Schwester im Neapel des ausgehenden 16. Jahrhunderts« fand auch keine Gnade vor den Augen Jean Chalons, der sich am Ende seiner Besprechung fragt: »Welcher Dämon hat Yourcenar zur Veröffentlichung des Werks getrieben, das geradezu prophetisch ihren Einzug in die Académie ankündigt, so sehr atmet es bereits das, was Cocteau treffend ›die tödliche Langeweile der Unsterblichkeit‹ nannte?«[6] »Man muß nun zum Himmel beten, Gallimard anflehen, sich vor Madame Yourcenar auf die Knie werfen, damit es nicht zu einer dritten Auflage von *Anna, soror* ... kommt ...«, schreibt er in seiner Rezension von *Comme l'eau qui coule,* und zeigt sich ebenfalls verärgert darüber, daß eine zu ausführliche Genese, in der Marguerite sich über die Frühreife ihrer Entwürfe wundert, die Texte begleitet. »Die königliche Marguerite hat sich nie als bescheidenes Mauerblümchen gegeben, aber bis jetzt wartete sie auf das Lob und griff ihm nicht vor (...). Lob wird sie vor allem für *Un homme obscur* ernten. In dieser Erzählung ist sie nicht die pompöse Malerin von *Anna, soror* ..., sondern erweist sich als eine unvergleichliche Meisterin von Seestücken, ein neuer Horace Vernet der Stürme, bei dem die Wörter an die Stelle der Farben treten.«[7]

Sie verbringt, wie sie es von nun an immer tun wird, den Sommer in Petite Plaisance. Sie arbeitet an der Essay-Sammlung *Le Temps, ce grand sculpteur* und übersetzt James Baldwins Stück *The Amen Corner.* Die Arbeit geht ihr gut von der Hand, aber sie erwartet mit einer gewissen Ungeduld Jerrys Rückkehr, denn sie will sich endlich einen ihrer ältesten Träume erfüllen, eine Fernost-Reise. Jerry kommt am 4. September 1982 in Petite Plaisance an, und zwei Tage darauf sind beide auf dem Weg nach Japan über Kanada, Kalifornien und Hawaii. Marguerite beendet auf See die Übersetzung von *The Amen Corner* und schreibt das Vorwort dazu. Später sagte sie gern – um es sich selbst einzureden? –, wie intensiv sie Hawaii und die Seereise Ende September nach Yokohama genossen habe. Die Notizen, die sie in Japan machte – Beschreibungen von Landschaften, Skulpturen, Menschen, die sie kennenlernte, wie Frau Mishima – sind ziemlich verworren und kaum leserlich. Von diesen drei Monaten kennt man, aus der »Chronologie« der Pléiade, die Orte, die sie durchquert und besichtigt hat, sowie die kleinen Erlebnisse, an die sie sich gern erinnerte. So zum Beispiel die Sache mit den traditionellen japanischen Hotels, in denen sie abstieg und wo Jerry in ihrem Zimmer schlief. »Man rollte für uns kleine Matratzen auf dem Fußboden aus. Zu einer Uhrzeit, die wir nicht gewählt hatten, weckte man uns auf, faltete die Betten zusammen, ohne uns nach unserer Meinung zu fragen. Dann war es Zeit zum Waschen und Anziehen.«

Marguerite Yourcenar befindet sich in Japan – wo sie zusammen mit Jun Shiragi die *Fünf modernen Nô-Stücke* Mishimas übersetzt, die Anfang 1984 erscheinen –, als der erste Band ihrer Werke in der Bibliothèque de la Pléiade herauskommt. Nach Saint-John Perse und André Malraux und kurz vor René Char ist Marguerite Yourcenar eine der wenigen Autoren, die zu ihren Lebzeiten in das Pantheon der französischen Literatur einziehen. Ein Einzug, der von der Presse unterschiedlich kommentiert wird. In einem besonders verächtlichen Ton, der einer ernsthaften Analyse kaum ansteht, vergnügt sich François Weyergans in der Zeitung *Le Matin* mit dem kleinen Spiel der aus dem Zusammenhang gerissenen Sätze; das ganze zielt auf eine »Neubewertung eines zweifellos überschätzten Werkes«[8] ab: »Ich habe soeben tausend Seiten gelesen. Die Hälfte davon taugt nichts. Man kann pro Seite zehn bis fünfzehn Adjektive streichen. Yourcenar vermittelt ihren Lesern die Illusion, daß sie tiefschürfende, in gutem Französisch geschriebene Texte lesen, so wie Viollet-le-Duc jedermann glauben machte, er verstehe etwas von gotischer Architektur. (...) Yourcenar schwankt zwischen der Preziosität des 17. und der artistischen Schreibweise des 19. Jahrhunderts. Sie ist eine Preziöse. Ich erfinde hier nichts: Sie spricht selbst davon. Ich würde nur ergänzend sagen, eine lächerliche Preziöse.« Statt eine Blütenlese von schiefen Sätzen und falsch gewählten Wörtern zusammenzustellen (dieses Spielchen kann man erfolgreich mit jedem Autor treiben), hätte der Rezensent bemerken können, daß es sich bei diesem Band um eine »falsche Pléiade« handelte, denn es fehlt der kritische Apparat. Marguerite Yourcenar hatte dies verlangt, und ihr Verleger war kaum in der Lage, der ersten »Académicienne« der Welt irgendetwas zu verweigern. Dabei wäre bei einer Autorin, die sich ihr ganzes Leben lang immer wieder selbst korrigiert hat, das Studium der Varianten äußerst interessant gewesen. Aber in diesem Verbot jeglichen kritischen Apparats erkennt man den schon x-mal am Werk beobachteten Willen Marguerite Yourcenars: alles kontrollieren, jedes Urteil über die Arbeit, die Umarbeitungen, über gelegentliche Unsicherheiten ausschließen.

Marguerite und Jerry beginnen das Jahr 1983 in Thailand und reisen dann nach Indien, wo sie vom 14. Januar bis zum 19. Februar bleiben. »Ich habe viele meiner Reisetagebücher verlegt«, sagte sie, »aber ich erinnere mich an merkwürdige Erlebnisse. In Bangkok ist während eines Abendessens ein Mann lautlos hinter dem Stuhl, auf dem ich saß, zusammengebrochen. Ebenso lautlos hat man ihn wiederbelebt. Jerry hat mir nachträglich davon erzählt. Ich hatte Angst, den Eindruck, daß dieses Mißgeschick mir hätte passieren können.« Über den Indienaufenthalt existieren einige Notizen, aus denen aber kaum jemand anderer als sie selbst schlau werden könnte.[9] Sie waren schnell hingekritzelt worden und wahrscheinlich für *Le Tour de la Prison* bestimmt. Hier ein Beispiel, das trotz einer gewissen Verworrenheit verständlich bleibt: »Indien, das sich Japan anfügt, ist eine der großen Erfahrungen meines Lebens – oder genauer, des Lebens – gewesen. Was man auch sagt, klingt falsch. Japan, das so unergründlich, so verschieden ist von allem, was darüber gesagt wird, ist eine einmalige, in einer Ecke der Welt auf die Spitze getriebene menschliche Erfahrung, die bis 1570 (1670?) und stärker als allgemein angenommen, bis in die heutige Zeit, auf dem über die Fakten hinausgehenden Gebiet des Geistes, alles aus sich selbst bezogen hat, ausgenommen die große Bereicherung, verursacht durch die chinesische Kunst und das chinesische Denken, die ihm allmählich, auf friedlichem Wege, ohne Eroberung zugewachsen sind, meist durch Einheimische, die sich mutig in die gelbe Farbe vergraben haben.« Diese Textfragmente sind jedoch zu wenig ausgearbeitet, als daß man in ihnen auch nur den Ansatz eines »Entwurfs« sehen könnte.

Marguerite Yourcenar kommt wieder nach Griechenland, wie sie es Jeannette Hadzinicoli versprochen hatte. Sie wird dort krank. Eine hartnäckige Grippe, oder eine Depression mit psychosomatischen Komplikationen unter dem Gewicht der Vergangenheit? Jeannette Hadzinicoli spricht von Asthma- und Erstickungsanfällen, was für die zweite Hypothese zu sprechen scheint. Trotz allem besucht Marguerite Nauplia, Mykene, Epidauros. Wenn man anhand der »Chronologie« der Pléiade oder ihrer eigenen Notizen ihre Reiseroute verfolgt, gewinnt man den Eindruck, daß sie wieder von einer Art Unrast ergriffen wird, das Bedürfnis hat, jeden Abend an einem anderen Ort zu sein. Wovor flieht sie? Ihre

Kommentare werden immer laipdarer: »Rom, Überfall auf der Straße; Hölle von Pisa; angenehm in Portofino mit Paolo [Zacchera]; Marseille und die Defferre; Carpentras; Lyon, MY wegen starker Grippe im Krankenwagen nach Paris; sechs Wochen Arbeit und Verwirrung in Paris.«

»15. Mai, zurück in Petite Plaisance. Glücksgefühl. An den folgenden Tagen, Aufräumarbeiten, Garten, Lebensfreude.« Sie glaubt, ihren sommerlichen Arbeitsrhythmus wieder aufnehmen zu können. Liest »hingerissen« einen Essay, den Walter Kaiser über sie geschrieben hat, macht sich an eine neuerliche Lektüre des *Erwählten* von Thomas Mann, stellt einmal mehr fest, »wie meisterhaft dieses Werk ist«. Aber sie bemerkt: »27. Mai: Trotz allem, Glücksgefühl, aber mit einer Spur Traurigkeit; 28. Mai: einer der schlimmsten Anfälle von Depression und seine Folgen.« Um welche Folgen handelt es sich? Um Brutalitäten? »Sie hatte Angst«, erinnert sich ihre Sekretärin Jeannie. »Jerry trank viel. Er war nicht mehr der nette Junge von einst. Eines Abends hat mich Madame sehr spät angerufen. Sie war sehr erschreckt. Ich erbot mich, sie weg zu bringen. Sie lehnte ab. Ich sagte zu ihr: ›Wenn Jerry betrunken ist, sprechen Sie nicht mit ihm, bleiben Sie in Ihrem Zimmer und stellen Sie sich schlafend. Er wird dann schon aufhören, herumzubrüllen. Wenn nicht, rufen Sie mich wieder an. ›Ich habe erst viel später begriffen, daß sie wohl Angst hatte, er würde sie schlagen. Glücklicherweise ist er in den Süden abgereist.« Zum ersten Mal in ihrem Leben ist Marguerite Yourcenar eine pathetische Figur.

Sie macht sich trotzdem ernsthaft an die Abfassung von *Le Tour de la Prison* und übersetzt weiterhin Blues und Gospels, versäumt auch nicht, ihren Zustand zu beschreiben: »Großer Arbeitseifer, aber der Körper wird dadurch zu sehr mitgenommen. Allergien. Aphonien. Kalter Schweiß. Äußerste Nervenanspannung. Gewitter, das nicht ausbricht und sich über mir und selbst jenseits der Organe zusammenzuballen scheint; sicher jedoch Abnutzung.« Es vergeht einem die Lust, sich über ihre Hypochondrie zu mockieren. Ihre Zerstreuung sind »viele Besucher, die für ein paar Tage kommen«, darunter Yvon Bernier und Silvia Baron-Supervielle – »gute Übersetzerin mit Sinn für das Poetische« –, die sie ins Spanische übersetzt. »Allein, ohne Jerry, glücklich und traurig zugleich, habe aus Leibeskräften zu leben versucht«, notiert sie, wie um sich selbst davon zu überzeugen, »will von niemandem mehr abhängig sein, leide ohne ihn und ersticke ihn mit meiner Zuneigung wie manche Ertrinkende ihren Retter. Habe versucht, viel zu arbeiten (Druckfahnen, (...) *Le Tour de la Prison,* etwa fünfundsiebzig Seiten fertig), viel auszugehen, viel zu leben, die Wonnen des Gartens zu genießen (›jeder Grashalm des Gartens ist ein Stück von mir‹). Und dem Leben, das uns trägt, zu vertrauen. Und die Zukunft nicht mit Sorgen zu belasten. Wunderbar geholfen von Jeannie (und von dem Kind), von Georgia [Aufwartefrau und Köchin] und von Zoé [Hündin].« Jeannie versucht Marguerite eine neuerliche Reise mit Jerry auszureden. DeeDee und Jeannie bezweifeln, daß Jerry auf übermäßigen Alkoholgenuß verzichten kann. Aber Marguerite erwartet, wie sie es von nun an jedes Jahr tun wird, fieberhaft Jerrys Rückkehr, weil sie das Zeichen für den Aufbruch ist.

In Frankreich wird *Le Temps, ce grand sculpteur* veröffentlicht, eine Sammlung von Essays und Artikeln unterschiedlicher Qualität, die bereits in verschiedenen Zeitschriften vorabgedruckt worden waren. Der beste Text ist wohl der Essay, der dem Buch seinen Titel gibt und folgendermaßen anfängt: »Mit dem Tag, an dem eine Statue vollendet ist, beginnt sozusagen ihr Leben.«[10]

»Der Stein, den der Geist und die Hand des Künstlers dem Chaos entrissen haben, kehrt allmählich unter der gewalttätigen Einwirkung der Natur und des Menschen wieder in dieses Chaos zurück: Die Zeit hat sich wieder ihr Recht verschafft«, kommentiert Danièle Sallenave. »Das Menschenwerk wäre demnach nur ein kurzes Zwischenspiel zwischen zwei Ewigkeiten der Bedeutungslosigkeit (...). Aber die Arbeit der Zeit am Werk ist etwas ganz anderes: Das Werk, das sich der Zeit unterwirft, geht nicht unmittelbar in das Reich der Dunkelheit ein, das es vorübergehend verlassen hatte. Die Zeit macht nicht nur hartnäckig das Werk zunichte, das der Künstler geschaffen hatte: Sie führt es zu seinem Ende, nicht als ein Feind des Künstlers, sondern als sein Rivale.«[11]

Sobald Jerry zurück ist, werden die Koffer für Europa gepackt. Die erste Etappe wird Amsterdam sein, wo Marguerite den Erasmus-Preis erhalten soll. In der »Chronologie« der Pléiade läßt sie dieses Ereignis am 5. Oktober stattfinden. In ihren und Jerrys Tagebüchern kann man es anders lesen. Jerry kommt erst am 15. Oktober zurück, glücklich über die Arbeit, die er soeben vollendet hat: *Saturday Night Blues,* ein Film über den Süden und die Schwarzen.*

Am 18. Oktober sind sie in New York, von wo aus sie am 20. nach Amsterdam fliegen. Marguerite Yourcenar, die nur sehr selten Flugreisen gemacht hat, leidet unter dem Zeitunterschied. Sie erholt sich schnell, wie immer bei öffentlichen Auftritten. Was sie auch darüber sagen mag, sie genießt offizielle Huldigungen und Auszeichnungen. Zudem macht es ihr Vergnügen, ihren holländischen Verleger, Johan Polak, den sie besonders schätzt, wiederzusehen, sowie ihre Freunde und Übersetzer zu treffen: Walter Kaiser, den Amerikaner, der die Laudatio bei der Preisverleihung hält und Jeannette Hadzinicoli, die Griechin. Vor allem aber hat sie den Freund ihrer frühen Kinderjahre eingeladen, Baron Egon von Vietinghoff, den »Sohn von Alexis«, wie sie zu Walter Kaiser sagt. Um in der Niederschrift von *Liebesläufe* weiterzukommen, möchte sie mehr über Egons Vater Konrad erfahren, der, wie wir gesehen haben, das Modell für Alexis abgegeben hat. »Aber Egon sagt immer nur ganz vage ›meine Eltern‹«, beklagt sie sich. »Die Figur Konrads bleibt verschwommen. Egon hat ihn wohl auch nicht sehr gründlich gekannt. Ich sage zu ihm, daß ich seine Mutter [Jeanne] drei Jahre vor ihrem Tod gesehen hätte. Ich erzähle ihm weder von dem Besuch beim Arzt, noch von Jeannes Lebenskreis in Genf und Bern, noch von meinem Besuch in Zürich. Ich erwähne, wie nebenbei, daß sie in Lausanne begraben liegt, sage aber nichts von meinen Besuchen an ihrem Grab.« Marguerite will das Geständnis dieses geheimen »Kults« den sie Jeanne widmete, ihrem Buch vorbehalten. »Manche Einzelheiten stimmen nachdenklich«, schreibt sie in ihren Arbeitsnotizen zu *Liebesläufe.*[12] »Ich sage, ich hätte Jeanne zum letzten Mal zufällig am Cap-Ferrat gesehen. Egon weist mich darauf hin, daß sie eine Villa in Roquebrune gekauft hatte. Michel wohnte in der Nähe von Roquebrune, und Jeanne wußte es. Egon sagt, das Leben seiner Mutter sei ziemlich unglücklich gewesen. Wollte sie sich von Konrad entfernen? Nichts von alledem scheint in Egons Bewußtsein gedrungen zu sein. Was mir am meisten für *Liebesläufe* fehlt, das sind, wie mir jetzt klar wird, genauere Angaben über die Beziehungen zwischen Konrad und Michel. In dieser ganzen Geschichte liegt etwas Magisches, das ich

* Dieser Film – in dem Marguerite Yourcenar erscheint – wird im November 1983 vom französischen Fernsehen (FR3) gesendet und erhält einen Preis für Dokumentarfilme.

bis jetzt weder mit dem Leser noch mit sonst jemandem teilen wollte.« »Wenn ich mein Leben betrachte, finde ich es zu meinem Schrecken gestaltlos«, schreibt sie, wie im *Hadrian*,[13] »aber ist Egons Leben weniger gestaltlos?«

Von der offiziellen Preisverleihungsfeier behält sie nur die »bewegende und schöne« Rede Walter Kaisers im Gedächtnis, und ihre eigene, über die sie in der ihr eigenen hochmütigen Art bemerkt: »Meine Ansprache fand gute Aufnahme. Verstanden vielleicht von einem oder von zweien.« Sie notiert auch ein Detail, das auf rührende Weise ihre Koketterie zeigt: »Prinz Bernhard, der mir nach der Rede den rituellen Blumenstrauß überreicht, sagt zu mir: ›Niemand würde Ihr Alter erraten.‹ Unwillkürlich freue ich mich darüber, aus wahrscheinlich nicht salonfähigen Gründen.«

Während des Tages besucht sie, wie seit eh und je, die Museen wieder, die sie gut kennt. Am Abend diniert sie mit Jerry und Freunden – »Gedankenaustausch über das Leben« – notiert sie ohne Datumsangabe. »Ehe oder Freiheit? Schließlich gleichwertig.« Weniger banal sind ihre nächtlichen Spaziergänge im Rotlichtviertel. Sie erzählt gern von den Nächten im Jahr 1983 und von anderen, in anderen Ländern, wobei sie betont: »Ich liebe zärtlich diese Frauen im Schaufenster.« Vielleicht hätte sie davon in *Le Tour de la Prison* gesprochen. In ihren Indien-Notizen erwähnt sie »das Viertel der Freudenmädchen nachts in Bombay. Die Mädchen im Sari, ziemlich verlebt. Eine einzige sehr schön in einem silberfarbenen Sari. Weit weniger sinnlich als in Amsterdam oder Hamburg. Ruhige Passivität ... Ein Mädchen wird beinahe überfahren. Fast undefinierbare Schönheit aller Szenen.« »Sind Geishas Prostituierte?«, fragt sie. »Nicht in dem groben Sinn, den dieses Wort für die amerikanischen Boys hat, die von ihren Kriegsschiffen heruntersteigen und lauthals nach Geishas verlangen.« In Amsterdam, 1983, wird ihr Bericht präziser: »Wir gehen von neuem ins Rotlichtviertel. Ich sehe wieder das sprechende und naive Plakat mit den Liebesstellungen und die Schattenspiele, die Sex-Shops mit den riesigen Phallen. Eine junge Frau sagt auf französisch. ›Hätten die Herrschaften nicht Lust auf eine kleine Spezialität?‹ Aber die Gruppe sucht ein Taxi, denn es fängt zu regnen an. J. hat nichts gehört, er schaute einen schönen spanischen Jungen und seine Marionetten an. Nie sieht und hört man zusammen die selben Dinge. Wäre ich mit J. oder selbst mit Jeannette allein gewesen, ich glaube, ich hätte die Spezialität probiert und sehen wollen, wohin sie führt. Doch zu

1984 in Kenia, mit ihrer Pflegerin Monicah, kurz nach dem Unfall in Nairobi; der erste Ausflug einer Rekonvaleszentin

viert war das unmöglich. Zu fünft, unerträglich. Ich habe seitdem mehrmals an diese Unbekannte gedacht, die dem oder der Erstbesten das Betörendste bot, was sie besaß. Dann wurde das Bild geisterhaft, eine Toten-Eris [griechisch geschrieben]. Aber ich bemühe mich, diese ganze Mythologie zu verdrängen: nichts als eine junge, ein wenig illusionslose, ein wenig schüchterne Frau, die sich im Regen einer Gruppe von Fremden anbot.«

Nach einem kurzen Aufenthalt in Brügge Anfang November und vierzehn Tagen in Paris zur Absolvierung der üblichen beruflichen – verlagstechnischen und gesellschaftlichen – Pflichten, namentlich ein Besuch beim Kulturminister Jack Lang, brechen Marguerite Yourcenar und Jerry Wilson nach Kenya auf. Sie wollen dort Tierschutzgebiete besichtigen. »Jerry wollte dort fotografieren«, betont Marguerite. Jerry Wilson, dessen fotografische Fähigkeiten Marguerite Yourcenar höher einschätzte als sie es verdienten, hinterließ bei seinem Tod viele Aufnahmen von Landschaften, durch die sie zusammen gereist waren, von Tieren, die sie gemeinsam beobachtet hatten. Davon zeugt heute ein kleines Buch, das von Marguerite Yourcenar als eine ausdrückliche *Hommage* an ihren Gefährten gedacht war, *La Voix des choses*, eine Sammlung von Texten, ausgewählt von Marguerite Yourcenar (es handelt sich um Zitate, die sie allen möglichen Büchern entnommen hatte und die sie ihr ganzes Leben lang begleiteten) sowie Fotos, aufgenommen von Jerry Wilson.[14]

Am Abend des 14. Dezember werden Jerry und Marguerite, nach einem Vortrag im Institut français von Nairobi, Opfer eines Verkehrsunfalls, der sie den ganzen Winter in Kenya festhalten wird. Marguerite Yourcenar berichtet darüber, humorvoll und gelassen, wie immer bei schwerwiegenden Dingen:[15] »Die Zeitungen haben behauptet, ich sei von einem Kleinbus überfahren worden. Oder von einem Lastwagen. Und warum nicht gleich von einem Tank? Es war ein einfaches Auto. Jerry und ich hatten beschlossen, zu Fuß zu unserem Hotel zurückzugehen, das nicht weit vom Institut français lag. Ein Wagen ist von der Fahrbahn abgekommen und hat uns auf dem Gehsteig angefahren. Jerry hat er nur gestreift, aber mich hat er einige Meter weit geschleudert. Der Fahrer bekam es mit der Angst und ist geflohen – später erfuhr ich, daß es sich um einen Polizisten handelte, der an jenem Abend betrunken war und ernsthafte Unannehmlichkeiten befürchtet hatte. Ich lag bewußtlos am Boden, voller Blut, denn meine Augenbraue war aufgeschlagen, eine Verletzung, die immer stark blutet. Jerry versuchte, Wagen anzuhalten, damit man uns zu Hilfe käme. Vergebens. In Nairobi geschieht es nicht selten, daß Unfälle vorgetäuscht und hilfsbereite Menschen ausgeraubt werden. Endlich hat ein seinem Namen alle Ehre machender Herr Simeon, dem ich nie genug werde danken können, angehalten. Er meinte, es sei zwecklos zu versuchen, einen Krankenwagen zu rufen. Das würde zu lange dauern. Jerry und Herr Simeon haben mich also, so gut sie konnten, in den Wagen verfrachtet, äußerst besorgt, denn sie hatten keine Ahnung von der Natur meiner Verletzungen und fragten sich, ob sie nicht alles nur verschlimmerten. Endlich sind wir im Krankenhaus angekommen. Es stellte sich heraus, daß ich nicht schwer verletzt war. Quetschungen, Rippen und ein Bein in schlechtem Zustand. Ich mußte Herrn Simeon entlasten. Man weigerte sich, seinen Wagen zu reinigen, solange er nicht bewiesen habe, daß die Blutspuren auf den Sitzen ›unverdächtig‹ waren. Ich bin fünf Wochen im Krankenhaus von Nairobi geblieben, wo man mich sehr gut gepflegt hat*, und Jerry und ich haben den ganzen Winter in Kenya verbracht.«

Am 21. März 1984 kommen die beiden in Marseille an, wo sie einige Zeit bleiben. Marguerite Yourcenar trifft sich dort mit

* Sie lernt dabei die junge Pflegerin Monicah kennen, die Marguerite Yourcenar auf ihren Reisen im Jahr 1986 begleiten wird.

Mit Jerry Wilson und Marion Williams

Gaston Defferre und Edmonde Charles-Roux, deren Gesellschaft sie schätzt. Nach einem Kurzaufenthalt in London fliegen sie Ende April nach Boston und sind Anfang Mai wieder in Petite Plaisance, wo Marguerite, wie üblich, den Sommer ihrer literarischen Arbeit widmen will. Jerry fährt am 7. Juni ab, bevor Colette und Claude Gallimard zu ihrem traditionellen Sommerbesuch kommen. Im Spätsommer dreht Jerry einen Dokumentarfilm über Monts-Déserts, *Die glückliche Insel,* an dem Marguerite Yourcenar mitwirkt. Nur Marguerites Nachsicht gegenüber Jerry und dem in Frankreich allmählich einsetzenden Yourcenar-Kult ist es zu verdanken, daß dieser vom französischen Fernsehen am Jahresende ausgestrahlte Film zu einem Ereignis wurde. Im November war in Paris eine private Vorführung des Films organisiert worden, für ein ausgewähltes Publikum, darunter, an vorderster Stelle, der Kulturminister Jack Lang. Dabei dürfte es schwer fallen, sich einen Film von größerer Plattheit und naiverer »Symbolik« vorzustellen. Spricht Marguerite das Wort Blume aus? Schon erscheint eine Blume in Großaufnahme ... Und nach diesem Muster ist alles gestrickt. Marguerite Yourcenar selbst ist sehr schlecht gefilmt, in unvorteilhaften Kleidern. Was die Bemerkungen betrifft, die sie von sich gibt, so läßt sich leider nicht leugnen, daß sie von niederschmetternder Banalität sind. Von diesem Film, den man möglichst rasch vergessen möchte, bleibt einzig die Erinnerung an ihre Stimme, eine Melodie, die, wenigstens für manche Zuschauer, Text und Bilder »verdaulich« machte.

Am 15. November, dem Tag nach dieser Vorführung, hatte Marguerite Yourcenar sich zu dem Gespräch* bereit erklärt, um das ich sie gebeten hatte, und das am 7. Dezember in *Le Monde* veröffentlicht wurde. Dieses Gespräch war im Grunde der Anstoß zu diesem Buch. Nicht weil mir die Idee dazu an jenem Tage auf Grund einer zufälligen Unterhaltung gekommen wäre, sondern weil, was selten der Fall ist, die flüchtige berufliche Verbindung zu einer dauerhaften privaten Bindung führte.

An jenem Nachmittag, wie bei jeder unserer darauf folgenden Begegnungen, hat Marguerite Yourcenar zwei Stunden lang ihren Charme, ihre Ironie und ihren oft beißenden Humor ausgespielt: Es amüsierte sie sichtlich, es mit jemandem zu tun zu haben, der im voraus erobert war, aber dabei nicht den Sinn für das Spiel verlor. Nach den üblichen Höflichkeitsfloskeln ließ sie mich die ersten Fragen stellen, wobei sie mich scharf ins Auge faßte und wohl nicht ungern beobachtete, wie angespannt und beeindruckt ich war. Ich wußte, was sie herausbringen wollte: Hatte ich ihre Bücher gelesen? Sowie sie davon überzeugt war, nahm die Unterhaltung eine andere Wendung, so, als sei ich »angenommen« worden, herausgetreten aus der Schar von Leuten, »die mit Ihnen über alles und nichts sprechen, während sie nicht einmal Ihre Bücher gelesen haben«, wie sie schroff sagte. Nach Beendigung unseres Gespräches hatte sie eine ihrer erstaunlichen Anwandlungen von Koketterie: Als ich ihr gestand, daß dieses Gespräch mir erlaubt habe, die Ausübung meines Metiers mit dem seit Jahren gehegten Wunsch zu verbin-

* Bei Gallimard waren soeben, in einem sehr eleganten grauen Einband, eine Neuauflage von *Les Charités d'Alcippe*[16] herausgekommen und das Album *Blues et Gospels*[17], in der Übersetzung Marguerite Yourcenars und mit Fotos von Jerry Wilson, sowie von einem seiner Freunde, Jean-Marie Grénier, der ein sehr viel besserer Fotograf als Jerry war.

den, ihre persönliche Bekanntschaft zu machen, sagte sie: »Und? Sind Sie nicht zu sehr enttäuscht?«

Marguerite Yourcenar sollte vor 1986 nicht mehr nach Paris zurückkommen. Wir haben uns dann in diesem und dem darauffolgenden Jahr mehrmals gesehen. Die meisten dieser Treffen wurden von Yannick Guillou vermittelt, der nun ihr Ansprechpartner bei Gallimard war und zu ihren engen Freunden zählte.*

Eines Abends im März 1987 erfuhr Marguerite Yourcenar im Verlauf eines Diners in Paris, daß ich oft in die Vereinigten Staaten fuhr. Sie rief mir zu: »Wenn Sie an der Ile des Monts-Déserts vorbeikommen ... das Haus steht Ihnen offen.« Ich wußte, daß sie aus ihrer Sprache alle Floskeln verbannt hatte, die man von sich gibt, ohne sich etwas dabei zu denken, wie »wir sehen uns wieder«, »wir telefonieren miteinander«, und daß für sie jedes Wort einer Verpflichtung gleichkam.

So öffnete sie mir also Anfang Juni 1987 buchstäblich die Türe ihres Hauses Petite Plaisance, wo ich auch Yannick Guillou vorfand, der für einige Tage zu Besuch gekommen war. In dem Haus, das sie so gern mit Freunden teilte, ließ sie, mehr noch als in Paris, ihren einzigartigen Charme spielen. Wahrscheinlich um sich selbst zu zeigen – und um in den Augen der anderen zu lesen –, daß sie lebte. Sie wirkte dadurch unendlich rührend. Wenn sie am Morgen, nachdem DeeDee ihr bei der Toilette geholfen hatte, aus ihrem Zimmer zum Frühstück herunterkam, trug sie einen seidenen Morgenrock, jeden Tag von einer anderen Farbe. Mehrmals am Tag wechselte sie Kleidung und Schmuck, kokett wie die junge Frau, die sie nie ganz aufhören konnte zu sein. Vergaß man, davon Notiz zu nehmen, erzählte sie plötzlich die Geschichte der Familienbrosche, die ihre Bluse schloß oder des Granatschmucks, den sie in Indien gekauft hatte ... Sie beherrschte meisterlich eine fast verlorengegangene Kunst, die Kunst der Konversation, ging mit der gleichen Einfachheit und dem gleichen Sinn für den treffenden Satz von der Beschreibung eines indischen Tempels zu der Schilderung einer Blume ihres Gartens über, in dem sie seltene Arten zu akklimatisieren suchte, und dann zu fröhlichen oder ernsten Erinnerungen: Viele der hier angeführten Aussprüche stammen aus derartigen Unterhaltungen. Sie redete gern, spürte gern, daß man

* Er ist neben Claude Gallimard und Maître Marc Brossollet ihr literarischer Testamentsvollstrecker.

ihr zuhörte, ihre Sprache bewunderte. Sie ging aufmerksam auf ihre Gesprächspartner ein. Ihre Neugier auf die anderen und ihr Wunsch, sie für sich einzunehmen, waren ungebrochen.

Sich von Marguerite Yourcenar über die Insel führen zu lassen, sie auf den Friedhof von Somesville oder auf das Festland zu begleiten ... Ein Traum für jemand, der in den sechziger Jahren als Jugendliche in einem tristen Provinzlyzeum *Die schwarze Flamme* und den *Hadrian* gelesen und dabei, mit dem Wunsch Näheres zu erfahren, an diese seltsame Frau gedacht hatte, von der es hieß, sie lebe, angeblich weltabgeschieden, auf einer verlorenen Insel, zusammen mit ihrer Übersetzerin, an diese Frau, deren Augen und Mund soviel Lebenshunger verrieten.

In dieser Zeit kurz vor ihrem Tod wechselten wir einige Briefe und führten viele, wie sie mit Vorliebe sagte, »Telephonagen«. Wir hatten eine Verabredung für den 9. Dezember in Kopenhagen getroffen, wo sie einen Vortrag über Borges halten sollte. Es kam nicht mehr dazu: Einen Monat vor diesem Datum war sie bereits in Agonie verfallen.

Ich hatte das Glück gehabt, mit ihr zeitaufwärts zu wandern, sie als Kind und dann als junge Frau kennenzulernen, sie zu lieben und ihrer überdrüssig zu werden, ihre Fehler, ihre Manien zu entdecken – alles, was sie einem lästiger macht, als man dachte, aber auch bewegender erscheinen läßt. Und nachdem ich sie soweit wie es nur ging in ihrem Mysterium begleitet hatte, konnte ich mir sagen, daß ich vor fünfundzwanzig Jahren in diesem Provinzlyzeum recht gehabt hatte, ein unendliches Interesse und bereits eine instinktive Sympathie für Marguerite Yourcenar zu empfinden.

Alles wäre sicher anders verlaufen, ohne die Ereignisse, die »kurz nach unserer ersten Begegnung« stattfanden, schreibt Marguerite Yourcenar in einem Brief vom 27. März 1986, einen Monat vor ihrer Rückkehr nach Europa: »Das ganze Jahr 1985, sowie die zwei Monate, die ihm vorangingen und folgten, waren ein langer schwarzer Roman mit sehr seltenen Aufhellungen.«[18]

Jerry hat einen jungen Mann, Daniel, kennengelernt und besteht darauf, daß Daniel sie nach Indien begleitet, wohin sie Anfang Januar abermals reisen wollen. Marguerite Yourcenar ist damit einverstanden. »Ich habe mit ihnen fürchterliche Weihnachten in Amsterdam verbracht«, sagte sie, wenn sie auf das, wie sie es nannte, »schreckliche Jahr« (November 1984 bis Februar 1986) zu sprechen kam. In ihrem Tagebuch findet sich, von ihrer Hand geschrieben, zum ersten Mal dieses eine Wort – »weine«. Nichts mehr konnte sie, wie sie wußte, darüber hinwegtrösten, daß sie nun das Alter erreicht hatte, in dem »die Nacht nur noch zum Schlafen dient«.[19]

»Einer meiner holländischen Freunde hat, als er Daniel sah, prophetisch gesagt, ›das ist der Todesengel‹«, berichtet sie. »Schon bevor wir Indien erreichten, erwies sich die Reise als eine Katastrophe.« Bereits bei ihrer Ankunft in Bombay, am 2. Februar, fühlt Marguerite Yourcenar sich unwohl. Sie empfindet »bitter die physische Abnutzung«, notiert sie. Sie hat Brechreiz und andere psychosomatische Beschwerden. Sie erträgt diese Kumpanei zwischen Jerry und Daniel nicht, von der sie ausgeschlossen ist. Doch sie verliert nicht ihren Scharfblick, ihre Lust, Körper zu beobachten. Nach einem mehr oder weniger offiziellen Diner, an dem auch Rudolf Nurejew teilnimmt, notiert sie: »Sehr schöner, ein wenig schwer gewordener Körper, mehr römisch als griechisch, aber wunderbar beherrscht.« Sie zeichnet ein Bild Daniels, bei dem sie sich um Neutralität bemüht: »Zurückhaltend, zuvorkommend, mit einer Spur Ungeniertheit und Nachlässigkeit, die einer gewissen Indolenz zu entspringen scheinen. Man spürt, daß er aus einem Anderswo kommt, aus einem undefinierbaren Anderswo: völlig ungebildet natürlich, aber mit einem sicheren Geschmack ausgestattet.« Alle Bande, der Gegenwart sowohl wie der Vergangenheit, werden lose; als sie vom Tod ihrer Hündin Zoé auf Monts-Déserts erfährt, konstatiert sie: »Sie ist nicht viel gereist. Aber wieder ist ein Band gerissen. Zoé gehörte Grace.«*

Ende Januar klagt Jerry über wiederholte Unpäßlichkeiten, namentlich über Fieberanfälle. In Jaipur, wo sie am 5. Februar sind, verschlimmert sich Jerrys Zustand. Man glaubt zunächst an Malaria, aber sehr schnell vermutet Marguerite, wie auch Jerry selbst, es könne sich um Aids handeln. »Sobald diese Krankheit auftauchte, von der man wußte, daß sie sexuell übertragbar war, haben Jerry und ich darüber gesprochen«, berichtete sie. »Er wollte, wie hoch auch immer das Risiko war, nichts an seinen Lebensgewohnheiten

* Sie wird durch einen kleinen schwarzen Pudel, Fu-Ku ersetzt, den Marguerite Yourcenar nach ihrer Rückkehr aus Indien am 9. April 1985 gekauft hat. Auch Fu-Ku wird nicht reisen. Marguerite Yourcenar »teilte« ihn gewissermaßen mit ihrer Sekretärin Jean Lunt, bei der er sich nun befindet. Marguerite Yourcenar hat den Hund in ihrem Testament bedacht, damit er finanziell niemandem zur Last falle.

ändern. Ich teilte diese Meinung nicht, aber ich würde ihm doch schließlich keine Moralpredigt halten.«

Marguerite Yourcenar steht zwischen zwei Fronten: auf der einen Seite Jerry, dem es ab Mitte Februar ständig schlechter geht, auf der anderen Daniel, der dauernd Geld braucht. Wieder einmal erzählte sie später merkwürdig unbewegt und geradezu gleichgültig von den Vorfällen, zu denen diese Situation führte: »Jerry und Daniel fragten mich plötzlich, wieviel Geld ich in meiner Handtasche hätte. Und Daniel nahm alle Banknoten.« Eines Tages wird der junge Mann verhaftet, und Marguerite Yourcenar muß zur Polizei gehen, um ihn frei zu bekommen. Sie baut diese Episode in *Liebesläufe* ein, wo sie zwischen Jeanne von Vietinghoff, ihrem Mann und dessen Freund Franz spielt, der des »Drogenbesitzes und des Drogenhandels angeklagt wird«. »Das weiße Pulver mit seinen Ampullen und Spritzen, der Hanf, der wie geschnittener Tabak aussah, verschwanden im Getöse der Wasserspülung; sie warfen auch einige Aphrodisiaka weg, deren Verwendung sich Jeanne immer verbeten hatte. Aus ihrem Mund kam kein Tadel; sie wußte nur, daß eine ihrer Befürchtungen eingetroffen war, und daß dies ebenso gut in Paris hätte passieren können wie in Rom. Doch Egons Angst quälte sie.«[20] Als sie DeeDee von diesem schrecklichen indischen Winter erzählte, in einem Ton, als sei dies alles ganz normal, meinte DeeDee: »Was Sie rettet, ist im Grunde die Tatsache, daß alles zu Material für Ihre Bücher wird.« Und Marguerites einziger und endgültiger Kommentar dazu war: »Natürlich.«

Um in Indien einer oft gemeinen Realität zu entgehen, schreibt sie. »In der Verwirrung der letzten Tage«, vermerkt sie, »habe ich mich mit Elan wieder an *Liebesläufe* gemacht, dessen Stoff ich nun zu meistern glaube. Ich unterbreche einstweilen *Le Tour de la Prison,* bei dem ich an den letzten Seiten über Japan bin, und das ich in Indien, ohne Abstand von dem, was ich vor Augen habe und ohne eine etwas andere Exotik, nicht fortsetzen kann. Michel und Jeanne dagegen trage ich in mir.«

Jerry ist nicht mehr in der Lage, die Reise fortzusetzen, die nach Nepal führen sollte. Er fliegt am 17. März in die Vereinigten Staaten zurück, wo er sofort in ein Krankenhaus eingeliefert wird. Die Ärzte bestätigen den Verdacht, den er hinsichtlich seiner Krankheit hatte. Jerry weiß, daß er sterben wird. Den 22. März, seinen sechsunddreißigsten und letzten Geburtstag, verbringt er im

Hospital von Bar Harbor, in dem auch Marguerite Yourcenar ihr Leben beenden wird. Das seltsame Verhältnis, das Jerry Wilson mit Marguerite Yourcenar seit fünf Jahren unterhält, macht, wie einst bei Grace, dem Platz, was Marguerite als »eine zunehmende Animosität gegen mich« beschreibt.

Von Anfang Mai an, dem Zeitpunkt, zu dem Jerry Wilson die Insel verläßt, um nach New York zu gehen, bis zu seinem Tod im Februar des darauffolgenden Jahres, durchlebt Marguerite Yourcenar anstrengende Monate, vor allem für eine Frau ihres Alters: Sie wird am 8. Juni zweiundachtzig. Als man im Dorf die Wahrheit über Jerrys Krankheit erfuhr, verweigerte die Aufwartefrau, die seit Jahren in Petite Plaisance arbeitete, den Dienst. Und man fand niemand, um sie zu ersetzen. DeeDee, von Marguerite Yourcenar damals »die Unentbehrliche« genannt, erinnert sich an ihre Versuche, »alle diese Frauen zur Vernunft zu bringen. Aber es bestand eine Art Hysterie hinsichtlich dieser Krankheit und ihrer Ansteckungsfähigkeit, die jede vernünftige Argumentation unmöglich machte.«

Jerry, der zuerst in New York, dann in Arkansas, wo seine Familie lebt, im Krankenhaus liegt, hat an manchen Tagen Wutanfälle. An anderen ist er nur noch ein hilfloses Kind. Er telefoniert mit Marguerite, weint manchmal, läßt sich von ihr lange die Rezepte aus dem Buch *Selbstmord. Gebrauchsanweisung* vorlesen. »Das nahm mich mit, aber ich verstand seinen Wunsch, nicht weiter diese Krankheit zu ertragen, deren Ausgang er kannte«, bemerkte sie. »Ich verstehe, daß man versuchen kann, einen schönen Tod zu haben.« »Jerry war völlig klar bei Verstand, schön, trotz der tragischen Magerkeit, einem Übel verfallen, das in den Leidenschaften wurzelte, denen er sich immer mit Ungestüm hingegeben hatte, und sein Tod entsprach im Grunde seinem Lebensstil. Ich werde nie das Ende eines unserer letzten Telefongespräche vergessen. Er sagte zu mir: ›Sprechen Sie nicht von einem großen Unglück, sprechen Sie von einer großen Erfahrung.‹«

Marguerite Yourcenar bekommt glücklicherweise einigen Besuch, darunter, Ende Juni, Colette und Claude Gallimard. Um nicht »unterzugehen« versucht sie, an *Liebesläufe* weiterzuarbeiten. Aber sie kommt kaum voran. Trotz aller Anstrengungen nach Jerrys Tod, ist das Buch, bei ihrem eigenen Tod, unvollendet geblieben.

Jerry kommt vom 5. bis 9. September nach Petite Plaisance,

bevor er nach Paris fliegt, um sich dort einer neuartigen Behandlung zu unterziehen. Jean-Pierre Corteggiani, der damals bei Marguerite Yourcenar zu Besuch war, zieht in das nächstgelegene Hotel. »Sie war nervös und beunruhigt«, erinnert er sich. »Sie hatte Angst vor einem Wiedersehen mit diesem jungen Mann, der sterben würde, Angst vor seinem Zorn auf sie, Angst vor seinen plötzlichen Wutausbrüchen. Aber sie besaß immer noch diese unglaubliche Fähigkeit, mit allem fertig zu werden, alle Schläge des Lebens einzustecken.« Kaum zehn Tage später, am 18. September, hat sie einen Herzanfall. »Ich denke«, sagte sie, »daß dieses sehr harte Jahr meine Gesundheit untergraben hat.« Vom Krankenhaus in Bar Harbor, wohin man sie in aller Eile bringt, wird sie nach Bangor auf dem Festland und dann nach Boston verlegt, wo man am 9. Oktober eine fünffache Bypass-Operation an ihr vornimmt. Sobald Jerry von ihrer Krankheit erfährt, eilt er am 30. September zu ihr. Obwohl er weiß, daß er selbst todkrank ist. Das sollte jedes vorschnelle Urteil über ihre komplexen Beziehungen verbieten. »Ich glaube, ohne diese freundschaftliche Gegenwart hätte ich nicht durchgehalten«, wird Marguerite Yourcenar an ihren Stiefneffen schreiben.[21] In ihrem Vorwort zu *La Voix des choses* berichtet sie von einer Begebenheit während eines der ersten Besuche Jerrys bei ihr im Krankenhaus, einer Begebenheit, die den Titel dieses Jerrys Andenken gewidmeten Bändchens erklärt: »Jerry Wilson, der, selbst krank, einige Tage vor meiner Operation aus Paris zu mir gekommen war, legte die wunderbare Malachitplatte in meine Hände, um die ich mehrmals 1983 und 1985 in Neu Delhi gefeilscht, und die ich ihm schließlich am vergangenen 22. März zu seinem Geburtstag geschenkt hatte, als er selbst in Maine im Krankenhaus lag. Sie hatte ihn seitdem nicht mehr verlassen. Aber meine Hände waren wohl schwach oder ich war ein wenig eingenickt, denn ich habe plötzlich etwas gleiten gespürt: Ein leichtes, unheilvolles Geräusch weckte mich aus meinem Schlaf (...). Aber selbst das Geräusch, mit dem sie zerbrach, war schön ... ›Ja‹, sagte er zu mir, ›die Stimme der Dinge‹.«[22]

Nachdem Marguerite Yourcenar am 19. Oktober 1985 in das Krankenhaus auf der Ile des Monts-Déserts überführt worden war, fliegt Jerry am 22. wieder nach Paris. Marguerite Yourcenar und Jerry werden sich nicht wiedersehen. Am 28. Oktober kehrt Marguerite Yourcenar in ihr Haus zurück. Sie ist so geschwächt, daß sie nicht die Treppe zum Schlafzimmer hinaufsteigen kann. Man stellt ihr also ein Bett in eines der Zimmer im Erdgeschoß. Während Marguerite Yourcenar sich langsam erholt, verschlechtert sich Jerrys Zustand in Paris, und sie muß sich aus der Ferne um ihn kümmern: Eine Wohnung für ihn mieten, Kautionen hinterlegen, verschiedene Geldprobleme lösen. Bei alledem versucht sie, am Manuskript von *Liebesläufe* zu arbeiten, die einzige Möglichkeit sich zu beweisen, daß sie nicht nur eine alte kranke Frau ist.*

Jerry Wilson stirbt am 8. Februar 1986 im Pariser Laënnec-Krankenhaus. Wie Hadrian, mit dem sie sich, wie wir gesehen haben, manchmal identifizierte, wurde sie von ihrem jungen Begleiter verlassen, aus dem sie eine Art Antinous gemacht hatte. Während der Zeit, die ihr noch zu leben blieb, und die eine lange Reise sein würde, eine seltsame Pilgerfahrt zu den Orten, die Jerry und sie gemeinsam besucht hatten, dürfte sie wohl über eine Bemerkung Hadrians zum Tod des Antinous meditiert haben: »Selbst meine Reuegefühle haben sich in eine bittere Form von Besitz gewandelt, in eine Art Beweise dafür, daß ich bis zuletzt der traurige Herr seines Schicksals gewesen bin.«[23]

* Von Petite Plaisance aus schreibt sie an Yannick Guillou:[24] »Ich weiß nicht, ob Ihnen Informationen über die letzten Entwicklungen von Jerrys Lage zugegangen sind. Sie sind unglaublich: Drei Selbstmordversuche, davon zwei in einem Salon des Ritz (ich kann es selbst kaum glauben!), haben jeweils zur Einlieferung in die Klinik Sainte-Anne geführt, wo er zur Zeit immer noch ist. Sie können sich vorstellen, wie sehr das alles mich mitnimmt und auch wie sehr ich außerstande bin, irgendetwas zu tun, da ich mich nur ganz allmählich erhole und immer noch sehr schwach bin.«

KAPITEL 3
Die letzte Reise

Nach Jerrys Tod fühlt Marguerite Yourcenar sich alt und unendlich müde.* Der »Rest ihres Lebens« interessiert sie nicht mehr. Aber sie ist noch dieselbe Frau, die vor wenigen Jahren in einem alten Notizbuch zufällig die Eintragung: »Ich glaube, es ist mir endlich gelungen, die *Begierde* in mir vollständig abzutöten« gefunden und am Rand ergänzt hatte: »1980. Nein.«[1] Und so schreibt sie Ende März 1986: »Allmählich kehren meine Kräfte zurück, ich hoffe, um den 20. April nach Europa kommen zu können.«[2] Tatsächlich trifft sie am 20. April in Amsterdam ein, begleitet von Stanley Crantson, einem alten Freund Jerrys, und Monicah, der kenyanischen Pflegerin, die sie während ihres Krankenhausaufenthalts 1983 betreut hatte.

Ehe sie ein paar Tage in Brügge verbringt, macht sie einen Abstecher nach Brüssel, wo sie den Regisseur André Delvaux treffen will, der schon seit mehreren Jahren *Die schwarze Flamme* verfilmen möchte. Die Pläne sind bereits sehr weit gediehen. Marguerite Yourcenar, die Delvaux' Filme nicht kennt, hat »einen sehr vorteilhaften Eindruck« von »diesem klugen und kultivierten Mann, der viel von Literatur versteht«. Sie möchte, daß *Die schwarze Flamme* von ihm gedreht wird. Sie sollte diesen Film, der ihr gefallen hätte – das Clair-obscur, die Mischung aus Gewalt und Zartheit – nicht mehr zu sehen bekommen,** aber die Arbeiten in allen Einzelheiten bis an ihr Lebensende verfolgen.

* Sie, die sich niemals hatte »gehen lassen«, sich schwach oder hilflos hatte zeigen wollen, schrieb am 23. Februar 1986 an Yannick Guillou:[3] »Mein lieber Freund, Ihr Brief ist mir geradewegs zu Herzen gegangen. Dies ist kein leeres Klischee. Ein Brief wie der Ihre (und vielleicht ein Dutzend andere) beweist, daß man nicht völlig allein ist (...). Er ist erlöst, wie Sie sagen. Erlöst von dieser so verheerenden Krankheit; erlöst auch, wie ich hoffe, aus dem Labyrinth von Mißverständnissen und Täuschungen, in dem er sich gefangen hatte. Ich werde nie darüber hinwegkommen, daß ich wegen meines noch allzu prekären Gesundheitszustands nicht bis zuletzt bei ihm war, aber ich glaube nicht, daß meine Anwesenheit viel geholfen hätte. (Er jedoch war bis an die Grenzen des Möglichen treu geblieben, indem er seine Therapie in Paris unterbrach, um während meiner Operation bei mir zu sein.)

** Im Dezember 1987, dem Monat ihres Todes, wohnte sie noch der Beendigung der Dreharbeiten bei. Der Film hatte im Mai 1988 Premiere.

André Delvaux erinnert sich an seine Genugtuung darüber »zu sehen, wie genau diese Frau, die vom Film so weit entfernt war, die Probleme der Umsetzung eines Textes in Bilder begriffen hat, wie sie fühlte, was möglich war und was nicht, wo man so nah wie möglich am Text bleiben und was unbedingt neu interpretiert werden mußte«. »Wir stimmten beide darin überein, daß der Film nur von Zenons Lebensende handeln solle, aber natürlich mit einigen Rückblenden. Während wir darüber sprachen, hatte sie den spontanen Einfall, daß der Film – was ich ihr gerade hatte vorschlagen wollen – damit anfangen sollte, wie Zenon zusammen mit dem Prior in der Kutsche nach Brügge zurückkehrt. Es war eine Freude, mit ihr zu sprechen oder zu korrespondieren, denn ihre Aufmerksamkeit war echt. Sie war aufgeschlossen für alles, was man mit ihr besprach.«[4] Marguerite Yourcenar hatte der Wahl Gian Maria Volontes zugestimmt, der ein fiebernder, brennender Zenon war, der aber auch »der Stumme der Wasser« sein konnte, von dem sie André Delvaux in einem Brief schrieb. In diesem Brief entwarf sie ein Portrait Zenons, indem sie Verse von Empedokles in ihrer Übersetzung zitierte, die in *La Couronne et la Lyre* enthalten sind. »Je fus au cours des Temps le garçon et la fille/ l'arbre, l'oiseau ailé, et le muet des eaux.«[5] [Ich war im Lauf der Zeiten/ der Knabe und das Mädchen/ der Baum, der gefiederte Vogel und der Stumme der Wasser]. Der »Stumme der Wasser« ist der Fisch, das Sternzeichen, unter dem sie Zenon zur Welt hatte kommen lassen.[6]

In Paris, wo sie am 3. Mai eintrifft, entschließt sie sich nach langem Zögern, im Ritz abzusteigen. Über dieses Hotel sagte sie amüsiert: »Für betagte Damen wie mich, die noch Rekonvaleszenten sind, kann es als Altersheim dienen. Es ist natürlich ein bißchen teuer. Aber welche Ruhe inmitten der Stadt! Und man kann sich weiche Eier – oder was man sonst möchte – zu jeder Tages- und Nachtzeit bestellen.« Aber nicht so sehr wegen dieser Annehmlichkeiten hat sie das Ritz gewählt, sondern im Andenken an Jerry, der hier gewohnt und zwei Selbstmordversuche unternommen hatte. »Diese Reise hatte etwas Morbides«, erinnert sich Stanley Crantson – »Madame wollte mit jedem Schritt auf Jerrys Spuren wandeln. Alles sehen. Jeden Ort ihrem Gedächtnis einprägen.« Was sie schon immer hatte tun müssen, um »die Geschichte neu zu erfinden«. Nachdem Marguerite Yourcenar sich mehrmals das Zimmer angesehen hatte, das Jerry einst bewohnte, wollte sie auch sein Sterbezimmer im Laënnec-Krankenhaus sehen und dann ins Krematorium des Père-Lachaise gehen, wo er eingeäschert worden war.

Von dem allen und von ihrer Müdigkeit spricht sie nicht in ihrem »offiziellen« Leben, das ihr am 13. Mai das Déjeuner bei Claude Gallimard, zusammen mit François Mitterand einbringt, dem Präsidenten der Republik, den sie wohl kaum wegen seiner politischen Fähigkeiten schätzt, über die sie nur unzulänglich informiert ist, sondern weil er ihre Bücher gelesen hat.* Sie macht wie häufig nach solchen, wie sie sagt »Nobel-Mählern« spitze und gnadenlose Kommentare über die Gäste und deren Reden, die von manchen »bis zur Albernheit« getriebenen Versuche, die Aufmerksamkeit des Präsidenten auf sich zu lenken, der, wie sie sagte »doch auf so etwas nicht hereinfallen kann«.

Warum reist sie anschließend nach Österreich? Um die Städte früher Erinnerungen wiederzusehen, Salzburg, Innsbruck? Um dort Zenon und Grace wiederzufinden, ihre Spuren zu suchen, wie sie ein paar Wochen zuvor in Brügge lange die Straße gesucht hatte, in der sie einst die Hündin Valentine spazierenführte? Ganz sicher in erster Linie, um »anderswo zu sein«. Für den Besuch in Italien hat sie einen präzisen Grund: Sie will ihren Freund Paolo Zacchera wiedersehen. Und in der Schweiz, in Genf, wird sie Jorge Luis Borges in dem Hotel aufsuchen, wo er weilte, ehe er eine neue Wohnung bezog. Von dieser Begegnung war sie sehr bewegt zurückgekommen: »Ich fand ihn blaß, müde [er ist am 14. Juni 1986 gestorben], aber so präsent, so aufmerksam«, berichtet sie bei ihrem neuerlichen Aufenthalt in Paris Anfang Juni. »Ich habe mir seine künftige Wohnung angesehen, um sie ihm zu beschreiben. Sie hätte aus einem seiner Bücher stammen können. Eine kuriose Wohnung. Mit Spiegeln. Ich habe ihm nicht beschrieben, was mir an der Einrichtung mißfiel. Dann haben wir geplaudert. Ich habe

* Am 5. Dezember 1979 hatte François Mitterand, damals Erster Sekretär der Sozilistischen Partei, in einem Interview für *Le Monde* zum Thema »Die Freiheit und der Staat« von Zenon als von einer Verkörperung der Freiheit gesprochen: »Zenon ist eine der aufregendsten Gestalten der modernen Literatur. Er sucht und er stirbt, scheinbar besiegt, aber freien Geists und als Sieger. In diesem Zusammenhang hat mich in Zenons Umfeld das Leben und Treiben der Sekten interessiert, die damals wie heute als einziges Ziel nur die Selbstzerstörung kannten, und deren einzelne Mitglieder vor allem anderen danach strebten, den Bruder ins Unrecht zu setzen. Der Sektengeist oder der Anti-Liberalismus. Jedes Dogma, das sich durch Zwang beweisen will, tötet mit dem Menschen die Freiheit.«[7]

ihn gefragt, wann er aus dem Labyrinth herauskommen werde, und er hat geantwortet: ›Wann jeder herauskommt.‹ Nach solchen, viel zu kurzen, Gesprächen mit einem Menschen, den man bewundert, bedauert man stets, daß man nicht genügend Zeit oder Geistesgegenwart gehabt hat, mehr zu fragen. So hätte ich ihn gern um seine Auslegung eines seiner Sätze gebeten, der mir keine Ruhe läßt: ›Ein Schriftsteller glaubt, von vielen Dingen zu sprechen, doch was er hinterläßt ist, so er Glück hat, sein Abbild.‹«

Als sie Mitte Juni wieder in Petite Plaisance ist, glaubt sie den Sommer nicht zu überleben. »Mit Jerry hatte ich mich an die Wonne gewöhnt, den ganzen Tag meine eigene Sprache sprechen zu können«, wird sie sagen, »und plötzlich mußte ich damit warten, bis ein paar Freunde des Wegs kamen.« Ihre Müdigkeit ist so real, daß alle Hypochondrie von ihr gewichen ist. Sie versucht vielmehr, ihre Unpäßlichkeiten zu ignorieren. Sie fühlt sich einsam. Völlig einsam. Aber der intensive Lebenswille, der sie alle Entmutigungen hat überwinden lassen und ihrem Wunsch, weiterzuschreiben entspringt, ist stärker als alles. Sie nimmt die Arbeit an *Liebesläufe* wieder auf und beschließt, die Handlung nicht nur bis 1937, sondern bis 1939 weiterzuführen, damit sie ihre Begegnung mit Grace darin aufnehmen und von der unmittelbaren Vorkriegszeit sprechen kann. »Danach? Das weiß ich nicht«, antwortete sie beharrlich. »Wenn mir noch Zeit gegeben ist, werde ich vielleicht einen weiteren Band anfügen.«

Wie sollte sie jetzt nach Europa zurückkommen? Stanley war nicht mehr frei, auch Monicah nicht. Sie muß trotzdem eine Möglichkeit finden, »denn einen Winter lang hierbleiben ist von nun an undenkbar«, sagt Marguerite Yourcenar entschieden. Sie fragt bei Janet Hartlief, einer jungen holländischen Krankenschwester, mit der sie im Briefwechsel steht, an, ob sie sie begleiten wolle. Janet sagt ja. Die beiden Frauen treffen sich am 11. November in Amsterdam, wohin DeeDee Marguerite Yourcenar begleitet hat. Nach einem Aufenthalt von etwa zehn Tagen, der ihr Gelegenheit gibt, »mit stets gleichbleibendem Vergnügen« ihren Verleger Johan Polak wiederzusehen, reist Marguerite Yourcenar mit Janet nach Zürich, wo sie ein letztes Mal mit Egon von Vietinghoff zusammenkommt. Wieder sucht sie nach Material für *Liebesläufe*, und wieder muß sie feststellen, daß sein Gedächtnis »recht lückenhaft« ist.

Der Dezember gehört Paris und ihrem Werk. Marguerite Yourcenar arbeitet mit Yannick Guillou; sie übergibt ihm die erste Hälfte von *Liebesläufe* und bereitet mit ihm das Buch vor, das als letztes zu ihren Lebzeiten veröffentlicht werden sollte, *La Voix des choses*. Am 27. Dezember verläßt sie Paris und reist nach Marokko, wo sie zwei ganze Monate verbringen wird, einen davon im Süden des Landes mit Jean-Marie Grénier, einem alten Freund Jerrys, der auch ihr Freund geworden ist: Gemeinsam besuchen sie Quarzazate, Zagora, Agdiz und Ait-Benhaddou. »Im Januar in Fez«, erinnert sich Jean-Marie Gréniers Freund Christian Lahache, der, wie Janet, einen Teil dieser Marokko-Tour mitgemacht hat, »ist etwas passiert, was uns alle in größten Schrecken versetzte, ausgenommen das Opfer, Marguerite Yourcenar. Sie wollte unbedingt in die Medina, denn sie suchte eine spezielle Art Kerzen, die Jerry und sie besonders gern gemocht hatten. Diese Kerzen wollte sie an Jerrys Todestag anzünden.* Sie hat nicht darauf geachtet, daß die Straßen in der Medina steil abfielen. Auch Janet und ich achteten nicht darauf. Da wir lange suchen mußten, bis wir den Laden mit den Kerzen fanden, hatte sie eine viel zu weite Strecke zu Fuß zurückgelegt. Auf dem Rückweg, als es natürlich steil aufwärts ging, konnte sie kaum noch gehen. Plötzlich blieb sie stehen. Sie keuchte, ihre Lippen waren bläulich, die Haut bleich, die Nase verkniffen. Seltsamerweise schien sie nicht beunruhigt. Wir wußten nicht, was wir tun sollten. Endlich erbot sich ein Mann mit einem Karren, uns zu helfen. Wir hievten die halb bewußtlose Marguerite Yourcenar auf den Karren, der versuchte, sich einen Weg zu bahnen. Hinterher liefen neugierige Gassenkinder und schrien: ›vieille maman est malade, vieille maman est malade.‹ Wir brachten Marguerite Yourcenar ins Hotel zurück und zu Bett. Sie hat sich sehr bald wieder erholt. Während dieser Reise beklagte sie sich niemals.«[9] Sie erzählte sogar lachend, wie sie um ein Haar »ihren Tod verschlafen« hätte: »Eines Abends lag ich in einem sehr sanften Schlummer, als ich von Janet, die mich schüttelte, und von der Kälte, die ins Zimmer strömte, jäh geweckt wurde. Janet hatte das Fenster weit geöffnet.

* Wegen dieses Todestags hatte Marguerite Yourcenar einer ihrer Freundinnen, einer Nonne in Brügge, Schwester Marie-Laurence geschrieben, man möge für Jerry eine Messe lesen. »Ich mußte ihm versprechen, immer an ihn zu denken. Ich versuche, diese Verpflichtung zu erfüllen.«[8] Auch für Grace ließ sie Jahresgottesdienste abhalten.

Als sie ins Zimmer gekommen war, hatte sie bemerkt, daß Kohlengas aus dem Ofen strömte und ich schon fast erstickt war.«

In Marokko wie in Paris, wo sie vom 8. März an einen Monat verbringt, arbeitet Marguerite Yourcenar mit einer gewissen Hektik an *Liebesläufe,* aber auch an dem Vortrag, den sie im Mai in Harvard über Borges halten soll.*

Was sie nicht daran hindert, Freunde zu empfangen und mit André Delvaux über seinen Film zu sprechen. Als sie Anfang April Paris verläßt und nach England übersetzt, fühlt sie sich viel besser als im Jahr zuvor. Sie plant, im Herbst wiederzukommen, während sie bei ihrer Abreise im Juni 1986 geglaubt hatte, die Stadt zum letzten Mal gesehen zu haben. Sie wird Paris nicht wiedersehen, London sieht sie zum letzten Mal. Sie schaut sich in Begleitung eines ihrer neuen Bekannten, des in Paris wohnenden brasilianischen Fotografen Carlos Freire, die Wachablösung vor dem Buckingham-Palace an, wie einst mit ihrem Vater. Die von Carlos Freire an jenem Tag aufgenommenen Fotos zeigen eine verwirrte alte Frau, vor deren Blick dreiundsiebzig Jahre alte Erinnerungen vorüberziehen. Dann faßt sie sich wieder, ihr Gesicht ist heiter wie zuvor.

In Petite Plaisance, wohin sie Ende April zurückkehrt, haben DeeDee und Jeannie alles so organisiert, daß sie es möglichst bequem hat. »Alles ist tadellos«, sagte Marguerite Yourcenar. »Ein ganzer Stab von Frauen kümmert sich um mich, um den Haushalt, die Einkäufe, und sie sorgen dafür, daß ich nachts nicht allein im Haus bin. Aber manchmal weiß ich nicht einmal, wer die Nachtwache halten wird. Das ist immerhin ein wenig beklemmend. Und außerdem haben wir einander nicht viel zu sagen.« Wenn sie über das sprechen wollte, was sie schrieb oder geschrieben hatte, so blieb ihr nur DeeDees Vormittags-Visite, und wenn sie französisch sprechen wollte, was ihr in zunehmendem Maße zur Obsession wurde, mußte sie auf die Telefonanrufe aus Paris oder Kairo warten oder auf Besuche, die nach ihrem Geschmack immer viel zu kurz waren – während die meisten Besucher sich bald wieder verabschiedeten aus Furcht, ihr lästig zu fallen. »In meinem Terminkalender herrscht verzweifelte Leere, kaum Verabredungen«, gesteht sie

* Der Vortrag wurde wegen Marguerite Yourcenars Gesundheitszustand auf den Oktober verschoben.

einem Anrufer. Nach dem Besuch Yannick Guillous im Juni 1987 kommen immerhin noch Carlos Freire und dessen Frau Heloisa, sowie ein paar weitere Freunde, unter anderen Jean-Marie Grénier und Jean-Pierre Corteggiani, der sich erinnert, mit welcher Hingabe sie täglich an *Liebesläufe* arbeitete. »Wenn sie sich im Garten aufhielt, konnte man sie von fern beobachten. Eine solche Konzentrationsfähigkeit bekommt man selten zu sehen. Sie konnte sich überall zum Schreiben hinsetzen, das Heft auf den Knien. Manchmal warf sie Seiten weg, aber sie strich selten etwas aus. Sie konnte ihre Arbeit unterbrechen, ein paar Wort mit Vorüberkommenden wechseln, dann machte sie weiter. Sie war wieder entrückt.«

Von Ende September an, denkt Marguerite Yourcenar, werde das Leben weniger trübselig sein, zumal es ihr gelungen ist, ihre Winterreise zu organisieren. Diesesmal wird sie sich nicht damit begnügen, die Länder wiederzusehen, die sie mit Jerry oder Grace besucht hatte. Sie wird nach Nepal reisen und die Baumblüte im Januar sehen. Das Programm steht schon beinahe fest: Amsterdam, Kopenhagen, Belgien, Paris, Zürich, Abflug nach Indien am 22. Dezember. Die letzten Tage des September verbringt sie in Quebec, wie sie es Yvon Bernier, der sie mit dem Wagen von Petite Plaisance abholt, versprochen hat. DeeDee begleitet die beiden. »Zum ersten Mal war ich wirklich beunruhigt«, sagt sie. »Madames Gesicht verriet große Erschöpfung. Sie war nicht nur müde von der stundenlangen ununterbrochenen Fahrt, auch die Aussicht auf den offiziellen Empfang in Quebec lastete schwer auf ihr. Ich sagte mir: ›Diese alte Frau ist krank, und niemand scheint es zu bemerken. Man läßt sie zuviel sprechen, behandelt sie, als wäre sie in bester körperlicher Verfassung, während sie am Ende ihrer Widerstandskraft ist.‹ Sie selbst hatte das Gefühl, niemand sehe ihr das hohe Alter an, und da sie nun schon einmal hier war, wollte sie auch ›etwas davon haben‹. Sie ist sehr müde nach Petite Plaisance zurückgekommen.« Dennoch freut sie sich, daß sie endlich, am 14. Oktober, in Harvard ihren Vortrag über Borges halten kann, »der ein wunderbarer Erfolg ist«, und daß sie bald von neuem aufbrechen wird.

Wieder einmal werden die Koffer gepackt. Die Abreise ist für den 11. November vorgesehen, und die Freunde werden benachrichtigt, daß sie ab dem 12. in Amsterdam im Hôtel de l'Europe zu erreichen sei. Der Terminkalender, den Marguerite Yourcenar auf die Reise mitnehmen wollte, war bis zum Jahresende gefüllt. Die

Eintragungen zwischen dem 11. und 15. waren durchgestrichen, da Stanley wegen einer Krankheit seiner Mutter den Aufbruch um ein paar Tage hinausgeschoben hatte. Danach konnte man lesen: »6-9 Dezember, Kopenhagen. Yannick, Josyane« – sie sollte dort ihren Vortrag über Borges wiederholen. Dann »19 Dezember [in englisch]: Abreise Paris, nach Zürich.« »22 Dezember [ebenfalls in englisch]: Abflug nach Indien.«

Seit Mitte Oktober und ihrem Vortrag in Harvard klagte Marguerite Yourcenar über Rückenschmerzen. Sie hat sogar unter dem 16./17. Oktober vermerkt: »back trouble«. Sie erwähnte auch in fast jedem Telefongespräch, daß sie an hartnäckigen Kopfschmerzen leide. Niemand schob diese Beschwerden mehr auf das Konto ihrer Hypochondrie, und alle, angefangen mit DeeDee, drängten sie, den Arzt zu konsultieren. Aber als echter Hypochonder machte sie kaum einen Unterschied zwischen den Wehwehchen, die sie maßlos aufbauschte, und den ernsten Krankheiten, über die sie sich einfach hinwegsetzte, »mit einer ganz ungewöhnlichen Charakterstärke«, wie all jene sagten, die sie niemals von ihren Erkältungen hatten sprechen hören.

Doch am 7. November findet DeeDee, die zum Morgenbad gekommen war, Marguerite Yourcenar extrem erschöpft. »Mir schien, daß sie Schwierigkeiten mit dem Gleichgewicht hatte. Und sie sprach von ihrer Schlaflosigkeit in der vergangenen Nacht wie jemand, der noch nicht ganz wach ist. Diese Verwirrung hat mich beunruhigt. Ich hatte sie schon an manchem Morgen festgestellt, aber Madame hatte sich immer schnell wieder erholt, und niemand, mit dem ich darüber sprach, ausgenommen Jeannie, wollte daher glauben, daß das Altern ihr zusetzte. Und es ist auch schwer zu glauben, wenn man ihr letztes Buch liest, an dem sie bis zum letzten Abend schrieb. Trotzdem, die Tatsachen sind eindeutig.« An diesem Samstag, dem 7. November, besteht DeeDee hartnäckig darauf, Marguerite Yourcenar zum Arzt zu bringen. Erst das Argument, daß es gut sei, »vor der Abreise nach Europa auf Nummer sicher zu gehen«, findet Zustimmung.

»Wieder einmal« erinnert DeeDee sich gerührt, »hat sie ein Beispiel für ihre Charakterstärke, ihre Willenskraft, ihre Würde geliefert, für all das, weshalb ich sie, wie alle ihre Freunde, für unzerstörbar hielt, obgleich ich durch meine Stellung besser als irgendjemand den Kräfteverfall und die fortschreitenden und unheilbaren Alterserscheinungen beobachten konnte.« »Der Arzt kam sogleich zu der Ansicht, daß die größte Bedrohung in einem Gehirnschlag bestehe. Ich hatte ihn von den Gleichgewichtsstörungen und der leichten geistigen Verwirrung in Kenntnis gesetzt. Er bat Madame, ein paar Schritte zu gehen. Ich sah, wie sie sich aufrichtete, den Rücken straffte, und wie gewohnt, mit ihrem herrischen und feierlichen Gang, den wir alle kannten und der seine Wirkung auf uns nie verfehlte, sehr aufrecht den Raum durchschritt. Als sie an der Wand angelangt war, hat sie nur, ein wenig provokant, gesagt: ›Und jetzt, soll ich jetzt kehrtmachen?‹ Der Arzt hat sodann eine Art Verhör angestellt, um den Zustand ihres Gedächtnisses zu testen. Sie ist ihm ständig ausgewichen, mit einer Überlegenheit, einer Bosheit, einer Ironie, die Respekt abnötigte. Auf die Frage: ›Madame Yourcenar, können Sie mir Ihr Geburtsdatum nennen?‹ erwiderte sie: ›Und Sie, können Sie mir das Geburtsdatum des Kaisers Hadrian nennen? Ich kann es.‹ Sprach's – und nannte keines von beiden.«

Der Arzt besteht darauf, daß sie zur Beobachtung im Krankenhaus bleibt, mindestens eine Nacht. Sie weigert sich. »Gegen diesen Entschluß war kein Einspruch möglich«, versichert DeeDee. »Ich habe sie schweren Herzens nach Petite Plaisance zurückgebracht. Ihre Haltung erschien mir unvernünftig. Aber kein Mensch der Welt hätte Madame umstimmen können.«

Am folgenden Morgen, dem 8. November, als DeeDee wie jeden Tag kurz nach sieben Uhr ins Haus kommt, kann Marguerite Yourcenar ihre Hinfälligkeit nicht verbergen. Sie hat eine schlaflose Nacht verbracht. »Ich schlug vor, daß sie liegenbleibe. Sie hat es zugelassen, daß ich sie im Bett gewaschen habe. Dann ist sie eingeschlafen. Ich wollte nicht nach Hause gehen, ehe sie aufgewacht wäre. Ungefähr alle zehn Minuten schaute ich nach, wie es ihr gehe. Als ich ihr Zimmer zum dritten oder vierten Mal betrat, stellte ich fest, daß sie einen Anfall gehabt hatte. Die Ambulanz kam unverzüglich, aber wenn sie, wie man ihr geraten hatte, bereits im Krankenhaus gewesen wäre, hätten wir doch noch weniger Zeit verloren.« Am 8. November 1987, auf den Tag genau siebenundachtzig Jahre nach der Heirat von Michel de Crayencour und Fernande de Cartier de Marchienne, war deren Tochter Marguerite de Crayencour, geboren am 8. Juni 1903, zu ihrer letzten Reise aufgebrochen. Aber sie war im Lauf ihres langen Lebens zu Marguerite Yourcenar geworden, zur bewunderten, dann gefeierten Schriftstellerin. Und sie hatte in den letzten Jahren soviele Gefahren, Unfälle, Krankheiten und Dramen überlebt, daß niemand in diesem Schlaganfall den Anfang vom Ende sehen wollte.

Als sie im Krankenhaus wieder zu sich kommt, stellt man einen ständigen Wechsel zwischen geistiger Klarheit und Verwirrung fest. »Nicht ungewöhnlich in solchen Fällen«, versichert Dr. Robert Wilson. »Aber wenn dieser Zustand länger als achtundvierzig Stunden anhält, ist eine bleibende Läsion zu befürchten.« »Ich hingegen hatte geglaubt, Madame sei über den Berg«, versichert DeeDee, »denn als ich ihr zum mindestens zehnten Mal zu erklären versucht hatte, sie habe einen Schwächeanfall gehabt und sei jetzt im Krankenhaus, hat sie sich zornig aufgerichtet und mich angefahren: ›Sie sagen es mir jetzt zum dritten Mal, das dürfte genügen.‹ Ich glaubte, sie habe zu ihrer alten Form zurückgefunden. Ich habe mich getäuscht.«

Am 11. November und an den folgenden Tagen gibt DeeDee, die täglich mit Yannick Guillou in Paris telefoniert, sich optimistisch. Aber sie, die »Madames« Lager nur verläßt, um sich schlafen zu legen, weiß, daß »Marguerite Yourcenar« bereits »gestorben« ist. Diese immense Intelligenz hat sich zwar noch nicht völlig aufgelöst, aber sie ist brüchig geworden. Diese Frau, die, wie der Gärtner Elliot sich ausdrückte »redete wie ein Buch«, der man stundenlang hätte zuhören können, da sie selbst jeder Banalität eine besondere Formulierung, einen besonderen Tonfall zu geben vermochte, hat jetzt nur noch einen einzigen Kampf zu bestehen: in Würde zu sterben und, wie sie es sich immer gewünscht hatte, sehenden Auges in den Tod einzugehen.

Den Satz aus *Gedenkbilder,* der dies alles bereits vorwegnimmt, hat sie vergessen. Jetzt lebt sie ihn: ›Das Kind [die soeben zur Welt gekommene Marguerite], das noch nicht (oder bereits nicht mehr) weiß, was ein menschliches Antlitz ist, sieht, wie sich große verschwommene Kreisgebilde über es neigen, die sich bewegen und Geräusche von sich geben. Genau so wird es vielleicht Jahre später und dann nebelhaft durch Verwirrung und Todeskampf Gesichter sehen, die sich über es beugen, die Gesichter der Pflegerinnen und des Arztes.«[10]

Zwei Wochen lang redet DeeDee beschwichtigend auf Marguerites französische Freunde ein und hält sie mit freundlichen, aber energischen Worten vom Kommen ab. »Die lichten Momente und die Perioden der Verwirrtheit wechseln sich ab. Aber ihr körperlicher Zustand bessert sich. Sie steht auf, sie geht den Korridor entlang. Wenn Sie sich noch ein wenig gedulden, können Sie ihr einen Besuch machen. Aber wenn Sie jetzt kommen würden, könnte sie es Ihnen nie verzeihen, daß Sie sie in diesem Zustand äußerster Schwäche gesehen haben, hilflos und ihrer Sinne nicht immer mächtig.« In Wahrheit sind die lichten Momente furchtbar: Marguerite Yourcenar läßt die Ärzte kommen und fordert, man solle »Schluß machen, dieser Sache, die doch keinen Sinn mehr habe, ein Ende setzen, sofort«, und in den Perioden geistiger Verwirrtheit wurde sie oft heftig und zornig.

In Paris war man übereingekommen, nichts von dem, was in Monts-Déserts vorging, verlauten zu lassen. Yannick Guillou, der alle ihre Verabredungen absagte, gab als Begründung nur an, sie habe ihre Abreise wegen einer kleinen Unpäßlichkeit verschieben müssen. Nach dem geschmacklosen Foto von Salvador Dali – es zeigte ihn ans Bett gefesselt, abgezehrt, mit Sonden und Röhrchen gespickt – das unlängst das Titelbild des *Figaro Magazine* gebildet hatte, war von der morbiden Sensationsgier der miesen Scoop-Jäger das Schlimmste zu befürchten. Doch im Krankenhaus von Bar Harbor wachten DeeDee und Jeannie. Trotzdem hatte ein Mitglied der Académie française, Maurice Schumann, der zu Mount Desert familiäre Beziehungen hatte, von den Vorgängen Wind bekommen. Er informierte, wie üblich, seine Kollegen. Getreu der erlesenen Delikatesse, die sie Marguerite Yourcenar gegenüber bereits bewiesen hatten, setzte die Académie das Gerücht von ihrer Krankheit »im letzten Stadium« in Umlauf. Sie liege, tuschelte man mit wissender Miene, »bereits im Koma«.

Von Koma keine Spur. Im Gegenteil, nach zwei Wochen Krankenlager war »Madames physischer Zustand so gut, wie er nach einem solchen Anfall irgend sein konnte«, berichtet DeeDee. Sie war jedoch, was für sie Schlimmeres als körperliche Krankheit bedeutete, in völlige geistige Verwirrung geraten. »Sie erkannte uns nicht mehr. Aber sie war endlich ruhig geworden, und sie war faszinierend noch in ihren Delirien. Sie erzählte, bald in Englisch, bald in Französisch, von ihren Reisen, sie glaubte sich im Theater und kommentierte das Stück, lobte, applaudierte. Wieder einmal war sie einzigartig, sie glich keiner anderen alten Frau, die verworrene Reden führt. Was sie sagte, war noch immer ebenso schön und völlig zusammenhängend. Nur stand es nicht mehr in Beziehung zur Wirklichkeit.« Marguerite Yourcenar war nicht mehr die Schöpferin, sie war das Geschöpf: die beiden waren eins geworden.

Vor der Kraft ihrer Sprache, auch noch in den seltsamsten Delirien, mit der sie ihre ganze Umgebung in Bann geschlagen hat, verstummte die »Stimme der Vernunft«, der anfangs alle beigepflichtet hatten: »Wenn sie nicht mehr Marguerite Yourcenar ist, wäre es vielleicht besser, wenn ›es‹ nicht mehr allzu lange dauern würde.« Wieder einmal hatte die Literatur gesiegt. Wenn man heute, aus einigem Abstand auf die beiden Wochen dieses, wie DeeDee sagt, »friedlichen Deliriums« zurückblickt, so erscheinen sie völlig unwirklich. Marguerite Yourcenar hatte sich, wie immer, gegen alle und alles durchgesetzt. DeeDee und jeder, mit dem sie damals sprach, hält heute das, was sie erzählte, kaum für möglich. Nach dem Bericht über den physischen Zustand der Patientin durften wir den jüngsten Erzählungen Marguerite Yourcenars lauschen: »Heute war sie in Japan . . . Jerry und sie hatten sich in der Stadt verirrt. Niemand wollte ihnen helfen, sich zurechtzufinden«; »Sie besuchte eine Vorstellung von Mishimas Theaterstück *Madame de Sade;* sie hat viel applaudiert.« Als *La Voix des choses,* eine kleine Sammlung von Aussprüchen, die sie ihr ganzes Leben hindurch begleitet hatten, im Krankenhaus eintraf, hat sie angefangen, die Texte für die Pflegerinnen, die das Buch gesehen hatten, zu übersetzen . . .

»Als man ihr das Buch brachte«, erinnert sich DeeDee, »hat sie es sofort erkannt.« Sie drückte es an sich, führte es an die Lippen. Sie war glücklich, sie lächelte jenes wunderbare Lächeln, das wir an ihr kannten. Und doch war sie außerstande, meinem Gesicht meinen Namen zu geben und sagte immer wieder zu mir: »Bitten Sie DeeDee«, sie soll . . . »Wenn ich erklärte: ›Aber ich bin doch DeeDee‹, so antwortete sie unweigerlich: ›Ich weiß, aber ich meine die andere DeeDee.‹ Natürlich gab es außer mir keine andere DeeDee.«

Für alle, die in den letzten Jahren mit Marguerite Yourcenar zusammengekommen waren, stand eines fest: Ob sie nun lichte Momente hatte oder nicht, es war ihr ein Bedürfnis, sollte das Ende nahe sein, französisch sprechen zu hören. Nach vier Wochen Aufenthalt im Krankenhaus war ihr körperlicher Zustand stabil, eher gut. Aber man »konnte nie wissen«. Auf jeden Fall zog man ihre Entlassung aus dem Spital in Betracht und wartete auf ein Zimmer in einem Sanatorium, das man mit Mobiliar aus Petite Plaisance ausstatten wollte, in der Hoffnung, daß die Rückkehr in eine vertrautere Umgebung sie zwar nicht in die Wirklichkeit zurückbringen, was ausgeschlossen schien, so dieser Wirklichkeit doch näherbringen und sie glücklich machen würde.

Marguerite Yourcenars Pariser Freunde waren geteilter Meinung. Die einen fanden, Yannick Guillou, der ihr in den letzten Monaten am nächsten gestanden hatte, sollte unverzüglich an ihr Krankenlager eilen. DeeDee versuchte vergeblich, ihn von diesem Plan abzubringen: am Montag, dem 14. Dezember verließ er Paris. Doch anstatt den schnellsten Weg zu wählen, reiste er auf Drängen Yvon Berniers zunächst nach Quebec. Bernier, den er kaum kannte, der jedoch seit Marguerite Yourcenars Einlieferung in regelmäßigem Kontakt mit ihm stand, hatte vorgeschlagen, Yannick Guillou solle in Quebec »vorbeischauen« und ihn abholen. Mitten im nordamerikanischen Winter eine seltsame Idee. Und um so widersinniger, als Yvon Bernier beschlossen hatte, mit dem Wagen zur Ile des Monts-Déserts zu fahren. Fürchtete er sich davor, allein anzukommen? Mag sein. Denn, wie Marguerite Yourcenar gern und häufig sagte – und wie jeder es in seinem eigenen Leben feststellen kann –, hat sich im Lauf der Menschheitsentwicklung ein uraltes Gefühl kaum gewandelt: Die Kranken und die Sterbenden begleiten, ist »Frauensache«. Angesichts von Krankheit und Tod sind die Männer fast immer, wenn nicht hilflos, so doch sonderbar peinlich berührt.

Als Yannick Guillou in Quebec eintraf, erfuhr er, daß Marguerite Yourcenars Sekretärin die Herren bitten ließ, nicht sofort aufzubrechen, sondern noch einen Tag zu warten. Was sie auch taten. Sie verließen Quebec am nächsten Tag, gerieten in einen Schneesturm und erreichten die Insel erst am Mittwoch abend.

Inzwischen hatte die Situation sich beträchtlich verschlechtert. Marguerite Yourcenars Gesicht war zwei Tage lang durch ein, laut DeeDee »absolut monströses« Ödem entstellt gewesen, vermutlich die Reaktion auf ein Medikament. »In meinen fünfunddreißig Berufsjahren hatte ich so etwas noch nie gesehen«, sagt DeeDee. »Da nur ich bei ihr war, haben die Ärzte von mir die Entscheidung verlangt: Morphium, mit allen bekannten Folgen, oder Abwarten? Ich war ratlos, diese Verantwortung war zu schwer für mich. Als Madame plötzlich sagte: ›Ich werde diesen furchtbaren Schmerz in der Kehle nicht länger hinnehmen.‹ Nun begann man, ihr Morphium zu verabreichen. Wie es oft bei Sterbenden vorkommt, war sie wieder klar bei Bewußtsein, und sie beschloß, möglichst schnell ein Ende zu machen; sie verweigerte alles, was man ihr einzuflößen versuchte.«

Als Yannick Guillou und Yvon Bernier am Vormittag des 17. Dezember im Krankenhaus von Bar Harbor eintrafen, wußten alle dort, daß Marguerite Yourcenar höchstens noch ein, zwei Tage zu leben hatte. »Sobald ich sie gesehen habe, war mir klar, daß ich am Bett einer Sterbenden stand«, erinnert sich Yannick Guillou.* »Als sie mich erkannte, lächelte sie jenes für sie so charakteristische junge Lächeln, das in diesem Augenblick ergreifend wirkte. Sobald ich zu sprechen anfing, französisch natürlich, habe ich auf ihrem Gesicht eine Art Erleichterung gesehen, einen beinahe glücklichen Ausdruck.«

Was sie, vor allem, seit sie den Tod nahen fühlte, kaum noch zu hoffen gewagt hatte, geschah nun doch: Sie hörte vor ihrem Ende noch einmal ihre Sprache. Die Sprache, die sie zur Schriftstellerin, die sie unsterblich gemacht hatte; das einzige, was sie wirklich und ohne einen Augenblick des Zweifels geliebt hatte, ihr ermöglicht hatte, allen und allem zu entfliehen, alles zu überleben, bis ans Ende dieses Menschenleben zu führen, von dem sie gesagt hatte, es sei »nicht notwendigerweise eine gute Chance«. Sie, der wie sie sagte, bei der Geburt »die Chance, nicht zu sein«, beinah zuteil geworden wäre, war »gerettet« worden, zunächst durch den Arzt, der statt des Kindes die Mutter geopfert hatte, und dann, dauerhaft, durch ihre grenzenlose Liebe zu einer Sprache, die sie als ihr Erbe bewahren und weitergeben wollte; durch die schon in früher Jugend gewonnene Überzeugung, daß sie einst zu den großen »Bildnern« dieser Sprache gehören werde; durch den brennenden Wunsch,

* Ein paar Tage später schrieb Yannick Guillou aus Frankreich an seinen Freund, den italienischen Cembalisten Luciano Sgrizzi: »Bei meinem letzten Telefongespräch mit der Pflegerin war keine Rede davon, daß sie im Sterben lag. Erst im Krankenhaus erfuhr ich, daß ihr Zustand sich seit dem 13. verschlimmert und sie seitdem jede Nahrung verweigert hatte und Morphium bekam. Als ich in ihr Zimmer trat – keine Spur von Schläuchen oder Röhren –, waren die ausgestreckten Arme und das Gesicht stark gerötet (eine Medikamenten-Allergie, hieß es), aber dieses Gesicht war plötzlich um dreißig Jahre jünger, keine Falte, eine Würde, eine Majestät, eine Klarheit der Züge, die Augen halb geschlossen, der Mund halb geöffnet, die Zunge bereits schwarz, die Fingerspitzen blau. Mein Besuch war ihr am Vortag angekündigt worden, und sie hatte versucht, in die Hände zu klatschen. Als sie mich sah, bewegte sie leicht den Kopf, die Augen öffneten sich ganz, und sie lächelte (...). Sie hat meine rechte Hand ergriffen und sie sehr langsam an ihre Lippen geführt und geküßt. Sie wollte auch etwas sagen, aber sie sprach so undeutlich, daß ich nichts verstand (...). Es war elf Uhr vormittags (...). Wir, die Pflegerin und ich, sind am frühen Nachmittag noch einmal zu ihr gegangen. Sie lag im Koma. Ich bin an ihrem Bett niedergekniet und habe gebetet.«

alles zu begreifen und alles zu leben, indem sie es in Sprache umsetzte. Nur dadurch konnte sie einer Versuchung widerstehen, die sie lange Zeit bedrängt hatte und die in ihren Augen der erhabenste Akt menschlicher Willensfreiheit war: ein Leben, das man dem Zufall verdankte, aus eigenem Entschluß wieder hinzugeben.

Diese Freiheit hatte sie Zenon gewährt, der in seinem Kerker in Brügge Selbstmord beging, und es war, als hätte sie selbst sich diese Freiheit genommen:

»Und doch stand sein Entschluß fest: Er erkannte es weniger an den erhabenen Zeichen von Mut und Aufopferung als an einer unbestimmten dumpfen Art der Ablehnung, die ihn gegen Einflüsse von außen wie ein Block zu verschließen schien, und fast auch gegen die Empfindung selbst. Er hatte sich bereits mit seinem Ende abgefunden; er war schon Zenon *in aeternum.*

Andererseits und sozusagen als letzte Zuflucht gab es hinter dem Entschluß zu sterben einen anderen, heimlicheren Entschluß, den er dem Domherrn sorgfältig verborgen hatte, nämlich den, von eigener Hand zu sterben.«[11]

Sie hingegen hatte beschlossen, zu schreiben »bis zu dem Augenblick, da mir die Feder aus der Hand fällt. Das wird sich zeigen.«[12] Das schrieb sie in *Lebensquellen,* worin sie die Kurve ihres Lebens in schnellen Strichen skizziert hat.

»Das Wesen, das soeben auf dem Mont-Noir ankam, gehört zu den gesellschaftlich Privilegierten; daran wird sich nichts ändern. Es hat zumindest bis zu dem Augenblick, in dem ich diese Zeilen schreibe, nie Kälte oder Hunger erfahren (...); es muß sich höchstens sieben oder acht Jahre lang seinen ›Lebensunterhalt‹ verdienen, im monotonen und alltäglichen Sinn des Wortes; es wurde nicht, wie Millionen Menschen seiner Zeit, der Konzentrationslagerfron unterworfen, noch, wie andere Millionen, die sich für frei halten, in den Dienst von Maschinen gestellt, die serienweise Unnützes oder Unheilvolles ausstoßen, Gadgets oder Waffen. Es wird, im Gegensatz zu so vielen Frauen von heute, kaum durch sein Frausein behindert werden, vielleicht, weil es nie auf den Gedanken gekommen ist, daß es davon behindert werden könnte (...). Es wird fallen und sich wieder auf seine zerschundenen Knie aufrichten; es wird nicht ohne Mühe lernen, sich seiner eigenen Augen zu bedienen und sie dann, wie die Taucher, weit offen halten. (...) Sein persönliches Leben, soweit dieser Ausdruck einen Sinn hat, wird sich, nach seinen besten Kräften, durch all dies hindurch abspielen. Die Vorfälle dieses Lebens interessieren mich vor allem als Zugangswege, auf denen gewisse Erfahrungen es erreicht haben. Darum, und einzig darum, werde ich sie vielleicht eines Tages aufzeichnen, wenn mir die Zeit dazu verbleibt und mich die Lust darauf überkommt.«[13]

Diese Lust hat sie überkommen, und sie war dabei, einige »Vorfälle« dieses Lebens – mehr vielleicht, als sie anfangs gedacht hatte – in *Liebesläufe* zu »protokollieren«, als die Krankheit, ihre letzte Krankheit, ihr in den Arm gefallen war. Als sie Yannick Guillou einige Monate zuvor einen Teil des Manuskripts übergab, hatte sie mit dem ihr eigenen Sinn für Euphemismen gesagt: »Man könnte nun veröffentlichen, selbst wenn ich ›verhindert‹ sein sollte.« Guillou war also der einzige Mensch, der ihr zu einem friedlichen Sterben verhelfen, ihr sagen konnte, daß sie – was immer sie glauben oder bezweifeln mochte – eine Zukunft habe. An jenem Vormittag des 17. Dezember 1987 hörte sie wohl nur noch unklar, was er zu ihr sagte, so, wie er kein einziges ihrer Worte verstand, die bereits vom Tod verwischt und verworren waren. Aber beide wußten, daß alles in Ordnung war.

Als Yannick Guillou ihr am Nachmittag einen zweiten Besuch machte, war Marguerite Yourcenar nur noch eine ruhende Grabfigur. Unerreichbar. Man konnte nur noch beten, wenn man es konnte, und weggehen. DeeDee brachte Yannick Guillou in sein Hotel, dann kehrte sie ins Krankenhaus zurück.

»Nichts hatte sich inzwischen verändert«, sagt sie. »Madame atmete ruhig, friedlich, überhaupt nicht wie eine Sterbende. Man durfte annehmen, daß es die Nacht über so bleiben werde. Vielleicht auch noch länger. Trotzdem wollte ich bei ihr bleiben. Es war ein seltsames Gefühl, bei dieser Frau zu wachen, die so viele Menschen liebten, ohne sie je gesehen zu haben, bei dieser Frau, deren Tod bald in der ganzen Welt bekannt und kommentiert werden sollte und die ich wie schlafend hier liegen sah, in dem kleinen Krankenzimmer Nr. 114 des Spitals von Bar Harbor, das so bescheiden war wie das kleine Haus auf unserer Insel, das sie hatte behalten wollen. Ich war nicht nur bei ihr geblieben, weil es die Pflicht einer Pflegerin ist, im letzten Augenblick zugegen zu sein, wenn zufällig niemand sonst da sein kann. Ich war da, weil ich sie liebte. Ich mußte an ihre seltsamen Worte denken, als sie begriffen hatte, daß sie sterben werde: ›Es muß wohl irgendwo ein Paradies geben.‹ Betete sie zu diesem Gott, dessen sie nicht sicher war und von dem sie immer gesagt hatte ›wer oder was immer das sein mag‹? Ich sah mich wieder an Graces Sterbebett acht Jahre zuvor, hörte die kleine Spieldose in der Stille des Hauses klimpern. Aber diesesmal teilte Madame die Nachtwache nicht mit mir. Sie lag selbst im Sterben, und ich wollte es nicht glauben. Zwei Tage zuvor hatte ich einer ihrer Pariser Freundinnen, die wissen wollte, ob ›es zu Ende geht‹, geantwortet: ›Bei jeder anderen Patientin würde ich sagen, ja, aber bei ihr weiß man nie.‹

Je mehr der Abend vorrückte, um so deutlicher wurde mir, daß es sich nur noch um Stunden handeln konnte. Aber ich wollte nicht hören, was meine Erfahrung mir sagte. Ich betrachtete sie, wie ruhig sie dalag. Kein Geräusch, kein Röcheln.

Plötzlich tat Madame einen tiefen Atemzug. Es war einundzwanzig Uhr dreißig, als Marguerite Yourcenar zum letzten Mal die Augen öffnete und sie offen ließ. Immer noch das selbe Blau, immer noch die selbe Klarheit. Ich würde der letzte Mensch sein, der sie gesehen hatte. Ich mußte sie ihr schließen, ihr einen letzten Dienst erweisen, in ihrem Angedenken, im Angedenken an das, was wir gemeinsam am 18. November 1979 durchlebt hatten, fast genau vor acht Jahren und einem Monat, um neun Uhr abends.« Und wie Marguerite Yourcenar es bei Grace Fricks Tod getan hatte, öffnete DeeDee das Fenster, wartete eine kleine Weile – die Luft war eisig kalt – und schloß es wieder.

Mademoiselle de Crayencour hatte soeben im Alter von vierundachtzig Jahren den Erdenweg einer seltsamen Romanfigur beendet, die noch lange lebendig bleiben wird: Marguerite Yourcenar.

Anhang

Anmerkungen

Erster Teil
Der Name unter dem Namen

Kapitel 1
Das Kind und die Dienerinnen

1 »Chronologie« in *Œuvres romanesques,* Bibliothèque de la Pléiade, Gallimard, Paris 1982.

2 *Gedenkbilder,* Hanser, München 1984, S. 27.

3 *Ibid.,* S. 43.

4 *Ibid.,* S. 43.

5 *Lebensquellen,* Hanser, München 1985, S. 286.

6 Erinnerungen von Michel, Fernand, Marie, Joseph Cleenewerck de Crayencour, enthalten in »Marguerite Yourcenar de 0 à 25 ans« von Georges de Crayencour, *Dossiers du CACEF* (Centre d'action culturelle de la communanté d'expression française) N° 82-83, Dezember 1980-Januar 1981, S. 5.

7 *Lebensquellen,* op. cit., S. 274.

8 *Gedenkbilder,* op. cit., S. 275.

9 *Lebensquellen,* op. cit., S. 288.

10 *Ibid.,* S. 289.

11 *Ibid.,* S. 294-295.

12 Brief an Daniel Ribet, Anwalt in Lille, vom 14. 7. 1968, Houghton Library.

13 »Marguerite Yourcenar de 0 à 25 ans«, op. cit., S. 6 und 7.

14 Siehe das Kapitel »Kaleidoskop der Kindheit« in *Liebesläufe,* Hanser, München 1989, S. 174-198.

15 Brief an Georges de Crayencour, Weihnachten 1966, Archiv Georges de Crayencour.

16 Joseph ist der vierte Vorname von Michel-Renés Sohn. Wenn Marguerite Yourcenar ihren Halbbruder erwähnt, nennt sie ihn nur Michel-Joseph, der Kürze halber, wie sie in *Lebensquellen* (op. cit., S. 235) schreibt. Georges de Crayencour hingegen bezeichnet seinen Vater, wie üblich, mit den beiden ersten Vornamen: Michel, Fernand.

17 »Marguerite Yourcenar de 0 à 25 ans« op. cit., S. 7.

18 *Lebensquellen,* op. cit., S. 143-144

19 *Ibid.,* S. 147.

20 *Liebesläufe,* op. cit., S. 174.

21 *Ibid.*, S. 177.

22 *Ibid.*, S. 181.

23 »Marguerite Yourcenar de 0 à 25 ans«, op. cit., S. 8-9.

24 Vorarbeiten zu *Liebesläufe*, Houghton Library.

25 »En mémoire de Diotime: Jeanne de Vietinghoff« wurde in *La Revue mondiale* vom 15. 2. 1929, S. 413-418 abgedruckt und unverändert in das Kapitel »Tombeaux« des Essay-Bands *Le Temps, ce grand sculpteur*, Gallimard, collection Blanche, Paris 1983 aufgenommen.

26 *Gedenkbilder,* op. cit., S. 247.

27 *Ibid.,* op. cit., S. 249.

28 *Liebesläufe,* op. cit., S. 67.

29 Jeanne von Vietinghoff benützt hier für Scheveningen die französische Schreibweise Scheveningue, wie später auch Marguerite Yourcenar, die sich darüber in *Liebesläufe* S. 105 äußert: »Kommt es von der französischen Aussprache mit der gedehnten Endsilbe (denn Scheveningen ist ein niederländischer Ortsname (...), daß dieser Strand für mich der Archetypus aller Strände des Département du Nord geblieben ist?«

30 *Liebesläufe,* op. cit., S. 63-64.

31 Gespräch mit Egon von Vietinghoff, März 1988.

32 *Liebesläufe,* op. cit., S. 109.

33 In den Vorarbeiten zu *Liebesläufe.*

34 »Apostrophes«, Literatursendung von Bernard Pivot, Antenne 2, vom 7. 12. 1979. Eine ähnliche Antwort erhielt Jacques Chancel, als er während der Tonbandaufnahmen zu seiner Sendung »Radioscopie« (France-Inter, 11.-15. 6. 1979) von Marguerite Yourcenar wissen wollte, ob man sich nicht nach einer Mutter sehne, die man niemals gekannt hatte. Marguerite Yourcenar erwiderte: »Das hört sich an, wie aus einem Roman. Mag sein, aber warum?«

35 »Apostrophes«, op. cit.

36 *Liebesläufe,* op. cit., S. 109.

37 *Ibid.*, S. 266.

38 *Ibid.*, S. 221.

39 *Ibid.*, S. 109.

Kapitel 2
Ich weiß nicht, ob ich diesen Herrn liebte

1 *Liebesläufe,* op. cit., S. 132-133.

2 *Lebensquellen,* op. cit., S. 278.

3 *Liebesläufe,* op. cit., S. 133.

4 *Ibid.*, S. 133.

5 *Ibid.*, S. 133.

6 *A la recherche du temps perdu: Du côté de chez Swann,* (Auf der Suche nach der verlorenen Zeit: Swanns Welt) von Marcel Proust, Gallimard Paris, Bibliothèque de la Pléiade, 1987 S. 13.
7 Vorarbeiten zu *Liebesläufe*, Houghton Library.
8 *Ibid.*
9 *Liebesläufe* op. cit., S. 191.
10 *Gedenkbilder,* op. cit., 1984, S. 54.
11 *Liebesläufe*, op. cit., S. 191.
12 *Ibid.*, S. 191-192.
13 *Ibid.*, S. 193.
14 *Ibid.*, S. 194.
15 *Ibid.*, S. 194.
16 »Marguerite Yourcenar de 0 à 25 ans«, op. cit., S. 10.
17 *Liebesläufe*, op. cit., S. 16.
18 *Ibid.*, S. 196.
19 *Ibid.*, S. 238.
20 *Lebensquellen,* op. cit., S. 214.
21 *Ibid.*, S. 216.
22 *Ibid.*, S. 216-217.
23 Brief an Georges de Crayencour vom 21. 9. 1977, Archiv Georges de Crayencour.
24 *Liebesläufe*, op. cit., S. 25.
25 »Marguerite Yourcenar de 0 à 25 ans« op. cit., S. 9-10.
26 *Liebesläufe*, op. cit., S. 238.
27 *Gedenkbilder,* op. cit., S. 294.
28 »Apostrophes«, op. cit.
29 »Ode à la gloire«, in *Les Dieux ne sont pas morts,* erschienen unter dem Namen Marg Yourcenar, Paris 1922, éditions Sansot, R. Chiberre, éditeur.
30 »Les Rafales« in *Les Dieux ne sont pas morts,* op. cit.
31 Es handelt sich um das Kapitel »Treue« in *Liebesläufe,* op. cit., S. 158-173.
32 *Liebesläufe*, op. cit., S. 266.
33 Siehe Anmerkung 25, I. Teil, 1. Kapitel.
34 »Tombeaux«: »En mémoire de Diotime: Jeanne de Vietinghoff« in *Le Temps, ce grand sculpteur,* Gallimard, Paris, collection Blanche, 1983, S. 223-224.
35 *Liebesläufe,* op. cit., S. 180.
36 *Ibid.*, S. 238.
37 *Ibid.*, S. 181.

Kapitel 3
Frühe Lehrjahre

1 »Marguerite Yourcenar de 0 à 25 ans« op. cit.
2 *Gedenkbilder,* op. cit., S. 279.
3 *Liebesläufe,* op. cit., S. 229-230.
4 *Ibid.,* op. cit., S. 235.
5 *Ibid.,* op. cit., S. 232.
6 *Ibid.,* op. cit., S. 234-235.
7 *Ibid.,* op. cit., S. 235.
8 Houghton Library.
9 *Liebesläufe,* op. cit., S. 239.
10 *Ibid.,* S. 239.
11 »Marguerite Yourcenar de 0 à 25 ans«, op. cit., S. 12.
12 *Liebesläufe,* op. cit., S. 58.
13 Siehe das Gedicht, das sie für ihre Gouvernante Camille Debocq zu Weihnachten 1915 schrieb. Abb. S. 71.
14 *Liebesläufe,* op. cit., S. 58.
15 *Ibid.,* S. 58.
16 *Ibid.,* S. 58.
17 *Lebensquellen,* op. cit., S. 190.
18 *Ibid.,* S. 191.
19 Brief an Jean Guéhenno vom 7. 3. 1978, unveröffentlichte Korrespondenz. Die unveröffentlichte Korrespondenz ist ein Konvolut von Briefen, die im Hinblick auf die Veröffentlichung einer Auswahl vorerst bei Gallimard verwahrt werden und zur endgültigen Verwahrung in der Houghton Library bestimmt sind.
20 Brief an Gabriel Germain vom 15. 6. 1969. Unveröffentlichte Korrespondenz.
21 »Chronologie« in *Œuvres romanesques,* op. cit.
22 Vorarbeiten zu *Liebesläufe,* Houghton Library.
23 *Les Yeux ouverts, Gespräche mit Matthieu Galey,* Le Centurion, Paris 1980, S. 48.
24 *Ibid.,* S. 29.
25 *Ibid.,* S. 44-45.
26 *Ibid.,* S. 48-49.
27 Brief an Denise Lajoie vom 26. 3. 1977, unveröffentlichte Korrespondenz.
28 *Les Yeux ouverts,* op. cit., S. 52-53.
29 Brief an Olga Peters vom 20. 5. 1950, unveröffentlichte Korrespondenz.
30 Brief an Denys Magne vom 15. 4. 1973, unveröffentlichte Korrespondenz.
31 *Liebesläufe,* op. cit., S. 129-130.

32 *Ibid.*, S. 130.

33 *Ibid.*, S. 144.

34 *Ibid.*, S. 144-145.

35 Archiv Marguerite Yourcenar.

36 Brief an Georges de Crayencour, datiert mit 31. 7.-3. 8. 1980, Archiv Georges de Crayencour.

37 *Lebensquellen* op. cit., S. 241.

38 »Apostrophes« op. cit.

39 *Les Yeux ouverts*, op. cit., S. 53.

40 »Aujourd'hui« in *Les Dieux ne sont pas morts*, op. cit., S. 89-91.

41 »Le Travail« *Ibid.*, S. 27-30.

42 Brief an Olga Peters. Unveröffentlichte Korrespondenz.

43 Brief an Denys Magne, op. cit.

44 Brief vom 18. 7. 1920, Absender M. de Crayencour, »Villa Loretta, boulevard d'Italie, Monte-Carlo«, Archiv Plon.

45 Brief vom 27. 9. 1920, gezeichnet M. de Crayencour, Archiv Plon.

46 Brief vom 4. 10. 1920, gezeichnet Marguerite de Crayencour, Archiv Plon.

Kapitel 4
Ich, Marguerite Yourcenar

1 Brief an N. Chatterji vom 17. 7. 1964, unveröffentlichte Korrespondenz.

2 *Gedenkbilder*, op. cit., S. 223.

3 *Anna, soror ...* »Postface« in *Œuvres romanesques* op. cit.

4 In der 1981 bei Gallimard, Paris, erschienenen Ausgabe von *Anna, soror ...* schreibt Marguerite Yourcenar im Nachwort (S. 132-133): »*Anna soror ...* ist nur die teilweise Vorveröffentlichung eines Bandes, der den Titel tragen wird *Comme l'eau qui coule*, einen Titel, der sich ein wenig dem von *Remous* annähert; er ersetzt jedoch das Bild von Ebbe und Flut des Meeres durch das Bild des Flusses, manchmal des Wildbachs, die beide bald schlammig trüb, bald glasklar sind wie das Leben auch.« *Comme l'eau qui coule*, veröffentlicht 1982 (Gallimard, Paris, Collection Blanche) enthält *Anna, soror ...* (mit einigen Änderungen), *Un homme obscur* und *Une belle matinée*; die beiden letztgenannten Texte erfuhren 1985 eine Neuausgabe (NRF Gallimard, Paris). Alle drei Novellen wurden in *Œuvres romanesques*, op. cit., aufgenommen.

5 »Chronologie« in *Œuvres romanesques*, op. cit.

6 *Ibid.*

7 »Radioscopie«, op. cit.

8 *Carnet de notes de »L'Œuvre au Noir«* in *Œuvres romanesques*, Gallimard, Bibliothèque de la Pléiade 1982 (erweiterte Aufl. S. 852-877).

9 *Les Yeux ouverts,* op. cit., S. 161.
10 *Lebensquellen,* op. cit., S. 115.
11 *Ibid.* S. 109.
12 Houghton Library.
13 *Anna, soror* ... in *Œuvres romanesques,* op. cit., S. 879.
14 *Anna, soror* ..., »Postface« op. cit., S. 907-908.
15 *Anna, soror* ..., op. cit., S. 866.
16 *Anna, soror* ..., »Postface« op. cit., S. 908.
17 *Gedenkbilder,* op. cit., S. 202.
18 Postkarte an Camille Debocq vom 19. 6. 1927, Archiv Gallimard, Stiftung Letot.
19 »Die enthauptete Göttin«, aufgenommen in *Orientalische Erzählungen,* Bibliothek Suhrkamp, Frankfurt/Main 1988.
20 »Diagnostic de l'Europe« in *Essais et Mémoires,* Gallimard, Paris, Bibliothèque de la Pléiade, 1991, S. 1649-1655.
21 *Die Niederlage des Denkens* von Alain Finkielkraut, Rowohlt, Reinbek bei Hamburg 1989.
22 Brief an Émilie Noulet vom 20. 11. 1973, unveröffentlichte Korrespondenz.
23 Edmond Jaloux, »L'Ésprit des Livres«, in *Nouvelles Littéraires,* 26. 4. 1929.
24 »Diagnostic de l'Europe«, op. cit., Anm. S. 1655.
25 Postkarte an Camille Debocq vom 25. 8. 1928, Archiv Gallimard.
26 Am 2. 6. 1952 schreibt Roger Martin du Gard an Marguerite Yourcenar, die ihm ein Exemplar der zweiten Auflage von *Alexis,* erschienen bei Plon, hatte zugehen lassen: »... *Alexis,* das Buch, das ich hier in dem kleinen Verlag ›Le Sans Pareil‹ fand und das ich nach der Lektüre von *Hadrien* mit großer Neugier wieder zur Hand nahm (ich verstehe gut, warum dieses Buch mich 1929 so sehr beeindruckt hat: Es bleibt für mich ebenso einmalig, ebenso bewegend, und ich erkenne von der ersten bis zur letzten Seite die Feder, die es vermocht hat, dem Tod des Antinous und der Verzweiflung Hadrians einen *unvergeßlichen* Akzent zu verleihen ...)«; Houghton Library.
27 »Chronologie« in *Œuvres romanesques,* op. cit.
28 *Alexis oder der vergebliche Kampf,* Scherz-Goverts, Stuttgart 1956, S. 160.
29 *Les Yeux ouverts,* op. cit., S. 75.
30 *Alexis oder der vergebliche Kampf,* op. cit., Nachwort zur deutschen Ausgabe S. 140-141.
31 »Chronologie« in *Œuvres romanesques,* op. cit.
32 *Liebesläufe,* op. cit., S. 122-123.
33 *Gedenkbilder,* op. cit., S. 293.
34 »Le premier soir« in *Revue de France* N° 23, Dezember 1929, S. 435-449. Diese Novelle erhielt den zweiten Preis der Abonnenten der Zeitschrift (2000 Francs); den ersten Preis erhielt René Bris für »Leçons d'anglais«.

Die Resultate wurden in der Nummer vom April 1930 bekanntgegeben.

35 *Gedenkbilder,* op. cit., S. 292-295.

36 *Les Yeux ouverts,* op. cit., S. 72.

37 *Liebesläufe,* op. cit., S. 123.

38 Beim Tod ihres Vaters im Januar 1929 war Marguerite fünfundzwanzigeinhalb Jahre alt.

39 *Les Yeux ouverts,* op. cit., S. 25-26.

40 Heft, betitelt »Notizen über ›Michel‹«, verwendet in *Liebesläufe* und vorher schon in *Lebensquellen.* Archiv Gallimard.

41 *Liebesläufe,* op. cit., S. 104.

42 *Lebensquellen,* op. cit., S. 241.

43 *Ibid.,* S. 244.

44 In einem Brief an Camille Debocq vom 7. 7. 1966 präzisiert Marguerite: »Ich habe ihn nicht wiedergesehen (...) ausgenommen einmal zwischen 1929 und 1933, als meine Stiefmutter Christine nach Belgien übersiedelte, und diese neuerliche Begegnung ist keine glückliche gewesen ...«, Archiv Gallimard, Stiftung Letot.

45 *Lebensquellen,* op. cit., S. 245.

46 Laut René Hilsum hat Gallimard das Manuskript von *Alexis* abgelehnt. Hingegen versichert Pierre Assouline in seiner Biographie Gaston Gallimards (Balland, Paris 1984): »... diese junge Frau von 27 Jahren, die 1929 das Manuskript ihres ersten Romans gleichzeitig an Gallimard und an Hilsum, dessen Bücher sie schätzte, geschickt hat, erhält von Gallimard nicht einmal eine Antwort, von Hilsum einen begeisterten Brief (...)« S. 206.

47 Gespräche mit René Hilsum, Frühjahr 1988.

48 »Radioscopie«, op. cit.

49 Edmond Jaloux, »L'Ésprit des Livres« in *Nouvelles Littéraires,* 29. 4. 1930.

50 Paul Morand, *Alexis ou le Traîté du vain combat* von Marg Yourcenar, in *Le Courrier Littéraire* N° 15, April 1930, S. 158.

51 Anna, soror ... »Postface« op. cit., S. 910 und 913 (Anm. 6). Auszug aus dem Brief Flauberts an Louise Colet vom 23. 12. 1853 in *Correspondance de Gustave Flaubert,* Bibliothèque de la Pléiade, Band II S. 483.

52 *Alexis oder der vergebliche Kampf,* op. cit., S. 8.

53 *Ibid.,* Nachwort.

54 Gonzague Truc, »Marguerite Yourcenar: 1929-1938«, in *Études Littéraires* (Kanada) Band 1, April 1979, S. 11-27. Sondernummer über Marguerite Yourcenar, herausgegeben von Yvon Bernier. Das genaue Datum von Gonzague Trucs Vortrag ist nicht mehr festzustellen, es liegt zwischen 1938 und 1939, auf jeden Fall vor der Veröffentlichung von *Le Coup de Grâce* (deutsch *Der Fangschuß,* Hanser München 1986) im Mai 1939.

55 Brief von Marguerite Yourcenar vom 28. 9. 1977, unveröffentlichte Korrespondenz.

Zweiter Teil
Das unstete Leben

Kapitel 1
Wanderschaften des Herzens und des Geistes

1 *Les Yeux ouverts,* op. cit., S. 25.
2 Gespräche mit André Fraigneau, 1989.
3 »Chronologie« in *Œuvres romanesques,* op. cit.
4 *Les Yeux ouverts,* op. cit., S. 82-83.
5 *La Nouvelle Eurydice* von Marguerite Yourcenar, Reihe »Pour mon Plaisir« IV, Bernard Grasset, 1931, S. 159-160.
6 Pierre Audiat, »L'Actualité littéraire«, in *Revue de France,* Band 6, 1. 11. 1931, S. 141-144.
7 Louis de Mondadon, »Revues des Livres: romans et nouvelles, *La Nouvelle Eurydice*«, in *Etudes,* Band 210, Januar 1932, S. 376.
8 Edmond Jaloux, »L'Esprit des Livres«, in *Nouvelles Littéraires,* 13. 2. 1932.
9 »Un poète grec, Pindare (I): L'Enfance et l'adolescence« in *Le Manuscrit Autographe,* 6. Jahrgang, N° 32 (März-April), S. 81-91. »Un poète grec, Pindare (II): L'Œuvre« in *Le Manuscrit Autographe* N° 33 (Mai-Juni), S. 88-97. »Un poète grec, Pindare (III)« in *Le Manuscrit Autographe* N° 34 (Juli-August), S. 92-102. »Un poète grec, Pindare (IV)« in *Le Manuscrit Autographe* N° 36, November-Dezember, S. 95-98.
10 *Pindare* von Marguerite Yourcenar, Bernard Grasset, 1932.
11 *Ibid.,* S. 243.
12 *Ibid.,* S. 252.
13 *Ibid.,* S. 261.
14 *Ibid.,* S. 269-272.
15 *Ibid.,* S. 284.
16 »Le Dialogue dans le Marécage« in *Revue de France,* Band 12, N° 4, 15. 2. 1932, S. 637-665.
17 »Note sur ›Le Dialogue dans le Marécage‹« vom Dezember 1969, in *Théâtre I,* Gallimard, Collection Blanche, 1971, S. 176.
18 *Ibid.*
19 »Sixtine« in *Revue Bleue* N° 22, November 1931, S. 684-687, aufgenommen in *Le Temps, ce grand sculpteur,* Gallimard, collection Blanche, Paris 1983.

20 »Note sur ›Le Dialogue dans le Marécage‹«, op. cit., S. 177.

21 Gespräch mit J.-L. Wolff, geführt von Camillo Faverzani am 6. 2. 1988, aufgenommen in »Marguerite Yourcenar et la culture italienne« (Dissertation, Erlaß vom 23. 11. 1988), Band I, S. 377.

22 Rudolf Kassner, Philosoph und Essayist, geb. 11. 9. 1873 in Mähren, gest. 3. 4. 1959. Freund von Rilke, Hofmannsthal, Gide und Valéry. Bekannt geworden durch den Essay *Die Grundlagen der Physiognomik* (Insel, Leipzig 1921). Zwei seiner Bücher wurden in Frankreich veröffentlicht: *Von den Elementen der menschlichen Größe,* bei Gallimard, 1931 und *Buch der Erinnerung* bei Stock, 1942. »Er ist einer der edelsten Geister unserer Zeit und auch eines jener ›Gewissen‹, die zugleich die Zierde und die Ehre einer Epoche sind«, sagt Marcel Brion von ihm.

23 Charles Du Bos, geb. 1882 und gest. 1939, gehörte zur Gruppe der *Nouvelle Revue française* und gründete 1936 zusammen mit Mauriac die Zeitschrift *Vigile.* Bekannt geworden ist er durch *Approximations,* eine Sammlung von literarischen Vorträgen, Untersuchungen und Artikeln, geschrieben zwischen 1922 und 1937, sowie durch sein *Journal* (5 Bände, erschienen zwischen 1948 und 1949).

24 Gaston Baissette, Dr. med., geb. 1900 in Albi, gest. 5. 2. 1977, Autor mehrerer Essays und Romane, u. a. *Le Soleil de Maguelonne* und *Le Vin de feu* (Juillard). In seiner Jugend hatte er Gedichte und Novellen veröffentlicht. Mitarbeiter an den *Cahiers du Sud* und Leiter der *Hefte Feuilles au Vent,* deren erste Nummer er den phantastischen Dichtern widmet.

25 »Autour de Ariane et Thésée«, Vorwort von André Fraigneau in der Sondernummer mit dem Titel »Retour aux mythes grecs« der *Cahiers du Sud* N° 219, August 1939, S. 59.

26 Französische Schreibweise für Andreas.

27 Patrick de Rosbo, *Entretiens radiophoniques avec Marguerite Yourcenar,* Mercure de France 1972, S. 146.

28 In *Le Voyage en Grèce* hat Marguerite Yourcenar u. a. »Apollon tragique« (Sommer 1935) und »Dernière Olympique« (Frühjahr 1936) veröffentlicht. Die Texte wurden überarbeitet in den Essayband *En pèlerin et en étranger,* Gallimard, collection Blanche, Paris 1989 aufgenommen.

29 Brief an Ethel Thornbury vom 9. 12. 1954, Houghton Library.

30 Brief an Denys Magne vom 15. 4. 1973, unveröffentlichte Korrespondenz.

31 Nachwort zu *Eine Münze in neun Händen,* Hanser, München 1987, S. 187–188. Der Roman war zuerst 1934 bei Bernard Grasset erschienen, dann in einer stark überarbeiteten Fassung 1959 bei Plon.

32 *Ibid.,* S. 188.

33 Les Yeux ouverts, op. cit., S. 84.

34 *Ibid.,* S. 86–87.

35 Nachwort zu *Eine Münze in neun Händen,* op. cit., S. 191-192.
36 Edmond Jaloux, »L'Esprit des livres«, in *Les Nouvelles littéraires,* 17. 3. 1934.
37 Louis de Mondadon, »Romans et Nouvelles: Marguerite Yourcenar, Denier du rêve«, in *Etudes* Band 221, Oktober 1934, S. 414.
38 *La Mort conduit l'Attelage* (D'après Dürer, D'après Greco, D'après Rembrandt«), Bernard Grasset, Paris 1934. Vgl. vorhergehendes Kapitel.
39 Louis de Mondadon, »Revues des Livres, Marguerite Yourcenar – *La Mort conduit l'Attelage*«, in *Etudes,* Band 223, April 1935, S. 573.
40 Edmond Jaloux, »L'Esprit des Livres«, in *Les Nouvelles Littéraires,* 9. 3. 1935.

Kapitel 2
Die unmögliche Leidenschaft

1 Gespräche mit Dimitri T. Analis, 1989.
2 André Fraigneau, *Les Voyageurs transfigurés*, Gallimard, collection »Une œuvre, un portrait«.
3 André Fraigneau, *L'Amour vagabond,* Editions du Rocher, 1987, S. 100.
4 Gespräch mit Jeannette Hadzinicoli, Oktober 1989.
5 *Lebensquellen,* op. cit., S. 123-124.
6 *Les Yeux ouverts,* op. cit., S. 286-287.
7 *Ibid.*, S. 289.
8 *»Avertissement«* zu *Feux*, Bernard Grasset, Paris 1936, S. 9-10.
9 *»Avertissement«* zu *Feux,* Plon, Paris 1957, S. 1-3.
10 Nachwort zu *Feux* vom 2. 11. 1967.
11 *Feux,* in *Œuvres romanesques,* Gallimard, Bibliothèque de la Pléiade, Paris 1982, S. 1077-1078.
12 *Ibid.*, S. 1078.
13 *Ibid.*, S. 1077.
14 *Ibid.*, S. 1055.
15 *Ibid.*, S. 1071.
16 *Ibid.*, S. 1069.
17 Emilie Nolet, »Notes, *Feux,* par Marguerite Yourcenar«, in *La Nouvelle Revue française,* Januar 1937, S. 104-105.
18 Edmond Jaloux, »L'Esprit des Livres«, in *Nouvelles Littéraires,* 19. 12. 1936.
19 Aus Kavafis wurde schließlich nach französischer Schreibart Cavafy.
20 »Présentation de Kavafis« in *Fontaine*, Mai 1944, S. 38-40, gefolgt von einigen Gedichten.
21 Briefe von Nelly Liambey an Josyane Savigneau, 17. 1. 1989 und 2. 6. 1990.

Kapitel 3
Grace und der »Coup de grâce«

1 Der ursprüngliche Titel war »Der Prinz Genghi«.

2 »Mozart à Salzbourg«, datiert auf 1932 und veröffentlicht am 6. 2. 1937 in *La Revue Bleue,* wurde mit zahlreichen, von Marguerite Yourcenar im Jahr 1980 durchgeführten Änderungen, in den Essayband *En pèlerin et en étranger,* op. cit., S. 91–97 aufgenommen.

3 Notiz von Paul Morand an Emmanuel Boudot-Lamotte vom 7. 12. 1936, Archiv Gallimard.

4 Brief von Marguerite Yourcenar an Paul Morand vom 25. 1. 1937, Archiv Gallimard.

5 Brief von Marguerite Yourcenar an Emmanuel Boudot-Lamotte vom 13. 2. 1937, Archiv Gallimard.

6 Brief an Barbara Kneubuhl vom 3. 6. 1976, unveröffentlichte Korrespondenz.

7 Die Texte »Visite à Virginia Woolf« (1937) und »Une femme étincelante et timide« (1972) wurden beide unter dem Titel »Une femme étincelante et timide« in die Essaysammlung *En pèlerin et en étranger,* op. cit., S. 107–120 aufgenommen.

8 »Une femme étincelante et timide« in *En pèlerin et en étranger,* op. cit., S. 116.

9 *Ibid.*, S. 118.

10 *The Diary of Virginia Woolf.*

11 Gespräch mit Florence Codman, März 1989.

12 Brief an Emmanuel Boudot-Lamotte vom 16. 11. 1937, Archiv Gallimard.

13 Brief an Emmanuel Boudot-Lamotte vom 20. 11. 1937, Archiv Gallimard.

14 Brief an Emmanuel Boudot-Lamotte vom 16. 11. 1937, op. cit.

15 Brief an Charles Du Bos, datiert vom November 1937, Bibliothek Jacques Doucet, Signatur MS 23 976.

16 Brief von Charles Du Bos vom 16. 11. 1937, Houghton Library.

17 Brief an Charles Du Bos, datiert vom 21.–23. 12. 1937, Houghton Library und Bibliothek Jacques Doucet.

18 Brief an Michèle Leleu vom 27. 11. 1964, Houghton Library.

19 Brief an Charles Du Bos vom 27. 4. 1938, Houghton Library und Bibliothek Jacques Doucet.

20 *Der Fangschuß,* Hanser, München 1986, S. 5.

21 *Ibid.*, S. 10.

22 *Ibid.*, S. 23.

23 *Ibid.*, S. 20.

24 *Ibid.*, S. 31.

25 *Ibid.*, S. 32–34.

26 *Ibid.*, S. 152.
27 Gespräch mit Alix de Weck, November 1989.
28 Matthieu Galey, *Journal 1974-1986*, Grasset, Paris 1989, S. 92.
29 André Fraigneau, *La Grâce humaine*, Neuauflage bei Editions du Rocher, Monaco 1989.
30 *Der Fangschuß*, op. cit., S. 15.
31 *Ibid.*, S. 39-40.
32 *Ibid.*, S. 88.
33 *Ibid.*, S. 76.
34 *Ibid.*, S. 127.
35 *Ibid.*, S. 129.
36 »Propos romains« in André Fraigneau *Les Etonnements de Guillaume Francœur*, Plon 1960. Neuauflage bei Editions du Rocher, Monaco 1985.
37 Brief an Claude Chevreuil vom 2. 9. 1963, unveröffentlichte Korrespondenz.
38 Nachwort zu *Der Fangschuß*, op. cit., S. 162-163.
39 Postkarte an Charles Du Bos, Juni 1938, Bibliothek Doucet.
40 Postkarte an Charles Du Bos vom 14. 7. 1938, Bibliothek Doucet.
41 Vorwort zu *Les Songes et les Sorts*, Bernard Grasset, Paris 1938, S. 8.
42 *Ibid.*, S. 10-11.
43 *Ibid.*, S. 11.
44 *Ibid.*, S. 12-13.
45 »L'Esprit des Livres«, Rubrik von Edmond Jaloux, in *Les Nouvelles littéraires*, 8. 10. 1938.
46 *Ibid.*
47 François Nourissier, »L'Olympe de Marguerite Yourcenar«, in *Le Point*, 8. 12. 1975.
48 Brief an Emmanuel Boudot-Lamotte vom 6. 1. 1939, Archiv Gallimard.
49 *Les Yeux ouverts*, op. cit., S. 241.
50 Brief an Jean Ballard vom 5. 6. 1939, Houghton Library.
51 »Retours aux mythes grecs« in *Cahiers du Sud* N° 219, August-September 1939, Vorwort von André Fraigneau: »Triptyque« von André Fraigneau, »Thésée« von Gaston Baissette, »Ariane et l'Aventurier« von Marguerite Yourcenar.
52 Brief an Jean Ballard vom 18. 6. 1939, Houghton Library.
53 »L'Esprit des Livres«, Rubrik von Edmond Jaloux, in *Les Nouvelles littéraires*, 5. 8. 1939.
54 Henri Hell, »Une tragédie racinienne« in *Cahiers des Saisons*, Sommer 1964, S. 294 und 295.
55 Brief an Henri Hell vom 1. 9. 1964, unveröffentlichte Korrespondenz.
56 »Commentaires sur soi-même«, unveröffentlicht, Gallimard.
57 Archiv Gallimard.

Dritter Teil
Das rückeroberte Gedächtnis

Kapitel 1
Die schwarzen Jahre

1 *Lebensquellen*, op. cit., S. 244.
2 »Commentaires sur soi-même«, unveröffentlicht. Gallimard.
3 *Liebesläufe*, op. cit., S. 244.
4 Brief an Jean Ballard, 1939, Houghton Library.
5 Postkarte an Lucy Kyriakos, Houghton Library.
6 Brief an Emma Trebbe vom 1. 8. 1959, Houghton Library.
7 Brief an Konstantinos Dimaras vom 25. 11. 1940, Houghton Library.
8 »Forces du passé et forces de l'avenir« in *En pèlerin et en étranger*, op. cit., S. 55-62.
9 *L'Anthologie de l'humour noir*, ausgedruckt im Juni 1940. Das von der Zensur der Vichy-Regierung verbotene Buch wurde 1951 neu aufgelegt.
10 Brief an Jacques Kayaloff vom 22. 7. 1941, Houghton Library.
11 *Les Nouvelles Littéraires*, 22. 5. 1952, Gespräch mit Jeanine Delpech.
12 Brief von Jules Romain vom 25. 12. 1951, Houghton Library.
13 Brief an Jacques Kayaloff vom 8. 8. 1941, Archiv Anya Kayaloff.
14 Brief an Jacques Kayaloff vom 7. 12. 1941, Archiv Anya Kayaloff.
15 Brief an Jacques Kayaloff vom 20. Januar 1942, Archiv Anya Kayaloff.
16 Ile des Monts-Déserts, Name, den Samuel de Champlain der Insel gegeben hatte, als er sie 1604 entdeckte; englisch: Mount Desert Island.
17 »Examen d'Alceste« in *Le Mystère d'Alceste, Théâtre I*, Gallimard, collection Blanche, Paris 1971, S. 99. Dieses Vorwort wurde zum Teil in den Artikel »Mythologies III, Alceste« aufgenommen, der in *Les Lettres françaises* N° 15 vom Januar 1945 erschienen ist.
18 Houghton Library.
19 *Le Monde* des Livres, 7. 12. 1984. Gespräch mit Josyane Savigneau.
20 Das Datum 1943 wurde in die »Chronologie« der Pléiade aufgenommen, während im Vorwort zu dem Stück das Jahr 1944 erscheint, was nicht zutreffen dürfte.
21 »Carnets de notes, 1942 à 1948« in *La Table Ronde* N° 89, Mai 1955. Aufgenommen in die Essay-Sammlung *En pèlerin et en étranger*, op. cit.
22 Frederic Prokosch, *Die metaphysische Piazza (Voices. A Memoir)*, Piper, München 1984, S. 242.
23 Brief an Gaston Gallimard vom 26. 8. 1939, Archiv Gallimard.
24 *Die metaphysische Piazza*, op. cit., S. 191 und 307.
25 *Ibid.*, S. 308.

26 »Mythologie grecque et mythologie de la Grèce« in *En pèlerin et en étranger,* op. cit., S. 28-34.
27 *Le Mystère d'Alceste* in *Théâtre II,* Gallimard, collection Blanche, Paris 1971, S. 81-161.
28 *Electre ou la chute des masques* und *Qui n'a pas son Minotaure?* in *Théâtre II,* op. cit.
29 *Discours de réception de Madame Marguerite Yourcenar à l'Académie française,* Gallimard, Paris 1981, S. 14-15. Aufgenommen in die Essay-Sammlung *En pèlerin et en étranger,* op. cit. ohne Danksagung und unter dem Titel »L'homme qui aimait les pierres«, S. 181-182.
30 Rundfunkgespräche mit Jacques Chancel, *Radioscopie,* France-Inter, 11. u. 15. 6. 1979.
31 Aufmacher der Titelseite von *Le Monde* vom 8. 8. 1945.
32 »Carnets de notes, 1942-1948« in *En pèlerin et en étranger,* op. cit., S. 175.
33 Houghton Library.
34 Brief an Jean Ballard vom 4. 9. 1946, Houghton Library.

Kapitel 2
Die Versuchung der Banalität

1 Titel des 1. Kapitels von *Liebesläufe,* op. cit.
2 Gespräch mit Harold Taylor, Februar 1989.
3 Brief an Madame René Lang vom 18. 6. 1957, Houghton Library.
4 Gespräch mit Charlotte Pomerantz-Marzani, März 1989.
5 Brief von Olga Harrington, Houghton Library.
6 Brief an Jean Lambert vom 14. 5. 1956, Houghton Library.
7 Das bezeugen zahlreiche Briefe der unveröffentlichten Korrespondenz.
8 *Notizen zur Entstehung des Buches* in *Ich zähmte die Wölfin,* Deutsche Verlagsanstalt, Stuttgart 1986, S. 323.
9 Brief an Albert Camus vom 14. 11. 1946, Archiv Gallimard.
10 Brief von Gaston Gallimard vom 3. 4. 1947, Archiv Gallimard.
11 Brief an Jean Ballard vom 14. 2. 1947, Houghton Library.
12 *Lebensquellen,* op. cit., S. 134.
13 Brief an Jeanne Carayon vom 21. 6. 1974, Houghton Library.
14 Zu *Qui n'a pas son Minotaure?,* »divertissement sacré en dix scènes«, bemerkt Marguerite Yourcenar einerseits in der »Chronologie« der Pléiade, und andererseits im Vorwort zu diesem Stück, daß die Überarbeitung des Textes drei Jahre früher stattgefunden habe: ». . . nach der Überarbeitung von 1944 wurde das unvollendete und vernachlässigte Stück anderer Projekte wegen jahrelang beiseite gelegt; 1956 oder 1957 wurde es neu geschrieben (. . .). Dann kam es wieder in seine Schublade,

aus der ich es erst kürzlich wieder hervorgeholt habe« (*Qui n'a pas son Minotaure?*) »Aspects d'une légende et histoire d'une pièce« in *Théâtre II,* op. cit., S. 179.

Kapitel 3
Der wiedergefundene Hadrian

1 *Les Yeux ouverts,* op. cit., S. 146.
2 *Notizen zur Entstehung des Buches* in *Ich zähmte die Wölfin,* op. cit., S. 323.
3 Brief an Joseph Breitbach vom 7. 4. 1951, Houghton Library
4 *Notizen zur Entstehung des Buches* in op. cit., S. 316.
5 Brief von Marguerite Yourcenar an Fasquelle vom 28. 6. 1926, Privatsammlung.
6 *Notizen zur Entstehung des Buches,* op. cit., S. 318.
7 Brief an Joseph Breitbach vom 7. 4. 1951, Houghton Library.
8 *Notizen zur Entstehung des Buches,* op. cit., S. 317.
9 *Ibid.*, S. 324.
10 Brief an Olga Peters vom 8. 3. 1950, unveröffentlichte Korrespondenz.
11 *Les Yeux ouverts,* op. cit., S. 147-148.
12 *Notizen zur Entstehung des Buches,* op. cit., S. 321.
13 *Ibid.*, S. 323.
14 *Ibid.*, S. 324.
15 *Ibid.*, S. 321-322.
16 *Ibid.*, S. 335-336.
17 »Carnets de notes 1942-1948« in *En pèlerin et en étranger,* op. cit., S. 170.
18 *Notizen zur Entstehung des Buches,* op. cit., S. 338-339.
19 Brief an Olga Peters vom 20. 5. 1950, unveröffentlichte Korrespondenz.
20 Brief an Georges de Crayencour, datiert vom 31. 7.-3. 8. 1980, Archiv Georges de Crayencour.
21 Archiv Plon.
22 Brief an Violet Paget, Juli 1983. Aufgenommen in das Kapitel »Sur Marius l'Epicurien de Walter Pater« in Charles Du Bos *Approximations* Fayard, Paris 1965, S. 743-769.
23 *Approximations,* op. cit., S. 746.
24 *Les Yeux ouverts,* op. cit., S. 151.
25 *Ibid.*, S. 152.
26 *Ibid.*, S. 163.
27 *Ibid.*, S. 155.

Kapitel 4
Petite Plaisance

1 *Les Yeux ouverts,* op. cit., S. 141-142.
2 Brief an Ethel Adrian vom 30. 7. 1955, Houghton Library.
3 »Une autre Marguerite Yourcenar«, Gespräch mit Nicole Lauroy in *Femmes d'Aujourd'hui,* 25. 5. 1982.
4 Brief an Ethel Adrian, op. cit.
5 P. Pompon Bailhache, »L'Art de vivre de Marguerite Yourcenar, une leçon de sagesse sous un toit de bois«, in *Marie-Claire,* April 1979.
6 Brief an Jacques Kayaloff, undatiert, Archiv Anya Kayaloff.
7 Brief an Jacques Kayaloff, datiert vom Dezember 1967, Archiv Anya Kayaloff.
8 Brief an Natalie Barney vom 15. 6. 1953, NCBC (Natalie Clifford Barney Correspondence) 2365, Bibliothek Doucet.
9 Brief an Georges de Crayencour vom 25. 12. 1973, Archiv Georges de Crayencour.
10 Brief an Carmen d'Aubreby vom 25. 1. 1959, Houghton Library.
11 Brief an Jean Lambert vom 25. 9. 1956, Houghton Library.
12 »Marguerite Yourcenar s'explique«, Gespräch mit Claude Servan-Schreiber, in *Lire,* Juli 1976.
13 »Marguerite Yourcenar, une femme sous la Coupole«, Gespräch mit Jean-Claude Lamy, 1. Teil, in *France-Soir,* 5. 3. 1980.
14 Gespräch mit Jean-Claude Lamy, 2. Teil, in *France-Soir,* 6. 3. 1980.
15 »L'Art de vivre de Marguerite Yourcenar«, op. cit.
16 Brief an Dr. Roman Kyczun vom 29. 6. 1954, »De Bad Homburg, en route vers Munich«, Houghton Library.
17 »L'Art de vivre de Marguerite Yourcenar«, op. cit.
18 Brief an Jeanne Carayon vom 2. 10. 1971, unveröffentlichte Korrespondenz.
19 Rundfunkgespräch mit Jean Montalbetti, RTL, 22. 4. 1978.

Kapitel 5
Erste Bekanntheit

1 Brief von Konstantinos Dimaras vom 11. 2. 1951, Houghton Library.
2 Brief an Joseph Breitbach vom 7. 4. 1951, Houghton Library.
3 *Ibid.*
4 »André Gide revisited« in *Cahiers André Gide* N° 3: »Le Centenaire«, Gallimard, Paris 1972, S. 21-44.
5 Brief an Jean Schlumberger vom 15. 8. 1956, unveröffentlichte Korrespondenz.

6 Brief an Jean Schlumberger vom 20. 2. 1962, unveröffentlichte Korrespondenz.

7 Brief an Konstantinos Dimaras vom 8. 7. 1951, Houghton Library.

8 Brief an Jacques Kayaloff, undatiert, Archiv Anya Kayaloff.

9 André Germain, *La Bourgeoisie qui brûle. Propos d'un témoin, 1890-1940*, Editions Sun, Paris 1950, S. 237.

10 Brief an Natalie Barney vom 5. 7. 1951, NCBC (Natalie Clifford Barney Correspondence), 2353, Bibliothek Jean Doucet. Die ganze Korrespondenz zwischen Marguerite Yourcenar und Natalie Barney (vom 5. 7. 1951 bis zum 11. 12. 1969) wird in der literarischen Bibliothek Jacques Doucet verwahrt. Die Briefe sind katalogisiert und tragen die Signaturen NCBC 2353 bis 2408. Vier dieser Briefe (NCBC 2373 vom 15. 3. 1954, NCBC 2389 vom 5. 6. 1960, NCBC 2393 vom 29. 7. 1963 und NCBC 2397 vom 11. 12. 1963) sind in dem Katalog *Autour de Natalie Clifford Barney* reproduziert, den François Chapon, der Konservator der literarischen Bibliothek Jacques Doucet, 1976 erstellt hat. Sieben mit Grace Frick gewechselte Briefe tragen die Signaturen NCBC 2358, 2362, 2363, 2374-2376 und 2395.

11 *La poudre de sourire,* Gespräche zwischen Marie Métrailler et Marie Madeleine Brumagne, Editions du Rocher, Monaco 1982.

12 Brief an Jenny de Margerie vom 27. 8. 1951, Houghton Library.

13 Brief an Joseph Breitbach vom 7. 4. 1951, Houghton Library.

14 Handschriftliche Notiz von Jean Paulhan an Claude Gallimard, Archiv Gallimard.

15 Archiv Gallimard.

16 *Ibid.*

17 Brief an Roger Martin du Gard vom 11. 9. 1951, Archiv Gallimard.

18 Brief von Roger Martin du Gard an Gaston Gallimard, vom 24. 9. 1951, Archiv Gallimard.

19 Brief von Marguerite Yourcenar an Jean Schlumberger, vom 19. 9. 1951, handschriftliche Bemerkung von Jean Schlumberger an Gaston Gallimard, Archiv Gallimard.

20 Notiz von Maurice Bourdel vom 21. 9. 1951, Archiv Gallimard.

21 Brief von Monsieur Godemert an Marguerite Yourcenar vom 24. 9. 1951, Archiv Gallimard.

22 Telegramm von Gaston Gallimard vom 24. 9. 1951, Archiv Gallimard.

23 Archiv Gallimard.

24 Briefwechsel zwischen Gaston Gallimard und Maurice Bourdel vom 8. und 11. 10. 1951, Archiv Gallimard.

25 Brief von Gaston Gallimard vom 22. 10. 1951, Archiv Gallimard.

26 *Ibid.*

27 Archiv Grasset.

28 Brief an Claude Gallimard vom 23. 11. 1951, Archiv Gallimard.

29 *Ibid.*

30 Brief an Joseph Breitbach vom 7. 4. 1951, op. cit.
31 Brief von Konstantions Dimaras an Marguerite Yourcenar vom 18. 8. 1951, Houghton Library.
32 Brief an Konstantinos Dimaras vom 21. 8. 1951, aus Evolène, Wallis, Houghton Library.
33 Jean Ballard, »*Mémoires d'Hadrien,* par Marguerite Yourcenar«, in *Cahiers du Sud* N° 310, 2. Halbjahr 1951, S. 493-497.
34 Brief von Jules Romains vom 25. 12. 1951, Houghton Library.
35 Brief von Thomas Mann an Claire Goll vom 12. 12. 1953, in »Thomas Mann, Briefe 1948-1955 und Nachlese«, S. Fischer, Frankfurt a. M., S. 316-317.
36 Emile Henriot von der Académie française, »Mémoires supposées d'un empereur romain«, in *Le Monde,* 9. 1. 1952.
37 Jeanine Delpech, »Instantané: Marguerite Yourcenar«, in *Les Nouvelles Littéraires,* 22. 5. 1952.
38 Aloys-J. Bataillard, »Portraits d'écrivains: Mme Marguerite Yourcenar l'auteur des ›*Mémoires d'Hadrien*‹«, in *Gazette de Lausanne,* 16.-17. 2. 1952.
39 Brief an Jacques Folch-Ribas vom 4. 3. 1973, persönliches Archiv.
40 *Ich zähmte die Wölfin,* op. cit., S. 97.
41 *Les Yeux ouverts,* op. cit., S. 157-158.
42 Jacques Brenner, *Histoire de la littérature française de 1940 à nos jours,* Fayard, 1978.
43 *Les Yeux ouverts,* op. cit., S. 164-165.
44 Robert Kanters, *L'Air des Lettres ou Tableau raisonnable des Lettres françaises d'Aujourd'hui.* Bernard Grasset, Paris 1973, S. 173-175.
45 Brief an Hélène Schakhowskoy vom 10. 8. 1954, Bibliothek Doucet.
46 Bei der Verleihung des Prix Femina Vacaresco gingen zehn Stimmen an *Mémoires d'Hadrien,* eine Stimme an Marcelle Maurette für *La Vie privée de Madame de Pompadour,* eine Stimme an P. O. Martin für *L'Inconnu nommé Napoléon* und eine Stimme an Jean Luchaire für *Boccace.*
47 Brief an Mme Horast, 17. 1. 1957, Archiv Plon.
48 *Les Yeux ouverts,* op. cit., S. 165.
49 Brief an Gabriel Marcel vom 10. 3. 1968, unveröffentlichte Korrespondenz.
50 Brief an Jean Ballard vom 23. 10. 1952, Houghton Library.
51 Brief an Natalie Barney vom 15. 10. 1952, NCBC 2360, Bibliothek Doucet.
52 Brief an Natalie Barney vom 15. 6. 1953, NCBC 2365, Bibliothek Doucet.
53 *Les Yeux ouverts,* op. cit., S. 165.
54 Brief an Natalie Barney vom 21. 12. 1956, NCBC 2364, Bibliothek Doucet.

Kapitel 6
Das Gleichgewicht

1 *Ich zähmte die Wölfin,* op. cit., S. 197.

2 Brief an Natalie Barney vom 15. 6. 1953, NCBC 2365, Bibliothek Doucet.

3 Brief an Natalie Barney vom 27. 12. 1957, NCBC 2386, Bibliothek Doucet.

4 *Ich zähmte die Wölfin,* op. cit., S. 135.

5 Brief an Victoria Ocampo vom 21. 1. 1951, Houghton Library.

6 Brief an Jeanne Carayon vom 3. 6. 1973, Houghton Library.

7 Brief an Marcel Jouhandeau vom 6. 5. 1954, Houghton Library.

8 Brief an Natalie Barney vom 29. 12. 1953, NCBC 2370, Bibliothek Doucet.

9 Brief von Grace Frick an Natalie Barney vom 23. 3. 1954, NCBC 2376, Bibliothek Doucet.

10 *Cynégétique,* von Oppian, Übersetzung Florent Chrestien, Originalstiche von Pierre-Yves de Trémois, Paris, Les Cent-Une, 1955. Das Vorwort von Marguerite Yourcenar wurde mit einigen Änderungen unter dem Titel »Oppien ou les Chasses« in die Essay-Sammlung *Le Temps, ce grand sculpteur,* op. cit., aufgenommen.

11 Brief an Prinzessin Hélène Schakhowskoy vom 10. 8. 1954, der erste von sechs Briefen Marguerite Yourcenars über das Vorwort zu *Cynégétique* von Oppian, verwahrt in der literarischen Bibliothek Jacques Doucet unter den Signaturen Ms 22608 bis Ms 22613.

12 »Le Temps, ce grand sculpteur« in *La Revue des voyages* N° 15, Dezember 1954, S. 6-9. Neu aufgelegt in *Voyages,* Olivier Orban, Paris 1981. Aufgenommen in den Essay-Band *Le Temps, ce grand sculpteur,* op. cit.

13 Robert Kemp, »Les Spectacles, ›Electre‹ ou ›la chute des masques‹«, in *Le Monde,* 11. 11. 1954.

14 Louise de Borchgrave, Holländerin, geb. Sloet van Oldruitebborgh, verheiratet mit Robert de Borchgrave, Bruder von Solange, ihrerseits verheiratet mit Michel Fernand Joseph, Halbbruder von Marguerite Yourcenar.

15 Ghislain de Diesbach, »Une visite à Marguerite Yourcenar« in *Combat,* 21. 2. 1963.

16 Notizhefte von Jerry Wilson, Houghton Library.

17 *Ibid.*

18 *Les Yeux ouverts,* op. cit., S. 197-199.

19 Brief an Florence Codman vom 16. 2. 1956, Houghton Library.

20 Brief an Natalie Barney vom 11. 3. 1956, NCBC 2385, Bibliothek Doucet.

21 *Gedenkbilder,* op. cit., S. 48.

22 *Ibid.,* S. 45-47.

23 Brief an Julia Tissameno vom 4. 2. 1957, Houghton Library.

24 Text, wiederaufgenommen unter dem Titel »Ah, mon beau château« in der Essay-Sammlung *Sous bénéfice d'inventaire,* Gallimard collection Blanche, Paris 1962 und 1978.

25 Brief an Jean Cocteau vom 28. 7. 1957, Houghton Library.

26 Notiz an Mme Mikander vom 17. 1. 1970, unveröffentlichte Korrespondenz.

27 Brief an Dominique Le Buhan vom 23. 12. 1978, unveröffentlichte Korrespondenz.

28 Brief an André Connes vom 23. 11. 1978, unveröffentlichte Korrespondenz.

29 *Le Monde* des Livres, Gespräch vom 7. 12. 1984 mit Josyane Savigneau.

30 Brief an Jean Roudaut vom 18. 11. 1978, Houghton Library.

31 Brief an Louise de Borchgrave vom 10. 3. 1957, Houghton Library.

32 Brief von Gaston Gallimard vom 13. 9. 1956 und Antwort von Marguerite Yourcenar vom 14. 10. 1956, Archiv Gallimard.

33 »La conversation à Innsbruck«, in *NRF,* N° 141, September 1964.

34 Brief an Ethel Adrian vom 7. 9. 1957, Houghton Library.

35 Antworten auf einen Fragebogen der Zeitschrift *Prétexte,* N° 1, September 1957.

36 Brief von Bernard Grasset an Maurice Bourdel, undatiert, Archiv Grasset.

37 Archiv Grasset.

38 Brief an Natalie Barney vom 12. 8. 1957, NCBC 2387, Bibliothek Doucet.

VIERTER TEIL
Scheidewege

KAPITEL 1
Die akzeptierte Einschließung

1 *Présentation critique de Constantin Cavafy, 1863-1933, suivie d'une traduction des Poèmes,* von Marguerite Yourcenar und Konstantinos Dimaras, Collection Poésie, Gallimard, Paris 1958 und 1978, S. 10, 30, 32-34, 41.

2 Brief an Natalie Barney vom 26. 6. 1958, NCBC 2388, Bibliothek Doucet.

3 *Ibid.*

4 Brief an Elie Grekoff vom 27. 8. 1959, Houghton Library.

5 Vgl. Zweiter Teil, Kapitel I: »Wanderschaften des Herzens und des Geistes«.

6 »Nachwort« zu *Eine Münze in neun Händen,* Hanser, München 1987, S. 189-190. Der Roman war zuerst 1934 bei Bernard Grasset erschienen, dann in einer stark überarbeiteten Fassung 1959 bei Plon.

7 Guy Dupré, »Marguerite Yourcenar, une revenante à découvrir«, in *Arts,* 19.-25. 8. 1959.

8 Brief an Natalie Barney vom 1. 1. 1967, NCBC 2402, Bibliothek Doucet.

9 Die Widmung an Edmond Jaloux erscheint wieder in der Ausgabe der *Œuvres romanesques,* op. cit.

10 Brief an Jean Lambert vom 9. 5. 1974, unveröffentlichte Korrespondenz.

11 Brief an Balmelle vom 2. 4. 1959. Houghton Library.

12 Gespräch mit Eugénio de Andrade, aufgezeichnet von Valérie Cadet, Mai 1990.

13 Brief an Jeanne Carayon vom 27. 4. 1974, unveröffentlichte Korrespondenz.

14 Brief an Jacques Masui vom 22. 3. 1975, unveröffentlichte Korrespondenz.

15 Brief an Jean-Louis Côté vom 5. 7. 1979, Houghton Library.

16 Brief an Niko Calas vom 18. 2. 1962, unveröffentlichte Korrespondenz.

17 Brief an Denys Magne vom 15. 4. 1973, unveröffentlichte Korrespondenz.

18 »L'homme qui signait avec un ruisseau« in *Le Nouvel Observateur,* 16.-22. 12. 1983, aufgenommen in *En pèlerin et en étranger,* op. cit., S. 219-223.

19 »›Deux Noirs‹ de Rembrandt«, Erstveröffentlichung in *Le Monde des Livres* vom 16. 12. 1988, aufgenommen in *En pèlerin et en étranger,* op. cit., S. 225-231.

20 »Une Exposition Poussin à New York« in *En pèlerin et en étranger,* op. cit., S. 78.

21 »Vielleicht gibt es in diesem Bild von Velásquez gewissermaßen die Repräsentation der klassischen Repräsentation und die Definition des Raums, den sie eröffnet«, in *Die Ordnung der Dinge* von Michel Foucault, Suhrkamp, Frankfurt am Main 1971, S. 45.

22 Brief vom 25. 4. 1960, Hotel Miramar de Malaya, an ihre italienische Übersetzerin Lidia Storoni, Houghton Library.

23 Brief an Isabel García Lorca vom 10. 5. 1960, Houghton Library.

24 Brief an François Augiéras vom 16. 5. 1953, Houghton Library.

25 *Ibid.*

26 Brief an François Augiéras, datiert vom 9. 6. 1959, dürfte jedoch nach der Logik der Darlegung eher vom 9. 6. 1960 stammen, unveröffentlichte Korrespondenz.

27 Brief von François Augiéras vom 21. 6. 1960, unveröffentlichte Korrespondenz.

28 Brief an François Augiéras vom 28. 3. 1964, unveröffentlichte Korrespondenz.

29 Brief von François Augiéras vom 16. 4. 1964, unveröffentlichte Korrespondenz.

30 Brief an Natalie Barney vom 5. 6. 1960, NCBC 2389, Bibliothek Doucet.

31 Brief an Jean Ballard vom 11. 12. 1960, Houghton Library.

32 Gespräch mit Guy Le Clec'h in *Les Nouvelles littéraires* vom 4. 6. 1971.

33 Patrick de Rosbo: *Entretiens radiophoniques avec Marguerite Yourcenar,* Mercure de France, 1972, S. 19-20.

34 »Marguerite Yourcenar s'explique«, Gespräch mit Claude Servan-Schreiber in *Lire,* Juli 1976.

35 Vorwort zu *Rendre à César* in *Théâtre I,* Gallimard, collection Blanche, Paris 1971, S. 16.

36 Brief an Jacques Kayaloff vom 4. 1. 1961, Archiv Anya Kayaloff.

37 *La Loi,* Prix Goncourt 1957.

38 Brief an Mme Calza vom 8. 4. 1962, unveröffentlichte Korrespondenz.

39 Brief an Miss Sibley vom 2. 2. 1962, Houghton Library.

40 Brief an Dr. Pals Kolka vom 31. 7. 1962, Houghton Library.

41 Die *Grettirsaga* ist eine der schönsten altisländischen Sagas. Dieser Text, der die Geschichte von den Leiden und Kämpfen des Skalden Grettir Asmundarson erzählt, stammt aus dem 14. Jahrhundert.

42 Brief an Lidia Storoni, datiert Weihnachten 1962. Houghton Library.

43 Adrien Jans, »Marguerite Yourcenar: ›Sous bénéfice d'inventaire‹«, in *Le Soir,* 3. 1. 1963.

44 Jacqueline Piatier, »Une classique moderne, ›Sous bénéfice d'inventaire‹ de Marguerite Yourcenar«, in *Le Monde* des Livres, 19. 1. 1963.

45 Pierre de Boisdeffre, »Le Livre de la semaine«, in *Les Nouvelles Littéraires,* 3. 1. 1963.

46 *Nouvelles orientales,* 2. revidierte Auflage, Gallimard, Paris 1963. Zu dieser Auflage bemerkt Marguerite Yourcenar in einem »Postskriptum«, daß »in der vorliegenden Neuauflage der *Orientalischen Erzählungen* trotz zahlreicher, rein stilistischer Korrekturen, die ursprüngliche Fassung in ihrem Kern so belassen wurde, wie sie 1938 zum ersten Mal im Buchhandel erschien (...). Die Erzählung *Die Eingemauerten des Kreml,* ein sehr früher Versuch, eine alte slawische Legende zeitgemäß zu interpretieren, wurde herausgenommen, da sie entschieden zu schlecht geraten war, als daß sie eine Überarbeitung verdient hätte.« Schließlich wurden die Erzählungen *Der rote Anführer* und *Die Tulpen des Cornelius Berg* umbenannt in *Die Witwe Aphrodisia,* bzw. *Die Schwermut des Cornelius Berg.*

47 Es handelt sich um *L'Incertitude qui vient des rêves,* erschienen 1956.

48 Brief an Roger Caillois vom 24. 2. 1963, unveröffentlichte Korrespondenz.

49 Brief an Natalie Barney vom 29. 7. 1963, NCBC 2393, Bibliothek Doucet. Aus diesem Brief stammt das Motto, das Jean Chalon seinem Buch über Natalie Barney, *Portrait einer Verführerin,* List, München 1977, vorangestellt hat.

50 Brief an Suzanne Lilar vom 19. 5. 1963, unveröffentlichte Korrespondenz.

51 Brief an Natalie Barney vom 29. 11. 1963, NCBC 2396, Bibliothek Doucet.

Kapitel 2
»Die schwarze Flamme« und die Konflikte

1 Brief an Natalie Barney vom 11. 12. 1963, NCBC 2397, Bibliothek Doucet.

2 *Ibid.*, vom 30. 3. 1964, NCBC 2398.

3 Brief an Gaston Gallimard vom 18. 1. 1964, Archiv Gallimard.

4 *Ibid.*

5 *Ibid.*

6 Brief an Jacques Kayaloff vom 13. 5. 1964, Archiv Anya Kayaloff.

7 Glückwunschkarte an Natalie Barney, datiert Dezember 1964, NCBC 2400, Bibliothek Doucet.

8 *Chansons de revendications,* Übersetzung von Sim Copans, Editions Lettres modernes, Reihe »Etudes nord-américaines«, Paris 1965.

9 *Fleuve profond, sombre rivière, Les »Negro Spirituals«, commentaires et traductions de Marguerite Yourcenar,* Gallimard, Paris 1966.

10 *Le Monde* des Livres, 27. 3. 1965.

11 Brief an Natalie Barney vom 17. 8. 1965, Archiv Jean Chalon.

12 Brief an Elie Grekoff vom 27. 1. 1965, Houghton Library.

13 Brief an Louise de Borchgrave vom 10. 3. 1957, Houghton Library.

14 *Die schwarze Flamme,* (»Das unstete Leben, Die Verwirrungen des Fleisches«), op. cit., S. 254.

15 Postskriptum zum Brief vom 27. 2. 1967 an Natalie Barney, NCBC 2403, Bibliothek Doucet.

16 »La conversation à Innsbruck« in *NRF* N° 41 (September), S. 399-419; »La mort à Münster« in *NRF* N° 149, (Mai), S. 859-875.

17 Telegramm von Marguerite Yourcenar an Georges Roditi Mai 1965, Archiv Plon.

18 Brief an Natalie Barney vom 27. 2. 1967, op. cit.

19 Brief von Georges Roditi vom 5. 8. 1965, Archiv Plon.

20 Gespräch mit Rechtsanwalt Marc Brossollet, März 1988.

21 Brief an Gabriel Germain vom 27. 10. 1964, unveröffentlichte Korrespondenz.

22 Brief an Elemire Zolla vom 11. 10. 1964, unveröffentlichte Korrespondenz.

23 Brief an Jean-Louis Côté vom 28. 12. 1965, unveröffentlichte Korrespondenz.

24 »Présentation et traduction de quelques épigrammatistes de l'Epoque Alexandrine« in *NRF* N° 167, November 1966.

25 Mehrmals von Marguerite Yourcenar verwendete Äußerung, vor allem in ihrem Brief an Elie Grekoff vom 13. 12. 1963, Houghton Library.

26 Brief an Elie Grekoff vom 15. 12. 1966, Houghton Library.

27 *Ibid.*

28 *Ibid.*

29 *Lebensquellen,* dritter Teil: Ananke, op. cit., S. 235-246.

30 Brief an Camille Debocq vom 1. 5. 1961, Archiv Gallimard, Stiftung Letot.

31 *Ibid.,* vom 7. 7. 1966, Archiv Gallimard, Stiftung Letot.

32 Postkarte an Camille Debocq vom 25. 8. 1928, Archiv Gallimard, Stiftung Letot.

33 Brief von Lucien Maury an M. Ahlénius vom 22. 12. 1951.

34 »Sixtine« wurde in der *Revue Bleue* N° 22 vom 21. 11. 1931 (S. 674-687) veröffentlicht und in den Essay-Band *Le Temps, ce grand sculpteur,* op. cit., S. 17-28 aufgenommen.

35 Brief an Mrs. Kenneth B. Murdock vom 19. 8. 1966, unveröffentlichte Korrespondenz.

36 Brief an Roger Lacombe vom 8. 2. 1967, unveröffentlichte Korrespondenz.

37 Brief an Natalie Barney vom 27. 2. 1967, op. cit.

38 »Sven Nielsen: un vendeur avant tout«, in *Le Monde,* 15. 3. 1967.

39 Brief an Jacques Kayaloff vom 2. 4. 1967, Archiv Anya Kayaloff.

40 Brief an Jean-Louis Côté vom 29. 7. 1965, unveröffentlichte Korrespondenz.

41 Brief von Bernard Privat vom 27. 7. 1967, Archiv Grasset.

42 Brief von Bernard Privat an Charles Orengo vom 8. 8. 1967, Archiv Grasset.

Kapitel 3
Die öffentliche Anerkennung

1 *Les Yeux ouverts,* op. cit., S. 170-171.

2 Archiv Gallimard.

3 Brief an Jean Mouton vom 7. 4. 1968, unveröffentlichte Korrespondenz.

4 *Portrait einer Verführerin,* op. cit.
5 Brief an Jean Chalon vom 9. 4. 1976, Archiv Jean Chalon.
6 *Les Yeux ouverts,* op. cit., S. 173.
7 Gespräch mit Jean Chalon in *Le Figaro Littéraire,* 20. 5. 1968.
8 *Les Murs ont la parole, Sorbonne, Mai 68,* Vorwort von Julien Besançon, Editions Tschou, Paris.
9 »L'Express va plus loin avec Marguerite Yourcenar« in *L'Express,* 10.-16. 2. 1969.
10 Brief an Jacques Kayaloff vom 17. 11. 1969, Houghton Library.
11 Brief an Gabriel Germain vom 11. 1. 1970, unveröffentlichte Korrespondenz.
12 Brief an Baron Etienne Coche de La Ferté vom 9. 9. 1968, unveröffentlichte Korrespondenz.
13 André Billy von der Académie Goncourt, »Marguerite Yourcenar: *L'Œuvre au noir«,* in *Le Soir,* 6. 6. 1968.
14 Patrick de Rosbo, »Une rigueur prophétique«, in *Les Lettres françaises,* 12. 6. 1968.
15 Robert Kanters, »›L'Œuvre‹ de Marguerite Yourcenar«, in *Le Figaro Littéraire,* 14. 6. 1968.
16 Henri Clouard, »La Revue littéraire«, in *La Revue des Deux Mondes,* 1. 8. 1968.
17 José Cabanis, »Un Descartes sans ›cogito‹, *L'Œuvre au noir* de Marguerite Yourcenar«, in *Le Monde,* 25. 5. 1968.
18 Edith Thomas, »Zénon, ou le drame de la pensée critique«, in *La Quinzaine Littéraire,* 1. 7. 1968.
19 Kléber Haedens, »Pourquoi oublier que la vie est aussi un bal?«, in *Paris Presse,* 2. 11. 1968.
20 Jacques Brenner, »La Renaissance ressuscitée«, in *Le Nouvel Observateur,* 9. 9. 1968.
21 Brief an Charles Orengo vom 1. 8. 1968, Houghton Library.
22 Brief an Charles Orengo vom 26. 10. 1968, Houghton Library.
23 Brief an Elie Wiesel vom 20. 7. 1972, unveröffentlichte Korrespondenz.
24 Académie Royale de Langue et de Littérature Françaises: »Séance publique du 22 avril 1989, Réception de Madame Dominique Rollin.« Reden von Monsieur Jacques-Gérard Linze und von Madame Dominique Rollin, Palais des Académies, Brüssel.
25 *Die schwarze Flamme,* »Der Abgrund«, op. cit., S. 172.
26 »Les visages de l'Histoire dans *l'Histoire Auguste«* in *Sous bénéfice d'inventaire,* 1978, (endgültige Ausgabe) op. cit., S. 15.
27 Claude Mettra, »Les explorations de Marguerite Yourcenar«, in *Les Nouvelles Littéraires,* 27. 6. 1968.
28 Brief an Jean-Paul Tapié vom 20. 1. 1969, unveröffentlichte Korrespondenz.

29 *Carnets des notes de »L'Œuvre au noir* in *Œuvres romanesques* (erweiterte Auflage), op. cit., S. 867.
30 *Ibid.*, S. 866-867, und 870.
31 Brief an Ljerka Mifka, vom 1. 8. 1970, unveröffentlichte Korrespondenz.
32 Brief an Michel Aubrion vom 19. 3. 1970, unveröffentlichte Korrespondenz.
33 »Marguerite Yourcenar parle de *L'Œuvre au noir«*, Gespräch mit C. G. Bjurström, in *La Quinzaine Littéraire*, 16. 9. 1968.
34 Brief an Alexander Coleman vom 2. 10. 1976, Houghton Library.
35 Brief an Ljerka Mifka, op. cit.
36 *Carnets de notes de »L'Œuvre au noir«*, op. cit., S. 861 und 862.
37 *Die schwarze Flamme*, op. cit., S. 184-185 und 186.
38 *Ibid.*, S. 184.
39 »Ebauche d'un Jean Schlumberger« in *La Nouvelle Revue française*, 1. 3. 1969, S. 321-326. Ohne Änderungen aufgenommen in den Essay-Band *Le Temps, ce grand sculpteur*, op. cit., S. 225-230.
40 Brief an Henry de Montherlant vom 6. 1. 1969, Houghton Library.
41 Brief an Elisabeth Barbier vom 18. 3. 1969, abgesandt aus dem Hôtel des Comtes, Toulouse, Houghton Library.
42 Brief vom 30. 10. 1970, Houghton Library.
43 Brief an Elisabeth Barbier, op. cit.
44 Patrick de Rosbo: *Entretiens radiophoniques avec Marguerite Yourcenar*, Mercure de France, 1972.
45 Brief an Patrick de Rosbo vom 26. 4. 1969, Houghton Library.
46 Brief an Hélène Schakhowskoy und Anne Quellennec vom 6. 1. 1970, Bibliothek Doucet, MS 23 172.
47 *Entretiens radiophoniques avec Marguerite Yourcenar*, op. cit.
48 Rede an der Académie Royale de Belgique, »séance du 22 avril 1989«, op. cit.
49 »Séance publique du 27 mars 1971 en présence de S.M. la Reine, Réception de Madame Marguerite Yourcenar: Discours de Carlo Bronne, Discours de Mme Marguerite Yourcenar« in *Bulletin de l'Académie Royale de Langue et de Littérature Françaises*, Band XLIX, N° 1, Brüssel, Palais des Académies, 1971.
50 Das Archiv von Georges de Crayencour enthält etwa hundert unveröffentlichte Briefe, Karten und Widmungen von Marguerite Yourcenar, datiert von 1964 bis November 1987.
51 Brief an Jean Chalon vom 9. 7. 1971, Houghton Library.
52 Brief an die Firma Nabisco vom 16. 9. 1971, Houghton Library.
53 Brief an Ljerka Mifka vom 1. 8. 1970, op. cit.
54 Brief an Jeanne Carayon vom 2. 10. 1971, unveröffentlichte Korrespondenz.
55 Brief an Jean Blot vom 20. 8. 1971, unveröffentlichte Korrespondenz.

56 Brief an Jean Blot vom 1. 9. 1971, unveröffentlichte Korrespondenz.
57 Brief an Jean-Louis Côté vom 16. 6. 1973, unveröffentlichte Korrespondenz.
58 Brief an Marcel Lobet vom 8. 3. 1973, unveröffentlichte Korrespondenz.
59 Vgl. Dritter Teil, Kapitel IV: »Petite Plaisance«.
60 Brief an Jeanne Carayon, datiert vom 2. 10. 1971, unveröffentlichte Korrespondenz.
61 *Ibid.*
62 *Carnets de notes de »L'Œuvre au noir«*, op. cit., S. 856.
63 Brief an Jeanne Carayon, datiert vom 2. 10. 1971, op. cit.

Kapitel 4
Yourcenar, Vorname: Marguerite

1 Brief an Louise de Borchgrave vom 5. 4. 1972, unveröffentlichte Korrespondenz.
2 Brief an Jeanne Carayon vom 27. 4 1974, unveröffentlichte Korrespondenz.
3 *Entretiens radiophoniques avec Marguerite Yourcenar*, op. cit. (Gespräche, die von France-Culture vom 11. bis 16. 1. 1971 gesendet wurden).
4 Brief an Jeanne Carayon vom 20. 8. 1972, unveröffentlichte Korrespondenz.
5 Patrick de Rosbo, »Huit jours de purgatoire avec Marguerite Yourcenar«, in *Gulliver*, N° 4, Februar 1973, S. 30–35.
6 Brief an Marthe Lamy vom 27. 6. 1973, Houghton Library.
7 Patrick de Rosbo, »Marguerite Yourcenar en liberté surveillée«, in *Le Quotidien de Paris*, 25. 4. 1974.
8 Brief an Jeanne Carayon vom 3. 6. 1973, Houghton Library.
9 *Ibid.*
10 Brief an Jeanne Carayon vom 18. 1. 1976, Houghton Library.
11 Brief an Jeanne Carayon vom 8. 4. 1976, Houghton Library.
12 Brief an Jeanne Galzy vom 9. 8. 1975, Houghton Library.
13 *Portrait einer Verführerin*, op. cit.
14 Brief an Jean Chalon vom 9. 4. 1976, Archiv Jean Chalon.
15 Brief an Jeanne Carayon vom 25. 7. 1975, Houghton Library.
16 Brief an Jeanne Carayon vom 31. 8. 1973, geschrieben im Krankenhaus von Bar Harbour, wo Marguerite Yourcenar wegen der Verschiebung eines Lendenwirbels behandelt wird, Houghton Library.
17 Brief an Jeanne Carayon vom 29. 10. 1973, Houghton Library.
18 *Liebesläufe*, op. cit., S. 159–161.

19 Brief an Jean Chalon vom 9. 5. 1974, Houghton Library.

20 Brief an Jean Chalon vom 29. 3. 1974, Houghton Library.

21 Dominique Aury, »Marguerite Yourcenar, *Souvenirs pieux*«, in *NRF* N° 259, Juli 1974.

22 Brief an Jeanne Carayon vom 14. 8. 1974, Houghton Library.

23 Brief an Matthieu Galey vom 14. 12. 1974, Houghton Library.

24 Archiv Anya Kayaloff.

25 Brief an Jeanne Carayon vom 2. 1. 1975, Houghton Library.

26 Brief an Jean Chalon vom 7. 2. 1972, Archiv Jean Chalon.

27 Vgl. »Tombeau de Jacques Masui« (1976), aufgenommen in die Essay-Sammlung *Le Temps, ce grand sculpteur,* op. cit., S. 231-236.

28 Brief an Gabriel Germain vom 8. 5. 1976, unveröffentlichte Korrespondenz.

29 Brief an Nico Calas vom 26. 9. 1975, Houghton Library.

30 Brief an Jeanne Carayon, datiert vom 20.-28. 7. 1976, Houghton Library.

31 Brief an Jeanne Carayon vom 19. 2. 1977, Houghton Library.

32 Brief an Jeanne Carayon vom 18. 1. 1976, Houghton Library.

33 *Ibid.*

34 Brief an Jeanne Carayon vom 23. 3. 1977, Houghton Library.

35 Brief an Nobuyuki Kondo, Chefredakteur der Zeitschrift *Umi,* vom 26. 1. 1969, Houghton Library.

36 *Les Yeux ouverts,* op. cit., S. 117.

37 *Le Dialogue dans le Marécage* in *Revue de France,* Band 12, N° 4, vom 15. 2. 1932. Aufgenommen in *Théâtre I,* Gallimard, collection blanche, 1971, S. 173-201. Vgl. auch in dieser Ausgabe die »Note sur le *Dialogue dans le marécage,* verfaßt im Dezember 1969, S. 175-177.

38 *Le Tour de la prison* in *Essais et mémoires,* Gallimard, Bibliothèque de la Pléiade, 1991, S. 648.

39 Brief an Jeanne Carayon vom 8. 4. 1976, op. cit.

40 *Les Yeux ouverts,* op. cit., S. 250.

41 *Ibid.,* S. 263.

42 Brief an Michel Aubrion vom 19. 3. 1970, unveröffentlichte Korrespondenz.

43 Brief an Anat Barzilai vom 22. 9. 1977, unveröffentlichte Korrespondenz.

44 Brief an Jeanne Carayon vom 2. 10. 1971, unveröffentlichte Korrespondenz.

45 Brief an Pater Yves de Gibon vom 1. 4. 1976, unveröffentlichte Korrespondenz.

46 »Yourcenar: ›Il ne faut jamais être défaitiste‹«, Bemerkungen, aufgezeichnet von François-Marie Samuelson in *Le Figaro Littéraire,* 31. 10. 1980.

47 *Les Yeux ouverts,* op. cit., S. 262.

48 Brief an Gabriel Germain vom 13. 6. 1969, unveröffentlichte Korrespondenz.

49 Brief an Jeanne Carayon, datiert vom 20.-28. 7. 1976, op. cit.

50 Brief an Jeanne Carayon vom 8. 4. 1976, op. cit.

51 Brief an Georges de Crayencour vom 22. 9. 1977, Archiv Georges de Crayencour.

52 Brief an Jean Chalon vom 3. 2. 1977, Archiv Jean Chalon.

53 Brief an Max Heilbronn vom 17. 4. 1977, Houghton Library.

54 Brief an Suzanne Lilar vom 16. 3. 1971, unveröffentlichte Korrespondenz.

55 Brief an Jeanne Carayon vom 6. 7. 1977, Houghton Library.

56 Vgl. auch den Leserbrief, den Marguerite Yourcenar an die Tageszeitung *Le Monde* (2.-3. 3. 1969) zum Thema »Seehundjagd« gerichtet hat, sowie die Texte »Bêtes à fourrure« (1976) und »Qui sait si l'âme des bêtes va en bas?« (1981), aufgenommen in die Essay-Sammlung *Le Temps, ce grand sculpteur*, op. cit.

57 »C'est une reine Yourcenar ...«, Portrait-Gespräch von Matthieu Galey, *Réalités* N° 345, Oktober 1974, S. 70-75.

58 Jean Duvignaud, »Marguerite Yourcenar: les avatars d'une hérédité«, in *Les Nouvelles Littéraires*, 27. 9. 1977.

59 François Nourissier, »Yourcenar dialogue avec le temps«, in *Le Point* N° 260, 12. 9. 1977.

60 Jacqueline Piatier, »Marguerite Yourcenar et la ›Légende des siècles‹«, in *Le Monde* des Livres, 23. 9. 1977.

61 André Wurmser, »Marguerite Yourcenar de ses origines à nos jours«, in *L'Humanité*, 28. 10. 1977.

62 Dominique Fernandez, »*Archives du Nord*, de Marguerite Yourcenar, Promenade à fleur de peau«, in *Le Matin*, 30. 9. 1977.

63 Brief an Jeanne Carayon vom 19. 2. 1977, op. cit.

64 Brief von Claude Gallimard an Marguerite Yourcenar vom 6. 2. 1977, Archiv Gallimard.

65 Brief an Claude Gallimard vom 18. 2. 1977, Archiv Gallimard.

66 Georges Frameries, »La vieille dame et la mer«, in *L'Unité«*, 14. 10. 1977.

67 Brief an Georges Frameries, November 1977, Houghton Library.

68 Brief an Joseph Breitbach vom 4. 2. 1977, Houghton Library.

69 Brief an Mme Heilbronn vom April 1977, Houghton Library.

70 *Les Yeux ouverts*, op. cit., Fußnote S. 246.

71 Brief an Hélène Martin vom 19. 10. 1977, Houghton Library.

Kapitel 5
Das zugeklappte Klavier

1 Brief vom 28. 4. 1978, Houghton Library.
2 *Carnets de notes de »L'Œuvre au noir«* in *Œuvres romanesques* (erweiterte Auflage), S. 858.
3 Brief an Louise de Borchgrave vom 5. 12. 1978, Houghton Library.
4 Brief an Anne Quellennec vom 14. 12. 1978, Houghton Library.
5 Brief an Georges de Crayencour vom 23. 7. 1978, Archiv Georges de Crayencour.
6 Brief an Georges de Crayencour vom 23. 7. 1978, Archiv Georges de Crayencour.
7 Vorwort zu *La Couronne et la Lyre,* Gedichte übersetzt aus dem Altgriechischen, Gallimard collection Blanche, Paris 1979, S. 9-40.
8 *Les Yeux ouverts,* op. cit., vor allem das Kapitel »L'art de traduire«, S. 201-212.
9 Brief an Denise Lelarge vom 25. 9. 1979, Houghton Library.
10 Karte an Denise Lelarge vom 15. 5. 1979, Houghton Library.
11 Matthieu Galey, *Journal 1974-1986,* Grasset, Paris 1989, S. 183.
12 Jean-Paul Kauffmann, »Le système Yourcenar« (Interview-Portrait in Form einer Fibel), in *Le Matin,* 10. 6. 1979.
13 Brief an Jean-Paul Kauffmann vom 11. 5. 1979, Houghton Library.
14 Brief an Georges Wicks vom 12. 3. 1975, Houghton Library.
15 Brief an Georges de Crayencour vom 28. 5. 1979, Archiv Georges de Crayencour.
16 »Une semaine chez Marguerite Yourcenar; La grande radioscopie«, Gespräch mit Jacques Chancel, aufgezeichnet von Mathilde La Bardonnie in *Le Monde,* 10. 6. 1979.
17 Jérôme Garcin, »Une femme volubile«, in *Les Nouvelles Littéraires,* 14. 6. 1979.
18 M. Mt., »Yourcenar en son île«, in *Valeurs Actuelles,* 3. 12. 1979.
19 Bertrand Poirot-Delpech, »Yourcenar à ›Apostrophes‹, ›Plénitude, voilà le mot‹ ...«, in *Le Monde,* 9. 12. 1979.
20 Brief an Georges de Crayencour vom 28. 5. 1979, op. cit.
21 *Les Yeux ouverts,* op. cit., S. 332.
22 Brief an Georges de Crayencour vom 7. 9. 1979, Archiv Georges de Crayencour.
23 Brief an Georges de Crayencour vom 8. 12. 1979, Archiv Georges de Crayencour.
24 Matthieu Galey, *Journal 1974-1986,* op. cit., S. 143.
25 Vassilis Alexakis, *Paris-Athènes,* Le Seuil, Paris 1989, S. 33.
26 Matthieu Galey, *Journal 1974-1986,* op. cit., S. 183.
27 »L'ordre des choses de Marguerite Yourcenar«, Gespräch mit Claude Servan-Schreiber, in *F. Magazine* N° 25, März 1980.

28 *Die schwarze Flamme,* op. cit., S. 13.
29 *Liebesläufe,* op. cit., S. 242.

Fünfter Teil
Die Nomadin der Académie française

Kapitel 1
Die aufgehobene Zeit

1 Brief an André Lebon vom 3. 2. 1980, Houghton Library.
2 Reaktionen der Presse auf *Die Mandarine von Paris* von Simone de Beauvoir, zitiert von Julia Kristeva in »A propos des *Samouraïs*«, Gespräch mit Elisabeth Bélorgey, Zeitschrift *L'Infini* N° 30, Sommer 1990, S. 66.
3 Brief an Wilhelm Ganz vom 12. 5. 1980, Archiv Wilhelm Ganz.
4 Gespräch mit Roger Straus, Dezember 1988.
5 *Lebensquellen,* op. cit., S. 293.
6 Zur Frage des Antisemitismus vgl. das Kapitel »Des racismes« in *Les Yeux ouverts,* op. cit., S. 275-282.
7 *Entretiens radiophoniques avec Marguerite Yourcenar,* op. cit., S. 106.
8 Thomas Gergely, »La Mémoire suspecte d'Hadrien«, in *Revue de l'Université de Bruxelles* (Sondernummer Marguerite Yourcenar), März-April 1988, S. 45-50.
9 *Ibid.,* S. 48-49.
10 *Les Yeux ouverts,* op. cit., S. 279.
11 Gespräch mit Jean d'Ormesson, Frühjahr 1989.
12 Brief an Jacques Kayaloff vom 6. 12. 1962, Archiv Anya Kayaloff.
13 Brief an Jacques Kayaloff vom 4. 1. 1961, Archiv Anya Kayaloff.
14 Brief von Roger Caillois an Jacques Kayaloff vom 9. 3. 1971, Archiv Anya Kayaloff.
15 Marguerite Yourcenar hatte die Bedingungen für ihren Eintritt in die Académie française formuliert, insbesondere in den Briefen an Louis Pélissier vom 17. 12. 1977 und an Thérèse de Saint-Phalle vom 19. 2. 1978, Houghton Library.
16 Brief an Jeanne Carayon vom 8. 4. 1976, Houghton Library.
17 Brief von Jean d'Ormesson, Houghton Library.
18 Reisetagebuch von Jerry Wilson, Houghton Library.
19 Brief von Katherine Gatch vom 7. 3. 1981, Houghton Library.
20 Houghton Library.
21 Ursprünglich hatte Marguerite Yourcenar geschrieben: »Ungesetzlich, mehr als drei Kinder zu haben (Sterilisation beim vierten Kind)«.

22 Notizheft von Marguerite Yourcenar, Archiv Gallimard.

23 Am 16. 1. 1988 anläßlich einer Zeremonie in memoriam Marguerite Yourcenar. Die Asche von M. Y. war einige Tage vorher beigesetzt worden.

24 *Liebesläufe,* op. cit., S. 242.

25 *Le tour de la Prison* in *Essais et Mémoires,* op. cit.

26 »Deux Noirs de Rembrandt« in *En pèlerin et en étranger,* op. cit., S. 225 bis 231.

27 Diane de Margerie, »Sous le regard de Marguerite Yourcenar«, in *Le Monde* des Livres, 2. 1. 1981.

28 Matthieu Galey, *Journal 1974-1986,* op. cit., S. 123.

29 *Ibid.,* S. 126.

30 *Ibid.,* S. 161.

31 »Discours de réception de Mme Marguerite Yourcenar à l'Académie française« (Sitzung vom Donnerstag den 22. 1. 1981) Gallimard, Paris 1981. Der Text der Laudatio auf Roger Caillois wurde unter dem Titel »L'homme qui aimait les pierres« in die Essay-Sammlung *En pèlerin et en étranger,* op. cit., aufgenommen.

32 *Les Yeux ouverts,* op. cit., S. 283.

33 Brief an Odette Schwartz vom 31. 12. 1977, Houghton Library.

34 *Garçon de quoi écrire,* Dialog zwischen Jean d'Ormesson und François Sureau. Gallimard, collection Blanche, Paris 1989, S. 28.

35 Christoph Ransmayr, *Die letzte Welt,* Franz Greno, Die andere Bibliothek, Nördlingen 1988. Äußerung belegt durch verschiedene Presseartikel.

36 Gespräch mit William Styron vom Mai 1990.

37 Philippe Sollers, *Femmes,* Gallimard, collection Blanche, Paris 1983. Edition Folio, 1985, S. 491.

38 Matthieu Galey, *Journal 1974-1986,* op. cit., S. 183.

Kapitel 2
Die Verstörungen und der »schwarze Roman«

1 Archiv Gallimard.

2 Gespräche mit Jean-Pierre Corteggiani, November 1988.

3 Archiv Gallimard.

4 *Ich zähmte die Wölfin,* op. cit., S. 22. Zu Hadrians Ansichten über die Lust, vgl. auch den Text der Seiten 17 bis 22, der wie folgt beginnt: »Zyniker und Moralisten sind sich darüber einig, daß sie die Wonnen der Liebe unter die groben Vergnügungen einreihen, etwa zwischen den Freuden des Bechers und denen der Tafel, wobei sie die Liebe obendrein für weniger unentbehrlich halten, da man auch ohne sie auskommen

kann. Bei einem Moralisten bin ich auf alles gefaßt, daß aber der Zyniker so irren kann, wundert mich.«

5 Angelo Rinaldi, »Montherlant, soror ...«, in *L'Express,* 23. 10. 1981.

6 Jean Chalon, »Yourcenar peintre pompier«, in *Le Figaro,* 11. 9. 1981.

7 Jean Chalon, »Yourcenar toujours recommencée«, in *Le Figaro-L'Aurore,* 11. 6. 1982.

8 François Weyergans, »En effeuillant la Marguerite Yourcenar«, in *Le Matin* des Livres, 24. 11. 1982.

9 Archiv Gallimard.

10 »Le Temps, ce grand sculpteur« in *Le Temps, ce grand sculpteur,* op. cit., S. 61.

11 Danièle Sallenave, »Aux confins du monde et du temps«, in *Le Monde* des Livres, 25. 12. 1987.

12 Vorarbeiten zu *Liebesläufe,* Houghton Library.

13 *Ich zähmte die Wölfin,* op. cit., S. 30.

14 *La Voix des choses,* Texte, zusammengestellt von Marguerite Yourcenar, Fotos von Jerry Wilson, Gallimard, Paris 1984.

15 Gespräch mit Marguerite Yourcenar, 15. 11. 1987.

16 *Les Charités d'Alcippe,* Gallimard, Paris 1984.

17 *Blues et Gospels,* Texte übersetzt und eingeleitet von Marguerite Yourcenar, Bildauswahl von Jerry Wilson, Gallimard, Paris 1984.

18 Brief an Josyane Savigneau vom 27. 3. 1986, Archiv Josyane Savigneau.

19 »Wie Wang-Fu errettet wurde«, *Orientalische Erzählungen,* Suhrkamp, Band 985 der Bibliothek Suhrkamp, Frankfurt a. M. 1988, S. 8.

20 *Liebesläufe,* op., cit., S. 162.

21 Brief an Georges de Crayencour vom 7. 11. 1985, Archiv Georges de Crayencour.

22 Vorwort zu *La Voix des choses,* op. cit., S. 7.

23 *Ich zähmte die Wölfin,* op. cit., S. 187.

24 Brief an Yannick Guillou, undatiert, Archiv Yannick Guillou.

Kapitel 3
Die letzte Reise

1 Archiv Gallimard.

2 Brief an Josyane Savigneau vom 27. 3. 1986, Archiv Josyane Savigneau.

3 Brief an Yannick Guillou vom 23. 2. 1986, Archiv Yannick Guillou.

4 Gespräch mit André Delvaux, Dezember 1988.

5 *La Couronne et la Lyre,* Gallimard, collection Blanche, Paris 1979, S. 177.

6 Der Bericht über die Beziehungen zwischen André Delvaux und Marguerite Yourcenar, sowie die Analyse seiner Arbeit an *Die schwarze*

Flamme sind nachzulesen in dem Werk: *André Delvaux, Une œuvre, un film: »L'Œuvre au noir«,* Editions Labor et Méridiens Klincksieck, 1988.

7 »Les libertés et l'Etat«, Gespräch mit François Mitterrand in *Le Monde,* 5. 12. 1987, geführt und aufgezeichnet von Philippe Boucher und Josyane Savigneau.

8 Karte an Schwester Marie-Laurence vom 7. 2. 1987, unveröffentlichte Korrespondenz.

9 Gespräche mit Christian Lahache, 1988.

10 *Gedenkbilder,* op. cit., S. 31-32.

11 *Die schwarze Flamme,* op. cit., S. 355.

12 *Lebensquellen,* op. cit., S. 9.

13 *Lebensquellen,* op. cit., S. 299.

Danksagung

Ich danke in erster Linie all jenen, die mir bei der Durchführung meiner Arbeit geholfen und durch ihre Informationen, Erlebnisberichte, Ratschläge und Ermutigungen das Zustandekommen dieses Buches ermöglicht haben:

Dimitri T. Analis, Eugénio de Andrade, Gilles Andriveau, Dominique Aury, Silvia Baron-Supervielle, Patricia Baudoin, Ulrike Bergweiler, Jean-Paul Bertrand, Jean Blot, François Botz und dem Team von »Monde des livres«, Philippe Boucher, Jean-Denis Bredin, Anna Cancogni, Philippe Catinchi, Jean Chalon, Jean-Loup Champion, Jacques Chancel, Florence Codman, Susan Cohen, Jean-Pierre Corteggiani, Stanley Crantson, André Delvaux, Alix De Weck, Helena und Konstantinos Dimaras (†), Gérard Dubuisson, Christian Dumais-Lvowski, Jean Eeckhout, Didier Eribon, Bernard de Fallois, Camillo Faverzani, William Fenton, Jacques Folch-Ribas, André Fontaine, André Fraigneau (†), Carlos Freire, Colette Gallimard, Wilhem Ganz, Anne Garréta, Jeannette Hadzinicoli, der Houghton Library der Harvard Universität, Walter Kaiser, Anya Kayaloff, Christian Lahache, Jean Lambert, Antoine Lebègue, Yvan Leclerc, Neily Liambey, Marguerite Liberaki, Durlin Lunt, David Lustbader, Diane de Margerie, Shirley und Elliott McGarr, Jean Mouton, Claude und Ivan Nabokov, Eugène Nicole, Heloisa Novaes, Jean d'Ormesson, Alain Oulman (†), Bernard Pivot, Bertrand Poirot-Delpech, Charlotte Pomerantz-Marzani, Anne Quellennec, Dominique Rolin, Hélène de Saint-Hippolyte, Danièle Sallenave, Barbara Solenche-Lustbader, Louis Sonneville, Raphaël Sorin, Roger Straus, William Styron, Harold Taylor, Baron Egon von Vietinghoff, François Wasserfallen, Dr. Robert Wilson.

René Hilsum, der 1929 *Alexis oder der vergebliche Kampf* veröffentlichte und so im Grunde genommen der Initiator dieser Biographie ist, starb am 14. April 1990 in seinem fünfundneunzigsten Lebensjahr. Ich war ihm zum ersten Mal 1986 begegnet, und zwar in Gesellschaft Marguerite Yourcenars, die für diesen brillanten, charmanten und humorvollen Mann, der unzerstörbar schien, Zeit ihres Lebens eine hohe Wertschätzung und eine Art Zuneigung empfunden hatte. Zwei Kriege und die Deportation hatten weder seine Lebensfreude noch seine Neugierde schmälern können. Er hat mich zu Beginn meiner Recherchen mehrmals empfangen. Er hat mir seine Unterlagen zur Verfügung gestellt. Er hat für mich seine Erinnerungen wieder aufleben lassen. Als der Verleger, der er trotz seiner »Pensionierung« immer geblieben war, hat er mich angespornt, dieses Projekt zu Ende zu führen. Dieses Buch verdankt ihm viel, doch leider können wir nicht mehr miteinander darüber sprechen.

Viel verdankt dieses Werk ebenfalls dem Verständnis von Jean-Pierre Dauphin und der Hilfsbereitschaft der Betreuer des Gallimard-Archivs und des Archivs des Grasset-Verlags; von Jean-Luc Pidoux-Payot, der mir erlaubt hat, Unterlagen aus dem Archiv des Plon-Verlages einzusehen und abzudrucken; von François Chapon, dem Chefkonservator der Bibliothek Doucet und literarischen Testamentsvollstrecker von Natalie Barney.

Mein ganz besonderer Dank gilt:

Antoine Gallimard, der dieses Buch angeregt hat.

Marc Brossollet, Claude Gallimard und Yannick Guillou, den literarischen Testamentsvollstreckern Marguerite Yourcenars, die mir vertraut und meine Nachforschungen erleichtert haben.

Hector Bianciotti und Philippe Sollers für die Durchsicht des Manuskripts, für ihre Ratschläge, ihre Unterstützung.

Eric Vigne für seine Aufmerksamkeit und seine Genauigkeit.

Jean E. Lunt und Deirdre Wilson, die mich in Northeast Harbor aufgenommen, bei meinen örtlichen Nachforschungen dauernd unterstützt und mir erlaubt haben, in Marguerite Yourcenars Haus zu arbeiten.

Georges de Crayencour, der mir aus seinem Leben berichtete und mir seine persönlichen Dokumente zur Verfügung stellte.

Schließlich möchte ich mich auch noch ganz speziell bei Monique Nemer und Françoise Verny bedanken, die aus reiner Freundschaft unermüdlich mein Manuskript gelesen haben.

Die Werke von Marguerite Yourcenar

Nach der Ausgabe in der BIBLIOTHÈQUE DE LA PLÉIADE
ŒUVRES ROMANESQUES und ESSAIS ET MÉMOIRES,
Paris 1982 und 1991, Gallimard

Buchausgaben der Texte, bei denen Übersetzungen, aber keine Erscheinungsdaten angegeben sind, sind im Carl Hanser Verlag in Vorbereitung.

ROMANE UND ERZÄHLUNGEN

ALEXIS OU LE TRAITÉ DU VAIN COMBAT
Alexis oder der vergebliche Kampf
Deutsch von Richard Moering, Stuttgart 1956, Scherz & Goverts
(Neuausgabe mit Moerings *nom de plume* Peter Gan, München 1993, Hanser)

LE COUP DE GRÂCE
Der Fangschuß
Deutsch von Richard Moering, Köln 1968, Kiepenheuer & Witsch
(Neuausgabe München 1986, Hanser)

DENIER DU RÊVE
Eine Münze in neun Händen
Deutsch von Rolf und Hedda Soellner, München 1987, Hanser

MEMOIRES D'HADRIEN
Ich zähmte die Wölfin
Die Erinnerungen des Kaisers Hadrian
Deutsch von Fritz Jaffé, Stuttgart 1953, Deutsche Verlags-Anstalt
Darin: Carnets de notes de MÉMOIRES D'HADRIEN
Notizen zur Entstehung des Buches

L'ŒUVRE AU NOIR
Die schwarze Flamme
Deutsch von Anneliese Hager, René Cheval und Bettina Witsch,
Köln/Berlin 1969, Kiepenheuer & Witsch
Revidierte Neuausgabe: München 1991, Hanser

COMME L'EAU QUI COULE
(ANNA SOROR ..., UN HOMME OBSCUR, UNE BELLE MATINÉE)
Deutsch von Rolf und Hedda Soellner

Feux
Feuer
Deutsch von Rolf und Hedda Soellner

Nouvelles orientales
Orientalische Erzählungen
Deutsch von Anneliese Botond, Frankfurt/Main 1964, Insel

Essais

Sous bénéfice d'inventaire
Les visages de l'histoire dans l'histoire auguste
Historia Augusta
Deutsch von Lily Sauter, *Merkur,* XIV. Jahrg. 4. Heft April 1960
Les tragiques d'agrippa d'aubigné
ah, mon beau château
Chenonceaux. Schloß der Frauen
Deutsch von Rolf und Hedda Soellner, München 1993, Hanser
Le cerveau noir de piranèse
Die imaginären Gefängnisse des Piranesi
Deutsch von Lily Sauter, *Merkur,* XV. Jahrg. 12. Heft Dezember 1961
Selma Lagerlöf, conteuse épique
présentation critique de constantin cavafy
Konstatin Kavafis, eine kritische Einführung
Deutsch von Rolf und Hedda Soellner
Humanisme et hermétisme chez Thomas Mann
Humanismus und Hermetismus bei Thomas Mann
Deutsch von Rolf und Hedda Soellner

Mishima ou la vision du vide
Mishima oder die Vision der Leere
Deutsch von Hans Horst Henschen, München 1985, Hanser (Edition Akzente)

Le temps, ce grand sculpteur
Sur quelques lignes de Bède le vénérable
Sixtine
Sixtina
Deutsch von Fritz Jaffé, *Merkur,* VIII. Jahrg. 12. Heft, Dezember 1954
Ton et lagage dans le roman historique
Ton und Sprache im historischen Roman
Deutsch von Rolf und Hedda Soellner

Le temps, ce grand sculpteur
Die Zeit, die große Bildnerin
Deutsch von Rolf und Hedda Soellner
Sur un rêve de Dürer
La noblesse de l'échec
Bêtes a fourrure
Jeux de miroirs et feux follets
Sur quelques thèmes érotiques et mystiques de la Gita-Govinda
Die Legende des Krishna
Der Monat, Heft 137, Februar 1960
Fêtes de l'an qui tourne
Qui sait l'âme des bêtes va en bas?
Wer weiß, ob die Seele der Tiere im Staub versinkt?
Deutsch von Sina Walden, *SZ am Wochenende,* 4./5./6. Januar 1986
Cette facilité sinistre de mourir
L'andalousie ou hespérides
Blick auf die Hesperiden, Meditationen in Spanien
Der Monat, Heft 84, September 1955
Oppien ou les chasses
Oppian oder die Jagden
Deutsch von Rolf und Hedda Soellner
Une civilisation a cloison étanches
Approches du tantrisme
Écrit dans un jardin
Tombeaux

En pèlerin et en étranger
Grèce et sicile
L'improvisation sur Innsbruck
Forces du passé et forces de l'avenir
À un ami argentin qui me demandait mon opinion sur loevre d'enrique larreta
Une exposition poussin à New York
Suite d'estampes pour kou'kou'haï
Mozart a Salzbourg
Ravenne ou le péché mortel
Une femme étincelante et timide
Eine schillernde und schüchterne Frau
Deutsch von Rolf und Hedda Soellner
Wilde rue des beaux-arts
Wilde, Rue des Beaux-Arts
Deutsch von Rolf und Hedda Soellner
Faust 1936

L'île des morts de Böcklin
Le catalogue des idoles
Carnets de notes, 1942-1948
L'homme qui aimait les Pierres
Der Mann, der die Steine liebte
Deutsch von Rolf und Hedda Soellner
Les charmes de l'innocence
Der Zauber der Unschuld
Deutsch von Rolf und Hedda Soellner
L'homme qui signait avec un Ruisseau
Deux noirs de Rembrandt
Borges ou le voyant
Borges oder der Seher
Deutsch von Rolf und Hedda Soellner, in Borges lesen,
Frankfurt/Main 1991, Fischer Taschenbuch Verlag

Le tour de la prison
Basho sur la route
D'un océan à l'autre
L'italienne à alger
Bleue, blanche, rose, gaie
L'air et l'eau éternels
Tokyo ou edo
Les quarante – sept ronin
Bonheur, malheur
Kabuki, bunraku, nô
La maison du grand écrivain
Visages a l'encre de chine
Bosquets sacrés et jardins secrets
La loge de l'acteur
Les »petits coins« et les grands sites
Voyages dans l'espace et voyages dans le temps

Memoiren

Le labyrinthe du monde, I
souvenirs pieux
Gedenkbilder – Eine Familiengeschichte
Deutsch von Rolf und Hedda Soellner, München 1984, Hanser

Archives du nord
Lebensquellen – Eine Familiengeschichte
Deutsch von Rolf und Hedda Soellner, München 1985, Hanser

Quoi? L'éternité
Liebesläufe – Eine Familiengeschichte
Deutsch von Rolf und Hedda Soellner, München 1989, Hanser

»Vernachlässigte Texte«

Pindare
Les songes et les sorts

Verstreute Artikel

Diagnostic de l'europe
La symphonie héroïque
Le changeur d'or
Essai de généalogie du saint

Nicht in der Pléiade-Ausgabe enthalten

Fleuve profond, Sombre rivière, »Negro spirituals«
Tiefer Strom, dunkler Fluß – Zur Poesie der Negro-Spirituals
Deutsch von Lily Sauter, *Merkur,* XVIII. Jahrg. 10./11. Heft Oktober/November 1964

Theaterstücke

Rendre a César
Pièce en trois actes

La petite sirène
Divertissement dramatique d'après le conte de Hans Christian Andersen

Le dialogue dans le marécage
Pièce en un Acte

Électre
ou la chute des masques

Le mystère d'Alceste
Pièce en un acte
Alkestis – ein Mysterienspiel
Deutsch von Rolf und Hedda Soellner, Bühnenmanuskript

Qui n'a pas son minotaure?
Divertissement sacré en dix scènes
Jedem sein Minotaurus
Deutsch von Rolf und Hedda Soellner, Bühnenmanuskript
Darin: Aspects d'une légende
Theseus – Aspekte einer Sage
Deutsch von Lily Sauter, *Merkur,* VIII. Jahrg. 10. Heft, Oktober 1963

Editorische Notiz

Die noch nicht auf deutsch erschienenen Werke von M. Y. werden mit den französischen Originaltiteln aufgeführt. Bei den bereits in deutscher Übersetzung vorliegenden Werken werden, sofern der Kontext nicht den französischen Titel erfordert, die Titel der deutschen Ausgaben benützt. Bei den *Memoires d'Hadrien* wird in den meisten Fällen der Untertitel der deutschen Übersetzung *(Ich zähmte die Wölfin) Die Erinnerungen des Kaisers Hadrian* verwendet. Bei Zitaten aus Werken, die in deutscher Übersetzung vorliegen (auch solchen, die nicht von M. Y. stammen) mußte der deutsche Wortlaut zum Teil verändert werden, da sonst der Bezug auf den Kontext nicht verständlich geworden wäre.

Mit Einverständnis der Autorin sind die in den *Annexes* der französischen Ausgabe abgedruckten Texte und die von Valérie Cadet erstellten Bibliographien weggelassen.

Abbildungsnachweise

S. 27 – 29 – 43 – 47 – 51 – 55 – 56 – 71 – 75 – 83 – 148 – 159 – 175 – 185 – 195 – 197 – 202 – 257 – 261 – 285 – 348 – 349 – 429 : Archiv éditions Gallimard. S. 44 : Egon von Vietinghoff. S. 86 : Archiv éditions Plon. S. 135 : C. T. L. Nr. 2 Oktober 1988. S. 119 : Archiv éditions du Rocher. S. 158 : Archiv der Autorin. S. 194 – 254 : Valérie Cadet. S. 466 : Bernard Pivot. S. 233 – 404 : D. R. S. 529 : Privatsammlung. S. 497 : J.-P. Filatriau. S. 499 : Michel Petit. S. 503 : aus *Masques et Plumes,* La Découverte. S. 527 : Jerry Wilson. S. 11 – 12 : C. Zumwalt. S. 32 – 37 – 52 – 70 : Petite Plaisance Trust. S. 275 : Archiv Jacques Doucet.

Register

Personen

Werke

Figuren

Inhalt

Dritter Teil
Das rückeroberte Gedächtnis
181

Vierter Teil
Scheidewege
325

Fünfter Teil
Die Nomadin der Académie française

Anhang

Marguerite Yourcenar

Alexis oder der vergebliche Kampf
Roman. Band 10071

Chenonceaux
Schloß der Frauen
Band 12922

Der Fangschuß
Roman. Band 5475

Die schwarze Flamme
Roman. Band 10072

Eine Münze in neun Händen
Roman. Band 5476

Gedenkbilder
Eine Familiengeschichte. Band 5472

Lebensquellen
Eine Familiengeschichte. Band 5473

Liebesläufe
Eine Familiengeschichte. Band 10499

Mishima oder die Vision der Leere
Essay. Band 5474

Französische Literatur des 20. Jahrhunderts

Louis Aragon
Aurélien
Roman
Aus dem Französischen von Lydia Babilas
Band 9227

Anatole France
Die Insel der Pinguine
Roman
Aus dem Französischen von Edda Werfel und Paul Wiegler
Band 10393

Raymond Queneau
Der Flug des Ikarus
Roman
Aus dem Französischen von Eugen Helmlé
Band 5977

Philippe Soupault
Die Reise des Horace Pirouelle
Roman
Aus dem Französischen von Manfred Metzner
Band 11609

Michel Tournier
Freitag oder im Schoß des Pazifik
Roman
Aus dem Französischen von Herta Osten
Band 5746

Fischer Taschenbuch Verlag

fi 581 / 12

Frankreich erzählt

23 Erzählungen

Herausgegeben von Stefana Sabin

Band 9286

23 Erzählungen von 23 Autoren, die Zeugnis geben von jener unverwechselbar französischen Art, Wirklichkeit in Literatur zu verwandeln. Stilistisch wie thematisch ist diese Auswahl repräsentativ für die französische Literatur der letzten fünfzig Jahre: Realisten wie *Pierre Gascar, Jean Giono, Roger Grenier, Raymond Jean und Françoise Sagan*, Surrealisten wie *Louis Aragon oder Benjamin Péret*, Phantasten wie *Boris Vian* oder *Marcel Aymé*, Vertreter des Nouveau Roman wie *Alain Robbe-Grillet* oder *Marguerite Duras*, Existentialisten wie *Albert Camus* oder *Antoine de Saint-Exupéry*, Psychologisten wie *Alain Nadaud*, *Henri Thomas* und *Henri Troyat* erzählen vom Leben in Paris und in der Provinz, von Kleinbürgern und Lebenskünstlern, von Familienvätern und Liebhabern. Jeder Autor hat einen unverwechselbaren Stil, den die ausgewählte Geschichte typisch vertritt – 23 verschiedene Facetten der französischen Wirklichkeit, die zu Literatur wurde.

Fischer Taschenbuch Verlag

fi 775 / 4

Emmanuel Bove

Der Mord an Suzy Pommier

Roman

Aus dem Französischen von
Barbara Heber-Schärer

Herausgegeben und mit einem Nachwort
von Bettina Augustin

Band 11658

Suzy Pommier, eine gefeierte Schauspielerin, wird nach der Premiere ihres neuen Films erdrosselt in ihrer Badewanne aufgefunden - in genau derselben Stellung, in der ihr Mörder sie auch im Film zurückließ. Erst steht der Freund von Suzy Pommier, dann der Filmdarsteller des Liebhabers unter dringendem Tatverdacht, bis der junge ehrgeizige Inspektor Hector Mancelle, der jede kleinste Geste, jedes Wimpernzucken registriert und sich mit schnellen Lösungen nicht zufriedengibt, die wahre Inszenierung dieses Mordes durchschaut. Obwohl dieser Kriminalroman der klassischen Dramaturgie seines Genres folgt, trägt er doch unverkennbar die Handschrift seines Autors. Die Diskrepanz zwischen dem Selbstanspruch der Bove'schen Figuren und ihrer Wirklichkeit - Grundkonflikt vieler seiner Romane - setzt das tödliche Scheitern in Gang.

Fischer Taschenbuch Verlag

fi 1631 / 3

Henri-Frédéric Blanc

Der Mann im Lift

Roman

Aus dem Französischen
von Sigrid Vagt
Band 11979

Ein verrückter kleiner Roman über Kommunikation und Kommunikationslosigkeit in der Warenwelt unserer Tage, der in der Anlage und Abfolge an die Filme von Peter Greenaway erinnert. Ein junger, dynamischer Werbemann sucht im feinen 16. Arrondissement von Paris ein Haus auf, um eine Wohnung zu besichtigen, die in einer Zeitung annonciert war. Um die Hauseigentümerin zu treffen, benutzt er den Lift. Der Aufzug bleibt zwischen zwei Etagen stecken. Für drei Wochen wird der Mann von der Hausbesitzerin in diesem Käfig gefangengehalten. Die junge, reiche, frivole Witwe macht sich einen Spaß daraus, den Sprücheklopfer an den Rand des Irrsinns zu treiben. Eine ihrer Martern besteht darin, daß er sich die von ihm konzipierten Werbespots ansehen muß.

»Bissig,
mit Spaß am Zynismus,
grausam und komisch zugleich.«
Le Figaro

Georges Perec

Träume von Räumen

Aus dem Französischen von Eugen Helmlé

Band 11138

Wenn alle Welt über Raumknappheit klagt (obwohl die intergalaktischen Räume fast schon domestiziert sind) – Georges Perec träumt von Räumen, und zwar von so naheliegenden wie der Stadt, dem flachen Land, dem U-Bahnschacht, der öffentlichen Parkanlage. Schließlich heißt leben nichts anderes, als »von einem Raum zum anderen gehen und dabei so weit wie möglich zu versuchen, sich nicht zu stoßen«. Seine Träumereien, die sich vom Raum einer Buchseite über den von Bett, Schlafzimmer, Wohnung, Mietshaus, Straße, Viertel, Stadt, Land fortspinnen bis hin zu einer neuen Eroberung des Raumes, sind ein »universales Raumbeschaffungsprogramm« (Sybille Cramer, *Süddeutsche Zeitung*). Sie bieten dem Leser eine Fülle von Alternativen zu seinen gewohnten räumlichen Vorstellungen. Alles Träumen kann jedoch die schlimme Einsicht nicht verhindern, daß es nämlich keine unberührten Orte mehr gibt, Orte, »die Empfehlungen wären, Ausgangspunkte, Quellen«, ein Mangel, der den Träumer veranlaßt, den Raum selbst in Frage zu stellen. Georges Perecs Buch ist ein gescheites und witziges Traktat gegen die Starrheit des Denkens und für die Kraft der Imagination, den Blick in neue, so noch nicht geschaute Räume zu richten.

Fischer Taschenbuch Verlag

fi 1530 / 6